宜昌工会志

1989—2017

宜昌工会志编纂委员会

三峡电子音像出版社

出版物数据

《宜昌工会志 1989-2017》编委会 编
——宜昌：三峡电子音像出版社，2019. 1

责任编辑：熊　飞
责任校对：李　妮
电子图书编辑：马　超

书　　名：宜昌工会志 1989-2017
出　　版：三峡电子音像出版社
地　　址：湖北省宜昌市东山大道 119 号
电　　话：0717-6462691 6462354
网　　址：www.3xdzyx.com.cn
光碟制作：北京凯地蓝光数码科技有限公司
开　　本：889mm × 1194mm 1/16
印　　张：33
字　　数：680 千字
版　　次：2019 年 1 月第 1 版
定　　价：150.00 元（1CD-ROM+1 配套图书）
电子出版物书号：ISBN 978-7-89503-478-5

版权所有，盗版必究（举报电话：0717-6462354）

《宜昌工会志（1989–2017）》编纂委员会

主　　　任：王均成
常务副主任：罗志勇
副　主　任：江　浩　彭定新　朱利民　李达明　李　涛　郭从军
委　　　员：李东海　何　平　陈卫平　刘宏生　姚　超　杨春菊
　　　　　　秦进文　肖秀栋　韩　亚　舒　平　马思永　沈化冰
　　　　　　沈襄咸　刘　文　周银球　陈　岿　姚正威　贺清松

《宜昌工会志（1989–2017）》编辑部

主　　　编：罗志勇
副　主　编：李达明　伍明万
执行副主编：伍明万
责 任 编 辑：刘宏生　肖秀栋　刘　文　闵　敏　刘　盾　林龙婷
　　　　　　秦玉年

《宜昌工会志（1989–2017）》撰稿人名单

（按姓氏笔画为序）

上官业声　习长玲　马代军　王　锋　王　颖　王万桦　王玲红

邓　迪　左逢春　龙开举　冯雪峰　向　冰　向　进　向华锋

向培勇　刘克荣　刘溯剑　许君琳　杜宗朝　李建新　李晓龙

李淑平　杨　柳　杨道健　何莉莉　何清泉　何德富　沈绪文

张　彪　张志新　张译丹　张梦雅　陈　成　陈开蓉　陈尧生

陈姝羲　罗　峰　罗明魁　周　咪　庞姝婕　胡华东　胡贵平

胡雪莉　胡燕春　侯春煜　夏常明　倪方成　黄　晔　曹恩春

彭志刚　蒋伟玲　覃　然　覃虎挺　喻　荣　喻建平　傅承林

舒　昕　鲁琼华　曾　洁　谢健川　蔡国清　熊　华　熊先春

熊红成　熊陆茜　熊秭江　熊德红

2011年9月，在全国工会参与社会管理、做好职工法律援助维权服务工作经验交流会上，市总工会作为全国唯一的地市级代表在大会上作经验介绍。会议期间，中华全国总工会党组书记、副主席、书记处第一书记王玉普（中）与省总工会副主席陈义国（左），市总工会党组书记、常务副主席罗志勇（右）合影

2016年9月，全国总工会党组书记、副主席、书记处第一书记李玉赋（左二）在省委常委、市委书记黄楚平（左一）和省委常委、省总工会主席梁惠玲（左四）陪同下视察市总工会职工服务中心

1991年1月，全国总工会副主席、书记处第一书记于洪恩（右五）在省总工会冯家云主席（左五）陪同下参观电厂

1995年12月，全国总工会副主席、书记处第一书记张丁华（右四）在省总工会冯家云主席(左三）陪同下来宜指导工作

1989年10月，全国总工会书记处书记于庆和来宜（左二）调研

2007年8月，全国总工会副主席、书记处书记乔传秀（左二）来宜指导工作

1992 年 4 月，省总工会主席常俊德（右一）在宜调研市总工会工作，地市合并后新的市总工会第二牵头负责人郭玉吉（左二）汇报地市合并后的工会工作

2004 年 6 月，省委副书记、省纪委书记、省总工会主席黄远志（左二）来宜视察工会工作

2006 年 6 月，省委常委、省总工会主席李明波（右一）在市总工会向农民工赠书

2010 年 11 月，省总工会主席张昌尔（左三）来宜调研基层工作

2014 年 3 月，省委常委、统战部部长、省总工会主席张岱梨（左一）调研市总工会工作。市委常委、统战部部长、市总工会主席刘学甫（左二）陪同调研

2015 年 9 月，省委常委、统战部部长、省总工会主席梁惠玲（左三），在市委常委、统战部部长、市总工会主席刘学甫（左二）陪同下调研宜都工会工作

2017 年 9 月，省委常委、统战部部长、省总工会主席尔肯江 · 吐拉洪（左二），在省委常委、市委书记周霁（左一）陪同下调研安琪集团工作

2012 年 7 月，省委常委、市委书记黄楚平（前右二）接见参加市工会第四次工代会的代表

1989 年 4 月，原宜昌市委书记张健（左四）、市长罗清泉（左五）等领导出席市总工会第八次代表大会

1999 年 4 月，市委书记孙志刚出席市委工会工作会议并讲话

2005年4月，市委书记李佑才接见宜昌市劳动模范

2008 年 5 月，市政协主席李泉（右一）在市总工会调研指导工作

2010 年 8 月，省总工会常务副主席黄国庆（右二）调研市总工会工作

2015 年 8 月，省总工会常务副主席马建中（左二）在长阳调研英子姐姐工作室

2017 年 7 月，省总工会常务副主席董永祥（右二）在市委常委、统战部部长、市总工会主席王均成陪同下调研兴发集团

2011 年 12 月，市长李乐成（右一）在市工人文化宫视察

2015年1月，市长马旭明（右一）视察工会工作

2017 年，市长张家胜（左一）在市总工会服务中心视察工作

2014年4月30日，市委召开工会工作会议

2015年1月，市政府与市总工会召开第十二次联席会议

2007年7月，市政协委员视察工会工作

2005年4月30日，市委召开工会工作会议暨劳模表彰大会

2007年3月，市总工会第三届委员会、经费审查委员会全体委员合影

2012 年 7 月 12 日，市工会第四次代表大会开幕式主席台

2017年12月24日，市工会第五次代表大会会场

1989 年 4 月，原市总工会第八次代表大会举行主席团会议。图为主席团常务主席（从左至右）张兴本、黄显宁、陈传江、伍明万、金泽兰

2007年3月，市工会第三次代表大会代表步入会场

1995年4月，市工会第一次代表大会全体代表合影

1989-2017年历届主要领导

金泽兰
1992.03-1995.04 地市合并后的市总工会主席
1995.04-2000.11 市总工会第一届委员会主席

余幼明
2000.11-2007.02 市总工会第二届委员会主席

郭俊苹
2007.02-2007.03 市总工会第二届委员会主席
2007.03-2009.04 市总工会第三届委员会主席

廖达凤
2009.04-2012.02 市总工会第三届委员会主席

刘学甫
2012.02-2012.07 市总工会第三届委员会主席
2012.07-2017.03 市总工会第四届委员会主席

王均成
2017.03-2017.12 市总工会第四届委员会主席
2017.12- 市总工会第五届委员会主席

2017 年 12 月，市工会第五次代表大会产生的第五届领导班子全体成员。市委常委、市总工会主席王均成（右六），党组书记、常务副主席罗志勇（右五），党组成员、副主席江浩（左五）、彭定新（右四），党组成员、女职工委员会主任朱利民（左四），党组成员、经费审查委员会主任李达明（右三），副主席（挂职）李涛（左三）、郭从军（右二），副主席（兼职）代红新（左二）、王华君（右一）、葛隆恩（左一）

1998 年 12 月，市总工会、市劳动局、市工商局领导祝贺宜昌市私营企业工会联合会成立，市委常委、市总工会主席金泽兰（前排左四）等领导与市私营企业工会联合会委员合影

2007年，宜昌必胜客均瑶餐厅工会成立

2007 年 7 月，西陵区第一个楼宇经济组织工会联合会——3e 大厦楼宇工会联合会成立

2007 年 7 月，省总工会副主席向德荣（右一）和市总工会常务副主席张毅（左一）为麦当劳国贸餐厅工会授牌

2007 年 7 月，市总工会推进外商组建工会座谈会召开

全国总工会2017年第二期地市级工会主席培训班在宜开班

2009 年 2 月，市总工会与中国劳动关系学院在京联合举办工会干部培训班

2008年10月，市总工会举办中国工会十五大精神培训班

1999年7月，市总工会举办工会干部、职工代表培训班

2011年，部省在宜企事业单位工会举办联谊会

2004 年 4 月，省总工会在宜召开强化基层工会建设调研座谈会

2008年10月26日，市总工会成立80周年庆祝大会在桃花岭饭店举行

2005年，市总工会协理员培训班开班

大胆探索非公有制企业和区域性行业性工会主席选配管理工作会议召开

市总工会大力推行基层工会主席直选

企业工会会员代表投下神圣一票

2004 年，市总工会举行加强基层工会组织建设目标责任书签订仪式

2005年，市总工会召开全市工会协理员工作会议

2015 年 11 月，市总工会常务副主席罗志勇为获得全国模范职工小家的单位授牌

2003 年 10 月，宜昌纺机厂工会举办中国工会十四大精神学习培训班

2006年，市总工会在市建设局召开产业工会工作现场会

2006年，市印刷行业工会联合会成立

湖北省工会2011年新春送温暖活动启动仪式暨宜昌市总工会帮扶赶集大会

2009 年，市总工会与万方职业培训学校联合开展农民工培训

2010年，市总工会育婴师培训班第二期开班

2005年2月，困难职工到市总工会帮扶超市领取物资

湖北工会工友帮扶行动在宜昌启动

市政协召开"职工带薪休假制度实施"协商座谈会

2011 年 8 月，市总工会党组书记、常务副主席罗志勇（右一）接受中工网节目主持人采访

2005年11月，市总工会召开维权机制建设工作会议

2011 年 5 月，市总工会启动"面对面、心贴心、实打实服务职工在基层活动"仪式

2016年5月，市职工法律服务团在职工维权日开展咨询

1996年6月，宜昌造纸厂职工消费合作社成立

2007年2月，省总工会常务副主席黄国庆（左）为市总工会困难职工帮扶中心（职工权益维护中心）揭牌

2009年4月14日，市总工会劳动争议调解中心揭牌

2012年12月，市总工会举行送温暖活动启动仪式

2009年5月，市总工会举行工会星级服务员表彰大会

2010年，市总工会举办家政促就业培训班

2013年9月，市总工会举
"金秋助学"助学金发放仪式

1990年10月，全国工会处理劳动争议经验交流会全体代表合影

2005年1月，市总工会二届六次常委（扩大）会议暨全市工会维护农民工权益工作会议召开

2011年9月，市总工会举行职工互助卡发放仪式

2009年11月，市总工会举行小额贷款启动仪式

企业工会举办职工迎新春团年饭

2006年，职工领取市总工会发医疗爱心优惠卡

2011年2月，市总工会举办返乡农民工闹元宵暨专场招聘会

2009年2月，就业者涌入市总工会组织的招聘会现场

1989年，原宜昌市总工会组织劳模事迹报告团作首场报告会
市领导与报告团全体成员合影（前排右六为市委书记张健、右四为市长罗清泉）

2017 年 9 月，市总工会举办的首场宜昌工匠大讲堂开讲

2017 年，万永忠荣获“宜昌市五一劳动奖章”

2017 年，宜昌特殊教育学校获省五一劳动奖状

2016 年，市总工会常务副主席罗志勇（左四）代省总工会为宜昌中心血站授牌

2015 年，至喜长江大桥获省五一劳动奖状

2014 年 10 月，宜昌“最美一线职工”合影

2015年5月，市总工会机关欢迎全国劳模载誉归来

2015 年 5 月，市委常委、统战部部长、市总工会主席刘学甫为市劳模林揭幕讲话

2001 年 3 月，市总工会女职工委员会组织女劳模参观三峡大坝

2015 年，市劳动竞赛委员会举办交通运输筑路机械技能竞赛活动

2008年4月，市首届职工技术成果授奖大会召开

2009年，市总工会领导与受表彰的省劳动模范合影

2014年，市总工会举办环卫技能大比武

2015年，市总工会“大城梦 · 劳动美”市直机关公文写作赛场

市总工会举办“连邦软件杯”安全生产法律法规知识竞赛

市总工会组织第二届职工食堂厨艺大赛

2017 年，邓艾民好司机被省总工会追认授予“湖北省五一劳动奖章”。图为省总工会常务副主席董永祥为邓艾民家属颁发五一劳动奖章及慰问金

2015年，市总工会组织劳模赴三亚疗休养

2006年，市总工会举办职工职业技能系列大赛

2013年7月，企业职工收到市总工会送来的清凉物品

2015 年 11 月，网格员劳动竞赛决赛在桃花岭饭店举行

2001年，全总和国际劳工局在宜举办安全与卫生培训，省总工会副主席喾金华（右二），市领导周水舟（前排右三）、余幼明（左三）参加培训开班后合影

1994年，宜昌市省劳模在省委洪山礼堂参加湖北省劳模表彰大会

2014年7月，市总工会开展劳模进社区义诊活动

2017年4月，第一届高技能人才命名表彰大会在三峡技师学院召开

2014年7月，市总工会举办劳模进企业活动

市护士岗位技能大赛开幕

2004年，全国总工会推进工资集体协商工作调研会在宜昌召开

2008 年，市总工会召开优秀职工代表表彰暨培训会议

2005年，市非公有制企业民主管理工作会召开

2006年，市和谐企业表彰大会召开

兴山天星供电有限公司三届一次职代会召开

1999年，市厂务公开现场会在湖北化纤厂召开

2005 年，市总工会召开贯彻实施《湖北省集体合同条例》汇报会

2009 年，市长李乐成（左一）为劳动关系和谐企业授牌

2009 年，宜昌市劳动关系和谐企业表彰暨共同约定行动大会召开

长航红光港机厂第六届职工代表大会召开

中南冶金厂工会召开民主管理议事会

宜昌市机床公司职工代表行使民主权利

宜昌市江华船厂直选工会主席计票现场

2015年，省总工会走进宜昌基层慰问演出“中国梦 劳动美 工会情”

1992年4月，市总工会举办学习党的十二大精神培训班

2003 年 4 月，“盈加·现代城杯”首届职工书法美术摄影作品大赛开幕

2003年，第十八届湖北工人画廊开幕式在宜昌举行

2003 年 12 月，市总工会机关举办纪念毛泽东同志诞辰 110 周年晚会

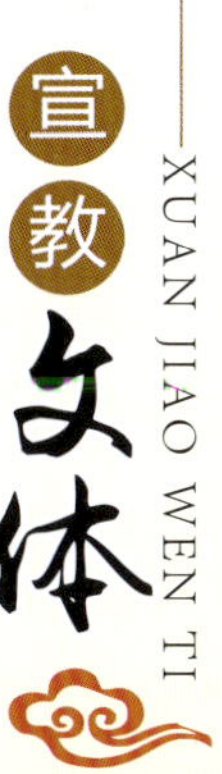

市总工会获“申奥全国亿万职工体育活动月系列活动”优秀组织奖，省总工会副主席褚玲（右一）向市总工会常务副主席周学文授牌

2015 年，市总工会获“全国十佳最具影响力新媒体”和“全国十佳新媒体运营策划活动”大奖

2015年正月十五，市工人文化宫举办猜灯谜活动

2015 年 6 月，市总工会获市直机关党纪党规知识竞赛三等奖

2000年4月，市总工会举行庆“五一”新世纪主力军风采骑行活动

1999 年 9 月，市总工会组织职工参加万人功拳剑暨民俗民间文艺展演

2012 年 12 月，市总工会三峡风合唱团举行建团 10 周年纪念音乐会

2006 年 4 月，市总工会“走进职工”职工艺术团在宜昌船厂慰问演出

市总工会举办歌舞大赛

1999 年“五一”前夕，市总工会举办《工人颂》文艺晚会

1999 年，市总工会举办文艺晚会《工人颂》图为女声小合唱表演

2017 年，市总工会召开学习贯彻党的十九大精神暨十九大代表宣讲大会

2015年，市首届职工优秀歌手大赛举行颁奖晚会

2007 年，第三届“益通杯”职工美术书法摄影作品展开幕

2010年2月，市总工会举办职工闹元宵拔河赛

2005 年，市总工会举办第十九届湖北“工人画廊”暨市第二届职工美术书法摄影作品展

2003 年，市总工会在三峡大学体育馆举办三峡放歌文艺汇演

2015年，市总工会职工流动书屋进基层

2017 年 10 月，市总工会举办“职工好声音 赞歌献给党”全市职工歌咏比赛

2016年4月23日，宜昌工会鹊桥网举行启动仪式

2003 年，市总工会召开庆“三八”法律知识竞赛、巾帼建功表彰大会

女工风采

2001年，当阳市工会举办庆三八女职工短跑接力赛

2017年6月，市总工会到对口扶贫点柏果淌村慰问50名留守儿童

2017 年 9 月，省总工会举办太极拳大赛，宜昌中医院代表队获得银奖。图为省总工会副主席刘建宇（右三）、秘书长舒琼（右四）与宜昌代表合影

2008 年六一前夕，市总工会为学院街小学 30 名农民工子女送去祝福和礼物

2017年3月，市总工会为十个爱心母婴室授牌

2015 年 3 月，市总工会在女职工第三次代表大会上表彰先进

2017年11月，宜昌工会鹊桥网开展会员线下活动

2008 年 4 月，第二届万人相亲大会和同一个梦想签字仪式在滨江公园举行

举办工会特约审计员培训班

召开经济事业发展工作会议

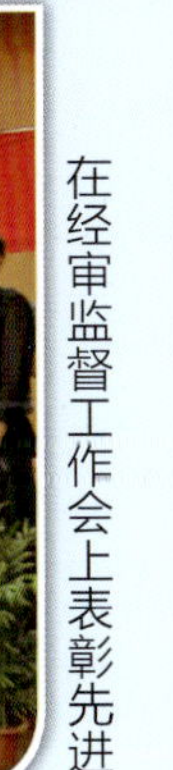

在经审监督工作会上表彰先进

召开经审委员会三届九次会议

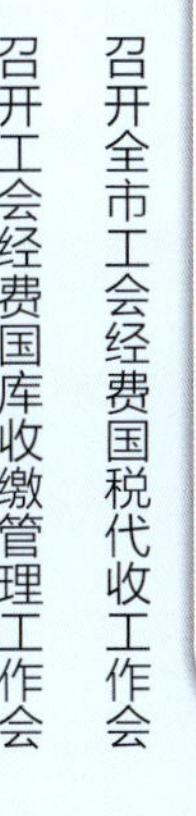

召开工会经费国库收缴管理工作会

召开全市工会经费国税代收工作会

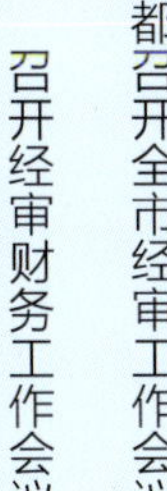

召开经审财务工作会议

在宜都召开全市经审工作会议

2002 年 11 月，市委副书记、市总工会主席余幼明（右三）会见到访的澳大利亚工会代表团

2004 年 4 月，香港工会联合会代表团来宜访问，市委副书记、市总工会主席余幼明（前排右四）和市工会领导与代表团全体成员在南湖宾馆合影

2007 年 11 月，日本福岛县工会联合会访华团在兴山县参加黄粮镇中心小学综合楼落成典礼暨汇报会

2006年7月，市总工会组团访问澳门水电工会

应香港电灯集团公司职工会邀请，以市总工会常务副主席周学文（右二）为团长的宜昌市总工会代表团，于 2001 年 6 月 7 日至 10 日对香港进行了为期四天的工作访问

2016年9月27日，全国“互联网+”现场推进会在宜召开

2016 年 9 月，市总工会举行互联网宜昌模式主流媒体推介会

2016 年 3 月，举办市直企业工会干部“互联网 +”实操培训班

2016 年 9 月，参加推进会的代表了解职工（农民工）网上入会情况

2016 年 9 月，参加推进会的代表了解宜昌“互联网 +”普惠服务职工平台系统

12 发展宜昌 2016年4月29日 星期五

三峡日报

宜昌市总工会互联网 + 服务职工指南

套餐一、互联网 + 困难职工帮扶救助

套餐二、互联网 + 劳模服务

套餐三、互联网 + 建会管理

套餐四、互联网 + 就业服务

套餐五、互联网 + 普惠服务

套餐六、互联网 + 职工（农民工）入会

套餐七、互联网 + 劳动争议调解

套餐八、互联网 + 婚恋服务

套餐九、互联网 + 民主管理

套餐十、互联网 + 职工健康 e 家

社区网格管理员用社区e通采集工会信息

“互联网+”十大服务套餐普惠职工

2015年6月，市总工会机关党委组织党员赴红安开展革命传统教育活动

2017 年 6 月，市总工会机关党委举办庆“七一”活动，全体党员重温入党誓词

2009 年 3 月，市总工会同桂林市总工会签订友好协议

2008年，市总工会机关开展进社区活动

2012年12月，市总机关工会第三次代表大会召开

2010年，市总工会党组中心组第一次学习会

2002年6月，市总工会举行对口帮扶捐赠仪式

2010 年 2 月，市总工会召开机关离退休干部形势通报暨迎新春座谈会

2008 年 5 月，市总工会向汶川地震灾区捐款

2010年，市总工会组织工友志愿者开展进社区活动

2013年，市总工会机关干部参加“三万”活动

2008年5月，市总工会机关干部职工向汶川地震灾区捐款

2009年，市总工会机关干部职工参加元旦长跑活动

全国工会系统先进集体
人力资源和社会保障部　中华全国总工会
二〇〇八年五月

农民工工作先进集体
纪　念
国务院农民工工作联席会议办公室
2008年11月·北京

全国工会模范帮扶中心
中华全国总工会

全国新经济组织工会工作
先进单位
中华全国总工会
一九九六年十二月

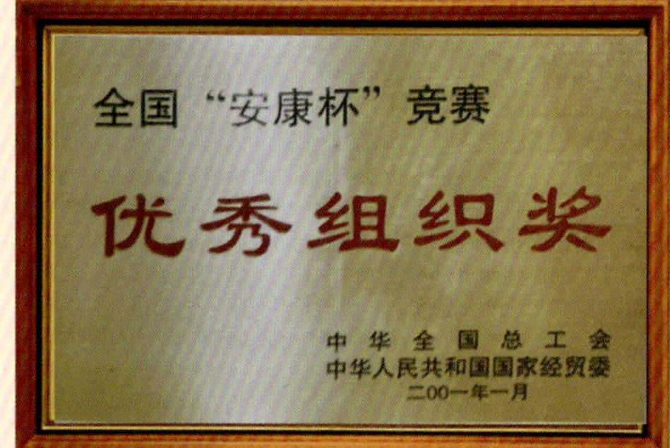
全国“安康杯”竞赛
优秀组织奖
中华全国总工会
中华人民共和国国家经贸委
二〇〇一年一月

送温暖工程
先进单位
中华全国总工会
2002年3月

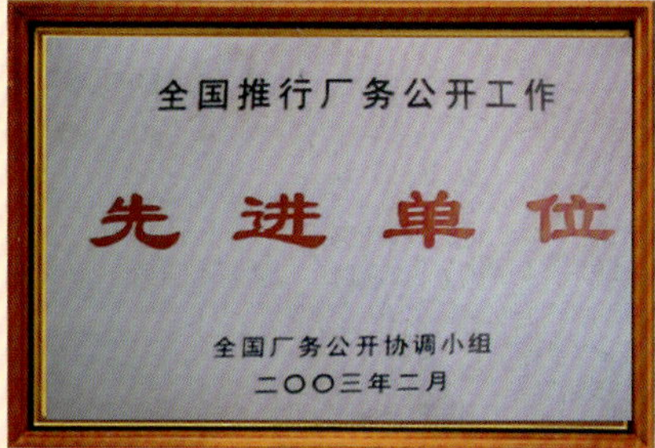
全国推行厂务公开工作
先进单位
全国厂务公开协调小组
二〇〇三年二月

全国职工安全生产知识普及教育活动
先进单位
全国安康杯竞赛组委会
二〇〇四年十二月

全国工会帮扶中心工作
先进集体
中华全国总工会
二〇〇六年七月

全国新建企业工会组建工作
先进单位
中华全国总工会
二〇〇三年八月

奖状
宜昌市总工会
你会荣获二〇〇七年度市级
工会财务工作先进单位
中华全国总工会
二〇〇八年六月

荣誉证书
宜昌市总工会经费审查委员会:
在 2014 年全国工会经审工作中成绩显著，授予全国工会经审工作先进集体称号，特发此证，以资鼓励。
中华全国总工会经费审查委员会
2014 年 12 月

2018年10月15日，《宜昌工会志》编纂委员会、《宜昌工会志》编审委员会和工会志编辑部全体成员合影
前排从左至右：文正宜、朱利民、江浩、杜心宁、朱复胜、罗志勇、黄泽江、彭定新、周惠群、伍明万、李涛

2018 年 7 月 11 日，宜昌工会志编纂委员会副主任李达明（右一）主持召开离退休老干部座谈会，征求对志稿的意见和建议

2018 年 10 月 15 日，《宜昌工会志》评审会在市总工会一楼大厅召开

2018年10月15日，《宜昌工会志》评审会现场

2019年1月，宜昌市总工会机关及直属事业单位全体干部职工合影

序

时值这部承载着宜昌工会历史的专业志书—《宜昌工会志（1989–2017）》付梓之际，谨执笔为序。

盛世修志。编史修志是中华民族的优良传统。1988–1991 年，编写了宜昌市工会第一本志书《宜昌市工会志（1926–1989）》。2017 年 2 月，在宜昌工会成立 90 周年之际，市总工会决定续编宜昌工会志。

宜昌历史悠久，人杰地灵。具有光荣传统的宜昌工人，在中国共产党宜昌地区党组织的领导下，于 1927 年 1 月成立了宜昌工会组织。新中国成立前，宜昌工会为反对帝国主义、封建主义及一切反动势力，为宜昌的解放事业做出了重要贡献。在社会主义革命和建设时期，特别是在党的十一届三中全会以来改革开放的 40 年中，宜昌工会团结带领广大职工，为宜昌的第一次、第二次振兴建功立业，如今正为建设社会主义现代化强市而努力奋斗，砥砺前行。宜昌工运和工会工作在波澜壮阔的历史大舞台上，谱写了有中国特色、宜昌特点的工运新篇章！开创了宜昌工会工作的新局面！

《宜昌工会志（1989–2017）》是首部宜昌工会志的继续，主要记载 29 年间宜昌工人运动和工会组织的发展及其重大活动。这 29 年正是改革开放第二个 10 年后不平凡的岁月。宜昌各级工会组织，在中共宜昌市委和市人民政府的高度重视和大力支持下，高举中国特色社会主义伟大旗帜，坚定地走中国特色社会主义工会发展道路，最大限度地维护职工的合法权益，最大限度地调动广大职工的积极性，坚持以人为本，胸怀全局、服务中心、发挥特色、积极适应经济关系和劳动关系的深刻变化，主动依法科学维权，动员组织全市职工大力支持和投身改革与建设，在深化改革、促进发展、维护稳定、创建和谐社会中发挥了重要作用，创造了无愧于时代、无愧于党和人民的新经验、新格局、新境界、新业绩，宜昌经验走出宜昌，冲出湖北，走向全国，为全省的工会工作增添了光彩，为中国工会贡献了宜昌智慧。在此，谨向为宜昌工会工作无私奉献、恪尽职守、勇于开拓、辛勤耕耘、不辞辛劳的历届工会工作者、广大工会积极分子以及所有关心、支持、帮助工会的各界人士表示诚挚的敬意和谢忱。

《宜昌工会志（1989–2017）》在编撰过程中，得到了市直有关部门领导和专家学者的关心和支持；档案部门为我们提供了大量史料；工会离退休老同志献出保存多年的照片和文字资料，并积极参加审核，一丝不苟、字斟句酌地进行修改；承担撰稿的同志，克服部门人员变动、资料散失、时间紧迫的困难，迎难而上，反复考证，几易其稿，备尝艰辛，按时保质完成了任务。值此志书印刷之时，谨向有关部门和个人致以诚挚的谢意！

“以志为鉴，鉴往知来。”工会志不仅要记载历史，传承根脉，更要服务当代，开创未来。在习近平新时代中国特色社会主义思想指引下，站在新的历史起点上的宜昌工人和工会工作者，从来没有像今天这样意气风发、斗志昂扬、开拓进取、勇往直前。我们坚信《宜昌工会志（1989–2017）》的出版发行，将对宜昌工运和工会事业的发展产生积极而深远的影响。我们相信，在中共宜昌市委和省总工会的坚强领导下，宜昌工会人一定能书写宜昌工运事业的新篇章，在实现中国梦的伟大征程中，再创新辉煌！

中共宜昌市委常委
中共宜昌市委统战部部长
宜昌市总工会主席
王大为 [签名]

凡　例

一、《宜昌工会志（1989–2017）》（以下简称“本志”）的编纂坚持以马克思列宁主义、毛泽东思想、邓小平理论、“三个代表”重要思想、科学发展观和习近平新时代中国特色社会主义思想为指导思想，科学、全面、客观、准确地记述宜昌市工会的历史与现状。

二、本志断限上起 1989 年，下限断至 2017 年。

三、本志采用章节体，一般分章、节、目三个层次。全志设机构设置、代表大会、市总工会领导人及工会界代表省级市级任职名录、组织工作、权益保障、民主管理、经济技术和劳动保护、宣教文体、女职工工作、财务资产、经审工作、对外交流、“互联网+”服务职工“宜昌模式”、机关工作、兴办工会企事业、事业单位、产业、行业、企业工会、县市区工会共 18 章。记述体裁采用“述、记、志、传、图、表、录”等形式。大事记以编年体为主。概述总领全书，章节之下根据需要设无题小序。各类图表俱随文走；并按章编号，如“表 1–1”表示第一章第一表，“图 1–1”表示第一章第一图。志末设附录和索引。

四、先进人物、单位独立单元，以录、表的形式，记载由本级工会推荐评选和备案的获得全国、省、市表彰的劳动模范、先进工作者，记载获得全国总工会、省总工会、市总工会表彰的五一劳动奖章，五一劳动奖状以及优秀工会工作者、优秀积极分子、优秀工会之友和支持工会工作的党政企业领导，记载获得全国、省、市工人先锋号称号的集体；记载全国总工会、市总工会分别授予 30 年以上和 20 年以上工会工作荣誉证书名录。

五、中华全国总工会、湖北省总工会、宜昌市总工会等称谓，分别简称“全国总工会”“省总工会”“市总工会”。

六、本志的地名称谓一般采用记述对象当时的称谓，单位名称首次出现用全称，此后用简称。为避免混淆，记述 1992 年前的宜昌市总工会统称“原市总工会”；1992 年 3 月地市合并后统称“市总工会”。

七、本志采用公元纪年，阿拉伯数字、标点符号简化字均按国务院批准公布的有关规定使用。人物直书其名或书其职其名，不用其他称谓。数字书写采用国际通行的三位分节法，有小数点的数据一般保留小数点后两位。使用“80 年代”“90 年代”，专指 20 世纪各年代。以“省”作为湖北省的简称，以“市”作为宜昌市的简称，如省总工会即指湖北省总工会，市财政局即指宜昌市财政局。省委、市委、县委、党总支、党支部、党员，为中国共产党的相应组织或成员，均有一定的专指性。

八、本志的资料来源于市总工会档案室、市档案馆，文中不一一注明出处。

目　　录

大事记

1989 年

1 月 20–21 日　原市总工会召开工作会议，传达市委七届九次全委会议精神，市委副书记万九才到会并讲话，市总工会主席金泽兰总结了 1988 年工作，提出了 1989 年的任务。

2 月 23 日　原市总工会会同劳动人事局联合召开劳动争议调解工作经验交流会，市副食品公司、国营 403 厂工会介绍经验。

3 月 1 日　原市总工会召开女职工表彰会，授予戴维新等 37 人为女能人、陈恭华等 13 人为优秀女干部的荣誉称号。

3 月 13 日　召开全区工会工作会议，地区工会作出“向宜昌县总工会学习的决定”。

4 月 9 日–6 月 6 日　地区工会先后发出《关于认真组织职工学习〈人民日报〉社论精神的通知》和《关于动员全区职工在稳定局势发展生产中发挥主力军作用的通知》。

4 月 27–29 日　原宜昌市工会第八次代表大会在工人文化宫召开。大会代表认真学习《人民日报》4 月 26 日社论，向全市职工发出旗帜鲜明地反对动乱的倡议书。

5 月 13 日　原市总工会会同市体改委、市经委、市财办、市计委、市城环委发出《关于认真贯彻<企业法>，加强承包租赁企业民主管理的暂行规定》，对承包、租赁经营企业建立健全职工代表大会制度、工会组织的地位、作用等问题作了明确的规定。

5 月 19–20 日　地区工会在枝城市召开建设企业利益共同体专题研讨会，发表论文 36 篇，其中《职工主人翁精神是企业文化的精髓》等 4 篇论文被《中国工运》采用。

7 月 26 日　原市总工会发出通知，为了把动乱和“六四风波”造成的损失夺回来，决定在工、交、建、财系统组织职工开展“四创”爱国立功竞赛活动。

8 月 24 日　原宜昌市委常委会，听取原市总工会党组关于全国总工会主席团会议和省总常委（扩大）会议精神的汇报，学习和讨论了江泽民总书记和其他中央及省委领导同志关于全心全意依靠工人阶级，发挥工会组织作用的讲话，会后发出《市委常委会议纪要》。

9 月 3–6 日　省总工会主席常俊德在市委书记张忠民的陪同下，到宜昌纺机厂、湖北开关厂等单位就如何全心全意依靠工人阶级，充分发挥工人阶级在“四化”建设中的主力军作用进行座谈。

9 月 5–6 日　地区召开工会工作会议，传达贯彻全国总工会十一届三次主席团扩大会和省总工会七届七次会议精神，学习江泽民总书记关于全心全意依靠工人阶级，充分发挥工会组织作用的讲话。

9 月 14–16 日　地区工会在宜昌县城关举办国庆 40 周年全区职工文艺调演和全区职工美术、书法、摄影作品展览，参加调演节目 81 个，送展作品 400 幅。

10 月 15–16 日　全国总工会书记处书记于庆和到市总工会检查指导工作。

11 月 9 日　宜昌市职工技协第二次代表大会在夷陵饭店召开，出席大会的正式代表 126 人，特邀代表 52 人。大会由金泽兰主持，黄显宁致开幕词，张兴本作工作报告，全国职工技协副会长、省总工会副主席马学礼、市委副书记万九才、副市长景学镇到会并讲话。大会选举市技协二届委员会委员 39 人，表彰 10 个技协先进单位，132 名技协优秀积极分子，9 名关心支持技协工作的企事业领导干部和 30 名工会技协优秀干部。二届一次委员会议推举景学镇、黄显宁为名誉会长，选举张兴本为会长，黎开智、张金枝、王筠详（女）、刘家林、严少舫、王自升、马克楠为副会长。

12 月 28 日　地区工会《关于当前部分停产、半停产亏损企业职工生活问题的调查报告》和《秭归县硅矿石少数职工声称要闹事》的快讯，引起地委和行署领导的高度重视，责成有关部门及时给予解决。

12 月 29 日　原市总工会向市委、市政府报送《关于原红星路工会会址产权问题的报告》，说明“文化大革命”期间总工会红星路会址大院被人武部住用至今已 20 多年，情况发生了很大变化，本着面对现实，不纠缠历史问题的精神，应将红星路总工会会址（现市军分区驻址）产权交回政府处理。

1990 年

1 月 10 日 中共宜昌地委、地区行署作出《关于开展向用鲜血和生命保卫国家财产的坚强卫士、优秀青年潘星兰、杨大兰同志学习活动的决定》。18 日，地区工会发文，号召全区职工向拼死保卫国家财产的英雄职工潘星兰、杨大兰同志学习。3 月 7–17 日，地区工会组织“两兰”事迹报告团赴宜昌、兴山、秭归县市巡回演讲 23 场，听众近 4 万人次。

1 月 18–19 日 原市总工会召开八届二次全委扩大会，传达省总工会七届三次常委会议精神，把稳定职工队伍作为工会全部工作的出发点。市委副书记万九才到会并讲话，市总工会主席金泽兰作报告。

2 月 9–10 日　地区工会召开工作会议，传达贯彻省总工会七届三次常委会议精神，地委副书记鲁德喜到会讲话。会上向潘星兰代发省劳模证书和奖章。

3 月 17 日 地区工会作出“向宜昌县总工会学习的决定”，并授书有“服务基层，增强活力，改革开拓，敢于创新”的锦旗一面。

3 月 24 日 原市直机关工会召开首次代表大会。市委副书记万九才到会讲话。市工会主席金泽兰宣布选举结果，马明顺当选为主席。

4 月 25 日 原市总工会召开双先双优表彰大会。表彰“先进职工之家”27 个，“先进集体”49 个，优秀工会工作者和优秀积极分子 385 人。市委副书记万九才等 3 位党政领导被授予特邀工会积极分子。

4 月 28 日 地区庆“五一”暨省劳模颁奖大会召开。地委副书记赵复武到会讲话，并向覃振海、刘存修、朱胜典、任玉梅、刘明贵、胡兴灿、王存杰、邵启登 8 位省劳模颁发证书和奖章。

5 月 10 日 地委召开全区群团工作会议。

5 月 11–12 日 原市委召开工青妇工作会议，原市总工会主席金泽兰与会发言。

5 月 14 日 地区工会发出《关于在全区职工中开展“百日锻炼迎亚运”活动的通知》。

6 月 14 日 原市政协工会界委员分成 6 个小组，到企业视察职工生活后勤管理工作和开展“红旗食堂炊具杯”竞赛活动情况。

6 月 21–28 日 地区工会组织工交战线“四学”报告团到枝江、枝城、长阳、五峰县市进行巡回报告 8 场，听众达 7100 人次。

7 月 5 日 原市总工会组织首场劳模事迹报告会。报告会先后在区、委、局系统工会举行 18 场，听众达 8000 多人。

7 月 30–31 日 原市总工会召开八届十二次常委扩大会，通过了贯彻执行中共中央 12 号文件的《实施意见》。

10 月 8–10 日 原市总工会、市建委、市职工思想政治工作研究会在中南橡胶厂联合举办“全心全意依靠工人阶级”理论研讨班，企业党委书记、工会主席等参加研讨。

10 月 16 日 地区基层工会工作会议召开。45 个基层工会介绍经验，40 个模范“职工之家”受到表彰。

10 月 27 日至 30 日，全国总工会副主席王厚德在宜主持全国工会系统劳动争议现场经验交流会并对宜昌的工会工作进行指导。

10 月 27 日至 11 月 2 日，全国总工会副主席陈宇来宜参加全国总工会系统劳动争议现场经验交流会并在宜指导工会工作。

10 月 28–31 日 全国工会处理劳动争议工作经验交流会在宜昌召开，29 个省、市、自治区、计划单列城市工会的代表共 120 多人参加会议。全国总工会副主席王厚德、全国政协常委、法制委员会副主任陈宇，全国人大法工委，国务院政策研究室、国家司法部、劳动部等有关部门的负责人出席了会议。市长罗清泉致欢迎词，市工会副主席伍明万介绍了宜昌经验。全体代表到宜昌纺机厂现场观摩学习。

11 月 1 日 全国总工会副主席王厚德一行到地区工会检查指导，石明光副主任汇报工作，并陪同到当阳等地调研。

1991 年

1 月 19 日 全国总工会书记处第一书记、常务副主席于洪恩来宜视察指导工作。省总工会主席冯家云、市委副书记李泉、市总工会主席金泽兰等陪同。宜昌地区工会办事处主任孙新民参加会见。

1 月 23 日 全国总工会副主席章瑞英来宜调研考察。

2 月 1–2 日 原市总工会召开八届三次全委扩大会，市委副书记万九才到会讲话，金泽兰主席作报告。大会动员全市职工投入到推进治理整顿，不断深化改革中去。

4 月 13 日 原市总工会召开八届九次全委会，增补赵玉春为副主席。

4 月 15 日 原市总工会召开“四创八能手”总结表彰暨“质量、品种、效益年”动员大会。

5 月 19 日 原市总工会组织宜昌纺机厂、市树脂厂等企业工会职工参加全市第一个助残日活动。

6 月 20–23 日 原市职工业余文艺调演举行，108 个节目参赛，78 个节目获奖。

7 月 13 日 地区工会和地直机关党委、共青团、妇联联合发出捐款捐物支援灾区人民的通知，地直 21287 名干部职工捐现金 12 万多元，粮票 18 万多斤，衣物 4 万多件。

7 月 15 日 原市总工会组织动员全市各级工会组织和职工，为荆州等地遭遇特大洪灾地区捐助。截至到 19 日有 250 个单位，10 多万职工捐衣物 17 万多件，现金 10 万余元。

8 月 24 日 原市总工会召开房屋改革座谈会，确定 15 个单位为房改联系点。

8 月 29 日 原市总工会组织全市基层企业工会参加市 1991 年科技成果交易会。

8 月 31 日 金泽兰主席参加市委召开的群团工作会议，进一步贯彻中央[1989]12 号文件关于加强和改善党对工会工作领导的精神。

9 月 3 日 原市总工会领导参加市巾被总厂破产领导小组会议。18 日市巾被总厂宣告破产。原市总工会派人参加处理有关工会财产、经费、职工安置，职工生活等方面的工作。12 月 30 日市总工会主席金泽兰参加市委书记罗清泉在旭棉主持召开的市巾被总厂破产工作小结会。

9 月 10 日 原市总工会召开市职工物价监督总站成立五周年《回顾与展望》座谈会，市政府副秘书长史昌远出席，金泽兰主席讲话，市物价局局长杨德沛主持座谈。

11 月 12–13 日 省总工会主席常俊德来宜调研，听取了工会工作汇报，研究了兴建南湖新工人文化宫等事项。市长罗清泉、市委副书记万九才、市总工会主席金泽兰等陪同。

11 月 27 日至 28 日，全国总工会副主席陈秉权来宜调研并指导工作。

1992 年

1 月 1 日 原市总工会组织全市 24 个企业事业单位的职工 3500 多人参加迎新年元旦长跑活动。

1 月 15–16 日 原市总工会八届五次全委会在“五一”宾馆八楼召开，市委副书记万九才到会讲话，金泽兰主席作工作报告。会上表彰 13 个模范班组，26 个好班长、好组长，增补原市工会八届常委委员。

1 月 20 日 原市总工会欢送原巾被总厂李春艳等 4 名女职工赴日本进修毛巾织造技术，时间为一年零九个月。市委副书记万九才在欢送会上讲话。赴日交流一事，由中国职工对外交流中心组织，是在该厂破产前就办妥的事项，因此没受该厂破产的影响。

3 月 6 日 原市总工会召开庆“三八”暨女职工表彰大会，表彰“三八”红旗集体 20 个，先进女职工委员会 20 个，优秀女工干部 115 名。

3 月 9–21 日 原市总工会主席培训班在南津关市委党校举办，有企业事业单位工会主席 67 人参加，历时 13 天。系统学习了改革形势、工会业务、三峡工程建设等内容。

3月20日，宜昌召开地、市负责干部大会，省委领导宣布中央决定，宜昌地区和原宜昌市合并，实行市领导县的体制。30日，根据市委17号文件关于新的宜昌市总工会临时领导小组成员的任命决定，第一牵头负责人金泽兰，第二牵头负责人郭玉吉召集临时领导小组会议，传达省总工会主席常俊德29日关于地市合并后工会工作的讲话。31日，市总工会机关和二级单位全体干部职工第一次大会在五一宾馆召开，金泽兰主持大会并讲话。郭玉吉宣布市委[1992]17号文件，市总工会临时领导班子组成如下：牵头负责人金泽兰、郭玉吉，负责人张兴本、伍明万、张信甫、张居文、赵玉春。金泽兰宣布临时领导班子小组成员的分工并提出工作要求，同时明确机关各部室牵头负责人，新的宜昌市总工会工作正式运转。4月7日，市委副书记鲁德喜，市政府副市长景学镇到市总工会五一宾馆现场办公，听取了完成地市合并工会工作的汇报。

4月17日 市工会召开地市合并后第一次县市工会主席会议。金泽兰主席通报了市工会机构合并情况，安排了工会工作。市委副书记鲁德喜到会并讲话。

4月29日 全市召开庆“五一”暨劳模表彰大会。市委书记艾光中、市长罗清泉，市有关领导、市直各部门负责人出席会议。代表省委、省政府表彰省劳模13人。市总工会响应市委提出的“服务大三峡，建设新宜昌”的号召，动员全市职工为三峡工程捐款57万多元。

5月24日 市总工会在城区启动《工会法》宣传月活动。活动期间共设宣传站50多个，开展宣传咨询1257场，办室外专栏、黑板报8657期。与此同时，市总工会与石油公司、三峡晚报联合举办了《工会法》知识竞赛，有13万多名职工参加。

5月24–25日 全国人大常委会副委员长、全国总工会主席倪志福来宜视察。倪主席在宜期间考察了三峡工程，市委副书记、市长罗清泉，副书记鲁德喜等市领导，省总工会主席冯家云、市总工会主席金泽兰等陪同。

8月12–13日 市总工会召开县、市、区、局工会主席会议。金泽兰主席传达省总、市委会议精神，要求以邓小平南巡讲话为指导，突出解放思想，更新观点，在服务大三峡，建设新宜昌中进一步发挥工会的作用。会上有宜昌县、枝江市工会和一轻、商业、纺织系统的企业工会介绍了参与改革的做法和经验。

10月12日 市总工会副主席张兴本传达参加全国总工会在上海召开的工会兴办实业会议精神，并提出市工会发展事业的意见和要求。

1993年

1月2日 市总工会以[1993]1号文转发全国总工会《关于印发<关于加快外商投资企业工会组建步伐和加强工会工作的意见>的通知》。

1月6–7日 全市工会工作会议召开。总结1992年的工作，研究部署1993年的工作任务。全市各县（市）区、委、局、部省在宜单位，正县级以上企业工会主席130人参加会议。

2月19–20日 全国总工会书记处书记张国祥来宜，就中国工会十四大报告的起草工作进行调研。

2月22日《宜昌市工会志(1926.12–1989.12)》付印。这是宜昌工会第一部志书。该志在市总工会党组的领导和市地方志办公室指导下进行，由黄显宁编写。全志记述了1926年12月至1932年4月和1949年7月至1989年12月，两个历史时期的宜昌市工人运动和工会工作的基本情况。其编审委员会由下列人员组成：万九才任名誉主任委员，金泽兰为主任委员；委员有陈传江、黄显宁、张兴本、伍明万、赵玉春、赵长富、彭学古、卢祖翼、刘韵秋、何先玲、王昌元。

3月5日 市总工会召开纪念“三八”国际劳动妇女节暨表彰大会，授予董晓焰等10名女职工为女职工标兵，授予102名女职工为优秀女职工。

3月至4月 市总工会女职工委员会及猴王焊接公司工会、《三峡晚报》联合举办了第二届女职工风采征文活动，共采用49篇稿件。

4月3日 市总工会召开纪念《工会法》修改一周年座谈会。

4 月 8 日 市总工会召开首次经济信息新闻发布会，全市各基层企事业单位工会主席和《工人日报》《湖北日报》驻宜记者及全市各新闻单位记者出席发布会。发布经济信息 190 多条，签订供销合同金额 734 万元。

4 月 29 日 召开庆“五一”暨劳模表彰大会。市委副书记鲁德喜宣读荣获全国五一劳动奖章、奖状和省劳动模范称号的单位和个人名单。市委副书记、常务副市长刘克毅向劳模表示祝贺。市领导代表全国总工会、省委、省政府颁发荣誉证书。各县（市）区、委、局分管工会工作的书记出席大会，并于下午参加专题座谈会。

5 月 9 日 日本大分县工会访华团一行 6 人来宜参观访问。

5 月 24 日 市总工会在热电厂召开推广建立职工互助补充保险储金会的现场会。

6 月 3 日 全市教育工会农村教师家属扶贫工作经验交流会在兴山召开。市总工会领导出席会议并讲话，市教育工会负责人主持会议，兴山县教育工会作了典型发言。

6 月 25 日 市总工会在西陵房改所召开女职工工作现场会，总结交流西陵房管所女职工委员会积极参与改革，协助安置下岗女职工的经验。

8 月 4–6 日 市总工会在长阳召开工会工作会议，传达省总工会七届七次全委扩大会议精神，加快改革开放步伐，在企业转机建制中更好地发挥各级工会组织作用。

8 月 24 日 在省总工会第八次代表大会上，省总表彰宜昌市模范职工之家 7 个，职工小家 11 个，优秀工会工作者 19 名，优秀工会积极分子 22 名。

9 月 16 日 市总工会在工人文化宫召开传达贯彻省总工会八大暨全市职工开展“创建开放城市争当万名能手”活动动员大会，金泽兰主席作传达，朱常渭副市长作动员，市委副书记鲁德喜讲话。

9 月 26 日 市委常委听取市总工会工作汇报，并就工会工作进行了研究，会后发了常委会议纪要。

10 月 19 日 市总工会在群艺馆举行市职工技协成立十周年暨职工技协大楼落成“双庆”大会。会上表彰了先进集体和个人。

10 月 24 日 在中国工会第十二次全国代表大会上，市委常委、市总工会主席金泽兰当选为中华全国总工会第十二届执行委员会委员。她是湖北省地市州一级工会负责人中唯一当选的执委。

11 月 18 日 市总工会与市体改委、市纪委、市商务局联合下发《关于做好国有企业职工内退工作的通知》。

12 月 25 日 市总工会和市电视台联合举办纪念毛泽东同志诞辰 100 周年“心中的太阳”演唱大赛，21 个单位参加决赛。

1994 年

1 月 21 日 全市工会工作会议召开，金泽兰主席作工作报告，市委副书记应代明到会讲话。

3 月 25 日 市总工会首次召开工会干部培训工作会议。

4 月 8 日 市长罗清泉发布市政府第 14 号令，宣布《宜昌市劳动模范管理办法》，自发布之日开始施行。

4 月 24 日 市总工会在桃花岭饭店广场举办庆“五一”大型文艺联欢会，宜昌电视台现场直播。

4 月 25 日 全市庆“五一”暨红旗单位、劳动模范表彰大会在市工人文化宫举行。市委、市政府授予猴王集团、宜化集团等 15 个单位为“红旗”单位，授予徐国梅等 51 人为市劳动模范。

7 月 全市近十万名女职工参加全国女职工“迎 95”世界妇女大会知识竞赛。市总工会女职工委员会被省总工会评为优秀组织先进集体。

7 月 市总工会同市委宣传部、市人大法工委、市普法办、市劳动局联合下发了《关于认真学习、深入宣传<劳动法>的通知》。在全市推进学习宣传活动中，印发宣传资料 41.7 万份。市工会举办两期有 298 人参加的骨干培训班。全市各级工会共办培训班 50 期，组织 11184 人参加。全市有 36.5 万名职工参加了全国《劳动法》知识竞赛，占全市职工 86.5%。

10 月 15 日 《中国工运》刊物在宜昌县召开发行工作会议，市总工会负责人到会祝贺。

10月23日 日本福岛县中小型企业团体中央会主席南大作带领的第七次中国考察团一行15人来宜。

10月28日 市总工会和市劳动局召开首次贯彻《劳动法》联席会。

11月15日 市总工会在市政府三会议室召开全市万名能手赛表彰大会。市委副书记应代明、市总工会主席金泽兰讲话，竞赛办公室负责人汇报了活动情况。大会表彰市级能手151名，参赛组织工作先进集体16个。全市有25万多名职工参加。

12月14日 全国劳模陈启富去世。29日市总工会领导到劳模宿舍向家属进行慰问吊唁。

1995年

1月12日 市总工会拨出96,100元专款分配到各县市区、委局，慰问企业困难职工。

1月13–14日 全市工会工作会议在五一宾馆八楼会议室召开。金泽兰主席作报告，市委副书记应代明到会讲话。

1月20日 全市劳模代表迎春座谈会召开，市委副书记李泉到会讲话，各行各业劳模代表80多人出席座谈会。

3月6日 全市女职工迎95’世妇会知识竞赛决赛在滨江公园南榭举行。全市300多名女职工参加这一活动，来自县市区和城区的6个代表队参加最后角逐。

3月8日 许先林、李华被全国总工会评为全国先进女职工，罗冬兰被评为全国先进女职工工作者。

3月20日 日本三峡会自行车团一行19人到宜昌，沿三峡工程专用公路线到三峡进行旅游活动。该团由市总工会国际部受省总对外交流中心委托进行接待。

4月5–6日 全国总工会副主席、书记处书记薛昭鋈一行来宜昌进行调研。

4月15日 市总工会接待香港电灯工会第八次观光团一行40人来宜访问。

4月22–24日 地市合并后，宜昌市工会第一次大表大会在市工人文化宫召开。金泽兰当选为主席，张兴本、张居文、伍明万、张信甫当选为副主席。杜心宁当选为经费审查委员会主任。

4月28日 市总工会和市体委在东山球类馆举办宜昌市庆‘五一’大型文艺活动“工人交响曲”联欢会，全市5000多名职工参加联欢活动。

5月5日 在湖北省女职工迎95’世界妇女大会巧手制作作品展评活动中，市总工会女职工委员会获优秀组织奖。

7月12日 市政府批转市总工会《关于开展职工扶贫济困及“送温暖工程”活动实施意见》的报告。

8月8日 市总工会与市劳动局举行劳动工作联席会，共商全市推行集体合同制度事宜，并确定30家试点单位。11月举行第二次联席会，增加试点单位17家。

8月16日 全国总工会主办发行的《中国工运》刊物华北华东片在宜召开发行工作会议。

8月20–23日 市总工会、市人民广播电台联合举办纪念抗日战争暨世界反法西斯战争胜利50周年演唱会。

9月5日 市委批转市总工会《关于在建立社会主义市场经济体制中进一步落实全心全意依靠工人阶级根本指导方针若干问题的意见》。

9–11月 市总工会参加市委、市政府确定的21家骨干企业进行建立现代企业制度的试点工作，参加了试点协调领导小组和工作机构，参加了旭棉、八一集团、宜化集团、猴王集团、宜药集团等企业试点方案的论证会。

10月8日 市总工会机关干部在白龙岗参加全省公务员资格统一考试。

10月12日 城区召开学习江泽民总书记关于搞好国有大中型企业的重要讲话和大战四季度动员大会，金泽兰主席讲话，红旗电缆厂工会等5个单位在会上发言。

10月 中华全国总工会授予当阳市“全国工会基层工作先进县（市）”称号。

11月27–28日 宜昌市职工技术协会第三次代表大会在市政府会议室召开。市委副书记万九才、市政府副市长朱常渭任名誉会长，伍明万当选为会长，谭宗强、杨法金、马克楠、梁开满、余汉陵当选为副会长。

12月1–2日　全国总工会副主席、书记处第一书记张丁华在省总工会主席冯家云的陪同下来宜调研。市委副书记应代明、市总工会主席金泽兰等陪同调研。

12月7日　南湖新工人文化宫第一期工程竣工。

12月20日　市总工会获省总工会授予的“工会生活工作模范单位”称号，市轻工局工会等4个单位荣获“生活工作先进集体”称号，余其琼等12人荣获“生活工作先进个人”称号。

12月29日 市总工会召开市扶贫互助会第一次理事会。

1996年

1月30–31日　市总工会一届二次全委扩大会在峡州宾馆举行。金泽兰主席作报告，市委副书记应代明讲话。

2月12日 省总工会领导倡导，宜昌市总工会、葛洲坝工程局工会、三峡开发总公司工会、清江水电有限责任公司工会、葛洲坝电厂工会热烈响应，在宜的五个工会组织举行第一次迎春联欢会，由三峡开发总公司工会承办。联欢会连续举办5年，1997年由宜昌市总工会承办。

3月25日 日本三峡会自行车代表团来宜，一行23人。

4月29日 全市召开庆五一暨红旗单位劳模表彰大会。市委市政府授予宜化集团等31个单位“红旗单位”称号，授予袁昌忠等62人“宜昌市劳动模范”称号。市委书记田震亚在大会上讲话。

6月16日 全市第一家由企业工会开办的职工消费合作社在“八一”钢铁集团工会成立。

6月19日，全国总工会副主席、全国人大常委会委员顾大椿来宜调研《破产法》实施中的意见和建议。

7月24日 市总工会一届六次常委扩大会召开。金泽兰主席总结部署工作，5个单位在会上介绍了贯彻工会工作总体思路，突出维护的经验。

8月15日 市人民政府批转市总工会《关于缓解特困职工生活问题实施方案》的通知下发。

9月2日　市总工会向城区473户、1600多人发放特困职工优惠证。

9月29日　市总工会女工部组织13对新人在国贸大厦举行集体婚礼。

10月7日　在省总工会成立70周年之际，全市有金泽兰等7名工会干部被省总工会授予“优秀工会工作者”荣誉称号，齐福堂等4人被授予“优秀工会积极分子”荣誉称号。

11月　市总工会组织田径运动队代表湖北省参加全国第三届工人运动会，获3块金牌，3块银牌和5块铜牌，男女团体分别进入第三名，团体总分排在第二名。

11月29日　湖北省劳模、宜昌纺机厂造型工闵泽全于11月28日赴京参加劳动部召开的表彰大会，荣获“全国技术能手”称号。

12月11日　市委书记田震亚到市总工会机关及文化宫视察工作。

1997年

1月9–10日 市总工会一届三次全委扩大会召开，市委副书记应代明到会讲话，金泽兰主席作工作报告，张兴本副主席传达省总工会工作会精神。会议通过《宜昌市总工会关于学习贯彻党的十四届六中全会<决议>的实施意见》，通过替补市总工会一届委员会和一届经审委员会委员的建议，表彰推行平等协商、签订集体合同制度先进单位。

1月11日 全国总工会经审会主任张富有来宜送温暖并听取了市总工会工作汇报。

3月2日 日本日中技能者交流中心代表团一行9人来宜访问。

4月28日 全市庆五一暨劳模表彰大会召开。100名职工获得市劳动模范称号。

7月3日 市总工会一届八次常委（扩大）会议召开，传达贯彻省总工会八届十四次常委（扩大）会和全市深化企业改革工作会议精神，研究工会在职工解困和再就业工作中应发挥的作用。金泽兰主席作报告，市委副书记应代明讲话。

11月18日 日本“连合福岛”友好访华团一行5人来宜。

11月18日 香港政府人员协会代表团一行10人来宜。

11月25日–12月1日 按照市委组织部关于机关干部竞争上岗、轮岗的要求，市总工会机关进行为期7天的竞岗轮岗工作，包括大会动员，竞岗报名，竞岗演讲，群众评议，双向选择，党组研究，思想工作等内容。12月1日公布了竞岗轮岗结果。

12月5日 市总工会完成机关公务员过渡的工作。

1998年

1月7–8日 市总工会一届四次全委（扩大）会议召开，传达贯彻省总工会第八届六次全委扩大会议和市委经济工作会议精神，总结1997年的工会工作，研究部署1998年工作任务。会议通过增补、替补市总工会一届委员会委员，经审委员会委员的建议名单，通报受全国总工会、省总工会表彰的先进单位和个人。

2月4日 市委市政府召开全市电话会，表彰100名劳动模范和17个红旗单位。

3月5日 市总工会召开纪念三八国际劳动妇女节暨表彰先进大会。会议表彰宜药等11个先进女职工委员会，王述秀等10名优秀女职工工作者，韩永凤等20名优秀女职工，刘成英等10名再就业明星以及贺荣等18户文明家庭。

3月6日 市直机关工委、市总工会、市妇联联合举办市直机关女职工迎“三八”第八套广播体操比赛，共有28个队参赛。

3月20日 市政府主持，将工会长期以来负责的市直企业特困职工生活补助费发放工作，移交给市民政局，共计职工356户，1116人。

3月22日 市总工会参加市委组织部主持的全市公务员招聘会工作。市总工会根据编制，招聘2名公务员。

5月22日 市总工会、市经委联合召开全市模范班组表彰会。58个班组获模范班组称号，116名班组长获好班长称号。

8月5日 在省总工会八届七次全体会议上，宜昌市12个单位工会和19名个人受到表彰，其中省级模范职工之家6个；省级模范职工小家6个；省级优秀工会工作者11人，省级优秀工会积极分子8人。

8月7日 市总工会副主席张兴本一行看望在7月29日抢险中不幸牺牲的猴王集团经济民警、抢险突击队员侯明章和徐宏刚的家属，并给他们每户送去了1000元慰问金，随后又到医院看望了受伤职工别兆明，并送去500元慰问金。

8月13日 市委常委、市总工会主席金泽兰一行赶赴抗洪一线—枝江百里州杨家河村，慰问在那里连续奋战20多个昼夜的工会干部职工，为他们送去10000元慰问金和价值14000多元的物资。

8月26日 省总工会授予西陵区献福路小学教师、军嫂陈光华“湖北五一劳动奖章”称号。

9月2日 市总工会召开“大战四个月，确保实现今年发展目标的动员大会”。号召全市各级工会迅速动员广大职工，弘扬抗洪抢险精神，为确保实现全市18%的经济增长速度和“三高三超”目标作贡献。

9月3日 市总工会召开职工思想信息员聘任大会。市总工会领导为40名工会干部颁发工会职工思想信息员聘书。

9月21日 在省工会第九次代表大会上，市委常委、市总工会主席金泽兰，猴王集团党委副书记、工会主席任云，宜昌日报都市副刊部副主任熊笑云当选为省总工会第九届委员会委员。市总工会副主席张兴本当选为省总工会第九届经费审查委员会委员。

10月16日 宜昌市出席中国工会十三大代表离宜赴京。三位代表是市委常委、市总工会主席金泽兰，宜都机电集团公司党委书记、总经理熊佳汉，三峡大学医学院副教授王世绪。

10月22日 台湾邮务大会代表团一行8人来宜。

11月3日 市总工会在市政府三会议室召开“传达中国工会十三大精神大会”，市委、市人大、市政府、市政协领导出席。市委常委、市总工会主席金泽兰作传达。大会代全国总工会向荣获全国模范职工之家，全国优秀工会工作者，全国工会荣誉积极分子，全国模范职工小家，全国先进县工会颁发奖牌、证书。

12月18日 宜昌市私营企业工会联合会正式成立，市委常委、市总工会主席金泽兰出席成立大会并授牌授章。

1999年

1月13日 市总工会召开一届五次全委（扩大）会议。会议确定1999年抓好两项重点、一个试点，即：以实施送温暖工程，促进下岗职工再就业和基本生活保障，加强工会组织自身建设为重点；抓好厂务公开试点。会议决定李祥文、邓恒、肖伟替补为市总工会一届委员会委员，增补杨道建、边有清、石廷桥为一届委员会委员，免去陈强胜、毛明秀、陈闯一届委员会委员。

1月20日，全国总工会副主席刘珩代表全国总工会来宜慰问特困企业和职工。

2月7日 中共中央政治局常委、中央纪律检查委员会书记、全国总工会主席尉健行在全国总工会副主席、书记处第一书记张俊九、省委书记贾志杰、市委书记田震亚、市长孙志刚、市总工会主席金泽兰等陪同下，对宜昌进行为期两天的视察，并听取了市委对工会工作的汇报。

2月24日 市委召开常委会议，专题听取工会工作汇报。市委书记田震亚、副书记应代明就1999年的工会工作讲话。市委常委、市总工会主席金泽兰汇报工会工作，副主席张兴本等列席会议。

3月5日 市总工会在西陵剧场召开纪念三八国际劳动妇女节暨表彰先进集体、先进个人大会，并进行女职工第八套广播体操比赛。市委、市人大、市政府、市政协领导李泉、应代明、金泽兰、张建一、江秀芳、景学镇等参加了大会。

3月15日 市厂务公开领导小组成立。市委副书记应代明任组长，市纪委书记李达智，市委组织部长周水舟，市委常委、市总工会主席金泽兰任副组长。市纪委、市委组织部、市经贸委、市总工会联合下发了《关于推行厂务公开、实行民主管理的意见》的文件。

4月2日 市职工技术协会三届五次全委扩大会议在葛洲坝电厂召开。市总工会副主席，市职工技协会长伍明万作工作报告。会议修改并通过《宜昌市职工技术协会章程》。付光军、陈庸治替补为市职工技协副会长。

4月26日 市总工会在西陵剧场举行庆五一《工人颂》职工文艺晚会。市委、市人大、市政府、市军分区负责人孙志刚，李泉、应代明、万九才、李达智、文成国、金泽兰、杨步先、柏世友、朱常渭、张为民、张建一和省总工会副主席陈群等观看演出。

4月27日 市委召开全市工会工作会议。市委书记、市长孙志刚讲话，市委副书记应代明主持会议。市委、市政府领导李泉、李达智、金泽兰、李德炳、周水舟、朱常渭，省总副主席陈群等出席会议。各县（市）区委分管工会的书记、市直各委局党委书记及各县（市）区总工会主席参加会议。

5月11日 市厂务公开领导小组在化纤厂召开厂务公开现场会。市直各委局工会主席，市直24家试点单位、部分县（市）区工会主席等140多人参加会议。市厂务公开领导小组副组长、副市长张建一，省总工会副主席昝金华讲话。

6月6日 市总工会与市体委联合举办"民康"杯健康奔向新世纪全民健康项目展演大赛，共有14支代表队参加。

8月19日 市总工会召开一届六次常委扩大会。会上认真学习江泽民总书记关于国企改革与脱困的重要讲话。市委常委、市总工会主席金泽兰作了《团结动员全市职工为推动国有企业改革与脱困做出新贡献》的工作报告。市委副书记、市政协主席李泉到会讲话。宜昌县总工会等六家单位在会上分别介绍"两个重点，一个试点"的工作经验。各县（市）区工会主席、常务副主席，市直各委局工会主任等参加会议。

8月24日 市总工会举行首次资助特困职工子女上大学仪式，向上大学的特困职工子女每人资助2000元。市委常委、市总工会主席金泽兰主持捐赠仪式，市委副书记万九才、市人大副主任江秀芳出席。

9月11日 市总工会组织职工参加全市庆祝建国五十周年"万人功拳剑暨民间民俗文体展演"活动，并荣获一等奖。

9 月 20 日 市总工会领导班子以及县以上干部“三讲”教育活动全面展开。市委常委、市总工会主席金泽兰作动员讲话，市总工会党组副书记、副主席张兴本宣读《市总工会机关领导班子及领导干部深入进行“三讲”教育实施方案》，市委巡视组组长李世金对“三讲”教育活动提出要求。历时 2 月，“三讲”教育活动于 11 月 26 日结束。

11 月 10 日 中华全国总工会副主席卢展工在省委常委、省纪委书记、省总工会主席黄远志，常务副主席郭佩英的陪同下，对宜昌市工会工作进行调研与考察。市委副书记李佑才，市委常委、市总工会主席金泽兰以及市总工会领导班子成员参加汇报。11 月 12 日上午卢展工考察宜昌县、伍家岗区、西陵区、宜化集团的工会工作。

12 月 13 日 市总表彰“班组职工学习邓小平理论知识竞赛”先进单位，安排布置“学习十五届四中全会精神知识竞赛”活动。

12 月 18–19 日 以埃塞俄比亚工会联合会主席爱勒梅亚为团长的埃塞俄比亚工会联合会代表团一行二人来宜昌市参观访问，市总工会副主席张兴本迎送并陪同活动。

12 月 23 日 市委下发《关于全心全意依靠职工办企业的实施意见》。

12 月 28–29 日 在省工会九届三次全委扩大会议上，市委常委、市总工会主席金泽兰作了题为“突出工作重点，提高整体水平”的经验交流。市总工会荣获“全省工会重点工作优秀单位”。

2000 年

1 月 5 日 市总工会举行党风廉政建设责任制签字仪式，市总工会主席金泽兰与副主席张兴本、伍明万、张信甫、何先玲签订党风廉政建设责任书；四位副主席分别与其分管的部门负责人签订党风廉政建设责任书。

1 月 11 日 市总工会在五一宾馆召开一届六次全委扩大会议。市委副书记周水舟到会讲话，市总工会主席金泽兰作工作报告。会议确定 2000 年突出抓好“两个重点，一个加强”，即以落实市委（1999）22 号文件和全面推行厂务公开为重点，切实加强工会组织自身建设。会议表彰了 1999 年度工会重点工作优秀单位和先进单位，通报了宜昌市各级工会在全国总工会、省总工会获得的各项荣誉。大会增补何先玲为市总工会副主席，增补熊伟、朱耀平、秦文煊、向洪星为一届委员会委员，向龙、万社知、王大祥、陈永凤、袁祖凤、张蓉、单于先秀替补为一届委员会委员，屈秀、张羽新、李长青、胡先清替补为一届经审委员会委员。

1 月 29 日 省委副书记王生铁、省人大副主任刘荣礼、省政协副主席陶醒世在市委书记孙志刚，市委副书记、市长王振有等领导的陪同下，走访慰问宜棉集团和省劳动模范梁开全、瓦楞纸箱厂特困职工孟庆祥。

3 月 6 日 市总工会在新落成的市工人文化宫举行庆“三八”国际妇女节表彰大会暨“新世纪、新女性”女职工演讲比赛。市委、市人大、市政府、市政协负责人周水舟、江秀芳、刘旭辉、景学镇、金泽兰等以及市委宣传部、市直机关工委、市总工会、市妇联、团市委的领导出席表彰会。会议表彰 20 个先进女职工集体、60 名先进个人。

4 月 10 日 市总工会被市直机关工委授予“文明机关”称号。

4 月 27 日 市委、市政府举行庆五一暨红旗单位、劳动模范表彰大会。会议表彰 100 名劳模，50 个红旗单位。市领导王振有、李佑才、李泉、郑广玉、李德炳、王厚军、甘家宽、江秀芳、朱常渭、赵君礼等出席会议，市委副书记、市长王振有在会上讲话。

4 月 28 日 市总工会在夷陵广场举行“新世纪主力军风采自行车环城行”活动。市委、市人大、市政府、市政协负责人及市总工会和有关部门领导参加开幕式。市总工会主席金泽兰主持仪式，市委副书记李佑才讲话。

5 月 13–14 日 日本福冈县工会联合会会长盛贞人士为团长的日本福冈县工会联合会友好访华团一行 6 人来宜参观访问，市总工会副主席张兴本会见并宴请代表团一行。

5 月 16 日 市厂务公开工作会议在南湖宾馆召开。市厂务公开领导小组组长、市委副书记周水舟在会上讲话，会议提出全市国有、集体及其控股企业厂务公开面要达到 90%以上，并力争在两年内全部达到规范化。市委常委、市纪委书记余幼明出席会议。各县市区、市直委局（公司）及企业集团、部省在宜单位厂务公开领导小组负责人参加了会议。

6 月 9 日 全市新建企业工会组建工作领导小组召开会议。市委副书记周水舟、市政府副市长刘旭辉出席会议并讲话。会议强调要把工会组建工作与基层党建紧密结合，把工会组建率，职工入会率纳入党建目标考核体系。

6 月 18 日 市总工会主席金泽兰代表市总工会与市委书记孙志刚、市长王振有签订《宜昌市 2000 年度党风廉政建设专项治理工作责任制责任书》。

6 月 25-27 日 美国弗瑞德·包曼先生来宜访问。

7 月 3 日 市总工会领导参加全国总工会在汉召开的部分省市工会干部学习“三个代表”重要思想研讨会，所作发言题为《以“三个代表”的重要思想为指导 努力开创新世纪工会工作的新局面》，会后发言稿刊登在全国总工会刊物《工运研究》2000 年第 15 期上，署名为“湖北省宜昌市总工会”。

8 月 2 日 市总工会召开一届九次常委扩大会。市委副书记周水舟出席会议并讲话，要求各级工会要充分认识新建企业组建工会的重要性和紧迫性，确保全市组建工作有新的突破。市总工会主席金泽兰作题为《认真学习贯彻“三个代表”的重要思想，推进新建企业工会组建和厂务公开工作深入发展》的工作报告。

9 月 10 日 以日本工会总联合会石川联合会会长、石川劳福协理事长桥本邦男为团长的石川劳福协代表团一行 5 人来宜参观访问。

11 月 16 日 市委在市总工会召开部分县市区分管群团工作书记座谈会，研讨加强县市区工会领导班子配备和管理工作。市委副书记周水舟、市总工会主席金泽兰、市总工会党组书记周学文分别就加强县市区工会领导班子配备和管理工作讲了重要意见。

11 月 21 日，市总工会召开一届七次全委（扩大）会议，市委副书记周水舟到会讲话，金泽兰主席主持会议，增补周学文为市总工会一届委员会委员、常委、副主席。

11 月 26-28 日 宜昌市工会第二次代表大会于 11 月 26 日在西陵剧场召开，余幼明当选为工会主席，周学文当选为常务副主席，潘德远、何先玲、任云、肖伟当选为副主席。杜心宁当选为经费审查委员会主任。

12 月 24 日 香港电灯集团公司工会代表团来宜参观访问，市总工会常务副主席周学文会见并宴请了港灯集团工会主席黄年胜一行。代表团参观三峡大坝，考察宜昌的电力资源，交流两地工会工作经验。

12 月 26 日 市总工会、市经贸委在湖北开关厂召开 1999-2000 年市级模范班组表彰及经验交流大会。市委常委、市总工会主席余幼明出席大会并讲话，市总工会常务副主席周学文、副主席何先玲、任云、肖伟、经贸委副主任王虎出席。大会表彰了 95 个模范班组，166 个好班长、好组长。

2001 年

1 月 10 日 市总工会召开二届二次全委扩大会议。会上表彰了 2000 年度重点工作优秀单位 9 个、先进单位 15 个，8 个单位在会议上介绍经验。市总工会与各县市区总工会有关委局（公司）工会签订了《工会组建工作目标责任书》。

2 月 1 日 市总工会组织全国劳模许先林、省劳模张光美、李广佳、张治燕，市劳模徐耀军、张丹等在市总工会座谈，声讨“法轮功”反科学、反人类的行径。

2 月 25 日 省总副主席黄国庆和省总生活法律部一行三人，来宜检查新建企业工会组建工作。

2 月 28 日 市总工会女职工委员会一届一次全委扩大会议召开，宣布市总工会第一届女职工委员会委员名单，总结 2000 年工会女职工工作，部署 2001 年工会女职工工作，表彰了女职工工作先进集体和优秀个人。

3 月 2 日 上午，由市总工会发起，市委宣传部、市直机关工委等联合举办的“支持申奥，科学健身”万名职工体育活动月启动仪式在西陵剧场前隆重举行。市委副书记李佑才，市委常委、市委宣传部部长文成国，市委常委、纪委书记、市总工会主席余幼明等领导和来自机关企事业单位的3000名职工参加启动仪式。

3月6日 市总工会、市妇联、市体委、三峡电视台在市体育馆联合举办庆“三八”国际妇女节女子健身操比赛，共有22个代表队参赛。市委常委、市总工会主席余幼明出席并讲话。

3月26日 市职工技术协会四届一次会议在五一宾馆召开，市总工会副主席任云当选为市技协第四届委员会会长。

5月16–18日 日本福冈县议会代表团一行16人来宜参观访问。

6月7–10日，市总工会常务副主席周学文受香港电灯集团工会邀请率团赴香港参加港灯工会成立70周年庆典活动。

6月10日 市委常委、市总工会主席余幼明在桃花岭饭店会见以日本大分县工会联合会副会长、事务局局长舛友俊一为团长的“联合大分”访华团。市总工会副主席何先玲陪同参观了三峡工程。

7月10日 市委常委、市总工会主席余幼明带领市总领导班子全体成员，慰问生产一线职工。

8月3日 市总工会召开全市工会经济技术创新暨劳动保护工作会议，传达省总九届六次常委（扩大）会议通过的《关于进一步组织动员全省职工广泛深入实施群众性经济技术创新工程的决定》及湖北省经济技术创新活动展示会实施方案，研究部署全市经济技术创新、劳动保护工作。

9月19日 全国总工会副主席、书记处第一书记张俊九一行来宜调研平等协商、签订集体合同制度等工作。省总工会常务副主席、党组书记郭佩英，副主席黄国庆等陪同。市委副书记周水舟，市领导金泽兰及市总常务副主席周学文等参加调研。

10月13–15日 市总工会、市劳动局在宜昌纺机厂举行全市职工“精一业、会两手”练兵比武决赛，宜昌燕狮科技开发公司彭洪松获得头名，被破格提拔为技师。

10月25日 全省职工计算机知识普及应用比赛在武汉大学计算机中心举行。宜昌市代表队获湖北省职工计算机知识普及应用比赛优秀组织奖，选手张颖荣获三等奖。

12月4日 全国第一个法制宣传日，市总机关及文化宫干部职工，在夷陵广场设立宣传站，以多种形式宣传《工会法》。

2002年

1月17日 市总工会二届三次全委扩大会议在城区南湖宾馆召开。会议总结2001年工会工作，部署当年各项任务，表彰了2001年度全市工会重点工作优秀单位，增补王怀兰、李家发、王功平、李桂林、祁必清、胡勇、陈宏彦、张海燕、薛传平、江昌勤，替补陈凤喜、谭华昌、龚万和、杜岐山、赵思刚、袁俊建、杨先刚为二届委员会委员。

1月22日 全国总工会副主席周玉清在省总工会副主席昝金华陪同下到宜慰问困难企业，困难职工。市委书记孙志刚，市委副书记周水舟，市委常委、市总工会主席余幼明陪同慰问旭光棉纺织集团公司，走访三户困难职工。周玉清在市总工会听取城镇居民低保政策落实情况汇报。

4月25日 市总工会组织500人的职工方阵，观看由全国总工会、省人民政府、中央电视台、三峡开发总公司在三峡大坝联合主办的《世纪彩虹》大型广场文艺演出。

5月20日 市总工会召开平湖工人疗养院改造、扩建工程论证会。市总工会常务副主席周学文，副主席肖伟及市规划局、环保局、旅游局、建设局、建筑设计院、三峡大学、夷陵区规划所等单位有关负责人参加论证。

5月23–24日 市总工会召开工会系统揭批“法轮功”座谈会。

5月26日 内蒙古自治区总工会、广西壮族自治区总工会、河北省总工会共4人到宜昌参观考察。

6月1–2日 新疆建设兵团工会主席王春游带团到宜昌参观考察。

6月2–5日 上海市人大副主任、市总工会主席包信全一行11人，在省总工会副主席黄国庆陪同下到宜昌参观考察。6月3日，市委副书记、市总工会主席余幼明向上海市代表团介绍宜昌工会工作情况并应邀与上海市黄浦区总工会签订友好城市工会协议。

8月15日 市总工会在南湖宾馆召开二届三次常委扩大会议，学习贯彻江泽民“5·31”讲话和省第八次党代会，省总工会九届八次常委扩大会议精神，总结交流推行职代会制度和平等协商、集体合同制度的做法与经验。

8月21–22日 全国厂务公开调研检查组到宜调研检查。省厂务公开协调领导小组成员、省委企业工委副书记曾瑞潜，省总工会副主席黄国庆陪同。调研检查组21日听取工作汇报。22日由市委副书记、市总工会主席余幼明，市总工会党组书记、常务副主席周学文陪同到焦化煤气公司、湖北开关厂调研检查。

10月23日 市委副书记、市总工会主席余幼明在宜昌桃花岭饭店会见以常务监事黄诚基先生为团长的台湾邮务工会联合会代表团。

11月27日 市委副书记、市总工会主席余幼明在桃花岭饭店会见林德森·本费尔先生为团长的澳大利亚CEPU工会代表团。

12月 市总工会分五个检查组，对14个申报2002年度工会重点工作先进的单位进行检查验收，共评出当阳市总工会等6个优秀单位，宜都市总工会等8个先进单位。

2003年

1月12日 市总工会召开二届四次全委扩大会议，传达贯彻省总工会九届六次全委扩大会议精神。总结2002年工会工作，研究部署2003年工作安排。会议表彰当阳市总工会等6个工会重点工作优秀单位，宜都市总工会等8个工会重点工作先进单位。

1月12–13日 全国总工会副主席倪豪梅来宜，在省总工会副主席诸玲，市委副书记，市总工会主席余幼明，市总工会党组书记、副主席周学文的陪同下走访慰问困难企业和困难职工。

3月16–18日 以日本联合福岛会长代行冲野光雄为团长的第二次联合福岛志愿植树团一行20人来宜昌访问。市委副书记、市总工会主席余幼明会见代表团一行，市总工会党组书记、常务副主席周学文参加会见，并陪同参观。

3月24–26日 日本日中技能交流中心理事长技元为团长的日中技能者交流中心代表团一行6人来宜访问。市长李佑才会见代表团一行。市委副书记、市总工会主席余幼明，副市长张为民，市总工会常务副主席、市职工对外交流中心会长周学文参加会见。

4月7日 全国总工会书记处书记董力来宜调研贯彻落实全国再就业工作会议精神的情况。

4月28日 市政府在市电话局电视电话会议室召开庆祝五一国际劳动节暨五一劳动奖章代授仪式，市委副书记、市总工会主席余幼明出席会议并讲话。

5月1日 市委副书记、市总工会主席余幼明，市总工会党组书记、常务副主席周学文，副主席肖伟慰问民康药业有限公司、人福药业有限公司、湖北华强科技公司、市三医院和卫生防疫站，看望战斗在抗非一线的职工并送去慰问金。

5月21日 市总工会副主席潘德远到当阳慰问抗非一线的医务工作者并送去慰问金。

6月17日 中华全国总工会副主席纪明波来宜，就经济技术创新、劳模管理、安全生产等方面的工作进行调研。

8月8日全国总工会副主席苏立清来宜就非公有制企业组建工会工作进行调研。

8月20–24日 湖北省工会第十次代表大会在武昌召开。宜昌市49名代表和1名特邀代表参加会议。余幼明、周学文、王怀兰、周爱平当选湖北省总工会第十届委员，杜心宁当选为湖北省总工会第十届经费审查委员会委员。

9月22–26日 中国工会第十四次全国代表大会在北京召开，市委副书记、市总工会主席余幼明，市总工会党组书记、常务副主席周学文，长阳土家族自治县第一人民医院院长向延久参加会议。市总工会主席金泽兰作为特邀代表参加会议。余幼明当选为中华全国总工会第十四届执委。

9 月 26 日 市总工会在三峡大学体育馆举行《三峡放歌》大型职工文艺晚会，25 个单位，1000 余名职工演员登台表演。原全国政协副主席王文元，省政协副主席周宜开，市委书记李佑才等领导观看演出。

10 月 31 日 市总工会召开全市工会工作会议，传达贯彻中国工会十四大和全省工会工作座谈会精神，代全国总工会，省总工会向受表彰的单位和个人颁奖。

12 月 9 日 市政府与市总工会召开第二次联席会议，市委市政府领导、市总工会主席余幼明等出席会议。市经贸委、劳动和社会保障局、财政局、民政局、卫生局、安监局、司法局和市总工会负责参加联席会议。

2004 年

1 月 6 日 市总工会召开迎新春劳模座谈会并代全国总工会向有困难的全国劳模发放定期生活补助款、春节慰问金，市总工会给每位劳模发出慰问信。

1 月 8 日 市总工会二届五次全委扩大会议在南湖宾馆召开，党组书记、常务副主席周学文作工作报告，市委副书记、工会主席余幼明讲话。

3 月 1 日 市总工会召开县市区分管工会志编纂工作领导和市总工会机关各部室负责人会议，对《宜昌市工会志》篇目任务进行分解，并就如何编纂进行培训。《宜昌市工会志》编纂领导小组副组长潘德远对加强编纂工作提出要求。

3 月 2 日 宜昌市职工技协四届四次全委扩大会议在五一宾馆召开。市总工会副主席、市职工技术协会会长任云作题为《顺应形势、突出重点，在经济建设发展过程中充分发挥职工技协的作用》的工作报告，6 个单位在会上介绍经验，省总工会技协主任王思本到会祝贺。

3 月 5 日 市总工会女职工委员会在五一宾馆召开庆“三八”国际劳动妇女节暨《贯彻女职工委员会工作条例》大会，会上有 5 名下岗再就业女职工先进典型发言。

4 月 5–8 日 应市总工会的邀请，以香港电灯集团公司工会主席黄年胜为团长的香港公共事业工会联合会代表团来宜访问。8 日上午，市委副书记、市总工会主席余幼明在市总工会会见代表团全体成员。

4 月 7 日 市总工会首期下岗职工再就业免费培训班在市工人文化宫开班，来自市直企业 55 名下岗职工参加培训。

4 月 11 日 市委副书记、市总工会主席余幼明会见以副会长野山道幸为团长的日本福岛县工会联合会代表团。

4 月 16 日 省总工会强化基层工会组织建设调研座谈会在宜召开。省总工会党组书记、常务副主席黄国庆、组织部长熊琴芝等出席，市总工会各位主席及下派工会干事列席会议。

4 月 17 日 市总工会开展的“走进职工庆五一送戏下乡”系列慰问演出拉开序幕。市委副书记、市总工会主席余幼明及各位副主席率演出队赴樟村坪矿区进行慰问演出。23 日到猇亭区演出。27 日下午到开发区演出。

7 月 13 日 受香港电灯集团公司工会澳门水电工会主席黄年胜，副会长邝荣杰先生邀请，宜昌市总工会组成 15 人代表团赴香港、澳门参加两会友好交往 20 周年庆祝活动。

7 月 19 日 市总工会女职工委员会在五峰柴埠溪召开各县市区女职工主任会议，下发《宜昌市总工会女职工委员会落实“311 工作计划”考核办法》的通知。

7 月 30 日 市总工会在五一宾馆召开二届四次常委扩大会议，传达贯彻省总工会十届三次常委扩大会议精神和省总工会促进再就业工作会议精神。市总工会党组书记、常务副主席周学文作了《突出重点、狠抓落实，全面完成今年各项工作任务》的工作报告，市委副书记、市总工会主席余幼明发表题为《树立和落实科学发展观，推进工会工作创新发展》的讲话。

10 月 15 日 市总工会在宜都市召开 2004 年经审工作会议，省总工会党组成员、经审主任胡维鼎，省经审办主任李治祥，副主任周溢，市总工会党组书记、常务副主席周学文，副主席肖伟，经审主任杜心宇出席会议。

4–11 月 市总工会举办《湖北省实施<中华人

民共和国工会法>办法》知识竞赛，竞赛内容包括《中华人民共和国工会法》《实施办法》及《湖北省实施<中华人民共和国工会法>办法学习手册》所涉及的有关知识。竞赛历时 8 个月，分两个阶段进行，第一阶段为试卷竞赛，全市共有 10 万多名职工参加。第二阶段为竞技竞赛，市总工会组织4名队员参加省总工会组织的竞技性竞赛，获地市州笔试第一名，决赛三等奖。

2005 年

1月 17 日市总工会在南湖宾馆召开市总工会二届六次全委（扩大）会议。会议认真学习贯彻党的十六届四中全会精神，坚持科学发展观，按照市第三次党代会和省总工会十届三次全委（扩大）会议的工作部署，回顾总结 2004 年的工会工作，研究确定 2005 年全市工会工作的主要任务和工作措施。市委副书记、市总工会主席余幼明讲话。党组书记、常务副主席周学文作工作报告。

元旦、春节期间，各级党政和工会领导共有 6673 名到 282 家困难企业、11344 户困难职工家中走访慰问，全市各级工会筹措资金 462.84 万元。其中慰问全国劳模、省劳模 288 人次，发送慰问金、补助款、帮扶资金 73.35 万元。走访慰问市级劳模 21 人，发送慰问金 2.1 万元；走访慰问困难基层工会干部、单亲女职工家庭，发送慰问金 1.56 万元。

2005 年市总工会开展共产党员先进性教育活动。2 月 4 日党组制定开展教育活动实施方案。2 月 5 日召开动员大会。市总工会党组书记、常务副主席周学文作了题为《坚持共产党人的理想信念 为保持党的先进性而努力》的动员报告，市委督导组组长、市纪委副书记沈东升讲话。市总工会机关及所属事业单位的 74 名在职和离退休党员参加动员会。整个活动分为三个阶段进行，第一阶段广泛动员、深入学习，从 2 月 5 日至 3 月 20 日开展了听劳动模范事迹报告、领导讲党课、党员交流学习心得活动。第二阶段自我检查、民主评议，从 3 月 21 日至 4 月 20 日，开展交心谈心，广泛征求意见和建议。4 月 7 日召开党组民主生活会，市委副书记、市总工会主席余幼明和市委督导组组长张海燕参加。第三阶段认真整改，总结提高，从 5 月 9 日至 6 月 17 日，市总工会制定三个方面 20 条整改措施，三次修改征求意见。通过整改，市总工会做了 16 件实事，取得了先进性教育活动的成果。在 6 月 15 日市督导组参加的测评会上，市总工会 63 人参加测评，测评结果为 61 人满意，2 人基本满意，市总工会开展的共产党员先进性教育活动满意率 100%。

3 月上旬，市总工会举办庆祝“三八”国际劳动妇女节暨“我的事业、我的家”演讲比赛，并组织演讲团分赴宜都、长阳等地巡回演讲 5 场，听众达 1000 人。

4 月 27 日 市总工会与三峡晚报社联合举办“庆五一，献爱心，为下岗失业人员及子女送岗位”的大型公益招聘洽谈会。85 家企事业单位参与招聘，2200 多名职工群众到现场求职应聘，623 人与用人单位达成就业协议。

4 月 30 日 全市劳动模范表彰大会暨市委工会工作会议在西陵剧场召开。市委书记李佑才，市委副书记、市总工会主席余幼明出席会议并讲话。宜都市委、西陵区委、市建设委员会党组、宜昌人福药业公司党委介绍了加强对工会工作的领导，充分发挥工会组织作用的经验。

4 月底，市总工会组织 10 多个职工文艺团队先后深入宜都楚星化工集团、五峰渔洋关镇、兴山古夫镇、伍家民营科技园、点军凯普松公司，为 2 万多名基层干部职工和当地群众慰问演出。

6 月 20 日 全市工会经费委托国税机关代收工作动员大会在夷陵饭店召开。从 7 月 1 日起，全市范围内的企、事业单位工会经费由国税机关代收。

8 月 16 日 市总工会召开二届五次常委（扩大）会议，传达学习党中央近期关于工人阶级和工会工作的一系列重要指示精神及《关于坚持走中国特色社会主义工会发展道路的决议》，全面总结今年以来的工作，对后几个月的工作进行了安排和部署。

11 月 9 日 全市工会维权机制建设工作会议召开。市委副书记、市总工会主席余幼明出席会议并讲话。市总工会党组书记、常务副主席周学文传达全国、全省工会维权机制建设工作会议精神。宜都市总工会、兴山县总工会交流了加强维权机制建设的做法。

2006 年

1月7日 全国总工会副主席徐德明、基层组织建设部部长郭稳才、财务部部长朱思泽、生活保障部综合处处长凌萍，省总工会巡视员陈群、生活保障部部长周立群、财务部副部长张卫一行来宜慰问。市委书记、市人大主任李佑才，市委副书记、市总工会主席余幼明，副市长张为民，市总工会党组书记、常务副主席周学文等在桃花岭饭店向全国总工会、省总工会领导汇报工作。8日上午，徐德明一行慰问宜昌市焦化煤气公司、全国劳动模范梁开全、特困职工何宝金。同时视察市总工会困难职工帮扶中心。

1月14日 受市委副书记、市总工会主席余幼明的委托，市政府副市长张为民在市总工会领导班子全体成员的陪同下，先后来到宜昌裕宏纺织有限责任公司、市中心医院新外科大楼工地、市政设施维修管理处沙河砖厂生产车间、宜昌太平鸟服饰公司生产车间，走访慰问了进城务工人员，给800多名农民工送去了慰问物资。

1月17日 市总工会二届七次全委（扩大）会议在南湖宾馆召开。会上表彰了2001年度全市工会重点工作优秀单位，增补、替补了二届委员会委员、经审委员。常务副主席周学文作题为《抓住机遇与时俱进努力开创宜昌市工会工作新局面》的工作报告。

2月10日 元旦春节期间，全市各级工会广泛开展送温暖活动，共筹集慰问款620.675万元。全市各级领导干部8503名走访慰问困难企业412户，困难职工23732户。

3月6日 市总工会在市工人文化宫隆重召开庆“三八”表彰大会，全市各界200多名女职工代表参加。省总工会党组副书记、副主席、女职工委员会主任褚玲，市委副书记、市总工会主席余幼明出席大会并讲话。市妇联主任尚葵，市体育局副局长赵国华及市总工会副主席、纪检组长等出席大会。

6月12–13日 省委常委、省总工会主席李明波在省委副秘书长刘克毅，省总工会党组书记、常务副主席黄国庆等陪同下来宜，调研维护农民工合法权益工作。市委副书记、市总工会主席余幼明作了汇报。

11月26日 市总工会在南湖宾馆召开二届八次全委会议。市委副书记、市总工会主席余幼明主持会议并讲话。会议审议通过宜昌市总工会二届委员会有关人事任免事项，选举张毅为市总工会常务副主席，王怀兰为市总工会副主席，郑永安为市总工会经费审查委员会主任，高登海、戴福、王继平、熊虎、陈立国等5人替补为市总工会二届委员会委员。

10月25日 市总工会召开“纪念职工技协活动兴起四十五周年座谈会”。来自地方工会、基层技协和专业协会的30多位代表参加座谈会。

12月21日 市总工会在五一宾馆召开党组中心学习组（扩大）学习会议。学习主题是工会经费审查审计。省总工会党组成员、经费审查委员会主任胡维鼎出席会议并讲话；省总工会经审办主任李治祥作经审业务知识专题讲座。市总工会党组书记、常务副主席张毅主持会议。

2007 年

2月10日 全国总工会副主席董力、省总工会党组书记、常务副主席黄国庆，全国总工会保障部副部长李志培分别为宜昌市总工会困难职工帮扶中心、宜昌市总工会职工权益维护中心揭牌。

3月26–27日 宜昌市工会第三次代表大会在城区五一剧场召开。郭俊苹当选为工会主席，张毅当选为常务副主席，任云、肖伟、王怀兰当选为副主席。郑永安当选为经费审查委员会主任。

3月28日 宜昌市职工权益维护工作协调领导小组（扩大）会议召开。市职工权益维护工作协调领导小组全体成员、各单位联络员、市总工会各部室负责人及各县市区总工会常务副主席参加会议。

4月22日 市总工会和湖北日报报业集团三峡晚报联合举办“情定三月三”宜昌首届大型户外相亲活动。

6月26日 全省工会困难职工帮扶中心规范化建设现场推进会暨生活保障工作会议在宜昌市召开。全国总工会生活保障部部长李守镇，省总工会党组书记、常务副主席黄国庆到会讲话。市委副书记乔余堂到会致辞。

7月19日 市人大副主任艾苍松带领市人大内司委负责人到市总工会开展调研活动。

7月30日 市政协副主席段贤斌、熊从银、李盈奕、陈士新，秘书长徐安洛率领市政协部分委员来市总工会，视察困难职工帮扶中心。

8月23日 全国总工会副主席、书记处书记、党组副书记乔传秀来宜视察，省总工会党组书记、常务副主席黄国庆，市总工会党组书记、常务副主席张毅陪同。

9月14日 湖北省地方工会财务工作座谈会在宜昌市召开。省总工会巡视员陈群代全国总工会向市总工会颁发“2006年度市级工会财务工作先进单位”荣誉证书。

9月25日 市政府与市总工会第五次联席会议在市总工会多功能会议厅举行。

10月15–24日 应台湾产业总工会的邀请，由市委常委、市总工会主席郭俊苹任团长的宜昌市工会代表团一行10人前往台湾考察。

10月25日 市总工会维权网正式开通运行。

10月26日 市总工会成立80周年庆祝大会在桃花岭饭店举行。

11月12–14日应湖北省总工会的邀请，以日本福岛县工会联合会会长田则男为团长的第十次访华团一行5人，在省总工会党组副书记、副主席褚玲的陪同下，对宜进行友好访问，并赴兴山县参加黄粮镇中心小学综合楼落成典礼活动。

2008年

1月6日 市总工会被省总工会评为全省工会工作创优争先优秀单位第一名。

1月17日 市总工会召开三届二次全委（扩大）会议。市委常委、市委统战部部长、市总工会主席郭俊苹出席会议并讲话。市总工会党组书记、常务副主席张毅作题为《以党的十七大精神为指导，在推动宜昌经济社会又好又快发展中充分发挥工会组织的重要作用》的工作报告。市总工会经费审查委员会主任郑永安作了题为《加强工会经费审查监督工作，充分发挥工会经审组织的作用》的报告。大会审议通过了有关人事任免事项，通报了2007年全市工会工作创优争先考核结果及其他表彰事项。

元旦、春节期间，全市各级工会共筹集送温暖慰问金692.4万元，走访慰问困难企业273家，困难职工17760户，困难劳模391户，慰问农民工3717户。

3月28–29日 全国工会帮扶工作会议在天津召开。市总工会困难职工帮扶中心荣获全国工会“模范帮扶中心”荣誉称号。

4月6日 宜昌市十万职工“庆五一·迎奥运·创三城”签名活动启动仪式暨“相约三月三、情定奥运年”万人相亲大会在滨江公园隆重开幕。

4月 全市首届职工技术创新成果评奖活动揭晓，有83家单位申报的176项成果参加评选，50项成果获得技术创新成果奖。

4月23日 市总工会召开三届三次全委（扩大）会议。选举产生出席省总工会十一大的代表52名，通过有关人事任免事项。会上代表省总工会向宜昌人福药业股份有限责任公司工会、宜昌焦化煤气公司工会、兴发集团公司工会等19个荣获“全省工会工作规范化建设一级达标企业”的企业工会授牌。

4月29日 全国总工会在北京人民大会堂隆重举行庆祝“五一”国际劳动节大会。会上，市总工会荣获全国工会系统先进集体。

5月14日 市总工会机关举行向汶川地震灾区捐款启动仪式。市总工会本级首期捐款2万元，市总工会机关及直属事业单位干部职工捐款14700元。

5月15日，市总工会举行首批“工会星级家政服务员”授牌仪式。龙娅妮、邓玉华、章小林等50名家政服务员成为首批“工会星级家政服务员”。

5月21日 市总工会发出《关于组织参加“重建家园、再献爱心”大行动的紧急通知》，号召全市各级地方工会、产业工会和基层工会动员和组织广大会员踊跃参与。截至5月22日16时，共向灾区捐款120余万元。

5月26日 市总工会举行王忠平先进事迹报告会。兴山县建设局原局长王忠平为县城搬迁呕心沥血，英年早逝。市总工会机关及直属单位、市统战部等200多人聆听了报告。

6月6日 市首届农民工趣味运动会在均瑶广场举行。来自宜昌城区企业及各县市区的1000多名运动员组成40支农民工代表队参加比赛。

7月23日 市总工会举办的走进湖北深圳工业园慰问演出暨“农民工维权月”活动启动仪式在湖北宜化集团有限责任公司礼堂隆重举行。

7月25日 市委常委会议，听取市总工会关于省工会第十一次代表大会、市总工会2008年上半年工作情况和下一步工作安排，全市加强非公有制和区域性行业工会主席选配管理试点工作情况的汇报，提请出台《中共宜昌市委关于加强非公有制企业工会工作的意见》等四个文件。

7月30日 市总工会举办宜昌市首届“技能状元”大赛电工决赛。来自全市20支代表队的62名选手参加了倒闸操作、异常分析和事故处理、紧急救护三部分的实操考试。

8月5–9日 市总工会开展为期一周的“听民声、解民忧、迎奥运”工会主席大接访活动。

8月12日 全市非公有制企业和区域性行业性工会主席选配管理试点工作推进会在远安召开。

8月26日 全市纪念厂务公开十周年暨民管法律工作座谈会在长阳召开。

9月24日 由市总工会主办、市工人文化宫承办、湖北宜化集团协办的《走进职工》—2008宜化之韵全市职工文艺汇演，在宜昌三峡广播电视中心演播大厅隆重举行。本届职工文艺汇演纳入中国宜昌三峡国际旅游节主题活动。

11月5日 市总工会与天津市塘沽区总工会签署《加强工作合作与交流的协议》。市总工会党组书记、常务副主席张毅与天津市塘沽区总工会主席张春朋在协议书上签字。

11月16日 全国优秀农民工表彰大会在北京人民大会堂隆重举行，市总工会荣获“农民工工作先进集体”。

11月 市总工会荣获全国总工会授予的“2007年度市级工会财务工作先进单位”。这是宜昌市总工会连续两年获此荣誉。

11月20日 市总工会与武汉市总工会签订建立友好关系协议。市总工会党组书记、常务副主席张毅与武汉市总工会党组书记、常务副主席雷腾芳在协议书上签字。

2009年

1月12日 市总工会荣获2008年度全省工会工作创优争先考核优秀单位第一名。这是市总工会继2007年荣获全省第一以来的“两连冠”。

1月19日 市总工会召开三届四次全委（扩大）会议，会议明确提出2009年全市工会工作“五个着力”的总体思路。

2月1日 市总工会联合市万方职业培训学校举办的农民工培训班以及联合湖北宜化集团举办的农民工上岗培训班同时开班，中央电视台进行了现场采访。

2月4日 省委常委、省总工会主席张昌尔在市委副书记李亚隆，市委常委、市委秘书长杨万贵等陪同下来市总工会调研。

2月16日 市职工劳动竞赛委员会在市总工会召开“同舟共济保增长、建功立业促发展”劳动竞赛动员大会。

2月22日 市总工会与北京海淀区总工会在海淀区总工会机关签署《加强工作合作与交流的协议》。

2月23~24日 市总工会组织机关部分干部及直属事业单位、基层工会相关负责人共60余人赴中国劳动关系学院参加2009年春季工会干部培训班。

3月25日 市总工会与桂林市总工会在桃花岭饭店正式签署《加强工作合作与交流的合作协议》。

3月26日 市总工会召开深入学习实践科学发展观活动动员大会。5月7日到五峰土家族自治县王家坪村开展“学习科学发展观”实践活动。6月25日，市总工会召开学习实践科学发展观活动分析检查阶段总结暨整改落实阶段动员大会。7月13日，市总工会召开学习实践活动整改落实工作部署会。

4月14日 宜昌市工会劳动争议调解中心正式挂牌成立。

4月15日 市总工会首次荣获市委、市政府授予“2008年度全市目标管理综合考评优胜单位”和”2008年度群众满意机关”。

4月21日 市总工会与上海市静安区总工会在沪正式签署《加强工作合作与交流的合作协议》。

4月29日 市总工会召开三届五次全委会，市委常委、市委统战部部长廖达凤当选为市总工会主席。

6月6日 北京市海淀区总工会党组书记、工会主席惠远霖率领海淀区工会考察团来市总工会学习交流。

6月8日“全国工会农民工技能培训示范基地”授牌仪式在三峡大学隆重举行。市总工会接受全国总工会领导的授牌。

6月18日 全国总工会启动“立白家政服务促就业工程”新闻发布会在全国总工会机关举行。市总工会党组书记、常务副主席张毅在发布会上介绍宜昌工会“严把三关”做好进京家政服务员筛选工作的经验。

6月25日武汉市总工会党组书记、常务副主席雷腾芳率领武汉市工会代表团一行34人来宜进行友好交流。

7月9日 市总工会被评为2004-2008年度宜昌市思想政治工作优秀单位。

7月10日 市总工会被中华全国总工会评为“2008年度市级工会财务工作先进单位”。同时被评为“2008年度宜昌市财会工作先进集体”。

8月3日 省委工会工作会议在武昌召开，中共宜昌市委在会上介绍关于加强工会工作的经验。

8月10日 市委常委会议听取市总工会关于省委工会工作会议、关于省总工会十一届三次常委（扩大）会议概况、关于近几年特别是2009年以来全市工会工作情况、关于贯彻落实省委工会工作会议精神的建议等情况汇报。

8月17日 宜昌工友家政服务网正式诞生。

8月20日 全国促进家政服务业发展工作会议在宁波隆重召开。市总工会党组书记、常务副主席张毅作为全国工会系统唯一的代表介绍《强化家政服务技能培训，倾心打造“宜昌工家政”服务品牌》的经验。

8月23日 市总工会与温州市总工会正式签署《加强工作合作与交流的合作协议》。

8月24日 市总工会与泉州市总工会签订《加强工作合作与交流的协议》。

8月26日 中华全国总工会召开全国工会法人资格登记管理工作经验交流电视电话会。市总工会党组书记、常务副主席张毅在大会上作“加强领导，强化措施，全面推进工会法人资格登记工作”的发言。

9月15日 市总工会庆祝新中国成立60周年文艺晚会在宜昌剧院隆重举行。

9月21日 市总工会机关档案目标管理工作在全省地市州工会系统中率先通过省特级评审。

9月25日 第十届中国宜昌三峡国际旅游节系列活动之一宜昌市第四届“工友杯”职工美术、书法、摄影作品大赛暨展览开幕式在市总工会隆重举行。

10月14日 市总工会与洛阳市总工会正式签署《加强工作合作与交流的合作协议》。

10月19日 全国工会工作经验交流会在武昌召开。市委常委、市总工会主席廖达凤作《构建“四位一体”帮扶维权体系，在围绕中心服务大局中彰显新作为》的发言。

10月22日市总工会女职工委员会第二次代表大会暨二届一次全委会召开。朱利民当选为市总工会第二届女职工委员会主任，秦莉、郝丽华当选为副主任。

11月17日 市总工会发放首笔小额无息借款。

12月8日 市政府与市总工会举行第七次联席会议。

12月14日 日本“连合福岛”工会联合会友好访问团来宜访问。

12 月 22 日 在省总工会组织的“湖北省女职工权益保护法律法规知识竞赛”中，宜昌市代表队获得团体第三名。

12 月 28 日 台湾海峡两岸劳工发展交流协会访问团一行来宜进行友好访问。

2010 年

2 月 23–24 日 中华全国总工会第十五届执行委员会第三次全体会议在北京召开。市委常委、市总工会主席廖达凤当选为中华全国总工会第十五届执行委员会委员。

3 月 6 日 在省总工会十一届三次全委（扩大）会上，市总工会被评为 2009 年度全省工会工作创新奖、2009 年度全省工会工作创优争先考核优秀单位；被省“创争”活动领导小组表彰为“创新学习型组织、争做知识型职工”标兵单位，并被授予湖北省五一劳动奖状。

3 月 9 日 市总工会三届七次全委（扩大）会议召开。市委常委、市总工会主席廖达凤出席会议并讲话，市总工会党组书记、常务副主席罗志勇作工作报告，会议学习贯彻市委四届十一次全会和省总十一届三次全委（扩大）会议精神，回顾总结 2009 年全市工会工作，研究部署 2010 年工作任务。

4 月 9 日 市委常委会议听取市总工会关于 2005 年以来全市工会工作情况、《中共宜昌市委关于加强和改进工会工作的意见》起草情况、推荐评选宜昌市 2007–2009 年度劳动模范等三个方面的情况汇报。常委会充分肯定近几年来全市工会工作，特别是多项工作受到全国总工会、省总的表彰。

6 月 24 日 全国工会工资集体协商工作现场经验交流会在辽宁营口召开。市总工会党组书记、常务副主席罗志勇作为湖北省参会的唯一代表作题为《深入开展工资集体协商，切实维护职工经济权益》的经验介绍。

9 月 3 日 市委副书记、市长李乐成主持召开市政府第 57 次常务会议，决定出台《关于深入推进企业工资集体协商工作的意见》。

9 月 9 日 全省市、县工会主席暨非公有制企业工会工作推进会在黄石召开。市委常委、市总工会主席廖达凤在会上作题为《突出重点突破难点全面加强非公企业建会建制工作》的经验介绍。

9 月 17 日 市总工会、市人力资源和社会保障局、市国资委、市工商联、市个私协三方五家在市人社局召开了宜昌市劳动关系三方协商会议。

12 月 24 日 市政府与市总工会第八次联席会议在市总工会举行。市委副书记、市长李乐成，市委常委、常务副市长郑超，市委常委、市委统战部部长、市总工会主席廖达凤，副市长张正军等出席会议。市纪委、市委组织部、市委宣传部的领导和市政府相关部门的负责人参加会议。会议听取市总工会关于全市工会工作情况和 2011 年工作思路汇报，并就开展创建和谐企业活动、市级劳模管理经费、工会文化建设等问题进行了讨论。

2011 年

2 月 15 日 湖北省总工会十一届四次全委（扩大）会议在武昌召开。市委常委、市总工会主席廖达凤在会上介绍宜昌工会工作经验。宜昌市总工会获全省 2010 年度五个奖项：工会创新奖，工会工作创先争优考核优秀单位，工会建会建制专项工作先进单位，厂务公开民主管理建制工作先进单位，集体合同建制工作先进单位。

2 月 16 日 市总工会举办 2011 年返乡农民工闹元宵暨专场招聘会，3000 多条灯谜条幅迎风飘扬，3000 多个岗位虚位以待。

3 月 4 日 市总工会召开三届五次全委扩大会议，市委常委、市总工会主席廖达凤出席会议并讲话，市总工会党组书记、常务副主席罗志勇作工作报告。审议通过《关于组织动员全市职工为宜昌实现新跨越建功立业的决议》。

6 月 28 日 在宜昌市庆祝中国共产党成立 90 周年大会上，市总工会被授予“党建工作先进单位”。

6 月 29 日 宜昌市厂务公开联席会议第一次会议在市总工会五楼会议室召开。市委常委、市纪委书记、市厂务公开联席会议制度总召集人杨保平出席会议并讲话。市厂务公开联席会议成员单位负责人、联络员参加了本次会议。市总工会党组书记、常务副主席罗志勇主持会议。

11月3日 由市总工会和市劳动争议仲裁委员会联合建立的劳动争议仲裁委员会工会派出庭在市总工会正式挂牌成立。

11月10日 湖北省女职工工装展示比赛在武汉钢铁集团工人剧院举行。市中心医院代表队创作表演的《天使的情怀》节目获得一等奖和最佳创作奖。市宜化集团表演的《崛起》节目获得三等奖。

12月19日 湖北省依法治省工作领导小组授予宜昌市总工会2006–2010年湖北省“法律六进”活动先进机关称号。

12月22日 市总工会举行以“工会温暖进万家”为主题的2012年送温暖活动启动仪式。市委常委、市总工会主席廖达风宣布活动正式启动。由市总工会班子成员带领的8个走访慰问小组分赴三峡全通涂镀板公司、宜棉集团等重点企业和困难企业。

2012年

2月2日 市总工会召开三届九次全委会议，选举宜昌市委常委刘学甫为市总工会主席。市总工会党组书记、常务副主席罗志勇作题为《抢抓新机遇 迎接新挑战 团结动员广大职工为实现宜昌跨越式发展献智出力》的工作报告。

2月21日 在省总工会十一届五次全委（扩大）会上，市总工会荣获2011年度全省工会工作创先争优考核优秀单位、组建工会和发展会员工作一等奖、工资集体协商工作一等奖、2011年全省工会创新工作奖。

4月28日 市委市政府召开大会，表彰首批市和谐示范企业及和谐企业、市劳动竞赛先进集体和个人、宜昌五一劳动奖状和奖章获得者，授予部分企业班组车间为宜昌市工人先锋号称号。

5月15日 全国总工会书记处书记李滨生带领全国总工会“面对面、心贴心、实打实服务职工在基层”工作组调研宜昌市工会工作，并为市总工会困难职工帮扶中心和湖北省松宜矿务局赠送30万元帮扶资金。

5月25日 市政府与省总工会合作共建协议签约仪式暨中国光华科技基金会“光华．宜昌”公益行动捐赠仪式在宜昌市举行。省市合作共建协议主要内容有：支持宜昌在全省率先建设工会“职工服务中心”，将工会工作融入城市网格化管理试点，推进秭归、长阳、五峰三县工会纳入全省“11351”帮扶维权工程，加快职工活动、疗休养及教育培训基地建设，加大工会经费支持力度等。在捐赠仪式上，中国光华科技基金会向市总工会“工会12351驿站”捐赠300台电脑设备、1110辆自行车和1110件工作服装、两台大型医疗彩超设备，捐赠总价值近500万元。

7月18–20日 宜昌市工会第四次代表大会召开。刘学甫当选为工会主席，罗志勇当选为常务副主席，肖伟、王怀兰、江浩当选为副主席，李达明当选为经费审查委员会主任。

7月27日 “全市职工党工知识竞赛”暨“当好主人翁、永远跟党走”演讲比赛活动在市总工会多功能会议室举行，全市20支代表队参赛。

10月30日 鄂西生态文化旅游圈工会工作促进会第二次联席会议暨工运研讨会在宜昌召开。襄阳、荆州、宜昌、十堰、荆门、随州、恩施州、神农架林区等8个地方总工会负责人参加会议。省总工会党组成员、副主席、经费审查委员会主任谭必元出席会议并讲话。

12月10日 市政府与市总工会举行第十次联席会议，市长李乐成率西陵区政府和市直有关部门负责人参加会议，研究进一步推进和谐劳动关系建设、更好地服务职工、帮助职工维权,团结全市职工积极投身现代化特大城市建设等议题。市委常委、市总工会主席刘学甫，副市长张正军等参加会议。

2013年

1月11日上午 台湾新北市总工会参访团一行40余人在市总工会副主席王怀兰，市总工会党组成员、经费审查委员会主任李达明等陪同下在宜参观访问。

1月11日 由市总工会、市农业局、夷陵区人民政府联合举办的首届三峡斗茶大赛在三峡茶城落幕。

1 月 19 日 市总工会组织从宜昌东至武昌的 D5704 次农民工动车发车，满载着 404 名农民工踏上回家旅途。

2 月 20 日 市总工会联合市人力资源和社会保障局、市妇联举办的 “春暖峡江，宜昌市 2013 年春风行动暨就业援助大型综合招聘会”在三峡人力资源市场隆重举行。

2 月 26 日，市总工会召开四届二次全委（扩大）会议。市委常委、统战部部长刘学甫出席会议并讲话。市总工会党组书记、常务副主席罗志勇作题为《凝心聚力实干创新为宜昌现代化特大城市建设再立新功》的工作报告。

2 月 28 日–3 月 1 日 中华全国总工会第十五届执行委员会第七次全体会议在北京召开。市委常委、市总工会主席刘学甫参加会议，并当选为中华全国总工会第十五届执行委员会委员。

3 月 12 日 市劳动关系三方协商会议在市总工会五楼会议室举行。市劳动关系三方协商会议各成员单位通报 2012 年工作情况及 2013 年工作安排，并对全市劳动关系的现状和问题进行深入的讨论。

3 月 14 日 省总工会对全省 2012 年企业普遍建立工会组织先进集体发出表彰通报，市总工会荣获先进集体荣誉称号。

4 月 2 日 从省总工会女职委五届五次全委扩大会议上获悉，全市一批先进女职工集体和个人获得表彰。其中获得全国五一巾帼标兵岗、全国五一巾帼标兵各 1 个、省“工人先锋号”1 个、省女职工建功立业标兵岗、省女职工建功立业标兵各 2 个。

4 月 13 日 由市总工会、市妇联、三峡晚报等联合主办的宜昌市第七届“三月三万人相亲节”在华祥商业中心启幕。

4 月 27 日 市劳动模范暨和谐企业表彰大会，授予包良云等 101 人“宜昌市劳动模范”称号，授予安琪酵母股份有限公司等 10 家企业“2012 年度宜昌市和谐示范企业”称号，授予宜都兴发化工有限公司等 100 家企业“2012 年度宜昌市和谐企业”称号。

6 月 13 日 市总工会召开四届三次全委会议，学习贯彻习近平总书记在全国劳动模范座谈会上的讲话精神。选举产生出席湖北省工会十二次代表大会的 53 名代表。

6 月 14 日 市总工会“三万”工作组再次被省委、省政府表彰为先进单位，这也是市总工会连续三年获此殊荣。

6 月 21 日 省工会十二大工作报告鄂西片征求意见座谈会在宜昌召开。省总工会党组书记、常务副主席马建中一行来宜，听取宜昌、襄阳等地市州总工会，葛洲坝集团、人福药业等企业工会的意见与建议。

7 月 10 日 宜昌市工会系统启动以“深情关爱农民工，同圆共筑中国梦”为主题的“农民工维权月”活动。

7 月 23 日 市总工会经费审查委员会被全国总工会授予“全国工会经审工作先进集体”称号。

8 月 1 日 市总工会经费审查委员会被省总评为经审工作规范化建设特等奖，排名地市州第一名。

8 月 15 日 受市委书记黄楚平、市长马旭明的委托，市委常委、市总工会主席刘学甫专程前往三峡大学仁和医院看望慰问刘绍彦，并送上 5000 元慰问金。

8 月 23 日 市总工会荣获全省 2013 年度农民工“平安返乡返岗”活动先进单位。

9 月 13 日 市总工会举办首批网格站站长培训班。

10 月 11–12 日 湖北省职工服务中心建设推进会在孝感市召开。市总工会常务副主席罗志勇在会上作题为《参与社会管理，创新服务平台，扎实推进职工服务中心建设》的经验介绍。

10 月 20 日 中国工会第十六次全国代表大会第二次全体会议在人民大会堂举行。市委常委、市总工会主席刘学甫当选为全国总工会第十六届执行委员会委员。

10 月 24 日 全市首家物流行业工会联合会在伍家岗区成立。

10 月 31 日 宜昌工会财务工作获全国总工会

2012年度“市级财务先进集体”光荣称号，这是宜昌连续第七年荣获此项殊荣。

11月6日 市政协主席李亚隆在市委常委、市总工会主席刘学甫，市总工会党组书记、常务副主席罗志勇陪同下视察市总工会参与社会管理创新工作。

11月12日 《工人日报》头版头条以《宜昌工会探索智能化服务职工新模式》为题，报道宜昌工会参与社会管理创新工作经验。

11月15日 省委常委、市委书记黄楚平主持召开市委常委会议，传达学习中国工会第十六次全国代表大会精神，部署全市贯彻落实具体措施。

本年度，先后有北京、南昌、丹江口等地工会来宜交流工会参与社会管理创新经验。

2014年

1月3日 市总工会举行2014年新春送温暖活动启动仪式。全市各级工会共筹慰问资金1000余万元。20日，市委常委、市总工会主席刘学甫前往宜昌焦化煤气公司看望慰问困难职工。

1月3日 市总工会举行“职工书屋”图书发放仪式，向全市50家市级“职工书屋”示范点赠送价值150余万元的图书。

1月9日 市政府与市总工会举行第十一次联席会议。

1月26日 省委常委、市委书记黄楚平到市公交集团“宋俊明劳模工作室”慰问省劳模宋俊明。

2月13日 市总工会召开党的群众路线教育实践活动动员大会。5月底，总结第一环节工作，进入第二环节。9月初，落实整改建章立制。10月16日，市总工会召开党的群众路线教育实践活动总结大会。12月9日，市委第九巡回监察组到工会检查督导整改落实情况

2月25日 市总工会在联系点长阳土家族自治县大堰乡赵家堰村开展“三进五访”活动

3月7日省委常委、市委书记黄楚平主持召开市委常委会议，专题研究工会工作。

3月10日市总工会召开四届四次全委(扩大)会议。市委常委、市总工会主席刘学甫讲话，市总工会党组书记、常务副主席罗志勇作题为《团结动员广大职工在全面深化改革、加快现代化特大城市建设中充分发挥主力军作用》的工作报告。

3月26日省委常委、统战部部长、省总工会主席张岱梨调研宜昌工会工作。

4月30日市委召开工会工作会议。省委常委、市委书记黄楚平，省总工会党组成员、副主席冀群风出席会议并讲话，市委副书记、市长马旭明主持会议。

5月 “五一”前夕，市总工会领导分组带队，到基层生产一线，为荣获2014年宜昌五一劳动奖状、奖章的20个先进集体和30名先进个人送去奖状、奖章和证书。

7月3日 市总工会在广汽中兴（宜昌）汽车有限公司总装车间举行“劳模进企业”活动首场报告会，8日 市总工会在西陵区四方堰社区举办“劳模进社区”活动，为居民进行义务医疗服务和健康咨询。

7月15日 由市委宣传部、市文明办、市总工会联合主办的“中国梦·劳动美”—寻找宜昌“最美一线职工”活动正式启动。

8月14日 市总工会党组书记、常务副主席罗志勇代表市总工会与市仙桃商会一起为交警、环卫工人和交运集团职工送上“清凉包”。

8月18日 市总工会召开“为职工办实事”会议，全面启动工会会员服务卡推广和工会小额担保贷款工作。

8月22日 全市县级基层工会经费集中核算工作推进会在当阳召开。

9月25-26日 全市党建带工建暨基层工会工作会议在城区召开。会议印发《中共宜昌市委组织部市总工会关于进一步加强党建带工建工作的意见》。

10月15日 省总工会党组成员、副主席葛琳，市委常委、市总工会主席刘学甫一行，专程到三峡大学仁和医院看望慰问正在住院接受康复治疗的全国劳模王书凤。

11月14日 市总工会党组书记、常务副主席罗志勇为刘发英劳模创新工作室授牌。

2015年

1月5日 市政府与市总工会举行第十二次联席会议。会议议定，市政府将进一步大力支持“职工（劳模）创新工作室”创建、广泛开展职工经济技术创新劳动竞赛、加强行业工会建设、加快推进平湖工人疗养院建设等事项。

2月3日 市总工会常务副主席罗志勇带队走访慰问全国劳模杜远金、宜昌民康药业公司和公司困难职工李东荣。全市工会筹资1000余万元走访慰问8400余名困难职工、农民工。市总工会机关干部分6组，分别走访慰问困难职工、困难企业和劳动模范。

3月4日 市总工会召开四届五次全委（扩大）会议。市委常委、市总工会主席刘学甫出席会议并讲话，市总工会党组书记、常务副主席罗志勇作题为《适应新常态 展现新作为 创造新业绩 团结动员广大职工在加快建设现代化特大城市中充分发挥主力军作用》的工作报告。

3月4日 市总工会女职工委员会第三次代表大会在市总工会召开。朱利民当选为市总工会女职工委员会主任。

4月20–24日 市总工会与省总工会干部学校联合举办为期5天的干部培训班。新任工会主席和工会干部共60人参加了培训。

5月12日 湖北劳模事迹报告团巡回报告会在宜昌市图书馆举行。报告会后，省委常委、市委书记黄楚平会见了报告团成员。省总工会党组成员、副主席胡碧辉，市委常委、统战部部长、市总工会主席刘学甫出席报告会并讲话。市总工会党组书记、常务副主席罗志勇主持报告会。

6月10日 市总工会在秭归县召开工资集体协商暨厂务公开民主管理经验交流会。会上，秭归县总工会、秭归屈姑食品有限公司工会、当阳陶瓷行业工会联合会、长阳县榔坪镇工会联合会作了工资集体协商经验交流；夷陵区总工会、湖北柳树沟矿业集团工会、沙龙宴餐饮有限公司工会作了厂务公开民主管理经验介绍。

7月30日 省委常委、市委书记黄楚平主持召开市委常委会议，传达学习中央党的群团工作会议精神，研究部署宜昌市群团工作。市委常委、统战部部长、市总工会主席刘学甫传达党的中央群团工作会议精神，介绍近年来全市群团工作的主要情况，并就贯彻落实中央党的群团工作会议精神作了安排部署。市总工会党组书记、常务副主席罗志勇就年内全市工会工作情况、工会组织贯彻落实中央党的群团工作会议精神的工作安排以及提请市委解决的问题作专题汇报。

8月10–11日 省总工会党组书记、常务副主席马建中到宜昌调研社会治安综合治理和工会工作。省总工会党组成员、副主席刘富国，宜昌市委常委、统战部部长、市总工会主席刘学甫，省总工会办公室主任舒琼，市总工会党组书记、常务副主席罗志勇，五峰土家族自治县县委书记陈华、县长吕学锋，长阳土家族自治县县委书记赵吉雄等陪同调研。

8月18日 市总工会第二届“中国梦·劳动美”—寻找宜昌“最美一线职工”活动启动。活动从8月24日开始申报推荐，最终评选出10名“最美一线职工”。

9月16日 省委常委、统战部部长、省总工会主席梁惠玲视察宜都市“互联网+”服务职工工作。市委常委、统战部部长、市总工会主席刘学甫，宜都市委书记罗联峰，宜昌市总工会党组书记、常务副主席罗志勇等陪同视察。

10月14日 武汉市总工会副主席黄开峰一行9人来宜，交流工会互联网+工作经验。市总工会党组书记、常务副主席罗志勇，副主席江浩等陪同。

2016年

1月5日 宜昌市政府与市总工会举行第十三次联席会议。会议强调，要积极顺应“互联网+”的新形势，大力创新工会组织体制机制，团结动员广大职工主动服务大城建设。市委常委、常务副市长宋文豹，市委常委、统战部部长、市总工会主席刘学甫等出席会议，副市长刘建新主持会议，市直相关部门负责人参加会议。

1月15日 从中国人力资源和社会保障部网站获悉，宜昌工友家政服务公司荣获2015年度全国千户百强家庭服务企业（单位）称号。

3月7日 经组织评选，省总工会命名市“李莉娥劳模创新工作室”“林高劳模创新工作室”“许新华劳模创新工作室”“何忠于劳模创新工作室”等4个劳模创新工作室为首批“湖北省职工（劳模）创新工作室”。自2012年以来，全市创建职工（劳模）创新工作室共160个。

3月11日 市总工会四届六次全委会议召开。市委常委、统战部部长、市总工会主席刘学甫出席会议并讲话。市总工会党组书记、常务副主席罗志勇作题为《围绕‘两个率先、两个进位’宏伟目标建功立业》的工作报告。

4月23日 “相约鹊桥会、情定四月天”宜昌工会鹊桥网启动仪式在万达广场举行。市委常委、统战部部长、市总工会主席刘学甫出席启动仪式。市总工会党组书记、常务副主席罗志勇，三峡广播电视总台工会主席庄明参加启动仪式并致辞，市妇联党组书记、主席周赟鸿，团市委副书记陈姗姗，市文明办副主任高万红，市总工会党组成员、女工委主任朱利民，湖北楚园春酒业董事长闫友平参加启动仪式。

4月26日 宜昌市召开劳动模范和先进工作者表彰大会，授予黄俊杰等66人宜昌市劳动模范荣誉称号，授予杨泽斌等34人宜昌市先进工作者荣誉称号。省委常委、市委书记黄楚平出席会议并讲话。

4月28日 在湖北省“五一”国际劳动节庆祝暨表彰大会上，宜昌兴发集团有限责任公司党委书记、董事长李国璋，湖北力帝机床股份有限公司总工程师林高荣获全国五一劳动奖章；宜昌市中心人民医院重症医学科荣获全国工人先锋号；宜昌三峡广播电视总台，湖北任森农业科技发展股份有限公司荣获湖北五一劳动奖状；安琪酵母股份有限公司生产中心总经理朱少华，湖北匡通电子股份有限公司工人梅云军，宜昌市优抚医院精神科主任、病区主任潘峰，湖北康乐滋食品饮料有限公司饮料车间主任龚小林荣获湖北五一劳动奖章；湖北土老憨调味食品股份有限公司灌装车间，湖北关公坊酒业股份有限公司生产三车间包装十班，宜昌金宝乐器制造有限公司音源车间，宜昌市疾病预防控制中心公共卫生监测所，宜昌市特殊教育学校培智部荣获湖北省工人先锋号。

5月20日 市总工会开展以“切实履行工会职责、依法维护职工权益”为主题的职工维权日活动。活动内容有宣布职工法律服务团正式成立授牌，向7名专职律师颁发聘书。现场为职工群众提供咨询和服务、启动全市“大城梦·劳动美”法律知识微信有奖答题活动等。维权日还通过LED显示屏、12351服务热线、微博、微信大力宣传了法律知识。

6月14日 市委召开党的群团工作会议，省委常委、市委书记黄楚平出席会议并讲话。市委副书记、市长马旭明主持会议。市领导张建一、吴静、宋文豹、廖达凤、马学军、刘学甫、王国斌、刘建新出席会议。

7月6日 市总工会直属机关党委在一楼会议室召开庆祝中国共产党成立95周年大会。大会宣读市委、市直机关工委表彰杨春菊为市优秀党务工作者、韩亚为市直机关优秀共产党员、市总工会直属机关党委为市直机关先进基层党组织的决定。市总工会直属机关党委表彰一批优秀党务工作者、优秀共产党员和先进党支部。

9月27日 全国“互联网+”工会普惠性服务现场推进会在宜昌市召开。中华全国总工会党组书记、副主席、书记处第一书记李玉赋出席会议并讲话，强调大力推进“互联网+”工会建设，深化“互联网+”工会普惠性服务工作。充分肯定湖北省工会工作走在全国前列，宜昌市构建起普惠性服务职工工作体系推动了互联网时代工会服务职工工作的转型升级。省委常委、市委书记黄楚平出席会议并致辞，省委常委、统战部部长、省总工会主席梁惠玲出席会议并作交流发言。会前，与会代表来到市总工会、宜昌南玻显示器件有限公司工会、万寿桥街道杨岔路社区工会听取介绍，现场观摩。各省（区、市）总工会、新疆生产建设兵团工会党组书记（常务副主席）、基层工作部门主要负责人，全国各产业工会、中共中央直属机关工会联合会、中央国家机关工会联合会主要负责同志参加会议。省总工会党组书记、常务副主席马建中，省总工会党组副书记、副主席吴静，市委副书记、市长马旭明，市委常委、统战部部长、市总工会主席刘学甫参加相关活动。

10 月 28 日 市总工会召开全市职工（劳模）创新工作室创建工作经验交流会，现场观摩宜昌人福药业有限责任公司李莉娥劳模创新工作室、湖北宜昌微特电子设备有限公司、高钰敏劳模创新工作室；听取枝江市总工会、西陵区总工会介绍开展职工（劳模）创新工作室创建工作的做法；交流宋俊明、李莉娥、许新华、陈卫国等 4 家（劳模）创新工作室的做法和经验。截至目前，全市共创建职工(劳模)创新工作室 160 家，确定创新课题 754 项，帮助企业解决技术难题 428 项，申报国家发明专利 50 项，创经济效益 2.18 亿元。各县市区总工会、宜昌高新区总工会分管领导，劳动保护部负责人;部分市直产业（行业）、企业工会负责人、部分职工（劳模）创新工作室牵头人近 100 名与会代表参加会议。市总工会党组成员、女职工委员会主任朱利民出席会议并对下一步（劳模）创新工作室创建工作提出新的目标和要求。

12 月 2 日 市总工会组织职工法律服务团、民管法律部工作人员等 6 人参加 2016 年“12.4”国家宪法日暨全国法制宣传日系列宣传、咨询活动。在猇亭区六泉湖市民活动中心的活动现场，摆放法制宣传展板 2 块，接受群众咨询 20 余次，现场解答法律咨询 10 余件，发放宣传资料 800 余份。

12 月 25 日 市总工会和三峡广播电视总台联合举办宜昌工会鹊桥网“圣诞趴 · 爱不够”相亲联谊活动，活动吸引来自教育系统、卫生系统、机关事业单位以及市直企业的 100 多名单身青年职工，现场 7 对男女成功牵手。这是宜昌工会鹊桥网开通以来举办的第 5 次公益性线下相亲联谊活动。

2017 年

2 月 6 日 市人力资源和社会保障局、市总工会等全面启动 2017 年宜昌市“春风行动”、就业扶贫仪式暨西陵区大型招聘会，230 多家企业共提供 1.1 万个岗位。招聘会共吸引求职人员 21980 人，现场达成就业意向 6416 人。

3 月 1 日 市委常委、统战部部长王均成到市总工会调研工会工作。市总工会党组书记、常务副主席罗志勇汇报市总工会工作，王均成充分肯定 2016 年全市工会工作取得的成绩并提出希望和要求。

3 月 17 日 市总工会召开四届七次全委（扩大）会议，传达市第六次党代会和全国总工会十六届五次执委会、省总工会十二届七次全委(扩大）会议精神，总结 2016 年主要工作，安排部署 2017 年工作任务。市委常委、统战部部长王均成当选为新一任市总工会主席。市总工会党组书记、常务副主席罗志勇作题为《坚定政治方向 突出改革创新 团结带领全市职工为实现“两个率先”、两个进位”宏伟目标建功立业》的工作报告。

3 月 22 日 宜昌市政府与市总工会第十四次联席会议在市总工会一楼会议室召开。市委副书记、市长马旭明，市委常委、市委统战部部长、市总工会主席王均成，副市长卢军，市政协副主席、市财政局党组书记、局长徐炜出席会议。会议要求，各相关部门要认真贯彻落实市长马旭明的讲话精神，要围绕弘扬工匠精神、延伸“互联网+”、强化基层规范化建设这三个重点和需要解决的四个问题，切实抓好落实。

3 月 29 日 市委常委、统战部部长、市总工会主席王均成到市工人文化宫职工学校施工现场、宜昌平湖工人疗养院平湖基地及疗养院新院和市市导游行业联合工会进行调研。市总工会党组书记、常务副主席罗志勇，副主席彭定新陪同调研。

4 月 27 日 庆祝“五一”国际劳动节暨全国五一劳动奖章和全国工人先锋号表彰大会在北京举行。会上，宜昌市 4 名先进个人荣获全国五一劳动奖章，2 个先进集体荣获全国工人先锋号。市总工会党组书记、常务副主席罗志勇作为宜昌市代表进京领奖，并作为全省唯一的“全国优秀工会工作者标兵”，荣膺全国五一劳动奖章。

4 月 27 日 宜昌第一届优秀高技能人才命名大会暨 2017 劳动竞赛第四届“技能大赛”启动仪式在三峡技师学院召开。市委常委、统战部部长、市总工会主席王均成，市政府副秘书长陈敏仁以及市劳动竞赛委员会成员、单位负责人出席会议。

会前，700余名与会者聆听了优秀高技能人才事迹报告会。会议命名30名优秀高技能人才，通报2016“践行新理念、建功十三五”劳动竞赛先进集体、先进个人，并为他们颁奖。

5月20日 市总工会与三峡广播电视总台、宜昌交运集团旅游公司联合，在宜昌交运8号游轮上举办“相约520·为爱启航”相亲联谊活动，吸引市直机关、市直企业、卫生、教育系统等100名单身青年职工参加活动。

7月7日 全市党的群团改革工作会议召开。市委常委、统战部部长、市总工会主席王均成强调，各地各部门要集中精力、全力以赴，按照时间节点推动改革方案落地落实。

7月17日 省总工会党组书记、常务副主席董永祥一行到安琪集团、宜昌人福药业、市工会职工学校施工工地、市总工会职工服务中心调研。省总工会党组成员、副主席张卫，宜昌市副市长张鹏，市总工会党组书记、常务副主席罗志勇等陪同调研。

8月25日 由市总工会举办的“喜迎十九大 党在我心中”全市职工演讲比赛决赛在市工人文化宫二楼举行。33名进入决赛选手经过比拼，周文韬等2人获得一等奖，戴贝贝等5人获得二等奖，王晴等9人获得三等奖，来自一线的环卫工人刘建峰被授予特别奖。

9月15日 国家协调劳动关系三方和国际劳工组织及专家组成的项目调研组到秭归屈姑食品有限公司，与企业工会、管理人员和职工代表座谈，实地调研企业工资集体协商的具体做法。据了解，该企业曾先后经过五轮工资集体协商谈判，最终达成一致性意见。

9月21日 市总工会举办的首场“宜昌工匠大讲堂”活动开讲。

11月9日 市总工会组织全国劳模和先进工作者进行免费体检。

11月24日 湖北省总工会党的十九大精神巡回宣讲团第三宣讲队先后到宜都市枝城镇、伍家岗区开展党的十九大精神巡回宣讲。党的十九大代表、全国劳动模范王华君，湖北省委党校、省行政学院教授郝国庆担任宣讲员，湖北省工会干部学校副校长李春梅，市总工会领导郭从军全程参加宣讲活动。

12月25–26日 宜昌市工会第五次代表大会召开，全市各条战线400余名大会代表齐聚一堂。市委书记周霁出席会议并讲话。省总工会党组书记、常务副主席董永祥到会祝贺。市委副书记、市长张家胜，市领导宋文豹、鲍清芬、王国斌、袁卫东、刘建新、王均成、程建宏出席。大会选举产生新一届市总工会领导班子。王均成当选为市总工会主席，罗志勇当选为市总工会常务副主席，江浩、彭定新、李涛（挂职）、郭从军（挂职）、代红新（兼职）、王华君（兼职）、葛隆恩（兼职）当选为市总工会副主席，李达明当选为市总工会经费审查委员会主任。

概　述

宜昌，位于湖北西南部，长江上中游接合部，素有“川鄂咽喉”“三峡门户”之称。宜昌东与荆州市、荆门市相连，西与恩施土家族苗族自治州相接，南抵湖南省常德市，北靠神农架林区和襄阳市。以长江为纽带，上承重庆直辖市，下连华中重镇武汉市，为全国中西部地区的接合部，华南华中的分界线，地理位置独特而优越。至2017年底，国土总面积21,227平方千米，总人口413.56万人，是举世瞩目的三峡水利枢纽工程所在地，有世界电都之称，是湖北省省域副中心城市，长江中上游区域经济中心，三峡城市群中心城市，肩负着承东启西、西部大开发的重任。宜昌古称夷陵，春秋战国为楚国的西塞要地，自秦汉置郡县，历为州、郡、府、专署、市区所在地，距今已有2000多年的历史。

中华人民共和国成立后，湖北省分设八个行政区，宜昌行政区专员公署辖宜昌、宜都、枝江、当阳、远安、兴山、秭归、长阳、五峰九个县。同时，划出原宜昌县城区和近郊农村置宜昌市，直属湖北省人民政府管辖。1954年11月，宜昌市改属宜昌专署领导，辖9县1市。1979年7月，宜昌市复为省辖市。1984年7月13日，国务院批准撤销长阳县和五峰县，分别成立长阳和五峰两个土家族自治县。1986年12月13日，国务院批准宜昌市设立西陵、伍家岗、点军3个县级行政区。1987年11月30日，国务院批准撤销宜都县，设立枝城市（1998年6月11日更名为宜都市）。1988年10月22日，国务院批准当阳撤县设市。1992年3月，中央批准宜昌地市合并，实行市领导县的体制。此时，宜昌市辖7县（宜昌县、枝江县、远安县、兴山县、秭归县、长阳土家族自治县、五峰土家族自治县）、2市（枝城市、当阳市）和3区（西陵、伍家岗、点军）。1995年3月21日，国务院批准成立宜昌市猇亭区。1996年7月30日，国务院批准枝江县撤县设市。2001年3月22日，国务院批准撤销宜昌县，设立夷陵区。至2008年，宜昌市辖5县3市5区，即远安县、兴山县、秭归县、长阳土家族自治县、五峰土家族自治县、宜都市、当阳市、枝江市、西陵区、伍家岗区、点军区、猇亭区、夷陵区。全市共有62镇、25个乡、20个街道办事处。总人口400.8万。

中华人民共和国成立之前，在宜昌地区中共组织的直接领导下，1927年1月13日成立了宜昌县工会筹备处，宜昌工会带领广大职工群众为反对帝国主义、反对封建主义和一切反动势力作坚决斗争。1932年4月，中共宜昌地下组织被破坏，工会失去领导核心，组织中断，活动停止。

1949年7月16日，宜昌解放，7月28日中共宜昌市委决定成立职工总工会筹备处。1950年12月，宜昌市总工会重新建立。1991年编撰的《宜昌市工会志》，记述了1926年12月至1932年4月和1949年7月至1989年12月，两个历史时期宜昌城区的工人运动和工会工作的历史。本志是地市合并后，新宜昌市工会志，记述范围涵盖宜昌地区县市和原宜昌市，时间断限为1989–2017年。

中共十一届三中全会后，改革开放40年来，宜昌工会高举中国特色社会主义伟大旗帜，坚持党的基本路线、基本理论、基本方针，以职工为本，以维权为基本职责，胸怀全局，投入中心，发挥特色，勇于实践，与时俱进，不忘初心，始终如一，坚定地走中国特色社会主义的维权之路，旗帜鲜明地支持改革，旗帜鲜明地维护职工利益，团结带领宜昌职工在推进宜昌改革开放和实现宜昌的三次振兴中立下了丰功伟绩。步入21世纪，为实现中共十六大、十七大、十八大、十九大提出的全面建设小康社会和实现两个“一百年”的奋斗目标，实现中华民族伟大复兴的中国梦，围绕中共宜昌市委第四次、五次、六次党代会提出的建设现代化强市的任务，为奋进新时代、筑梦新征程而努力奋斗！

（一）

组织工作是工会工作的基础和保证。“文化大革命”中工会组织瘫痪。“文化大革命”后期，工会组织开始整顿恢复。至1978年底，城区整顿恢复基层组织213家。1979年底，地区各县市相继召开代表大会，整顿和恢复目标基本实现。从1979年至1989年初，先后完成了街道、集体企业、党政机关的工会组建。市教育工会恢复，西陵、伍家岗、点军三个区开始筹组工会。至1991年地市合并前，宜昌地区基层工会2700个，原宜昌市基层工会417个。

1992年，党的十四大确立了建立社会主义市场经济体制的目标，改革开放的步伐加快。在企业转机建制、建立现代企业制度、股份制改造和企业重组改革中，有的企业关闭破产，一些单位撤销或合并工会，基层工会逐年减少。而新建企业工会组建工作滞后，遇到一定的阻碍。1995年，全市基层工会2,921个，职工371,142人，会员324,625人。到1999年底，工会组织减少到2,364个，职工324,771人，会员297,699人。1999年，全国总工会召开新建企业工会组建工作会议，提出加快组建工会步伐。2000年，按照“哪里有职工，哪里就必须建立工会”的要求，乡（镇）和非公企业全面建会。2000年，市总工会制定新建企业组建工会三年目标。2004年后，贯彻“组织起来，切实维权”工会工作方针，落实市委、市政府《关于加强新建企业工会工作的意见》，大力推进改制企业、外商投资企业、港澳台商投资企业、乡镇街道、开发区、乡村、城镇社区工会的建立，吸收大批农民工加入工会组织。到2006年底，全市基层工会组织达到9,687个，工会会员达到56.78万人，其中农民工会员31万多人。2007年，工会组建抓住机遇，深入实施“双措施并举，二次覆盖”和“广普查、深组建、全覆盖”集中建会行动，坚持以党建带动工建，工建服务党建，推进基层党组织联建，开展区域性行业工会组建，实现对外资企业、出租车行业等建会的突破。2012年以来，扎实开展“强基层、补短板、增活力”集中行动，不断提高职工入会率和扩大覆盖面。到2017年，全市建立基层工会7,079个，涵盖单位18,743个，工会会员80.7万人，其中农民工会员41.5万人，全市企业建会率和职工入会率保持在85%以上。

1989–2017年，坚持广泛深入开展“职工之家”活动，并拓宽创建领域延伸到非公企业开展“双爱双评”活动。截至2017年，全市获得全国模范职工之家36个，省级模范职工之家106个，获得全国“模范职工小家”27个，省级“模范职工小家”69个。同时实施基层“六有六好”规范化建设三年计划，选树了一批规范化先进典型，夯实了基层组织。

同时，加强领导班子建设作为自身建设的重点。从1984年起，企事业工会主席按同级党政副职配备。2000年起，地方工会主席由党委常委担任或工会主席进人大、政协。不断加强工会干部队伍的培训和思想作风与党风廉政建设，先后在2000年开展“三讲教育”，2005年保持共产党员先进性教育，2008年实践科学发展观党的群众路线教育，用马列主义、毛泽东思想、邓小平理论、“三个代表”重要思想、科学发展观和习近平新时代中国特色社会主义思想武装头脑，不断健全完善工会各项管理制度，促进工作制度化、规范化，并按照中央群团会议确定的方向，向着政治性、先进性、群众性建设的目标，去除机关化、行政化、贵族化、娱乐化，不断加强自身建设，担当起新时代工会工作的新使命。

（二）

维权保障是工会首要的基本职责。1978年邓小平在中国工会九大致辞中提出工会要保护工人的利益。改革开放后随着改革的全面展开和社会主义市场经济体制的建立和完善，维护职工权益提到工会重要的议事日程，并不断加大力度，拓宽领域，健全机制。中国工会十一大把维护作为工会四项职能之首（维护、建设、参与、教育）。

从1991年起，元旦春节期间工会开展送温暖活动。1994年，全国总工会决定把一年一度的职工送温暖活动拓展为“送温暖工程”，使送温暖活动走向经常化、制度化、社会化。1994年《劳动法》颁布，全国总工会提出工会工作总体思路，更加突出维护是工会的基本职责，各级工会大力实施送温暖工程，促进下岗职工再就业，为职工排忧解难。建立市、县（城区）、企业三级特困职工档案系统。建立市、县、区党政领导联系特困职工制度。建立互助保险组织，叫响“职工有困难找工会”“农民工有困难找工会”，为特困职工发放“优惠证”“医疗优惠证”。开展“金秋助学”“三送”活动（送清凉、送健康、送文化）。加强“四位一体”困难职工帮扶中心规范化建设，帮扶工作从单纯的生活救济向助学助医就业等领域拓展。依托帮扶中心，市、县（市区）总工会通过向上级争取、财政支持、社会救助、工会经费配套等途径，多方筹集资金和物资增强工会帮扶的广度和力度。2012 年开始，积极推动市、县两级工会帮扶中心转型升级为职工服务中心。市、县、乡镇、企业四级服务体系逐步建立。同时深化精准扶贫，深入扶贫联系点广泛开展结对帮扶活动，推动市政府出台《关于城镇困难职工解困脱困工作的实施意见》。送温暖工程从 2001–2017 年，全市各级工会筹资 1.57 亿元，走访慰问困难职工 203,909 人次，金秋助学筹资 3,233 万元，资助困难职工子女 16,184 人次，实现再就业 33,400 人次，培训下岗失业职工 217,730 人次，举办家政培训 177 期，发放“三峡服务卡”16 万张。

在维权保障中，全市各级工会建立由各部门参与的社会化维权工作机构，成立工会劳动争议调解中心、职工法律援助中心、农民工维权服务中心、劳动争议仲裁工会派出庭，设立职工心理咨询室，开展职工群众大接访、劳动争议大调解活动，为职工提供法律援助，全方位地保证职工合法权益的落实。2012—2017 年间，市县两级工会全部成立法律服务团，组织每年开展“5·20 维权活动日”“尊法守法、携手筑梦”等法治宣传活动 300 场。五年间全市建立基层劳动争议调解组织 5,983 个，受理职工来信来访来电 3，000 余批次，3,800 余人次，结案率 98%以上，受理并处理劳动争议案件 421 件，办理各类维权案件 687 件，追讨各类赔偿和欠薪 9,300 余万元，维护了职工合法权益和社会稳定。

各级工会建立劳动保护组织，企业配备安全生产监督员，在职工中开展安全、卫生知识普及，坚持开展“安康杯”安全竞赛活动。配合劳动安全部门开展安全、卫生监督检查，参与重特大事故调查处理，切实维护职工的劳动权益和经济权益，保护职工的生命安全和健康。

（三）

企事业单位民主管理工作。1957 年企业开始建立职工代表大会制度，“文化大革命”中遭受严重破坏。中共十一届三中全会后，职工代表大会制度随着拨乱反正和改革开放逐步恢复。1984 年中共十二届三中全会关于经济体制改革的决定，重申实行厂长负责制必须加强民主管理，坚持职工代表大会制度。1988 年国家颁布《企业法》，职工民主管理纳入法制轨道。至 1991 年，原宜昌市建有工会组织的 367 个企事业单位有 268 个单位建立职代会制度；宜昌地区有 1382 个企事业单位建立职代会制度。1992 年市总工会根据市委《关于认真学习宣传贯彻落实十四大精神的通知》要求，带领广大职工发挥民主参与作用，推动社会主义市场经济体制的建立，指导股份制企业开好职代会，总结推广职代会与股东大会两会并存的经验。1995 年市政府确定全市现代企业制度试点，市总工会及各委局工会负责人都进入了改制领导小组，企业工会主席都参加了改制领导小组。

1995–2002 年，市委、市政府批转市总工会提出的《关于建立社会主义市场经济体制中进一步落实全心全意依靠工人阶级根本指导方针若干问题的意见》《关于全心全意依靠职工办企业的实施意见》等 20 个政策性文件，为改制改革中的工会工作、民主管理、签订集体合同评议干部工作提供了政策依据，支持和保障了各级工会对改革改制的参与。1995 年，开始推行平等协商集体合同制度，市总工会与劳动局确定 30 家试点单位。1996 年，市委、市政府转发了全市推行平等协商集体合同的意见。1997 年，市委组织部与市总工会制定并下发职代会民主评议企业领导干部的实施办法。1999 年，市委厂务公开领导小组成立，市纪委、市委组织部、市经贸委、市总工会联合下发关于推行厂务公开民主管理的意见。

2000 年，市总工会与市政府建立联席会议制度。2005 年，建立劳动关系三方协商机制并开展创建“劳动关系和谐企业活动”。2007–2012 年，争取市委、市政府出台《中共宜昌市委关于加强和改进工会工作的意见》《市人民政府关于深入推进企业工资集体协商工作的意见》等涉及职工切身利益的政策性文件 15 个。市县（市区）建立工会与政府联席会议制度、劳动关系三方协商会议制度。五年来，建会企业集体合同、工资集体协商协议签订率达到 83%，覆盖企业 9,205 家，惠及职工 35 万人。创建劳动关系和谐企业，占全市规模以上企业 95%。24 家企业荣获全国、省“劳动关系和谐企业”称号。职代会建制率达到 85%。2012–2017 年，完善政府与工会联席会议制度，协调劳动关系三方机制，推动市政府出台《关于进一步深化和谐劳动关系企业创建工作的意见》，全市规模以上企业创建劳动关系和谐企业活动面达到 98%。大力开展“公开解难题，民主促发展”为主题的活动，培育一批厂务公开民主管理工作典型。市总工会被评为全国推动厂务公开民主管理工作先进单位。实施集体协商工作提质增效五年计划，开展“双约定”行动，已建会企业集体合同动态建制率、工资专项集体合同建制率分别达到 87.7%、87.3%。2017 年 12 月，在中华全国总工会、国家旅游局、人社部联合召开的会议上，宜昌导游行业劳动报酬集体协商的“宜昌样本”得到肯定。

（四）

宣教工作配合党的中心工作和党的宣传部门的部署，以党的路线、方针、政策为重点，开展多种形式的时事政治和理论政策教育。经常开展文体活动，丰富职工业余文化生活。引导职工学习马列主义、毛泽东思想、邓小平理论、“三个代表”重要思想、科学发展观和习近平新时代中国特色社会主义思想，使广大职工不断明确工人阶级的历史地位和作用，增强热爱党、热爱祖国、热爱社会主义的观念。工会的宣教工作推进了社会主义精神文明建设，传扬社会主义核心价值观，依法维护广大职工精神和文化方面的合法权益，发挥了工会作为共产主义学校和乐园的作用。

1989–1991 年，原市工会和地区工会先后开展了“四有职工报告团”活动，以基本国情、基本理论为主的“双基”教育；以稳定和鼓劲为主题的形势政策教育。1992–1995 年，市总工会深入学习邓小平南巡讲话和中共十四大精神，开展两论（社会主义市场经济理论和建设有中国特色社会主义理论）教育。各级工会抓住《工会法》修改和《劳动法》颁布，举办“两法”学习宣传活动。全市职工中“四学一创”活动全面展开（四学一创即学理论、学文化、学科学技术、学法律、创实绩）。1995–2000 年，在邓小平理论指引下，各级工会加强职工队伍精神文明建设，提高职工思想道德科学文化技术素质，多种形式开展爱国主义、社会主义、集体主义教育。1999 年，全市 3 万名职工参加“全国职工学习邓小平理论”知识竞赛。“双基”教育深入开展。2001–2006 年，组织学习贯彻中共十六大精神，学习三个代表重要思想，参加工会法知识竞赛，贯彻市总工会与市文明办等部门联合开展的“创建学习型组织，争做知识型职工”活动。通过征文、宣讲等形式，吸引广大职工参加。2007–2012 年，开展社会主义荣辱观和“四德”教育，组织纪念改革开放 30 周年、学习道德模范、争做文明市民、“学党史、知党性、跟党走”“当好主人翁，永远跟党走”等活动。实施“万名学习型职工，千项学习创新成果，百个学习型班组、十佳知识型标兵’”计划，大力加强企业文化、职工文化建设。2012–2017 年，教育引导广大职工群众听党话、跟党走，增强对中国特色社会主义的认同感和“四个自信”。采取多种形式深入企业、工地、社区，宣讲中共十八大、十九大精神，深化“中国梦·劳动美”主题教育，积极培育社会主义核心价值观，强化道德建设。开展“最美一线工人”教育，大力传递激发正能量。

职工文体活动立足基层，坚持“业余、小型、多样”。市总工会每年举办 1–2 次大型活动。1989–2000 年举办的重大活动有：国庆 40 周年、50 周年“三热爱”演唱大赛；纪念毛泽东诞辰 100 周年歌咏大赛；纪念长征 60 周年合唱比赛；宜昌职工 50 年书画摄影展；迎接香港、澳门回归、中华全国总工会成立

70 周年、宜昌解放 50 周年文艺汇演；书画摄影展、知识竞赛、演讲比赛等。在“五一”前夕，多次举办“工人交响曲”“主力军颂”等大型文艺联欢晚会。1996 年市总工会组队代表湖北省参加全国第三届职工运动会，取得 3 金 3 银 5 铜的成绩。从 2003 年开始，市总工会每两年举办一次职工美术书法摄影比赛；承办省工人画廊美术书法摄影展览，举办大型文艺晚会“三峡放歌”；开展“走进职工”庆五一演出活动，组织工会职工艺术团及小分队深入企业、工业园区、社区、矿山。2007–2017 年，职工艺术团及小分队走进企业慰问演出共计 680 多场，免费为职工农民工送电影 330 多场。2007–2012 年，连续五年举办农民工闹元宵、万人相亲节、职工美术书法摄影作品比赛、职工运动会等活动，为加强职工文化活动阵地建设，投入 3，000 多万元资金新建扩建改建市县两级工人文化宫，筹资 350 多万元，援建市级职工书屋 327 个。开通电子书屋累计阅读 300 万人次，建成全国职工书屋示范点 10 个，省级职工书屋 12 个，市级职工书屋 164 个。

（五）

动员组织职工围绕经济建设中心开展劳动竞赛。原市总工会 1989 年开展创先、创优、创新、创最佳效益的“四创”爱国立功竞赛。1990 年，开展以“双增双节”为主要内容的劳动竞赛，全市 5 万名职工参加。1991 年，开展质量品种效益年活动。地区工会在 80 年代中一直开展“为四化立功”活动、提合理化建议活动、“五个一”活动等。1989–1991 年，创经济效益 2，994.6 万元，攻关 349 次，推广新技术 229 项。1991 年，全区 1105 个基层工会组织 10 万多职工参加了质量品种效益年活动。

1992 年，市总工会在职工中开展“三峡工程在宜昌，我为三峡做贡献”活动，为三峡工程捐款 57 万余元，全市 1，481 个单位提合理化建议 66,410 条。1993 年，市总工会与市直 6 个部门联合发出《开展创建开放城市 发扬宜昌精神 争当万名能手竞赛活动的通知》，到 1994 年，全市有 23 万多名职工参加，涌现出多方面的能手 11,014 人，创经济效益 1,400 多万。1995–2000 年，为实现宜昌第二次振兴，以转换经济增长方式，提高经济运行质量和效益为重点，在全市职工中开展“当主人、练内功、比贡献、增效益”“学邯钢、抓管理、增效益、人均贡献 300 元”“迎十五大召开，迎大江截流”“发扬抗洪精神、抗灾保规划”等多种形式的劳动竞赛、合理化建议、技术革新和技术协作活动，共创经济效益 6 亿多元。一批优秀技术成果分别获得全国、省、市奖励，其中三峡工程特种焊条在第 90 届巴黎国际发明展上获银奖。2001–2006 年，全市各级工会围绕经济社会发展目标，以“创建学习型组织，争做知识型职工”活动为载体，广泛开展经济技术创新活动，六年实施合理化建议 27,416 件，开发技术创新成果 9,963 项，推广新技术 182 项，发明创造专利技术 145 项。2007–2012 年，以当好主力军，建功十一五、十二五为主题，以创建“工人先锋号”为载体，广泛开展“同舟共济保增长、建功立业促发展”行政审批机关服务大竞赛，职工技术技能大比武等群众性建功立业活动。五年中，全市职工参加劳动竞赛 183 万人次，提合理化建议 53,634 件，开发技术创新成果 10,933 项，推广新技术 286 项，发明创造专利技术 172 项，创经济效益 6.3 亿元。市总工会被授予“全国劳动竞赛先进单位”称号。全市涌现出一批“金牌工人”“技能状元”“服务明星”。2012–2017 年，围绕推进宜昌转型发展，深化供给侧结构性改革，以“建功黄金期、展现新作为”“践行新理论，建功十三五”为主题，组织开展重点行业、重点企业、重点工程、重点项目、重点园区劳动竞赛，引领劳动竞赛从传统产业向一二三产业全领域延伸，从生产行业向行政审批、民生服务拓展。每年组织开展市级劳动竞赛 10 项以上，带动全市开展多种劳动竞赛项目 3000 项以上，劳动竞赛覆盖面、职工参与率分别达到 95%、93%。在实施“百万职工技能大提升”行动中，开展职工技术创新成果评选、技能状元大赛、岗位练兵等活动。评选首届“宜昌工匠”10 人，提合理化建议 3 万多条，革新工艺 4,000 多项，创新成果 3,000 多项，累计创造经济效益 10 多亿元。5 万名职工实现技术等级晋升。培育省级示范职工（劳模）创新工作室 9 家，市级示范职工（劳模）创新工作室 30 家，市级职工（劳模）创新工作室 100 家。

各级工会把发展社会生产力作为维护职工权益的根本途径，在维护职工具体利益的同时，不忘维护工人阶级的整体利益和长远利益。团结动员广大职工围绕中心，投入到现代化建设的主战场，发挥主力军作用，发扬主人翁精神，为振兴中华，实现中华民族伟大复兴的中国梦，立足本职，爱岗敬业，奋力拼搏，无私奉献，涌现出一大批先进模范人物。1989–2017 年，全市受到表彰的全国劳模和享受全国劳模待遇的共 52 人，省级劳模 315 人，市级劳模 949 人。以他们为代表的宜昌工人阶级，为社会主义现代化建设和改革开放事业立下了不可磨灭的功勋。工会的劳模工作不断改进提高完善，推荐评选更加制度化、规范化，待遇落实更加全面实在，服务管理更加深入周到。

（六）

女职工组织建立健全。1979 年原市总工会恢复女工部。1990 年成立市女职工委员会。至 1991 年底，地市合并前有女工委员会 1,106 个，其中原市总工会 218 个，地区工会 888 个。1992–2000 年，全市 6 县、3 市、4 区，市直 19 个委局和机关部门及基层都已建立女职工委员会组织，并相应配备专职或兼职女工干部。截至 2017 年，全市建女职工组织 7,199 个，组建率达 99.5%，其中建女职工委员会 4,414 个，设女工委员 2,785 个。

女职工素质提升工作。1989–1999 年，举办女职工干部培训班，“四自”辅导课，“爱我中华、振兴宜昌”“做 80 年代的新女性”演讲比赛等活动。2000–2017 年，举办女职工干部专题培训班，女职工健康、家政、美容、化妆、毛衣编织、职场礼仪等技能培训班，现代女性修养及文化专业知识讲座。通过培训提高学历层次 3,451 人，晋升技术等级 7,998 人。

女职工特殊权益保护。各级女职工组织从 1988 年开始，学习贯彻国务院《女职工劳动保护规定》，举办学习培训班，印制宣传资料，制定实施细则，开展调查、检查，组织法律法规知识竞赛，促使企事业单位对女职工妇科病普查普治。同时结合集体合同的推行，签订女职工劳动保护专项集体合同，开展“三月维权月”“五一维权周”活动和贯彻实施《中华人民共和国妇女权益保障法》及省实施情况的专题调查，为有关部门制定法律法规政策提供依据。在促进就业方面，帮扶下岗女职工、特困女职工、单亲女职工开展多种活动，如开办家政服务中心和社区服务项目，培训女职工，选树就业女明星，协助行政安排下岗女职工就业。截至 2017 年底，市总工会先后培训女职工、女性农民工 4,800 多人次，帮助 4,699 名下岗失业女职工和女农民工就业。在帮扶困难女职工方面，从 1998 年开始，开展“姐妹献爱心”活动，成立“爱心互助会”、走访慰问单亲女职工及其子女。开展“女职工关爱行动”免费对建档在册的女职工进行“两癌”筛查。“六一”前夕，走访慰问单亲、困难女职工家庭、残疾职工家庭子女。2014–2017 年，筹集专项帮扶慰问金 275.41 万元，慰问女职工 6,397 人次。筹集慰问困难职工子女和“金秋助学”的资金、物资折款共计 752.45 万元。慰问帮扶困难职工子女 17,725 人次。各级女职工委员会开展的服务项目不断取得新成效，2000–2001 年，市总工会与中国平安保险累计为 14 万多名女职工办理安康保险。到 2017 年，市总工会女职工委员会与市妇幼保健院等联合举办的“为女性农民工免费体检”活动，已为女性农民工妇检 2.2 万人次。各级工会组织妇科检查 35.6 万人次，女职工安康团体重大疾病保险投保达 25 万人次，其中各级工会连续 7 年为困难女职工、女性农民工赠送安康保险 2.1 万份。到 2017 年全市已建成“爱心母婴室”70 多家。2015 年，市总工会女职工委员会开始组织单身青年职工交友活动。2016 年市总工会创办“宜昌工会鹊桥网”。2015–2017 年，市总工会与三峡电视台和各级女职工组织举办单身青年职工交友活动 36 场，参加 7,719 人，点击宜昌工会鹊桥网 80 万余人次。

1989–2017 年，各级女职工组织开展的建功立业活动有：“爱我中华，振兴宜昌女职工专项储蓄”活动、“万名能手”竞赛活动、“学先进，比奉献，争当优秀女职工”活动、“双文明建功立业竞赛”、创“双文明示范岗”和多种竞赛、比武、合理化建议等。2000–2017 年，全市女职工参加各类劳动竞赛、技术比武 5,194 场次，参赛女职工 61.9 万人次，提合理化建议 1,656 条，实现技术革新 1,486 项，发明创造 1,841 项。女职工建功立业参与面达 90%以上，表彰各类优秀女职工、建功立业标兵 4,900 多名。全市获“全国五一巾帼标兵岗”3 个，“全国五一巾帼标兵”2 人，60 多名女职工和班组获省女职工建功立业标兵和标兵岗称号。有 6,334 多名女职工获得市总工会和基层工会表彰的“优秀女职工”和“女职工标兵”等荣誉称号。2013–2017 年，市总工会女职工委员会连续五年在省总工会女职工委员会全委会上介绍经验。

（七）

工会经费是“组织起来，切实维权”的经济保障。工会从产生之日起，其经费主要来源于会员会费和工会经费，机关、事业、企业单位和资方，按所在全部职工实际工资总额 2%按月拨给工会组织作为工会经费。工会经费收缴办法先后采取财政代扣、银行代收和国税代征等办法，开展财务工作竞赛、财务工作检查、工会经费审查审计等方式促进经费收缴。工会经费管理与使用制度不断健全完善，实行“统一领导，分级管理”体制和经费独立原则，建立经费、会费收缴制度、预决算制度、会议制度、财务管理制度。同时建立各级工会经费审查组织，负责审计监督工会财务和资产管理。各级经审组织负责审计审查同级经费预算、决算，审计下一级工会财务管理，不断加强工会经审工作的指导服务，依法监督工会经费的收、管、用。工会的财务工作和经审工作，保障工运事业的健康发展，伴随宜昌工会改革开放前进的步伐，走上中国特色社会主义工会发展的康庄大道。

1992 年 3 月地市合并后，理顺市领导县市区的财务管理体系。1992 年，全国《工会法》修改，市总工会和各级工会组织宣传贯彻依法计拨和按比例分成上解工会经费的规定，维护工会经费独立管理等观念，树立《工会法》的权威，依法缴纳工会经费。

2005 年，试行工会经费委托税务机关代收；同年 12 月 31 日，市直城区以及 9 个县市区委托国税机关代收工会经费全面推行。2007 年，全省正式实行统一的工会经费委托国税代收的制度。

（八）

宜昌工会对外交流工作，从 1982 年开始。1989–2017 年，共接待外国来访团队 69 批，787 人次。接待港澳台地区来访团队 39 批，800 人次。与此同时，全市工会干部、劳模、工人出国参观考察、学习、培训共 42 批，134 人次。

（九）

“互联网+”服务职工“宜昌模式”的建立和推广。进入信息化时代，根据中央群团工作会议精神和中共中央《关于加强和改进党的群团工作的意见》要求，市总工会抓住宜昌进行社会管理创新综合试点的机遇，积极探索、实践，逐步构建“互联网+”服务职工模式体系，结合市情、会情，推出了一系列网上服务套餐，构建了有时代特点、宜昌特色的“互联网+”服务职工“宜昌模式”，开创了工会运用高科技数字化开展工会工作的新格局。从 2006 年起步到 2016 年，全国“互联网+”工会普惠性服务现场推进会在宜召开，“互联网+”服务职工“宜昌模式”建立健全，向全国推广。截至 2017 年底，全省 17 个地市州工会全面升级启用“宜昌模式”，全国各地工会先后 235 批次 1,610 人来宜学习交流，培训各地各级工会干部 820 人。

（十）

工会机关工作全面推进，不断加强，达标升级，创优争先。市总工会机关党建荣获市直先进党组织称号。机关多次获得市“群众满意机关”，市“文明机关”称号。离退休老干部工作获省级3次，市级2次“先进集体”荣誉。档案工作通过省级特级评审。市总工会获得湖北省五一劳动奖状、全省工会工作创优争先第一两连冠，省工会工作创新等8个奖项。获得全国总工会授予的“全国工会系统先进奖状”，“全国农民工工作先进集体”等5个奖项，在全省地市州工会中是首屈一指的。宜昌工会工作创造的劳动争议调解工作经验、“互联网+”宜昌模式、“四位一体”帮扶维权体系等有宜昌特色的经验走出宜昌，走向湖北，推广到全国。

展望未来，在习近平新时代中国特色社会主义思想指引下，宜昌工运事业进入新时代，踏上新征程。坚定不移走中国特色社会主义工会发展道路，坚持四个自信，不断增强政治性、先进性、群众性，改革创新、服务大局、服务职工、做强基层、从严治会，充分发挥工会组织桥梁纽带作用，发扬宜昌工会的优良传统，围绕全面落实市委提出的奋斗目标，以新时代、新作为，努力开创宜昌工会工作新局面，团结动员全市职工为加快建设社会主义现代化强市建功立业做出更大的贡献。

第一章　机构设置

第一节　沿　革

1979 年，原宜昌市由地辖市恢复为省辖市，原宜昌市总工会由省总工会领导，宜昌地区工会筹备领导小组改为湖北省总工会宜昌地区办事处，负责地区工会工作，履行省总工会派出机构的职责。

中共十一届三中全会和中国工会九大以后，工会组织得到全面整顿和恢复。

1991 年，原宜昌市建立基层工会 417 个，下属工会小组 5806 个，建立区工会 3 个，委、局（公司）工会 23 个，拥有会员 9.7 万余人，专职工会干部 578 人，工会积极分子 6203 人。女职工委员会 218 个，经审组织 171 个，职工之家 153 个。1991 年地区直属单位和县市建立基层工会 2700 个，下属工会小组 10,673 个，局公司工会 211 个，拥有会员 19.2 万余人，专职工会干部 1377 人，女职工委员会 888 个，经审组织 1091 个，职工之家 1510 个。

1992 年 3 月，宜昌地市合并实行市领导县的体制，组建新的宜昌市总工会。

至此宜昌市总工会有委局（公司）工会 26 个，基层工会 3219 个，县市区工会 12 个，1 个管理区工会，市、县原企事业单位职工人数 37 万多人，工会会员 31 万多人，专职工会干部 1927 人。

1995 年全市县市区工会 13 个，委局（公司）工会 27 个，草埠湖管理区工会 1 个，全市拥有会员 324625 人，基层工会组织 2921 个，其中 200 人以上的工会组织 382 个。

1997 年 2 月 27 日，市委办印发市总工会机关机构改革方案，确定市总工会设立 9 部室，1 个机关党委。

到 2000 年底，全市有职工 283,290 人，工会会员 256,704 人，基层工会组织 3262 个，专职工会干部 1196 人；128 个乡镇（街道）全部建立工会。市总工会机关工作人员 40 人，机关内设 10 部 2 室，二级单位包括工人文化宫、职工学校（工会干校）、职工技协交流站、职工活动服务中心、五一宾馆，有职工 54 人。

2001 年底市总工会机关进行了机构改革，内设 9 个部室，机关行政编制为 27 名，其中：主席 1 名（兼），副主席 3 名（含兼经费审查委员会主任 1 名），纪检组长 1 名，女职工委员会主任 1 名。

2002 年市委机构编制委员会在市总工会设置离退休干部工作机构，并配备人员编制。

2008 年成立市总工会经济事业发展中心，为全民所有制自收自支事业单位。

2008 年撤销市直中小企业工会工作部。

2010 年在市政府部门设置 14 个产业（行业）工会，即教育工会、卫生工会、农业工会、水利水电工会、民政工会、文化工会、住房和城乡建设工会、交通运输工会、人力资源和社会保障工会、林业工会、城管工会、广电工会、粮食工会、供销工会。原设的经贸工会、商贸工会撤销。在市总工会机关设置驻会产业工会，即“市直企业工会工作委员会”。14 个产业（行业）工会，各核定工会主任职数（副县级）1 名。各产业（行业）工会可根据工作需要配备 1 至 2 名专职工作人员，其人员编制在“三定”规定核定本部门编制总额内调剂。

2014 年撤销市总工会所属的市工会经济事业发展中心、市总工会所属的市职工技术协作中心，将其承担的公共服务职责及在编在职人员划入市总工会职工服务中心。市总工会所属的市职工活动中心，并入宜昌平湖工人疗养院，挂市职工活动中心牌子。将市总工会所属的市工会职工学校，并入市工人文化宫，挂“市工会职工学校”牌子。

第二节　原宜昌市总工会机构设置

1989年底，原宜昌市总工会内设机构10个，包括办公室、组织部、宣教部、生产部、劳保部、女工部、财务部、国际部、调研室、技协办公室。

1991年底，原宜昌市总工会内设机构10个，包括办公室、组织部、宣教部、生产部、女工部、财务部、国际部、调研室、法律部、技协办公室等，共28人，其中行政编制22人，事业编制6人。原宜昌市总工会二级单位包括职工学校、职工技协，工人文化宫共31人，

第三节　宜昌地区工会机构设置

1989年底，宜昌地区工会办事处内设办公室、生产科、宣教科、女工生活科、地直工会5个机构。

1991年底，宜昌地区工会办事处内设机构5个，包括办公室、宣教科、生产安全科，生活女工科、地直科，有行政编制11人，事业编制3人，共14人。地区工会二级单位包括干训班、平湖疗养院共21人。

第四节　宜昌市总工会机构设置

1992年3月，宜昌地市合并实行市领导县的体制，组建新的宜昌市总工会。总工会机关内设宣传部、组织部、生产部、生活部、女工部、国际部、事业发展部、财务部、调研室、办公室等10个职能科室。市工会建有职工技协交流站、职工学校、工人文化宫、职工活动服务中心，工会干部学校5个二级单位。

2001年底市总工会机关进行了机构改革，内设9个部室：办公室（挂国际工作部的牌子）、宣教调研室、组织部（机关党委与其合署办公）、民主管理法律工作部、生活保障部、劳动保护部、女职工部、财务部、经费审查委员会办公室。纪检机构按有关规定设置，人员编制在机关行政编制总额内单列。

这一时期市总工会机关行政编制为27名。其中：主席1名（兼），副主席3名（含兼经费审查委员会主任1名），纪检组长1名，女职工委员会主任1名，科级领导职数13名（正科9名，副科4名）。核定机关工勤人员事业编制2名。机关离退休干部工作机构及人员编制按有关规定另行核定。

2002年市总工会设置离退休干部科配备编制2个，领导职数正科级1名。

2008年成立市工会经济事业发展中心，机构级别相当正科级，隶属市总工会管理，统筹调剂3名给市工会经济事业发展中心，配1名领导职数。

2009年市直机关及直属事业单位原核定“老干编制”进行了置换，党政群机关的老干编制置换为行政编制。

2010年在市总工会机关设置驻会产业工会，即“市直企业工会工作委员会”，其主要职责是负责综合指导协调由市国资委监管企业及大型非公企业的工会工作。机构级别核定为副县级，人员编制在市总工会机关编制总额内调剂，核定领导职数1正1副。

2014年增设资产监督管理部，增核正科级职数1名。

2014年市总工会所属事业单位类别及有关机构编制事项进行调整。市总工会职工服务中心（挂市总工会职工权益维护中心牌子），相当正科级公益一类事业单位，核定事业编制10名，核定领导职数

3 名，其中主任（正科级）1 名，副主任（副科级）2 名。宜昌平湖工人疗养院（挂市职工活动中心牌子），相当副县级公益二类事业单位。核定内设机构 5 个，即办公室、财务科、综合管理科、接待科、休养科，级别相当副科级。核定事业编制 25 名，核定领导职数 4 名，其中院长（副县级）1 名，副院长（正科级）3 名。核定内设机构副科职数 5 名。市工人文化宫（挂市工会职工学校牌子），相当于正科级公益二类事业单位，核定事业编制 16 名，核定领导职数 4 名，其中主任（正科级）1 名，副主任（副科级）3 名。

2015 年增核市总工会经费审查委员会主任职数（副县级）1 名，该职数不再由市总工会副主席兼任。

2017 年为进一步贯彻落实习近平总书记在中央党的群团工作会议上的重要讲话精神，切实保持和增强工会组织的政治性、先进性和群众性，着力去除机关化、行政化、贵族化、娱乐化，推进市总工会职能方式转变和机构编制设置改革，根据中央、省委、市委关于群团改革的精神和市总工会改革实施方案，按照坚持眼睛向下、面向基层和小机关、大网络、强基层、全覆盖的思路，市委对市总工会机关机构编制进行了调整。调整后，市总工会机关内设 9 个部门、1 个驻会产业工会和离退休干部科，主要职能分别是：

1.办公室

负责市总工会工作部署的协调、督查和服务工作；协助市总工会党组处理日常工作；承担市总工会重要会议和重大活动的组织协调工作；负责工作信息的收集处理和信息化建设；负责市总工会机关文秘、机要、保密、档案、统计、外事、接待等工作；负责起草和审核市总工会机关文件、文稿；承办市总工会领导交办的其他工作。

2.宣教调研室（网络工作部）

负责市工会代表大会、全委会、常委会等重要会议文稿的起草工作及工会宣传、教育、调查研究工作。制定全市工会宣传、教育、文体工作规划并组织实施；指导各级工会、工人俱乐部和文化宫开展群众性的文化、体育活动；开展社会主义核心价值观教育和职工职业道德建设；负责宣传工会各项重点工作和先进典型；负责全市工会意识形态工作，做好网上引导、动员和服务职工群众工作；协调有关部门加强对产业工人队伍建设改革的组织、指导和协调。

3.组织部（机关党委）

制定工会干部教育培训规划，组织、指导工会干部教育培训工作；协助市总工会党组做好县市区总工会及市直各产业（行业）、企业工会领导干部协管工作；负责市工会代表大会和全委会、常委会有关人事事项的组织工作；负责市总工会机关和所属事业单位的干部管理、机构编制、人事、劳资等工作；负责市总工会机关党风廉政建设工作。

4.基层工作部

指导基层工会组织建设工作，制定基层工会组织建设规划和制度；指导基层工会队伍建设及会员会籍管理工作；协调有关部门加强产业工人队伍建设；指导基层工会规范化建设，推动开展“职工之家”活动；指导和推动企事业单位开展民主管理工作；推动公司制企业建立职工董事、职工监事制度；指导基层工会和产业（行业）工会与同级政府及其有关部门建立联席会议制度。

5.权益保障部

参与有关职工劳动就业、收入分配、社会保障政策法规草案的研究制定；做好职工信访工作，维护职工合法权益；做好职工劳动就业培训工作；指导、组织和实施职工普惠服务项目、困难职工帮扶工作；做好工会有关农民工的服务协调工作；推动工会组织建立集体协商和监督保证机制，研究提出工会开展集体协商、签订集体合同的指导意见，指导基层工会开展有关工作；指导劳动争议调处和推进劳动争议仲裁工作；负责劳动关系领域社会组织的政治引领、示范带动和联系服务工作；指导和承担工会法律援助与法律服务工作；指导推动基层工会参与建立健全协调劳动关系三方机制，参与市协调劳动关系三方会议日常工作；负责工会法制建设；负责对接全市社会治理创新体系和“智慧宜昌”建设工作，制定全市工会网上工作规划，开展网络平台建设，培训管理工会网上工作队伍，统筹推进全市工会系统“互联网+”服务职工体系建设；指导职工服务中心工作。

6.经济技术和劳动保护部

组织和指导各级工会开展劳动竞赛、职工技术创新、职工技能提升等活动；承担全国、省、市劳模及“五一”劳动奖章（奖状）、工人先锋号、宜昌工匠的推荐、评选、管理和服务等工作；开展群众性劳动安全卫生活动，参与有关劳动安全卫生政策的制定并监督实施；参与重大伤亡事故和严重职业危害问题的调查处理工作；组织指导各级工会参与职工劳动安全的培训和教育工作。

7.女职工部

负责维护女职工合法权益和特殊权益；负责女职工组织建设的研究和指导；参与侵害女职工合法权益重大事件的调查处理；调查研究女职工工作、生活、学习、教育及劳动保护等方面的特殊问题，提出意见和建议；承担市总工会女职工委员会的日常工作，指导各级工会女职工委员会工作。

8.财务资产监管部

研究制定全市工会系统的财务、财产管理办法；负责工会经费的收缴、管理工作；管理本级工会资产，并对全市各级工会财产管理进行指导和监督；指导和推进工会企事业发展改革；对本级工会所属事业单位实施监督，履行出资人职责；负责对全市各级工会及有关事业单位财务工作的政策指导和监督；负责对市总工会机关行政经费的审核及监督管理，编制预、决算；负责审核、监督县市区总工会工会经费的预、决算。

9.经费审查委员会办公室

负责制定工会经费审查监督相关规章制度；指导全市工会经费的审查监督工作；负责对市总工会机关及所属事业单位财务预、决算和经济活动的审计；负责监督检查全市工会经费和各项专项资金管理使用情况；承担市总工会经费审查委员会日常工作。

10.市直企业工会工作委员会

负责对市属企业工会及部分中央、省属在宜单位工会工作的服务和指导。

11.离退休干部科

负责市总工会机关离退休干部工作；指导所属事业单位退休干部工作。

核定市总工会机关行政编制28名。其中：主席1名（市委常委兼任），常务副主席1名，专职副主席2名，经费审查委员会主任1名，女职工委员会主任1名，市直企业工会委员会主任1名；设正科级领导职数11名，副科级领导职数4名。

改革后，市总工会所属事业单位仍有3个，分别为宜昌市总工会职工服务中心（公益一类）、宜昌市工人文化宫（公益二类）、宜昌平湖工人疗养院（公益二类）。

第五节 历届市总工会领导人及中共市总工会党组成员名录

一、市总工会历任领导人名录

地市合并前（1989—1992.03）

（一）宜昌地区工会（1989—1992.3）

主　任：孙新民（1983.12—1991.9）

　　　　郭玉吉（女，1991.9—1992.3）

副主任：石明光（1983.12—1990.12）（主任级）
张信甫（1990.12—1992.3）
张居文（女，1990.12—1992.3）
调研员：石明光（1990.12-1991.9）

（二）原宜昌市总工会（1989.4—1992.3）

主　席：金泽兰（女，1989.4—1992.3）
副主席：张兴本（1989.4—1992.3）
（1990.10—1990.12 调任伍家岗区委任副书记）
伍明万（1989.4—1992.3）
赵玉春（1991.4—1992.3）
巡视员：陈传江（1986.1—1989.4）
黄显宁（1986.5—1989.4）

地市合并后（1992.03—2017 年）

（一）地市合并后临时领导班子（1992.03—1992.11）

牵头负责人：金泽兰（女，1992.3—1992.11）
郭玉吉（女，1992.3—1992.11）
负　责　人：张兴本（1992.3—1992.11）
伍明万（1992.3—1992.11）
张信甫（1992.3—1992.11）
张居文（女，1992.3—1992.11）
赵玉春（1992.3—1992.11）

（二）地市合并后正式任命领导班子（1992.11—1995.4）

主　席：金泽兰（女，1992.11—1995.4）
副主席：张兴本（1992.11—1995.4）
张居文（女，1992.11—1995.4）
伍明万（1992.11—1995.4）
张信甫（1992.11—1995.4）

（三）地市合并后五次代表大会选举产生的领导班子

宜昌市总工会第一届委员会（1995.4-2000.11）

主　席：金泽兰（女，1995.04—2000.11）
副主席：张兴本（1995.4—2000.11）
张居文（女，1995.4—1997.6）
伍明万（1995.4—2000.11）
张信甫（1995.4—2000.11）
何先玲（女，2000.1—2000.11）
经费审查委员会主任：杜心宁（1995.4—2000.11）
女职工委员会主任：许和平（女，1999.1—2000.11）

宜昌市总工会第二届委员会（2000.11—2007.3）

主　　席：余幼明（女，2000.11—2007.02）

郭俊苹（女，2007.02—2007.03）
常务副主席：周学文（2000.11—2006.11）
张　毅（2006.11—2007.03）
副　主　席：潘德远（2000.11—2006.09）
何先玲（女，2000.11—2006.09）
任　云（2000.11—2007.03）
肖　伟（2000.11—2007.03）
王怀兰（女，2006.09—2007.03）
经费审查委员会主任：杜心宁（2000.11—2006.08）
郑永安（2006.08—2007.03）

宜昌市总工会第三届委员会（2007.03-2012.07）

主　　席：郭俊苹（女，2007.03—2009.04）
廖达凤（女，2009.04—2011.12）
刘学甫（2011.12—2012.07）
常务副主席：张　毅（2007.03—2010.01）
罗志勇（2010.01—2012.07）
副　主　席：任　云（2007.03—2012.01）
肖　伟（2007.03—2012.07）
王怀兰（女，2007.03—2012.07）
经费审查委员会主任：郑永安（2007.03—2010.06）
李达明（2010.09—2012.09）
女职工委员会主任：朱利民（女，2009.09—2012.07）

宜昌市总工会第四届委员会（2012.07—2017.12）

主　　席：刘学甫（2012.07—2017.03）
王均成（2017.03—2017.12）
常务副主席：罗志勇（2012.07—2017.12）
副　主　席：肖　伟（2012.07—2015.06）
王怀兰（女，2012.07—2014.09）
江　浩（2012.07—2017.12）
彭定新（2014.09—2017.12）
经费审查委员会主任：李达明（2012.07—2017.12）
女职工委员会主任：朱利民（女，2012.07—2017.12）

宜昌市总工会第五届委员会（2017.12 至今　）

主　　席：王均成（2017.12 至今）
常务副主席：罗志勇（2017.12 至今）
副　主　席：江　浩（2017.12 至今）
彭定新（2017.12 至今）
李　涛（挂职，2017.12 至今）

郭从军（挂职，2017.12 至今）
代红新（兼职，2017.12 至今）
王华君（兼职，2017.12 至今）
葛隆恩（兼职，2017.12 至今）

经费审查委员会主任：李达明（2017.12 至今）

女职工委员会主任：朱利民（女，2017.12 至今）

二、中共宜昌市总工会历任党组成员名录

地市合并前（1989—1992.3）

（一）宜昌地区工会党组成员

书　　记：孙新民（1991.3—1991.9）
郭玉吉（女，1991.9—1992.3）

党组成员：张信甫（1991.3–1992.3）
张居文（女，1991.3–1992.3）

（二）原宜昌市总工会党组成员

书　　记：金泽兰（女，1986.1—1992.3）

副 书 记：张兴本（1981.11—1992.3）
（1990.10–1990.12 调伍家岗区委任副书记）

党组成员：伍明万（1984.5—1992.3）
陈传江（1986.1—1989.12）
黄显宁（1981.11–1989.12）

地市合并后（1992.3—2017）

（三）宜昌市总工会党组成员

书　　记：金泽兰（女，1992.3—2000.11）
周学文（2000.11—2006.9）
张　毅（2006.9—2009.12）
罗志勇（2009.12 至今）

副 书 记：张兴本（1992.3—2000.11）
潘德远（2001.12—2006.9）
任　云（2006.9—2012.1）

党组成员：张居文（女，1992.3—1997.6）
伍明万（1992.3—2000.11）
张信甫（1992.3—2000.11）
何先玲（女，纪检组长 1995.1—1999.1）
刘金莲（女，纪检组长 1999.1—2006.9）
潘德远（2000.11—2001.12）
肖　伟（2000.11—2015.6）
王怀兰（女，2006.9—2014.9）
郑永安（2006.8—2010.6）

朱利民（2009.9 至今）
李达明（2010.9 至今）
江　浩（2012.7 至今）
彭定新（2014.9 至今）

第六节　市总工会各部室历任负责人名录

一、地市合并前（1989—1992.3）

（一）原宜昌市总工会各部室负责人

1.组织部

部　长：赵长富（1986.3—1991.1）
副部长：李昌清（1987.9—1989.8）
　　　　许和平（女，1989.8—1992.3）

2.宣教部

部　长：卢祖冀（1986.3—1989.8）
副部长：郑永安（1989.8—1989.12）

3.生产部

部　长：刘韵秋（女，1986.3—1989.8）
　　　　金　浩（1991.11— 1992.3）
副部长：金　浩（1986.7—1991.11）

4.劳保部

部　长：王昌元（女，1989.8—1992.3）
副部长：王昌元（女，1980.2—1989.8）
　　　　许和平（女，1987.11—1989.8）
李昌清（1989.8—1992.3）

5.财务部

部　长：刘韵秋（女，1989.8—1989.12）
副部长：盛之衔（女，1986.3—1989.12）

6.国际联络部

部　长：赵玉春（1986.5—1989.12）

7.办公室

主　任：赵玉春（1980.2—1989.12）
副主任：何先玲（女，1984.12—1992.3）
秘　书：何　平（1991.3—1994.4）

8.调研室

主　任：卢祖冀（1989.8—1992.3）

副主任：郑永安（1987.9-1992.3）

9.技协办公室

主　任：黎开智（1987.11—1992.3）

10.女工部

部　长：彭学古（女，1980.7—1992.3）

副部长：罗冬兰（女，1989.10—1992.3）

刘金莲（女，1991.3—1992.3）

（二）省总工会宜昌地区办事处各部室历任负责人（1989—1992.3）

1.办公室

主　任：张信甫（1988.5—1990.12）

副主任：李　兵（女，1989.5—1992.3）

2.生产科

科　长：张居文（女，1984.5—1990.12）

王　平（1991.1—1992.11）

副科长：王　平（1985.7—1991.1）

3.宣教科

科　长：杜心宁（1988.5—1992.3）

4.女工生活科

科　长：雷全秀（女，1979.7—1989.11）

副科长：余其琼（女，1990.7—1992.3）

5.地直工会

主　席：覃其华（1985.3—1992）

二、地市合并后市总工会各部室历任负责人（1992.3—2017）

1.办公室

主　任：何先玲　（女，1993.4—1995.1）

李　兵（女，1997.12—2005.11）

闵　江（2005.11—2010.9）

徐圣凤（女，2010.10—2011.8）

李达明（2011.8—2013.9）

肖秀栋（2013.9 至今）

副　主　任：石廷桥（1993.12—1997.12）
　　　　　　郑永安（1993.4—1997.12）（主任级）
　　　　　　朱利民（女，1997.6—1997.12）
　　　　　　高　勇（1997.12—2015.10）
　　　　　　李达明（2002.3—2005.11）
　　　　　　李东海（2007.2—2008.2）
　　　　　　艾小青（女，2009.11—2011.12）
　　　　　　肖秀栋（2010.10—2013.9）
　　　　　　刘　文（2013.9 至今）
行 政 科 长：李　兵（女，1993.4—1997.12）
正科级干事：高　勇（1998.5—2015.10）
副科级干事：雷　斌（2002.3—2008.2）

2.宣教文体部

部　长：杜心宁（1993.5—1997.12）
　　　　何　平（1997.12—1999）

3.宣教调研室

主　任：石廷桥（1997.12—2008.2）
　　　　李达明（2008.2—2011.8）
　　　　江　浩（2011.8—2013.9）
　　　　韩　亚（女，2013.9—2017.3）
　　　　姚　超（2017.3—2017.8）
副主任：李达明（2000.9—2001）
　　　　李东海（2006.7—2007.2）
　　　　韩　亚（女，2009.11—2013.9）
　　　　姚　超（2013.9—2017.3）
　　　　闵　江（2003.2—2005.11）

4.宣教调研室（网络工作部）

主　任（部长）：姚　超（2017.08 至今）

5.组织部

部　长：许和平（女，1993.5—1997.12）
　　　　罗冬兰（女，1997.12—2005.11）
　　　　李达明（2005.11—2008.2）
　　　　朱利民（女，2008.2—2011.8）
　　　　徐圣凤（女，2011.8—2013.9）
　　　　杨春菊（女，2013.9 至今）

副部长：郝丽华（女，1995.6—1998.5）
舒　平（女，2009.11—2013.9）
刘宏生（2013.9 至今）
正科级干事：郝丽华（女，1998.5.27—2007.8）

6.民主管理法律工作部
原民主管理部部长：郑永安（1995.8—2002.3）
部　长：郑永安（2002.3—2007.8）
徐圣凤（女，2007.8—2011.8）
秦进文（2011.8—2017.8）
副部长：李昌清（1995.8—2008.1）
朱利民（女，2002.3—2005.11）
徐圣凤（女，2006.7—2007.8）
秦进文（2010.10—2011.8）
温　燕（女，2010.10—2017.8）

7.基层工作部
部　长：秦进文（2017.8 至今）
副部长：温　燕（女，2017.8 至今）

8.生活保障法律部
部　长：余其琼（女，1993.5—1997.12）
金　浩（1997.12—2002.3）
副部长：李昌清（1993.12—1995.8）
朱利民（女，1997.12—1999）
陈卫平（2000.9-2001）

9.生活保障部
部　长：何　平（2002.3—2005.11）
朱利民（女，2005.11—2008.2）
李东海（2008.2—2017.8）
副部长：秦进文（2009.3—2010.10）
周银球（2009.11—2017.8）
正科级干事：郝丽华（女，2002.3-2007.8）

10.权益保障部
部　长：李东海（2017.8 至今）
副部长：周银球（2017.8 至今）

11.生产部：

部　长：金　浩（1993.5—1997.12）

副部长：杜云年（1994.2—1997.12）

12.生产保护部

部　长：余其琼（女，1997.12—2002.3）

副部长：杜云年（1997.12—2002.3）

副科级干事：杜云年（2002.3—2007.8）

主任科员：杜云年（2007.8-2008.8）

13.劳动保护部

部长：余其琼（女，2002.3—2008.2）

石廷桥（2008.2—2017.3）

韩　亚（女，2017.3—2017.8）

14.经济技术和劳动保护部

部　长：韩　亚（女，2017.8 至今）

15.女职工部

部　长：罗冬兰（女，1993.5—1997.12）

许和平（女，1997.12—2005.11）

李　兵（女，2005.11—2007.8）

郝丽华（女，2007.8—2010.8）

杨春菊（女，　2010.11—2013.9）

舒　平（女，2013.9 至今）

副部长：罗冬兰（女，1989.10—1993.5）

艾小青（女，2008.10—2009.11）

16.财务部

部　长：刘金莲（女，1993.5—2005.11）

何　平（2005.11—2017.8）

副部长：沈襄咸（1993.12—2010.10）

沈化冰（2011.8—2014.9）

正科级干事：沈襄咸（1998.5-2002.3）

副科级干事：宋新兰（1998.5-2002.3）

17.财务资产监管部

部　长：沈化冰（2017.8 至今）

18.事业管理部

部　长：王昌元（1992.9—1997.12）

副部长：张良雄（1994.2—1997.2）

　　　　陈卫平（1997.2—2014.8）

正科级干事：陈卫平（1998.5—2014.8）

19.资产监督管理部

部　长：陈卫平（2014.8—2016.3）

　　　　马思永（2016.3—2017.8）

20.经费审查委员会办公室

主　任：张良雄（2008.2—2014.9）

　　　　沈化冰（2014.9—2017.8）

　　　　马思永（2017.8 至今）

副主任：张良雄(2005.11—2008.1)

副科级干事：张良雄(2002.3—2005.11)

21.老干部办公室

主　任：雷　斌（2008.2—2014.10）

　　　　陈卫平（2016.3—2017.8）

22.离退休干部科

科　长：陈卫平（2017.8 至今）

23.市直中小企业工会工作部

部　长：金　浩（2002.3—2008.2）

24.市直企业工会工作委员会

主　任：何　平（2011.4—2016.4）

　　　　李东海（2016.4 至今）

副主任：沈襄咸（2010.10 至今）

第二章　代表大会

第一节　原宜昌市工会第八次代表大会

第八次代表大会于1989年4月26–29日在市工人文化宫召开，出席大会的正式代表298人，特邀代表22人。

大会由张兴本致开幕词，湖北省总工会副主席马学礼和市委书记张忠民致祝词，市长罗清泉讲话，宜昌市军分区政委常立柱代表军分区、团市委书记屈鹏代表团市委、市妇联、市科协、市文联、市侨联致贺词。金泽兰代表市总工会七届委员会作题为《振奋精神，开拓进取，在治理整顿和深化改革中发挥主力军作用》的工作报告，书面印发了宜昌市总工会第七届委员会《关于工会财务工作的报告》。大会选举产生了宜昌市总工会第八届委员会委员33人，经费审查委员会委员9人；通过了七届委员会的工作报告和财务工作报告两项决议；发出了《全市职工立即行动起来，旗帜鲜明地反对动乱》的倡议书。大会结束时由伍明万致闭幕词。这次大会选举产生市总工会常委11人，正副主席3人。主席：金泽兰，副主席：张兴本、伍明万。

原宜昌市总工会第八届委员会

主　席：金泽兰（女）

副主席：张兴本　伍明万

常　委：金泽兰（女）　张兴本　伍明万　赵玉春　赵长富　彭学古（女）
　　　　卢祖翼　刘韵秋（女）　王昌元（女）　周成顺　刘金莲（女）

委员：（按姓氏笔画为序）

王玉秀（女）　王昌元（女）　王柱荣（女）　邓渝安　卢祖翼　刘金莲（女）　刘韵秋（女）
朱作华　伍明万　李从军　李林斌　张世淳　张兴本　张庆生　张在华　何先玲（女）　余常斌
宋建文　邹丽华（女）　周成顺　郑永安　郑阿明（女）　金泽兰（女）　赵玉春　赵长富
赵丽琴（女）　黄忠富　曹积成　彭学古（女）　童惠芳（女）　熊德中　谭和银　戴仁梁

原宜昌市总工会第八届经费审查委员会

主　任：何先玲（女）

副主任：朱光华

委　员：毛明秀（女）　陈代钰　陈绪发　李翔凤（女）　张诗栋　邵菊萍（女）　徐文英（女）

第二节　宜昌市工会第一至第五次代表大会

地市合并后，1992–2017年间，市工会召开了5次代表大会。

一、宜昌市工会第一次代表大会

第一次代表大会于1995年4月22–24日在市工人文化宫召开，到会正式代表400人，特邀代表16

人。大会主席团由金泽兰等52人组成，张兴本任大会秘书长。市委、市人大、市政府、市政协和市军分区的主要领导和市直有关部门，各群团组织的负责人出席了开幕式和闭幕式。市委书记罗清泉、市长郭远章分别代表市委、市政府到会作了重要讲话。各县市区和市直各有关委、局党委分管工会工作的负责同志出席了开幕式。金泽兰代表宜昌市工会第一次代表大会筹备领导小组作了题为《抓住机遇，开拓进取，团结动员全市职工为实现宜昌市第二次振兴而奋斗》的工作报告。大会一致通过对报告的决议。大会选举产生了宜昌市总工会第一届委员会委员46人和第一届经费审查委员会委员9人。在市总工会一届一次全体委员会上，选举产生市总工会常委15人，正副主席5人。主席：金泽兰（女），副主席：张兴本、张居文（女）、伍明万、张信甫。

宜昌市总工会第一届委员会

主　席：金泽兰（女）
副主席：张兴本　张居文（女）　伍明万　张信甫
常　委：金泽兰（女）　张兴本　张居文（女）　伍明万　张信甫　王玉秀（女）　王昌元（女）　甘立昌　刘金莲（女）　许和平（女）　李　兵（女）　何先玲（女）　余其琼（女）　罗冬兰（女）　金　浩

委员：（按姓氏笔画为序）

丁国凤（女）　马彩花（女）　王玉秀（女）　王昌元（女）　毛明秀（女）　甘立昌　刘金莲（女）　孙玉昌　许和平（女）　伍明万　杨廷国　陈祖民　陈　闯　陈　萍（女）　陈强胜　陈智强　李万柱　李　兵（女）　李楠林　张兴本　张庆生　张居文（女）　张信甫　何先玲（女）　余汉陵　余其琼（女）　肖　伟　杜心宁　沈瑞玲（女）　邹丽华（女）　周功林　周启圣　郑永安　郑阿明（女）　罗冬兰（女）　金泽兰（女）　金　浩　徐崇斌　闫红梅（女）　黄仁珍（女）　黄奉全　黄忠富　曹源北　谢有才　焦振明　熊德中

宜昌市总工会第一届经费审查委员会

主　任：杜心宁
委　员：乔十庆　刘昌林　朱长松　许照林　杨绍安　杨建国　张诗栋　张继红（女）　杜心宁　肖安全　董再云

二、宜昌市工会第二次代表大会

第二次代表大会于2000年11月26–28日在市西陵剧场召开，出席大会的正式代表397人，特邀代表24人。

市委书记孙志刚，省总工会党组书记、常务副主席郭佩英到会并发表讲话；宜昌军分区政治部主任万幼斌、共青团宜昌市委书记张鹏在大会上致祝词。金泽兰代表市总工会第一届委员会作了题为《高举邓小平理论伟大旗帜，团结动员全市职工为实现宜昌市跨世纪宏伟目标而奋斗》的工作报告。大会选举产生了宜昌市总工会第二届委员会委员50人，经费审查委员会委员13人；通过了一届委员会的工作报告和经费审查工作报告两项决议。大会选举产生市总工会常委17人，正副主席6人。主席：余幼明（女），常务副主席：周学文，副主席：潘德远、何先玲（女）、任云、肖伟。

宜昌市总工会第二届委员会

主　席：余幼明（女）

常务副主席：周学文

副主席：潘德远　何先玲（女）　任　云　肖　伟

常　委：余幼明（女）　周学文　潘德远　何先玲（女）　任　云　肖　伟　王昌元（女）
　　　　石廷桥　刘金莲（女）　许和平（女）　向　龙　李　兵（女）　何　平　余其琼（女）
　　　　郑永安　罗冬兰（女）　金　浩

委员：（按姓氏笔画为序）

万社知　王大祥　王玉秀（女）王　平　王昌元（女）王景新　毛明秀（女）　邓红义　石廷桥
刘凯群　刘金莲（女）　朱耀平　许和平（女）　向　龙　向洪星　任　云　毕兴国　闫红梅（女）
杨道建　陈永凤（女）　陈祖民　陈萍（女）　李　兵（女）　李祥文　张大富　张才珍（女）
张兆春　张建国　张　海　何　平　何先玲（女）　何克春　余幼明（女）余汉陵　余其琼（女）
肖　伟　杜心宁　邹丽华（女）　周学文　周启圣　郑永安　郑焕兰（女）　罗冬兰（女）　金　浩
袁祖凤（女）　袁　勇　秦文煊　黄仁珍（女）　熊　伟　潘德远

宜昌市总工会第二届经费审查委员会

主　任：杜心宁

委　员：王亚非（女）　尤祥权　文永茂　付光军　龙　兵　张于新　张继红（女）　杜心宁
　　　　罗时军　金　勇　孟祥英（女）　屈　秀（女）　黄忠富

三、宜昌市工会第三次代表大会

第三次代表大会于2007年3月25–27日在五一剧场召开，到会正式代表368人，特邀代表30人。大会主席团由郭俊苹等50人组成，张毅任大会秘书长。市委、市人大、市政府、市政协和市军分区的主要领导和市直有关部门，各群团组织的负责人出席了开幕式和闭幕式。市委书记李佑才代表市委到会作了重要讲话。湖北省总工会党组副书记、副主席褚玲代表省总讲话。各县市区和市直有关委、局党委分管工会工作的负责同志出席了开幕式。张毅代表市总工会第二届委员会作了题为《坚持主动依法科学维权，团结动员广大职工为实现宜昌走在中部地区同等城市发展前列的宏伟蓝图建功立业》的工作报告。大会一致通过了对这个报告的决议。大会选举产生了宜昌市总工会第三届委员会委员51人和第三届经费审查委员会委员9人。在市总工会第三届一次全体委员会上，选举产生市总工会常委13人，正副主席5人。主席：郭俊苹（女），副主席：张毅、任云、肖伟、王怀兰（女）。郭俊苹致闭幕词。

宜昌市总工会第三届委员会

主　席：郭俊苹（女）

常务副主席：张　毅

副主席：任　云　肖　伟　王怀兰（女）

常　委：郭俊苹（女）　张　毅　任　云　肖　伟　王怀兰（女）　石廷桥　朱利民（女）
　　　　刘新平　江　浩　李　兵（女）　李达明　何　平　闵　江

委员：（按姓氏笔画为序）

王长镜（女）　王平昌　王怀兰（女）　王继平　文　媛（女）石廷桥　朱利民（女）　伍安军

任　云　刘　琼　刘益华　刘新平　江　浩　江文平　孙晓蓉（女）　杜岐山　杨先刚　杨道建　李　兵（女）李达明　肖　伟　吴爱军（女）　何　平　余其琼（女）　邹榜华　闵　江　张　武　张　毅　张俊林　张德义　陈立国　陈茂义　岳新梅（女）　金　浩　郑永安　郑重祥　赵思刚　钟家裕　袁俊建　夏锡璠　郭俊苹（女）　高登海　陶明福　曹恩源　龚万和　龚名财　崔炳森　韩庆桥　裴　斐　熊　虎　戴　福

宜昌市总工会第三届经费审查委员会

主　任：郑永安

委　员：邓淑珍（女）　任　香（女）　刘德明　李玉佳　张良雄　欧阳忠民　郑　国　郑永安　孟祥英（女）

四、宜昌市工会第四次代表大会

第四次代表大会于2012年7月18–20日在宜昌市桃花岭饭店召开，到会正式代表403人，特邀代表30人，大会主席团由刘学甫等41人组成，罗志勇任大会秘书长。市委、市人大、市政府、市政协和市军分区的主要领导和市直有关部门，各群团组织的负责人出席了开幕式和闭幕式。市长李乐成代表市委到会作了重要讲话。湖北省总工会党组书记、常务副主席黄国庆代表省总讲话。各县市区和市直有关委、局党委分管工会工作的负责同志出席了开幕式。罗志勇代表市总工会第三届委员会作了题为《勇担新使命，推动新跨越，团结带领全市职工在建设现代化特大城市伟大实践中建功立业》的工作报告。大会一致通过了对这个报告的决议。大会选举产生了宜昌市总工会第四届委员会委员61人和第四届经费审查委员会委员9人。在市工会第四届一次全体委员会上，选举产生市工会常委9人，正副主席5人。主席：刘学甫，副主席：罗志勇、肖伟、王怀兰（女）、江浩。刘学甫致闭幕词。

宜昌市总工会第四届委员会

主　席：刘学甫

常务副主席：罗志勇

副主席：肖　伟　王怀兰　江　浩

常　委:石廷桥　朱利民(女)　刘新平　李达明　李东海　何　平　陈　岿　秦进文　徐圣凤(女)

委员：（按姓氏笔画为序）

丁绪欢　上官业声　王怀兰（女）　王继平　石廷桥　朱利民（女）　刘　琼（女）　刘永生　刘发英（女）　刘学甫　刘祖光　刘新平　江　浩　孙　杨（女）　孙志中　杨　涛　杨春菊（女）　李书平　李东海　李达明　李宏华　李志进　李祖新　肖　伟　何　平　何莉莉（女）　沈绪文　张志新　张俊林　张德义　陈　岿　陈卫平　陈邦进　陈茂义　陈国凤　罗华玉　罗志勇　岳新梅（女）　周红兵　赵小红　赵春梅（女）　胡小云　胡运桃　柯志强　钟家裕　姜　萍（女）　姚正威　秦进文　秦学礼　晏　涛　倪方成　徐圣凤（女）　郭从军　唐四海　陶明福　黄　刚　黄　海　曹宗南　龚万和　覃　然　覃玉蓉（女）　覃虎挺　曾贤荣　熊秭江　戴　福

宜昌市总工会第四届经费审查委员会

主　任：李达明

委　员：方正国　邓云玉　任　香（女）　刘行成　刘传金　杨祖贵　李达明　张良雄　曹　华

五、宜昌市工会第五次代表大会

第五次代表大会于 2017 年 12 月 24–26 日在宜昌市桃花岭饭店召开，到会正式代表 414 人，特邀代表 15 人，大会主席团由王均成等 53 人组成，罗志勇任大会秘书长。市委、市人大、市政府、市政协和市军分区的主要领导和市直有关部门，各群团组织的负责人出席了开幕式和闭幕式。市委书记周霁代表市委到会作了重要讲话。湖北省总工会党组书记、常务副主席董永祥代表省总讲话。各县市区和市直有关委、局党委分管工会工作的负责同志出席了开幕式。罗志勇代表宜昌市总工会第四届委员会作了题为《不忘初心奋进新时代，牢记使命再展新作为，团结动员全市职工为加快建设社会主义现代化强市努力奋斗》的工作报告。大会一致通过了对这个报告的决议。大会选举产生了宜昌市总工会第五届委员会委员 75 人和第五届经费审查委员会委员 15 人。在市总工会第五届一次全体委员会上，选举产生市总工会常委 10 人，正副主席 9 人。主席：王均成，副主席：罗志勇、江浩、彭定新、李涛（挂职）、郭从军（挂职）、代红新（兼职）、王华君（兼职）、葛隆恩（兼职）。王均成致闭幕词。

宜昌市总工会第五届委员会

主　席：王均成

常务副主席：罗志勇

副主席：江　浩　彭定新　李　涛　郭从军　代红新　王华君　葛隆恩

常　委：朱利民（女）　李东海　李达明　杨　伟　杨春菊（女）　肖秀栋　沈化冰　陈　取　姚　超　韩　亚（女）

委员：（按姓氏笔画为序）

上官业声　马王涛　马代军　王　毅　王友贵　王亚君　王华君　王均成　王明乾　代红新　朱利民（女）　向　斌　向　群　刘　琼（女）　刘发英（女）　刘溯剑　江　浩　许　雯（女）　孙明琴（女）　李　均　李　涛　李　敏　李书平　李东海　李达明　李洪彦　李晓龙　李照善　杨　伟　杨　勇　杨春菊（女）　肖秀栋　何清泉　何德富　佘龙江　沈化冰　沈绪文　宋俊明　张　涛　张志新　陈　取　陈发喜　陈珊珊（女）　罗志勇　周金平　赵东风　赵静毅　钟雪平　姚　超　贺清松　贾　璞（女）　夏常明　倪方成　郭从军　黄　玲（女）　黄丹梅（女）　黄光学　黄志华　黄昌英（女）　曹　丰　彭　芳（女）　彭定新　葛隆恩　董　萍（女）　韩　亚（女）　覃　然　覃虎挺　程　威　傅承林　舒　平（女）　雷青松　裴彦龙　熊秭江　戴明道　魏　宏

宜昌市总工会第五届经费审查委员会

主　任：李达明

委　员：马思永　王晓宇（女）　冯祖喜（女）　刘　洋（女）　许晓静（女）　李达明　李昌荣　李静波　杨祖贵　宋庆桂　陈尧生　周　琳（女）　贺余梅（女）　高洪亮　彭启洪

第三节　出席中国工会代表大会及当选为中华全国总工会执行委员会委员名录

一、出席中国工会代表大会的代表名录

第十二次代表大会代表（1993.10）

金泽兰　宜昌市总工会主席

董晓焰　猴王集团副总经理

刘农伦　长阳县职业高中教师

第十三次代表大会代表（1998.10）

金泽兰　宜昌市总工会主席

熊佳汉　宜都股份机电工程公司董事长、书记

王世绪（土家族）　宜昌三峡学院讲师

第十四次代表大会代表（2003.10）

余幼明　宜昌市委副书记、市总工会主席

周学文　宜昌市总工会党组书记、常务副主席

向延久　长阳土家族自治县第一人民医院院长

金泽兰　原宜昌市委常委、市总工会主席（特邀代表）

第十五次代表大会代表（2008.10）

郭俊苹　市委常委、市总工会主席

杨家法　枝江酒业工会主席

第十六次代表大会代表（2013.10）

刘学甫　宜昌市委常委、市总工会主席

王亚君　宜昌人福药业党委委员、工会主席

王华君　宜昌市康龙出租汽车公司驾驶员、秭归在宜农民工服务中心主任

二、当选中华全国总工会执行委员会委员名录

1993 年 10 月 24 日，市委常委、市总工会主席金泽兰当选为中华全国总工会第十二届执行委员会委员。

1998 年 10 月，市委常委、市总工会主席金泽兰当选为中华全国总工会第十三届执行委员会委员。

2003 年 9 月 22–26 日，市委副书记、市总工会主席余幼明当选为中华全国总工会第十四届执行委员会委员。

2007 年 10 月 10 日，市委常委、市总工会主席郭俊苹替补为中华全国总工会第十四届执行委员会委员。

2008 年 10 月 19 日，市委常委、市总工会主席郭俊苹当选为中华全国总工会第十五届执行委员会委员。

2010 年 2 月 23–24 日，在中华全国总工会第十五届执行委员会第三次全体会议上，市委常委、市总工会主席廖达凤替补为中华全国总工会第十五届执行委员会委员。

2013 年 2 月 28 日至 3 月 1 日，在中华全国总工会第十五届执行委员会第七次全体会议上，市委常委、市总工会主席刘学甫替补为中华全国总工会第十五届执行委员会委员。

2013 年 10 月 20 日，在中国工会第十六次全国代表大会第二次全体会议上，市委常委、市总工会主席刘学甫当选为中华全国总工会第十六届执行委员会委员。

第四节　当选为湖北省总工会委员会委员、经费审查委员会委员名录

一、当选湖北省总工会委员会委员名录

第七届委员会委员（1988—1993 年）

金泽兰　宜昌市总工会主席

孙新民　宜昌地区工会办事处主任

郭玉吉　宜昌地区工会办事处主任

周成顺　宜昌市一轻局工会主任

曹积成　宜昌市侨办工会负责人

第八届委员会委员（1993—1998 年）

金泽兰　市委常委、市总工会主席

第九届委员会委员（1998—2003 年）

金泽兰　市委常委、市总工会主席

任　云　猴王集团工会主席

熊笑云 宜昌日报都市副刊部副主任

第十届委员会委员（2003—2008 年）

余幼明　市委副书记、市总工会主席

周学文　市总工会党组书记、常务副主席

张　毅　市总工会党组书记、常务副主席

王怀兰　市总工会副主席

周爱平　宜昌市夷陵粮油购销公司办公室主任

第十一届委员会委员（2008—2013 年）

郭俊苹　市委常委、市总工会主席

张　毅　市总工会党组书记、常务副主席

龚万和　西陵区总工会常务副主席

杨自会　市环卫处公厕管理所党支部书记

罗志勇　市总工会党组书记、常务副主席

第十二届委员会委员（2013 年至今）

王均成　市委常委、市总工会主席

罗志勇　市总工会党组书记、常务副主席

刘发英　长阳花艳小学副校长

二、当选湖北省总工会经审委员会委员名录

第七届经审委员会委员（1988—1993 年）

张兴本　市总工会副主席

第八届经审委员会委员（1993—1998 年）

张兴本　市总工会党组副书记、副主席

第九届经审委员会委员（1998—2003 年）

张兴本　市总工会党组副书记、副主席（1998—2000 年）

杜心宁　市总工会经审委员会主任（2000—2003 年）

第十届经审委员会委员（2003—2008 年）

杜心宁　市总工会经审委员会主任（2003—2007 年）

郑永安　市总工会经审委员会主任（2007—2008 年）

第十一届经审委员会委员（2008—2013 年）

郑永安　市总工会经审委员会主任（2008—2011 年）

李达明　市总工会经审委员会主任（2011—2013 年）

第十二届经审委员会委员（2013 年至今）

李达明　市总工会经审委员会主任

第三章　宜昌市总工会领导人及工会界代表省级市级任职名录

第一节　市总工会领导人出任省政协委员名录

湖北省政协第七届委员会委员（1993—1997）

金泽兰　市委常委、市总工会主席

湖北省政协第八届委员会委员（1998—2002）

金泽兰　市委常委、市总工会主席

周学文　市总工会党组书记、常务副主席

湖北省政协第九届委员会委员（2003—2007）

周学文　市总工会党组书记、常务副主席

湖北省政协第十届委员会委员（2008—2012）

郭俊苹　市委常委、统战部部长、市总工会主席

廖达凤　市委常委、统战部部长、市总工会主席

张　毅　市总工会党组书记、常务副主席

湖北省政协第十一届委员会委员（2013—2017）

刘学甫　市委常委、统战部部长、市总工会主席

王均成　市委常委、统战部部长、市总工会主席

罗志勇　市总工会党组书记、常务副主席

第二节　市总工会领导人出任市人大常委会常委名录

原宜昌市第十一届人大常委会委员

张兴本　市总工会副主席（1988.1—1990.10）

金泽兰　市总工会主席（1990.10—1992.9）

宜昌市第一届人大常委会委员

张兴本　市总工会副主席（1992.9—1997.3）

宜昌市第二届人大常委会委员

张兴本　市总工会副主席（1997.3—2002.4）

宜昌市第三届人大常委会委员

周学文　市总工会常务副主席（2002.4—2007.1）

宜昌市第四届人大常委会委员

张　毅　市总工会常务副主席（2007.1—2010.2）

罗志勇　市总工会常务副主席（2010.2—2012.1）

宜昌市第五届人大常委会委员

罗志勇　市总工会常务副主席（2012.1 至今）

第三节　市总工会领导人出任市政协常委和工会界委员名录

原宜昌市政协第九届委员会（1988.1—1992.3）

委　员：伍明万　马启发　向立发　王秀强　唐易兰（女）　宋健文　邵广中　熊庆云　黄志新（女）

常　委：伍明万

宜昌市政协第一届委员会（1992—1997）

委　员：张居文（女）　赵泽黎（女）　战玉栋　肖　伟　张庆生　王玉秀（女）　白小全　邵广中　徐　建　华翠珍（女）　孔令文　王文荣　李来民　冯乔林

常　委：张居文（女）

宜昌市政协第二届委员会（1997—2002）

委　员：王文荣　王玉秀（女）　叶国强　白小全　刘武成　李泽林　严真芳（女）　张大富　张居文（女）　顾茂林　徐良碧　徐　建　廖景华　何先玲（女）

常　委：张居文（女）　何先玲（女）

宜昌市政协第三届委员会（2002—2007）

委　员：潘德远　乔十庆　王亚菲（女）　向　龙　周　灿（女）　段友泽　白小全　陈娣惠（女）　魏　国　匡永凤（女）　李从洪　屈祖庆　卢红艳（女）

常　委：潘德远

宜昌市政协第四届委员会（2007—2012）

委　员：任　云　张忠华　王书凤（女）　张明春（女）　李家芬（女）　薛　瑶（女）　李自华　蔡　红（女）　郑春芳（女）　张秀奎　王雯憬（女）　张　鹏　李庆芳　杨学桂　谢永文

常　委：任　云

宜昌市政协第五届委员会（2012—2016）

委　员：肖　伟　伍　军　沈襄咸　蔡光元　郑春芳（女）　张　喻（女）　杨春燕（女）
　　　　李德兰（女）　薛　瑶（女）　王慧玲（女）　戴　福　郑学春　杨学桂　赵宗政
　　　　陈家翠（女）

常　委：肖　伟

宜昌市政协第六届委员会（2016年至今）

委　员：彭定新　彭　芳（女）　邓　元　冯启明　李德兰（女）沈襄咸　程　威　向　俊（女）
　　　　张朝辉　于　飞　郑学春　舒　坤　韩武群　徐致富　何德富

常　委：彭定新

第四章　组织工作

第一节　基层组织

一、组织发展

1989 年，宜昌地区工会会员人数 218,264 人，基层工会组织数 2,507 个，工会小组 11,856 个，工会积极分子 31,659 名，设有专职工会干部的工会组织 832 个，工会专职工作人员 1,245 名，女工工作委员会 779 个，基层工会经费审查组织 986 个，先进模范职工之家 179 个，培训工会干部、工会积极分子 12,496 人次。原宜昌市总工会下辖基层工会组织 398 个，工会会员 10 万人，车间分会组织 888 个，工会小组 6627 个，工会积极分子 2 万多人，专职工会干部 510 个，兼职工会干部 240 余人，95%以上基层工会配备工会主席。培训工会干部和工会积极分子 2,387 人次，全市 90%以上基层工会验收为合格的职工之家。

1990 年，地区基层工会组织数 2,551 个，职工会员人数 184,341 人，设有专职干部的工会组织 881 个，工会专职工作人员 1359 人，工会积极分子 31,065 人，培训工会干部、工会积极分子 16,220 人次。原市工会基层工会组织 441 个，会员人数 114,462 人。

1991 年，地区建立基层工会 2700 个，下属工会小组 10,673 个，县市工会 9 个，乡镇工会 20 个，拥有会员 23.2 万人，专职工会干部 1377 人。原市工会建立基层工会 417 个，下属工会小组 5806 个，建立区工会 3 个，委、局（公司）工会 23 个，拥有会员 9.7 万余人，专职工会干部 578 人，工会积极分子 6203 人。

1992 年地市合并后，宜昌市有委局（公司）工会 26 个，基层工会 3219 个，县市区工会 12 个，一个管理区工会，市、县原企事业单位职工人数 37 万人，工会会员 31 万多人，专职工会干部 1927 人。

1993 年，开展乡镇企业组建工会工作试点，同年，在三资企业开展组建工会工作。

1995 年猇亭区总工会成立。

1995 年全市县市区工会 13 个，委局（公司）工会 27 个，草埠湖管理区工会 1 个，全市拥有会员 324,625 人，基层工会组织 2921 个，其中 200 人以上的 382 个。

1998 年市私营企业工会联合会成立。

截止 1999 年底，全市工会组织减少到 2364 个，会员 297,699 人。是年，全国总工会召开全国新建企业组建工作会议，提出加快组建工会步伐的要求。

2000 年，宜昌市新建企业工会组建工作领导小组成立并召开第一次会议，决定以市委办的名义下发关于加快新建企业工会组建工作的文件，提出三年建会任务两年完成的目标，按照“哪里有职工，哪里就要建立工会组织”的要求，在乡镇和非公企业全面建会，全市新经济组织组建工会 814 家。

截止 2000 年底，全市有职工 283,290 人，工会会员 256,704 人，基层工会组织 3262 个，专职工会干部 1196 人。

2001 年，作为全市新建企业工会组建工作的攻关年，抽调专人成立基础、信息、组建 3 个工作专班，加强新建企业工会组建工作的基础台账、信息交流和督办协调工作。截至年底，全市新建企业建会 8993 家，新发展会员 216,152 人，会员累计 451,910 人，提前超额完成省总工会下达的组建任务，被省总工会评为全省工会重点工作优秀单位、新建企业工会组建工作优秀单位。

2002 年，全市建立工会的企业数达到 11,349 个，建基层工会 5066 个，其中单独建立工会 4732 个，建立联合工会 332 个，会员总数达 451,949 人。25 人以上的新建企业工作组建率达到 95%以上，职工入会率达到 99%。

截止 2003 年底，全市建立工会的企业 11,009 个，建立基层工会 5166 个，会员总数达 452,984 人，基层工会组织、会员人数在保持 2002 年水平的基础上略有增长。

2004 年，全市各级工会按照“组织起来，切实维权”的要求，以产业（行业）工会、街道社区工会、新开业企业工会为依托，动员组织进城务工人员加入工会。全年新增工会会员 36,524 人，会员总数达到 489,508 人。

2005 年 4 月，宜昌市召开全市工会工作会议，印发《关于进一步加强工会工作的意见》《关于进一步加强非公有制企业职工民主管理的意见》，并利用在全市实施工会经费委托国税代收的有利时机，促使 10 余家过去难建、拒建工会的企业建立工会。通过贯彻《宜昌市基层工会直接选举试行办法》，完成基层工会直接选举试点。全年工会会员净增 33,572 人，总数达到 523,572 人。

2006 年，全市新发展会员 44,326 人，其中农民工会员 29,257 人。市总工会和市委组织部、市委统战部、市国资委等 9 部门建立企业工会组建工作联席会议制度。全市 84 家外商投资企业组建工会。

2007 年，全市新增基层工会组织 697 个，涵盖单位净增 1510 家，新增工会会员 92,111 人，其中农民工会员 81,091 人。外商投资企业累计建会 135 家，建会率达 100%，职工入会率达 94%。全市担任县级以上人大代表、政协委员等职务的非公有制经济代表人士所在的 581 家企业全部组建工会。肯德基在宜昌的 3 家分店、麦当劳 2 家宜昌餐厅已全部成立属地管理的工会。

2008 年，全年工会会员净增 100,624 人（其中农民工会员 88,656 人）、净增基层工会委员会 757 人，基层工会委员会总数达到 6115 个、工会会员达到 72.7 万人。全市外商投资企业累计建会 135 个，世界 500 强涉及在宜企业全部组建工会。

2009 年，全市各级工会围绕全国总工会“双措并举、二次覆盖”的工作要求，加强基层工会组织建设，新增基层工会组织 472 个，新增工会会员 62,487 人，其中农民工会员 50,973 人。

2011 年 4 月，市总工会与市委组织部联合召开全市“党工共建”工作现场经验推进会，将工会组建率、建制率纳入基层党组织的实绩目标考核，与县（市、区）党政领导班子奖惩考核挂钩，实现党组织、工会组织建设携手共同推进。同时，建立市、县两级工会班子成员联系点制度，分片包干，责任到人、集中时间，以区域性工会、行业性工会、非公企业工会建会建制为重点，强力实施“百日攻坚”行动。截至年末，全市新增建会企业 5475 家，发展会员 67,186 人，分别占省总下达任务的 371%、353%，建会率达到 81.8%。

2012 年，市总工会大力开展区域性、行业性工会组建，不断提高工会组建率和职工入会率。新增企业法人工会组织 2749 家，新发展企业会员 22,775 人。全市经济开发区、工业园区企业工会组建率 94.9%，职工入会率 93.8%。12 月 20 日，宜昌市注册会计师行业工会联合会第一次代表大会召开，全省首个地市一级的注册会计师行业工会联合会成立。

2013 年，全市建会企业累计达 14,584 家，企业会员总数达到 542,399 人。世界 500 强等跨国公司在宜企业法人为 8 家，建会 8 家，建会率达 100%。联合市工商联制发了《关于推动全市非公有制企业组建工会和发挥工会作用的通知》，加强对非公有制企业组建工会的指导。

2014 年 7 月 30–31 日，全省基层工会工作会议在宜昌召开。市总工会加强基层工会工作的经验在会上推介。同年，按照省总工会统一部署，市总工会开展基层工会组织建设大调研活动。调研结果显示，全市共有 23,778 家单位，正常经营 20,105 家，符合建会条件 18,422 家，职工 554,492 人，工会组织 7721 家，涵盖单位 17,543 家，会员 526,986 人，建会率 95.2%，入会率 95%。

2015 年，市总工会按照加强基层工会建设落实年和“六有六好”工作要求，整体推进基层工会工作。全面启动“农民工入会集中行动”，新增农民工会员 6.4 万人，职工（农民工）通过微信、手机客户端等入会申请 2.3 万人。宜昌高新区总工会正式挂牌成立。乡镇（街道）成立总工会试点工作稳步推进，当阳市玉阳街办、夷陵区龙泉镇、枝江市马家店街办、宜都市陆城街道相继成立总工会。全市企业建会率和职工入会率动态保持在 85%以上。

2016 年，市总工会切实抓好组织覆盖、职工入会、规范建设等基层基础工作。作为职工（农民工）线上入会全国唯一试点，着力深化农民工入会集中行动，全年新增线上入会申请人数 1.5 万人，总数达到 3.8 万人。

2017 年，努力做优 “互联网+”工会组建、职工入会工作。全面推行网上接转会籍关系和办理入会手续“两终端”申请、“一平台”受理、“一张网”办理的工作模式，真正将网上入会转会处置落实到基层、组织信息采集触角延伸到基层、基层组织建设管理拓展到基层。职工（农民工）线上入会申请 5.3 万人，全年新增网上入会转会会员 1.5 万多人。针对初始的“职工会员、单位企业、工会组织”三大实名制数据库信息不全、逻辑关联不够、统计功能不强等实际问题，分门别类地分析清洗、清除各类无效信息，督促各地完成组织信息的录入工作。系统平台中有职工会员信息 82.5 万条，工会组织信息 5707 条。依托职工服务平台系统，将企业主动申请建会信息、系统比对督促被动建会信息、线上入会申请倒逼企业建会信息等同置于服务平台系统，构建“线上受理、后台分派、平台处置、三级联动”的建会新机制，实现企业建会“由线下管理转为线上线下双向管理”。线上倒逼企业建会工作正在逐步推开。

二、会员管理

从 1950 年起，工会会员实行会员证管理，职工入会后，由所在基层工会登记造册，建立会员档案，按照名册发放会员证，会员持有会员证，以证明会员身份。要求会员证妥善保存，不得遗失，不得转借，不得将会员证用以抵押任何物资。会员工作调动，须转移组织关系。

“文革”期间工会组织瘫痪。1973 年 3 月后，开展整顿恢复工会组织的工作，登记原有会员，发展新会员。1978 年后对会员队伍进行清理，严格区分和正确处理两类不同性质的矛盾。对符合条件的会员进行登记；对不符合会员条件的会员不予登记，清除出工会。

1980 年 5 月，经过会员清理和会员登记后换发会员证，会员证按全国总工会规定式样，省总工会统一印制，统一编号发放。发放之前，各基层工会对会员进行工会性质、作用、任务、权利和义务教育。会员证发放时，做到会员人数、会员名册、会员档案三对口，并举行发放仪式，发给会员本人。

1981 年 1 月起，再次统一换发新会员证。

1993 年 11 月起，根据全国总工会组织部、财务部规定，离退休会员，行政不再计拨工会经费。用行政计拨的工会经费开展工会活动，可以不通知离退休会员参加。各地基层工会组织，仍继续关心离退休会员。在条件允许的情况下，开展组织生活、文娱、体育等活动，尽量吸收离退休会员参加。

1999 年，按照省总工会《关于改制企业工会会员会籍管理的暂行办法》，全市各地进一步加强改制企业会员会籍管理，在企业待岗、未外出会员，会籍管理由原单位基层工会负责，再就业后，其工会关系转入新就业单位工会组织，连续计算会龄。被出售、租赁或兼并企业的会员，由现所在企业工会管理。破产企业会员、买断工龄职工会员，保留会籍，其会员登记表装入个人档案。再就业后转入就业单位，退休或不再就业的会员，转入原住地（社区）工会管理。

2001 年，市总工会制发《关于做好<中华全国总工会会员证>新证换发工作的通知》（宜工办[2001]43 号），贯彻全国总工会办公厅和省总工会关于换发新会员证的要求，提出换发新会员证从 2001 年 11 月开始，至 2002 年底结束，强调“加强工会会员证的管理是加强工会会籍管理的重要内容，新证增加会员权利、义务、组织关系接转、保留、恢复会籍等内容，有利于流动会员会籍管理，各地要通过换证工作，规范工会组织的管理，夯实工会组织基础，更进一步推动工会工作的发展”。全市各级工会按照市总的要求，重新清理、登记会员，按名册颁发，换发新证工作如期完成。

2004 年 9 月，转发全国总工会《关于组织各种所有制企业、事业单位及机关的劳务工加入工会的通知》，全市各地各单位认真贯彻落实通知精神，把各种所有制企事业单位和机关劳务工，作为工人阶级队伍新成员，按照“组织起来，切实维权”的工作方针，组织他们加入工会。各县市区和市产业工会、企业集团公司工会，坚持在各种所有制企事业单位及机关从业、用人单位建立劳动关系（含事实劳动关系）的劳务工，不论户籍关系所在，用工形式如何，就业时间长短，都依法把他们组织到工会中来。是年，坚持以产业工会、街办、社区工会和新建立企业工会为依托大力发展进城务工人员入会。市建设工会在外来施工企业组建工会工作领导小组的推动下，来自重庆、福建、浙江等地在宜登记注册的民企、私企和外资企业统统建会，发展会员 3000 多人。西陵街办在进城务工人员中发展会员 1200 多人。均瑶、蒙牛、AB 集团等建会企业在进城务工人员中发展会员 2 万余人。

2005 年，市总工会按照全国总工会书记处对组织农民工加入工会的指示精神，根据农民工流动性大的特点，坚持属地管理原则，进一步简化农民工入会、转会手续，推行农民工输出地源头入会、集体登记入会等形式发展农民工入会，最大限度地把包括农民工在内的广大职工组织到工会中来。年底，全市工会会员达到 523,572 人，基层工会总数达到 4187 个，涵盖法人单位的基层工会达到 7886 个。

2006 年，继续坚持工会组建、发展会员作为工会工作的重中之重，巩固完善国有、集体及其控股企业、机关、事业单位工会组织建设，整顿和重建改制企业工会，做到改制企业工会随改随建，会员关系随变随转，加强对进城务工人员的引导和教育，增强他们参加工会组织，参加工会活动的意识、愿望和要求，加快进城务工人员加入工会的步伐。宜昌市总工会在进城务工人员中组建工会和发展会员的经验在全省和全国推广。截至 2006 年底，会员总数比 2005 年净增 4.4 万人。

2015 年，全国总工会确定宜昌市为全国工会改革试点城市之一，市总工会承担“职工网上入会申请”的改革试点任务。通过试点，成功地总结“职工网上入会申请”宜昌模式，并在全国推广。从此，职工入会建立了传统手段管理与现代信息技术管理“两种方式”的结合，建立了双轨并存的工作运行机制。会员申请入会、转会都可在线上进行。职工在网上申请，基层工会主席在线上审核办结，实现职工从“要我入会”到“我要入会”的转变。会员会籍通过网络操作实现“点对点”“一站式”转接。会员流动时，只需选择申请转会，提出诉求，系统比对会籍信息之后，自动进入会籍转接流程，所有转会中间环节和基本信息传递全部借助网络进行，既优化转接流程，规范会籍管理，又为职工提供了便捷高效的服务。“职工网上入会申请”改革试点的成果是创新了会员实名制管理方式和方法，实现了工会会员管理制度化、规范化、信息化的新突破。截止 2017 年底，全市建立包含 82 万多名会员的动态实名数据库，职工线上入会转会已超过 5.2 万人。

三、职工之家

自 1984 年开始，全国总工会在全国基层工会组织中广泛开展了建设职工之家活动，历经整顿建家、深入建家和市场经济条件下建家的阶段，并向非公有制企业延伸开展“双爱双评”活动。

1990 年 5 月，原市总工会建职工之家 230 个。同年，宜昌地区工会在基层工会工作会上，表彰 40 个模范职工之家。

1991 年地区建成合格的职工之家 1510 个。原市总工会召开深入建设职工之家会议，进一步加强领导，加快步伐。

1992 年 1 月，原市总工会在中南橡胶厂召开建职工小家的现场会，各委局系统工会主任及基层工会主席 73 人参加，使建家活动从建大家向建小家深入。

1993 年，在中国工会十二大上，宜昌纺机厂工会、长阳第一高级中学工会获全国模范职工之家，中南橡胶厂印刷器材分厂涂胶组工会小组等 3 个单位获模范职工小家。同年在省工会八大上，湖北红旗电缆厂工会等 7 个单位被评为湖北省模范职工之家，当阳公路段王店道班工会小组等 11 个单位被评为湖北省模范职工小家。

1995 年，省总工会表彰宜昌树脂厂工会等 11 个单位为湖北省模范职工之家，八一集团公司第三轧钢车间分工会等 12 个单位为湖北省模范职工小家。

1997 年 9 月，省总工会副主席詹世宝带队，对宜昌市获省模范职工之家单位进行复查。1998 年鄂工办字[1998]21 号通报，宜昌纺机厂工会等 29 家省模范职工之家复查合格。

1998 年，在中国工会十三大上，宜昌供电局工会、市中心人民医院工会获全国模范职工之家，市自来水公司二水厂二泵房工会小组等 3 个单位获全国模范职工小家。同年在省工会九大上，湖北楚星集团工会等 6 个单位被评为湖北省模范职工之家，宜棉集团公司气流纺车间分工会等 6 个单位获湖北省模范职工小家。截至 1998 年，全市拥有全国模范职工之家 6 个，省级模范职工之家 32 个，县市级模范职工之家 1536 个。

2000 年在市总工会第二次代表大会上，表彰市“模范职工之家”62 个，市“模范职工小家”31 个。同年，全国总工会表彰“模范职工小家”1 个，省总工会表彰“模范职工之家”2 个，“模范职工小家”2 个。

2001 年，市总工会在全省率先制发《示范乡镇（街道）工会考核标准》和《新建企业“双爱双评”评选条件》，重新修订《职工之家验收标准》，坚持每两年评选表彰一次模范职工之家和模范职工小家。

2003 年全市三分之二的乡镇（街道）达到“示范乡镇（街道）工会”的考核标准，80%的非公有制企业开展了“双爱双评”和“职工之家”创建活动，涌现出沙龙宴、湖北枝江酒业、金叶玉阳化纤有限公司等一批职工爱企业，企业爱职工，劳资关系融洽，企业快速发展的先进典型。宜昌市第二人民医院工会等 8 家单位工会被授予湖北省模范职工之家称号，宜昌市旭光棉纺织集团二分厂细砂丙班被授予湖北省模范职工小家称号。

图 4-1 2003 年 11 月 8 日，市委副书记、市纪委书记、市总工会主席余幼明(左)代全国总工会向沙龙宴餐饮有限公司工会颁发“全国模范职工之家”奖牌

2004 年，在非公有制企业开展以“双爱双评”为内容的“职工之家”创建活动。市总工会授予湖北楚星化工股份有限公司工会等 89 个基层工会市级模范职工之家称号。授予宜都市第一人民医院手术室工会小组等 41 个工会分会（小组）为市级模范职工小家称号；授予王畈乡等 37 个乡镇（街道）工会“示范乡镇（街道）工会”称号。当阳市玉阳街道办事处工会、伍家岗区伍家乡工会联合会等 6 个乡镇、街道办事处工会被省总工会评为示范乡镇工会。

2005 年，宜昌人福药业公司工会等 3 个工会被授予全国模范职工之家称号，宜昌市一中数学工会小组等 3 个工会小组被授予全国模范职工小家称号。湖北移动通信有限责任公司宜昌分公司等 7 个工会被省总工会授予湖北省模范职工之家称号，经纬纺机宜昌分公司冲压分厂钳工班工会小组等 5 个工会小组被授予湖北省模范职工小家称号。

2006 年，市总工会授予宜昌三峡运输集团宜都华运公司工会委员会等 76 个基层工会模范职工之家称号，授予宜都市农村信用合作联社聂家河食用社工会小组等 25 个工会分会（小组）模范职工小家称号。

2007 年，市总工会在 116 家企业进行贯彻《企业工会工作条例》试点。

2008 年，宜昌人福药业股份有限公司工会等 19 家企业经省总工会考核认定为企业工会规范化建设一级达标企业。

2010 年，湖北三峡新型建材股份有限公司工会委员会等 3 家单位荣获“全国模范职工之家”称号；宜都石油配送中心东风 1 号加油船工会小组等 3 家单位荣获“全国模范职工小家”称号。宜昌市出租车企业工会组织建设工作被全国总工会基层组织建设部表彰为工会基层组织建设工作创新成果一等奖。

2013 年，坚持一手抓“三上”企业的示范效益，一手抓微小企业突破提升，大力开展“三亮”活动，全面深化职工之家建设，不断推进从建会向建制建家的深化。评选推荐全国模范职工之家 4 个，职工小家 3 个，省级模范职工之家 12 个，职工小家 5 个。

2015 年，开展“争创模范职工之家、争做职工信赖娘家人”活动，创建全国模范职工之家 8 家，模范职工小家 7 家；全省模范职工之家 11 家，模范职工小家 11 家，模范职工之家示范单位 1 家。

2017 年，以基层工会“六有六好”建设为统领，扎实推进“三年行动计划”。市总工会制发《关于推荐上报宜昌市基层工会“六有六好”建设示范单位的通知》，在全市评定宜都市陆城街道总工会等 20 家“六有六好”建设示范单位。宜都市总工会被评为全省先进县市工会，当阳市玉阳办事处总工会、夷陵区龙泉镇总工会、伍家岗区万寿桥街道工会被评为全省示范乡镇（街道）工会。同年，制发《宜昌市基层工会争创“六型六好”职工之家实施意见》。积极筹备全市基层工会“六有六好”建设暨“互联网+”组织建设工作推进会。根据省总工会办公室《关于在全省工会开展寻找“最美娘家人”活动的通知》（鄂工办[2017]43 号）要求，积极开展寻找“最美娘家人”活动，向省总工会推荐 2 名“最美娘家人”候选人。

全国模范职工之家名表

表 4–1

序号	单位名称	命名时间
1	湖北开关厂工会委员会	1988
2	宜昌纺织机械厂工会委员会	1993
3	长阳土家族自治县第一高级中学工会委员会	1993
4	湖北化肥厂工会委员会	1993
5	猴王集团工会委员会	1995
6	宜昌供电局工会委员会	1998
7	宜昌市中心人民医院工会委员会	1998
8	湖北宜棉纺织股份有限公司工会委员会	2003
9	宜昌市沙龙宴餐饮有限责任公司工会委员会	2003
10	湖北清江水电开发有限责任公司工会委员会	2003
11	宜昌人福药业有限责任公司工会委员会	2005
12	宜昌兴发集团有限责任公司工会委员会	2005
13	三峡大学工会委员会	2005
14	当阳市第一高级中学工会委员会	2005
15	宜昌焦化煤气公司工会委员会	2008

续表

序号	单位名称	命名时间
16	湖北枝江酒业股份有限责任公司工会委员会	2008
17	宜昌斯帕尔化工有限责任公司工会委员会	2008
18	中国移动通信集团湖北有限责任公司宜昌分公司工会委员会	2008
19	宜昌长江铝业有限责任公司工会委员会	2010
20	宜昌市疾病预防控制中心工会委员会	2010
21	湖北三峡新型建材股份有限责任公司工会委员会	2010
22	湖北三宁化工股份有限责任公司工会	2011
23	湖北宜化集团有限责任公司工会	2011
24	湖北稻花香集团工会委员会	2011
25	宜昌市康鑫医药有限责任公司工会委员会	2013
26	湖北天晟光电股份有限责任公司工会委员会	2013
27	湖北匡通电子有限责任公司工会委员会	2013
28	湖北中烟工业有限责任公司三峡卷烟厂工会委员会	2013
29	宜昌长机科技有限责任公司工会委员会	2015
30	远安县张家滩煤炭有限责任公司工会委员会	2015
31	宜昌明珠钢球有限责任公司工会委员会	2015
32	湖北益通建设股份有限责任公司工会委员会	2015
33	均瑶集团乳业股份有限责任公司工会委员会	2015
34	奥美枝江地区工会联合会	2015
35	宜都市三立路桥工程建设有限责任公司工会委员会	2015
36	宜昌长江大桥总公司（管理处）工会委员会	2015

全国模范职工小家名表

表 4–2

序号	单位名称	命名时间
1	中南橡胶厂印刷器材分厂涂胶组工会小组	1993.10
2	宜昌棉纺厂筒捻丙班筒子三组工会小组	1993.10
3	宜昌供电局变电分局 220 千伏郭家岗变电所工会小组	1993.10
4	宜昌市自来水公司二水厂二泵房班工会小组	1998.10
5	远安缫丝厂自动分缫车间工会小组	1998.10
6	湖北三峡烟草有限责任公司三峡卷烟厂二车间工会	2003
7	湖北永鼎红旗电气有限责任公司冷冲分厂工会分会	2003
8	宜棉集团有限责任公司气流纺纱公司工会分会	2003
9	秭归金山实业有限责任公司黄金采选厂工会小组	2008
10	湖北安琪酵母股份有限责任公司生产三部中控室工会小组	2008
11	经纬纺机宜昌纺织机械分公司冲压分厂钳工班工会小组	2008

续表

序号	单位名称	命名时间
12	湖北省石油总公司宜都公司东风一号加油站工会小组	2010
13	湖北星宇服装有限责任公司缝制一车间工会小组	2010
14	宜昌兴发集团有限责任公司工会刘草坡化工厂分会	2010
15	宜昌市第一中学数学工会小组	2005
16	宜昌市前锋钢球工贸有限责任公司	2005
17	宜昌市夷陵区公路管理段姜家湾收费站工会分会	2005
18	湖北中孚化工集团有限责任公司化工事业部工会分会	2013
19	秭归县人民医院外Ⅲ科工会小组	2013
20	宜昌市公路管理局道路油供应站分工会	2013
21	宜昌太平鸟服装制造有限责任公司后整理车间工会小组	2015
22	宜昌桃花岭饭店股份有限责任公司餐饮工会分会	2015
23	宜昌市燕狮科技开发有限责任公司装配车间工会小组	2015
24	国网宜昌供电公司检修分公司变电运维室当阳运维班锦屏变电站工会小组	2015
25	宜昌车溪文化旅游发展有限责任公司车溪景区工会分会	2015
26	宜昌市沙龙宴餐饮有限责任公司旗舰店工会分会	2015
27	远安县人民医院内一科工会小组	2015

省级模范职工之家名表

表 4–3

序号	单位名称	命名时间
1	宜昌纺织机械厂工会委员会	1984
2	湖北开关厂工会	1988
3	宜昌纺织机械厂工会	1988
4	宜昌市副食品批发公司工会	1988
5	宜昌市彩陶总厂工会	1988
6	当阳县农业银行工会	1988
7	湖北红旗电缆厂工会	1993
8	长江机床厂工会	1993
9	宜昌市八一钢厂工会	1993
10	宜昌棉纺织厂工会	1993
11	宜昌县纺织厂工会	1993
12	中国工商银行长阳县支行工会	1993
13	宜昌市树脂厂工会	1995
14	宜昌市叉车厂工会	1995
15	湖北宜药集团有限责任公司工会	1995
16	宜昌市东升织布厂工会	1995

续表

序号	单位名称	命名时间
17	湖北三峡玻璃股份有限责任公司工会	1995
18	枝城市纺织总厂工会	1995
19	湖北宜昌颐环商业(集团)股份有限责任公司工会	1995
20	枝江县公路段工会	1995
21	宜昌意达建设股份有限责任公司工会	1995
22	中国人民银行宜昌市分行机关工会	1995
23	宜昌市实验小学工会	1995
24	湖北楚星集团工会委员会	1998
25	枝江市人民医院工会委员会	1998
26	三峡卷烟厂工会委员会	1998
27	宜通运输集团有限责任公司工会委员会	1998
28	宜昌化纤厂工会委员会	1998
29	至喜集团工会委员会	1998
30	宜昌正大有限公司工会	1999
31	宜昌市沙龙宴餐饮娱乐有限责任公司工会	1999
32	宜昌市第一人民医院工会	2000
33	枝江市第一高级中学工会	2000
34	宜昌市第二人民医院工会	2003
35	宜昌焦化煤气公司工会	2003
36	宜昌人福药业有限责任公司工会	2003
37	湖北清河纺织股份有限责任公司工会	2003
38	湖北兴发化工集团股份有限责任公司工会	2003
39	枝江市自来水公司工会	2003
40	宜昌市实验小学工会	2003
41	当阳市高级中学工会	2003
42	湖北移动通信有限责任公司宜昌分公司工会	2005
43	湖北枝江酒业股份有限责任公司工会	2005
44	长阳土家族自治县蒋家湾水电站工会	2005
45	宜昌市疾病预防控制中心工会	2005
46	秭归县自来水公司工会	2005
47	中国人民银行远安县支行工会	2005
48	中国人民银行秭归县支行工会	2005
49	湖北宜化集团有限责任公司工会委员会	2008
50	宜昌长江公路大桥建设管理处（开发公司）收费管理中心工会	2008
51	宜昌太平鸟集团有限责任公司工会委员会	2008
52	宜昌长江铝业有限责任公司工会委员会	2008
53	宜昌市建鑫实业有限责任公司工会	2008

续表

序号	单位名称	命名时间
54	湖北稻花香集团工会委员会	2008
55	兴山天星供电有限责任公司工会	2008
56	湖北东圣化工集团有限责任公司工会委员会	2008
57	湖北三峡新型建材股份有限公司工会	2008
58	长阳土家族自治县公路段工会	2008
59	中国人民银行五峰土家族自治县支行工会	2008
60	湖北三宁化工股份有限责任公司工会	2010
61	远安县张家滩煤炭有限责任公司工会	2010
62	长阳土家族自治县电力公司工会	2010
63	五峰土家族自治县人民医院工会	2010
64	均瑶集团乳业股份有限责任公司宜昌分公司工会	2010
65	湖北东方超市有限责任公司工会	2010
66	宜昌市伍家岗小学工会	2010
67	宜昌长机科技有限责任公司工会	2010
68	宜昌长江公路大桥收费管理中心工会	2010
69	湖北益通建设工程有限责任公司工会	2010
70	宜昌市红十字中心血站工会	2010
71	湖北安琪生物集团有限责任公司工会(示范单位)	2011
72	宜昌市商业银行股份有限责任公司工会	2011
73	宜昌桃花岭饭店股份有限责任公司工会	2011
74	宜昌市第六中学工会	2011
75	宜昌市林业局机关工会	2011
76	宜都市供水总公司工会	2011
77	湖北开元化工科技股份有限责任公司工会	2011
78	蒙牛乳业（当阳）有限责任公司工会	2011
79	湖北匡通电子有限责任公司工会	2011
80	均瑶集团乳业股份有限公司工会	2011
81	宜昌市康鑫医药有限责任公司工会	2011
82	宜昌市明珠钢球有限责任公司工会	2011
83	宜都市三立路桥建设有限责任公司工会委员会	2013
84	奥美枝江地区工会联合会	2013
85	湖北东圣化工集团有限责任公司工会委员会	2013
86	中国人民银行兴山县支行工会委员会	2013
87	长阳土家族自治县烟草专卖局工会委员会	2013
88	五峰土家族自治县国家税务局工会委员会	2013
89	湖北宜都机电集团有限责任公司工会委员会	2013
90	中科恒达石墨股份有限责任公司工会委员会(示范单位)	2013
91	宜昌公交集团有限责任公司工会委员会	2013
92	中国建设银行三峡分行工会委员会	2013
93	华强化工集团股份有限责任公司工会委员会	2013

续表

序号	单位名称	命名时间
94	中国海员工会长江宜昌航道工程局委员会	2013
95	宜昌公交集团有限责任公司工会委员会(示范单位)	2015
96	迅达集团湖北迅达科技有限责任公司工会委员会	2015
97	国网湖北省电力公司当阳市供电公司工会委员会	2015
98	宜昌晟泰水电实业有限责任公司工会委员会	2015
99	华新水泥（秭归）有限公司工会委员会	2015
100	湖北长阳农村商业银行股份有限责任公司工会委员会	2015
101	湖北采花茶业有限责任公司工会委员会	2015
102	宜昌三峡国际旅游茶城联合工会	2015
103	宜昌新洋丰肥业有限责任公司工会委员会	2015
104	宜昌金宝乐器制造有限责任公司工会委员会	2015
105	宜都市职业教育中心工会委员会	2015
106	宜昌市伍家岗区大公桥街道工会联合会	2015

省级模范职工小家名表

表 4-4

序号	单位名称	命名时间
1	湖北开关厂低压车间金工班工会小组	1993
2	宜昌飞龙轧钢总厂无缝分厂退火班工会小组	1993
3	宜昌县化肥厂机修车间电工维修班工会小组	1993
4	枝江县化工总厂锅炉班维修班工会小组	1993
5	当阳公路段王店道班工会小组	1993
6	中南橡胶厂动力车间水泵工会小组	1993
7	枝城市公路段王畈区工会小组	1993
8	宜昌棉纺织厂筒捻车间丙班简子三组工会小组	1993
9	农行兴山县支行水月寺镇营业所工会小组	1993
10	宜昌市酒厂瓶装勾兑班工会小组	1993
11	宜昌市自来水公司二水厂一泵房工会小组	1993
12	宜昌八一钢铁（集团）股份有限责任公司第三轧钢车间分会	1995
13	宜昌供电局输电分局带电作业一队工会小组	1995
14	三峡卷烟厂五车间班工会小组	1995
15	长阳县公路段白氏坪道班工会小组	1995
16	宜昌市自来水公司二水厂二泵房工会小组	1995
17	兴山县公路段高桥道班工会小组	1995
18	远安县缫丝厂自动缫车间工会小组	1995
19	宜昌市旭光棉纺厂一分厂细纱丙班一组工会小组	1995

续表

序号	单位名称	命名时间
20	国营宜昌纺织机械厂金工一车间分会	1995
21	宜昌联运公司火车站分会	1995
22	秭归县金矿黄金采选厂分会	1995
23	湖北宜昌磷化工业集团公司磷酸盐化工厂分会	1995
24	宜棉（集团）股份有限责任公司气流纺车间分会	1998
25	湖北宜化集团有限责任公司造气车间维修班工会小组	1998
26	当阳市第一中学数学工会小组	1998
27	当阳市公路段玉阳机械化养护管理站分会	1998
28	长阳县国税局直属一分局分会	1998
29	秭归七星水泥有限责任公司烧成二车间工会小组	1998
30	宜昌旭光棉纺织集团光达公司二分厂细纱丙班工会小组	2003
31	宜昌中磷化工有限责任公司黄磷车间分工会	2003
32	宜昌金轮叉车有限责任公司加工车间钻工班工会小组	2003
33	远安县劳动就业管理局工会小组	2003
34	宜昌市第一中学数学工会小组	2003
35	宜昌三峡药业有限责任公司一分厂发酵工艺班工会小组	2003
36	枝江市问安镇财政所工会小组	2003
37	宜昌市自来水公司水厂泵房工会小组	2003
38	长阳土家族自治县白氏坪公路养护管理站工会小组	2003
39	安琪酵母股份有限司生产三部中控室工会小组	2005
40	宜都市第一人民医院手术室工会小组	2005
41	江苏森达集团三峡鞋业三车间工会分会	2005
42	当阳电力联营公司变电工区锦屏变电站工会小组	2005
43	经纬纺机宜昌纺机分公司冲压分厂钳工班工会小组	2005
44	湖北三宁化工股份有限责任公司财务部工会小组	2008
45	宜昌兴发集团有限责任公司刘草坡化工厂分工会	2008
46	湖北省石油总公司宜都公司东风一号加油站工会小组	2008
47	秭归天地人旅行社有限责任公司屈原祠文化旅游区工会小组	2008
48	湖北星宇服装有限责任公司缝制一车间分会	2008
49	远安县人民医院内一科工会小组	2010
50	秭归县人民医院外Ⅲ科工会小组	2010
51	宜昌中孚化工有限责任公司化工事业部分工会	2010
52	宜昌市公路管理局道路油供应站分工会	2010
53	宜昌市民生房地产开发有限责任公司民安物业分工会	2010
54	宜昌市沙龙宴餐饮娱乐有限责任公司旗舰店工会分会(示范单位)	2013
55	宜昌太平鸟服装制造有限责任公司后整理车间工会小组	2013
56	宜昌市物资总公司车溪旅游开发有限责任公司车溪景区工会分会	2013
57	宜昌市燕狮科技开发有限责任公司装配车间工会小组	2013
58	宜昌桃花岭饭店股份有限责任公司餐饮部工会分会	2013

序号	单位名称	命名时间
59	湖北宜红茶叶有限公司第二分公司工会分会	2015
60	宜昌蓝天气体有限公司物流部工会小组	2015
61	宜昌金宝乐器制造有限责任公司环高分公司铁板油漆组工会小组	2015
62	宜昌南玻硅材料有限责任公司硅片厂线切 B 班工会小组	2015
63	宜昌人福药业有限责任公司小容量注射剂车间工会分会	2015
64	凌云科技集团有限责任公司航装特种工艺工会分会	2015
65	远安县人民医院儿科工会小组	2015
66	兴山天星供电有限公司水月寺供电所工会小组	2015
67	国网湖北省电力公司长阳县供电公司资丘供电所工会小组	2015
68	宜昌市夷陵区公路管理局鸦鹊岭养护管理站工会小组	2015
69	秭归县屈原艺术团送戏下乡小分队工会小组	2015

1990 年原宜昌市城区委局系统工会组织情况简明表

表 4–5

系统	单位数	200 人以上单位	职工数	会员数	工会负责人
机　械	22	18	14705	13427	王玉秀　宋爱菊
冶　金	8	5	5566	4957	孙玉昌　田国英
电　子	8	4	3063	2825	董　红
纺　织	16	14	18980	15915	李从军　廖明玉
医　药	8	5	4340	3988	王柱荣
化　工	4	4	3851	3592	向晓云
一　轻	19	13	7255	6511	周成顺　樊瑞平
二　轻	27	9	5832	5373	童惠芳　胡丰翠
交　通	12	4	2598	2343	毛明秀
建　工	10	5	2227	2050	邵菊萍　崔吉贵　李明珠
建　委	26	6	4386	3740	谭和银　范　武　危四才
建　材	8	3	2167	2062	张跃武
木　材	2		170	164	姜声才　邹传秀
供　电	1	1	235	224	胥道焕　陈　红
物　资	10	1	1006	991	张诗栋　肖　洁
商　业	29	10	6978	6776	彭小云　陈湘云
供　销	8		825	802	李守民
粮　食	12	2	1563	1499	张在华
金　融	8	4	1981	1526	
教　委	45	1	3145	3012	邹丽华
文　化	10		421	395	刘纪新
广　播	1		150	150	李传成　杜成章
卫　生	13	4	2053	2016	赵丽琴
民　政	8	1	693	650	张厚玉

续表

系统	单位数	200 人以上单位	职工数	会员数	工会负责人
乡　镇	1		124	84	徐文双
科　委	4	1	332	330	
机　关	28	2	1966	1966	代仁梁　缪福林　程业伟
其　他	19	4	2404	2404	
部　省	19	17	21276	20711	

注：1990 年全市基层工会组织 441 个，200 人以上 144 个，职工人数 126259 人，工会会员数 114462 人，局级工会 28 个。

1999 年宜昌市城区委局系统工会组织情况简明表

表 4–6

单位	基层工会数	200 人以上单位	职工数	会员数	工会负责人
机械局	18	15	20511	18534	王玉秀、陈智强
纺织工业公司	9	9	18010	14076	袁祖凤、廖明玉
轻工局	26	12	5669	5136	陈祖民、崔可珍
冶金工业公司	8	5	2453	2391	王景新、孙玉昌
化工局	7	5	11373	10200	刘秀春
医药局	9	4	4654	4330	余学军
煤炭局	3	1	3838	2981	罗国炳、宗治珍
交　委	11	4	6248	6333	邓　恒、毛明秀
建　委	47	15	9124	8277	杜岐山、范　武
建材工业公司	7	3	2499	2357	张兆春、高　勤
物资局	12	2	1477	1463	骆士玉
商　委	16	8	8587	7128	边友清、陈关政
粮食局	17	1	1532	1516	黄奉全、郑献群
供销社	17	1	1413	1342	袁　文
教　委	26	1	2218	2214	邹丽华
文化局	21		1032	869	李国芳、熊娅丽
广播电视局	9		403	403	闵先梅
卫生局	13	7	4142	4048	杨本珍
民政局	10		585	567	杨锦坤
科　委	10	1	1876	1852	欧阳涛
金　融	9	6	8408	7614	陈　萍、杨晓红
市直机关	46	8	5349	5313	黄仁珍
计　委	3		148	148	魏书香（分管）
农　委	39	2	2750	2648	王光荣
经贸委	3		327	325	张殿贵
政法委	5	1	1976	1976	张怀堂（分管）
外经委	19	1	408	360	刘　义
部省企业	24	21	24731	23411	
其　他	8	3	2561	2447	

第二节　工会干部

一、配备

加强干部队伍建设，理顺工会组织管理体系。1997 年，市总工会会同市委组织部、市机构编制委员会以〔1997〕11 号文件，对市直单位工会组织设置、人员编制和主席待遇作出明确的规定，全市设置工会工作委员会 23 个，主席按同级副职配备，确保工会在机构改革中机构不撤，人员不少，待遇不变。

2000 年，以贯彻落实省委组织部〔1998〕80 号文件为契机，市总工会会同市委组织部以〔2000〕115 号文件对县市区工会领导班子配备和管理工作作出明确规定，加强县(市)区工会领导班子的配备和对工会干部的协管工作。到 2001 年底，13 个县市区总工会主席均由党委副书记、常委担任或兼任，市直委办局工会主任有 18 名按同级党政副职配备。107 个乡镇 (街道)工会主席由同级党政副职级干部担任，达到 82%。

2002 年，针对市直机关机构改革之后，工会组织管理体系出现的新情况，市总工会下发《关于调整市直基层工会组织管理体制的通知》宜工〔2002〕54 号，进一步理顺工会管理体制，明确市总工会管理的产业(行业)工会 21 个，市总工会管理的企业集团、大型企业工会 25 个，市直机关工会管理的机关单位 84 个，市总工会成立中小企业部管理市直中小企业工会 38 个。

2003 年，根据市委、市政府《关于部分市直工业企业实行属地管理的通知》(宜文〔2003〕16 号)文件精神，按照“企业人、财、物及党、政、工、团等组织关系随法人一并整体移交，实行属地管理”的原则，21 家市直工业企业工会实行属地管理。宜编办〔2003〕50 号文件明确在新一轮机构改革后共设置 12 个产业(行业)工会，产业(行业)工会受所在部门党组(委)和市总工会的双重领导，以部门党组(委)领导为主。

2003 年，市总工会出台《派驻工会干事试行办法》。工会干事实行聘任制，一年一聘，由市总工会统一管理、调配。当年市总工会从下岗、退休工会干部中选聘 4 名工会干事，派驻到进城务工人员较多、工作任务繁重的西陵区工作。

2005 年，全市 13 个县市区总工会主席全部落实由党委常委担任或兼任要求；全市 107 个乡镇（街道）工会主席均由同级党政副职级干部担任或兼任。市直大型企业工会主席全部由同级党政副职级干部担任。86%的市直产业（行业）工会主任由同级党政副职级干部担任，其中专职工会主任占 72.7%。

2010 年，宜编办〔2010〕12 号文件明确全市设置 14 个产业（行业）工会，撤销原经贸工会、商贸工会，在市总工会机关设置驻会产业工会，即市直企业工会工作委员会。每个产业（行业）核定工会主任职数（副县级）一名。

按照产业和地方相结合的组织领导原则，市总工会逐步理顺全市工会组织管理体制，形成了县(市)区总工会，市直产业(行业)工会、市直机关工会，市直企业(企业集团)工会的管理体系。

针对基层工会组织建设工作任务重、人员紧缺的状况，市总工会建立“工会协理员”队伍，制定下发了《关于进一步加强工会协理员管理的办法》，严格聘用程序，规范管理，弥补了工会干部紧缺的状况，有效地促进了工会运行机制和活动方式的转变。2005 年 8 月，选聘工会协理员 20 名。2009 年，全市共选聘工会协理员 47 名。2010 年，通过公开选聘的方式，选聘退休退养工会协理员 52 名，选聘公益性岗位工会协理员 100 名。

二、管理

坚持“党管干部”的原则，对工会干部实行同级党委管理为主，工会实行民主选举，上级工会协助管理干部的体制。

1987 年，市总工会与市委组织部、市委经济工作部等有关部门联合制定下发《关于各级工会协助党委管理工会干部》的文件，进一步完善协管干部的工作机制，坚持做到：工会对县（市）区总工会班子成员的配备，特别是在工会届末期间，市总工会与同级党委协同考察，在协商一致后履行有关选举程序，报市总工会批复。宜昌县总工会机关积极探索工会协管干部的有效途径，对各级工会干部提拔、任用实行县委组织部和县总工会联合考核评议制度，形成一套有效激励机制，为组织部门任用干部提供有效依据，该县分管副书记和工会主席在 1996 年召开的全国工会干部工作会上，介绍经验，得到充分肯定。

2000 年，市委组织部、市总工会出台《关于加强县市区工会领导班子配备和管理工作的通知》（宜市组文[2000]第 115 号）。明确工会干部的管理坚持同级党委管理为主，上一级工会党组协助管理的干部管理体制，落实主管与协管双方的职责和规定程序，进一步加强工会干部的管理。县市区总工会主席、副主席和经费审查委员会主任人选的确定，事先征求上一级工会的意见。坚持由党委组织部门会同上一级工会共同对工会领导班子进行届末考察的制度。

2009 年，市总工会出台《关于进一步加强和改进乡镇（街道）工会工作的意见》（宜工[2009]60 号）。明确做好工会干部协管工作，县市区总工会协助党委组织部门将政治素质好、工作能力强、群众信得过、热爱工会工作的优秀干部，选拔到工会工作岗位上来，配齐配强乡镇（街道）工会班了。

2014 年，市总工会会同市委组织部召开全市党建带工建、党工共建工作会，并出台《关于进一步加强党建带工建工作的意见》（宜组文[2014]第 104 号），进一步重申坚持和完善工会领导干部以同级党委管理为主、上级工会协助管理的干部管理体制。

此后，市总工会建立干部协管台账，做到协管情况清。对 14 个县市区总工会的领导班子成员构成情况、工会换届时间、市直 14 个产业（行业）工会主要负责人基本情况建立台账，并及时更新。每年初将当年应按期换届的县市区总工会列出，提交市总工会党组主要负责人及联系县市区的分管负责人，让领导及时掌握各地进展情况，主动联系介入，协管实打实。在各县市区党委、人大、政协换届中，市总工会党组主动与县市区党委主要负责人联系沟通，配强工会领导班子，由党委常委担任或兼任总工会主席；提出各县（市区）总工会常务副主席纳入党委委员候选人，副主席分别纳入人大常委会委员和政协常委候选人，作为工会界别代表参加选举的协管意见，并将书面意见直接传至县市区委办公室；对到期应进行换届的县市区总工会，提前与县市区委组织部门联系沟通，主动介入考察工作，配强工会领导班子；对需调整班子的市直产业（行业）工会，主动与市委组织部联系，在工会干部的人选上提出意见。

三、培训

为提高基层工会干部队伍素质，市总工会针对基层工会干部人员变动大的实际，把工会干部培训工作纳入重要议事日程，采取集中培训、联合培训、送教上门培训等多种方式，重点对县市区总工会干部、市直产业（行业）、企业工会和市直机关工会干部加大培训工作力度，增强培训效果。

1989 年，宜昌地区工会举办工会培训班 362 期，培训工会干部、积极分子 12,496 人。1990 年举办工会培训班 178 期，培训 14,240 人。1991–1995 年，市总工会按照省总工会提出的关于“八五”期间对工会干部普遍轮训一遍的要求，举办岗位培训班和适应性短期培训班。原市总工会 1990 年在市委党校举办为期 10 天的专干培训班；1991 年，举办劳动保护培训班。1992 年 3 月初，举办为期两周的主席培训班，67 位工会主席参加，系统学习了改革形势、工会业务、三峡工程建设等内容。1992 年 3 月 25 日，地市合并后，市总工会首次召开全市工会干部培训工作会议；1993 年举办了创办经济实体培训班、主席岗位培训班、女工干部培训班，学习十二大干部培训班等；1994 年市工会干校举办 12 期培训班，培训工会干部 777 人。同时，各委局工会和县市区工会也举办了岗位培训和适应性短期培训 7 期，培训

529 人。

1996 年 1 月 26 日，市总工会下发《关于 1996–1999 年工会干部教育工作的意见》（宜市工字[1996]1 号），规划了四年的干部培训工作。到 2000 年，经过 5 年努力，全市举办工会干部岗位培训 16 期，培训 922 人次。培训内容包括两论（有中国特色的社会主义理论和社会主义市场经济理论）；工会的两基（基本理论和基本知识）；劳动经济和劳动法律的基本知识；工会工作的新形势、新任务和职工关心的难点问题。与此同时，举办适应性短期工会业务培训。5 年中培训学员 5150 人。这类短期培训主要抓住学习贯彻全国总工会、省总工会的中心工作、重点工作、工代会的精神；学习市场经济条件下新知识、工作中遇到的新问题，如与市劳动仲裁委员会联合举办 7 期劳动争议仲裁培训班，为基层工会培训 4000 余名劳动争议仲裁员，经考试合格颁发由省总、省劳动厅联合签发的仲裁员证书。

2000–2003 年，市总工会共培训工会干部 1600 人次，平均每年培训 500 多人次，市工会干校每年办班 10 期以上。

2004 年 5 月，市总工会举办为期两天，有 120 人参加的全市工会干部培训班。

2006 年至 2008 年，全市各级工会组织普遍成立职工代表培训工作领导小组，制订职工代表培训计划，大力推进职工代表培训工作。三年培训职工代表 16,661 人。

2009 年 2 月，市总工会组织部分机关及直属事业单位干部职工，县市区总工会常务副主席、副主席、市直产业（行业）、企事业单位工会主席等 63 人赴北京中国劳动关系学院进行为期一周的学习培训。

2009–2011 年，开展全市乡镇工会干部培训，提高干部业务水平，规范乡镇工会工作，为推进区域性工会组织建设，实现非公有制企业工会组织全覆盖打下基础。

2011 年 3 月，市总工会举办春季工会干部大培训。县市区总工会常务副主席、副主席及市直产业（行业）、企事业单位工会主席 100 余人参加。市委常委、市总工会主席廖达风出席开班仪式，并作重要讲话。

2013 年 7 月，市总工会举办为期两天，有 130 余名基层工会干部参加的培训班。

2014–2017 年，根据省总工会与市政府《关于推进省域副中心城市工会工作实施省市合作共建的协议》，每年在正常培训计划外，免费增加一期宜昌工会干部专题培训班。三年间省总工会干校共培训工会干部 228 人。

2016 年 3 月下旬，在宜昌市工人文化宫举办 2016 年全市工会干部培训班，培训时间 3 天，各县市区总工会领导班子成员，市直产业（行业）、企业工会及有关部省在宜单位工会负责人 89 人参加。

2017 年 3 月上旬，在湖北省工会干部学校举办宜昌市乡镇（街道）工会主席培训班。培训时间 3 天，2016 年以来乡镇（街道）工会、省级以上开发区（工业园区）新任工会主席或副主席 101 人参加。

2008–2017 年，市总主办各类理论辅导班、法律知识讲座、工会业务知识培训 220 期，参加学习的工会干部 22172 人次。其间，市总工会选送 1500 余人次到中国工运学院、省总工会干校学习深造。

第五章　权益保障

第一节　生活福利

职工生活福利工作，是党关心群众生活，积极改善职工生活条件的一项重要工作，也是工会直接服务职工的一项基础性工作，是中国特色保障制度的补充，是我国综合性社会救助体系的重要组成部分。

各级工会从建立开始就一直把关心职工生活、办好职工生活福利作为重要职责。进入改革开放新时期，工会主办和协助政府、企业行政做了大量的生活福利工作，对帮助职工解决生活困难，改善生活条件起到一定的作用。

一、困难救济

1994 年，全市困难职工补助资金达 43 万多元，为 10971 名困难职工做好事 3840 件。

1995 年 6–7 月，12 个县市区遭受特大暴风雨袭击，部分职工生活困难。各级工会组织职工抗灾救灾，兴山、长阳、宜昌县等号召 1.4 万多名职工为受灾职工捐款 20 多万元。

2002 年 1 月 6 日上午，市总工会副主席、机关党委书记潘德远带队，分别走访 22 户困难群众家庭，每名机关干部为自己联系的困难家庭送去 100 元慰问金。

2003 年“非典”期间，市总工会接受南北天城房地产企业 5 万元的捐款，用于救助防非工作中的困难职工。与市红十字会联系，将国际红十字会援助宜昌市的 7.5 吨大米，发放给 398 户特困职工家庭。

2004 年，救助困难职工 4000 人，其中结对帮扶 2000 名单亲女工摆脱困境。省总工会直接救助困难职工 1000 人。

2005 年，全市进入困难职工数据库的特困职工 8368 人，其中市直未进入最低生活保障的困难职工 1950 人。市总工会安排走访慰问市直未进入最低生活保障的困难职工 1950 人，人均慰问金 200 元、物资 100 元。共计 58.05 万元。

2006 年，先后筹集资金 612.58 万元，走访慰问困难企业 402 户、困难职工家庭 15370 户。

2007 年，全市 14 个职工服务中心共接待困难职工 44,526 人，实施帮扶 3968 人次，救助金额 108 万余元。

二、互助储金会

从 1952 年开始直到 1966 年“文化大革命”，工会在市人民银行的配合下，根据职工群众自愿原则，兴办互助储金会，解决职工临时经济上的急需，抵制旧社会遗留下来的具有一定剥削性质的“标会”。

“文化大革命”中工会组织瘫痪互助储金会解散。

1973 年工会恢复后，各级工会继续把办好互助储金会作为经常性职工生活工作的一项内容。

到 1988 年 12 月，原市总工会所属基层建立职工互助储金会 1267 个，参加储金会职工 54,624 人，储金总额 1,897,493 万元。同年，宜昌地区工会基层互助储金会 2484 个。

1990 年，宜昌地区工会基层建互助储金会 1678 个，储金 441.5 万元。

1993 年，市总工会有 765 个基层建有互助储金会。

三、特困职工生活补助

1996 年，市总工会争取市政府出台缓解困难职工生活的 10 条优惠政策，对城区月收入在 80 元以下的 473 户办理特困证，凭证落实他们的生活补助费、水电费 20 万元，为特困户子女 232 人减免学杂费 28475 元；为 230 名进入市场摆摊位经营的下岗特困户减免税收。

2005 年，联合宜昌市自来水公司对市直特困职工实行部分水费减免。市直持《宜昌市特困职工优惠证》的职工 359 名，按每人每年 60 吨水，每吨免水费 0. 79 元，总计全年补助 17,016.6 元。

2007 年，市总工会为市直 342 名持《特困职工优惠证》职工，按每人每年 60 吨水，每吨免水费 1.12 元的标准，总计补助 22,982.4 元。

2009 年，市总工会为市直持《特困职工优惠证》的 303 名职工每人发放大米 50 斤、油 10 斤。每月减免的水量为 15 吨，每年共计 180 吨，按每吨减免 0.33 元的标准，每户特困职工每年减免 59.4 元，共减免资金 17,998.2 元。

图 5-2　1989 年 10 月 1 日，宜昌市职工义务物价监督总站开展物价政策法规宣传活动

2010 年，市总工会为市直持《特困职工优惠证》的 275 名职工按每户每月 15 吨水，每吨减免水费 0.33 元（调价后 1.12 元／吨–调价前 0.79 元／吨）的标准，全年总计水费补助款 16,335 元。

四、职工物价监督

1986 年 6 月，成立宜昌市职工物价监督总站，市职工物价监督总站积极配合物价、计量部门开展市场监督检查活动，有效地制止了哄抬物价和短斤少两的不良现象。

图 5-3　1990 年 9 月，市职工义务物价监督员现场开展监督

1992 年开始，根据不同时期的工作重点，开展多种形式的物价监督活动。总站配合物价、工商部门对城区陶珠路等 10 大市场 5000 多个摊位门店进行大规模抽样检查。各分站对所属辖区市场进行全面检查，在自查的基础上，各片交叉检查，总站再重点抽查。每年五一、十一、元旦、春节四大节日都坚持对市场进行监督检查。

1993 年，职工群众反映生活必需品价格太高，工会及时配合物价部门对人民群众生活密切相关的基本生活必需品和服务价格进行检查，向市政府递交专题报告。市政府及时制定下发《关于查处早点、蔬菜、猪（牛）肉、皮鞋、生活日用品等商品价格欺诈，价格垄断，牟取暴利行为的实施细则》，对蔬菜、肉类、粮油等部分生活必需品进行最高限价，抑制市场物价，维护了职工群众合法权益。

1994 年，全市实行粮油挂牌价格，市总工会联合物价部门及时对消费者举报的不执行挂牌销售的单位和个人进行查处，坚持实行标价卖粮。职工物价监督站上街咨询 90 余次，检查摊点 2417 个，在明确标价宣传月活动中发公告 3761 份，发宣传资料 4600 多份

图 5-4　1990 年，宜昌市职工义务物价监督检查站分布情况

1995 年，开展两次职工物价监督大检查，查出不合理收费 385 户，对 14 个集贸市场进行检查，查处损害消费者利益的案件 1 万件次。全市有 3 个集体 6 个个人受到省政府表彰。

1997 年，全市举办物价监督员培训班 17 期，培训 800 多人次。

到 1998 年，全市 9 个监督总站 50 个分站的站长由工会负责人担任。每年市物价监督总站对各分站进行登记，并不断充实调整。在物价部门大力支持下，坚持抓好监督员的培训工作，组织监督员学习邓小平理论和《价格法》以及物价、计量、商品等基本知识。

1992–1999 年，坚持每年开展一次评比表彰活动，共表彰 35 个先进集体、104 个先进监督员。市职工物价监督建安分站余斌，先后被全国总工会、省总工会和国家物价局、省物价局表彰为职工物价监督先进个人，江行义、罗敬田被省总工会和省物价局表彰为先进个人。市职工物价监督总站电子分站、宜昌船厂分站被表彰为省职工物价监督先进集体。

2000 年 10 月随着社会主义市场经济的发展，职工物价监督工作完成历史使命，随后撤销。

五、职工互助补充保险

1993 年 5 月 4 日，市总工会制发《关于开展职工互助补充保险工作的通知》（宜工发[1993]110 号），要求各级工会要不失时机地积极开展职工互助保险工作，要把此项工作作为参与社会保障制度改革的重要内容列入议事日程。

截至 1993 年底，有 12 个单位 6412 人参加职工互助补充保险，集聚资金 25.9 万元。

1994 年 3 月，市总工会在当阳召开职工互助补充保险工作现场会，当阳刨花板厂、当阳市燃化公司等单位介绍经验。

1994 年底，全市各级工会加快职工互助补充保险组织建设，参加互助补充保险的单位达 30 个，筹资 88 万元。

1997 年，全市 76 家企业建立职工互助补充保险，保险金额达 200 余万元。

六、职工扶贫济困互助会

1994 年，兴山县建立职工扶贫互助会，筹资 72,523 元，发展团体会员 108 个；县教育工会在农村教师家庭中开展扶贫，脱贫率 97%。市教育工会在兴山专门召开扶贫现场会，推广兴山经验。兴山县教育工会被评为省级先进单位。

1995 年，市职工扶贫济困互助会理事会正式成立，有 6 万多职工自愿入会（宜昌市职工扶贫济困互助会职工入会一览表附后）。

1996 年，兴山、当阳、枝城、宜昌 4 县市成立了职工扶贫济困互助会。

市总工会启动职工扶贫济困互助会资金，先后扶持航海仪器厂、八一集团、柠檬酸厂等部分困难企业兴办第三产业，安置富余待岗职工。

1997 年，全市各县市筹集扶贫济困互助基金 200 多万元，帮助 100 多名特困职工走出困境。投入 20 多万元，帮助 17,619 个半边户家庭发展了养殖业、种植业，生产自救。

图 5-5　2006 年 7 月，三峡卡职工互助服务卡特惠商户签约仪式暨推广工作动员会举行

七、职工福利卡

2006 年，主动联系工会会员自愿服务基地和 7 家医疗机构，发放 3000 张医疗优惠卡，为 22,686 名环卫、纺织、建筑、采掘行业职工及农民工进行免费体检。市卫生工会组织 10 名医务人员分赴各建筑工地，开展为农民工“送医送药健康义诊”活动。

2007 年市总工会主动联系工会会员优惠服务基地、民营医疗机构，为 3000 名环卫、纺织、采掘行业职工、农民工进行免费体检和发放医疗优惠卡。

2008 年，市总工会为 10721 名环卫、纺织、采掘等行业职工及农民工进行免费体检和发放医疗优惠卡。

2011 年 4–11 月，市总工会在全市范围内发展特惠商户 97 家，分阶段向包括农民工在内的工会会员推广发行三峡职工服务卡 5.1 万张，让持卡工会会员在购物、旅游、就医、健身、娱乐中享受一系列折扣、优惠、增值服务，感受到工会组织的温暖。

八、帮扶超市

1996 年 9 月 2 日，市总工会向城区 473 户、1600 多人发放了特困职工优惠证。

2007 年 2 月，新建“困难职工帮扶超市”，并设立帮扶物资捐赠窗口，向全市热爱社会公益事业的单位和个人募集资金 54.8 万元，为市直 314 户持《特困职工优惠证》的职工每人发放大米 25 千克、食用油 5 千克，总计发放大米 7850 千克、食用油 1570 千克。

2008 年，市总工会探索创新困难职工帮扶超市运作方式，采取“定量、优惠、直供”方式，常年向 1600 名困难职工发售低于市场价 20%左右的生活必需品，受到困难职工的广泛赞誉。

2011 年 9 月，困难职工帮扶超市撤销。

1996 年 1 月宜昌市职工扶贫济困互助会职工入会一览表

表 5–7

单　位	应入会人数	已入会人数	交会费数（元）	入会率%
机关工委	3800	3144	37832.75	82
冶金公司	6239	1841	22092	29.5
轻工局	9023	4293	52052	47.6
机械局	13963	2519	30228	16
粮食局	1752	1550	18600	88.5
农　委	2508	737	8844	29.4
建　委	5924	3604	43248	60.8
医药局	4161	2237	26844	53.8
化工局	10205	2426	31541	23.8
商业集团	6783	3256	39072	48
金　融	4650	4509	54265	96.9
公　安	1300	1195	14340	92
交　委	4657	2423	29179	52
煤炭局	3644	3022	36264	82.9
地税局	364	315	3782	86.5
电子公司	2494	185	2220	7.4
建安总公司	2233	326	3912	14.6
纺织公司	19692	2573	30876	13
卫生局	3876	3000	36000	79.2
广播局	473	225	2700	47.6
外经委	362	204	2448	56.4
文化局	697	500	6000	71.7
供销社	1475	363	4424	24.6
科　委	581	345	4140	59.4
民政局	977	507	6084	51.9

续表

单　位	应入会人数	已入会人数	交会费数（元）	入会率%
物资局	1364	1040	12480	76.2
导航局	351	100	1200	28.4
航道分局	942	761	9132	80.7
船闸管理局	602	569	6826	94.5
供电局	3471	2052	24624	59.1
水文站	246	220	2640	89.4
七局五公司	2109	1099	13188	52.1
港务局	2322	1697	20365	73
中南冶金研究所	231	183	2196	79.2
师范学院	413	338	4056	81.8
宜昌纺机厂	2559	1862	22344	73
宜昌大学	391	376	4512	96.1
十六化建公司	3835	1109	13308	28.9
红光港机厂	1050	402	4824	38.2
宜昌船厂	2015	214	2568	10.6
三峡石油公司	71	67	804	94
市石油公司	290	289	3468	99.7
西陵区	5096	2706	32496	53.1
伍家区	4252	2673	32080	62.9
点军区	1193	125	1500	10.5
宜昌开发区	699	119	1428	17

注：1、以上交的会费数不含捐款。

2、捐款单位是：市建行3000元、三峡保险公司500元、市交通银行1000元、人民银行2000元、三峡农行3万、至喜集团3000元、自行车钢球厂500元、宜通运输公司总经理刘盈亮92元。

3、表中数据截至1996年1月15日。

第二节　困难帮扶

（送温暖工程、金秋助学）

1989年，原市总工会开展对全市职工中特别困难户、停产、半停产和亏损企业的职工生活调查，救助困难职工8399人次，金额29.32万元。1990年，1月份拨款1.3万元补助困难企业和低收入职工。春节前夕，各级工会组织将补助金送到500名困难职工手里。1989年省地工会拨救济专款5.3万元，在春节前送到1000多名特困职工家中。1990年地区各级工会救济特困职工36万元，其中地区工会拨款5.3万元，147个单位开展帮扶活动，帮扶1376人，投入帮扶资金18.64万元，脱贫413人。

1991年省地工会拨款16.7万元，其中地区工会6.4万元，救助特困职工。对部分县市遭受特大洪水灾害的职工筹集19万多元送到困难户家中，另外发动职工献爱心，捐助69万元和各种物资。

1991年，市公交系统出现大批停产、半停产和亏损企业，职工生活受到严重影响。全年定期补助351名职工，临时困难救助8590人，救助金额达31.78万元。

1992年，协助企业妥善安置富余人员，使261人脱贫，开展送温暖活动，春节走访慰问困难职工近1万人次。

1993年，元旦春节期间，市总工会组织全市开展“走百里路，进千家门，送一片情”的送温暖活动，走访慰问双停亏损企业职工、离退休人员和病休职工。在送温暖活动中，全市共召开各种座谈会1500多次，慰问职工3.2万多人，发放各种补助款近百万元。

1994年，走访困难职工90,114人，看望离退休职工31,255人，送去补助款43万多元。

1995年，市总工会分别于1月、6月两次对全市职工生活状况进行调查，在1150家企业218,923名职工中，家庭人均生活费100元以下的有10551人，其中 80元以下的有4620人。根据此次调查，市总工会起草《关于开展职工扶贫济困“送温暖工程”活动实施意见》的报告。市政府及时转发，成立以副市长吴雁雁为组长的“送温暖工程”领导小组，并在城区筹建职工扶贫济困互助会，共有7万多职工自愿入会。11月，市职工扶贫理事会正式成立。春节元旦期间，全市共组成362个慰问组，3472名党政工领导走访企事业单位1290家，慰问职工10,827人，发送慰问款30多万元。市总工会被省总工会评为“职工生活工作模范单位”。

1996年，全市共组织党政领导及工会干部6296人走访慰问困难职工、离退休人员、生病受灾职工29102户，送去慰问金近28万元，为473名家庭人均月收入在80元以下的特困职工建立了生活档案，办理了特困证，并积极落实市政府出台的缓解困难职工生活的十条优惠政策，其中包括生活困难补助费、水电费；为特困职工的子女232人减免学杂费28,475元；为230名下岗特困职工免摊位费，减免税收。建立市级领导联系职工生活困难户制度，市委办公室、市政府办公室以宜市办文[1996]6号文发出通知，明确市领导联系帮困的主要对象是家庭月人均收入低于市政府规定的最低生活费用标准或职工生活困难补助线及其他特殊困难的职工家庭。要求市领导联系帮困的主要任务和目标是：1.全面掌握了解帮助对象的基本情况，为市委、市政府决策掌握一手材料。2.做好帮困对象的思想工作，促使其自立自强，依靠自身力量走出困境。3.积极想办法力所能及的帮助帮困对象解决一些实际困难。4.扶志扶技，帮助帮困对象学习和掌握一至两门技术。5.通过联系帮困，保证帮困对象的基本生活，应积极创造条件，开辟新的征收门路，保持职工队伍的稳定，并要求市直有关帮扶部门和单位的主要负责人要认真做好衔接工作，积极协助市领导抓好联系户的解困帮困，要确定专人负责，狠抓有关工作的落实。通知对市领导联系职工生活困难户作出安排。

1997年春节期间，共有7300多名党政工领导走访慰问困难职工34,000多名，发放慰问金950多万元。十五大召开前，各级工会走访困难企业30多家，慰问困难职工190多户，发送慰问金32万余元。全年建立生活困难职工档案5756户，为3100多户困难职工发放特困证。城区发放生活困难补助25万元、水电补助费2万元，180多名特困职工子女免交学杂费、集资费。6个县（市）成立了职工扶贫济困互助会，筹集资金200多万元。80家企业建立职工互助补充保险制度，筹集资金200多万元，有800多名职工享受互助补充保险。市总工会获全国总工会实施送温暖工程先进单位，市总工会生活保障部获全国总工会保障工作先进单位。

1998年，全市困难职工10,479户，其中特困职工3751户，市直特困职工881户。22名市级领导联系帮扶困难职工44户，有14户走出困境。全市865名党政领导干部结对帮扶特困职工和单亲困难户1093户，全市送温暖基金140多万元。5个县市成立职工扶贫济困互助会，筹集资金100多万元。80家企业建立了职工互助补充保险组织。元旦、春节期间，各级党政领导慰问职工33,785户，走访企业585家，发放慰问金655.13万元。对市直361名特困职工给予定期水电、生活补助41.47万元，对困难职工子女4826人次减免学杂费39.38万元，缓交学杂费107.76万元。培训职工6781人，帮助2241名下岗职工实现再就业。巩固发展工会企事业18家、职工消费合作社52家，安置下岗职工760人。

1999年，全市各级工会围绕实现全市国有大中型企业改革和脱困的目标，狠抓以下岗职工再就业为主要内容的“六个一批”工作。全年共帮助4443名职工实现再就业。市总工会职介中心为3790名下岗职工提供求职服务，帮助365名职工找到新岗位。春节期间，全市各级工会与行政部门共同筹集慰问金 547 万元，走访困难职工 28,833 人，慰问困难企业 761 家，参加慰问走访的各级领导和工会干部达 10,004 人（次）。

2000 年，全市各级工会共建立职业培训中心 18 个，培训下岗职工 6184 人，建立解困贸易市场 34 个，建立送温暖基金组织 3 个，帮扶困难企业 17 家、困难职工 368 人，发展补充保险组织 11 个，促进再就业 3833 人。各级工会筹集资金 616.38 万元，走访慰问困难企业 510 家，慰问困难职工 9335 人、离退休职工 8783 人、住院职工 1221 人。

2001 年，建立企业、县市区、委局（公司）工会和市总工会三级困难职工档案体系。建立资助困难职工子女上大学制度，对特困职工子女考上大学本科的每人资助 2000 元，考上大学专科的每人资助 1500 元。2001 年，市总工会筹集 8 万元，资助 50 名特困职工子女。各级工会培训职工 6781 人，其中下岗职工 4045 人，为 4082 名下岗职工提供就业信息。

2002 年 9 月 26 日，市困难职工帮扶中心正式成立。全年共接待困难职工 1835 人次，其中困难求助 161 人、意外伤害求助 80 人、法律求助 86 人、医疗求助 98 人、信访 279 人、职介求助 1136 人。共帮助 115 名困难职工实现再就业（其中为 74 名职工提供免费服务），救助 15 名特困职工 12,600 元。市总工会重新核发《宜昌市特困职工优惠证》，协助有关部门为 165 名职工子女减免学杂费 46,000 多元，为 400 名特困职工减免水费 18,960 元。与市卫生局联合开展市直特困职工医疗救助活动，为特困职工及家属办理 1200 个医疗救助优惠证。

2003 年，市总工会对困难职工尤其是“40、50”下岗失业人员、单亲女职工和劳动模范的生活状况进行全面调查，新增 8000 多名困难职工和省部级以上劳动模范，全市困难职工建档人数达到 28844 名。全年发放《特困职工优惠证》400 个。市及 13 个县市区总工会全部建立困难职工帮扶中心。协助民政部门将 30776 名职工家庭纳入低保。协助卫生部门为市直 400 户、1200 人办理《特困职工（家属）就医优惠证》。各级工会为 52 名考上大学的困难职工子女捐赠助学金 61,500 元。

2004 年，建立全市困难职工资料数据库，实现全市困难职工数据网上传输和查询。全市困难职工帮扶中心筹资 110 余万元对 10,520 名困难职工进行救助；筹资 14.61 万元对 125 名困难职工实施法律援助；资助 95 名困难职工子女上大学。8 月 20 日，市总工会在五一宾馆举行 2004 年助学捐赠仪式，为 27 名特困职工及单亲丧偶困难女职工子女发放助学金 5.1 万元。市委副书记、市总工会主席余幼明，市人大常委会副主任黄传林等出席捐赠仪式。

2006 年，宜昌市总工会困难职工帮扶中心（以下简称“帮扶中心”）全年共接待困难职工 50,141 人次，其中接待因生活困难、意外灾害需救助的职工 9139 人次，帮扶物资折合人民币 238.21 万元。市总工会帮扶中心被中华全国总工会授予“全国工会帮扶中心工作先进单位”。

2007 年，市总工会筹集资金 612.58 万元，走访慰问困难企业 402 户、困难职工家庭 15,370 户；筹集“金秋助学”资金 314.58 万元，资助 3784 名困难职工子女和 796 名困难农民工子女。

2008 年，全年各级工会以困难职工帮扶中心为平台，为 132 名困难职工（农民工）提供大病救助，为 1490 名困难职工（包括地震灾区在宜务工人员）子女上学提供资助。市总工会向受雨雪冰冻灾害的枝江、当阳、远安、长阳等县市下拨专项帮扶资金 8 万多元。

2008 年 7 月 23 日，市总工会启动“金秋助学”活动。全市各级工会资助 900 名贫困大学生和高中（职高）学生。资金标准为大学本科每人 1000 元至 2000 元，大学专科（高职）每人 800 元至 1500 元，高中（职高）每人 500 元至 1000 元。

2009 年，市总工会筹集资金 712 万元，走访慰问困难企业 308 家、困难职工家庭 9318 户。资助困难职工子女 1053 人，其中资助高中生 723 人、大学生 330 人。筹措 500 万元资金和物资开展“送清凉、送健康”活动，为 1 万多名一线职工送去防暑降温用品。

2010 年，全市各级工会筹集 941 万元资金和物资，开展“送温暖”和“送清凉、送健康”活动。筹集资金 326.97 万元资助困难职工子女 2459 人。

2011 年，市总工会向有爱心企业和爱心人士筹款 294 万元，资助 1421 名困难职工子女上大学。

2012 年，制定《宜昌市总工会职工服务中心建设三年规划》，积极推动困难职工帮扶中心向职工服务中心转型。全市各级工会组织筹集资金 1710 万元，慰问帮扶困难职工 7239 人次，资助困难职工子女入学 2135 名。

2013 年，全市各级工会筹集资金千万元以上，帮扶困难职工 7359 人次，资助困难职工 2054 人。

2014 年，市总工会筹集送温暖和助学资金 1662 万元，将全市 30 个扶贫攻坚特困村全部纳入助学范围。

2015 年，市总工会筹集资金 1032 万元，走访慰问困难企业 308 家、困难职工（农民工）家庭 8468 户，助学 2000 多名困难职工子女。

2016 年，扎实开展以“工会温暖进万家”为主题的送温暖活动，筹集 1033 万元，走访企业 296 家，慰问困难家庭 7018 户，其中困难职工 4117 户、困难农民工 2647 户、困难劳模 254 户，为职工提供各项服务 6351 次。加大助学力度，深化助学内涵，创新助学形式，提高助学社会化。先后筹措资金 586 万元，资助建档的困难职工和困难农民工家庭子女升学 2006 人。深入开展“万名工会干部进万企帮万户”活动，走访困难职工家庭 6759 户，结对帮扶 6759 户，帮助困难职工解决生产生活实际问题 7145 个，对 1410 名特困职工及时给予临时性帮扶救助。

2017 年，“两节”期间，全市工会共筹措“送温暖”慰问款物总额 1033 万元，走访企业 296 家，其中困难企业 204 家，慰问困难家庭 7018 户。运用网上平台，推进线上申报。全市筹集“金秋助学”资金 566 万元，资助困难职工和困难进城务工人员子女 1960 人。对职工、农民工进行生活困难救助、医疗救助等临时帮扶 1954 人次，发放金额 209 万元。其中本级“线上线下”累计临时帮扶困难职工、农民工 184 人次，发放帮扶资金 20 万元。

1996 年市领导联系职工生活困难户安排表

表 5-8

领导姓名	帮扶单位	联系生活困难户	
		姓名	所在单位
田震亚	国税局	阮真华 向泽义	电子管厂 电视机厂
孙志刚	财政局	曾凡贵 向立翠	八一集团机修分厂 八一集团销售处
李　泉	经贸委	黄仁智 卢　明	印染厂 宜棉集团机修车间
万九才	人　行	张　英 黄　进	印染厂
应代明	地税局	任运杰 望作春	机床集团 机床集团（原运机总厂）
李达智	纪　委	陈光梅 王定君	宜昌造纸厂
甘家宽	公安局	游　雷 杨　曙	永明装饰材料公司
彭汝俊	军分区	白会祥 白方华	三峡瓷器厂
金泽兰	总工会	申菊兰 郑家喜	鑫海总公司

续表

领导姓名	帮扶单位	联系生活困难户	
		姓名	所在单位
郑广玉	民政局	朱永红 李智美	胶木电器厂
周水舟	组织部	聂邦佑 张绪德	吉宜炭素厂
李德炳	市　委 办公室	张立春 黄民族	恒通公司
文成国	宣传部 广播局	赵运贵 牟玉琼	飞龙轧钢总厂
赵复武	工商局	望西荣 张长华	旭光棉纺厂
柏世友	计　委	余正兰 张运新	至喜集团
吴雁雁	建　委	魏元汉 吴思林	市建安五分公司 市建安二分公司
朱常渭	劳动局	谢兴模 杨年华	东升织布厂
王传豪	政　府 办公室	李祖奎 徐代善	葛洲坝粮油公司 商业机械厂
张建一	外经贸	李章武 李茂菊	宜昌建筑一公司 宜昌预制构建一公司
张为民	移民局	刘建新 罗友元	四塑料厂 瓦楞厂
贾庆生	教　委	张世秀 柏幼平	厨房设备总厂
景学镇	交　委	向祖山 周　伟	宜通公司

第三节　农民工工作

图 5-6　2008 年 9 月 10 日，市总工会召开"情系农民工 共度中秋节"座谈会

2003 年，中华全国总工会提出要重视农民工权益维护问题，最大限度地将农民工组织到工会中来。通过工会将农民工组织起来，既有利于维护他们的合法权益，也有利于维护社会稳定。要广泛地在农民工中组建工会、发展工会会员。凡在各种所有制企、事业单位和机关从业并与用人单位建立劳动关系（含事实劳动关系）的务工者，不论户籍关系在哪里、用工形式如何、就业时间长短，都要依法把他们组织到工会中来。已建工会组织的单位要把本单位务工的农民工吸收到工会组织中来。对工作流动性大、居住分散且本单位尚未建立工会的可采取灵活的形式，依靠所辖的社区工会、乡镇（街道）工会将农民工组织起来；也可充分利用和发挥工会职业介绍、就业服务等机构的作用将农民工组织到工会中来。

2004 年，中央一号文件中第一次提出"农民工是我国产业工人的重要组成部分"，从而确立了农民工的工人阶级属性，农民工也正式是中国工人阶级的一分子。要逐步消除农民工融入城市的制度障碍，在政策上一视同仁，以“三个固定”为条件，即实行以“固定的居住地，固定的城镇职业，固定上缴税费”为条件的农民工身份转变，加大户籍制度改革，调整和制定维护农民工权益的相关政策，消除歧视政策，消除农民工融入城市的制度障碍。

2005 年，劳动和社会保障部发出《关于废止<农村劳动力跨省流动就业管理暂行规定>及有关配套文件的通知》，编制《农民工维权手册》。2006 年 1 月 18 日，国务院出台《关于解决农民工问题的若干意见》（国发[2006]5 号），正式将“农民工”纳入中央政策文件，农民工工作成为工会重点工作。

2006 年，市总工会认真贯彻落实中央领导同志对维护农民工合法权益问题的重要批示精神、国务院《关于解决农民工问题的若干意见》（国发[2006]5 号）精神。2 月，全国总工会书记处领导在对组织农民工加入工会的几点问题时提出：从大局出发，坚持属地管理的原则，进一步简化农民工入会、转会手续，推行农民工输出地源头入会、集体入会、开放农民工入会窗口等多种形式，使农民工方便快捷地加入工会。在企业未建工会组织前，企业所在地乡镇（街道）、社区工会可先直接吸收农民工入会，然后再建立企业工会。全年共发展 39200 名农民工入会。全市各级工会大力宣传党和政府对解决农民工问题的政策措施、宣传农民工所作出的贡献，宣传工会组织维护农民工合法权益的典型经验。全市共印发《进城务工人员劳动报酬明白手册》《农民工入会指南》等宣传资料 5 万余份。全市各级工会积极参加涉及农民工权益有关政策的研究制定，加强与政府相关职能部门和司法机关的联系与配合，努力形成社会化维权格局，为维护农民工合法权益营造良好的社会环境。督促有关方面建立健全工资支付监督制度和工资保证金制度，配合有关方面依法打击恶意拖欠农民工工资的行为，全年共为农民工追讨工资 1196 起，讨回工资 1759.86 万元。切实把维护农民工安全生产和劳动保护的各项措施落到实处。开展监督检查活动 246 次；走访慰问农民工 2，152 人次；发放防暑降温用品 49.3 万元；为农民工提供健康体检 4512 人次。各级工会广泛开展为农民工“举办一次培训班、颁发一本《会员证》、赠送一本维权书、发放一张联系卡、寄发一封维权函活动”，共培训农民工 1050 人，为农民工提供职业介绍 2195 人，帮助农民工实现就业 931 人。“12351”职工维权热线受理农民工的投诉 46 件，提供政策咨询和生活救助 25 人。元旦春节期间，市总工会将农民工纳入送温暖对象，把困难农民工子女纳入“金秋助学”范畴，市总工会直接资助 2 名农民工子女上大学，为农民工送电影 28 场。

2007 年，市总工会深入贯彻“组织起来，切实维权”的工作方针，最大限度地把农民工组织到工会中来，坚持属地管理原则，以乡镇（街道）和村工会联合会为依托，推行农民工输出源头入会、集体登记入会等多种形式发展农民工入会。全年共发展农民工会员 81091 人。印发《工会法》《劳动法》《农民工权益 100 问》等政策书籍 4000 份。宜昌黑旋风有限责任公司的农民工邹万兴入选“建功湖北十佳农民工”提名，宜昌市总工会在“建功湖北十佳农民工”评选中荣获组织奖。配合有关方面依法打击恶意拖欠农民工工资的行为，两节期间共接到农民工求助讨薪 264 人次，替农民工讨回欠薪 149 万元。联合有关部门通过电视教学等形式，重点对全市 400 多家建筑和危化企业、4.3 万名职工和农民工进行安全生产电视培训，组织 78391 名职工和农民工参加“安康杯”竞赛活动。2 月 11 日，市总工会的全体领导与宜化集团的农民工代表同吃年夜饭，并送去具有宜昌本土特色的“土老憨”腊肉、腊蹄子、腊鱼等过年物资。元旦春节期间，联合宜昌车务段、宜昌港务局、宜昌交运集团开展“送工友返家乡”活动，开设“农民工返乡绿色通道”，采取包车送农民工回家过年等多种措施，切实解决广大农民工返乡难的问题。此次活动共包汽车 121 辆、包船 42 艘，设立流动售票点 15 个，帮助 16.78 万名农民工平安返乡回城。通过各级职工培训基地和省农民工业余学校，免费培训农民工 1501 人，为 1736 名农民工提供职介服务，帮助实现就业再就业 1520 人。

2008 年，全市新发展农民工会员 86,855 人。加强各级工会困难职工帮扶中心规范化建设，努力构建市级职工（农民工）权益维护中心、县级职工（农民工）权益维护中心、乡镇（街道）职工（农民工）维权站三级联动的维权帮扶网络体系。加强与武汉市、广州市、天津市、上海市等农民工输入相对集中的城市总工会的联系，协商签署工会维权合作协议书，逐步试行农民工输出地与输入地联合互动、共同维权的实施办法并逐步完善规范。中秋节，市总工会举办农民工座谈会，对农民工在工作和生活中遇到的困难进行收集，并协调解决。组织开展为农民工“送清凉、送健康”活动。全市各级工会督促企业整改事故隐患 18 件，涉及农民工 2300 多人；开展监督检查活动 246 次，走访慰问农民工 27152 人次；发放防暑降温用品价值金额 500 多万元；为农民工提供健康体检 12,296 人次。开展“农民工维权月”活动，为农民工免费发放《劳动合同法》《就业促进法》和《劳动争议调解仲裁法》等法律法规资料 5000 份，免费发放《农民工权益维护手册》《民主管理政策法规》等维权手册 2000 册，制作农民工维权宣传展板 5 块，联合司法、律师事务所等部门联合开展农民工维权法律咨询 3 场；联合卫生、劳动、安监部门联合对农民工免费开展安全卫生、劳动保护知识培训。开展“农民工平安返乡回城”行动，在春运期间开设临时或流动售票点 56 个，帮助农民工购买车船票 8.06 万张，运送农民工 84 万多人次。以贯彻实施《就业促进法》为契机，积极推动就业再就业政策的贯彻落实，重点帮助零就业家庭解决就业困难，完善工会困难职工及农民工就业援助制度，免费培训职工农民工 5362 人，免费职业介绍 6029 名，促进就业 3545 人。探索创新困难职工帮扶超市运作方式，采取“定量、优惠、直供”方式，常年向市直 2162 名困难职工（农民工）发售低于市场价 20%–30%的生活必需物资，受到困难职工和农民工的广泛赞誉。市总工会被国务院评为全国农民工工作先进单位。

2009 年，按照全国总工会、省总工会的统一要求，成立农民工援助行动领导小组，全力实施“千万农民工援助行动”。建立社会联动机制，加强与劳动、财政、工商、税务等部门的联系，在农民工培训、就业、工商注册、税费减免方面给予支持和服务。建立以市、县、乡、村工会和劳务就业服务机构为骨干，以工会协理员、劳务输出协理员为辅助的农民工就业服务网络。在 40 个乡镇（街道）工会设立“宜昌市总工会乡镇（街道）农民工动态监测点”，为农民工免费提供用工信息服务。创新工作思路，实施培训到农村、维权到村组、帮扶到农户的“三到”行动。开展创业扶持服务，实施就业创业工程。筹划小额借款扶持下岗职工、农民工创业，市总工会筹资 100 万元，为每人提供 2–3 万元的小额创业借款。着力打造“工会家政服务员”品牌，依托市总工会困难职工帮扶中心、职业技能培训学校，加强家政业务技能培训，建立工会家政服务员资源库，开展“星级家政服务员”评选活动。建立劳动争议调解中心，增加农民工维权途径。4 月 14 日，成立湖北省首家地市州级劳动争议调解中心，省总工会党组成员、副主席陈义国，副市长王国斌为中心揭牌。

加强职业技能培训，促进就业和再就业工作。通过多种渠道筹措资金 200 万元，对困难职工帮扶中心和市总工会农民工技能培训基地（工人文化宫）进行全面改造。培训基地拥有培训场地 4000 平方米，开设有家政、育婴师、电工、焊工、电脑、化妆等劳动技能培训项目，可同时容纳 1000 人开展培训。2009 年 5 月，市总工会被中华全国总工会确定为全国 12 个农民工技能培训示范基地之一。在三峡大学等 3 所院校和宜化集团等重点企业建立农民工培训基地。2009 年 2 月 1 日，市总工会联合市万方职业培训学校和湖北宜化集团，举办农民工上岗培训班，培训人数达 300 名。该新闻于当日在中央电视台新闻联播栏目播出。2009 年，全国农民工技能培训示范基地（工人文化宫）开办农民工技能培训班 55 个，培训职工和农民工 9613 人次。市总工会联合三峡晚报、湖北万方人才资源服务公司共同举办 2009 年首场返乡农民工专场招聘会，51 家企业进场招聘，提供就业岗位 1200 多个。2009 年 2 月 12 日，市总工会配合市政府举办宜昌市返乡农民工大型专场招聘会。

发展家政服务业，打造“宜昌工友家政”服务品牌。成立宜昌工友家政服务公司，创建“宜昌工友家政服务网”，服务内容涵盖月嫂、住家保姆、陪户、家庭厨师、保洁、涉外家政等项目。建立由 2100

多名进城务工女农民工和下岗女职工组成的“宜昌工友家政”人力资源库，开展有组织的劳务输出，实现家政服务信息与就业市场对接，家政服务供给与需求对接，家政服务水平与就业待遇对接。2009 年 5–6 月，在全国总工会开展的“首批家政服务员进京”活动中，组织 235 名“宜昌工友家政”人员进京工作，家政人员最高月工资达 1 万元。在商务部召开的全国家政工作会议上，宜昌市总工会作为工会系统唯一代表作了大会发言。

建立工会小额借款机制，扶持职工、农民工实现自主创业。市总工会设立扶持职工（农民工）创业小额无息借款资金，由市总工会首次出资 100 万元，作为小额借款启动资金。凡在宜昌市范围内，持有工会会员证，有自谋职业、自主创业的愿望和能力，有可行性生产经营项目，自觉遵守借款制度的职工（农民工），特别是下岗失业职工、返乡农民工，均可按照“个人申请、实地考察、严格审批、有借有还、到期还本”的原则申请 2 到 5 万元的小额借款。

加大全市劳动争议调解网络建设力度。4 月 14 日，与市中级人民法院联合成立全省第一家地市级工会劳动争议调解中心，制发《关于委托工会组织调解劳动争议案件实施意见》《关于工会参与劳动争议诉讼案件工作的通知》，制定劳动争议调解规则、工作流程、案件受理范围、调解期限、当事人权利和义务、调解员职责、书记员职责、回避制度等一系列规章制度，实现诉讼调解和非诉讼纠纷解决的有机结合。聘请市法院专业人员和退休法官任首席调解员，依法及时处理劳动争议纠纷案件，受理职工（农民工）法律咨询、法律援助和人民法院委托的劳动争议调解。全市 10 个县市区成立劳动争议调解中心，107 个乡镇全部建立工会维权站。开展农民工工资支付情况专项检查。全市共摸底排查用人单位 641 家，排查拖欠工资总额 4476.97 万元，涉及农民工 7100 多人，责令补发工资 1731.2 万元。

2010 年，开展“帮会员找岗，帮企业招工”招聘集市活动。2 月 27 日，市总工会联合福建泉州市总工会、宜昌万方人力资源公司成功举办“宜昌—泉州 2010 年春季用工招聘会暨农民工闹元宵”活动。当天，宜昌泉州两地共 63 家企业进场招聘，提供 5000 个工作岗位，促成 420 个用工签约意向；促成泉州市企业与湖北三峡职业技术学院、湖北万方人力资源服务有限公司签订长期合作框架协议。坚持每周四举办一次“双帮”招聘集市。连续举办 34 期（次），吸引 620 余家企业和 21,000 名求职者前来“赶集”，达成有效签约和用工意向 2100 多人，帮助 4943 名农民工和失业人员实现就业，异地输送就业 1014 名。

2010 年 1 月，市总工会被授予湖北省首批“家政服务工程”定点培训机构。举办“月嫂”、育婴师、保洁员、居家保姆等家政培训班 9 期次，培训各类家政服务人员 530 名。4 月，市总工会党组书记、常务副主席罗志勇在全国工会保障工作会议上介绍家政促就业工作经验。市总工会被评为全国“千万农民工援助行动先进单位”。2010 年 5 月，市总工会在全省工会保障工作会议上介绍促就业工作经验。生活保障部被评为“全省保障工作先进单位”。

2010 年，市县两级劳动争议调解中心受理职工自诉、法院委托、劳动部门委托、部门转办和领导批转的各类劳动争议案件 269 件，结案 209 起，成功调解 169 起。其中，市总工会本级受理 42 件，成功调解 37 件。在工会领导“四访促和谐”活动中，市委常委、市总工会主席廖达凤和市总 6 名党组成员接待处理案件 7 件，涉及职工和农民工 200 多人。3 月 29 日，宜都籍农民工向隆群给宜昌市总工会帮扶维权中心 12351 热线打来紧急求助电话，反映 16 名宜昌籍农民工在青海省海东区循化县某水电站打工 3 个多月，不仅工钱没拿到，而且生病也无钱治疗，多次集体索讨工资未果，与施工方矛盾不断激化，请求家乡工会帮助他们回家。接到求助电话后，宜昌市总工会立即启动异地维权预案，与宜都市总工会在第一时间同青海省海东地区总工会、循化撒拉族自治县总工会取得联系，请他们出面协调处理此事。经过多方协调，16 名农民工与工程方达成一致意见，由施工方支付拖欠的工资 2.6 万余元。

深入开展“宜昌工会工友帮扶行动”，完成年初确定的十件实事：1.筹集 820 万元资金和物资，开展送温暖扶贫济困活动。2.举办 30 场专场招聘会，提供 21,000 个工作岗位，促成 5000 个有效签约，向外地企业输出劳动用工 1500 名。3.筹集 120 万元资金和物资，开展“送清凉、送健康”活动。4.联合相关部门为 350 名有创业意向的职工、农民工提供小额借款等创业扶持。5.对 4000 名职工、农民工提供免费劳动技能培训并实现就业。6.筹集资金 240 万元深入开展“金秋助学”活动，为 1200 名职工和农民工子女上学提供资助，帮助特困职工子女落实九年义务制教育学杂费减免政策。7.组织 100 名劳模外出考察学习。8.援建 60 个职工书屋示范点，免费举办 5 场“走进职工”慰问演出和放映 30 场电影。9.大力开展“姐妹献爱心”活动，为 3000 名单亲困难女职工和女农民工免费赠送女职工特殊重大疾病保险。10.大力实施工人文化宫会员优惠服务活动，充分发挥其职工学校和乐园的作用。

开展“农民工维权月”活动。组织实施“送清凉、送健康、送文化”活动和送电影、演出、书籍活动。组织地方医院为建筑工地农民工免费体检。开展农民工侵权案件积案排查化解活动。运用劳动争议调解中心平台，集中调处化解一批农民工劳动争议案件。开展工会主席“四访促和谐”活动。通过开门接访、主动约访、带案下访、上门回访等多种形式，深入企业和农民工中接访解决一批长期积累的重信重访问题。深入实施农民工就业援助行动。以全国农民工劳动技能示范基地为依托，举办家政、育婴师、化妆造型等劳动技能培训班各一期。为农民工特别是返乡农民工提供职培职介服务。按照全省工会为农民工进行基础培训的年度目标任务，集中实施完成 10,000 名农民工安全生产知识培训。完成宜昌市困难职工调查摸底和“金秋助学”范围确定工作。启动“金秋助学”活动。兑现“决不让一名困难职工子女因家庭贫困而上不了学”的承诺。协同市劳动和社会保障局等 9 部门开展“整治非法用工、打击违法犯罪”专项行动，重点检查农民工暑期劳动保护措施及生活设施状况。王华君被省总工会评为“湖北十佳百优农民工”。

2011 年，全市 13 个县市区工会全部建立职工（农民工）维权帮扶中心，全市 107 个乡镇全部建立职工（农民工）维权帮扶工作站。探索建立跨地域的农民工维权工作网络。加强与深圳、广州、天津、上海、泉州、洛阳、武汉等农民工输入相对集中的城市总工会的联络，协商签署工会维权合作协议书，实行农民工输出地与输入地联合互动、共同维权。2011 年，成功办理农民工异地维权案件 37 件，涉及资金 60.98 万元。市县两级工会受理农民工劳动争议信访案件 198 件，成功调解 198 件。市总工会本级接待农民工来信来访 121 批次，农民工来电 405 人次，受理农民工各类劳动争议信访案件 32 件，成功调解 32 件。

2011 年，各级工会共为农民工（包括在异地务工的农民工）追讨工资或工伤补偿金 230 多万元。联合劳动、安监等部门开展安全生产知识培训，先后有 590 家规模以上企业积极参与，包括农民工在内的 12 万多在岗人员参加培训；动员和组织 14.2 万名职工农民工参加“安康杯”竞赛。7 至 8 月份，组织开展为农民工“送清凉、送健康”活动。活动期间，全市各级工会开展监督检查活动 265 次，走访慰问农民工 38,250 人次，发放价值 420 多万元防暑降温用品，为农民工提供健康体检 16,823 人次。春节期间组织农民工开展迎新春游园活动；元宵节组织开展农民工闹元宵活动；儿童节组织农民工子女代表免费参观浏览；中秋节组织农民工召开座谈会。

元旦春节期间，各级工会筹集 1000 万元资金，开展送温暖活动，对市总工会建档立卡的困难职工和困难农民工一户不漏地进行走访慰问。继续开展“农民工平安返乡回城”行动。2011 年，从农民工中共培训中（高）级家政服务员 751 人。市总工会在全省率先启动“双帮行动”，帮企业招工，帮会员找岗，促成进城务工农民工 3812 人实现就业再就业。

2012 年，市总工会本级成功办理农民工异地维权案件 21 件，涉及资金 212 万元。市县两级工会受理职工群众来电 1207 人次，办理职工来信 43 件，接待职工来访 1369 批 3185 人次，办结率均达到 100%。市总本级帮扶中心接待职工群众来电 588 人次、来信 3 件、来访 94 批 223 人次。妥善处理影响较大的刘永江等 5 名农民工工资拖欠等重大信访案件。

开展农民工建筑工地大走访活动。7 月 11 日，市委常委、市总工会主席刘学甫，市总工会党组书记、常务副主席罗志勇一行，来到市政处道路设施抢修班、安置房项目平湖馨苑项目工地、中兴汽车宜昌生产基地，为在高温下坚持工作的农民工送去 3 台空调、10 台电风扇和 420 套价值 5 万元的沐浴露、洗发水、香皂、毛巾等防暑降温物品，拉开 2012 年全市工会夏季“送清凉”活动的序幕。市总工会成立 6 个服务职工专项工作组，奔赴重点企业和工程现场，实地查看各地企业农民工生产生活情况，督促和指导县市区总工会、市直产业（行业）、企业工会、市直机关工会积极开展“农民工维权月”活动。开展农民工劳动争议案件大调处活动。市总工会劳动争议调解中心在“维权月”活动期间，成功调解 2 起农民工工伤案件、4 起农民工劳动合同争议案件、1 起拖欠农民工工资案件。开展困难农民工子女“金秋助学”大帮扶活动。市总工会将困难农民工家庭子女纳入“金秋助学”活动“特别资助”和“定向资助”计划，筹集助学金 252 万元为 1089 名农民工子女提供上学，筹集 589 万元为 1667 名本科、高职高专学生给予资助。

开展“双帮行动”。市总工会本级及各县市区工会积极开展“春送岗位”活动。市总工会组织 45 家大中型知名企业，分别于正月初九和正月十二先后在长阳土家族自治县榔坪镇、夷陵区太平溪镇举办返乡农民工大型招聘会，市、县（市区）两级工会共举办专场招聘会 18 场次，489 家企业参与招聘，提供就业岗位 40,186 个，进场咨询人数 31,730 人，促进 11,184 人就业。

开展“工资清欠行动”和“劳动争议集中调解”活动，1–2 月份，全市各级工会单独或联合政府相关部门查处拖欠工资问题 107 起，为农民工追讨工资 69 万元。两节期间成功调解劳动争议 123 起，办结积案 25 件。深入开展“‘心系农民工’团年”活动。1 月 17 日，宜昌高新技术开发区 3 家知名企业举行农民工团年活动，市、区两级工会班子成员和部分工会干部在市委常委、市总工会主席刘学甫带领下与农民工同吃团年饭。

图 5-7 2009 年 2 月 1 日，市总工会与市万方职业培训学校举办农民工培训班

抓好农民工培训活动。建立宜都市总工会、秭归县总工会、点军区总工会等 3 个家政服务员培训基地。市总工会本级共举办 8 期家政服务人员培训班，培训家政服务员 926 名。4 月 18 日，市总工会帮扶中心与市劳动教育培训中心正式携手合作，开展以创业培训为主要内容的培训班 2 期，参与培训职工农民工 200 多人。实施“金蓝领”培训计划。7 月 11 日，市总本级培训 20 名、为期 60 天的“‘金蓝领’电工培训”班，在高新技术开发区贝因美食品科技有限公司正式开班。

2013 年，元旦、春节期间，各级工会对在宜务工的困难农民工进行了全覆盖的走访慰问。根据不同情况，有针对性地开展“送年货、送培训、送岗位、送健康、送平安、送文化”等系列帮扶活动。

为 18 名农民工发放小额度担保贷款 100 万元，帮助他们回乡创业。

帮助农民工“返乡返岗”。市总工会联合宜昌车务段开通宜昌东站至武昌站春节农民工平安返乡返岗动车专列。1 月 7 日至 1 月 17 日，市总职工服务中心在宜昌东站设立“农民工返乡返岗票务服务窗口”。宜都市、远安县、长阳县、西陵区、伍家岗区、点军区、猇亭区总工会职工服务中心开通售票咨询热线，设立代售窗口。据统计，春运期间，全市各级工会共帮助农民工购买团体票 76,198 张，其中团体火车票 10,098 张、团体汽车票 54,800 张、团体船票 11,300 张。

开展“农民工维权月”活动。重点组织实施农民工建筑工地大走访、农民工身心健康大关爱、农民工劳动争议案件大调处等活动。对进城务工女农民工，长年组织免费家政服务员培训，免费推荐上岗。工会创办的“工友家政”响誉全省。市总工会本级培训家政服务员 650 名。

宣传农民工先进典型。市总工会在全市范围内广泛开展“‘十佳百优’农民工”评选活动，评选出“秭归孝子谭学军”等 10 名优秀农民工代表。谭学军被湖北省总工会、华润电力湖北有限公司、楚天都市报、湖北广播电视总台联合表彰为“十佳农民工”代表，刘向玉等 9 人被评为全省百名优秀农民工代表。组织开展优秀农民工疗休养活动，慎重遴选 20 名长期奋战在生产一线的优秀农民工代表，分 4 批赴九宫山、神农架、张家界、北戴河参加疗休养活动。

全市各级工会接待农民工来信来访796件（次）1956人次，办结率100%。其中案情复杂、影响较大的赵祥云医疗纠纷案、杨德平伤残纠纷案、曾德胜农民工工资拖欠案等农民工维权案件均得到及时妥善处理。

开展“金秋助学”活动。共筹集助学资金 651 万元，资助困难农民工子女 997 名。与共青团宜昌市委、湖北楚园春酒业有限公司联合开展“两节送温暖暨楚园春爱心在行动”公益活动，湖北楚园春酒业有限公司在此次活动中一次性捐赠 75 万元，专门解决困难职工和农民工子女上学难的问题。

2014 年，推进农民工维权活动。建立工会主席接待日制度，集中受理农民工各类诉求。全市各级工会接待农民工求助讨薪 909 人次，替农民工讨回欠薪 303.8 万元。协调解决跨地区维权和帮扶案件 21 件，涉及农民工 28 人。培训农民工育婴师 123 名。

2015 年，“春风行动”期间，共举办大型专场招聘会 36 场，共有 2215 余家用人单位提供就业岗位 38,450 个，达成意向 38,254 人。民营企业招聘周期间组织民营企业 2272 家，提供岗位信息 2 万个，签订就业意向 8892 人。

开展农民工技能培训。接待家政求职人员 1764 人次，举办月嫂、育婴师、保洁员、居家保姆等家政培训班 5 期，累计培训学员 410 人，成功推介 410 人次从事家政服务工作。

开展关爱农民工“十送”行动。按照《湖北省总工会关于印发<全省工会开展关爱农民工“十送”集中行动实施方案>》（鄂工办[2015]35）要求，在全市范围内深入开展以“十送”为主题的农民工服务活动。全市各级工会建立职工书屋 50 个，送书籍 9 万多册，“走进职工”慰问演出惠及 6 万人，送对联等服务关爱 5 万人；送人文关怀服务惠及 42,669 人，送会员服务卡 27,800 人，送法律维权服务 32180 人，筹集“金秋助学”资金 592 万元，资助困难职工和困难农民工子女 2078 人；为 115 人提供创业贷款 623 万元。

维护农民工合法权益。通过协商调解、法律援助、农民工工资清欠等形式，处理一批涉及农民工、涉及工资待遇、涉及职工工伤医疗纠纷等劳动争议案件 180 起，涉及金额 1500 万元。其中影响较大的有当阳籍农民工王怀平工伤赔偿案 7 万元；罗仲荣工伤赔偿案 47 万元；李修云等 74 名农民工工资拖欠案 160 多万元等。

开展“金秋助学”活动，资助困难农民工子女 925 人。

开创农民工网上服务。主动适应职工（农民工）时间碎片化和需求多元化特点，开展职工（农民工）网上入会集中行动。今年 6 月以来，全市 2.3 万名新增入会农民工成功在网上提交申请。2016 年，全市农民工线上入会规模已达 3.7 万人。

促进农民工就业创业。2016 年春季，全市各级工会单独或联合相关部门共组织专场招聘会 32 场次，1560 多家企业提供就业岗位 16,000 多个，促进近万名农民工就业。免费开展家政（育婴师）技能培训，全年共培训学员 6 期 528 名，免费推介 2200 多名家政人员实现就业再就业。

开展“精准帮扶”行动。根据省总工会“万名工会干部进万企帮万户”视频会议精神及市总工会《关于在全市工会系统开展“万名工会干部进万企帮万户”活动实施方案》，把困难农民工作为“三万”活动的内容之一，按照“全面走访、建档立卡、制定措施、结对帮扶”的要求，集中时间对本地本单位困难农民工逐一走访，形成详细完备的第一手资料。“三万”活动期间，全市各级工会共走访困难农民工家庭2316户，发放宣传资料5000多份，为困难农民工提供多样化服务3500多人次，对256名特困农民工及时给予临时性帮扶救助。

维护农民工劳动报酬权益。联合人社等部门，全面开展治理农民工工资拖欠行动，开通解决农民工欠薪问题“绿色通道”，工会组织独立调解劳动争议案件98件，帮助农民工争取工伤赔偿、经济补偿及追讨工资等共计820多万元。认真做好农民工来信来访工作，市县两级工会共受理来访1343件1756人次；办理农民工来信7件、来电492人次，办结率均达到98%。依法保障农民工安全生产权益。大力宣传贯彻《新安全生产法》，联合市安监局开展新安全法知识学习培训活动。积极开展“安康杯”竞赛活动，参与企业7218个，职工（农民工）13.7万人。

打造农民工普惠服务平台。创新农民工服务方式，在全市工会职工服务网络平台系统和微信公众号中加入农民工服务模块，将8项服务内容和5项困难帮扶内容置入网络平台，农民工服务需求信息在10秒钟内即可同步到服务平台系统，由专人进行办理。依托全市网格管理员，广泛了解和收集农民工诉求，全市共接收网格员推送信息1.9万余条，其中农民工需求信息5600余条，全部得到妥善处理。

开展“金秋助学”，资助困难职工（农民工）子女 1955 人。

推荐农民工先进典型。扎实有序地开展全省工会“第四届‘十佳百优’农民工”评选活动。经全市各基层工会推荐，市总工会组织评选，李均被评为湖北省总工会“十佳”农民工，授予“湖北五一劳动奖章”；姜少华、马天顺等10人被评为‘百优’农民工”。按照《湖北省优秀农民工和农民工工作先进集体评选推荐方案》，吴宝卿被评为湖北省优秀农民工。

2017年，全市各级工会认真贯彻市委、市政府关于做好农民工工作的部署要求，做强工会帮扶品牌，努力为农民工排忧解难。继续把农民工纳入工会“送温暖”范围。“两节”期间，各级工会对困难职工、在宜务工的困难农民工进行全覆盖的走访慰问，慰问困难农民工2647户，为职工及农民工提供各项服务6351人次。提供实习见习机会328人，提供创业指导669人，落实就业扶持政策648人次。开展“金秋助学”活动，资助进城务工困难职工子女917人。加强困难农民工日常帮扶工作。全市各级工会职工服务中心对困难职工、农民工进行生活困难救助、医疗救助等临时帮扶1954人次，发放金额209万元。其中本级线上线下累计临时帮扶困难职工、农民工184人次，发放帮扶金额20万元。

先后举办家政培训班7期，培训下岗女职工和进城务工女农民工553人。开展素质提升培训。联合地方培训机构（如宜昌万方职业培训学校、宜昌天一现代职业培训学校），积极组织各级工会开展下岗职工和在职职工素质提升培训，提高其就业再就业竞争力。2017年，全市各级工会共进行农民工素质提升培训3530人次。

帮助下岗职工和返乡农民工就业，鼓励和促进外出务工人员回乡创业，联合市人社、妇联等部门开展“春风行动”“就业援助月”和“民营企业招聘周”活动。活动期间，联合人社等部门组织召开各类招聘会、洽谈会192场，免费发放宣传材料34.75万余份，动员本地企业吸纳农民工就业40,280人；免费提供劳动维权服务和法律咨询服务3945人。

突出工会基本职责，维护农民工合法权益。做好信访接待。2017年，全市工会职工服务中心共接待职工（农民工）来访1516案次，涉及3264人；办理职工来信41件；来电4236人次，办结率均达到100%。处理涉及政策咨询、合同纠纷、工资拖欠、工伤赔付、社会保险等案件269件，98%信访诉求得到妥善办理。化解劳动争议。2017年，全市各级工会劳动争议调解中心集中调处劳动争议案件182件，涉案金额1204万多元。特别是围绕三游洞管理处来访职工郜祖毅、原宜昌焦化煤气来访职工代表刘建国、中孚化工停产欠薪等重点案件和重点群体，进一步强化政治担当，落实责任措施，加大信息联动，做好职工（农民工）的维稳工作，加大普法宣传。积极开展“农民工维权月”“5·20”职工维权日、“尊法守法、携手筑梦”服务农民工法治宣传等专项活动，举办专场讲座15场，发放维权手册及常用法律法规资料2万多份，现场为1000余人提供免费法律咨询服务。

全年通过平台系统为职工（农民工）提供政策咨询、网上入会、困难帮扶、维权服务、家政服务、婚恋服务、就业服务等25,600多人次，不断扩展服务职工和农民工的网络体系。组织“优秀农民工看发展”和免费体检活动。联合平湖工人疗养院组织200名优秀农民工代表参观宜昌城市建设和经济发展成果，传导党和政府以及工会组织对农民工的关怀，凝聚正能量，作出新贡献。同时，积极开展“农民工维权月”活动，关心关爱农民工，组织200名一线环卫工人进行包括内科、外科、血液、心电图等在内的十多项免费体检。启动户外职工“爱心驿站”建设。

第四节　就业和再就业工程

1985年前，宜昌城镇就业基本上是统包统配。从1986年起，随着劳动用工制度的改革，统包统配的就业格局打破，实行劳动部门介绍就业，组织起来就业和自谋职业的三结合就业方针。至1990年，各级政府建立了专职的就业服务管理机构和职业介绍所，并开办劳务市场，为用工单位和求职者提供双向选择、公平竞争的机会，使就业从行政行为逐步转向市场行为。截至1994年底，各地普遍建立以职业介绍、就业训练、失业保险、劳动服务企业“四位一体”的就业服务体系，各级工会加入到实施就业和再就业工程中去。

1994年，全市各级工会兴办的经济实体达1549个；产值（营销总额）达到6488.15万元；实现利税813.54万元，安排从业人员4833人。

1995年，市政府批转市总工会《关于开展职工扶贫济困及“送温暖工程”活动实施意见》的报告，就业和再就业工程提到工会工作重要议事日程。

1996年，市总工会印发《关于举办工会职业介绍信息员及下岗职工再就业培训班的通知》(宜市工事字[1996]7号)。

1998年，国有企业改革进入攻坚阶段，企业职工下岗分流，再就业成为全社会关注热点。胡锦涛在全国总工会十二届五次执委会上强调：能不能妥善安置好下岗职工，是国有企业改革成败的关键。实现再就业是解决下岗、失业职工生活困难的根本出路。是年，市总工会出台《宜昌市总工会关于推进国有企业下岗职工基本生活保障和再就业工作的实施意见》（宜市工字[1998]26号）和《关于宜昌市部分职工生活困难情况的报告》（宜市工字[1998]44号），对下岗失业职工再就业工作进行了安排部署。

1996–1998年，全市工会为下岗职工举办各种专业技能培训班299期，培训职工20,607人。

1998年3月，市总工会与国贸集团联系，向10名特困职工赠送10台冰柜，并提供再就业岗位。市委、市政府领导出席赠送仪式，并给予高度评价。同年4月，市总工会与安琪集团合作，由安琪集团购买100台冰柜，供特困职工销售喜旺酸奶和豆奶。

2000年，湖北省促进下岗职工再就业报告团在市政府三会议室作专题报告。会议由市总工会主席金泽兰主持，市委副书记周水舟发表讲话。

2002年7月23日，市委副书记、市总工会主席余幼明主持召开主席办公会，认真学习贯彻省委和省总关于建立县以上地方工会困难职工援助的实施意见，听取关于全省工会困难职工援助中心工作座谈会精神。会议决定建立宜昌市困难职工援助中心，向困难职工提供生活援助，为下岗失业职工提供再就业帮助。11月25日，劳动和社会保障部、全国总工会等11个部门联合发出《关于贯彻落实<中共中央

国务院关于进一步做好下岗失业人员再就业工作的通知>若干问题的意见》。

2003 年 1 月 6 日，市总工会副主席、机关党委书记潘德远带队，分别走访 22 户困难群众家庭，向他们宣传工会困难职工援助中心就业和再就业政策。

2004 年，贯彻落实《中共湖北省委、湖北省人民政府关于进一步做好下岗失业人员再就业工作的通知》和《省政府与省总工会联席会议纪要》精神。4 月 7 日，市总工会首期下岗职工再就业免费培训班在市工人文化宫开班。来自市直企业 55 名下岗职工参加培训。经考试合格，由劳动局颁发就业资格证书。4 月 28 日，市总工会在市建行银都酒店举行下岗职工再就业带头人报告会。

2005 年，进一步加强工会促进再就业和困难职工帮扶工作。继续做好职业培训、职业介绍、创办再就业基地、发放小额无息借款，加快实施 SYB SIYB（帮助和扶持下岗失业人员自主创业）项目。为 3500 人开展职业培训，为 3500 人提供职业介绍，为 3，500 人提供就业帮助，为 3000 名困难职工提供生活救助。4 月 27 日，与三峡晚报社在市工人文化宫联合举办大型公益招聘洽谈会，85 家企业、2200 多名下岗失业人员参与招聘活动，623 名下岗失业人员与用人单位签订用工合同。6 月 5 日，与劳动和社会保障局、工商联联合举办民营企业招聘周活动，组织 720 家用人单位提供就业岗位 3 万余个，9000 多名下岗失业人员与用人单位达成就业意向；开发就业岗位近千个。六月上旬民营企业招聘周活动带动宜都、枝江、当阳和夷陵区等地方招聘周活动相继开展。

2006 年五一前夕，宜昌市总工会为下岗、失业职工及其子女举办送岗位大型社会公益招聘活动。

2006 年 1 月至 2007 年 12 月，为 20,000 多名下岗职工重新找到工作岗位。

2006–2008 年，省总工会提出三年内工会促进就业再就业新一轮的目标任务。市总工会积极参与地方性配套政策的研究、制定，推动就业再就业政策措施的贯彻落实，办好工会的职业培训。积极引导下岗、失业人员转变自主择业竞争就业的意识，结合实际情况研究推动就业再就业工作的目标任务和具体措施。针对零就业家庭问题，进一步加强与劳动保障部门、工商等方面协调，广泛开展就业再就业援助和春风行动等活动。

2009 年，市总工会集中开展为农民工送岗位送培训送爱心活动。春节前后全市有 7 万多返乡农民工滞留家乡等待就业，市总工会筹资 500 余万元，创建全国农民工技能培训示范基地，在三峡大学等 3 所院校和宜化集团等重点企业建立农民工培训基地，在全市选取 40 家大中型企业作为应急岗位储备基地，在 40 个乡镇（街道）工会设立农民工动态监测点，采取基地培训与送教上门等形式，广泛开展农民工培训工作。2 月 1 日，市总工会联合市万方职业培训学校和湖北宜化集团分别举办的农民工上岗培训班同时开班，中央电视台进行现场采访。6 月 8 日，“全国工会农民工技能培训示范基地”授牌仪式在三峡大学举行。6 月 18 日，宜昌市总工会党组书记、常务副主席张毅，带领家政服务人员在全国总工会进京家政服务员新闻发布会上发言，介绍宜昌工会“严把三关”做好进京家政服务员筛选工作的经验。8 月 17 日，宜昌工友家政服务网正式诞生。8 月 20 日，全国促进家政服务业发展工作会议在宁波召开，市总工会主要领导作为全国工会系统唯一代表，介绍《强化家政服务技能培训，倾心打造“宜昌工友”家政品牌》的经验。10 月 19 日，市委常委、市总工会主席廖达凤在全国工会工作经验交流会上介绍宜昌工会“四位一体”帮扶维权经验，其中包括培训和就业的经验。年底市总工会培训农民工 8000 多人，其中送培训到农村 20 班次，培训农民工 4100 多人次。全市各级工会培训农民工 1.9 万人，接待返乡农民工 2.5 万人，帮助 1.4 万人就业和再就业，中央电视台《新闻联播》报道了相关情况。

2011 年，市总工会及各县市区总工会加强与当地人事和社会保障部门、劳动部门的联系与沟通，积极协助和推动政府有关部门落实针对困难职工家庭高校毕业生制定的培训、就业、创业、社保、税收等方面的优惠政策。在开展困难职工家庭高校毕业生阳光就业行动期间，开展有针对性和实效性的职业技能培训、专场招聘会。同时，加强与辖区大中型企业联系，切实做好职业介绍服务，先后帮助 406

名困难家庭高校毕业生，在宜化集团、兴发集团、三峡全通公司、人福药业公司、万方人力资源公司等大中型企业就业。

2012 年春季，市、县（市区）两级工会共举办专场招聘会 18 场次，489 家企业参与招聘，提供就业岗位 40,186 个，进场咨询人数 31,730 人，促进 11,184 人就业。工友家政上半年推荐家政服务员（育婴师）上岗就业 628 人次，联合市劳动培训教育中心开展创业培训班两期，培训 260 人，促进包括下岗职工、进城务工农民工和大学毕业生在内的 50 多人成功自主创业，带动一大批下岗职工和进城务工的农民工实现就业。

2006–2012 年，市总工会共计举办就业招聘会 150 多场，实施劳动技能培训 9800 人次，培训家政人员 3100 人，帮助 12,500 名下岗失业人员实现再就业。

2014 年 2 至 3 月，联合人社等部门，以"就业帮扶、真情相助"为主题，以农村转移劳动力、下岗失业人员、普通高校和职业院校毕业生等就业群体为重点，开展"就业援助月"活动。活动期间，市、县（市区）两级工会组织发放宣传资料 10,885 份，组织专场招聘会 77 次，提供免费就业服务 42,079 人，跨地区有组织劳务输出 1500 人，成功介绍就业 19,529 人，组织参加职业技能培训 937 人。

依托宜昌市工会干部职工学校、工人文化宫职业培训学校、宜昌工友家政服务公司、宜昌工友家政服务网等工会自身资源，全年共举办家政（育婴师）培训班 6 期，培训下岗失业女职工和进城务工女农民工 551 名。工友家政公司先后免费推介家政服务员就业 4600 多人次。

2015 年，开展"2015 年就业援助月"暨"帮会员找岗、帮企业招工"活动。全年完成家政培训 308 期，推介 4600 名职工实现就业。联合人社等部门，开展"春风行动""民营企业招聘周""就业援助月"等活动，帮助 10,000 名下岗失业职工和进城务工农民工实现就业再就业。

2016 年，市总工会实施家政培训，打造"宜昌工友家政"服务品牌，举办月嫂、育婴师、保洁员等家政培训班 7 期，培训家政人员 604 人，累计推荐就业 2100 多人，并开展"素质提升培训"。全市各级工会共培训下岗职工、进城务工农民工、大中专毕业生 3600 多人。

2012–2017 年，市总工会开展"帮会员找岗、帮企业招工"活动，联合相关部门组织召开各类招聘（洽谈）会 1000 余场，免费发放宣传材料 100 万余份，促进职工就业再就业 20 万人次。举办家政培训班 177 期，免费培训下岗女工和女农民工 6500 人，推介就业 2.2 万人次。

2017 年，"春风行动""民营企业招聘周"期间，联合人社等部门组织召开各类招聘会、洽谈会 192 场，免费发放宣传材料 34.75 万余份，动员本地企业吸纳农民工就业 40,280 人；免费提供劳动维权服务和法律咨询服务 3945 人。

图 5-8　2009 年 2 月，市总工会送培训到农村启动仪式举行

图 5-9　2010 年 3 月，宜昌工友与外地家政公司举办劳务输出见面会

先后举办家政培训班 7 期，培训下岗女职工和进城务工女农民工 553 人。接待求职家政人员 2879 人次，接待用工客户 2500 人次，成功免费推荐就业 1051 人次，促进下岗失业女职工和进城务工女农民工就业再就业。

第五节 劳动争议仲裁调解

工会组织依法行使劳动争议协调职能，在组织企业和区域性、行业性劳动争议调解，保护当事人合法权益、促进劳动关系和谐稳定中发挥着重要作用。

一、劳动争议组织建设

1987 年，国务院颁布《国营企业劳动争议处理暂行规定》，适应企业劳动关系的改变，市工会积极帮助指导企业工会建立健全以工会为主的企业劳动争议调解组织，不断完善处理劳动争议工作的组织基础。1990 年，全市基层工会成立 158 个以企事业单位为主的劳动争议调解组织，建立 200 多人组成的劳动争议咨询员队伍。1992 年 2 月，原市总工会召开全市劳动争议调解咨询工作经验交流暨表彰会，表彰宜昌纺机厂等 18 个先进单位，蕲祖珍等 30 名先进个人。1995 年，全市建劳动争议调解委员会 979 个。1998 年，建劳动争议调解委员会 1045 个，选配调解委员 5013 人。在《企业劳动争议处理条例》发布后， 全市共印发资料 14,000 份，办板报、简报 4800 期，举办培训班 670 期。各级工会都确定一名主要负责人抓劳动争议处理工作，从市总到各县(市)区总工会都明确了具体工作部门或人员；企业还在车间设立调解小组，在班组设立调解员，为预防和解决劳动争议奠定了良好的基础。到 2000 年，全市企业劳动争议调解委员会组建率达 97%。到 2004 年，全市 13 个县市区总工会与地方人民政府建立联席会议制度和政府、工会、企业三方协商制度，通过联席会议和三方协商会议解决职工反映强烈和工会工作面临的重大问题，组织和参与劳动争议的调解、仲裁和诉讼。2005 年 11 月 9 日，全市工会维权机制建设工作会议召开，进一步明确工会维权的目标任务、实施方案和保障措施。2006 年，市总工会及各县市区总工会推动建立由工会牵头的职工维权工作协调机制，坚持定期向地方党委常委会汇报和与地方政府召开联席会议制度，进一步完善劳动关系三方协商机制，努力构建社会化维权工作格局，协商解决工会工作和劳动关系中存在的突出问题。2009 年 4 月 14 日，市总工会劳动争议调解中心在全省率先挂牌，省总工会副主席陈义国、副市长王国斌和市总工会党组书记、常务副主席张毅，市中级人民法院副院长叶德武出席挂牌仪式。2011 年 11 月设立“劳动争议仲裁工会派出庭”，实现劳动争议案件调解、仲裁有效衔接。2017 年底，全市建立基层劳动争议调解组织 5983 个，维权队伍力量逐渐建强。

二、参与劳动争议仲裁调解

1989 年，市企业调解委和咨询受理调解案件 125 起，比 1988 年下降 34 起，全市劳动争议咨询员开展咨询 358 次，有效预防劳动争议 152 件。到 1992 年，全市工会调解企业劳动争议 707 人次，结案率 90%。1993 年至 1995 年，全市工会组织受理劳动争议 572 件，结案 525 件，占 92%。1996 年，全市工会组织受理劳动争议 813 件，涉及职工 2611 人。1997 年至 1998 年，企业工会受理 1540 件劳动争议，调解劳动争议 1478 件，调解成功 1274 件，涉及职工 4192 人。1999 年至 2005 年，全市工会组织共受理各类劳动争议案件 3881 件，案件数量逐年下降，案件种类逐年集中，涉及劳动报酬、保险福利的，分别占总数的 21.9%、36.5%，两者相加达 58.4%。2006 年至 2009 年，随着企业结构调整、改制、改组的不断深入，全市受理的劳动争议案件中解除或终止劳动合同的争议也越来越多，主要为劳动者追索经济补偿金(生活补助费)。其间共受理案件 1071 件，非国有企业案件数 53.2%，占案件总数的一半以上。2009 年，市总工会劳动争议调解中心挂牌成立以来，共受理调处各类劳动争议案件 1801 件，案件主要集中在社会保险、双倍工资、加班加点工资、经济补偿金、工伤待遇等，所占比例高达 85%以上，共追讨各类赔偿和欠薪10500万元，维护了职工合法权益和改革稳定大局。

三、经验总结与推广

1989年，市总工会创立劳动争议咨询员制度，及时总结国营四〇三厂、宜昌纺机厂工会的经验和做法，并在全市进行推广；湖北省总工会在1989年第11期《工会工作》上作了进一步推广；《工人日报》先后两次报道国营四〇三厂的咨询员和调解委员会的工作情况；市总工会会同市劳动局、市人事局进一步规范和健全这一制度，共同制定和印发《企业劳动争议咨询暂行办法》，这一制度得到全国总工会肯定，在全国总工会劳动争议经验大会上交流，并收入全国总工会编辑出版的《工会处理劳动争议经验汇编》一书。1990年，市总工会开展劳动争议处理工作的经验受到省总和全国总工会法律工作部的肯定，在全国工会第一次法律工作会议上，市总工会作了题为《加强领导，充分发挥工会在处理劳动争议中的作用》的经验介绍，引起很大反响。1990年10月28日至31日，全国总工会在宜昌市召开全国工会劳动争议工作经验交流会，全国29个省、市、自治区、计划单列城市工会代表共120多人出席会议，全国总工会副主席王厚德、全国政协委员、法制委员会副主任委员陈宇以及全国人大法工委、国务院政策研究室、国家司法部、劳动部、中国社会科学院等有关部门负责同志出席了会议。会上，市长罗清泉致欢迎词，市总工会副主席伍明万作了题为《加强领导、狠抓基层，不断推动工会处理劳动争议工作发展》的交流发言。全体代表、各位领导还到宜昌纺织机械厂现场观摩企业劳动争议工作操作程序，企业工会负责人作了题为《积极预防劳动争议，创造稳定的企业环境》的发言。市国营四〇三厂企业工会书面交流建立劳动争议咨询员制度、健全企业劳动争议缓冲机制、怎样当好咨询员等经验。2009年制定《劳动争议调解受理程序》《劳动争议调解工作流程》《劳动争议调解笔录》《劳动争议调解协议书》《劳动争议终止调解决定书》等，明确调解中心的协调处理、日常管理、经费保证、人员管理等制度。是年，与宜昌市中级人民法院联合下发《关于委托工会组织调解劳动争议案件的实施意见》，与市司法局联合下发《关于进一步加强职工法律援助工作的意见》，进一步完善劳动争议调解协作机制。2010年，市总工会在全市推进大调解工作现场会暨市综治委第二次全体会议上介绍经验。2011年，市总工会作为全国唯一地级市代表在全国工会参与社会管理、做好职工法律援助维权服务工作经验交流会上作了题为《积极参与社会管理创新，在维权维稳中体现新作为》的经验介绍。全国总工会副主席、书记处书记张鸣起对此作出批示："宜昌市总工会积极参与社会管理创新的做法有典型意义，请法律部安排在全国推广"。市总工会专题报告《畅通工会信息渠道，在维权维稳中显作为》被省总工会作为《内部参阅》送省委领导参阅。2012年，劳动争议调解工作得到全国总工会办公厅信访办公室主任张丙亮及省总帮扶中心充分肯定，受到省总工会副主席谭必元高度褒扬。在"包案调处"及积案化解工作情况座谈会上，谭必元指出："宜昌市总工会在化解10件涉及劳动关系的信访积案中，思路清晰，措施得力，效果明显。"

第六节　法律工作

一、普法教育和宣传

1990年12月，原市总工会举办劳动法律法规知识竞赛。1991年1月，市总工会领导参加"二五"普法领导小组会议。1992年4月，新修改的《工会法》颁布，各级工会把《工会法》列为普法重点。1993年4月，市总工会召开《工会法》修改一周年座谈会，5月开展《工会法》宣传月活动，全市13万余名职工参加。1994年7月，市总工会同市委宣传部、市人大法工委、市普法办、市劳动局下发《关于认真宣传<劳动法>的通知》，组织36.5万名职工参加《劳动法》知识竞赛。1995年转发全国总工会《关于贯彻实施<劳动法>的决定》，工会在职工中宣传，向各级行政和事业单位领导宣传。

1995–2000 年，开展职工普法第三个五年规划，即“三五”普法。各级工会进一步突出《工会法》《劳动法》《妇女权益保障法》《安全生产法》《职业病防治法》的学习。企业工会结合安全生产、女职工权益维护，学习宣传全国总工会颁发的工会劳动保护监督检查三个条例，学习《女职工劳动保护规定》等法律法规，市总工会先后编印宣传资料 15,000 份，宣传动员 18 万余名职工参加安全生产劳动保护知识试卷答题，有 19 万人观看《隐患就在你身边》电影。

2001–2005 年，“四五”普法期间，市总工会于 2001 年 12 月，会同各县市区总工会分别开展全国第一个法制宣传月活动。市总机关及文化宫干部职工在夷陵广场设立宣传站，以多种形式宣传《工会法》等法律法规。2002 年 9 月，省人大常委会内务司法委员会组织专班到宜昌市检查《工会法》实施情况。2003 年 8 月，市中级人民法院和市总工会联合召开座谈会，就最高人民法院关于执行运用《工会法》的若干问题的解释进行座谈。2004 年 4–10 月，市总工会举办《湖北省实施<中华人民共和国工会法>办法》知识竞赛，竞赛内容包括《工会法》和《实施办法》（以下简称“两法”）；全市 10 万余名职工参加答卷，市总工会组织 4 名队员参加省总工会组织的竞技性竞赛，取得地市工会笔试比赛第一名、决赛三等奖的成绩。

2006–2010 年，围绕创建劳动关系和谐企业，主动依法维权，学习《集体合同法》《湖北省企业民主管理条例》等劳动法律法规，开展农民工维权月宣传活动、女职工“三月维权月”“五一维权周”活动。仅市总工会女职工委员会就印发法律法规宣传资料 3 万份。2006–2009 年，在“安全生产月”活动中，受到劳动、安全生产法律法规电视教育培训的职工 66.5 万人次。

“五五”普法期间，市总工会成立普法依法治理工作领导小组，设立“五五”普法领导小组办公室。

2009 年，将“五五”普法活动以来的成果制作成展板参加全市法制成果宣传展，并组织单位 11 名职工和青年志愿者到夷陵广场开展法律咨询服务活动，共为 70 多名群众提供法律咨询服务。3 月，市总工会组织机关全体干部职工及直属事业单位负责人、部分县市区总工会常务副主席、市直产业（行业）、企事业单位工会主席等 63 人前往中国劳动关系学院开展为期一周的工会法规培训。市总工会荣获全国工会系统“五五”普法先进单位。

2011–2015 年“六五”普法期间，市总工会成立 “六五”普法工作领导小组，配备专职人员，制定下发《关于在全市工会干部和职工中开展法制宣传教育的第六个五年规划》，连续 3 年制发《年度全市工会法制宣传教育和法治建设工作要点》，将法治建设和宣传教育工作纳入工会系统年度目标管理与考核内容；将开展“法治单位”“诚信守法企业”纳入宜昌市“和谐企业”创建考核内容，将宜昌市“和谐示范企业”作为法治创建工作的示范点。

2013 年在枝江问安镇袁码头村建立基层法治建设和法制宣传教育联系点工作制度。

“六五”普法期间，市总工会荣获湖北省“法律六进”活动学法用法先进机关、全省《劳动法》《湖北省集体合同条例》网络知识有奖竞赛组织奖第一名、全市“六五”普法依法治理工作中期先进集体（宜法治〔2014〕1 号）。

“七五”普法期间，按照省市“七五”普法规划要求，市总工会制发《关于在全市工会工作者和职工中开展法治宣传教育的第七个五年规划（2016–2020 年）》《2017 年度全市工会普法依法治理工作要点》《市总工会信访问题法治宣传工作方案》等。

2016 年，为全面贯彻依法治国战略，推进法治宜昌建设，着力提升工会依法治会、依法维权能力和水平，充分发挥各级各类法律服务人才的重要作用，经市总工会研究决定成立宜昌市总工会职工法律服务团。

2017 年，市总工会指导对口联系点夷陵区三斗坪镇柏果淌村开展普法依法治理工作，为柏果淌村两委班子订购《农村两委干部以案释法读本》，为村民代表订购《农民学法用法读本（以案释法版）》

系列丛书，通过村民座谈会等形式集中学习、宣传相关法规政策，增强村民民主法治意识，深化“民主法治示范村”创建工作。

2017 年，按照中华全国总工会、教育部《关于联合开展“尊法守法·携手筑梦”服务农民工法治宣传行动的通知》要求，市总工会制定《关于开展“尊法守法·携手筑梦”服务农民工法治宣传行动实施方案》。

2017 年，市总工会被评为全市第三批“法治单位创建活动先进单位”（宜普法办〔2017〕22 号）。

二、法律监督与法律援助

从 20 世纪 80 年代开始，市总工会先后组织各级工会参与《工会法》《劳动法》《企业法》《破产法》《安全生产法》《劳动合同法》《公司法》《劳动争议调解仲裁法》《妇女权益保障法》和《女职工劳动保护规定》《职工代表大会条例》《企业工资条例》《工会劳动保护监督检查员工作条例》《工伤保险条例》《失业保险条例》《湖北省实施<中华人民共和国工会法>办法》《湖北省企业民主管理条例》等法律法规的讨论与修改。1990 年 3 月，原市总工会领导参加省总工会组织的《工会法》征求意见座谈会。5 月，原市总工会组织讨论《工会法》修改草案，1991 年 9 月 3 日，原市总工会参加市体改办召开的破产领导小组会，讨论宜昌市第一家破产企业市巾被总厂的破产方案，市总工会依据《破产法》维护职工和工会的合法权益。9 月 18 日，市巾被总厂宣布破产，整个过程比较顺利。1992 年开始，在企业公司制改造、现代企业制度试点、转换经营机制、改制改组改革中，市总工会和委局系统工会、企业工会，参加改革领导小组，发挥工会法律监督的作用，维护职工的合法权益和职工队伍的稳定。

执法检查。原市总工会 1986 年 9 月建立职工物价监督组织，设总站 1 个，下设 20 个分站，由市总工会组织 150 名职工物价监督员。1989 年组织物价监督员检查 3005 次 2.43 万件，查处违价案件 2020 起，处理 1016 起，罚款 2.1 万元，退赔消费者 1830 元，没收不合标准的计量器具 185 件。市总工会职工物价监督站同 30 个国营、集体和个体经营户签订了《物价管理责任合同》，有力地保证了《价格法》的执行。至 1998 年，全市物价监督总站发展到 9 个，分站 50 个，职工物价监督员 468 人。总站配合市物价局、工商局对城区陶珠路等 10 大市场 5000 个摊位门店进行大规模抽样检查，各分站对所属辖区市场进行全面检查，查处各类违法商品 20732 件。1990–2007 年，全市各级女职工组织在执法监督中的作用进一步发挥，市总工会组织检查 170 个单位女职工劳动保护规定的执行情况，并对存在的问题向政府和有关部门反映，提出整改意见和建议。2008 年全年组织各类安全生产检查 2606 场次，参加各类工伤事故处理 70 起，参加“三同时”审查验收项目 64 项。2013–2014 年，全市分别开展《中华人民共和国妇女权益保障法》及省实施办法的实施情况、女工卫生津贴发放情况等 5 个专题调研，并将调研结果专题提供有关部门作为决策参考。2003–2017 年，市总工会参与重特大安全事故调查 18 起，每年会同安监等部门开展联合检查。法律监督。2009 年，市总工会提请市人大、市政协先后对《工会法》《劳动法》《劳动合同法》的实施情况进行了视察。市总工会专题调研组撰写的关于《劳动合同法》贯彻实施情况的调查与思考被省总工会作为参阅件报送省委。2012 年，市总工会提请市人大对《湖北省企业条例》的实施情况进行视察。时任宜昌市人大党组书记、常务副主任张建一带队实地视察宜昌人福药业有限责任公司、宜昌长机科技公司 2 个企业以及市总工会困难职工帮扶中心、市工人文化宫，听取市人大常委会委员、市总工会常务副主席罗志勇关于全市贯彻实施《湖北省企业工会条例》情况的汇报。

法律援助。2006 年，市总工会通过法律援助为长阳县 7 名农民工追讨工资 11.38 万元。2010 年 8 月，跨省（四川）法律援助农民工李宗炳，追讨工资 80 多万元。2014 年 5 月，法律援助建筑工人王怀平，帮助其争取工伤补助费 7 万元。2014 年 11 月，法律援助宜昌弘讯管业赵彦等 37 名职工追讨工资 56.79 万元。2016 年 7 月、2017 年 1 月，先后 2 次法律援助舒学平打赢工伤认定案。2016 年 8 月，法律援助建筑工人邹端争取工伤赔偿费 78.65 万元。2016 年 10 月、2017 年 7 月、2018 年 1 月，连续 3 次法律援助快递员王伟，帮助其争取工伤赔偿费 15.6 万元。2017 年 4 月 19 日上午，市总工会职工权益维护中心与湖北前锋、湖北西陵律师事务所签署协议，两家律师事务所委派律师进市职工维权中心，为职工提供法律服务。2017 年 4 月，法律援助孙光元追讨工资待遇和社保经费 4.3 万元。2017 年 5 月，法律援助张源生争取伤残就业补助 2.1 万元。

第七节　职工信访

工会信访工作是国家信访工作的重要组成部分，处理职工来信来电，接待职工来访，是工会履行维护职能的重要内容，也是工会维护职工合法权益的重要措施。

一、市总工会信访工作组织建设

1992 年 3 月，原宜昌市总工会和湖北省总工会宜昌地区办事处合并，成立新的宜昌市总工会。1995 年，市总工会首次建立领导值班接待日、信访工作领导责任制等规章制度。2002 年 9 月 26 日，市困难职工帮扶中心正式成立，职工信访工作实行专管分管责任制。2002 年 12 月 5 日，市总工会成立以周学文为组长，潘德远、任云为副组长的信访工作领导小组，进一步加强市总工会信访接待工作领导。2007 年 2 月，宜昌市困难职工帮扶中心(职工权益维护中心)成立，全国总工会副主席董力、省总工会党组书记、常务副主席黄国庆等领导为中心揭牌。中心设立职工来信来访、法律援助、帮困救助、职介职培、农民工权益维护五大工作职能，下设 14 个接待窗口。

二、市总工会信访接待办理情况

进入 20 世纪 90 年代，在经济体制转轨过程中，劳资矛盾突出，下岗人员有所增多，全市工会来访来信明显增加。从 1989 年至 1999 年，全市工会组织共接待职工来访、来信 4169 人次，集体上访 43 批次，主要集中于养老金、工人下岗、工资拖欠、劳动纠纷等方面。2000 年至 2010 年，全市工会组织共接待职工来访、来信、来电 4583 人次，集体上访 27 批次，主要反映企业改制、安置补偿、土地拆迁、工资拖欠等问题。2011 年至 2017 年期间，全市工会组织共接待职工来访、来信、来电 6868 人次，职工主要诉求集中在建筑行业工资拖欠、工伤赔偿、合同纠纷、土地拆迁等方面，办结率 97%以上，维护了全市职工队伍稳定。

三、信访案例

1. 工亡赔偿案

2017 年 6 月 10 日，一辆从神农架开往宜昌的客车在 209 国道遭遇意外，54 岁的湖北合众运输有限责任公司司机邓艾民被大石砸中，为了避免乘客受伤，他用尽生命最后一丝力气拉住了手刹，客车最终在悬崖边停住，14 名乘客安然无恙。因邓艾民才到公司工作 10 天，单位不承认双方之间的劳动关系，只愿意按交通事故给予赔偿。6 月 13 日上午 10 点，市总工会劳动争议调解中心接到来电后，立即向主要领导汇报，常务副主席罗志勇打电话给邓艾民的女儿询问详细情况并表示慰问，当即指示工作人员组成维权小组赶赴现场协助处理。6 月 13 日下午，维权小组到达现场，召集邓艾民在神农架的亲属及代理律师座谈。6 月 14 日上午，维权小组确定邓艾民与合众公司事实劳动关系及“因工死亡”认定的法律证据。经多方协调，邓艾民家属与合众公司于 6 月 14 日下午达成一致意见。6 月 19 日，湖北合众运输有限责任公司与邓艾民家属签订赔偿协议，由公司赔偿邓艾民家属各项经济损失共计 1043911 元。

2.工伤赔偿案

2017 年 3 月 3 日，王帮新开始在包工头李明维承包的兴山县峡口镇建阳坪村村级公路工程打工。工作第一天，王帮新不慎摔伤，导致两根肋骨断裂，住院 10 天左右。王要求包工头支付其医疗费和误工费。经宜昌市总工会、兴山县总工会全程跟踪调解，多次与双方当事人沟通，达成一致意见。8 月 1

日，双方在兴山县总工会签订协议书，4000 元医药费及误工工资当场一次性支付到位。

3.工伤赔偿案

2016 年 4 月 3 日，王伟在天天快递担任快递业务送达途中，因雨路滑摔伤。因天天快递不承认劳动关系并拒绝赔偿，引起劳动纠纷。市总工会对其进行法律援助，申请劳动仲裁，确认了劳动关系（2016 年 10 月 17 日下达裁决书）。2017 年 7 月 18 日，第二次申请法律援助，申请劳动仲裁，2017 年 11 月 3 日，宜昌高新区劳动人事争议仲裁委下达《裁决书》，裁定天天快递公司支付申请人王伟工伤待遇费用 156,046.04 元。2018 年 1 月 18 日，王伟接到法院《应诉通知书》，原告天天快递开发区分公司要求法院判令其不承担被告王伟的工伤待遇相关费用，王伟向市总工会再次申请法律援助。2018 年 3 月 20 日开庭，王伟胜诉。

4.工伤损害赔偿案例

2011 年 2 月 20 日，黄光兵经李德胜介绍在泸州市佳乐建筑安装工程有限公司向阳承建的沪渝高速枝江站项目部工地做木工。2011 年 5 月 7 日，黄光兵做工时不慎摔伤，司法鉴定为伤残八级。黄光兵曾多次要求公司给予伤残损失赔偿，但由于沪渝高速枝江站项目是三层转包工程，3 名被告互相推诿，互不承担责任，导致黄光兵损害赔偿迟迟不能到位。2011 年 7 月 26 日，黄光兵委托家人来到市总工会劳动争议调解中心求助，请求提供调解或法律援助。2011 年 8 月 31 日，黄光兵代理律师向宜昌开发区劳动人事争议仲裁委员会提出确认劳动关系的仲裁申请。2011 年 12 月 9 日，经宜昌开发区劳动人事争议仲裁委员会开庭审理，确认黄光兵与宜昌鑫炎建筑安装劳务有限责任公司之间存在事实劳动关系。2011 年 12 月 20 日，宜昌鑫炎建筑安装劳务有限责任公司不服裁决向宜昌市三峡坝区人民法院起诉，要求判决和黄光兵之间不存在劳动关系。2012 年 2 月 9 日，宜昌三峡坝区人民法院经审理，判决认为：“黄光兵与宜昌鑫炎建筑安装劳务有限责任公司存在事实上的劳动关系证据不足，不存在劳动关系”。2012 年 5 月 9 日，市总工会劳动争议调解中心协助黄光兵再次向宜昌三峡坝区人民法院提起侵权赔偿诉讼。2012 年 6 月 18 日，宜昌三峡坝区人民法开庭审理，庭审仍未达成一致意见。2012 年 8 月 14 日，经过工会再次耐心细致协调，3 名被告同意与黄光兵协商，最终双方达成一致协议，3 名被告同意赔偿黄光兵一次性伤残赔偿金人民币 75,000 元。

第六章　民主管理

第一节　创建和谐劳动关系

2005年5月26日，市总工会与市劳动和社会保障局、市国资委、工商联，召开了宜昌市劳动关系三方协商会议，会议通过了《关于进一步推行劳动合同平等协商集体合同制度的通知》《宜昌市创建“劳动关系和谐企业”活动方案》，有力地推动了维权工作的深入发展。

2005年5月中下旬，市总工会深入湖北宜化、宜昌纺机公司、裕波纺织公司、焦化煤气公司、力帝集团等12个大中型企业，开展“和谐企业”大调研。

2006年2月24日，宜昌市劳动关系和谐企业表彰大会在桃花岭饭店召开。市委副书记、市总工会主席余幼明出席会议并讲话，市人大副主任李和奎、市政府副市长胡家法、市政协副主席易行运，以及市劳动和社会保障局局长吴开保，市总工会党组书记、常务副主席周学文，市国资委主任马宏彦，市工商联副会长艾书练，市私营企业协会党委书记向昌海出席会议并颁奖。

2006年，劳动关系三方确定每两年在全市开展一次劳动关系和谐企业的创建评选活动，将建立工资集体协商机制和职工工资正常增长机制作为创建劳动关系和谐企业的一项重要标准纳入其中，并实行一票否决。截至2009年，全市共表彰市级劳动关系和谐企业110家，全市工资集体协商的覆盖面不断扩大。

2008年，通过建立工资集体协商制度，全市职工工资年均增长幅度连续三年达到10%。如宜昌市兴发集团在受到国际金融危机的影响下，考虑物价连续上涨给职工生活带来的影响，专门拿出1047万元上调一线职工的工资，使一线职工工资同比增长达到10.5%。

2009年3月，市总工会在全市120家200人以上的企业中深入开展“走访百家企业千名职工”调查活动。主要目的在于调查了解国际金融危机对企业的影响、企业应对金融危机采取的措施和职工受影响的情况。

2009年，与劳动关系三方相关部门联合开展全市劳动关系和谐企业的创建评选表彰工作。5月14日，在桃花岭饭店召开了宜昌市劳动关系和谐企业表彰暨“共同约定行动”大会，宜化集团代表受表彰的60家宜昌市2007–2008年度劳动关系和谐企业，向全市各类企业发出“同舟共济保增长，齐心协力促发展”倡议。60家和谐企业负责人在“促发展、保增长、保就业、保稳定共同约定行动”横幅上签字。兴发集团、枝江酒业、交运集团、市公交公司等4家企业被授予“湖北省劳动关系和谐企业”荣誉称号。截至年末，全市有1090家企业先后与工会、职工签订了“共同约定行动”协议书788份，承诺“不裁员、不降薪”，该活动覆盖职工15.7万人。“共同约定行动”活动的开展，增添了企业的活力、职工的信心，为全市企业渡过金融危机发挥了作用。

2010年，各级劳动关系三方协调领导小组更加重视劳动关系问题，市劳动关系三方协调领导小组联合市委统战部，在非公有制企业中开展“和谐示范企业创建活动”，拟在全市评选表彰100家非公企业劳动关系和谐示范企业。全市规模以上企业参加劳动关系和谐企业创建活动比例达到95%。

2010年12月24日，市人民政府与市总工会第八次联席会议在市总工会召开。会议听取市总工会关于全市工会工作情况汇报，并就开展创建和谐企业活动等问题进行了讨论。

2011年，市总工会着力构建和谐企业创建机制，市政府将和谐企业创建工作由过去劳动关系三方开展提升到市政府组织实施，并将和谐企业创建领导小组办公室设在市总工会，由市总工会具体负责牵头、组织、协调、运作。2 月 25 日，市总工会就《创建和谐企业实施意见》召开征求意见座谈会。会议邀请市发改委、市国资委、市人社局、市工商局、市环保局 等相关部门负责人参加。9 月，市总工会组织召开创建和谐企业工作领导小组会议，出台《宜昌市创建和谐企业工作领导小组成员单位职责》《宜昌市和谐企业考核试行办法》，每年由市政府评选和表彰 10 家“十佳和谐企业”、100 家和谐企业。市总工会积极引导企业参与和谐企业创建活动，全市 90%以上规模企业开展了创建活动，评选、考察、申报了 15 家受省表彰的劳动关系和谐企业。

2012 年 4 月 28 日，市委、市政府召开和谐企业创建暨劳动竞赛表彰大会，表彰首批全市和谐示范企业及和谐企业。市委常委、常务副市长宋文豹出席会议并讲话，市总工会主席刘学甫宣读表彰决定，市领导吴开保、屈鹏等出席，副市长张正军主持大会。授予宜化集团、人福药业、宜都三立路桥、枝江奥美医用品、三峡新材、楚园春酒业、稻花香集团、燕狮科技、宜昌正大、长机科技等 10 家企业“2011 年度宜昌市十佳和谐企业”称号、命名表彰新丰机电等 100 家企业为“2011 年度宜昌市和谐企业”。

截至 2012 年底，全市规模以上企业创建活动覆盖面达 95%，24 家企业荣获全国、省“劳动关系和谐企业”称号，10 家企业被评为市“和谐示范企业”，100 家企业被评为“和谐企业”。

2013 年，全市规模以上企业开展和谐企业创建活动的覆盖面达到 98%。2013 年 3 月 11–14 日，市总工会民管法律部组织和谐企业创建领导小组成员单位对全市申报的 16 家宜昌市第二届“和谐示范企业”进行了评选考核。2013 年 3 月 15 日，宜昌市和谐企业创建工作领导小组成员单位会议在市总召开。会议评定 2012 年度宜昌市“和谐企业”和“和谐示范企业”。4 月 27 日，全市劳动模范暨和谐企业表彰大会在宜昌城区召开。会上，授予安琪酵母股份有限公司等 10 家企业“2012 年度宜昌市和谐示范企业”称号，授予宜都兴发化工有限公司等 100 家企业“2012 年度宜昌市和谐企业”称号。省委常委、市委书记黄楚平，市委副书记、市长马旭明出席会议并讲话。12 月 11 日，市委、市政府出台《关于加强和谐劳动关系建设的实施意见》，为深化和谐企业创建活动提供政策依据，营造良好环境。

2014 年 4 月 30 日，全市工会工作会议暨和谐企业表彰大会召开。表彰凌云科技集团有限责任公司、湖北花林新型建材集团等 10 家企业为“2013 年度宜昌市和谐示范企业”，湖北宜昌交运集团股份有限公司、宜昌市城市建设投资开发有限公司等 93 家企业为“2013 年度宜昌市和谐企业”。省委常委、市委书记黄楚平，省总工会副主席冀群风出席会议并讲话，会议由市委副书记、市长马旭明主持，市领导李亚隆、张建一、宋文豹等出席会议。各县（市、区）委书记，总工会主席、常务副主席，宜昌高新区党工委书记、工会主任，市直有关部门、企事业单位、部分中央及省在宜单位党委负责人、工会主席（主任）参会。

图 6-10　2013 年 3 月 12 日，市劳动关系三方协商会议举行

2015 年，市总工会贯彻落实《中共中央、国务院关于构建和谐劳动关系的意见》，推进和谐企业创建工作，评选宜昌市第四届“和谐示范企业”10 家、“和谐企业”51 家。

2016 年 4 月，宜昌市协调劳动关系三方委员会下文，研究制定《宜昌市和谐企业创建活动实施方案》，2017 年 6 月，宜昌市政府制发《市人民政府关于进一步深化和谐劳动关系企业创建工作的实施意见》（宜府发[2017]13 号），要求市级人民政府负责组织评选“宜昌市十佳和谐企业”，各县市区负责组织辖区企业开展创建活动。全市和谐企业创建工作由市协调劳动关系三方委员会统一组织实施。

2006-2015 年劳动关系和谐企业一览表

表 6–9

全国和谐劳动关系企业

序号	受表彰企业	表彰时间
1	宜昌兴发集团有限责任公司	2012 年

湖北省模范劳动关系和谐企业

序号	受表彰企业	表彰时间
1	湖北稻花香集团	2012 年
2	湖北枝江酒业股份有限公司	2012 年
3	宜昌公交集团有限责任公司	2012 年
4	宜都市三立路桥工程建设有限责任公司	2015 年

湖北省劳动关系和谐企业

序号	受表彰企业	表彰时间
1	湖北宜化集团公司	2006 年
2	宜昌人福药业有限责任公司	2006 年
3	宜昌焦化煤气公司	2006 年
4	宜昌交运集团股份有限公司	2009 年
5	宜昌兴发集团有限责任公司	2009 年
6	湖北枝江酒业股份有限公司	2009 年
7	宜昌公交集团有限责任公司	2009 年
8	宜都市供水总公司	2012 年
9	湖北三宁化工股份有限公司	2012 年
10	宜昌武星装饰板有限责任公司	2012 年
11	三峡新型建材有限公司	2012 年
12	秭归隆盛针织有限公司	2012 年
13	湖北天晟光电股份有限公司	2012 年
14	长阳土家族自治县自来水有限公司	2012 年
15	湖北天宇电业股份有限公司	2012 年
16	宜昌市明珠实业有限公司	2012 年
17	宜昌燕狮科技开发有限责任公司	2012 年
18	湖北湖开电气有限公司	2012 年
19	宜昌新洋丰肥业有限公司	2012 年
20	宜昌长机科技有限责任公司	2012 年
21	宜昌夷陵大桥建设开发有限公司	2012 年
22	宜昌桃花岭饭店股份有限公司	2012 年

续表

序号	受表彰企业	表彰时间
23	华新水泥（宜昌）有限公司	2012年
24	蒙牛乳业（当阳）有限责任公司	2012年
25	枝江自来水公司	2012年
26	宜昌花林水泥有限公司	2012年
27	秭归县自来水公司	2012年
28	湖北长阳清江煤炭矿务局	2012年
29	宜昌昭君文化园旅游发展有限公司	2012年
30	湖北锁金山电业发展有限责任公司	2012年
31	长江高科电缆有限公司	2012年
32	宜昌市沙龙宴餐饮有限责任公司	2012年
33	湖北红旗电缆有限责任公司	2012年
34	湖北龙滕红旗电缆（集团）有限公司	2012年
35	宜昌正大有限公司	2012年
36	宜昌金宝乐器制造有限公司	2012年
37	湖北华强科技有限责任公司	2015年
38	讯达集团湖北讯达科技有限公司	2015年
39	湖北六国化工股份有限公司	2015年
40	湖北花林新型建材集团	2015年
41	湖北中浮化工集团有限公司	2015年
42	宜昌市丽豪包装彩印有限公司	2015年
43	宜昌市华康工贸有限责任公司	2015年

宜昌市劳动关系和谐示范企业

序号	受表彰企业	表彰时间
1	湖北宜化集团有限责任公司	2012年
2	宜昌人福药业有限责任公司	2012年
3	宜都市三立路桥工程建设有限责任公司	2012年
4	枝江奥美医疗用品有限公司	2012年
5	湖北三峡新型建材股份有限公司	2012年
6	湖北楚园春酒业有限公司	2012年
7	湖北稻花香集团	2012年
8	宜昌燕狮科技开发有限责任公司	2012年
9	宜昌正大有限公司	2012年
10	宜昌长机科技有限责任公司	2012年
11	安琪酵母股份有限公司	2013年
12	湖北枝江酒业股份有限公司	2013年
13	华强化工集团股份有限公司	2013年
14	湖北天晟光电股份有限公司	2013年

续表

序号	受表彰企业	表彰时间
15	华新水泥（秭归）有限公司	2013 年
16	湖北采花茶业有限公司	2013 年
17	湖北中孚集团有限公司	2013 年
18	宜昌市康鑫医药经销有限公司	2013 年
19	宜昌三峡塑业有限公司	2013 年
20	黑旋风工程机械开发有限公司	2013 年
21	宜昌桃花岭饭店股份有限公司	2014 年
22	湖北广盛建设集团有限责任公司	2014 年
23	凌云科技集团有限责任公司	2014 年
24	湖北花林新型建材集团	2014 年
25	湖北秭归百丽鞋业有限责任公司	2014 年
26	宜昌清江电气有限公司	2014 年
27	湖北省烟草公司宜昌市公司五峰营销部	2014 年
28	宜昌市华康工贸有限责任公司	2014 年
29	欧达宜昌机电设备制造有限公司	2014 年
30	宜昌市康龙实业有限责任公司	2014 年
31	华新水泥（宜昌）有限公司	2015 年
32	湖北宜昌交运集团股份有限公司	2015 年
33	湖北吉星化工集团有限责任公司	2015 年
34	秭归县屈姑食品有限公司	2015 年
35	湖北恒安药业有限公司	2015 年
36	宜昌天美国际化妆品有限公司	2015 年
37	宜昌市天台包装制品有限责任公司	2015 年
38	乐星湖开电气（湖北）有限公司	2015 年
39	亚元科技（宜昌）电子有限公司	2015 年
40	湖北金三峡印务有限公司	2015 年

宜昌市劳动关系和谐企业

序号	受表彰企业	表彰时间
1	湖北宜化集团有限责任公司	2009 年
2	宜昌人福药业有限责任公司	2009 年
3	宜昌桃花岭饭店股份有限公司	2009 年
4	宜昌港务集团有限公司	2009 年
5	中央储备粮宜昌直属库	2009 年
6	宜昌夷陵长江大桥建设开发有限公司	2009 年
7	湖北益通建设工程有限责任公司	2009 年
8	宜昌公交集团有限责任公司	2009 年

续表

序号	受表彰企业	表彰时间
9	宜昌焦化煤气公司	2009年
10	安琪酵母股份有限公司	2009年
11	湖北三峡烟草有限公司	2009年
12	湖北华强科技有限责任公司	2009年
13	长江三峡旅游有限责任公司	2009年
14	宜昌公路大桥建设开发有限公司	2009年
15	中国移动通信集团湖北有限公司宜昌分公司	2009年
16	湖北宜昌交运集团股份有限公司	2009年
17	宜昌市商业银行股份有限公司	2009年
18	宜昌市明珠实业有限公司	2009年
19	宜昌燕师科技开发有限责任公司	2009年
20	宜昌市鑫源纺织有限公司	2009年
21	宜昌双龙塑业有限责任公司	2009年
22	湖北湖开电气有限公司	2009年
23	宜昌新洋丰肥业有限公司	2009年
24	宜昌正大有限公司	2009年
25	宜昌云池港埠有限公司	2009年
26	宜昌金宝乐器制造有限公司	2009年
27	湖北宜昌金丝烟草有限公司	2009年
28	宜昌长机科技有限责任公司	2009年
29	宜昌昌耀电器有限责任公司	2009年
30	宜昌中孚化工有限公司	2009年
31	湖北昌达化工有限责任公司	2009年
32	湖北稻花香集团	2009年
33	宜昌市夷陵水电公司	2009年
34	湖北楚星化工股分有限公司	2009年
35	宜都市供水总公司	2009年
36	华新水泥（宜昌）有限公司	2009年
37	宜昌长江陶瓷有限责任公司	2009年
38	湖北枝江酒业股份有限公司	2009年
39	华润雪花啤酒（宜昌）有限公司	2009年
40	枝江自来水公司	2009年
41	湖北三宁化工股有限公司	2009年
42	当阳金三峡联通印务有限公司	2009年
43	蒙牛乳业（当阳）有限责任公司	2009年
44	英博啤酒（宜昌）有限公司	2009年
45	当阳电力联营公司	2009年

续表

序号	受表彰企业	表彰时间
46	长阳土家族自治县自来水公司	2009 年
47	长阳土家族自治县电力公司	2009 年
48	长阳土家族自治县汽车客运公司	2009 年
49	湖北广原化工集团有限公司	2009 年
50	湖北东圣化工集团有限公司	2009 年
51	远安县张家滩煤炭有限公司	2009 年
52	秭归隆盛针织有限公司	2009 年
53	秭归县大力纸品有限公司	2009 年
54	秭归三金硅业有限公司	2009 年
55	兴山县蓝天大酒店	2009 年
56	宜昌兴发集团有限责任公司	2009 年
57	兴山天星供电有限公司	2009 年
58	天宇电业股分有限公司	2009 年
59	五东薯业有限责任公司	2009 年
60	湖北锁金山电业发展有限公司	2009 年
61	宜都市供水总公司	2012 年
62	湖北省电力公司宜都市供电公司	2012 年
63	华新水泥（宜昌）有限公司	2012 年
64	湖北清河纺织股份有限公司	2012 年
65	宜昌市新丰机电设备制造有限公司	2012 年
66	湖北土老憨生态农业集团	2012 年
67	宜都市华迅机电设备成套有限责任公司	2012 年
68	宜都市仝鑫精密锻造有限公司	2012 年
69	湖北宜都运机机电设备有限责任公司	2012 年
70	宜都天峡特种渔业有限公司	2012 年
71	湖北浩博特装饰材料有限公司	2012 年
72	湖北开元化工科技股份有限公司	2012 年
73	湖北香青化肥有限公司	2012 年
74	迅达集团湖北迅达科技有限公司	2012 年
75	湖北枝江酒业股份有限公司	2012 年
76	枝江市恒辉彩印包装有限公司	2012 年
77	枝江市兴港装卸运输有限责任公司	2012 年
78	枝江市紫荆岭装卸运输有限公司	2012 年
79	枝江市自来水公司	2012 年
80	凌云科技集团有限责任公司	2012 年
81	华强化工集团股份有限公司	2012 年
82	湖北金叶玉阳化纤有限公司	2012 年

续表

序号	受表彰企业	表彰时间
83	当阳市供电公司	2012 年
84	蒙牛乳业（当阳）有限责任公司	2012 年
85	当阳金三峡联通印务有限公司	2012 年
86	英博啤酒（宜昌）有限公司	2012 年
87	葛洲坝当阳水泥有限公司	2012 年
88	当阳市自来水公司	2012 年
89	湖北神州新能源发电股份有限公司	2012 年
90	湖北宝加利陶瓷有限公司	2012 年
91	湖北楚阳科技股份有限公司	2012 年
92	湖北东圣化工集团有限公司	2012 年
93	宜昌盼盼木质品有限责任公司	2012 年
94	宜昌晟泰水电实业有限责任公司	2012 年
95	宜昌武星装饰板有限责任公司	2012 年
96	湖北天晟光电股份有限公司	2012 年
97	葛洲坝兴山水泥有限公司	2012 年
98	兴山县金顺运输有限责任公司	2012 年
99	宜昌昭君文化园旅游发展有限公司	2012 年
100	秭归县自来水公司	2012 年
101	湖北秭归百丽鞋业有限责任公司	2012 年
102	秭归长林宾馆	2012 年
103	秭归县电力公司	2012 年
104	宜昌飞鹰电子科技有限公司	2012 年
105	湖北戈碧迦光电科技股份有限公司	2012 年
106	华新水泥（秭归）有限公司	2012 年
107	长阳县供电公司	2012 年
108	湖北和远气体有限公司	2012 年
109	长阳青岗坪煤矿有限公司	2012 年
110	宜昌市烟草公司长阳营销部	2012 年
111	湖北一致魔芋生物科技有限公司	2012 年
112	湖北锁金山电业发展有限责任公司	2012 年
113	湖北采花茶业有限公司	2012 年
114	湖北天宇电业股份有限公司	2012 年
115	均瑶集团乳业有限公司	2012 年
116	长信建设有限公司	2012 年
117	湖北省电力公司宜昌夷陵区供电公司	2012 年
118	湖北恒安药业有限公司	2012 年
119	宜昌明珠磷化工业有限公司	2012 年

续表

序号	受表彰企业	表彰时间
120	宜昌元龙塑模技术开发有限责任公司	2012 年
121	湖北柳树沟矿业股份有限公司	2012 年
122	宜昌三峡茶城集团有限公司	2012 年
123	湖北中孚化工集团有限公司	2012 年
124	湖北绿秀粮油集团有限公司	2012 年
125	宜昌市沙龙宴餐饮有限责任公司	2012 年
126	宜昌市富豪家私有限责任公司	2012 年
127	宜昌工贸家电商贸有限公司	2012 年
128	宜昌市康鑫医药经销有限公司	2012 年
129	宜昌蓝天气体有限公司	2012 年
130	宜昌市力天机械有限责任公司	2012 年
131	宜昌馨岛酒店管理有限公司	2012 年
132	宜昌盈嘉酒店有限公司	2012 年
133	宜昌市明珠实业有限公司	2012 年
134	宜昌正健医院	2012 年
135	宜昌劲森光电科技股份有限公司	2012 年
136	宜昌安能热电有限公司	2012 年
137	宜昌市天台包装制品有限责任公司	2012 年
138	宜昌神达石油机械有限公司	2012 年
139	宜昌市捷兴塑料制品有限责任公司	2012 年
140	宜昌市华康工贸有限责任公司	2012 年
141	宜昌明珠钢球有限公司	2012 年
142	宜昌富艺制衣有限公司	2012 年
143	湖北龙腾红旗电缆（集团）有限公司	2012 年
144	环高乐器制造（宜昌）有限公司	2012 年
145	乐星湖开电器（湖北）有限公司	2012 年
146	宜昌车溪旅游开发有限责任公司	2012 年
147	宜昌新洋丰肥业有限公司	2012 年
148	湖北星宇服装有限责任公司	2012 年
149	湖北宜都机电工程股份公司	2012 年
150	兴发集团宜昌精细化工园	2012 年
151	黑旋风工程机械开发有限公司	2012 年
152	湖北华润科技有限公司	2012 年
153	湖北慧中电子科技有限公司	2012 年
154	宜昌市微特电子设备有限责任公司	2012 年
155	宜昌公交集团有限责任公司	2012 年
156	宜昌桃花岭饭店股份有限公司	2012 年

续表

序号	受表彰企业	表彰时间
157	安琪酵母股份有限公司	2012 年
158	宜昌供电公司	2012 年
159	宜昌长江大桥总公司	2012 年
160	湖北宏峰房地产发展有限责任公司	2012 年
161	湖北宜都天宜机械有限公司	2013 年
162	宜都兴发化工有限公司	2013 年
163	宜昌鄂中化工有限公司	2013 年
164	中国移动通信集团湖北有限公司宜都分公司	2013 年
165	宜都市装卸运输总公司	2013 年
166	宜都市万鑫精密铸造有限公司	2013 年
167	湖北民生生物医药有限公司	2013 年
168	宜昌三峡运输集团宜都华运有限责任公司	2013 年
169	湖北宜红茶业有限公司	2013 年
170	宜昌绿源生物技术有限公司	2013 年
171	枝江楚天塑业有限公司	2013 年
172	湖北国能电气有限公司	2013 年
173	湖北三宁化工股份有限公司	2013 年
174	枝江市玖源包装制品有限公司	2013 年
175	湖北福兴织业有限公司	2013 年
176	宜昌昌盛包装有限公司	2013 年
177	宜昌帝元医用材料有限公司	2013 年
178	枝江市白银纺贸有限责任公司	2013 年
179	枝江市凯达纺织有限责任公司	2013 年
180	枝江市步步升布艺有限公司	2013 年
181	湖北博创机械制造有限责任公司	2013 年
182	当阳中燃天然气有限公司	2013 年
183	宜昌新成石墨有限责任公司	2013 年
184	湖北金庄科技再生资源有限公司	2013 年
185	湖北瑞廷电子材料科技有限公司	2013 年
186	宜昌佳润纺织有限公司	2013 年
187	当阳国际大酒店有限公司	2013 年
188	湖北澳利龙食品股份有限公司	2013 年
189	宜昌天润塑业有限公司	2013 年
190	湖北兴泽科技有限公司	2013 年
191	宜昌楚原化工有限责任公司	2013 年
192	湖北花林新型建材集团	2013 年
193	湖北陶星陶瓷科技有限公司	2013 年

续表

序号	受表彰企业	表彰时间
194	远安永安车桥有限责任公司	2013 年
195	湖北省电力公司远安县供电公司	2013 年
196	远安县张家滩煤炭有限公司	2013 年
197	湖北昭君故里酒业有限公司	2013 年
198	宜昌雅佳明妃家具有限公司	2013 年
199	湖北昭君生态农业有限公司	2013 年
200	宜昌鸿昌电子有限责任公司	2013 年
201	秭归帝元食品罐头有限责任公司	2013 年
202	秭归鸿翔印务有限责任公司	2013 年
203	秭归隆盛针织有限公司	2013 年
204	秭归县屈姑食品有限公司	2013 年
205	秭归县银河电业有限责任公司	2013 年
206	宜昌秭源食品有限公司	2013 年
207	湖北华饴木本油脂有限公司	2013 年
208	长阳土家族自治县汽车客运公司	2013 年
209	宜昌清江电气有限公司	2013 年
210	长阳土家族自治县自来水公司	2013 年
211	五峰赤诚生物科技有限公司	2013 年
212	五峰丰城水务有限公司	2013 年
213	宜昌五东薯业有限责任公司	2013 年
214	五峰土家族自治县烟草专卖局（营销部）	2013 年
215	宜昌娃哈哈饮料有限公司	2013 年
216	宜昌三峡矿业有限公司	2013 年
217	宜昌汇鑫磷化工贸有限责任公司	2013 年
218	宜昌昌耀电业集团有限公司	2013 年
219	湖北宜昌翔陵纸制品有限公司	2013 年
220	宜昌昌耀水泥制品有限责任公司	2013 年
221	湖北光源水利电力股份有限公司	2013 年
222	宜昌市西岔河磷矿有限公司	2013 年
223	宜昌市中大工贸有限责任公司	2013 年
224	宜昌华西矿业有限责任公司	2013 年
225	宜昌市九鼎精品包装有限公司	2013 年
226	中科恒达石墨股份有限公司	2013 年
227	湖北力帝机床股份有限公司	2013 年
228	宜昌市中山家私有限责任公司	2013 年
229	宜昌时代购物广场有限公司	2013 年
230	宜昌运七酒店有限公司	2013 年

续表

序号	受表彰企业	表彰时间
231	宜昌煌隆大酒店有限公司	2013 年
232	湖北金悦兰庭餐饮管理有限公司	2013 年
233	宜昌润丰年农业开发有限公司	2013 年
234	宜昌同鑫玻璃有限公司	2013 年
235	宜昌市科力生实业有限公司	2013 年
236	宜昌苏宁电器有限公司	2013 年
237	宜昌万达广场投资有限公司万达皇冠假日酒店	2013 年
238	沃尔玛（湖北）商业零售有限公司宜昌九码头分店	2013 年
239	宜昌市恒昌标准件有限责任公司	2013 年
240	宜昌市民富出租车有限公司	2013 年
241	宜昌市鑫源纺织有限公司	2013 年
242	宜昌兴联包装有限公司	2013 年
243	宜昌金轮重工机械股份有限公司	2013 年
244	宜昌九州通医药有限公司	2013 年
245	宜昌飞瑞球体制造有限公司	2013 年
246	湖北华联印业有限公司	2013 年
247	凯普松电子科技（宜昌三峡）有限公司	2013 年
248	宜昌三盈乐器制造有限公司	2013 年
249	宜昌春江重汽发展有限责任公司	2013 年
250	亚元科技（宜昌）电子有限公司	2013 年
251	湖北宜化化工股份有限公司	2013 年
252	兴勤（宜昌）电子有限公司	2013 年
253	欧达宜昌机电设备制造有限公司	2013 年
254	宜昌金海彩印有限责任公司	2013 年
255	宜昌市康龙实业有限责任公司	2013 年
256	宜昌太平鸟服装制造有限公司	2013 年
257	宜昌颐和生态园酒店管理有限公司	2013 年
258	宜昌三峡制药有限公司	2013 年
259	湖北省烟草公司宜昌市公司	2013 年
260	湖北广盛建设集团有限责任公司	2013 年
261	宜都市鑫宜陶瓷有限公司	2014 年
262	中国电信股份有限公司宜都分公司	2014 年
263	宜都市西孚机械有限公司	2014 年
264	湖北启明生物工程有限公司	2014 年
265	宜都市三立路桥工程建设有限责任公司宜都大酒店	2014 年
266	宜都市恒运机电设备有限责任公司	2014 年
267	湖北宜都宜运机电工程有限公司	2014 年

续表

序号	受表彰企业	表彰时间
268	宜昌蓝本科技发展有限公司	2014 年
269	宜昌市天信光学仪器有限公司	2014 年
270	宜都市玉兔毛巾有限公司	2014 年
271	宜昌环星油脂化工有限责任公司	2014 年
272	宜昌圣品油脂有限公司	2014 年
273	宜昌宏果粮油有限责任公司	2014 年
274	枝江市大江纺织有限责任公司	2014 年
275	宜昌海通食品有限公司	2014 年
276	枝江市东江玻璃制品有限公司	2014 年
277	宜昌湘宜水产品有限公司	2014 年
278	枝江市三新农电有限公司	2014 年
279	宜昌市伊诺唯盛工业科技有限公司	2014 年
280	湖北今贝生物科技有限公司	2014 年
281	华润雪花啤酒（宜昌）有限公司	2014 年
282	湖北凯旋陶瓷有限公司	2014 年
283	湖北鑫来利陶瓷发展有限公司	2014 年
284	宜昌当玻硅矿有限责任公司	2014 年
285	湖北康泰建筑有限责任公司	2014 年
286	湖北康乐滋食品饮料有限公司	2014 年
287	当阳新阳化纤有限公司	2014 年
288	当阳市南正街集贸市场有限责任公司	2014 年
289	湖北玉泉寺农业发展股份有限公司	2014 年
290	湖北弘仪电子科技股份有限公司	2014 年
291	当阳市宇通机械制造有限责任公司	2014 年
292	湖北龙之泉农业发展股份有限公司	2014 年
293	湖北晶盛惠粮油股份有限公司	2014 年
294	宜昌中盈合成材料有限公司	2014 年
295	宜昌天润塑业有限公司	2014 年
296	湖北中塑管业有限公司	2014 年
297	当阳荣濠服装有限公司	2014 年
298	湖北吉星化工集团有限责任公司	2014 年
299	湖北森源生态科技股份有限公司	2014 年
300	宜昌人福药业有限责任公司远安公司	2014 年
301	宜昌远大实业集团有限公司	2014 年
302	宜昌西部化工有限公司	2014 年
303	兴山县兴发汽运有限公司	2014 年
304	兴山亮特精粉有限公司	2014 年

续表

序号	受表彰企业	表彰时间
305	湖北匡通电子股份有限公司	2014年
306	秭归吉盛织染有限公司	2014年
307	秭归康博食品有限责任公司	2014年
308	湖北天立置业有限公司	2014年
309	秭归县北山商贸有限责任公司	2014年
310	湖北泰和石化设备有限公司	2014年
311	长阳福利锰业有限责任公司	2014年
312	长阳清江鹏搏开发有限公司	2014年
313	湖北任森农业科技发展股份有限公司	2014年
314	长阳食锦园饮食文化发展有限公司	2014年
315	湖北利时实业有限公司	2014年
316	湖北红旗中益特种线缆有限责任公司	2014年
317	湖北五洋新型建材有限公司	2014年
318	宜昌弘洋集团有限公司	2014年
319	湖北秀水天香茶业有限公司	2014年
320	宜昌山里来食品有限责任公司	2014年
321	湖北三宁矿业有限公司	2014年
322	宜昌宏裕塑业有限责任公司	2014年
323	湖北银行股份有限公司宜昌晓溪塔支行	2014年
324	宜昌天源工贸有限公司	2014年
325	湖北三峡农村商业银行股份有限公司	2014年
326	湖北邓村绿茶集团有限公司	2014年
327	宜昌兴达市政工程有限公司	2014年
328	湖北蜂鸟科技股份有限公司	2014年
329	宜昌发中船务有限公司三斗坪分公司	2014年
330	宜昌栾师傅茶业有限公司	2014年
331	宜昌市天宇食品有限公司	2014年
332	湖北依思雅服饰有限公司	2014年
333	宜昌市综艺包装有限公司	2014年
334	中国建设银行股份有限公司宜昌夷陵支行	2014年
335	锦江麦德龙现购自运有限公司宜昌西陵商场	2014年
336	宜昌新世纪旅游客运有限公司	2014年
337	宜昌市西陵区宜家商务酒店	2014年
338	宜昌天美国际化妆品有限公司	2014年
339	宜昌市丽豪包装彩印有限公司	2014年
340	宜昌城乡商品混凝土有限公司	2014年
341	宜昌聚翁饮食服务有限责任公司	2014年

续表

序号	受表彰企业	表彰时间
342	宜昌晶海物流有限公司	2014 年
343	宜昌瑞英机电有限公司	2014 年
344	宜昌市创新电器技术有限责任公司	2014 年
345	湖北宇星置业发展有限公司	2014 年
346	宜昌慧龙科技开发有限公司	2014 年
347	宜昌新宜运机械有限公司	2014 年
348	宜昌新希望饲料有限公司	2014 年
349	宜昌贝因美食品科技有限公司	2014 年
350	湖北金三峡印务有限公司	2014 年
351	湖北宜昌交运集团股份有限公司	2014 年
352	宜昌市城市建设投资开发有限公司	2014 年
353	湖北中烟工业有限责任公司三峡卷烟厂	2014 年
354	湖北天利达科技有限公司	2015 年
355	宜都中起重工机械有限公司	2015 年
356	宜昌九鼎牧业有限公司	2015 年
357	宜都工贸家电商贸有限公司	2015 年
358	湖北瑞锶科技有限公司	2015 年
359	国网湖北省电力公司枝江市供电公司	2015 年
360	枝江市安宁汽车运输有限责任公司	2015 年
361	枝江市汽车运输公司	2015 年
362	宜昌市毕生纺织有限公司	2015 年
363	枝江玉恒纺织有限公司	2015 年
364	湖北华欣城市建设工程有限责任公司	2015 年
365	当阳市宏润建设工程有限公司	2015 年
366	湖北省当阳豪山建材有限公司	2015 年
367	湖北高能塑业有限公司	2015 年
368	当阳市鑫春福利皮件有限责任公司	2015 年
369	当阳市中阳建材有限公司	2015 年
370	湖北齐家陶瓷有限公司	2015 年
371	湖北安广陶瓷有限公司	2015 年
372	宜昌大自然生物科技有限公司	2015 年
373	湖北远野风食品有限公司	2015 年
374	兴山县耿家河煤炭有限公司	2015 年
375	北京石晶光电科技股份有限公司兴山分公司	2015 年
376	宜昌天基实业有限公司	2015 年
377	湖北星云特种玻璃加工有限公司	2015 年
378	秭归县天惠商贸有限责任公司	2015 年

续表

序号	受表彰企业	表彰时间
379	宜昌登城生化有限公司	2015 年
380	长阳群英物业管理有限公司	2015 年
381	湖北天池机械有限公司	2015 年
382	中国邮政储蓄银行股份有限公司五峰县支行	2015 年
383	湖北航天杜勒制药有限公司	2015 年
384	宜昌交运集团夷陵客运有限公司	2015 年
385	中国邮政储蓄银行股份有限公司宜昌市夷陵区支行	2015 年
386	宜昌楚旺农业机械有限公司	2015 年
387	宜昌弘盛达混凝土有限公司	2015 年
388	宜昌鸿泰磷化有限公司	2015 年
389	湖北邓村绿茶集团有限公司	2015 年
390	宜昌市葛洲坝新创防腐工程有限公司	2015 年
391	宜昌均瑶国际广场有限公司酒店分公司	2015 年
392	宜昌市东山开发区克隆模具制造厂	2015 年
393	宜昌市燕沙酒店管理有限公司	2015 年
394	宜昌市五环钻机具有限责任公司	2015 年
395	宜昌爱尔眼科医院	2015 年
396	宜昌南山园林有限公司	2015 年
397	宜昌力佳科技有限公司	2015 年
398	湖北太升包装有限公司	2015 年
399	宜昌南玻显示器件有限公司	2015 年
400	宜昌金东山商业管理有限公司	2015 年
401	宜昌市民富汽车销售租赁服务有限公司	2015 年
402	宜昌中燃城市燃气发展有限公司	2015 年
403	湖北盐业集团有限公司宜昌分公司	2015 年
404	宜昌市新锐智环境艺术策划有限公司	2015 年

第二节　民主参与

1989 年在全市推行租赁承包中，原市总工会会同市体改委、市经委、市政府办、市计委、市城环委联合颁发《认真贯彻<企业法>，加强承包租赁企业民主管理的暂行规定》。

1990 年 4 月，原市总工会参加市政府新一轮承包会、全市开放开发工作会。

1991 年 9 月，原市总工会参加市巾被总厂破产领导小组会议，研究破产方案。工会派专人参与破产全过程，负责职工安置分流的工作和企业工会财产、经费的处理问题。9 月 18 日，市巾被总厂宣布破产，其间破产工作一直按计划顺利进行。12 月，市总工会参加了市委书记罗清泉主持在旭棉召开的市巾被总厂破产工作小结会，进一步落实职工安置问题。随后市总工会先后参加市电子管厂、市鄂西织布厂、市印染厂、市八一钢厂等企业的破产工作。

1992–1994 年，市工会参与劳动合同制管理办法，国有民营试行方案等的讨论。

1995–2002 年，全市各级工会参与现代企业制度试点，市总工会领导分别参与市区部分现代企业制度试点领导班子考察和现代企业制度建立的论证会议。各委局系统一级工会的负责人都参加了本系统的改制领导小组，参与制定试点方案，听取职工意见，协助和监督改革、改制工作的规范。2000 年 9 月，市总工会参与 36 家市直企业下放到城区的工作，保证了下放企业工会隶属关系改变后正常运转。1995 年以来，市委、市政府批转市总工会提出的《关于建立社会主义市场经济体制中进一步落实全心全意依靠工人阶级根本指导方针若干问题的意见》《关于推行厂务公开民主管理制度的意见》《关于全心全意依靠职工办企业的实施意见》等 20 个文件，为企业改制、改革中的工会工作、企业民主管理等工作提供了改革依据。

2002 年以来，市总工会通过政策参与构建维权机制，为困难职工争取到减免基本医疗费用和困难企业进医保等优惠政策，加大再就业政策落实和灵活就业人员就业力度，降低“低保”门槛。市委、市政府先后颁布了《下岗职工再就业工程实施办法》《缓解特困职工生活问题实施方案的通知》等 22 个文件。

2007–2012 年，市委召开 3 次常委会，听取市总工会党组的汇报、建议和要求；市政府与市总工会召开 6 次联席会议，研究创建和谐企业等问题。市委出台《关于加强非公有制企业工会工作的意见》《关于加强和改进工会工作的意见》两个文件。市政府出台了《关于深入推进企业工资集体协商工作的意见》。这些文件的内容充分吸收和反映了工会代表职工的愿望和要求。

2013–2015 年，市委常委会、市政府联席会研究讨论市总工会提出的开展经济技术创新劳动竞赛、加强行业工会建设、加快推进平湖疗养院建设项目等事项，市委、市政府和相关部门都充分吸收工会的意见。

2016 年，创新工作手段，用“互联网+”助力民主管理工作。制发了《“互联网+”民主管理工作的实施意见》，通过“互联网+”民主管理、集体协商，架起职工与企业经营者沟通的连心桥。在中央提出去产能、去库存、去杠杆、降成本、补短板五大任务后，全市涉及的煤炭产能过剩企业有 78 家，职工 1 万余人。宜昌焦化煤气公司因负债累累，资不抵债，关停清算，涉及安置职工 500 多人。市总工会、宜昌高新区总工会和企业工会全程参与，主动作为，积极疏导职工情绪，正面回应职工诉求，指导公司召开职代会，顺利通过职工安置方案，职工得到妥善安置。职代会后，无一职工为此到相关部门上访。市总工会参与处理全过程而形成的《宜昌焦化煤气公司关停后的工会担当》调研报告在市委《参阅件》第 13 期刊发。市总工会还主动参与宜昌第一针织厂和夷鹏工贸公司的企业改制、职工安置工作。

第三节　职工代表大会

1991 年，市区已建工会组织的 367 个企事业单位，有 268 个建立职工代表大会制度。为使工会干部、职工代表切实掌握民主管理基本知识，提高参与能力，各级工会培训工会干部和职工代表 7994 人。

1992–1995 年，围绕企业转机建制，加强基层民主管理。在企业股份制改革中，坚持职代会和股东大会两会并存，发挥两个大会的作用，确立职工主体地位。全市有 182 家股份制企业坚持了职代会制度。

1995 年 8 月，市总工会建立民主管理部，配备部长 1 人，副部长 1 人。

1995–2000 年，全市国有、集体和公有产权占主导地位的企业，95%以上坚持了以职代会为基本形式的民主管理制度，到 1997 年底，全市国有企业已建立职工代表大会制度的 755 家，集体企业已建制 308 家。1995 年 11 月，市冶金工业公司工会主任孙玉昌获得“全国优秀民主管理工作者”荣誉。

业务招待费向职代会报告制度，从 1996 年中纪委第五次全会提出后，同年 9 月，市纪委、市总工会等四家联合签发了《关于进一步搞好国有企业业务招待费使用情况向职代会报告的通知》，全市各企事业单位相继按文件要求建立相关的制度，严格规范了业务招待费和招待行为。到 1997 年底，有 418 家企事业单位实行了业务招待费向职代会报告制度，与此同时，有的单位还建立了职工社会保险基金缴纳情况向职代会报告制度，职工的知情权、监督权进一步落实。

2001 年，全市 90%的国有、集体及其控股企业和 80%的事业机关单位坚持和发展了职代会制度，部分非公有制企业也建立了职代会制度。全市 573 家国有、集体及其控股企业，有 515 家推行了这一制度，占总数的 86.8%。

2002 年，市总工会积极推动职代会建制工作从国有企业向事业单位、非公有制经济组织扩展；职代会的审议内容从涉及职工生活福利事项向企业改革发展的重大决策、经营管理的各个环节、党风廉政建设的各个方面延伸；职代会的会议形式从年度届次会议向闭会期间的职代会常委会、代表团长联席会、民主议事会等多种形式拓展，全面推进了全市企事业单位的职代会制度建设。市属国有、集体及其控股企业职代会建制面达 100%，90%的科教文卫及企业化管理的事业单位，30%具有一定规模的非公有制企业均建立了职代会制度。

2003 年，全市已有 1863 家企事业单位建立职代会制度，其中国有、集体及其控股企业 256 家，建制率为 100%；科教文卫及企业化管理的事业单位 938 家，建制率为 98.9%；具有一定规模（50 人以上）的非公有制企业 669 家，建制率为 72%。区域性、行业性职代会建设取得典型经验，并逐步推广。

2004 年，市直各级工会组织在国有企业推行以“三转”为主要内容的改革改制中，充分发挥职代会在企业改革改制中的作用，坚持改制方案提交职代会审议、职工安置方案提交职代会审议通过，并促请政府有关部门和企业落实职工分流安置和社会保障的各项政策，较好地维护了企业改制中职工的合法权益。

到 2005 年底，100%的国有及其控股企业、科教文卫等事业单位建立了职代会制度，一定规模非公有制企业普遍建立了与本企业实际相适应的民主管理制度。

2006 年，全面启动职工代表三年培训计划。市总工会下发了《关于印发宜昌市职工代表培训工作计划的通知》（宜工办[2006]15 号）、《关于职工代表培训任务安排的通知》，对各县市区及市直各单位的职工代表培训作了具体的要求，并对全市的职工代表人数进行了统计。全市职工代表 16300 人，已培训职工代表 6740 人，占计划的 41.35%。上半年举办骨干培训班，共培训骨干 110 名，为全面开展职工代表培训提供了师资力量，带动了基层工会组织培训工作的全面展开。市及各县市区在县以下小型非公有制企业集中的乡镇（街道）、村（社区）、开发区、科技园区、工业园区等，建立了 14 家工会联合会职代会、区域性（行业性）职代会制度和职代会规范化建设试点，取得初步成效。

2006 年 3 月，省总工会发文要求建立职工代表大会报告制度，市总工会以宜工办[2006]22 号文对各基层工会提出要求。全市国有、集体及其控股企业均建立了职工代表大会制度，98%的事业单位建立了职工代表大会制度。50 人以上的非公有制企业 659 家，有 570 家建立职工代表大会制度，占 86.5%。

2008 年，全面完成职工代表培训三年计划。全市国有、集体及其控股企业建制率达 99%，200 人以上非公有制企业建制率超出省总下达任务的 35 个百分点。在长阳召开了推进区域性职代会工作座谈会，积极探索区域（行业）性职代会新形式，总结推介了一批区域（行业）性职代会工作经验，进一步明确和规范了区域性职代会的运作程序、职权内容。

2009 年，着力把厂务公开民主管理工作与深入开展“共同约定行动”和创建劳动关系和谐企业结合起来，督促企业积极承担社会责任，做到不裁员、不减薪，少裁员、少减薪。在全市开展的劳动关系和谐企业评选活动中，将“厂务公开制度健全”作为评选标准之一纳入其中。最后评选出 60 家“宜昌市劳动关系和谐企业”，并由受表彰的企业向全市所有企业发出“促发展、保增长、保就业、保稳定共同约定行动”倡议，带动全市 1190 家企业与职工签订了“共同约定行动”协议。

2010 年，外资企业奥美召开了第一届枝江地区职工（会员）代表大会，161 名职工代表积极为公司的发展建言献策，企业法人从广州总部专程赶到枝江参加会议，并认真听取职工的建议，使职工受鼓舞，生产积极性得到提高，上半年公司效益大幅度提升。

2011 年，根据湖北省厂务公开联席会议《关于评选表彰全省职工代表大会工作先进单位的通知》（鄂厂开办【2011】8 号）要求，组织、考核、申报了 9 家“全省职工代表大会工作先进单位”。在规模小、人数少的中小企业较为集中的乡镇（街办），大力推行区域（行业）职代会制度，扩大工作覆盖面，全市已建立区域性职代会 274 个，覆盖企业 4625 家；建立行业性职代会制度 25 个，覆盖企业 890 家。全市国有、集体及其控股企业 144 家，建制率为 100%；200 人以上非公企业 134 家，建制率 94.4%。事业单位 1192 家，建制率为 91.4%，其中市属公用事业单位 103 家，建制率达 100%；外商投资企业 71 家，建制率为 81%。

2012 年，全市共有 11261 家企事业单位建立了职代会和厂务公开制度，其中，国有、集体及其控股企业 153 家，建制率为 100%；200 人以上非公企业 148 家，建制率 96.1%；200 人以下非公企业 9241 家，建制率为 84.8%；事业单位 1640 家，建制率为 92.1%；外商投资企业 79 家，建制率为 97%。市兴发集团、宜昌市第十一中学、宜昌市康鑫医药经销有限公司、宜昌市恒昌标准件有限责任公司、宜昌萧氏集团、枝江奥美医疗用品有限公司、当阳市第二高级中学、晟泰水电实业有限责任公司、赵姑垭煤炭有限责任公司等九家单位被省纪委、省委组织部、省委宣传部、省经信委、省国资委、省监察厅、省总工会和省工商联授予“湖北省职工代表大会工作先进单位”称号。

2013 年，制发《宜昌市总工会关于进一步规范职工代表大会审议内容的指导意见》，指导企事业单位召开职工代表大会或职工大会，落实“公开解难题”项目，广泛开展职工代表提案活动，落实“民主促发展”项目，切实保障职工的知情权、参与权、表达权和监督权。全市 876 家规模以上企业，占全市规模以上企业的 85.8%，开展了主题活动。

2014 年，全市共有 13992 家企事业单位建立了职代会制度，已建会非公企业职代会建制率达 91%。以职代会和职工提案工作为重点，贯彻落实《企业民主管理规定》《湖北省企业民主管理条例》。指导企事业单位召开职代会，并通过形式多样的民主渠道，落实“公开解难题”，指导企业进一步规范提案的征集、审核、成果奖励等，并向职工代表大会报告工作情况，落实“民主促发展”。截至目前，全市 927 家规模以上企业开展了主题活动，占全市规模以上企业的 86%。培育新增《职代会工作标准》达标单位 20 家；新增区域（行业）性职代会试点单位 30 家。

2015 年，针对部分单位对职工代表培训不重视的现状，由各地工会主导，强化职工代表集中培训。秭归县总工会、远安县总工会、伍家岗区总工会等举办了工会干部培训班，对基层工会干部、职工代表进行了民主管理专题培训。

2016 年，大力推动利用互联网手段，促进职代会制度发展完善工作。涌现了史丹利化肥每月开展总经理与职工的“心沟通”等典型，充分发挥互联网在职代会闭会期间民主管理工作中的作用，加强了职工与行政的沟通交流，激发了职工的工作热情。努力抓好职工代表培训工作，提升职工代表依法履职的能力与水平。认真贯彻落实全国厂务公开协调小组《2014—2018 年职工代表培训规划》和省厂务公开协调领导小组办公室《湖北省职工代表培训工作计划》要求，指导各级工会，安排部署职工代表培训工作，编制专项经费预算。全年各级工会共组织举办厂务公开民主管理工作专题培训活动 30 余场次，培训基层工会干部和职工代表 2000 余人。

第四节　民主评议

民主评议企业领导干部工作不断加强。进入 90 年代，民主评议、民主监督干部工作不断发展，尤其是 1995 年以来，在中央关于加强和改进国企党建和做好国企领导班子考核建设精神指引下，职代会民主评议、监督企业领导干部工作有了新进展。到 1997 年底，全市开展民主评议干部单位已达 717 家，占全市企事业单位的 59.7%。从 1998 年到 2000 年，市委组织部与市总工会连续三年对职代会民主评议企业领导干部工作专门进行部署并发出通知，有力地保证了这一项工作的推行。

2002 年，全市有 1510 家企事业单位实行了职代会民主评议领导人的工作。为突出民主评议干部的实效性，要求企业将评议结果向职工公开，经企业上级主管部门考核，对职工信任的优秀干部进行表彰、奖励，对职工不信任的干部给予批评、降职或免职。几年来，全市民主评议企业领导干部 8465 人次，其中受到表彰奖励、晋级、职的 2639 人次，免职 189 人。

2006 年，继续坚持职代会民主评议企业领导干部制度，并把评议结果作为国有及其控股企业领导干部任免的重要依据。市委明确规定：对群众意见大、民主测评中不胜任和基本胜任票累计超过 50% 的企业领导干部直接免职。近几年来，先后有 17 名企业领导干部被免职。

2011 年 2 月，组织市厂务公开联席会议成员单位负责人、各县市区厂务公开领导机构和总工会负责人、部省在宜企事业单位党委（组）和工会负责人、市直部分产业（行业）工会负责人 70 余人在宜昌分会场参加全省厂务公开民主管理工作电视电话会议。为进一步贯彻落实党的十七大精神和中央纪委十七届六次全会精神，加强全市国有企事业单位职工代表大会民主评议领导干部工作，制定了《关于进一步加强宜昌市企事业单位职工代表大会民主评议领导干部工作的意见》，明确评议的对象和内容，严格规范操作程序，切实加强对职代会民主评议企业领导人员工作的组织领导，并把厂务公开纳入党风廉政建设责任制的考核范畴，统一部署。

2013 年，进行“会员评家”活动，有效开展民主测评，将建立平等协商集体合同和职代会制度满意度作为民主测评的重要内容，把职工满意度测评作为一项民意监督。全市 90%的规模以上企业将“会员评家”活动与职代会制度满意度作为必测内容，职工听取职工代表述职，并对职工代表进行评议。

第五节　联席会议制度

政府和工会联席会议是政府与工会为促进改革发展稳定、构建和谐劳动关系、维护职工合法权益、协商解决共同关注的重大事项和问题而召开的专门会议。2002 年，省人民政府印发了《关于县级以上地方人民政府与本级总工会建立联席会议制度的若干规定》的通知。2002 年 12 月，市人民政府与市总工会召开第一次联席会议，并决定了联席会议制度，原则上每年举行 1–2 次，遇到重要问题，经过协商可临时举行。到 2003 年 7 月，13 个县市区全部建成了同级人民政府与总工会的联席会议制度。2002–2017 年，市政府与市总工会共举行 14 次联席会议。

2002 至 2004 年，通过三次联席会议的召开，逐步建立并规范了宜昌市政府和工会联席会议制度，并从落实全心全意依靠工人阶级方针、推进新时期产业工人队伍建设改革、推动社会主义协商民主、从源头构建和谐劳动关系、推进工会改革成果向基层延伸等方面取得成果。

2005 年 12 月 30 日，市人民政府与市总工会召开第四次联席会议。会议议定以下事项：

（一）关于提请市政府制定支持工会工作文件、修订宜昌市劳动模范管理办法。

（二）关于工会困难职工帮扶中心经费补助问题。从 2006 年起，市政府每年财政拨款由 5 万元增加到 10 万元，做到专款专用。

（三）关于贯彻实施国务院《劳动保障监察条例》问题。市政府及有关部门要加强综合协调，健全工作制度，充实监察力量，加大执法检查力度，在严格查处侵害职工劳动权益典型案件的同时，指导、监督企业创造符合国家规定的劳动安全卫生条件，规范用工行为。

（四）关于国有企业改革中维护职工合法权益问题。严格执行有关国有企业改革的各项政策法规，对于企业改制，不能限时间、抢进度，认真做到改制方案、职工安置方案不经法定程序不实施，职工安置资金筹措不到位不实施。注重理顺职工思想情绪，避免不稳定因素。认真处理已改制企业职工权益方面的遗留问题，坚持做到职工债权应清尽清，应偿尽偿。

（五）市工人文化宫主体工程建设请求市政府补助 100 万元问题待政府研究。

2007 年 9 月 25 日，市人民政府与市总工会召开第五次联席会议。会议议定以下事项：

（一）市总工会困难职工帮扶中心帮扶资金问题。2007，市政府给予 10 万元财政拨款；2008 年至 2010 年，实行连年翻番，即 2008 年拨 20 万，2009 年拨 40 万元，2010 年拨 80 万元，做到专款专用。

（二）关于产业（行业）工会的调整和设置问题。

（三）关于修改并出台《宜昌市劳动模范管理管理办法》的问题。

（四）关于表彰劳动关系和谐企业的问题。

2008 年 12 月 30 日，市人民政府与市总工会召开第六次联席会议。会议议定以下事项：

（一）关于成立市职工经济技术创新劳动竞赛委员会的问题。会议同意成立市职工经济技术创新劳动竞赛委员会，主任由联系工会工作的市政府领导担任，成员由相关部门人员组成，委员会下设办公室，办公室设在市总工会。

（二）关于将劳动安全卫生专项集体合同签订、履行情况纳入市政府安全责任目标考核内容的问题。

（三）关于进一步加大工会帮扶资金支持力度的问题。会议原则同意结合全市实际情况，根据中央财政划拨的工会专项帮扶资金额度，按照相应比例逐年配套。

（四）关于成立宜昌市企业联合会的问题。

2009 年 12 月 8 日，市人民政府与市总工会召开第七次联席会议。会议议定以下事项：

（一）会议同意成立宜昌市改善农民工居住条件工作协调领导小组，将改善农民工住房条件纳入城市住房保障体系中统筹研究解决。

（二）会议原则同意适当增加市总工会困难职工帮扶中心专项资金。

（三）会议原则同意 2010 年“五一”国际劳动节前夕召开宜昌市劳动模范表彰大会。

（四）会议原则同意在市总工会机关内设市直企业工会管理机构，负责管理党组织关系在市国资委的企业工会，进一步理顺工会组织体系，加强企业工会工作。

2010 年 12 月 24 日，市政府与市总工会召开第八次联席会议。会议议定以下事项：

（一）会议同意成立宜昌市和谐企业创建工作领导小组，从“十二五”开始，在全市全面深入开展和谐企业创建活动，用 5 年时间使 60%的规模企业进入和谐企业行列，50 家企业成为“十佳”和谐企业。由市总工会承担领导小组办公室工作。

（二）会议原则同意将市级困难劳模帮扶经费纳入市财政预算管理，同意每年安排 25 万元经费，用于市困难劳模生活和重大灾难救助，以及劳模的宣传、选树等工作。

（三）会议原则同意在符合政策的条件下把工人文化宫等直属事业单位纳入公共和公益性文化建设体系，在财政上给予支持，税收政策上给予优惠，全力支持工会事业发展。

2011 年 12 月 13 日，市人民政府与市总工会召开第九次联席会议，会议议定以下事项：

（一）会议原则同意在宜昌高新区各个园区预留职工文化活动基地建设用地。由市规划局研究提出具体方案，报市政府批准后纳入城市总体规划。

（二）会议同意从 2012 年起，设立宜昌市“五一劳动奖状”、“五一劳动奖章”奖项，每年“五一”期间评选表彰 5 名“五一劳动奖状”获得者、20 名“五一劳动奖章”获得者。

（三）会议同意由市总工会牵头，会同市人力资源社会保障局、市科技局等相关部门，统筹组织全市各项劳动竞赛及技术创新成果评选，实现全市劳动竞赛活动“一个出口”，打造宜昌群众性劳动竞赛品牌。从 2012 年起，将劳动竞赛活动列为每年市政府与市总工会联席会议的固定议题。关于劳动竞赛活动奖励经费，由市财政局会同市总工会研究提出具体方案，报市政府审批后纳入财政预算。

（四）会议同意增加市总工会为宜昌市住房保障领导小组成员单位。

2012 年 12 月 10 日，市人民政府与市总工会召开第十次联席会议，会议议定以下事项：

（一）会议决定，要迅速解决平湖工人疗养院新院建设中的历史遗留问题。关于原土地转让合同中尚未办理土地使用权证的 3327.14 平方米土地的权属问题，由市旅游局牵头具体负责解决；关于两个货运码头的搬迁问题，由西陵区政府、市国土资源局等部门尽快研究，制定方案，限期解决。

（二）会议决定，支持市总工会参与社会管理创新工作。

（三）会议强调，进一步加强开发区、工业园区工会工作，同意支持在宜昌高新区成立总工会，市编办要协助市总工会，按照有关程序做好推进工作。

（四）会议同意市总工会关于评选表彰 2013 年宜昌市“劳动模范”和宜昌市第二届“和谐企业”的工作建议。

（五）会议同意由市总工会牵头，会同相关部门，深入调研、系统策划、高位谋划 2013 年群众性劳动竞赛。同意在 2013 年举办全市行政服务效能大赛、网格管理大赛、建筑业大赛、保障性安居工程建设大赛、出租车优质服务大赛。

2014 年 1 月 9 日，市长马旭明主持召开市人民政府与市总工会第十一次联席会议，会议议定以下事项：

（一）按程序尽快修订《宜昌市劳动模范管理办法》。由市总工会会同市财政局制定《宜昌市劳动模范待遇执行办法》。

（二）原则同意 2014 年在全市开展以“建功黄金期，展现新作为”为主题的五大劳动竞赛活动。同意将 2014 年全市劳动竞赛活动奖励经费调整为 20 万元，并纳入财政预算。

（三）原则同意将原市机电技校土地及建筑物在评估价基础上适当优惠，以 2500 万元价格转让给市总工会，用于建设职工和工会干部教育培训学校。市财政局与市总工会在 2014 年上半年完成产权交割。市发改、国土、房管、规划、城管、人社、税务等部门要在立项、税费减免、房屋维修、培训项目安排及培训经费等方面给予大力支持。

（四）加快推进平湖工人疗养院新院建设。

（五）原则同意市总工会所属事业单位分类改革方案。

2015 年 1 月 5 日，市长马旭明主持召开市人民政府与市总工会第十二次联席会议，会议议定以下事项：

（一）给予全市 100 家市级“职工（劳模）创新工作室”创建经费补助。2015 年 60 万元，2016 年、2017 年分别 20 万元，纳入财政预算。

（二）原则同意 2015 年在全市广泛组织开展职工经济技术创新劳动竞赛，同意将劳动竞赛活动奖励经费调整为 50 万元，并纳入财政预算。

三、原则同意由市房管局牵头成立市房地产行业工会

四、加快推进平湖工人疗养院新院建设。平湖工人疗养院原土地转让合同中尚未办理土地使用权证的土地权属问题由三峡旅游新区管委会、市国土资源局解决；新院建设所涉两个货运码头搬迁问题由西

陵区政府、市国土资源局等部门解决，以上问题限期6月30日以前彻底解决。新院建设由三峡旅游新区管委会牵头，将其作为平湖半岛的招商引资项目大力推进，市规划局协助市总工会做好新院建设的规划设计等工作，西陵区政府、旅游新区把这个项目作为标志性、示范性项目加快进度，尽快使项目落地。市政府督查室负责督办，并定期通报。

2016年1月5日，市长马旭明主持召开市人民政府与市总工会第十三次联席会议，会议议定以下事项：

（一）同意成立市协调劳动关系三方委员会。按照《中共中央国务院关于构建和谐劳动关系的意见》要求，成立市协调劳动关系三方委员会，委员会主任由分管人社工作的副市长担任，办公室设在市人社局，由市人社局按相关程序报批。

（二）关于和谐企业创建活动问题。

（三）同意在“五一”前夕表彰2013—2015年宜昌市劳动模范100名。

（四）同意对工会职工学校建设相关费用予以减免、优惠。工会职工学校建设过程中的相关手续各部门在2016年1月31日之前配合市总工会完成。

（五）同意对工会就业再就业培训给予一定的资金支持。同意2016年给予工会就业再就业培训经费50万元，由市财政局统筹安排。

（六）加快推进平湖工人疗养院新院建设。平湖工人疗养院原土地转让合同中尚未办理土地使用权证的土地权属问题由三峡旅游新区管委会会同市国土资源局解决；新院建设所涉及两个货运码头搬迁问题由西陵区政府会同市国土资源局等部门和单位解决，涉及征收拆迁、补偿资金、土地挂牌等问题按工作职责和有关政策程序办理。以上问题限期在2016年6月30日以前落实到位，确保具备开工建设条件。市政府督查室要定期督办，对工作不力、进度滞后的单位和个人予以通报。

2017年3月22日，市长马旭明主持召开市人民政府与市总工会第十四次联席会议，会议议定以下事项：

（一）关于进一步关注城镇困难职工群体生产生活问题。

（二）关于深化导游行业劳动报酬集体协商“宜昌样本”问题。市总工会、市旅游委、市人社局等部门要进一步深化导游行业劳动报酬集体协商工作，抓好导游行业劳动报酬集体协商“宜昌样本”的“生根开花”，推动形成长效工作机制。

（三）关于开展宜昌市和谐企业创建工作问题。由市政府按程序研究出台《关于进一步深化和谐劳动关系企业创建工作的意见》，在2017年—2022年继续开展宜昌市和谐企业创建工作，每两年评选一次，使95%的中小微等各类企业参与创建，60%的企业进入和谐企业行列，选树、培育、评选30家“十佳和谐企业”，每届10家。对评为宜昌市“十佳和谐企业”的每家企业奖励10万元，列入市财政预算。

（四）关于加快推进平湖工人疗养院新院建设问题。平湖工人疗养院新院建设对于三峡旅游新区的建设发展至关重要，所涉两个货运码头的搬迁问题由副市长卢军牵头负责，西陵区政府、市国土资源局依法依规限期解决。

第六节　厂务公开

在1999年2月市委常委会和4月市委工会工作会上，市委强调实行厂务公开的目的，意义，启动推行厂务公开工作。3月，市委成立了厂务公开领导小组及办公室。此后各县市区及城区产业局相继成立了厂务公开领导小组。同年4月，市纪委、市委组织部、市经贸委、市总工会联合下发了《关于推行厂务公开、实行民主管理的意见》，组织专班对宜昌化纤厂开展厂务公开的情况进行调查总结，市厂务公开领导小组于5月11日在宜昌化纤厂召开了全市推行厂务公开试点现场会。会上提出全市厂务公开“三步走”的工作思路，确定了市直25个试点单位。随后，各县市区和有关战线也都结合实际，开展试点工作。到1999年底，全市厂务公开首批试点单位共73个，涉及职工3.3万人，面上开展厂务公开的企业443个，涉及职工8.32万人。

2000年4月，市委副书记周水舟在全省厂务公开会议上介绍宜昌推行厂务公开的经验。5月，市委、市政府联合发文召开了全市厂务公开工作会议，当阳市等11个单位在会上介绍了经验。6月，市委、市政府将2000年推行厂务公开制度纳入党风廉政建设专项治理工作目标任务，与市总工会签订了全市推行厂务公开责任书。到2000年底全市有566家国有、集体及其控股企业实行厂务公开制度，占应实行总数的90%以上。503家科研、文教、卫生等事业单位院（校）务公开积极推行，占86.6%。在国有及其控股企业制定厂务公开的实施方案中，有514家单位都经过了职代会审议。有27个县、市、区、委局、388个国有及其控股企业先后转发或制定了《厂务公开验收办法》。

2002年6月，中央办公厅、国务院办公厅《关于在国有企业、集体企业及其控股企业深入实行厂务公开制度的通知》（中办发[2002]13号）下发后，市委常委会进行了认真研究，市委办公室、市政府办公室及时下发了《关于认真贯彻落实中办发[2002]13号文件的通知》（宜办发电[2002]13号）。

2003年宜昌市进一步强化和落实职代会的各项职权，被评为“全国厂务公开先进单位”。有1943家企事业单位实行厂务公开制度，其中国有、集体及其控股企业推行面达100%，具有一定规模的非公有制企业厂务公开推行面达75%。

2004年，坚持以“三制四书”进一步规范厂务公开的内容、形式、程序，保证厂务公开的实效。坚持运用ISO9000原理，建立厂务公开控制程序。参照武汉江岸车辆段运用ISO9000原理，编制和推行厂务公开控制程序的经验，制订了符合本单位实际的厂务公开控制程序，把厂务公开融入企业管理的体制、机制和制度中。

2005年，市总工会在通过ISO9000质量体系认证的单位中，选择了28家企业进行厂务公开控制程序试点扩面工作并初见成效。通过借鉴外地经验，结合宜昌实际，制定并推广了“三制两表一书”制度（《关于实行厂务公开责任制的意见》《关于实施厂务公开责任考核的暂行办法》《关于在厂务公开工作中实行责任追究的暂行办法》《厂务公开工作记录表》《厂务公开工作职工评价表》《厂务公开工作整改通知书》），在实现厂务公开制度化、规范化、程序化方面又有了新的拓展。

2006年，大力推行《厂务公开民主管理质量控制程序》。省总工会要求宜昌年内建立实施厂务公开民主管理控制程序的企事业单位达到60家（含去年已建立的28家），截至12月31日，宜昌市已有62家企事业单位推行了厂务公开民主管理控制程序，占计划的103.3%。全市已有1943家企事业单位实行了厂务公开制度，其中国有、集体及控股企业136家全部实行了厂务公开制度，推行面达100%，928家科教文卫事业单位实行了厂务（院、校务）公开制度，占应公开的98.99%，非公有制企业（50人以上）推行面达到75%以上，有力地促进了全市的改革发展和稳定。8月中旬全国厂务公开工作检查组来宜，对焦化煤气公司的厂务公开工作进行了检查，肯定了宜昌市的厂务公开工作。

2007年，市焦化煤气公司荣获“全国厂务公开民主管理先进单位”荣誉称号。全市先后有19个单位、13名个人荣获省厂务公开民主管理先进单位和个人。到年底，全市已有2820家企事业单位建立了厂务公开制度，其中国有、集体及其控股企业191家全部实行了厂务公开制度。推行面达100%；1090家科教文卫事业单位实行了厂务（院、校务）公开制度，占应公开的95.9%；非公有制企业（200人以上）推行面达到85.2%以上。

2009年，宜昌市总工会等4个单位被省厂务公开领导小组授予“全省职工代表培训先进单位”，宜昌市总工会荣获“全省厂务公开民主管理知识答题活动一等奖”。

2011 年，根据省厂务公开领导小组办公室《关于开展厂务公开民主管理征文活动》要求，组织上报了 12 篇参评的征文。

2012 年，根据全国厂务公开协调小组办公室《关于大力开展厂务公开、职工代表大会建制专项行动的通知》和《关于开展创建厂务公开民主管理示范单位活动的通知》的精神要求，制定、下发了《宜昌市厂务公开民主管理示范点建设标准及百分制考评细则》（宜厂开办[2012]3 号），对厂务公开民主管理工作的四个方面九项工作内容进行了细化，进一步明确了考核对象、考核时间、考核内容、奖励办法，并提出具体要求，使基层开展此项工作有章可循，有规可依，使建制专项行动更加具有可操作性。根据全国厂务公开协调领导小组《关于广泛开展"公开解难题、民主促发展"主题活动的通知》制定《宜昌市深入开展"公开解难题、民主促发展"主题活动的实施方案》。为深入贯彻全国、全省深化创新厂务公开民主管理工作会议精神，代市委市政府办公室起草制定《关于进一步深化创新厂务公开民主管理工作的意见》。全市共有 3266 家企事业单位建立厂务公开制度。其中，国有、集体及其控股企业 146 家，建制率为 100%；200 人以上非公企业 125 家，建制率 94.4%；100 人以上非公企业 278 家，建制率 94%；100 人以下非公企业 2126 家，建制率 79.4%；事业单位 1156 家，建制率 91.1%。市总工会被评为"全国推动厂务公开民主管理先进单位"。

2013 年，结合全市实际制发《关于 2013 年厂务公开民主管理工作的意见》和《关于进一步深入开展"公开解难题、民主促发展"主题活动的实施方案》，以开展"公开解难题、民主促发展"主题活动为全年重点，按宣传发动、集中实施、总结推广等三个阶段进行。各县市区指导本地 80%以上的规模企业开展这一主题活动，培育了一批示范典型。凌云集团、宜都职教中心、枝江奥美、稻花香集团、三峡新材、华强化工、宜都职教中心、中孚化工集团、柳树沟矿业集团等企事业单位的经验被全国厂务公开民主管理网宣传推介。

2014 年，继续以"公开解难题、民主促发展"主题活动为突破口，全面推进全市厂务公开民主管理工作。按照"组织健全、制度完善、内容丰富、程序规范、形式多样、运行良好、成效显著"的总体要求，开展创建厂务公开民主管理示范单位活动，规范厂务公开和职代会运行。指导夷陵区召开了厂务公开民主管理工作推进会，对湖北柳树沟矿业集团、宜都市三立路桥公司等单位进行了实地考察调研，突出非公企业建制重点，扩大覆盖面。加强班组民主管理建设，对全市班组民主管理情况进行了摸底，推进协商民主纵深发展；围绕班组民主管理主题，与宣调室一起筹拍了"中国梦•劳动美"班组民主管理微电影参赛作品：《一微米的阳光》。按照省厂务公开协调领导小组办《关于开展 2014 年厂务公开民主管理调研互检工作的通知》要求，作为小组牵头单位，完成了对宜昌、荆门、恩施三市的厂务公开民主管理互检工作，并撰写了互检调研报告。组织各地参加全国厂务公开民主管理征文活动，选送征文 35 篇。新增建立《厂务公开民主管理控制程序》试点单位 25 家。推选申报了 5 家全省厂务公开民主管理示范单位、10 家全省厂务公开民主管理示范班组。

2015 年， 进一步规范厂务公开和职代会运行。6 月在秭归县召开厂务公开民主管理工作现场推进会议，总结了全市开展"公开解难题、民主促发展"主题活动以来涌现出的工作典型，全市各县市区总工会、乡镇（街道）、市直企业产业行业工会和部分规模企业工会的 100 余名参会代表现场观摩了秭归屈姑食品民主管理工作。选树湖北匡通电子股份有限公司、湖北中孚化工集团有限公司作为全省厂务公开民主管理示范单位。

2016 年，互联网技术手段在厂务公开工作中广泛应用，如宜昌市第二人民医院，首先将 PDCA 管理工具运用于院务公开工作，激发了职工的工作热情，医院社会公信度和满意度上升。

2017 年，按照《关于做好互联网+民主管理工作的实施意见》，引导各地辖区内有条件的企事业单位根据各自实际建立多层级、多形式的民主管理工作交流平台。在全市推广宜昌市中心人民医院、宜昌公交集团互联网+民主管理工作经验。深化厂务公开民主管理示范单位创建活动，对照《湖北省厂务公开民主管理示范单位评选标准》，继续将厂务公开民主管理示范单位创建工作实行项目化管理，指导各县市区年初选定拟培育示范单位进行培育。组织基层职工代表参加了全省民主管理工作培训班。市总工会开展厂务公开民主管理工作，获全国厂务公开协调领导小组表彰的“全国推动厂务公开民主管理先进单位”称号。

第七节　平等协商集体合同制度

《劳动法》规定：“企业职工一方可以就劳动报酬、工作时间、休息休假、劳动安全卫生、保险福利等事项，签订集体合同。集体合同草案应当提交职工代表大会或者全体职工讨论通过。”还规定：“集体合同由工会代表职工与企业签订；没有建立工会的企业，由职工推举的代表与企业签订。”工会代表职工与用人单位进行平等协商，签订集体合同，是《劳动法》赋予工会和职工的一项重要权利。推行这项工作，对于建立社会主义市场经济条件下稳定协调的劳动关系，维护职工的合法权益，规范劳动双方的行为，增进双方的合作，共谋企业的发展，具有十分重要的意义。

1994 年 12 月，劳动部颁布《集体合同规定》。1995 年上半年，全市有 8 家企业签订了集体（双保）合同。为进一步加大全市贯彻《劳动法》的力度，同年 8 月 8 日，市总工会、市劳动局召开深入贯彻实施《劳动法》座谈会。会后，两家联合签发了《关于企业集体协商签订集体合同试点的通知》，《通知》中确定了至喜集团、西陵服装厂、沙龙宴大酒店等 30 家不同类型的企业作为扩大试点单位。同时，市总工会、市劳动局、市经贸委、市企业家协会等联合转发了国家和省《关于逐步实行集体协商和集体合同制度的通知》。同年 10 月，湖北省总工会在仙桃召开推行集体合同经验交流会，市总工会在会上作了典型发言。11 月，市总工会、市劳动局以会代训推行集体合同制度，分别召开了区、委、局和县市分管工会工作的领导干部会议。为使这项工作具体落到实处，市总党组研究决定，建立市总民主管理部，抽调两人具体抓集体合同和全市职工民主管理工作。由此，全市贯彻《劳动法》，开展平等协商签订集体合同的工作由试点逐步走向全面推开。

1996 年，是集体合同全面深入推行的一年。5 月，市委办、市政府办转发了市总工会、市劳动局关于《宜昌市 1996 年推行平等协商和签订集体合同制度的工作实施意见》的文件，将任务层层分解到基层。市总工会将推行平等协商集体合同制度的工作列为工会重点工作，市总各部室建立了目标责任制，面向基层、指导服务。市总还先后召开两次经验交流会，20 多个系统、单位工会或行政介绍了开展该项工作的经验。同年，全市签订集体合同累计达 700 家。在抓集体合同进度的同时，各级工会还严把平等协商关，做到不流于形式。

1998 年 9 月统计，全市签订集体合同单位 1064 家。到 1999 年底，全市签订集体合同单位 1206 家，覆盖职工 200,498 人。

1999 年对 420 家签订集体合同企业的调查，有 341 家企业建立了集体合同履行情况向职代会报告制度。湖北开关厂行政严格遵守合同条款，做到了不欠职工的工资和五大保险。猴王集团按照合同变卖一块厂地补交了职工养老统筹 800 多万元。沙龙宴是全市私营企业中第一个签集体合同的企业，通过合同较好地维护职工的合法权益，和谐了劳动关系。

2000 年，市总工会与市劳动局联合下发《关于做好 2000 年推行平等协商和集体合同制度工作的通知》。全市有 1382 家企事业单位建立平等协商和集体合同制度，覆盖职工 20 多万人。

2001 年，市总工会、市劳动和社会保障局联合下发了《关于进一步推行平等协商和集体合同制度工作的意见》《关于规范集体合同档案管理工作的通知》，并在 25 家不同性质的企业进行了工资集体协商工作试点，其典型经验被逐步推广。

2001 年 9 月 19 日，全国总工会副主席张俊九来宜，对宜昌市积极推行建立平等协商和签订集体合同制度给予高度评价。全市已签订集体合同的国有、集体及其控股企业、外商投资企业、乡镇企业、私营企业等各类企业共 6087 家，覆盖职工 27 万余人，其中公有制企业建制率达 97%，外商投资企业达 68%，乡镇企业达 82%，私营企业达 54%。签订区域性、行业性集体合同 77 份，覆盖企业 2003 家。

2002 年以来，市总工会、市劳动和社会保障局每年制定下发工作文件，对集体合同、工资专项协议的签订、履行情况每年开展一次检查，不断提高企业的签订率和履约率，确保集体合同的严肃性和权威性。2002 年，全市国有、集体及其控股企业集体合同建制率达到 98%，职工覆盖面达 95%；新建企业的建制率达 80%，各类改制企业集体合同建制率达 100%，县市区区域性集体合同覆盖企业数达到 55%。

市总工会在推行平等协商、集体合同制度工作中，突出了工资集体协商这一工作重点。2002 年，全市国有、集体及其控股企业开展工资集体协商面达 80%，具有一定规模的非公有制企业开展工资集体协商面达 60%，200 多家国有及其控股企业已全部实行了经营者年薪制。市总工会在省总工会九届八次常委（扩大）会议上介绍了开展工资集体协商工作的经验。

2003 年，宜昌市各级工会按照劳动和社会保障部颁发的《工资集体协商试行办法》《湖北省集体合同条例》的有关规定，推行集体合同和工资集体协商制度。截至年底，全市国有、集体及其控股企业集体合同建制率、续签率均达到 100%，履约率达 90%；各类改制企业集体合同建制率达 90%；非公有制企业建制率达 90%。80%的国有、集体及其控股企业和 60%具有一定规模的非公有制企业开展工资集体协商工作。

2005 年 5 月 26 日，市总工会与市劳动和社会保障局、市国资委、工商联，召开了宜昌市劳动关系三方协商会议，会议通过了《关于进一步推行劳动合同平等协商集体合同制度的通知》《宜昌市创建“劳动关系和谐企业”活动方案》。

2006 年、2008 年、2009 年、2010 年，以劳动关系三方名义先后下发了《关于进一步做好平等协商集体合同工作的通知》《关于开展工资集体协商要约行动活动月的通知》《关于贯彻落实〈全面推进小企业劳动合同制度实施专项行动计划〉的意见》。

2006 年，市总工会与劳动和社会保障局等 5 家单位联合下发《关于进一步做好平等协商集体合同工资集体协商工作的通知》，全市 1448 家企事业单位建立平等协商集体合同制度，1100 家企事业单位建立工资集体协商制度。

2007–2009 年，市总工会与市劳动保障部门每年都进行一次联合执法检查。2007 年、2008 年，市总工会与市劳动部门联合进行了两次集体合同、工资集体协议的履行情况专项检查。2009 年，劳动关系三方联合对参加评选“宜昌市劳动关系和谐企业”的单位进行了重点检查，将未开展工资集体协商作为一票否决条件纳入其中，促进了工资集体协商工作的开展。

图 6-11　2012 年 3 月 14 日，沙龙宴餐饮有限责任公司董事长张光美（右一）与工会主席余秀碧分别代表企业和职工签订 2012 年度工资集体协商合同

2007 年底，全市已签集体合同的单位有 2545 家，占应签单位数的 79.4%，签订集体合同 2292 份。通过协商指导，使一批企业进

一步规范了工资增长机制。湖北三峡新型建材股份有限公司在 2007 年 1 月召开职代会前，工会与行政反复协商，将全员工资上浮 10%。12 月，职工以物价上涨过快为由要求工资增幅不少于 30%，企业表示无法承受。经过三轮协商，双方终于同意在 2007 年的基础上再上浮 15%，并签订了《工资集体协议》。2010 年 3 月初，双方就当年工资增长幅度进行了二轮协商，最终达成了 15%的协议。台资企业亚元科技公司对开展工资集体协商抵触情绪较大，经过市总工会、猇亭区总工会与市劳动和社会保障局反复做工作，按照建立工资正常增长机制的要求，并接受指导服务，通过开展工资集体协商，职工工资由每小时 3.16 元调整至 4.74 元。

2008 年，全市新增签订规范性集体合同企业 920 家，新增区域（行业）性集体合同单位 95 家，新增工资集体协商专项集体合同的企业 525 家；签订女职工权益保护专项集体合同 2455 份，覆盖企业 3110 家。

2009 年，大力推动工会与企业行政和职工签订“共同约定行动”集体合同，全市有 1090 家企业先后与工会、职工签订了 “共同约定行动”协议书，承诺“不裁员、不降薪”，覆盖职工 12.4 万余名。全市签订工资集体协商专项集体合同的企业达到 2829 家，覆盖职工 27.24 万人，占已建工会企业的 65%，覆盖职工总数的 80.2%。开展“工资集体协商要约行动月”活动，与市劳动部门联合下发了《关于开展工资集体协商工作检查的通知》（宜劳社发〔2009〕120 号），重点对市直企业开展工资集体协商工作进行检查。

2010 年，市政府就推进企业工资集体协商工作进行专题调研，并结合全市实际，出台了《关于深入推进企业工资集体协商工作的意见》（以下简称《意见》），将工资集体协商建制率和职工工资增长率纳入了各级政府的考核指标。市总工会按照《意见》内容，积极引导企业和工会开展“要约行动”；采取向外聘请、对内培训等方式，逐步形成专兼职相结合的工资集体协商指导员队伍；探索建立上级工会“代理发出要约、代理协商、代理签订集体协议”的工资集体协商代理制度。

2010 年 6 月 24 日，全国工会工资集体协商工作现场经验交流会在辽宁营口召开。市总工会党组书记、常务副主席罗志勇作为湖北省唯一代表作了题为《深入开展工资集体协商，切实维护职工经济权益》的经验介绍。

2010 年 9 月 3 日上午，宜昌市委副书记、市长李乐成主持召开市政府第 57 次常务会议，会议决定市政府出台《关于深入推进企业工资集体协商工作的意见》为全市推进工资集体协商提供政策保障。

2010 年 9 月，市总工会与市人力资源和社会保障局联合举办一期工资集体协商指导员培训班，对市直及城区 100 人以上企业的人力资源和工会干部共 137 人进行了培训，各县市区也分别举办培训班。近三年来，共培训协商代表 1800 多人，为全市全面开展工资集体协商打下了坚实基础。截至 2010 年末，全市新签订工资集体协商协议 220 份，开展平等协商、签订集体合同的企业达 2985 家，签订工资集体协议的企业达 2785 家。全市 107 个乡镇（街道）中已有（86）92 个乡镇（街道）建立了区域性职代会制度，共签订区域性集体合同 224 份，行业性集体合同 46 份，覆盖企业 1192 家，涵盖职工 12.7 万人，职工收入年均增长 11%。全市无一家非公企业因工资问题发生群体性劳动争议。宜昌开展工资集体协商的做法在《工人日报》头版刊发，市总工会在全国工会工资集体协商工作现场经验交流会上介绍

图 6-12　2010 年 6 月 24 日，市总工会常务副主席罗志勇在全国工会工资集体协商工作现场经验交流会上发言

了经验，猇亭区总工会探索推行的“上代下”工资集体协商工作取得明显成效，其做法在省总工会《内部参阅》（2010 年第 15 期）刊发。

2011 年，市总工会按照市政府《关于深入推进企业工资集体协商工作的意见》，引导企业和工会开展“要约行动”，实施“上代下”制度，聘请工资集体协商指导员 91 名，直接参与工资集体协商工作。全市签订集体合同 2669 份，覆盖企业 9208 家、惠及职工 33 万多人，签订工资专项集体合同 2375 份，覆盖企业 8707 家，覆盖职工 31 万多人，占已建工会企业的 80%，超额完成省总下达的目标任务。

2012 年，认真开展工资集体协商“百日行动”，不断深化“上代下”工资集体协商工作，重点推动规模以上企业签订集体合同及工资集体协商专项合同、联合签订区域性工资专项集体合同，提高了集体合同签订率和覆盖面。全市签订集体合同 3360 份，其中，综合集体合同覆盖企业 11,764 家，完成省总下达目标任务的 129.57%，占已建会企业的 86.25%；签订工资专项集体合同 3118 份，覆盖企业 11,153 家，完成省总下达目标任务的 131.03%，占已建会企业的 81.77%。

2013 年，全市依法全面推进工资集体协商工作，全市签订综合集体合同 3360 份，覆盖企业 11764 家；签订工资专项集体合同 3118 份，覆盖企业 11153 家，惠及职工 40 万人，占已建会企业的 85.9%，市总工会在全国工资集体协商工作会上介绍了经验。

2014 年，依法全面推进工资集体协商工作，全市签订综合集体合同、工资专项集体合同 3101 份、2890 份，分别占已建会企业的 89.2%、86.6%。市总工会被中华全国总工会通报表扬为贯彻落实工资集体协商三年规划先进集体（总工发〔2014〕26 号）、被省总工会表彰为工资集体协商工作先进集体（鄂工发〔2014〕12 号）。

2015 年，着力实施集体协商工作提质增效五年计划，举办集体协商工作专题培训班，召开全市工资集体协商现场推进会，推介宣传典型经验。在企业和职工中积极推广“双约定行动”（即企业行政向职工亮家底、谈愿景、保岗位、增工资；企业工会动员职工向公司献良策、表衷心、守岗位、尽心尽力为企业增效益），活动开展以来，已建会企业集体合同建制率分别达 87.7%和 87.3%。

2015 年 6 月 10 日，百余名与会代表参加了由市总工会主持召开的工资集体协商暨厂务公开民主管理经验交流会。会上，秭归县总工会、秭归屈姑食品有限公司工会、当阳陶瓷行业工会联合会、长阳县榔坪镇工会联合会作了工资集体协商经验交流。

2016 年，积极推行民主管理和集体协商示范单位的创建工作项目化管理，抓住市导游行业劳动报酬集体协商被确定为全国试点的机遇，全力推进导游行业劳动报酬集体协商。12 月 13 日，全国总工会、国家旅游局、人社部联合在宜昌召开会议，推广导游行业劳动报酬集体协商的“宜昌样本”，受到中央领导同志关注和肯定。

2017 年 8 月 8 日，市总工会在夷陵区召开全市集体协商工作现场推进会暨集体协商工作培训班，组织各县市区总工会分管领导、民管法律部长、集体协商专职指导员，乡镇、企业工会主席代表等相关人员现场经验交流、观摩推广、集体协商培训，总结集体协商工作典型经验，研究部署落实集体协商提质增效五年规划，增强各级集体协商工作者的能力和水平。

第八节　职工董事和职工监事

1997 年底，大多数国有独资及国有控股的公司制企业建立了职工董事、职工监事制度。改制企业工会主席进董事会的有 31 人，进监事会的有 84 人，职工进董事会的有 19 人。

2001 年，市总工会积极协助政府职能部门大力推进职工董事、职工监事制度。全市有 80%以上的国有、集体以及控股公司建立了职工董事、职工监事制度，有职工董事 118 人，职工监事 160 人。2002 年，152 家公司制企业建立了职工董事、职工监事制度，建制面达 80%。

2003 年，坚持公司制企业职工董事、职工监事由职代会民主选举，向职代会报告工作并接受职代会监督的制度。全市按《公司法》改制企业 203 家，设立职工董事的企业有 172 家，建制面达 82.7%，建立职工监事制度的有 189 家，建制面为 93.1%。

2006 年，宜昌市纪委、市委组织部、市总工会等 7 部门联合下发了《关于做好 2006 年厂务公开民主管理工作的通知》（宜纪发[2006]11 号），对进一步推进和健全公司制企业职工董事、职工监事制度建设提出要求，9 月 20 日，组织宜化集团、交运集团、兴发集团等单位的职工董事或监事参加了省总举办的培训班。截至 11 月，34.7%的国有及其控股公司制企业建立了职工董事、职工监事制度。

2011 年，全市公司制企业职工董事、职工监事制度建制率达到 90%以上。

2013 年，全市公司制企业职工董事、职工监事制度建制率达 95%。

2014 年，市总工会组织参加了全省职工董事、职工监事研讨培训班，并做了典型发言。

第七章　经济技术和劳动保护

第一节　群众生产

一、班组建设

1982 年，为促进企业整顿，加强基础管理，结合劳动竞赛，原宜昌市总工会在工、交、建、财系统开展以班组建设为内容的“四种竞赛活动”（即创“六好”班组、模范班组、好班长、优秀工管员的竞赛）。至 1988 年底，在城区 4482 个班组中创建模范班组 51 个，“六好”班组 1104 个，评出市级好班长 108 人，优秀工管员 35 人。

1989 年 1 月 18 日，原市总工会同市经济委员会联合召开班组建设经验交流会，6 个班组介绍经验，表彰模范班组 27 个，好班长、好组长 52 名。

1990 年 6 月 10 日，全国总工会[1990]12 号文，转发宜昌地区工会办事处《关于枝城市班组建设工作的调查报告》，要求各地学习推广枝城市班组建设经验。枝城市自 1985 年到 1990 年以来，建成合格班组 1107 个，先进班组 464 个，红旗班组 173 个。枝城市铸锅炉工班荣获全国先进班组光荣称号和“五一劳动奖状”。

1991 年，宜昌地区工会 2874 个班组参加班组升级活动，评选合格班组 1355 个，信得过班组 872 个，先进班组 552 个。

1992 年，全市 3 个模范班组在全省班组交流会上介绍了经验。

1993 年，市工会与市经委联合下发《关于加强班组工作的意见》，组织工交战线班组 5400 多人参加班组培训，1400 人结业。

1994 年，市总工会与市经委联合下发《关于深入开展先进班组、六好班组、模范班组竞赛活动的意见》（宜市工字[1994]36 号），为进一步开展班组竞赛指明方向。

1995 年 11 月 24 日，市总工会在宜昌棉纺厂召开了城区工会班组建设经验交流会，宜棉厂工会等 5 个单位介绍了经验。

图 6-13　1997 年，湖北开关厂低压车间金工组荣获全国先进班组

1996–1998 年，各级工会共举办班组长培训班 217 期，培训班组长近千名。国投原宜集团工会组织班组长参加全国班组长电视讲座培训，86 人领取结业证书。市焦化煤气公司炼焦工段长张兴保参加全国班组长培训学习，《工人日报》两次报道他抓班组工作的经验。三年来，组织职工开展岗位练兵比武活动，各级工会举办技术比武 937 场，10 万多名职工参加，以赛代训班组职工 4 万人。湖北开关厂低压车间金工组攻克技术难关 10 多项，创经济效益 80 多万元。该班 10 年来机加工合格率 99.8%，设备完好率达 95%。1997 年被中华全国总工会授予“全国先进班组”荣誉称号。

1998年5月22日，市总工会、市经委联合召开全市模范班组表彰大会。至1998年底，全市6个班组荣获全国先进班组，16个班组获省级先进班组，147个班组获市级模范班组。宜昌市总工会抓班组建设的经验多次得到全国总工会、省总工会的肯定，两次在全省班组建设经验交流会上介绍经验。

2000年12月26日，市总工会、市经委在湖北开关厂召开1999–2000年市级模范班组表彰及经验交流大会。市委常委、市总工会主席余幼明出席大会并讲话。大会表彰模范班组95个，好班长好组长166个。

2000年以后，市总工会主抓的班组建设工作纳入企业行政管理继续开展。

二、劳动竞赛

原市总工会在1989年开展创先（先进生产纪录、先进操作方法）创优（优质产品、优质服务）创新（新产品、新工艺）创最佳效益（经济效益和社会效益）的爱国立功竞赛。

1990年，广泛开展以“双增双节”为主要内容的劳动竞赛，组织近5万名职工参加“四创”（创新、创优、创先、创最佳效益）和“八能手”（优质高产、安全生产、优质服务、技术革新、合理化建议、资金回收、勤俭节约、产品销售）竞赛，共创经济效益1亿多元。全市职工提出合理化建议12,400多条，其中被采纳3000多条，创经济效益8200多万元。

1991年，开展以攻质量、上品牌、增效益为目标，开展技术革新，提合理化建议的劳动竞赛活动。

1989年，地区工会在全区开展做主人、作贡献、创最佳效益的劳动竞赛，全区17万多名职工参加。1990年4月召开表彰大会，100名先进集体和个人受到奖励，创经济效益8862万多元。1991年，全区1105个基层工会组织10万多职工参加了质量品种效益年活动。

1992年4月，全国人大通过兴建三峡工程的决议，围绕“服务大三峡、建设新宜昌”这个主题，市总工会在职工中开展了“三峡工程在宜昌、我为三峡作贡献”的活动，动员全市职工自觉为三峡工程捐款57万多元（不包括部分县市直接寄往北京的捐款数）。全市各级工会组织紧紧抓住“双增双节”这个关键，在增品种、上档次、出效益上下功夫，广泛动员职工开展多种形式的劳动竞赛，共创造经济效益4000多万元，涌现出先进工作者44,410人。在全年合理化建议活动中，全市有1481个单位58,674人提出合理化建议66,410条，其中被采纳33,937条。

1993年，宜昌市申报沿江开放城市，市总工会与市劳动局等6个部门联合开展“创建开放城市、发扬宜昌精神、争当万名能手”竞赛活动。到1994年底，共有23万多名职工参加，涌现出技术能手11,014人，其中开展产品销售能手赛，销售金额达12.6亿元；回收资金11.9亿元，提合理化建议10万多条，被采纳5万多条，创经济效益8000多万元。职工技术协作活动攻破技术难关300多项，推广新技术500多项，创经济效益1400多万元。广大女职工开展“学先进比贡献、为八五计划建功立业”竞赛活动，涌现出优秀女职工10961人。

1994年，市总工会生产保护部获省总工会、省劳动厅、省经委联合表彰的“全省百万职工技术比赛先进集体”，获全国总工会经济工作部表彰的“全国工会经济工作先进集体”。

1995–2000年，围绕“实现宜昌第二次振兴”目标，组织职工开展“当主人、练内功、比贡献、增效益”，“学邯钢、抓管理、增效益、人平贡献300元”，“迎十五大召开、迎大江截流”，“发扬抗洪精神、抗灾保规划”等多种形式的劳动竞赛、合理化建议、技术革新和技术协作活动，共创经济效益6亿多元。1995年，全市各级工会围绕开发新产品、提高质量、降低成本、生产适销对路的产品，继续开展“万名能手”竞赛。全年有16万余名职工参赛，涌现出技术能手6822名，提出合理化建议59,416件，开展技术革新、技术攻关项目789项，创经济效益5321万。1999年，在全市职工中开展“立足岗位增效益、迎接国庆献厚礼、建功立业跨世纪”的劳动竞赛，市直107家基层企业近8万名职工参赛，创经济效益2100多万元。2000年，市总工会开展“当好主力军、建功十一五、和谐奔小康”群众性建功立业活动。

2001–2005 年，全市以“创建学习型组织、争做知识型职工”活动为载体，以推动技术进步为主题，深入开展了“争当创新能手和争创创新示范岗”的“双创”活动，在优势企业开展“创先、创优、创精品”名牌活动，在重点项目建设中开展“创优质、创高效、保安全”为主要内容的劳动竞赛，群众性经济技术创新活动取得新成效。2003 年，市总工会与劳动、科技、经贸委等单位开展职业技能比武选拔活动，并组队参加全省职工职业技能大赛，获得铣工、钳工个人第七名和第八名、团体三等奖和优秀组织奖。参加全省纺织系统技术比武，周立娥获技术能手称号，晋升技师等级。2004 年，组织职工开展以“创优质、创高效、保安全”为主要内容的全省重点项目劳动竞赛活动，全市有 20 个项目参加劳动竞赛。宜昌人福药业公司国家级麻醉系列新药产业化项目申报为湖北省 2004 年工业重点建设项目劳动竞赛优秀单位。

2006–2007 年，全市以“创优质量、创高效益、创新技术、创低能耗”为主题，扎实开展多种形式的科技攻关、技术协作、技能比武、发明创造、合理化建议等群众性技术创新活动，引导职工增强节约意识和环保意识，推广节能降耗、环境保护技术成果，推动企业改进工艺、设备和技术，不断提高企业科技水平、核心竞争力和经济效益。市总工会与人社局等联合举办宜昌市职工职业技能竞赛，王敬东等 18 名参赛选手被授予“宜昌市技术能手”称号，晋升一级技术等级；宜都市劳动和社会保障局等 10 个单位被授予“优秀组织奖”。全市“四创”劳动竞赛涌现出一批先进典型，如宜都市总工会、宜昌人福药业工会等。9 月，省总工会带领《湖北经视台》《湖北日报》等省内主要新闻媒体，专程赴宜都进行采访报道。据统计，全市 1500 多家企业，130,000 职工参与到“四创”劳动竞赛中来，共提出合理化建议 12,000 余条，采纳 8000 多条，创造经济效益达 7000 多万元，通过技术革新、技术改造节能降耗达 2000 多万元。

图 6-14　2003 年，宜昌市代表队参加湖北省职工职业技能大赛

图 6-15　2006 年，市总工会在桃花岭饭店举行市服务行业职工技能大赛

2008 年，市总工会开展“建功十一五、和谐奔小康”劳动竞赛活动，与市劳动局等单位联合举办全市技能状元大赛，与市供电局联合举办首届“宜电杯”电工技能大赛。在全市“供电杯”电工技能竞赛活动中，全市有 12 个县市区工会、41 个企业、1000 多名职工参加了技能培训、岗位练兵和选拔竞赛。经过层层比赛选拔，来自全市 20 支代表队 62 名选手脱颖而出，参加了理论考试、倒闸操作、异常分析、事故处理和紧急救护等技能操作决赛。据统计，全年参加劳动竞赛 400 多家，参赛职工 11 万人次，涌现了一批高技能人才和先进典型，如卢光胜（卢光胜机头）、冉迎玖（合理化建议）、李建斌（技能状元）、白钢（电工技能个人参赛选手）。

2009 年，市总工会开展“同舟共济保增长、建功立业促发展”劳动竞赛活动，联合 23 家单位，组织 3100 多家企事业单位，46 万名职工参加，提出合理化建议 13,622 条，实施技术革新、五小成果、节能减排 227 项，创效益 1.4255 亿元。市劳动竞赛委员会授予远安县总工会等 20 个单位劳动竞赛优秀组织奖，授予湖北天源农业开发有限公司唐书清等 40 个“创业就业之星”“技术创新之星”“五小活动之星”“技能学习之星”荣誉称号，授予宜都市东阳光生化制药有限公司仪器分析组等 100 个先进集体“工人先锋号”。市总工会与三峡日报社联合举办劳动竞赛新闻大奖赛，精心编印《劳动竞赛简报》20 期，发稿 260 多篇，制作竞赛画册和光碟，及时宣传报道。省总工会党组书记、常务副主席黄国庆充分肯定：“宜昌的劳动竞赛启动最早、声势最大、效果最好”。

2010 年，市职工劳动竞赛委员会组织开展市直机关干部综合技能、护士技能及汽车维修等 86 个项目技能大赛；在重点工程中开展“六比六赛”（比质量、赛工程优良；比速度、赛技改进度；比管理、赛降本增效；比技术、赛科技创新；比安全、赛安全无事故；比廉洁、赛遵纪守法）；在重点产业（行业）中开展以开发新产品、开拓市场、提质提效、增收节支、安全环保、提高素质为主要内容的劳动竞赛。历时 6 个多月，规模以上企业开展劳动竞赛达 574 家，规模以上企业签订劳动安全专项集体合同 372 家。企事业单位参与竞赛活动覆盖面 80%以上，职工参与率达 85%以上。

2011 年，全市组织开展“百万职工争先锋、建功立业十二五”劳动竞赛活动，先后与人力资源与社会保障局等单位联合举办宜昌市第二届职工技能状元大赛，承办湖北省第五届职工技能大赛暨宜昌市焊工技能竞赛启动仪式。全市开展劳动竞赛的规模以上企业 590 家，非公有制企业 286 家，重点工程（项目）劳动竞赛 19 个，竞赛覆盖面和职工参与率均在 95%以上。宜都市总工会等 20 个单位获得“宜昌市劳动竞赛优秀组织奖”，许凤英等 50 人获得“宜昌市金牌工人”，郑思琪等 30 人获得“宜昌市服务明星”，授予宜昌长机科技有限责任公司等 5 个集体“宜昌五一劳动奖状”，授予张春梅等 20 名个人“宜昌五一劳动奖章”，湖北清河纺织股份有限公司纺纱一分厂丙车间细纱落纱班等 50 个集体“宜昌市工人先锋号”荣誉称号。

2012 年，根据市政府与市总工会第九次联席会议精神，市总工会开始履行宜昌市劳动竞赛委员会办公室职责，牵头组织全市各部门开展劳动竞赛和技能比赛活动，统筹和制定劳动竞赛方案，实现全市竞赛活动“一个出口”。市总工会以“勇担新使命、服务新跨越”为竞赛主题，先后与市行政服务中心等联合开展宜昌市“十佳优质服务示范窗口”创建活动，与市直机关工委联合举办第二届公务员综合技能大赛，与市民政局联合举办宜昌市首届殡葬服务行业职业技能大赛，与市卫生局联合开展全市医疗急救技能大赛，与市气象局联合开展全市地面气象观测和气象信息网络技能竞赛。行政服务领域大竞赛进一步深化，经济建设领域劳动竞赛形成特色，企业职工群众广泛参与。全市劳动竞赛企事业单位覆盖面达 96.2%，职工参与率 96.37%，分别比去年同期增长 1.2%、1.37%；开展劳动竞赛规模以上企业 598 家，非公有制企业 298 家，重点工程劳动竞赛示范项目 19 个。宜昌行政效能劳动竞赛被湖北省总工会评为 2012 年全省工会创新奖。

2013 年，组织开展“建功黄金期、展现新作为”劳动竞赛。2 月 26 日，召开全市劳动竞赛动员大会。4–10 月，相继组织了宜昌市政务服务效能大赛、宜昌市社区网格管理服务标兵大赛、宜昌市建筑行业技能大赛、宜昌市保障性安居工程建设大赛。全市开展劳动竞赛企事业单位 6272 个，覆盖面 96%，参赛职工 787,900 人，参与率 96.2%。其中，非公企业 3402 家，参赛职工 431,500 人次；重点工程（项目）劳动竞赛 29 个，同比增长 7.4%；经济开发区（工业园区）参赛率 91%。

2014 年，以“建功黄金期、展现新作为”为主题的劳动竞赛进入第二年，组织开展了市汽车驾驶员技能操作大赛、市育婴师职业技能竞赛、市电梯维修职业技能竞赛、市突发性急性传染病防控和突发中毒事件应急处理职业技能竞赛、大城梦.劳动美暨市直机关第三届干部职工综合技能大赛、市养老护理员职业技能竞赛、市餐厅服务职业技能竞赛、市第三届农产品质量安全检测技能竞赛、市妇幼健康技能竞赛等 9 大比赛。举办了市政环卫服务明星比武大赛、市职工工作餐健康食谱竞赛、市社区网格服务先锋团队大赛等 3 项现代服务业比赛。全市开展劳动竞赛企事业单位 5956 个，覆盖面达 95%，参赛职工 712,200，参与率 92%。其中：已建会非公企业 4356 个，参赛职工 619,800 人，参与率分别为 86%、87%。重点工程（项目）劳动竞赛 25 个，同比增长 6%。

2015 年，“建功黄金期、展现新作为”劳动竞赛活动进入第三年。全市进一步形成“政府出资奖励、工会统筹安排、部门协同主办、职工全员参与”的竞赛新机制。在市总工会与市政府第十二次联席会议上，市政府将劳动竞赛经费由每年 20 万元提升到 50 万元。在全市劳动竞赛动员大会上，授予宜都市总工会等 20 个单位“宜昌市劳动竞赛先进集体”，授予周兴万等 13 人“宜昌市劳动竞赛先进个人”，陈华民等 6 名选手“宜昌市技能状元”，魏刚等 12 名选手“宜昌市技术能手”，丁双全等 12 名选手“宜昌市服务明星”。

2016 年，以“践行新理念，建功‘十三五’”为主题的劳动竞赛被省总工会肯定为“宜昌模式”。在省总工会召开的劳动竞赛研讨会上，宜昌劳动竞赛由“政府大力支持、部门协同配合、工会统筹安排、职工全员参与”的模式，得到省总工会的充分肯定，劳动竞赛示范点成效显著。全省重点工程、工业园区、非公企业劳动竞赛示范点各 10 个，宜昌高新区和人福药业有限公司分别被列为全省工业园区和非公企业劳动竞赛示范点，在全省劳动竞赛经验交流会上，宜昌高新区总工会作了典型发言。宜都市总工会等 10 个单位被表彰为市劳动竞赛先进集体，陈邦进等 10 人被表彰为市劳动竞赛先进个人，宜昌东阳光长江药业股份有限公司质量科/QC/仪器班等 45 个班组被授予“宜昌市工人先锋号”。

2017 年，举办第一届高技能人才命名暨全市劳动竞赛启动仪式，制发《关于 2017 年开展“践行新理念，建功十三五”劳动竞赛的通知》，开展市级劳动竞赛 18 项、重点工程（项目）劳动竞赛 16 项、工业园区劳动竞赛 14 项、非公劳动竞赛 15 项，牵动开展各类竞赛活动 3215 场次，企事业单位竞赛覆盖面达 95%，职工参与率达 92%。各县市区、企业根据自身实际，开展形式多样的劳动竞赛，形成了“百花齐放、春色满园”的竞赛生动局面。三峡日报以“劳动竞赛的脸悄悄在改变”为题，头版刊登了全市劳动竞赛的经验做法。宜昌市微特电子设备有限责任公司聂道静被评为省劳动竞赛先进个人，中建三局集团有限公司宜昌之星 C 地块项目/1~17#楼/工程部和宜昌南玻硅材料有限公司多晶硅厂还原车间运行保障班被评为劳动竞赛先进班组。

第二节 劳动保护

一、劳动保护组织

1989–2000 年，市，县（市、区），乡（街道）工会均设立了专兼职劳动保护监督检查员，50 人以上的企业建立劳动保护监督检查委员会，50 人以下的企业建立工会劳动保护监督检查小组。1989 年，原宜昌市基层工会建立劳动保护监督检查委员会 132 个，有 4470 名劳动保护监督检查员。宜昌地区工会有劳动保护监督检查委员会 185 个，车间劳动保护监督检查委员会 2507 个，工会小组劳动保护监督检查员 1390 人。

图 7-16　2015 年 6 月，市总工会举办工会劳动保护监督员培训

1991 年，宜昌地区工会建立劳动保护监

督检查委员会 270 个，有车间劳动保护监督检查委员会 533 个，工会小组劳动保护监督员 1910 人，从事专项劳保干部 174 人。原市总工会建立劳动保护监督检查委员会 117 个，车间劳动保护监督检查委员会 330 个，有工会小组劳动保护监督员 2935 人，专职干部 36 人。

1992 年，市总工会建立劳动保护监督检查委员会 325 个，车间劳动保护监督检查委员会 879 个，工会小组劳动保护监督员 5000 人。

1993 年，全市建立劳动保护监督检查委员会 410 个，车间劳动保护监督检查委员会 883 个，工会小组劳动保护监督员 4904 人，从事劳动保护工作的专职干部 175 人。

1998 年，全市建立劳动保护监督检查委员会 465 个，车间劳动保护监督检查委员会 1145 个，工会小组劳动保护监督员 4064 人，共有工会劳动保护工作的专职干部 279 人，兼职干部 1309 人。

2000–2006 年，全市 14 个县市区总工会设立工会劳动保护监督检查员，建立劳动保护监督检查委员会 927 个，有专兼职劳动保护监督检查员 3473 人，工会小组全部设立劳动保护检查员，煤矿企业聘任 750 名群众安全监督员，形成全市工会劳动保护监督检查工作体系和组织网络。

2012 年，下发《关于在全市推行劳动安全卫生专项集体合同建制工作的通知》，完成申报特聘煤矿安全群众监督员 288 名。

二、劳动保护教育培训

1989 年，原宜昌市总工会和所属基层工会举办劳动保护培训班 121 期，培训 8640 人，宜昌地区仅化工、煤炭两个系统就举办培训班、学习班共 1609 期，培训职工 43,969 人。

1991 年，原宜昌市总工会举办劳保培训班 173 期，培训 6914 人，宜昌地区工会举办 347 期培训班，培训 11,473 人。1992 年，全市举办培训班 502 期，培训 1.9 万名职工。

1993 年，全市举办培训班 408 期，培训 12428 人。

1995–1999 年，围绕《劳动法》《工会法》《安全生产法》《职业病防治法》《湖北省实施〈工会法〉办法》和工会劳动保护三个《条例》（《工会劳动保护监督检查员工作条例》《基层工会劳动保护监督检查委员会工作条例》和《工会小组劳动保护检查员工作条例》），市总工会联合市安全监督管理局等部门开展“学规章反违章”“百日安全无事故”和“安全周、安全月”活动，编印宣传资料 15000 册，编写劳动保护法律法规知识问答 100 题 4 万册，在三峡广播电视台和宜昌日报开辟宣传专栏 2 个，组织职工观看《隐患就在你身边》宣教片 19 万人，举办安全教育培训 1007 期次，参加安全生产劳动保护知识试卷答题职工 18 万。

2000–2005 年，组织 600 多家企事业单位 25 万名职工参加全国总工会、国家安全生产监督管理局举办的全国安全生产知识普及教育活动，组织 12.5 万名职工参加全国职工安全生产知识 100 题答题竞赛和网上答题。市总工会获得全国职工安全生产知识普及教育活动先进单位。其中，2003 年，开展“连邦软件杯”安全生产劳动保护法律法规知识学习竞赛活动，发放安全生产法律法规《百题问答》8.6 万册，发放全员教育学习资料和竞赛试卷 10.5 万份，回收答题卡 11 万份，受教育人数达到 23 万人。

2006 年，加强对全社会安全生产法律法规的普及教育活动，在三峡广播电视台和宜昌日报等新闻媒体开辟《劳动法》《工会法》《安全生产法》《职业病防治法》《湖北省实施〈工会法〉办法》宣传专栏。在全国“安全生产月”活动中，通过宣传咨询、演讲比赛和文艺演出等方式，共有 49 万余人次受到教育。

2007 年是全市开展职工安全电视培训的第一年，组织开展多种形式的职工安全教育培训活动，有 364 家企事业单位，43783 名职工参加了职工安全电视教育培训工作，建立教育培训基地 2 个。8 月 8 日，召开第一届市职工安全生产知识电视教育培训活动第一次联席会议，转发省总工会等部门《关于全省职工安全生产知识电视教育培训活动实施方案》，成立由市总工会牵头，安监、劳动、建设、公安、交通、供电等部门组成的市职工安全培训办公室，办公室设在市总工会。

2008 年，市总工会、市安全监督管理局联合下发《关于在煤矿、非煤矿山企业职工中开展安全生产知识电视教育培训活动的通知》。7 月 31 日–8 月 11 日，在长阳、秭归、当阳等地开展为期 12 天的湖北省总工会送安全生产知识进矿山活动，培训了来自 50 多家煤矿的 1000 多名矿工。

2009 年，组织 1286 家企事业单位，126,120 名职工开展安全生产知识电视教育培训活动。其中市总工会出资 30 万元购买《全国职工安全生产知识电视教育培训教材》作为培训统一教材，发到培训单位。

2011 年，组织参加湖北省“人保财险”杯安全生产法规知识网络竞赛暨落实企业安全生产主体责任知识竞赛，参赛企事业单位 2783 家，参赛职工 53,203 名。

2012 年，组织参加湖北省“人保财险”杯安全生产法规知识网络竞赛暨落实企业安全生产主体责任知识竞赛，全市共有 2811 家企事业和机关单位、64,204 名职工参赛。

2013 年，组织参加全省安全生产法律法规网络知识竞赛，参赛企事业单位 3419 家，参赛职工 161,888 名，分别占全省总量的 20%和 42%，参赛单位数和人数居全省首位。

2015 年，开展全省安全生产法律法规网络知识竞赛，全市有 3419 家单位 11 万多人参赛，全市参赛单位数、人数、总分数均稳居全省首位。与市安监局联合下发《关于开展新安全法知识学习培训活动的通知》，印发《安全生产法》知识读本 1 万本，举办班组长培训班共 46 期，参加培训人员 4560 人。组织举办全省工会劳动保护监督检查员培训班（宜昌）现场会，市总工会和公交总公司分别介绍经验。

2016 年，在“全省安全生产法律法规网络知识竞赛”中，宜昌参赛单位 2930 家、参赛职工 396,025 人，分获全省第一。

2017 年，全市工会系统举办安全生产培训班共 16 期，共有近 2000 名基层工会干部和企业班组长参训。

三、劳动保护监督检查

1994–1998 年，联合市安全监督管理局等部门坚持“企业负责、行业管理、国家监察、群众监督”的安全生产管理体制，树立“安全第一、预防为主”的方针，开展联合安全检查工作。1998 年，全市开展学习内蒙古自治区开展“安康杯”竞赛活动经验。

1999–2002 年，全市 70%的企业、75%的职工参加“安康杯”竞赛活动，宜昌焦化煤气公司被评为全国安康杯竞赛优胜单位，宜都市交通局，宜昌新丰公司被评为省安康杯竞赛优胜单位。

2003 年，组织 636 家企业 6 万名职工参加国家经贸委、全国总工会联合开展的“安康杯”竞赛。宜药集团获全国安康杯竞赛优秀组织奖。任云获省劳动安全先进个人，劳动保护部获市劳动安全先进集体。参与重庆 19 人死亡的特大沉船事故、“5・4”长阳赵菇垭煤矿特大冒顶事故和“10・4”宜都幺姑井煤矿 4 人死亡事故的调查处理。按照全国总工会“一法三卡”南京现场工作会精神，选取宜昌焦化煤气公司、湖北兴发化工集团股份有限公司、湖北三宁化工股份有限公司等 4 家化工企业作为试点单位，着手开展试点工作。

2004 年，全市“安康杯”竞赛企业 700 多家，参赛职工近 8 万人。宜昌焦化煤气公司被中华全国总工会、国家安全生产监督管理总局评为全国“安康杯”竞赛优胜单位，宜昌焦化煤气公司炼焦车间彭兵被中华全国总工会评为全国优秀工会小组劳动保护检查员。宜昌人福药业有限责任公司总经理徐华斌被评为全国“安康杯”竞赛优秀组织个人；湖北枝江酒业股份有限公司、宜昌力帝实业集团有限责任公司、宜昌市房产管理局、长阳土家族自治县液化石油气公司、宜昌市夷陵水电公司等 5 家单位被评为湖北省“安康杯”竞赛优胜企业；宜昌市总工会被评为湖北省“安康杯”竞赛优秀组织单位。积极参与五峰“2・16”重大交通事故、安琪集团“9・17”干燥塔爆炸事故调查处理工作。组织部分基层工会干部到南京等地考察学习“一法三卡”经验，开始推行“一法三卡”（“事故隐患和职业危害监控法”“安全检查提示卡”“有毒有害化学物质信息卡”和“危险源点警示卡”）工作，印发《安全检查提示手册》和“一法三卡”资料1万多册供基层工会干部学习。6月份，在宜昌焦化煤气公司召开推广“一法三卡”经验现场会，《工人日报》《宜昌日报》《湖北安全生产》三峡电视台等新闻媒体进行报道。

2005年，深入开展“安康杯”竞赛活动，全市参赛企业800多家，参赛职工近10万人。市总工会被国家安全生产监督管理总局、全国总工会授予“安康杯”竞赛优秀组织奖，湖北楚星化工股份有限公司等20家单位被评为市“安康杯”竞赛“优胜企业”，枝江市总工会等10家单位获得市“安康杯”竞赛“优秀组织单位”，任香等10人获得市“安康杯”竞赛“优秀组织者”。出台《关于推广“一法三卡”的实施意见》，按照“七个结合”（与行政安全管理工作相结合、与安全标准化建设相结合、与“十个一”活动相结合、与专业管理相结合、与日常安全管理相结合、与职工安全教育培训管理相结合、与强化企业班组安全建设相结合）要求，建立1至2家“一法三卡”县级试点，有效推进基层工会“一法三卡”工作。下发《关于印发<劳动安全卫生协议书>范本的通知》（宜工办[2006] 49 号），开展《劳动安全卫生单项集体合同》试点。

2006年，全市开展“安康杯”竞赛活动的企事业单位431家、职工75,207名。宜昌人福药业有限公司荣获全国“安康杯”优胜单位企业；湖北楚天化工乳化生产班组和夷陵水电公司易家坝电站荣获全国“安康杯”优胜班组，焦化煤气公司袁红忠荣获全国“安康杯”竞赛优秀组织者。全程参与汉宜高速公路枝江段重大交通事故、夷陵区采石厂爆炸事故等调查处理工作，依法维护伤亡职工及其家属的合法权益。组织开展为农民工“送清凉、送健康”活动，慰问农民工2000多人，送发慰问物资4万多元。7月20日，市委副书记、市总工会主席余幼明，市总工会党组书记、常务副主席周学文等深入宜化集团、市环卫处、城区夷陵大道综合改造工程施工现场走访慰问，拉开全市工会组织为农民工“双送”活动序幕。通过“七个结合”推广，部分县市区“一法三卡”工作推广面已达75%以上。劳动安全卫生单项集体合同稳步推开。

2007年，全市“安康杯”竞赛活动参赛企业434家，参赛职工近78,931人。市总工会和市安监局联合授予宜都市供水总公司等10家单位为宜昌市“安康杯”竞赛优胜企业；宜都市建设局等10家单位为宜昌市“安康杯”竞赛优秀组织单位；陈海等10人为宜昌市“安康杯”竞赛优秀组织者。参与“6·8”兴山县高岚镇墙体倒塌事故、“6·11”宜化集团合成塔特大爆炸等重特大事故调查处理工作。组织开展“送清凉、送文化、送健康”的“三送”活动，共慰问企业435家，慰问职工229,077人次，其中农民工36,863人次，慰问金额达485万元。“一法三卡”工作呈现出新的局面，其中长机科技股份有限公司、凌云集团五七一零工厂、人福药业集团有限公司等企业走在推广工作的前列。

2008年，共有437家单位，715个车间，2690个班组，90,171名职工参加“安康杯”竞赛活动。宜昌市夷陵水电公司小峰水电公司易家坝电站获全国“安康杯”竞赛优胜班组；湖北楚星化工有限公司等3家单位获全省“安康杯”竞赛优胜企业；远安县总工会等2家单位获全省“安康杯”竞赛优秀组织单位；宜都市供水总公司等20家单位被授予市级“安康杯”竞赛优胜企业和优秀组织单位。组织开展安全生产检查2606场次，参加各类工伤事故处理70件，参加“三同时”审查验收项目64项。参与“1·7”秭归沙镇溪镇王子沟煤矿瓦斯爆炸死亡5人重伤4人、“7·31”秭归梅家河乡大块田煤矿瓦斯死亡6人等重大安全事故的调查处理。筹资100万元为宜昌三峡全通涂镀板股份有限公司、湖北宜化化工股份有限公司等送去藿香正气液、人丹、风油精、清凉油、绿豆、白糖、毛巾“清凉包”3000个。

2009年，全市共有563家企业，4127个班组，104,596名职工参加“安康杯”竞赛活动。7–8月，集中开展“送清凉、送健康、送文化”活动，为供电公司、宜昌三峡全通涂镀板建设工地、宜化集团车间等重点工程、重点企业高温作业的3000名职工、农民工发放清凉包；为建筑行业的农民工进行免费体检；为 10,000 名农民工开展安全知识培训。签订《劳动安全卫生专项集体合同》单位 1350 家，覆盖职工人数 152,101 人，其中单独签订劳动保护专项合同 531 家，作为集体合同附件形式签订 819 家。

2010 年，全市参加“安康杯”竞赛活动企业单位 1124 个，参赛职工 86,836 人。宜昌人福药业有限责任公司、湖北三峡新型建材股份有限公司、宜昌焦化煤气公司等 3 家企业荣获全国“安康杯”竞赛活动优胜单位，宜昌市公交集团 23 路公交线荣获全国“安康杯”竞赛活动优胜班组，湖北宜化化工股份有限公司、湖北开元化工科技股份有限公司等 2 家企业荣获省“安康杯”竞赛活动优胜企业，孟祥英荣获省“安康杯”竞赛活动优秀组织个人。8 月 13 日，市委常委、市总工会主席廖达风带队到三峡全通车间走访慰问，给在高温下作业的一线职工送去防暑降温慰问物资。开始推进规模以上企业劳动安全卫生专项集体合同建制工作，签订劳动安全专项集体合同 372 家。

2011 年，全市共有 620 家企事业和机关单位、129,157 名职工、3766 个班组参加了“安康杯”竞赛活动，参赛单位和职工分别比去年提高了 40%和 35%，参赛企业的班组参赛率达到 100%。筹集 150 万元深入开展“送清凉、送健康”活动，为联丰村村民安置房“城东花园”二期工地、宜昌东站公交站点和宜昌联邦电缆有限公司工作车间等在野外或高温作业的职工和农民工送去清凉物资。

2012 年，全市共有 811 家企事业和机关单位、164,204 名职工、6178 个班组参加了“安康杯”竞赛活动，参赛单位、职工和班组分别比去年提高了 31%、27%和 64%，参赛企业的班组参赛率达到 100%。对中兴汽车宜昌公司、市房管局保障性住房工程项目工地、市公交集团公司职工培训中心、市城管局市政维修抢修班和城市管理监察支队隆康路值班点及夷陵广场地下通道女子中队示范岗、市交通运输局中水门过闸管理处等单位送去清凉物资。参加全国总工会、省总工会安康杯竞赛交叉检查工作，先后赴宁夏、武汉、黄石和神农架进行检查。全市 811 家企事业单位开展“一法三卡”工作，惠及 16 万余名职工。在湖北召开的全国工会“一法三卡”工作推进会上，宜昌作为唯一一个地方工会代表在会上介绍经验。《劳动保护》杂志以《湖北宜昌持之以恒推行“一法三卡”成效显著》为题，全面推介了宜昌“一法三卡”推广应用经验。推进煤矿、磷矿、危化等三大高危行业劳动安全卫生专项集体合同建制工作，签订劳动安全卫生专项集合同 5583 份，覆盖企业 8879 家，宜昌市劳动安全卫生专项集体合同建制工作在全省评比中荣获一等奖。

2013 年，全市参加“安康杯”劳动竞赛活动的单位和职工分别达到 1147 家和 208,335 人，分别比上年增加 41%和 27%，参赛企业的班组参赛率达到 100%，远高于省总双 10%的要求。宜昌人福药业有限公司、湖北宜化化工股份有限公司等 2 个单位被授予全国“安康杯”竞赛优胜单位，宜昌长机科技有限责任公司机床分厂三一班组被授予全国“安康杯”竞赛优胜班组；枝江奥美医疗用品有限公司、宜昌公交集团有限责任公司、华强化工集团股份有限公司等 3 个单位被授予湖北省“安康杯”竞赛优胜单位，市总工会被授予湖北省“安康杯”竞赛优秀组织单位，市总工会劳动保护部部长石廷桥被授予省“安康杯”竞赛优秀组织个人。7 月 4 日，市委常委、市总工会主席刘学甫，市总工会党组书记、常务副主席罗志勇一行，到宜化集团磷酸二铵车间、宜昌保障房民众家园项目工地、庙嘴大桥项目工地走访慰问。全市各级工会筹集 180 万元资金，帮助一线职工农民工清凉度夏。重点做好中小企业推广“一法三卡”工作，在“七个结合”的基础上，有针对性开展中小企业“三个融入”（即将“一法三卡”融入“6S”管理、融入企业操作规程、融入企业质量体系建设）规范职工操作流程，降低事故发生率。全国总工会与中国疾病预防控制中心职业卫生与中毒控制所，联合开展“工会对国际劳工组织职业安全卫生防护工具包试用性研究与推广”的项目工作。

2014 年，全市“安康杯”竞赛参赛企业达到 1289 家、参赛职工达到 23.03 万人，参赛企业和参赛职工数分别比上年度递增 13%、12%，参赛企业的班组参赛率达 100%。筹集 200 万元，开展为市公安局交警支队西陵大队云集天桥岗哨、三峡机场路改扩建工程项目工地、宜昌港白洋港区项目工地等宜昌城区部分单位、重点项目工地的职工和农民工“送清凉、送健康”活动。全市“一法三卡”工作稳中有进，已经与“安康杯”竞赛活动、“安全生产月”活动有效衔接。选取中孚化工集团有限公司和柳树沟丁西磷矿有限公司（简称“中孚化工”和“丁西磷矿”）作为试点，推广职业安全卫生防护“工具包”的做法，被省总工会推介到全国《劳动保护》杂志上发表，宜昌经验得以推向全国。全市签订集体合同建制企业 12,404 家，劳动安全卫生专项集体合同建制率达到 91%，惠及职工 285,292 人。

2015 年，全市“安康杯”竞赛活动参赛单位共 1536 个，职工 267036 人，比上年分别增长 16%、14%。华强化工、中孚化工、国网宜昌供电等 3 家单位获得湖北省“安康杯”竞赛优秀单位称号，枝江市总工会获得“优秀组织者”称号，夷陵区总工会姜林获得“优秀组织个人”称号。宜昌公交集团获得全国总工会、国家安全生产监督管理局授予的全国“安康杯”优胜单位称号，枝江奥美医疗用品有限公司美棉纺女子楷车间获得“优胜班组”称号，宜昌市总工会朱利民获得全国“安康杯”竞赛先进个人。7–8 月，全市各级工会组织筹集“送清凉”资金 200 万元，为一线职工、农民工送去防暑降温物资。与市安监局联合下发《关于推广中小企业职业安全卫生防护“工具包”工作法的通知》，全面部署“工具包”推广应用工作。11 月 12 日，全国国际劳工组织中小企业职业安全卫生防护“工具包”推广应用培训研讨会在武汉召开，宜昌市总工会作为地市级全国唯一代表，全面介绍宜昌市职业安全卫生防护“工具包”推广应用经验。全面推行劳动安全卫生专项集体合同建制工作，列入市总工会与市政府的联席会议议程，进一步得到市领导的重视和支持。湖北省总工会杂志《工友》第 6 期，刊登对罗志勇同志的专访《新法重视工会职能，增强工会生产安全监督作用》。

图 7-17　2013 年 7 月 4 日，宜化集团职工收到市总工会送清凉物资

图 7-18　2015 年 11 月，市总工会在全国国际劳工组织召开的推广应用“工具包”培训研讨会上介绍经验

2016 年，全市参加“安康杯”竞赛活动的单位和职工达到 1583 家和 267,643 人，分别比上一年度增加 10%和 7%。全市共有 280 家企业 2110 名职工参加“安全隐患随手拍”活动，发现并消除安全隐患 406 个，物质奖励 12 万多元。累计筹集“送清凉”资金 2000 余万元，帮助市公安局交警支队胜利四路岗亭、三峡翻坝物流园区施工现场等地一线职工、农民工清凉度夏。参与调查“8·11”当阳经济开发区马店矸石发电有限责任公司高压蒸汽管道发生爆管事故。该事故造成 21 人死亡、5 人受伤（其中 3 人重伤）。全市共有 72 家磷矿开采企业、242 家化工企业参与“工具包”推广应用。11 月 2–4 日，全国总工会劳动和经济工作部在深圳召开中小企业安全卫生防护“工具包”现场推进会。宜昌市总工会以《借力“工具包”，维护职业安全》为题，全面介绍宜昌市职业安全卫生防护“工具包”推广应用经验。签订劳动安全卫生专项集合同 3209 份，其中单独签订 2828 份、区域性 401 份、行业性 80 份，覆盖企业 11,281 家，劳动安全卫生专项集体合同建制率达到 91%，惠及职工 285,292 人。

2017 年，全市参加“安康杯”竞赛活动的单位和职工达到 1583 家和 267,643 人，分别比上一年度增加 10%和 7%。宜昌市总工会、宜昌天美国际化妆品有限公司、宜昌市总工会胡华东分别获得全国总工会、国家应急管理部授予的 2016–2017 年度全国“安康杯”竞赛优秀组织单位、优胜单位、优秀个人。开展 2017 年职工安全隐患排查整治大赛活动，宜昌金信化工有限公司职工邱少华报送的“盘式干燥机改造”优秀作品荣获一等奖，宜昌利民管业科技有限公司职工吴潇报送的“电气安全整改”等 3 项优秀作品荣获二等奖，枝江市港华机电有限公司职工屈万林报送的“加装行车吊钩安全锁片”等 6 项优秀作品荣获三等奖，华新水泥（宜昌）有限公司职工姚昌金报送的“5 号码头收尘风机护罩加固整改”等 10 项优秀作品荣获优胜奖，宜都市总工会等 10 个单位荣获优秀组织奖。7 月 25 日，市委常委、统战部部长、市总工会主席王均成，市总工会党组书记、常务副主席罗志勇分别带着“清凉包”，走进生产车间、街道、岗亭和建设工地，慰问战斗在一线的职工、环卫工人和交通协警和建筑工人。据统计，全市各级工会筹集“清凉物资”达 2000 万元。参与宜都大江化工“9 · 24”窒息事故、三峡人家景区“10 · 15”坠石伤亡事故、远安县铁炉湾煤矿“10 · 15”瓦斯事故、伍家岗区金五一建材城“11 · 26”火灾事故、宜昌易科新材料“12 · 10”火灾事故等调查处理，切实维护职工合法权益。全市劳动安全卫生专项集合同 3309 份，其中单独签订 3328 份、区域性 513 份、行业性 108 份，覆盖企业 12,212 家，劳动安全卫生专项集体合同建制率达到 93%，惠及职工 30.5 万人。

图 7-19　2012 年 7 月，市总工会开展“面对面、心贴心、实打实服务职工在基层”活动

第三节　评先表模

1950 年 7 月，党中央、国务院在批准召开全国首届工农兵劳动模范代表大会时明确规定，劳动模范的产生由大行政区总工会（或全国总工会办事处）指导所属各城市工会组织负责推选，华北区直接由中华全国总工会负责分配，由直属市总工会及省总工会负责推选。此后，劳动模范工作一直由工会负责。1991 年 7 月，中央书记处第 21 次办公会明确规定，由全国总工会负责全国劳模的推荐、评选和管理工作。8 月，国务院关于劳动模范工作的相关指示中明确指出，有关劳动模范的培养、推荐、宣传、教育、管理等日常工作，凡有工会组织的地方由工会具体负责。按照上述规定，中华人民共和国成立以来，劳动模范工作一直由各级工会具体负责。

1989–2017 年，市委、市政府先后召开劳模表彰大会共 12 次，表彰劳动模范 949 人，先进工作者 34 人。另据统计，党中央、国务院命名表彰宜昌市全国劳模和先进工作者 48 人，享受全国劳模和先进工作者待遇者 4 人；湖北省政府命名表彰宜昌市省劳模和先进工作者 315 人。全国总工会、省总工会命名表彰宜昌市五一劳动奖章获得者分别是 60 人、109 人。2012 年，市总工会开始评选宜昌五一劳动奖章，先后评选 4 次，共命名表彰 149 人。

一、推荐评选

图 7-20　2015 年 4 月，全国劳模王劲松、李杰、王华君在人民大会堂前合影

全国劳动模范是党中央、国务院授予在社会主义建设事业中做出重大贡献者的荣誉称号。授予形式分为召开表彰大会、工作会议、零散表彰等。1989 年开始，全国劳动模范评选表彰工作基本形成每五年一次的固定届次，由国务院授予全国劳动模范称号，2015 年，恢复党中央、国务院命名表彰。1989 年，全国劳动模范表彰大会首次举行，此后在 1995 年、2000 年、2005 年、2010 年、2015 年的“五一”劳动节前夕举行全国劳动模范表彰大会。同时，全国还自上而下开展了不同层次的各级劳动模范评选活动，劳动模范表彰进一步制度化、规范化。

1990 年 4 月，省人民政府出台《湖北省职工劳动模范管理工作暂行办法》（湖北省人民政府令第 10 号），明文规定省人民政府一般每年评选并命名表彰一次职工劳动模范。1995 年，省人民政府对省劳动模范评选表彰政策进行修订，要求每两年一次。此后，1996 年、1998 年、2000 年、2002 年、2004 年的“五一”劳动节前夕举行湖北省庆祝“五一”国际劳动节暨表彰劳模大会。2005 年 12 月，省人民政府出台新的《湖北省劳动模范管理暂行办法》（鄂政发〔2005〕49 号），明文规定省政府每三年评选表彰一次省劳动模范。此后在 2006 年、2009 年、2012 年、2015 年的“五一”劳动节前夕举行湖北省庆祝“五一”国际劳动节暨表彰劳模大会。

1989-2017 年，宜昌市劳动模范评选表彰 12 次。1994 年，宜昌市人民政府首次出台《宜昌市劳模管理办法》，明文规定市政府每年评选表彰一次市劳动模范。根据《湖北省劳动模范管理暂行办法》及其他有关规定，宜昌市对市劳动模范评选表彰时限进行修订，规定市人民政府每两年评选表彰一次市劳动模范。此后在 2000 年、2003 年、2005 年、2007 年、2009 年的“五一”劳动节前夕举行宜昌市劳动模范表彰大会。《宜昌市劳模管理办法》经过 2009 年、2014 年两次修改，明文规定市人民政府每三年评选表彰一次市劳动模范。此后在 2010 年、2013 年、2016 年的“五一”劳动节前夕举行宜昌市劳模表彰大会。

为加强评选工作的领导，宜昌市成立劳动模范和先进工作者评选表彰领导小组，市委、市政府分管领导担任正、副组长，有关部门和群团组织等部门负责人为成员，领导小组下设办公室 (设在市总工会)，承担评选表彰的具体工作。

在全国（湖北省）劳动模范和先进工作者表彰年，收到全国（湖北省）劳动模范和先进工作者推荐评选通知后，市总工会立即向市委市政府相关领导进行专题汇报。按照推荐评选通知精神和市领导的要求，成立推荐评选领导小组，并组建工作专班，严谨有序地组织评选工作。各地各单位按照劳模推荐评选工作统一部署和要求，采取基层民主推荐、层层审核把关的办法，召开推荐对象所在单位职工(代表)大会、社区、居民（代表）会议、农村村民（代表）大会进行推荐、公示（公示内容为拟推荐对象的姓名、单位、职务、主要事迹和举报方式等），经各级党委、政府和相关主管部门审核，并通过会议形式讨论决定，签署意见后逐级上报到市劳动模范工作办公室。市劳动模范工作办公室根据各地各单位推荐的情况，经综合比选提出初步名单，会同相关部门对初步名单进行联合审查，被推荐对象是机关事业单位工作人员的，须经组织人事、纪检监察、社会治安综合治理、卫生计生等部门签署意见，其中党政主要领导干部还需经安全生产部门签署意见;被推荐人选是企业负责人（含乡镇企业负责人）的，需经当地工商、税务（国税、地税）、人力资源社会保障、安全生产、环境保护、卫生计生、社会治安综合治理等部门签署意见，其中国有企业负责人还需经纪检监察、审计部门签署意见，私营企业负责人还需经统战、工商联等部门签署意见；被推荐对象是企业一线工人、专业技术人员、企业管理人员的，需经单位人事管理部门和当地卫生计生部门签署意见；被推荐对象是农（牧、渔）民、村干部、农民工的，除了经当地卫生计生部门签署意见外，还需经当地公安部门签署意见。根据联合审查情况，市劳动模范工作办公室提出推荐人选建议名单，经征求市劳模评选工作领导小组成员单位意见、上报市政府、市委常委会审核同意后，形成全国（湖北省）劳动模范和先进工作者推荐人选名单，推荐人选名单公示后报省劳模评选办公室（省总工会）。

宜昌市劳动模范推荐评选过程与全国（湖北省）劳动模范推荐评选基本相同。劳模评选表彰都以市政府名义下发通知，对劳模评选的条件、方法和评选要求都作出明确规定。评选推荐工作始终坚持高标准、严要求，注重实绩，并适当注意性别和各类人员比例。评选中坚持发扬民主，走群众路线，经过自下而上层层评选，须经推荐人选所在单位职工 (代表)大会、社区居民 (代表)会议、农村村民 (代表)大会讨论通过后，县市区党政及有关部门审核，市劳动模范工作办公室综合比选，会同相关部门对初步名单进行联合审查，征求市劳模评选工作领导小组成员单位意见后，上报市政府审核同意，经市委常委会研究审定，以市政府名义命名表彰。

二、落实待遇

党中央、国务院历来高度重视劳模工作、关心关爱劳模生活。从 2003 年起，中央财政设立全国劳模专项补助资金，每年拨出专款对劳模进行帮扶和慰问，用于全国劳模生活困难补助、特殊困难帮扶、春节慰问、健康体检补助和疗休养补助，从制度上保障了全国劳模的生活水平和质量。

根据《湖北省劳动模范管理办法》有关规定，2008 年省财政厅和省总工会出台《湖北省省部级困难劳动模范补助资金管理暂行办法》，2013 年进行修改和完善。自 2008 年起，省财政每年安排 1200 万省部级困难劳模补助资金，对每年因收入水平低和家庭发生重大变故造成生活困难的省部级劳模实施生活困难补助和特殊困难帮扶。2013 年，省部级困难劳模补助资金由每年 1200 万元提高到 1500 万元。2001 年，省总工会、人事厅、劳动保障厅、财政厅下发《关于贯彻落实省人民政府对省部级以上离退休劳动模范实行荣誉津贴的决定的通知》（鄂工发〔2001〕10 号），省政府决定，对全省省部级以上离退休劳动模范实行荣誉津贴。全国劳动模范（先进工作者），离退休后每人每月享受荣誉津贴 80 元。省部级劳动模范（先进生产（工作）者），离退休后每人每月享受荣誉津贴 60 元。2013 年，湖北省总工会等 10 个部门联合下发《关于进一步解决劳动模范社会保障和生活困难等问题的通知》（鄂工发〔2013〕26 号），要求从 2014 年起，恢复离退休劳模荣誉津贴的发放，并适当提高荣誉津贴标准，即：全国劳模每人每月 150 元，省部级劳模每人每月 100 元。

市政府于 1994 年首次出台《宜昌市劳模管理办法》，历经 2009 年、2014 年两次修订，重点对劳模待遇进行了调整完善，包括将市五一劳动奖章获得者纳入市劳模的评选范围；明确对生活困难的市劳模实行补贴，所需经费列入财政预算，并对符合住房保障条件的，同等条件下优先落实保障性住房待遇；明确对市劳模疗(休)养所需费用，由市财政给予部分补贴;增加市劳模定期体检待遇，将部分对象体检费用纳入财政保障等。每年重大节日，尤其是春节前夕，市委、市政府领导都会走访慰问坚守生产（工作）岗位一线劳动模范、有特殊贡献的劳动模范及部分生活特别困难的劳模。根据宜昌市人民政府与市总工会第八次联席会议纪要精神，自 2012 年起，宜昌市财政局每年安排 15 万元劳模专项资金，用于市劳模的困难补助、宣传及日常管理等。2014 年，市财政局、市总工会出台《宜昌市劳动模范待遇执行办法》。从此，宜昌市财政每年安排 100 万元劳模专项资金，用于市劳模的困难补助、疗休养、健康体检、重大节日慰问及宣传报道，重点是对因收入水平低和家庭发生重大变故造成生活困难的市级劳动模范进行补助。

2003–2017 年，帮扶全国劳模和先进工作者 732 人次，发放帮扶资金 4,772,614 元。

2004–2017 年，帮扶湖北省劳模和先进工作者 3028 人次，发放帮扶资金 79,206,277 元。

2012–2017 年，帮扶宜昌市劳模和先进工作者 591 人次，发放帮扶资金 2,417,278 元。

2013 年 12 月，市总工会、市委宣传部、市农办，市人力资源和社会保障局、市公安局、市民政局、市财政局、市住建委、市卫计委转发省总工会等十部门《关于进一步解决劳动模范社会保障和生活困难等问题的通知》，要求基层工会协助和督促行政有关部门切实关心劳模的生产生活，真诚帮助劳模解决实际困难和问题。2013 年 9 月，市总工会组织城区 20 名全国劳模在市第一人民医院免费体检。2014–2017 年，除推荐劳模参加全国总工会、省总统一组织的劳模疗休养外，市总工会共组织 303 名劳模赴西安、桂林、三亚、青岛、北戴河、厦门等地休养，受到劳模们的欢迎。

1988–1991 年，市总工会组织 7 名省部级以上劳模参加省总工会委托省总工会干部学校和湖北大学共同举办的第一期劳模大专班学习，该班从 1988 年 10 月开学至 1991 年 7 月毕业，学制 3 年，其中补习高中文化一年，并参加全国成人高考取得入学资格，然后进入湖北大学和省总工会干校举办的省劳模大专班学习两年毕业。参加大专班学习的 7 名劳模是：汪家发、闫承模、周光金、陈洪、孙光平、姜定荣、翁晓梅。1992 年，市总工会又组织卢常会等 2 名省劳模参加第二期劳模大专班学习。

三、服务管理

2003 年，市总工会组织工作专班，指导全市工会系统对历年劳模名单进行摸底汇总，经市劳模工作办公室审核认定，初步形成以劳模姓名、工作单位及职务等内容组成的市级以上劳模信息数据库。2012 年，省总工会组织开展了省部级以上劳模生活生产状况调研。2013 年，市总工会组织开展宜昌市劳模生活生产状况调研。市劳模工作办公室以这两次调研工作为契机，进一步健全劳模信息库。劳模信息库内容扩充到劳模姓名、性别、民族、出生年月、身份证号、政治面貌、文化程度、所获最高荣誉称号、荣获时间、就业状况、工作单位及职务、家庭住址、联系电话、本人月平均收入，家庭人均月收入、住房性质、家族住房面积、困难情况、参加社保等内容。自 2015 年开始，市总工会积极构建“互联网＋”服务职工体系，劳动保护部积极探索“互联网＋”劳模服务体系建设，也进一步完善劳模信息库建设。劳模信息库内容扩充了劳模居住地网格员的姓名和联系电话等内容。通过劳模所在单位工会、居住地网格员互联互通，做到第一时间了解劳模本人工作变动、辞职、下岗、生病、退(离)休、去世，以及违纪违法等基本信息，推动劳模信息动态化管理。

2009 年，为庆祝新中国成立 60 周年，市委宣传部、市总工会、三峡晚报联合开展宜昌最具影响力十大劳动模范的评选。经过基层推荐、公众投票，按照结构比例要求，由市领导、专家学者和公众代表组成的评审团评选，王守伟、孙万清、孙元金、李杰、周昌栋、俞学锋、郭宏培、高炳翠、蒋红星、覃发国等 10 人当选为“宜昌最具影响力十大劳动模范”。2011 年，为庆祝中国共产党成立 90 周年，市总工会举办了宜昌市“百名劳模看发展”活动。市委常委、市总工会主席廖达凤，市政协副主席熊从银出席启动仪式。获得全国、省、市劳动模范的代表 100 名参观三峡大坝，考察了宜昌东站、万达广场等重点项目，近距离感受宜昌“十一五”的经济社会发展成就。2012 年，市总工会、市公交集团联合打造宣传劳模事迹公交专线，大力弘扬劳模精神、工人阶级伟大品格。

2012 年，市总工会在全市范围内广泛开展职工（劳模）创新工作室创建工作。截至 2017 年底，全市共创建职工（劳模）创新工作室 160 家，其中省级示范 1 家、省级 16 家，市级示范 30 家，市级 100 家，发挥了劳模的示范引领作用。2012 年，市总工会、市教育局联合开展“劳模事迹进校园”活动，组织 20 名劳模先后走进宜昌机电工程学校等 5 所大中专学校，开展劳模先进事迹宣讲，参加活动的师生达 1 万多名。2014 年，市总工会开展劳模“三进”活动（即进企业、进社区、进校园）。“劳模进企业”，让劳模的成长事迹为一线职工带来启迪，指引他们立足岗位成才；“劳模进社区”，组织具有专业技能的劳模，走进社区为居民服务；“劳模进校园”，以身示范，激励青少年敬劳模、爱劳模、学劳模。2015 年以来，宜昌市总工会广泛开展劳模“五进”活动（即进企业、进校园、进机关、进社区、进农村），大力弘扬社会主义核心价值观，充分展现“爱岗敬业、争创一流，艰苦奋斗、勇于创新，淡泊名利、甘于奉献”的劳模精神，发挥劳模引领示范作用，为建设和谐湖北、美丽宜昌提供了强大精神动力。工人日报、中工网、全国总工会网、湖北工会网、三峡日报、三峡电视台对宜昌工会广泛开展劳模“五进”活动进行了大量宣传报道。

图 7-21　2000 年 4 月 28 日，市总工会欢送劳模代表团进京观光

图 7-22　2000 年 5 月 2 日，市进京劳模代表团在天安门城楼合影

自 2012 年以来，市总工会每年都要组织优秀劳模代表参加市春节团拜会、市新年茶话会。市总工会推荐一批优秀的劳模成为全国、省、市党代表、人大代表和政协委员，充分发挥劳模在国家和社会事务管理、基层民主管理中的重要作用，在参政议政中的独特作用。2000 年“五一”“十一”两批组织劳模先进工作者进京观光。2005 年 5 月组织 13 名省部级劳模赴港澳地区考察学习。2005 年国庆期间组织 48 名全国劳动模范进京与首都人民共度国庆佳节。2009 年 9 月在新中国成立 60 周年之际组织劳模参观大型工程项目。2015 年 6 月组织 5 名湖北省劳模赴港澳地区学习考察。

第八章　宣教文体

第一节　思想教育

1989 年一季度，原市总工会在 10 个企业对 500 名职工进行问卷式思想调查。4 月，市总工会同市委组织部、市委宣传部、市纪委举办了企业思想政治工作研讨班，82 名工会主席参加学习，为经受春夏之交的政治风波打下坚实思想基础。在原市总工会第八次代表大会上发出《全市职工立即行动起来 旗帜鲜明地反对动乱》的倡议书。“六四”风波平息后，积极宣传中共十三届三中四中全会精神和邓小平、江泽民讲话，市总和各局工会干部深入 108 个基层单位调查了解情况。1989 年，地区工会进行形势政策教育培训和专题辅导，举办 15 期形势教育讲座，开展“三忆三热爱”的自我教育活动。收到了“三增”的效果。（三忆：忆党史、忆“文革”动乱、忆厂史；三热爱：热爱党、热爱社会主义、热爱厂；三增：增强职工克服困难的信心、增强党和政府的权威、增强社会主义的凝聚力）。地区及县市也举办各类形势教育培训班 362 场次。

1990 年，原市总工会以学习贯彻《中共中央关于加强和改善党对工会、共青团、妇联工作领导的通知》为主线，引导广大工会干部深刻领会通知精神，提高对全心全意依靠工人阶级思想认识，进一步加强新形势下工会工作。同时开展以基本国情、基本理论为主要内容的“双基”教育。市区双基教育面达 75%以上。地区工会开展以稳定和鼓劲为主题的形势政策教育和双基教育，办培训班 178 期，培训职工 14240 人。地区工会与地委公交政治部在枝江召开地直公交财贸战线“双基”教育工作现场会。到年底，全区 2.5 万名职工参加了“双基”培训教育。

1992 年，全市各级工会深入学习邓小平同志南巡重要讲话和中共十四大精神，层层举办培训班、座谈会、报告会和运用广播、电视、报纸等多种形式，对广大职工进行党的基本路线教育，进行建设有中国特色的社会主义理论教育，进行工人阶级是改革和建设的主力军教育，增强了广大职工支持改革、参与改革的使命感，责任感和紧迫感。市工会针对工会工作面临的新问题，组织 180 多名工会干部参加了四期培训班。

1993–1994 年，开展了“两论”教育（社会主义市场经济理论和邓小平建设有中国特色社会主义理论），编印《市场经济基础知识 100 问》8000 多册，《改革开放新知识》5000 多册。

1995 年结合抗日战争及世界反法西斯战争胜利 50 周年和中华全国总工会建立 70 周年，在全市职工中开展了百人演讲，百首革命歌曲演唱，百篇文章评选及“爱祖国、爱宜昌、爱企业、爱岗位”的爱国奉献活动。全市有 4.6 万多名职工参加这一活动，涌现出一批先进典型。其中宜通运输公司客运公司被评为省职业道德建设先进集体，市环卫处清洁工许先林被授予全省“职业道德建设十佳标兵”称号，市工商局陶珠路管理所吴发友被授予“职业道德建设先进个人”称号。

1996 年开展了“学先进，爱岗位做贡献”的活动，举办爱岗敬业演讲会 400 多场（次），参加职工达 12.3 万人次，以“四学一创”（学理论、学文化、学科学技术、学法律、创实绩）为内容的读书自学活动深入开展，枝城市文化宫图书馆积极为职工读书服务，被全国总工会评为先进图书馆。

1997 年，组织全市职工参加全国职业道德竞赛，市总工会获全国优秀组织奖，国贸大厦、大公桥客运站被评为省职业道德建设十佳单位。富磷集团女工委员会、市公安局教育科被评为省自学成才先进集体。

1998 年组织全市 3000 多个班组，3.5 万多名职工参加学习中共十五大报告百题竞赛活动，并获得全国优秀组织奖。

1999 年组织全市 55 个单位，3 万多名职工积极参加全国职工学习邓小平理论知识竞赛，市总工会荣获全国优秀组织奖。在声讨美国为首的北约袭击中国驻南使馆、批判“法轮功”、反对李登辉散布“两国论”分裂行径的斗争中，引导职工树立正确的人生观、价值观，激发爱国主义热情，进行爱岗敬业的教育。

2000 年，市总工会在全市工会系统组织干部职工认真学习宣传贯彻党的十五届五中全会精神。

2002年，组织全市干部职工学习贯彻党的十六大精神；召开工会系统揭批“法轮功”座谈会，部分县市区工会、企业集团工会干部代表参加座谈。

2003年，全国总工会发出关于兴起学习贯彻“三个代表”重要思想新高潮的通知，市总工会组织宣传学习。同时各级工会组织学习宣传贯彻中国工会十四大精神和省工会十大精神。

2004年，组织参加省总工会开展的《湖北省实施＜中华人民共和国工会法＞办法》知识竞赛，枝江市等15个单位工会被市总评选为“优秀组织奖”单位，邵宗英等100名职工获得个人奖。市总工会会同文明办等单位联合出台关于开展“创建学习型组织，争做知识型职工”活动的实施意见。市总工会组织开展“创建学习型组织，争做知识型职工”知识竞赛，宜都市等16个单位被授予“优秀组织奖”。

2005年，组织全市工会干部和广大职工学习宣传贯彻党的十六届五中全会精神，将学习贯彻活动和开展“创建学习型组织，争做知识型职工”、劳动竞赛等活动相结合，引导职工争创一流。和湖北移动通信有限责任公司宜昌分公司联合举办“全球通杯《学习放飞理想》”征文演讲活动，表彰10个标兵集体，25个先进集体，10个标兵个人和26个先进个人。引导职工树立终身学习、终身受教育理念。邀请北京明德经伦管理研究院的专家来宜举办创争活动专题讲座，组织“我的事业·我的家”演讲比赛及巡回演讲。

2006年，组织全市工会干部和广大职工认真学习贯彻党的十六届六中全会精神，学习《江泽民文选》，广泛开展宣传。依照全国总工会等十部委印发的《全国“创建学习型组织，争做知识型职工”活动考核评价指标体系实施办法（试行）》及湖北省“创争”活动领导小组有关要求，市总工会等九委局制定了《宜昌市“创建学习型组织，争做知识型职工”活动考核评价指标体系》，以此作为考核和评选表彰“创争”活动的依据。开展“职工读书自学”征文活动、评选十大职工读书自学明星、“十佳企业图书室”、举行职工读书自学成果报告会。对“自学明星”和“十佳企业图书室”进行表彰。征文活动期间，共收到稿件1000多篇，优秀征文在《三峡日报》三峡都市版刊登，《三峡日报》刊登72篇。

2007年，组织干部职工学习贯彻胡锦涛总书记重要讲话和中国工会十五大精神，组织宣讲团深入基层、企业、车间开展宣讲和辅导。

2008年，制定下发《宜昌市总工会2008宣传计划》。在全市工会系统开展改革开放30周年纪念活动，召开宜昌市总工会纪念改革开放30周年座谈会暨《宜昌工会与改革开放30年》纪念册首发仪式。开展“光辉的历程—宜昌工会与改革开放三十年”征文活动，编辑出版文集，举办“宜昌工会与改革开放三十年”图片展，组织劳动模范、五一劳动奖章获得者和优秀工会干部参观纪念改革开放30周年各类成果展。

2008年，各级工会按照《湖北省总工会关于开展“职工书屋”建设的实施意见》要求，建成全国“职工书屋”示范点2个，省级“职工书屋”示范点3个，市级“职工书屋”16个。7月上旬，市总工会发出《关于在全市职工中开展向农民工爱心捐书活动的倡议》，社会各界捐书2万余册。市总工会建立流动职工书屋的做法在《工人日报》刊发。

2009年，组织开展学习贯彻全省工会工作会议暨省总工会十一届三次常委（扩大）会议精神。和市委宣传部、市委政法委等单位联合开展宜化杯宜昌市首届“十大爱民警察”和“十大拥警模范市民”评

图 8-23　2010 年，市总工会向援建“职工书屋”的中国光华科技基金会赠送锦旗

选活动。制定《关于进一步推进“职工书屋”建设的通知》，新创建30个“职工书屋”示范点，建成50个“职工书屋”。

2010年，按照省文明委和市文明办要求，市总工会在工会系统广泛开展“迎世博、讲文明、树新风”活动，组织干部职工开展文明礼仪知识宣传普及教育、全员读书、倡导勤俭节约等系列主题活动。组织开展“学习道德模范 争做文明市民”活动。联合中国光华科技基金会筹集价值300万元、近10万册的图书，赠送80个基层“职工书屋”。

2011年，组织学习党的十七届五中全会精神，组织宣讲力量进基层、车间、班组开展宣讲。开展“2011年职工拒绝毒品零计划”活动。举办“全市职工工会知识竞赛”。援建40个市级“职工书屋”示范点。

2012年，市总工会开展“学党史、知党情、跟党走”学习教育活动，举办职工党工知识竞赛暨“当好主人翁、永远跟党走”职工演讲比赛。收到书面答题卡19,000余张，20个地方、单位组队参加现场竞赛，市总工会对获奖单位和个人进行了表彰。制发《“2012年职工拒绝毒品零计划”暨“禁毒宣传进企业”活动方案》，并完成市禁毒委6月1日“校企联盟大型禁毒活动”的筹备工作及100人职工方阵的组织协调工作。加强职工职业道德建设，推荐沙龙宴餐饮公司为第九届湖北省职工职业道德建设标兵单位。推荐当阳市工人文化宫为2012年度“全国职工教育培训优秀示范点”。

2013年，组织干部职工深入学习贯彻党的十八届三中全会精神、省工会第十二次代表大会精神，按照《中华全国总工会办公厅关于学习宣传贯彻<中华人民共和国劳动合同法（修正案）>的通知》要求，各级工会组织干部职工开展学习。举办“中国梦·劳动美”职工读书征文活动，通过“职工书屋”学习文化，丰富生活，提升素质，市总工会对部分单位和征文进行通报表彰。

2014年，组织开展寻找宜昌“最美一线职工”活动，向省总工会报送8名先进典型参加全省“最美一线职工”评选，最终2名成为湖北省“最美一线职工”候选人；积极开展禁毒宣传教育工作，被评为“市禁毒委员会优秀成员单位”；认真做好全市职工全民阅读工作，被评为“全市全民阅读先进单位”；举办2期市总工会“道德讲堂”活动；完成全国职工教育培训示范点（兴山县工人文化宫）的申报工作。完成第十届湖北省“职工职业道德建设先进单位、先进个人”及征集省“职工职业道德讲堂”宣讲人员的申报工作。

2015年，开展“中国梦·劳动美”寻找宜昌“最美一线职工”活动，通过微信评选出10名“最美一线职工”、10名“最美一线职工”提名奖。组织全省劳模先进事迹报告团宜昌报告会，500名职工参加，省委常委、市委书记黄楚平亲切接见了报告团全体成员。开展禁毒宣传教育工作，为禁毒联系点制作宣传条幅和禁毒手册，市总工会连续多年获得全市“禁毒工作先进成员单位”。

2016年，组织干部职工学习贯彻落实党的十八届六中全会和中央、省委、市委党的群团工作会议精神。开展晒“劳模”“微笑之星”“巾帼建功标兵”评选等系列活动。

2017年，制定工会系统深入学习宣传贯彻党的十九大精神活动方案，安排开展六类主题宣传活动。第一时间组织由党的十九大基层代表、工会干部、劳动模范、宜昌工匠、最美一线职工等组成的职工宣讲团，进企业、进机关、进校园、进农村、进社区宣讲党的十九大精神，累计举办各类宣讲活动40余场。认真履行意识形态工作牵头部室责任，建立了一支以各级工会宣教干部为主体的网上工作队伍。积极宣传好司机邓艾民先进事迹，市总工会印发《关于开展向邓艾民学习的通知》，号召全市广大职工学习邓艾民先进事迹，弘扬和践行社会主义核心价值观。市总工会被评为全市“禁毒工作先进成员单位”。

第二节 文体活动

1989年，原宜昌市总工会举办庆“五一”“五四”文艺节，1400余人参加表演。国庆40周年举办了歌唱中国共产党、歌唱社会主义祖国、歌唱人民军队为内容的“三热爱”演唱大赛。是年，宜昌地区工会举办全区职工文艺调演暨绘画、书法、摄影作品联展，收到作品400幅，调演节目60多个。到1989年底，全市拥有文化宫、俱乐部9个，图书室121个，图书40余万册，电影放映单位11个，篮排球场94个，游泳池5个。田径场、足球场4个，专业工作人员172人。职工文艺团队39个，业余创作小组、兴趣爱好小组（协会）271个，各类球队340多个，参加职工达5600余人，有1.24万人经常参加医疗操，练气功、健美操、迪斯科和其他体育活动，交际舞成为一大批职工的业余爱好。

图8-24 1999年9月，市总工会组织职工开展庆祝建国50周年文体活动

1990年，迎接亚运会在中国举办，开展“全市职工百日锻炼”活动，并举办第三届职工篮球赛。枝江县被全国总工会、省总工会、省体委评为“百日锻炼迎亚运活动”先进县，是全国47个城市中唯一的县级行政单位。当阳县被授予省“百日锻炼迎亚运活动”先进县。

1991年，举办职工声乐、器乐、舞蹈小品、曲艺调演，为申办奥运会开展职工冬季锻炼活动，有7.53万人参加。是年，全市工会开展迎接中国共产党建党70周年，“三热爱”主题实践活动，近20万职工参加。全年开展大型文体活动322次，参加活动的职工有348万人次。枝江、当阳、枝城市文化宫被授予省“文明文化宫”荣誉称号。

1991年地区文化宫俱乐部62个，图书室618个，藏书61万册，电影放映室29个。

1992年，原市总工会争取到将新工人文化宫建设列入市重点工程，在基层有宜昌棉纺织厂，中南橡胶厂，宜昌港务局，宜昌船厂，红旗电缆厂，红光港机厂，湖北开关厂等单位兴建和扩建了工人俱乐部、游泳池。

1992年以来，先后在“五一”国际劳动节、国庆节，举行全市大型“工人交响曲”“主力军颂文艺汇演”“纪念毛泽东诞辰100周年歌咏大赛”“纪念长征胜利60周年合唱比赛”。

1995年4月，与市体委联合举办中华全国总工会成立70周年暨“五·一”文艺体育表演大会，有5000多名职工参加。市总工会机关参加市直机关工委举办的庆祝抗日战争胜利50周年演唱会，并获二等奖。

1997年，全市各级工会开展全民健身活动，市人民银行、湖北开关厂、港务局获省总表彰，市总工会表彰全民健身活动中先进集体30个，先进个人50名。

1999年“五一”前夕，举办1200多名职工参加的“工人颂”文艺晚会，整台节目荣获全国总工会授予的“优秀组织奖”，宜昌供电局、宜化集团等单位节目分别获“优秀节目奖”和“创作奖”。7月，市职工太极柔力体队在全省第十届运动会暨职工运动会上夺得1银3铜。10月举办“健康奔向新世纪”

全民健身展演大赛和庆祝建国50周年“万人拳剑民俗文体展演”活动，市总工会获“全国职工体育活动月”优秀组织奖，市工人文化宫主办“宜昌50年书画摄影展”等多种多样的群众性文体活动。12月举办迎澳门回归联欢会。

2000年3月，市总工会会同市委宣传部等部门，在全市开展“支持申奥，科学健身”万名职工体育活动月活动，3000名企业职工、机关干部、警察、教职员工参加启动仪式。宣教调研室被评为全省百万职工健身活动月优秀组织者。为隆重庆祝新世纪第一个“五一”国际劳动节，市总工会举办“庆五一、迎二大”系列庆祝活动，分别于4月下旬举办了“新世纪主力军风采”自行车环城行、全市职工乒乓球、棋类、台球比赛等一系列职工体育活动。“五一”举办“劳动者之歌”职工文艺晚会，并向当年获得全国总工会、省总工会“五一劳动奖状”和“五一劳动奖章”的单位和个人颁奖。全市共有19个单位的400多名职工参加了晚会的演出。

2001年，市总工会在西陵剧场举办“庆五一劳动者之歌”文艺晚会。

2002年，组织500人职工方阵，观看由中华全国总工会、湖北省人民政府、中央电视台、三峡开发总公司在三峡大坝联合主办的“世纪彩虹”大型广场文艺演出。

2003年，市总工会主办“三峡放歌”大型职工文艺晚会，与市文联、湖北盈加置业有限公司联合举办首届“盈加现代城杯”职工书法美术摄影大赛，并被纳入世界旅游日中国主会场庆祝活动暨第四届中国宜昌三峡国际旅游节主体活动。组队参加省十运会职工类比赛，获得金奖1个、银奖1个、铜奖3个，并获得“体育道德风尚奖”和“优秀组织奖”。参加省第十八届工人画廊美术书法摄影作品展，获金奖3个、银奖2个、铜奖4个。

2004年，市总工会在“五一”期间举办全市职工曲艺、棋牌大赛，组织70余名演职人员组成慰问演出队，以“走进职工”为主题，举行“走进矿山”“走进工业园区”“走进开发区”慰问演出。

2005年，组织“我的事业、我的家”演讲比赛及巡回演讲。深入到兴山、五峰等地开展“走进职工”慰问演出。举办第十九届湖北工人画廊暨宜昌市第二届职工美术、书法、摄影大赛，受到各级工会干部和职工群众欢迎。

2006年“五一”前夕，“走进职工”慰问演出到宜昌船厂、湖北宜化、宜都、当阳、宜万铁路长江大桥工地，受众达20,000多人。7月在宜昌裕宏纺织有限责任公司启动“向农民工送文化行动”。同年，为宣传市总工会二大以来取得的成绩和经验，市总工会和市文联协商编印了《共同的家园》大型文学专刊。

图8-25　2010年4月，市总工会职工艺术团走进当阳华阳化工慰问演出

图8-26　2006年5月，市总工会与市文联召开《共同的家园》编纂工作会

2007年，举办“走进职工”慰问演出，联合市文联、湖北益通建设工程有限责任公司举办第三届“益通杯”职工美术、书法、摄影作品大赛。

2008年2月，市总工会举办主题为“农民工闹元宵”的专题游园会活动。设置猜灯谜、拔河、套圈、飞镖、顶气球等 14 个趣味游戏和歌舞表演，500 多名农民工参与活动。投资 30 多万元举办“迎奥运·创和谐”系列活动，邀请党的十七大代表、全国劳模、北京奥运火炬传递手杨自会向全市广大职工发出“迎奥运、创三城”的倡议；宜昌籍世界著名羽毛球运动员魏轶力向广大职工发来“让我们与奥运同行”的寄语。市总工会与市体育局、湖北日报传媒集团三峡晚报联合举办宜昌市首届农民工趣味运动会，全市 40 余支代表队的 1500 多名运动员参加比赛。开展“走进职工”系列慰问演出、免费为基层职工群众送电影和送文化活动，到基层慰问演出 7 场，免费放电影 30 场次，观众累计近 4 万人。

2009 年，联合市体育局、三峡晚报举办宜昌市第二届职工趣味运动会，全市共有 35 支代表队，1000 余人参加。举办第四届“工友杯”职工美术、书法、摄影作品大赛暨展览，共有 509 幅作品参加评选。“五一”劳动节在兴发集团猇亭精细化工园区内举办”走进兴发”文艺演出。开展庆祝新中国成立 60 周年职工文艺演出活动，在宜昌剧院举办以“回顾光辉奋斗历程、展示职工时代风采、扩大工会社会影响”为主题的职工文艺晚会，为新中国成立以来宜昌“最具影响力十大劳动模范”、劳动竞赛和个人、“工人先锋号”颁奖。

2010 年，主办”农民工闹元宵”专题游园活动、首届社区文化节；深入宜昌三峡全通涂镀板、当阳华强化工集团等一线职工和农民工集中的社区、工业园区、乡（镇）村和项目工地，举办 5 场 “走进职工”慰问演出；组织职工参加湖北省第十三届运动会暨第四届职工运动会乒乓球、健身秧歌、大众体育创编比赛，均取得优异成绩。市总工会被评为湖北省”体育工作先进单位”、省运会”优秀组织单位”。

2011 年，参加庆祝建党 90 周年全省职工文艺节目展评选送工作。7 个节目分获特等奖和一二三等奖，市总工会被表彰为“庆祝建党 90 周年全省职工文艺展演”优秀组织单位。

2012 年，为全面贯彻落实十七届六中全会推动文化大繁荣大发展的精神，市总工会开展了“全市职工文艺作品展评”活动，共收到参评文艺作品 56 个，并组织专家评审，对优秀作品予以通报表彰。开展“走进职工”慰问演出 5 场及放电影活动 30 场。

2013 年，开展“走进职工”文艺演出 3 场、放电影 30 场、文艺小分队演出 50 场。

2014 年，参加湖北省第十四届省运会全民健身成年人类（职工）乒乓球、健排舞和大众体育创编三个项目的比赛。举办第六届全市职工美术书法摄影作品大赛暨展览，遴选作品参加第二十三届湖北职工画廊美术、书法、摄影作品展览，共获 13 个奖项，市总工会荣获“优秀组织单位”。开展“走进职工”慰问演出 4 场及放电影活动，援建 50 家市级“职工书屋”。

图 8-27　2006 年 4 月，市总工会职工艺术团《走进宜都》慰问演出

2015 年，援建 50 家市级“职工书屋”，市总工会被评为“全市全民阅读先进单位”，组织开展 5 场大型“走进职工”慰问演出活动，走进枝江 61699 部队、三峡职院、高新区微特电子、长阳赵家堰村。成功承办了省总工会工友艺术团“走进秭归”慰问演出活动。

2016 年，先后组织职工艺术团走进枝江顾家店、猇亭区、当阳市、中建之星、秭归等地开展慰问演出活动，组队参加全省第四届职工健排舞比赛，获得团体、男双、女双、混双所有项目的第一名，包揽一等奖。举办了“威克多杯”全市职工羽毛球比赛、全市职工象棋大赛两项全市性的体育赛事，56 支代表队，共 400 余名运动员教练员参加了比赛。援建 50 家市级“职工书屋”，在“宜昌工人”微信平台上建设了电子职工书屋。

2017 年，组织开展“中国梦·劳动美-永远跟党走”“网聚职工正能量、争做中国好网民”等系列主题活动，成功举办“喜迎十九大·党在我心中”职工演讲比赛、“职工好声音·赞歌献给党”职工歌咏比赛、“大美宜昌·最美劳动者”第七届职工书法美术摄影作品展等活动。组织职工艺术团开展“走进职工”慰问演出 5 场，慰问演出活动 72 场，为职工送电影 30 场。

第三节　宣传工作

1990 年 4 月 8 日，原市总工会首次举行经济信息发布会。市电视台、广播电台、各报刊记者参加。10 月，原市总工会与市广播电台联合举办“咱们工人有力量”征文活动颁奖会。征文活动从 5 月开始，有 40 名作者获奖。

1992 年 5 月，市总工会在城区开展《工会法》宣传月活动，共开展宣传咨询活动 1257 场，设宣传站 50 多个，办案件专栏、黑板报 8657 期，同时，市总工会与“三峡晚报”联合举办《工会法》知识竞赛，有 13 万余名职工参加。

1993 年，市总工会参与市委、市政府开展的“宜昌精神”大讨论，市委常委、市总工会主席金泽兰，宣教部部长杜心宁撰写论文。杜心宁论文被辑入市委宣传部编印的《怎样做个宜昌人》一书。

1994 年，市总工会组织全市 36.5 万名职工参加全国《劳动法》知识竞赛，市总工会会同市委宣传部，市人大法工委、普法办、劳动局联合下发了《关于认真学习深入贯彻＜劳动法＞的通知》，从 7 月份开始，在全市推进学习宣传贯彻《劳动法》，印发宣传资料 41.7 万份，市总工会举办了两期有 298 人参加的培训班。全市各级工会共办培训班 508 期，培训骨干 11,184 人，大幅标语 242 条，城区共设咨询点 131 个，出动宣传车 72 辆，有 1200 多名领导干部和劳资、工会干部参加了活动，对 12 万多人次进行了宣传或咨询，覆盖面占全市职工总数的 86.5%。

1994–1995 年，与《三峡晚报》联合开办“职工生活”专栏，与《宜昌日报》联办“职工天地”专栏，1996 年，与宜昌电视台合作，在新闻节目中开辟“改革主力军”“主力军颂”等栏目，展现了工人阶级主力军的风采。

1998 年，杜心宁获得宜昌市“思想政治工作创新奖”和全国总工会、省总工会授予的“全国职工读书自学活动优秀组织者”奖。

自 2000 年开始，“五一”期间，在宜昌三峡电视台、《宜昌日报》开设专题和专栏，大力宣传全市工会工作的成果和广大职工建功立业的事迹。组织干部职工学习贯彻江泽民总书记在庆祝中国共产党成立八十周年大会上的讲话精神和尉健行同志在全国总工会十三届七次主席团（扩大）会议上的讲话。

2001 年，市总工会宣教调研室被省总工会表彰为“宣教工作先进单位”。

图 8-28　2007 年 7 月，市总工会召开“农民工维权月”专题新闻通气会

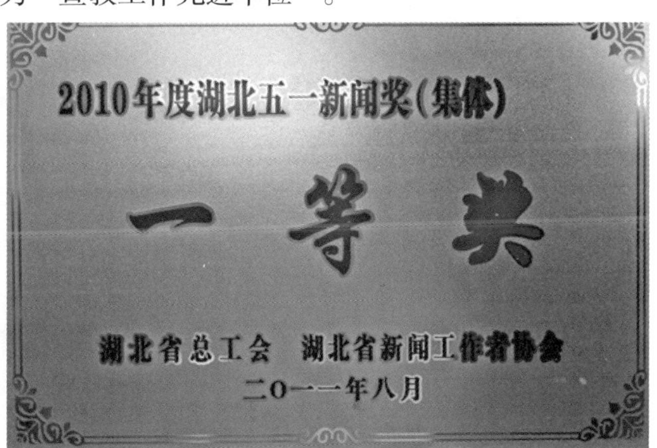

图 8–29　2011 年 8 月，市总工会获省五一新闻奖

2002年，在《宜昌日报》副刊举办“我的就业之路”征文活动，面向各界征集广大职工自主创业、寻岗就业的先进典型，对获奖稿件进行奖励，并在《宜昌日报》刊登。组织部分县市区总工会负责宣教调研工作的同志组成调研组，先后对兴山、秭归、远安、夷陵等县（区）总工会开展重点工作的情况进行调查研究，市总工会宣教调研室《困难职工思想状况调查》《职工队伍状况调查》被评为湖北省工会2002年度优秀调研文章。

2003年，全国总工会号召在工会系统兴起学习贯彻“三个代表”重要思想新高潮，市总工会在《宜昌工运》开辟专栏，设置专题，开展征文活动，深入宣传“三个代表”重要思想。

2004年，全市各级工会利用橱窗、板报、专栏，宣传建国55周年以来取得的巨大成就，开展纪念邓小平诞辰100周年的活动。

2005年，先后策划、宣传了全国、省、市劳动模范，“送温暖工程”。按照省总工会统一部署，深入到8家企业、300名职工中，积极做好“和谐企业”大调研工作。定期向湖北工会网站和《工友》杂志报送信息稿件，全年累计报送信息15条，在《工友》杂志上稿6篇；按照要求全面完成《工友》杂志订阅发行工作，先后在各级各类报刊杂志、电台电视台上发表有关工会工作的新闻、图片、调研文章328篇（幅）。

2006年，重点宣传报道工会组织及维护农民工合法权益工作。国家级报刊上稿6篇；省级报刊上稿12篇；市级报刊上稿30多篇。

2007年，重点宣传市工会第三次代表大会和庆祝宜昌市总工会成立八十周年，在《三峡日报》刊登专版，配发评论员文章，各新闻媒体都作了专题报道。《宜昌工运》印制80周年庆专刊和纪念邮册。开展“工会工作创新”理论与实践研讨，各级工会积极响应号召，撰写了一批实践性和理论性较高的调研理论文章，评选出优秀奖5篇，鼓励奖4篇，编印《庆祝宜昌市总工会成立80周年理论与实践文集》。

2008–2009年，市总工会投入10余万元与《三峡日报》联合在三峡都市版开设“职工之家”专栏，与三峡电视台联合在“宜昌新闻”中开设“工会之窗”栏目，与宜昌人民广播电台联合开展“维护职工合法权益、构建和谐劳动关系”专栏。

2008年，对《宜昌工运》进行改扩版，通过专栏、专刊，重点宣传新时期工会工作方针、有关职工权益政策法规解答、基层工会工作先进典型，以及其他工会相关工作。建立工会新闻发布制度。围绕中心，重点宣传了各地在推进和谐劳动关系创建过程中出现的新典型、新经验；总结宣传了卢光胜、冉迎玖等一批“职工技术创新成果先进个人”、湖北松宜煤业有限公司陈家河煤矿采掘一区八班等一批“工人先锋号”。总结加强困难职工帮扶中心建设、努力为困难职工排忧解难、楼宇工会建设、职工流动书屋建设、为地震灾区农民工讨要工资和开展经济技术创新等经验做法，通过《工人日报》推广。一批反映宜昌市工会工作创新发展的经验在《工友》杂志上推介。

2009年，制定下发《工会信息、调研文章、新闻稿件奖励办法》和《关于进一步加强和改进工会调查研究工作的意见》。参加全省优秀调研文章评选，获1个一等奖，1个二等奖。参加全省“五一新闻奖”评选，获2个三等奖。

2010年，经市总工会研究决定，宜昌市工会维权网“今日导读”“工会新闻”“基层动态”“调查研究”“经验交流”等5个栏目调整为宣教调研室负责，并新增《加强工资集体协商·构建和谐劳动关系》专栏，各地区踊跃投稿。

2011年，召开全市工会宣教工作会议，通报表彰宜都市总工会等20个宣教工作先进单位；当阳、五峰、夷陵、交通、宜化等5个先进典型介绍经验。

2012年，利用工会自身宣传平台抓全面宣传，以宜昌工会维权网站、办公楼前LED显示屏为平台，全面报道全市工会工作动态，及时介绍各类经验和做法，累计发布新闻信息1500余条，向湖北工会网站报送200余条。利用市总工会办公楼前广场建设LED显示屏播放视频、图文资料200余次。在《工人日报》等国家级报刊累计刊登新闻稿件13篇，《三峡日报》头版头条4篇，《三峡日报》制作专版4个。

2013年，开通“宜昌工人”官方微信后，在《工人日报》《湖北日报》、湖北电视台、《三峡日报》、三峡电视台等国家、省、市主流媒体刊发宜昌工会工作报道100余篇。其中，《工人日报》刊发头版及头条2个，《湖北日报》连续三天报道宜昌工会工作，湖北电视台《湖北新闻》栏目专题报道两个，《三峡日报》刊发头条4个、专版4个。

2014年，在《工人日报》刊发稿件10篇。“五一”期间，连续在《三峡日报》2版头条、头版、头版头条刊登《黄楚平：以改革创新精神提升工会工作科学化水平》《劳动者光荣 奉献者伟大》系列报道文章，《三峡日报》出版《劳动光荣》28个版合辑（其中含《工会服务在您身边》专版），《三峡晚报》出版《模范的力量》9个版合辑，省总工会党组成员、副主席胡碧辉对市总工会新闻宣传工作给予充分肯定，并作出批示。

2015年，在全省工会系统率先开通微信微博，依托“宜昌工人”开展“最美一线职工”评选、“娘家人”微信摄影大赛、金点子征集活动，“宜昌工人”官方微信WCI指数稳居全国工会系统前20名，“宜昌工人”官方微信获得首届最具影响力工会新媒体论坛“全国十佳最有影响力工会新媒体”和“全国十佳工会新媒体运营策划活动”大奖。

2016年，在“宜昌工人”微信平台上开展“宜昌工匠”选树、职工法律知识有奖答题、工伤保险知识微信竞答、晒晒身边“劳模”赢健康大礼、“微笑之星”投票、万人相亲节、元宵节猜灯谜、“巾帼建功标兵岗、标兵个人”评选、职工婚恋情况调查、签到赢好礼等各类活动14期。举办新媒体培训班，邀请“宜昌发布”、《三峡晚报》的微信编辑专题授课。在《工人日报》刊登新闻稿件20条，中央电视台新闻频道专题报道“互联网+”普惠服务工作；省级报纸杂志刊登10余篇；湖北电视台刊登新闻稿件、制作专题栏目2条篇；在市级媒体刊发新闻稿件300余篇。

2017年，“宜昌工人”共发布图文消息48期260余条，开展各类活动5期，增强了“宜昌工人”的黏性。利用微博第一时间向广大职工展示工运动态。在市工会第五次代表大会期间，设置话题与媒体“大V”和职工互动。开通全市工会“微矩阵”，实现服务同步推进、新闻宣传齐步走。在全国工会新媒体建设推进会上，“宜昌工人”被评为“全国最有影响力工会新媒体”，并代表湖北上台领奖，WCI指数稳居全省工会系统和市直政务微信排行榜前三。开展“五一”专题宣传，在省市各主流媒体推出宣传专版（专栏、专刊）30余个。围绕市工会第五次代表大会，在《三峡日报》《三峡晚报》《三峡商报》着力宣传5年来工会工作取得的成绩。在《三峡商报》刊登以案说法专刊8期。全年在《工人日报》刊登新闻稿件20条；湖北日报、湖北电视台刊登新闻稿件、制作专题栏目10条篇；在市级媒体刊发新闻稿件300余篇。2010–2017年，市总工会连续七年获得“湖北省五一新闻奖（集体奖）”一等奖。

第四节　工作调研

2004年，《关于当前职工思想状况的调查报告》获全省优秀调研文章评选一等奖，《职工社会保险存在的问题及建议》获三等奖。

2006年，编印大型纪实文学专刊《共同的家园》，认真总结和宣传宜昌市工会第二次代表大会以来工会工作取得的成绩和经验；完成全国总工会职工思想状况和企业政治思想工作情况调查。《在构建社会主义和谐社会中充分发挥工会组织的作用》，获全省优秀调研文章评选三等奖。

2007年，成立宜昌市工会学学会，编辑出版《庆祝宜昌市总工会成立八十周年理论与实践文集》，收集优秀调研文章 89 篇。《关于商务楼宇工会组织建设的调查与思考》获全省优秀调研文章评选一等奖，《关于构建职工权益维护工作长效机制的思考》《关于宜昌市规模以上民营企业劳动关系状况的调查报告》获二等奖。

2008 年，《关于<劳动合同法>贯彻实施情况的调查与思考》获全省优秀调研文章评选一等奖，《关于职工文化建设的思考》获二等奖。

2009 年 编辑出版《2009 年宜昌工会工作实践与探索》，收集优秀调研文章 67 篇；《关于工会劳动争议调解中心工作的实践与思考》《关于农民工住房难问题的调查及建议》获全省优秀调研文章评选一等奖，《当前农民工就业及维权工作情况的调查与思考》《关于市县两级工会事业发展情况的调查与思考》获二等奖。

2010 年，协助省总工会完成全省职工思想动态、全省开发区工会工作调研；编辑出版《2010 年宜昌工会工作实践与探索》，收集优秀调研文章 47 篇；《家政服务业做大做强的困境与对策》获全省优秀调研文章评选一等奖，《关于宜昌市下岗失业人员生活思想状况的调查报告》《关于职工文体活动需求及活动阵地情况的调查》获二等奖。

2011 年，编辑出版《2011 年宜昌工会工作实践与探索》，收集优秀调研文章 79 篇；《创新工作思路，助推社会管理—宜昌市总工会参与社会管理创新工作实践》发市政府《决策与参考》；《社会化模式：服务型工会建设的方法论思考》获全省优秀调研文章评选一等奖，《关于工会“大学校”建设及作用发挥情况的调查报告》《关于工会推进职工文化、企业文化建设的调研报告》获二等奖，《加强工会工作，服务省域副中心城市建设》获三等奖。

2012 年，完成全国总工会对宜昌推进社会主义核心价值体系建设情况专题调研报告，编印《全国总工会关于社会主义核心价值体系建设调研座谈会汇报材料汇编》;完成第七次全国职工队伍调查工作，撰写宜昌典型企业职工队伍状况调研报告；完成市委“如何突破性发展高新技术产业、现代物流业等战略性新兴产业”专题调研并形成专题调研报告；编辑出版《2012 年宜昌工会工作实践与探索》，收集优秀调研文章 59 篇；《关于企业文化建设的实践与思考》获全省优秀调研文章评选一等奖。

2013 年，《关于工会参与社会管理创新服务的调研》《关于加强职工队伍素质建设的调查与思考》获全省优秀调研文章评选一等奖，《关于加强乡镇（街道）工会建设的调研和思考》获二等奖。

2014 年 完成省总工会、省政府参事室在宜昌国家高新技术产业开发区开展的“培养高技能人才、促进企业转型升级”专题调研活动的组织协调工作；《宜昌市基层工会组织建设情况调研报告》获全省优秀调研文章评选一等奖，《关于大数据在工会工作应用的调查研究》获二等奖，《关于职工带薪年休假制度落实情况的调研报告》获三等奖。

2015 年，组织开展社会主义核心价值观调研、企业文化建设调研和全市群团工作调研，并形成有价值的调研报告。

2016 年，组织开展重体力劳动延迟退休、工人文化宫资产调研活动，并形成有价值的调研报告。

2017 年，《关于职工带薪年休假制度落实情况的调研报告》《关于重体力劳动者延迟退休的调研报告》被评为市党委办公室系统优秀调研文章一等奖。

第九章　女职工工作

女职工工作是工会工作的一项重要内容。自1989年开始，市总工会女职工工作深入实施女职工建功立业、素质提升、爱心帮扶工程，深化维护女职工维权行动，加强组织建设，充分发挥工会女职工组织在构建和谐劳动关系、和谐社会中不可替代的作用，全面促进了全市工会和妇女事业的创新发展。市总工会女职工委员会先后被全国总工会和省总工会授予“女职工工作先进集体”等荣誉称号。

第一节　女职工组织

一、组织建设

1979年原市总工会恢复女职工部。1989年5月市总工会转发省总工会关于进一步加强女职工工作的文件。1990年3月27日，原市总工会女职工委员会成立，由19人组成，名誉主任罗丽娟、项莉芳，主任彭学古，副主任赵泽黎，秘书长罗冬兰。

截至1991年底，地市合并前有女职工委员会1106个，其中原市工会218个，地区工会888个。

1992–2000年，全市6个县3个市4个区建立了工会女职工委员会，3个县市设立女工部，3个县设立女工生活部、配备女职工专职干部或主抓女职工工作的干部7人，市直19个委局建立工会女职工委员会。全市建立机关、事业单位工会女职工委员会1207个，基层工会女职工委员会1624个，有基层女职工干部3457人，其中专职干部158人，工会女职工委员会正副主任2051人。

2001–2004年，全市建立县（市）区工会女职工委员会14个，市直产业（行业）工会女职工委员会124个，市直大中型企业工会女职工委员会56个，基层企事业工会女职工委员会2099个，非公有制企业工会女职工组织734个。2001年2月，召开市总工会女职工委员会一届一次会议，宣布第一届女职工委员会名单，许和平任女职工委员会主任。

2005–2009年，全市建立女职工组织4289个，涵盖用人单位5420家，女职工工作者7522人，女职工会员28万多人，其中女农民工会员12万多人。2009年9月，召开宜昌市工会第二次女职工代表大会，组建新一届女职工委员会，第二届女职工委员会有委员33人，常委7人，朱利民任市总工会女职工委员会主任，并进入市总工会领导班子。

2010–2014年，按照“党建带工建”的要求，各级工会女职工组织以“两个普遍”助推“两个覆盖”。全市建立女职工组织7081个，组建率达99.3%，其中建立女职工委员会4133个，设女工委员2948个，专职女工工作者283人，兼职8436人。

2015–2017年，全市建立女职工组织7199个，组建率达99.5%，其中建立女职工委员会4414个，设女工委员2785个。专职女工工作者301人，兼职9098人。2015年3月，宜昌市总工会召开第三次女职工代表大会，100名女职工代表参加会议，选举产生第三届女职工委员会委员39名，常委11名，市总工会党组成员朱利民当选女职工委员会主任。

二、素质提升

1989–1999年，市总工会举办女职工干部培训班、卫生员学习班、“四自”辅导课27期次，有1.38万人次参加；组织开展“爱我中华、振兴宜昌”和“做八十年代的新女性”为主题的演讲比赛、知识竞赛活动，有3019名女职工参加。

2000–2008 年，市总工会举办专题培训班 96 期，培训女职工干部 6200 多人次。

2009–2015 年，以 “女职工讲坛”为载体，广泛开展法律法规、女性健康保健、家政服务、美容化妆、毛衣编织、职场礼仪等培训。全市举办各种培训班、讲座、流动课堂 2858 场次，培训女职工 34.5 万人次，发放宣传册 6.3 万份。通过培训提升学历层次 3451 人，晋升技术等级 7998 人。

2016–2017 年，以“快乐工作，健康生活”为主题”，邀请省委党校、武汉大学、华中师范大学、三峡大学等高校院校教授及知名专家为女职工讲授《现代女性 TP0 着装》、《家风与家文化》、《职场心理学》、《公务礼仪》《摄影基础知识》、《茶文化与女性修养》等知识专题讲座 289 场次，3.4 万名女职工参加学习。

三、表彰先进

截至 2008 年，市总工会表彰女职工工作先进集体 101 个，优秀女职工工作者 144 名。全市各级工会女职工组织共表彰先进女职工集体 2182 个，先进女职工工作者 1623 人。

2009–2017 年，受全总表彰先进集体 3 个，先进个人 2 人；省总工会表彰先进女职工组织 12 个，优秀女工工作者 10 名。2014 年宜昌市总工会女职工委员会被省总工会授予先进女职工组织荣誉称号；市总工会表彰女职工工作先进集体 150 个，女职工先进工作者 130 名。全市各级基层女职工组织共召开纪念会、表彰会 1938 次，表彰先进女职工组织 1832 个，优秀女工干部 1976 名。

第二节　女职工特殊权益保护

一、女职工劳动保护

1988 年贯彻国务院《女职工劳动保护规定》，宜昌地区办培训班 125 期，1892 人参加学习，召开学习贯彻会议 576 次，制定实施细则 703 条，印制宣传资料 6182 册，同年，地区工会与地区劳动局、人事局、卫生局、妇联等部门对全区贯彻《女职工劳动保护规定》进行调查，并举办了女职工劳动保护培训班，全区 75 名工会女工干部参训。

1989 年 8 月，原市总工会女职工部组织对 21 个企业贯彻《女职工劳动保护规定》的情况进行检查，有 116 个单位 7290 名女职工进行妇科病查治，帮助 4870 名女职工患者进行治疗。

1990–2007 年，全市各级工会女职工组织，加大对法律法规的宣传力度，印发学习宣传资料 5 万多份，举办各类培训班 234 期，参加学习女职工 1.3 万人。全市组织法律法规知识竞赛两次，有 584 个单位制定女职工劳动保护实施细则或将其内容纳入本单位规章制度，占企业总数的 76.3%。同时，市总工会组织检查 170 个单位女职工劳动保护规定的落实情况，并对落实中存在的问题向政府有关部门提出意见和建议。截至 2007 年底，全市累计签订女职工专项集体合同 1565 家，覆盖 1736 个单位，其中单独签订 384 家，作为集体合同附件签订 289 家，专章 1063 家。

2008–2013 年，市总工会转发《全国总工会关于推进女职工权益保护专项集体合同工作的意见》，并与劳动和社会保障局联合下发了《关于全市推行女职工特殊权益保护专项集体合同工作的意见》，市总工会女职工委员会组织开展了“三月维权月”和“五一维权周”活动，印发法律法规宣传资料 3 万多份，全市累计为 12 万多名女职工进行妇科病查治。2008 年，全市累计签订女职工专项集体合同 2455 份，覆盖用人单位 3110 家，覆盖女职工 20.1 万人，女职工专项集体合同签订率达 97%。截至 2013 年底，全市签订女职工专项集体合同 7404 份，覆盖企业 14453 家，女职工专项集体合同签订率达 99%。

2014–2017 年，2014 年，在全市组织开展了《女职工劳动保护特别规定》知识竞赛答题活动，全市有 4516 个单位 12.5 万名女职工参加答题，有 18 个单位获得优秀组织奖，100 人获得优秀个人奖。宜昌市总工会组队参加“湖北省女职工权益保护法律法规知识竞赛”，获得团体第二名，并获得个人二等奖两个。2015 年，在全市开展《中华人民共和国妇女权益保障法》及省实施办法实施情况、女职工关爱行动、《湖北省女职工劳动保护规定》、“单独两孩”政策与女职工权益保障、女职工卫生津贴发放情况等 5 个专题的调研，调研成果为有关部门决策提供参考。同年，开展女职工特别维权月行动，法律法规集中宣讲 66 次，法律咨询 48 场次，专题讲座 22 场次，知识竞赛 48 场次。有 268 家企业开展了女职工维权月活动，参加职工 4.4 万多人次。2016 年，分别在 5 个县市区的教育、卫生、电力等行业的女职工中，通过网络在线和填写纸质问卷的形式组织调查问卷 1500 份，重点调研女职工生殖健康和心理健康的状况，撰写了专题调研报告；在全市两家较大的家政服务行业开展了家政服务业女职工就业与权益保障情况调查，组织 1173 名女家政工作者参与调研，掌握了全市家政服务工作的现状，写出了详实的调研报告。2017 年，组织全市女职工参加省总工会开展的“关爱女性，法在你身边”微信有奖答题活动，有 26.7 万名女职工参加，参加人数位居全省地市州第二位。同年，将《中华人民共和国妇女权益保障法》、《湖北省人口与计划生育条例》等法律法规纳入到市总工会编印的《职工常用法律法规资料汇编》之中，共编印 500 册下发到女职工手中。截至 2017 年底，全市累计签订女职工专项集体合同 7845 份，覆盖企业 1.4 万家，女职工专项集体合同签订率达 99.6%。

二、促进就业

从 1990 年开始，全市各级女职工组织为帮扶下岗女职工、特困女职工、单亲女职工开展多种活动。各级女职工组织对下岗女职工现状和问题进行调查，并对部分企业女职工内退“一刀切”提出意见和建议。在帮助女职工转变择业观念的同时，选树了一批女职工再就业明星。1998 市总工会开办家政服务中心，共安排下岗女职工 170 多人。城区女职工组织开办社区服务项目，如“嫂子一条街”等。2000 年底，女职工组织协助行政有关部门举办下岗职工培训班 307 期，参加培训的女职工 2,417 人。全市县以上工会选树女明星 129 人，其中受到省政府、省总工会表彰 2 人，市总工会表彰 30 人，协助行政安排下岗女职工 3,580 人。召开再就业事迹报告会 13 场次，举办下岗失业女职工培训班 53 期，为 4，700 名女职工实现再就业。2011 年底，培训下岗女职工 3.5 万人次，帮助 3 万多名女职工实现了再就业。市总工会困难职工帮扶中心组建由下岗失业女职工和女农民工组成的家政服务队伍 2,100 多人，星级家政服务员 130 人。截至 2017 年底，市总工会先后培训女职工、女农民工 4，800 多人次，开展岗位技能、文化艺术教育培训 9,856 人，帮助 4,699 名下岗失业女职工和女农民工就业。

三、困难女职工帮扶

1997–2000 年，市总工会女职工委员会建立以单亲女职工为主的特困女职工档案 137 个。在开展“姐妹献爱心”活动中，全市女职工组织联系特困女职工 1，376 人，组织捐款 15.1 万元。1997 年市总工会女工部发起成立“爱心互助会”，共筹集资金近 5 万元。1998 年长江发生特大洪水，全市女职工向灾区捐款 230 万元，捐物 161 万件，8.4 万名女职工参加捐助。1999 年全市各级工会女职工结对帮扶 1，396 户，其中县以上工会帮扶 257 户，脱贫 87 人。

2001–2009 年，全市各级工会女职工组织共走访慰问女职工 1.2 万多人次，帮助 2,300 多名女职工度过难关。在市总工会开展的“爱心助学”活动中，共资助困难女职工子女上各类学校 6,700 多人次，帮助单亲困难女职工子女 3,875 人。

2010 年，市总工会组织“庆六一 ”关爱农民工子女”捐赠活动，市总工会党组书记、常务副主席罗志勇带队将价值 12,000 元的书包、文具及课外书籍分别送到市环卫处 20 名农民工和伍家岗区李家湖小学 30 名农民工子女手中；全市走访慰问学校、幼儿园，送慰问金、送书籍、送文具总计折款 86.09 万元，慰问女职工 6,063 人，其中单亲困难女职工子女 325 人、农民工子女 1,832 人、残疾职工子女（残疾儿童）332 人。

2011 年，市总工会组织“庆六一 关爱农民工、单亲困难女职工子女”捐赠活动，为西陵区樵湖岭小学30名农民工、单亲困难女职工子女送去了价值6000元的节日礼物。召开庆“六一”关爱困难女职工子女座谈会，为17位困难女职工及困难女农民工代表子女赠送书包、文具盒、书籍等礼包。

2012年，市总工会为643名单亲困难女职工建立了档案，慰问146名单亲困难女职工，发放慰问金73,100元；“六一”期间慰问单亲困难女职工子女389人，慰问困难女农民工子女1856人，送慰问金、书籍、文具总计折款 89.5万元。

2013年，市总工会下发了关于“开展女职工关爱行动”的通知，组织970名困难女职工进行“两癌”筛查，市总工会组织100名市直在册困难女职工在市妇幼保健院进行免费“两癌”筛查；组织女职工妇科病检查8.3万人次，有8600多名女农民工参加免费妇检；“六一”前夕，市总工会女职工委员会到伍家岗区、高新区分别召开部分困难女职工、女农民工座谈会，共慰问35名困难女职工子女，慰问物资10,000元。全市走访慰问学校、幼儿园116所，单亲困难女职工子女536人、农民工子女2216人、残疾职工家庭子女（或残疾儿童）289人，送慰问金、书籍、文具总计折款119.6万元。

2014年，各级工会女工组织争取专项慰问金33.71万元，走访慰问困难（单亲）女职工618人次；“六一”前夕，组织召开困难女职工、女农民工座谈会，并为她们的子女送去节日的礼物，共慰问150多人次，慰问物资60,000多元。全市各级工会女职工组织共走访慰问学校、幼儿园112所，慰问困难（单亲）女职工子女1561人次，慰问农民工子女7817人次，慰问残疾职工家庭子女（或残疾儿童）1255人次，送慰问金、书籍、文具总计折款415.6万元。为1378名困难女职工提供金秋助学，资助金额达144.05万元。

2015年，市总工会女职工部争取省总工会专项慰问资金10万元，慰问62名身患大病的困难女职工（包括农民工和单亲女职工）。全市各级女职工组织共争取困难女职工专项慰问金112万元，共慰问帮扶困难女职工2,758人，其中单亲困难女职工686人，女农民工1164人；“六一”前夕，到公交集团、桃花岭饭店分别召开部分困难女职工、女农民工座谈会，共慰问41人，并为她们的子女送去1万元的节日礼物；全市各级工会女职工组织走访慰问学校、幼儿园98所，慰问单亲困难女职工子女461人，慰问农民工子女2,078人，慰问残疾职工家庭子女（或残疾儿童）309人，送慰问金、书籍、文具总计折款105.9万元。

2016年，市总工会女职工委员会深入到企业慰问100名身患大病的困难女职工（包括农民工和单亲女职工）；全市争取困难女职工专项慰问金120万元，共慰问帮扶困难女职工2，859人，其中单亲困难女职工689人，女农民工1,169人；“六一”期间，市总工会女职工委员会分别到老周物流和金宝乐器环高分公司对50名困难职工进行了慰问，慰问物资近10,000元；全市各级工会女职工组织走访慰问学校、幼儿园96所，慰问单亲困难女职工子女438人，慰问农民工子女1978人，慰问残疾职工家庭子女（或残疾儿童）209人，送慰问金、书籍、文具总计折款78.9万元。

2017年，“六一”前夕，市总工会女职工委员会到市总工会精准扶贫联系点夷陵区白果淌村，为50名农民工子女送去了书包、文具盒、水杯、跳绳、笔记本等1万元的学习用品；全市各级工会女职工组织走访慰问学校、幼儿园96所，慰问单亲困难女职工子女238人，慰问农民工子女1,698人，慰问残疾职工家庭子女（或残疾儿童）229人，送慰问金、书籍、文具总计折款68.9万元。

四、女职工服务项目

从2000年开始，市总工会与中国平安保险股份有限公司宜昌分公司合作，到2008年，累计为女职工办理安康保险11万人次，为70多名患大病女职工进行及时赔付，赔付金额 76万元。市总工会举办女性保健知识讲座83场次，共有8600多名女职工接受保健知识教育，与市中医院联合为1万多名女职工免费进行了乳腺疾病检查。截至2011年，累计为14万多名女职工办理安康保险，赔付金额100多万元。市总工会举办女性保健知识讲座73场次，共有5600多名女职工参加。连续两年与市博爱医院联合为2000多名女职工免费进行了妇检。截至2017年底，市总工会女职工委员会与市妇幼保健院、宜昌博爱医院联合举办“为女农民工免费体检”活动，全市共组织5000多名困难女职工进行 “两癌”筛查，免费为女农民工妇检2.2万人次，各级工会组织妇科检查35.6万人次。采取个人自愿和单位统一购买的方式做好女职工安康团体重大疾病保险工作，累计投保达25万多人次。其中各级工会连续7年共为2.1万名困难女职工和女农民工赠送女职工安康保险，有 370 多名患病女职工及时得到保险赔付，费用达300多万元。各级工会女职工组织通过设立心理咨询室、举办心理健康知识讲座，化解女职工的心理压力，受到广大女职工的好评。

爱心母婴室建设。2015–2017 年，市总工会落实资金 20 万元，在市直女职工较多的企事业单位建设母婴室试点20个，为每个试点补助资金1万元。2015年，在宜昌国贸集团、宜昌人福药业、宜昌欧莱雅分别建立“爱心妈咪小屋”试点。2016 年，在市直卫生、机关行政服务中心等女职工集中的地方建立“爱心妈咪小屋”6个。2017年，市总工会与市卫计委等8家单位联合下发了《关于加快推进母婴设施建设和规范管理的实施意见》，在市直企事业女职工较多的单位和商场、写字楼、医院等公共场所新建“爱心母婴室”10个。宜昌市中心医院“妈咪小屋”被省总授予“最暖心妈咪小屋”称号。到2017年底，全市已建成“爱心母婴室”70多家。

职工婚恋服务。2015 年，市总工会与三峡广播电视总台联合组织开展了“相约鸣翠谷，寻觅意中人”单身青年职工交友联谊活动。2016年3月，市总工会开辟“宜昌工会鹊桥网”，4月23日正式上线，现场启动仪式在万达广场举行，共有1000多名工会干部、工会红娘及单身职工参加。市委常委、统战部长、市总工会主席刘学甫出席启动仪式，市总工会党组书记、常务副主席罗志勇及市群团等有关部门主要负责人参加启动仪式。自宜昌工会鹊桥网正式启动以后，市总工会与三峡电视台联合开展 15场单身青年职工交友活动，5500多人参加，网站访问量达到80多万人次；全市各级女职工组织牵头共举办青年职工交友活动30场次，有15,919名单身职工参加，有 360多对单身职工意向性牵手。各县市区“互联网+职工婚恋服务”活动办得有声有色。

第三节　建功立业活动

1989 年 5 月，原市总工会女工部会同市工商银行在全市女职工中开展“爱我中华，振兴宜昌女职工专项储蓄”活动，在3个月内储蓄近100万元。1990年继续开展这项活动，向全市5万名女职工发出倡议，3,500多名女职工参加，全年储蓄达350万元。从“八五”计划到“九五”计划，企业在女职工中开展“创之最”和“师徒竞赛立志达标”活动。

1991–1997年，有500多对师徒签订双保险合同。在创建开放城市，发扬宜昌精神的“万名能手”竞赛活动中，参赛女职工7.4万人，竞赛项目105种，为企业创效益1,000多万元。在全市表彰的各种能人中，女能手占 30%，在纺织、商业系统女能人占 70%。通过开展“学先进、比奉献、争当优秀女职工”活动，在女科技人员中开展“四个一”活动，涌现一批女职工标兵，如马路天使许先林、金融卫士徐国梅、填补VC钙空白的高级工程师吴士菊等。1997年，五峰宋芳蓉、枝江地税局裴美秀分别获省女职工标兵和优秀女职工称号。猴王集团、市法院女职工委员会分别获全总、省总授予的“带动女职工寻岗创业先进集体”。

1998–1999 年，开展了“强素质、创业绩、比贡献”为主要内容的“双文明建功立业竞赛”活动，全市参加竞赛活动的单位1,287个，女职工参与率达81.6%，在竞赛活动中，推出合理化建议13,247条，被采纳8，362条，创经济效益1760万元，开展双增双节项目1,458个，创经济效益1,127万元，小改小革1,927项，增收节支305万，创“双文明示范岗”326个，涌现标兵、能手12,291人次。

2000–2017 年，全市女职工共参与各类劳动竞赛、技术比武 5，194 场次，参赛人数达 61.9 万人次，提合理化建议 16,561 条，实现技术革新 1,486 项，发明创造 1841 项，女职工建功立业参与面达 90%以上，表彰各类优秀女职工、建功立业标兵 4,900 多名。2013 年，开展了“幸福女性• 幸福宜昌”征文活动，评选市级优秀征文 56 篇，省级优秀征文 12 篇。2014 年，在全市开展了“美丽家乡 · 魅力女性”女职工书画、摄影、手工艺作品大赛活动，全市有 80 多个单位，4,000 多名女职工积极参与，共组织各类作品 2,380 件。市总评选出一二三等奖 24 个，组织奖 25 个，优秀奖若干名。有 18 件作品在省总获奖，获奖作品的数量和质量居全省第一，市总工会女职工部被省总工会女职工委员会授予优秀组织奖。同年，市总工会女职工委员会与市卫生计生工作委员会联合开展了全市妇幼健康技能竞赛，宜昌代表队获得团体二等奖，居全省地市州前列。选送宜昌人福药业代表队参加省总工会组织的首届“奇志杯”女班组长岗位综合能力技能大赛，获得团体二等奖，个人获得银奖，市总工会女职工委员会获得优秀组织奖。2015 年，女工部举办了全市女班组长岗位综合能力技能大赛，并推选优秀选手组队参加了湖北省总工会“第二届女班组长岗位综合能力技能大赛”决赛，宜昌选手和团队分别获得“银奖”，市总工会女职工委员会获得优秀组织奖。2016 年，组织开展了“书香三八 智慧女性”读书征文活动，有 9 篇征文在全总获奖，有 11 户家庭在全总榜上有名，有 38 篇征文和家书在省总获奖，获奖的数量和质量居全省地市（州）第一位。2017 年，市总女工部组织开展“注重家教家风• 培育家国情怀”读书征文活动，共收到各类征文 403 篇，家书 135 篇，随手拍 4 部，一大批作品在全总、省总获奖。同时，将 2016、2017 两年参加读书活动所获得省以上奖励的 52 篇征文和家书，总计 7 万多字编辑成册，印发 500 本，发至女职工手中供大家学习分享。同年，在全市组织开展了太极拳比赛。选送宜昌中医院太极拳代表队参加省总决赛，获得银奖，市总工会女职工部被省总工会女职工委员会授予优秀组织奖。安琪酵母股份有限公司检测中心、宜昌市殡葬管理所礼殡班、交运集团年卡景区旅游直通车班组等单位先后获“全国五一巾帼标兵岗”荣誉称号，市公交集团吴明兰、宜昌长机科技有限责任公司彭玲先后获得“全国五一巾帼标兵”荣誉称号。有 60 多名女职工和班组分别获得“湖北省女职工建功立业标兵”和“湖北省女职工建功立业标兵岗”荣誉称号。有 6300 多名女职工获得市总和基层工会表彰的“优秀女职工”和“女职工标兵”荣誉称号。

2013–2017 年，市总工会女职工委员会在省总工会女职工委员会全委（扩大）会上连续四年作了经验交流，连续 3 年市总工会作为市关工委、残工委的成员单位，分别在全市相关工作会上做了典型发言，2015 年宜昌市总工会关工委被湖北省关心下一代工作委员会授予 “五好基层关工委先进集体”荣誉称号。2013 年，在省总工会女职工委员会全委（扩大）会上作了题为《大力推进女职工组织建设 全面提升女职工工作水平》的经验交流，同年，该经验在全总女工工作会上作了书面交流，并在全总内部刊物进行刊发宣传。2014–2016 年，在省总工会女职工委全委（扩大）会上，市女职委先后作了题为《充分发挥女工组织作用，不断彰显女工工作活力》、《整合资源　创新形式全面提升女职工素质》、《开展互联网+职工婚恋服务工作 架起单身职工通向幸福的桥梁》的经验交流。2017 年 3 月，在省总工会女职工委员会全委（扩大）会上，省总工会领导在工作报告中充分肯定了宜昌市总工会利用互联网+为单身职工婚恋服务的工作经验。

第十章　财务资产

财务工作是工会全局工作的重要组成部分，为工会各项工作的顺利实施和工会事业的发展提供了强有力的资金和物资保障。坚持改革创新、统筹收入管理、优化支出结构、加强制度建设、强化监督检查，不仅是工会组织依法维护职工权益的需要，也是工会组织发展壮大、提高战斗力、凝聚力与号召力的需要。根据《工会法》和《中国工会章程》关于工会经费管理的精神，各级工会组织积极推进经费收缴体制改革、推进工会财务会计管理规范化建设，建立预算决算和经费审查监督制度，在保障工会重点工作和发挥工会组织作用方面起到了应有作用。

第一节　经费来源

《工会法》第四十二条规定工会经费的来源有：（一）工会会员缴纳的会费；（二）建立工会组织的企业、事业单位、机关按每月全部职工工资总额的百分之二向工会拨缴的经费；（三）工会所属的企业、事业单位上缴的收入；（四）人民政府的补助；（五）其他收入。工会经费主要用于为职工服务和工会活动。

一、会费

1993 年 11 月，全国总工会组织部、财务部发出文件规定，职工离休、退休和待业，保留会籍，免交会费。1994 年 6 月，全国总工会发出《关于机关和事业单位工会会员交纳会费问题的通知》，规定会费交纳标准：会员每月交纳本人工资收入的 0.5%（其工资尾数不足 10 元的不交）；无固定收入会员，按本人上月所得工资计算交纳。工资收入包括机关工会会员的职务工资、级别工资、基础工资、工龄工资；事业单位工会会员的职务工资、等级工资。会员所得的奖金、津贴、附加工资、稿费、补助费、救济费、退休金、退职金等都不交纳会费。工会会员退休、退职、参军以及离职学习、疗养 6 个月以上者，可以免交会费。

1999 年 9 月，全国总工会规定，工会会员应按个人每月工资收入的 0.5%计算交纳会费，工资尾数不足 10 元部分以及各种奖金、津贴、稿费收入等，不计算交纳会费。至于企业工会会员的工资收入和奖金津贴收入如何区分问题，可按各企业的支付办法掌握处理：凡是作为工资发给的，应计算交纳会费，凡是作为津贴奖金发给的，不计算交纳会费。

二、拨缴工会经费

1999 年 1 月，全国总工会《工会经费管理办法》规定，企业、事业单位和机关行政按全部职工工资总额 2%拨交的工会经费，基层工会留用 60%，其余 40%上交上一级工会。县（市、区）工会留用 62.5%，市（地）工会留用 12.5%，其余 25%上交省总工会和全国总工会。

2005 年 1 月 1 日起，湖北省总工会调整工会经费分成比例。企业、事业单位、机关和其他单位按全部职工工资总额 2%拨缴的工会经费，基层工会一律留成 50%，上解上级工会（含全国总工会、省总及市、县级工会）50%。其中：县（市）总工会所属基层工会留成 50%，县（市）总工会留成 28%，市（州）总工会留成 5%，上解省总工会（含全国总工会）17%；市（州、直管市、林区）总工会直属基层留成 50%，市（州、直管市、林区）总工会留成 30%，上解省总工会（含全国总工会）20%。

2015 年省总工会调整市辖区工会财务管理体制（鄂工财[2015]3 号），将市辖区纳入第四级经费管理单位，实行独立分成。市辖区所属基层工会留成 50%，上缴市辖区总工会 50%；各市辖区总工会留成 12%，上缴所在市总工会 38%；市总工会留成 23%，上缴省总工会（含全国总工会）15%。

2016 年 3 月，省总工会调整宜昌市高新技术产业开发区工会财务管理体制（鄂工财[2016]2 号），将宜昌市高新技术产业开发区纳入第四级经费管理单位，实行独立分成。宜昌市高新技术产业开发区所属基层工会留成 50%，上缴开发区总工会 50%；宜昌市高新技术产业开发区总工会留成 12%，上缴所在市总工会 38%；市总工会留成 23%，上缴省总工会（含全国总工会）15%。

2017 年 10 月，湖北省总工会调整工会经费分成比例，企业、事业单位、机关和其他单位按全部职工工资总额 2%拨缴的工会经费，基层工会一律留用 60%，上解上级工会 40%。其中：县（市）总工会所属基层工会留成 60%，上解县（市）总工会 40%；县（市）总工会留成 25%，上解所属市、州总工会 15%；市、州总工会留成 5%，上解省总工会（含全国总工会）10%。

市辖区、国家级开发区总工会所属基层留成 60%，上解市辖区、国家级开发区总工会 40%；市辖区、国家级开发区总工会留成 12%，上解所属市、州总工会 28%；市、州总工会留成 15%，上解省总工会（含全国总工会）13%。

市、州、直管市、林区总工会直属基层工会留成 60%，上解市、州、直管市、林区总工会 40%；市、州、直管市、林区总工会留成 22%，上解省总工会（含全国总工会）18%。

第二节 经费收缴

1994 年开始，市总工会在全省率先将市直行政机关和事业单位工会经费，由财政局代扣，统一划拨到市总工会。至 1998 年底，宜昌市先后有 6 个县市 3 个城区行政机关和事业单位工会经费，由地方财政局代扣。2004 年宜昌市总工会与市财政局联合下发了《关于加强财政拨款的行政事业单位计拨工会经费和财务管理有关问题的通知 》（宜工[2004]34 号），从 2004 年开始市财政局、各县市区财政局将属于财政统发工资单位职工工资总额 2%的工会经费列入本级财政预算，并按月直接划拨到市总工会和县市区总工会。

2005 年 7 月 1 日，宜昌市企事业单位工会经费委托国税机关代收工作正式启动。2005 年 6 月宜昌市总工会 宜昌市国税局联合下发《关于企事业单位工会经费委托国税机关代收的通知》（宜工[2005]45 号）、《企事业单位工会经费代收办法》（宜工[2005] 50 号）。截至 2005 年 12 月 31 日，市直城区以及 9 个县市区委托国税机关代收工会经费工作全面推开。

2007 年 1 月 1 日起，全省正式实行全省统一的工会经费委托税务部门代收，全市从 4 月 1 日上线，全年共完成国税代收任务 5222 万元，创造经费收缴的新纪录。

2008 年，市总工会财务部开展全市工会经费结算清查（审计）。为推动这项工作的顺利开展，市总工会财务部设计结算清查（审计）表，委托国税部门到每个企业进行年度清查（审计），工会则充分行使主体职责，及时解决清查（审计）中遇到的问题。全市共清查（审计）企业达 4947 户，清收欠缴工会经费 551 万元，推动了工会经费国税代收工作。全年共完成国税代收任务 7783 万元。

2011 年实现国税代收工会经费 11,600 万元，首次实现工会经费国税代收收入过亿元。其中：中央及省属企业缴纳工会经费 4427 万元，宜昌市本级企事业单位缴纳工会经费 4105 万元，县市级企事业单位缴纳工会经费 3068 万元。

2007-2017 年国税代收工会经费（含省属企业）一览表（ 单位：万元）

表 10–10

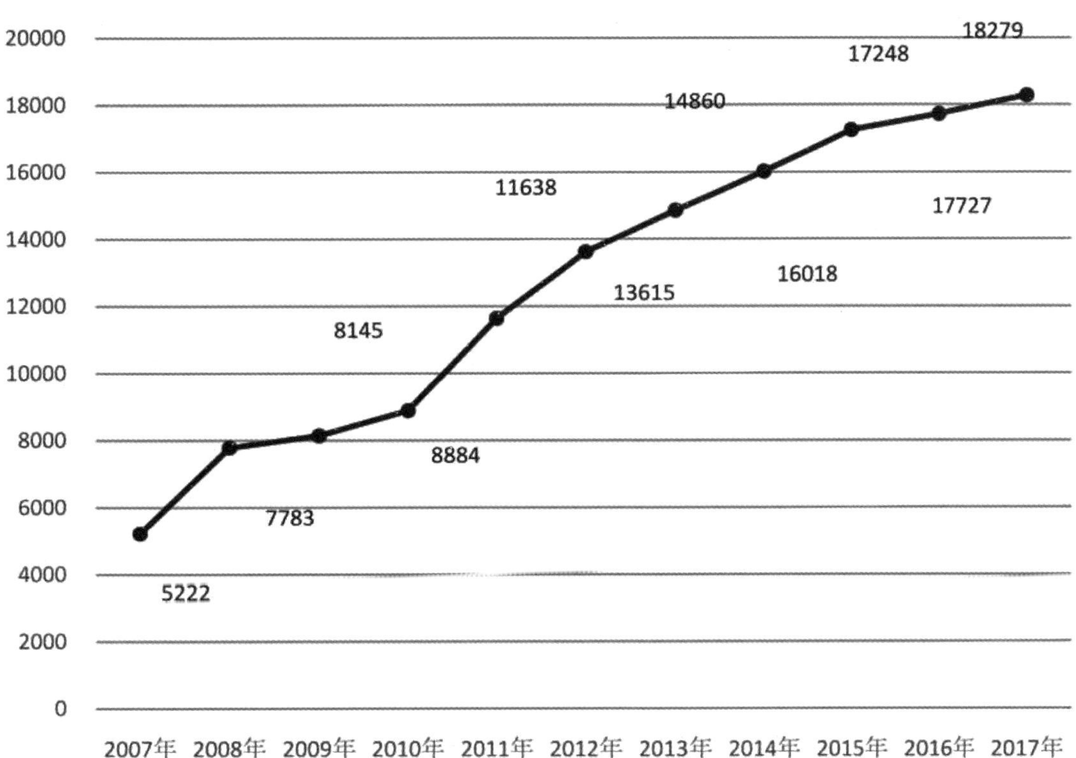

第三节　财务管理

20 世纪 80 年代以来，原市总工会的财务工作总的是贯彻执行收好、管好、用好“三好”原则和为职工群众服务、为工会建设服务、为两个文明建设服务的“三服务”方针。根据全国总工会、省总工会的规定和工会财务工作经验，结合当时出现的新情况，制定了一整套工会财务会计制度，坚持年度预决算报告，开展各基层相互间的检查、学习。为确保工会经费应收部分坚决收回，原市总工会会同财政局、统计局联合发出通知，重申了国家关于“工资总额”组成的规定，督促各单位认真执行，不减不漏，按时拨交工会经费。同时开展以“三好”“三服务”为主要内容的工会财务工作竞赛，一年一度进行检查评比，交流经验，表彰先进单位和个人。市总工会在全省财务工作竞赛中，1988 年、1989 年被省总评为先进单位。

1992 年 3 月，宜昌地市合并，实行市领导县的管理体制。湖北省总工会宜昌地区办事处与原宜昌市总工会合并，成立新的宜昌市总工会。市总工会 4 月 14 日下发了《关于加强全市工会财务工作管理的意见》（宜市工字[1992]6 号），统一了工会账户，5 月 16 日正式合账。

1997 年张兴本被评为“全国工会财会工作先进工作者”。

2001 年 3 月，市总工会财务部、宜昌县总工会财务部、湖北开关厂工会、宜昌市自来水公司工会 4 个单位被评为“湖北省工会财会工作先进集体”；沈襄咸、屈秀（女）、张义诚、吴年生、张代芬（女）、刘永大、王德金、白梅（女）、杜心宁等 9 人被评为“湖北省工会财会工作先进工作者”。

2007 年，市总工会首次被全国总工会授予全国财务先进集体光荣称号。2007–2017 年宜昌市总工会连续十一年被评为全国工会财务先进集体。

2012 年，市总工会财务部修订完善了财务会计工作竞赛办法，坚持开展工会财务工作竞赛，并将经费收缴、基层工会财务管理纳入工会重点工作“争先创优”考核，形成了激励与约束相互联动的机制，推进基层工会财务的规范化建设达标工作。通过广泛推广使用会计电算化等财务软件，逐步提高了基层工会财务部门信息化水平。

2014 年，市总工会完成了县级基层工会经费集中核算试点工作，并召开了县市工会经费集中核算试点现场会，部署了全市其他各县市开展集中核算工作筹备任务，同时进行了财务工作人员专业技术与相关业务知识的培训与考核。

2015 年，市总工会制定了工会经费支出绩效考核暂行办法实施细则，对各县市下达绩效考核指标，同时加强对县市区工会“三公”经费的检查与督查，实行了按月报告制。宜昌市总工会开展工会经费财务大检查，开展了各县市区工会、各产业（行业）工会、市直企业工会财务大检查工作。检查了工会经费收入管理、工会经费支出管理、工会经费预算管理、帮扶资金管理、工会会计管理、工会所属企事业单位财务管理等六个方面的内容，重点抽查 13 个县市区总工会及 90 个基层工会。通过财务大检查，严肃财经纪律，纠正了违纪违规行为，促进了各单位进一步管好用好工会经费。

2016 年，市总工会接受审计局部门预算执行情况审计和经济责任审计。市审计局对市总工会 2015 年度部门预算执行及其他财政收支情况进行了审计，对市总工会 2013 年–2015 年工会经费收支情况、资产管理情况、公车改革情况及各项财经政策执行情况进行了审计，并对所属二级单位进行了延伸和追溯。市总工会对审计发现的管理漏洞及时进行修补，进一步规范了财务管理和财经纪律执行工作。

2017 年，市总工会财务部与资产部合并，组建财务资产监管部。市总工会组织开展全市工会经费管理使用情况常态化监督检查。要求各县市区总工会、市直各产业工会，迅速布置开展工会经费专项督查和常态化检查。通过新闻媒体和工会网络同时公布专项督查和常态化检查内容，并通过多种方式宣传解答工会经费政策问题。2017 年，各县市区工会组织 1502 个基层工会进行了自查，市直各产业工会共组织了 145 家基层工会完成自查。

2000-2017 年宜昌市总工会收入一览表　（单位：万元）

表 10–11

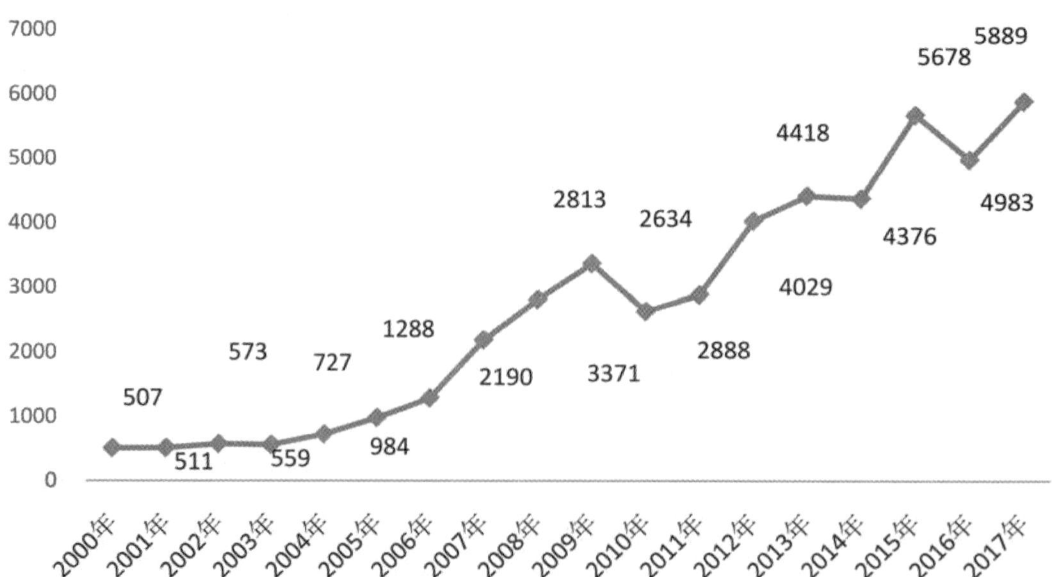

第四节　资产管理

根据《工会法》和《中国工会章程》关于工会经费的规定，工会的财产、经费和国家拨给工会使用的不动产，任何组织和个人不得侵占、挪用和任意调拨。工会资产是社会团体资产，中华全国总工会对各级工会的资产拥有终极所有权。

2002 年 11 月，中华全国总工会办公厅印发《工会固定资产管理办法》，明确县以上工会应设立资产管理部门，配备专（兼）职人员，对本级工会资产实行统一管理，对下级工会资产管理实施监督。

2008 年 9 月，市总工会制定机关集中采购暂行办法，凡市总工会进行工程建设、购置办公设备和服务或有关物品单件价值在 5000 元以上、批量价值在 1 万元以上必须实行工程招标或集中采购。其中：工程建设资金和采购物品批量价值 5 万元以上的项目，采取投标邀请书的方式，制定招标、议价的程序和操作规则，邀请三家以上供应厂商进行招标采购；工程建设资金和采购物品单件价值或批量价值在 1 万元至 5 万元之间的，采取邀请三家或以上的供应厂商就采购事宜进行谈判采购；采购物品单件价值或批量价值在 1 万元以下的，采取对三家或三家以上供应厂商所提供的报价进行比较，依据性价比的优劣确定供应商；只能从特定供应商处采购，或供应商拥有专利权，其他商家无法替代的，或在用的仪器设备因后续维修或扩展功能所需的零配件或部件必须向原供应厂商购买的，以及原招标合同的后续补充订货的，可向一家供应商直接采购；小批量采购日常办公用品、设备所需耗材及零星物资，由办公室提交采购小组和主席会议审批后，由办公室具体组织实施采购。

2010 年 6 月湖北省总工会印发《湖北省工会资产监督管理暂行办法》（鄂工发[2010]19 号），明确工会资产监督管理机构、工会资产监督管理组织实施、重大资产事项审批管理、工会资产处置、责任追究，为全省工会资产管理制定了具体办法。2010 年 10 月，市总工会制定贯彻落实省总工会资产监督管理办法的实施意见，为实现宜昌市工会资产保值增值，防止工会资产流失提供了保障。

2016 年 9 月，全国总工会下发了《关于加强和规范工人文化宫管理的意见（试行）》，宜昌市工人文化宫按照“坚持公益性发展方向”“突出公益性服务性”的要求，大胆探索，积极推进公益性服务提档升级，取得了公益性改革成效，在全省文化宫公益性改革会议上作经验交流。

2017 年，市总工会积极推进工会事业发展和文化宫公益性改革。积极推进宜昌市职工学校项目改（扩）建工程建设，年前已全面完成职工学校改（扩）建项目工程建设及竣工验收，2017 年投入运营，相关产权证件正在加紧办理中。同时积极推进文化宫公益性改革，对市文化宫主楼出租部分收回和临街门面招租过程加强监管；对县市区工人文化宫现状进行了摸底，并对其公益性改革工作进行督办；根据疗养院发展需要，宜昌市平湖疗养院于 2017 年全面收回夷陵区金泊岸大酒店经营权。对于该建筑物部分暂时不属于疗养院产权的近 3400 平方米的房屋的经营权暂由疗养院管理，现正在准备将该处打造成疗养院主要接待劳模疗休养的阵地，推进其公益性职能发挥。

2000-2017 年宜昌市总工会本级资产情况表　　（单位：万元）

表 10–12

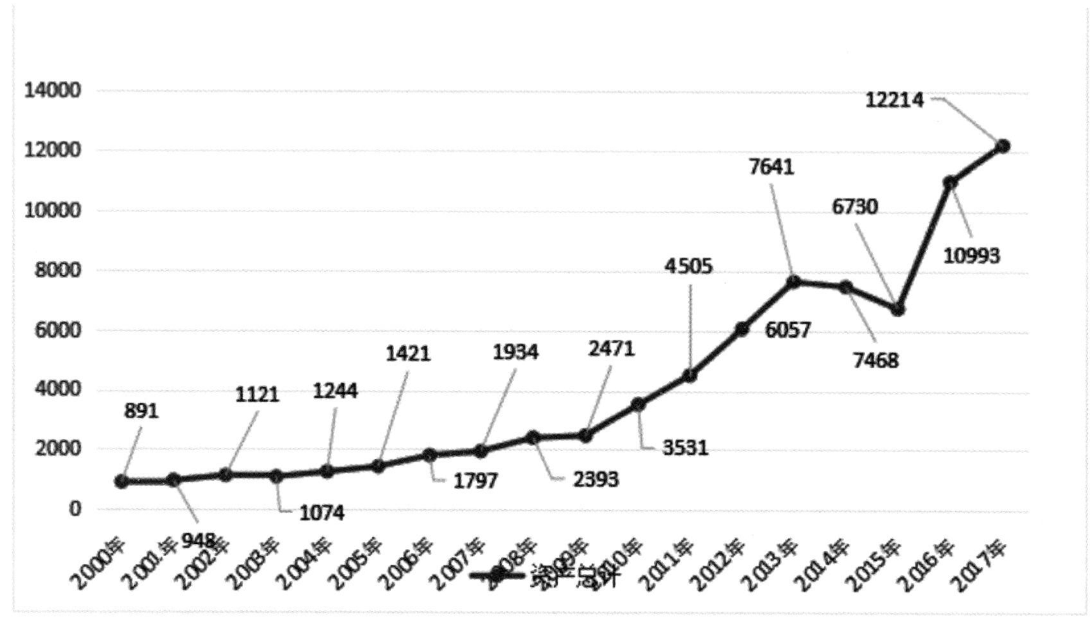

第十一章　经审工作

第一节　经审组织

中共十一届三中全会和中国工会九大以后，各级工会经审组织随着工会组织的恢复逐步恢复。

1989 年，原市总工会第八次代表大会产生第八届经审委员会。1990 年，地区工会办事处以宜地工发[90]42 号文件发出《关于成立湖北省总工会宜昌地区办事处经费审查小组的通知》，成立由张信甫任组长的 5 人经费审查小组。1991 年地市合并前，地区工会有经审组织 1091 个，市工会有 171 个。1992 年 3 月地市合并后，市总工会经审组织总数 1376 个。1995–2017 年，市总工会召开五次工会代表大会，产生了五届经费审查委员会。市总工会经审委员会主任从 1997 年开始，根据省编委、省委组织部同意增加核定省总工会经审委员会专职主任职数 1 名的精神，也增加了市总工会经审委员会专职主任职数 1 名，并按副县级配备。

截至 2006 年，全市工会经审会组建率已达 96.5%。在各地党委的重视和支持下，5 县 3 市 5 区工会经审主任全部按同级副职配备，已有枝江、夷陵区、当阳、秭归、长阳、宜都 6 个县市区经审主任进同级工会党组；全市工会经审组织已达 2871 家，专兼职经审人员 5733 人。至 2011 年，9 个县市（含夷陵区）总工会按同级副职配备经审会主任，设置经审办公室并配备了专兼职经审办主任。其中 8 个县市经审会主任进同级工会党组。全市工会经审组织 8401 家，选配专兼职经审干部 19,015 人，截至 2017 年，全市县级工会经审办人员 21 人，专职 14 人，基层工会经审组织 1942 个。从经审会主任的配备来看，13 个县级工会全部配备经审会主任，是党员的县级工会经审会主任进入党组，13 个县级工会均设置了经审办公室并配备了经审办主任。

第二节　审查审计

从 20 世纪 90 年代，市总工会经审会和基层工会审计组织，主要审查监督同级工会经费预算、决算，加强内控，杜绝赤字预算，加强预算管理。市总工会经审会连续两年调改市总预算，严格开支管理，增大本级经费结余。在做好计拨审计工作方面，市总工会经审会结合工商、税务、审计等单位的执法程序制定了一套开展工会审计工作的操作程序：1、工会经费审查通知书，2、被审计单位承诺书，3、询问笔录，4、上解工会经费审查表，5、工会经费审查记录，6、工会经费审查认定书，7、计拨工会经费处理决定书等，从而使工会经审工作从起步开始就按规范化的程序运行。

1992 年开始，市总工会经审会执行全国总工会《关于加强工会经费审查工作的通知》，按照中国工会九大章程规定，每年审查本级工会财务预、决算，经本级工会经审会审查通过后，再报上一级工会。并审查工人文化宫、平湖工人疗养院等二级单位的经费收支情况。到 2014 年，市总工会经审办对县市区工会的财务审计实行两年全覆盖；2014 年后，对县市区的审计改为一年一审。每年抽取部分市直企事业单位进行工会经费收管用的审计。

2001–2006 年，全市县市区以上地方工会经审组织累计审计 2089 家单位，共计补收工会经费 370.27 万元，其中市总工会经审会计拨审计 566 家，补收工会经费 129.12 万元，帮助 157 家地方和单位工会规范账目，工会经费内控制度得到增强。

2007 年，市总工会经审办审计市直企事业单位 51 家，追缴入库工会经费 21.8 万元。2008 年 7 月，市总经审会按照《工会基本建设维修改造工程竣工决算审计暂行办法》有关规定，对市总工会五楼装修工程进行审计，送审金额 207,172.25 元，审减 6,068.24 元，审减率为 2.93%；对市总地下停车场车位划线、灯开关移位进行了审计，送审金额 21839.65 元，审减 1288.31 元，审减率为 5.9%；对市总工会办公楼的装修工程资金 50 万明细项目进行了审查。

2008 年，市总工会本级经审办对 51 家基层工会经费提取、拨缴和使用情况进行了审计，共计应收缴入库 220,818.63 元，追缴入库 198,818.63 元。市总工会联合国税对基层单位 2007 年工会经费上缴情况进行审计，查出欠缴工会经费的单位有 768 家，追缴入库工会经费 550 余万元。

2009 年，市总工会经审办先后对当阳、兴山、秭归、五峰、长阳、点军、猇亭 7 个县市区总工会，对金三峡印务、市中心医院等 40 家企事业单位工会经费的收缴、管理使用情况进行了审计。同时市总经审会与捷诚工程造价咨询有限责任公司签订了委托协议书，并相继委托对文化宫改造工程等八个项目工程进行了预决算审核，审减率为 17.9%。

2010 年，市总工会经审办对 25 家基层工会经费提取、拨交和使用情况进行了审计，提出整改意见 68 条，追缴入库工会经费 20.9 万元。各县市区工会经审组织开展经济责任审计 216 家，计拨审计漏交工会经费 345.59 万元，提出整改意见 243 条，追缴入库 251.28 万元，入库率达 72.7%。

2011 年，市总工会经审办先后对当阳市、兴山县、秭归县、五峰县、夷陵区、猇亭区、点军区总工会 2009–2010 年度财务收支情况进行审计，对 27 家基层工会经费提取、拨交和使用情况进行审计，提出整改意见 116 条，追缴入库工会经费 5.5 万元。各县市区工会经审组织开展计拨审计 231 项，审计查出漏交工会经费 346.93 万元，追缴入库 260.66 万元，入库率达 75.13%。

2012 年，全市各级工会经审组织开展计拨审计 467 项，追缴入库 239.5 万元。

2013 年，市总工会经审办对 3 个基本建设及维修改造工程项目进行审计，合计送审金额 56.83 万元，核减 0.94 万元，核减率为 1.65%。全市 13 个县市区工会经审会共开展计拨审计 515 次，查处少、漏、欠工会经费 328.18 万元，补交入库 219.4 万元，提出审计意见和建议 362 条，落实整改 341 条，整改率为 94 %。

2014 年，市总工会经审办对县市区总工会财务收支和预算执行情况由两年一审改为一年一审，由上门审计改为送审与上门审计相结合。在将审计意见书、审计工作底稿报送市总领导的同时，抄送被审单位工会主席、常务副主席，实现监督关口前移，扩大了审计结果应用效益。

2015 年，经审会委托工程造价公司，先后对市总工会机关羽毛球场地面改造、沥青路面、办公室改造、电子监控、LED 显示屏采购安装、办公楼天棚维修等 6 个工程项目进行了跟踪审计，审减金额 3.76 万元，审减率为 7.44%。2015 年，全市县级以上工会经审会共提出审计建议和意见 392 条，整改率在 95%以上。

2016 年，市总工会经审办委托会计师事务所，先后对原机电技校部分建筑拆除工程、市总工会办公楼屋面渗漏维修工程、培训楼 10KV 配电室工程三个项目进行了跟踪审计，送审金额 23.60 万元，审减金额 1.6 万元，审减率为 6.81%。2016 年，全市县级工会经审会共审计单位 220 家，联合人社、财政、国税、审计等部门对 400 余家单位开展联动审计，补交工会经费 99.9 万元，提出审计建议和意见 355 条，整改率在 95%以上。

2017 年，经审办先后对 13 个县市区总工会和市一医院、建筑工程质量检测站、滨江公园管理处等 6 家市直企事业单位工会的财务收支情况进行了审计；提出审计意见和建议 54 条，整改率在 95%以上。委托湖北中衡信工程造价咨询有限公司，先后对市总工会机关办公楼 LED 照明改造工程、职工学校羽毛球馆装饰装修工程进行审计，送审总金额 60.34 万元，核减金额 2.74 万元，审减率为 4.54%。

第三节　指导服务督查

自 2000 年市工会第二次代表大会以后，市总工会经审会相继印发《宜昌市工会经审人员职业道德准则（试行）通知》，《宜昌市工会经费计拨审计暂行办法》《宜昌市经审办公室会议制度》《宜昌市经审工作规范化建设考核标准》等规章制度，为基层经审工作开展提供了依据和标准。市总工会经审主任杜心宁撰写的《工会经审改革之我见》论文，在《工人日报》《全总经审工作通讯》《中国工会财会》发表。

2001–2006 年，全市共举办经审培训班 76 期，轮训 3150 人次。在全省市州经审工作评比中从一届的三等奖，稳步跃升为二等奖到蝉联一等奖。孟祥英、曾凡柱、李昌荣、张良雄、杨祖贵 5 名经审干部荣获全国总工会经审工作先进个人称号，市工会经审主任杜心宁荣获 1996–2001 年度全省工会经审工作先进工作者称号。2011–2017 年，市总工会在湖北省工会经审规范化建设的评比中，多次荣获一等奖、特等奖及优秀单位。2014–2015 年，连续两年被全国总工会表彰为“全国工会经审工作先进集体”；2014–2017 年，被湖北省内部审计师协会表彰为“全省内部审计先进集体”。

2009 年，市总工会经审会召开县市区、市直产业、企业经审监督工作会议，县市区经审主任在会上述职，有 15 个单位在会上作发言交流。在远安县召开了全市工会经审理论与实践研讨会，收到研讨文章 30 多篇，有 12 人在会上作了研讨发言。按照省总工会关于经审工作规范化建设标准，市总工会经审会制定和完善了市总工会本级工会经审制度 17 项，编印工会经审学习资料 3500 册下发各基层工会。同时要求把经审工作纳入对下级工会工作的总体考核评比体系之中，与工会其他工作同时部署，同时考核。

2007–2011 年，共组织 8 次外出学习考察，举办 21 次培训班或采用以会代训形式培训经审干部，共培训 786 人次，聘请工会经审特约审计员 51 名，宜昌工会特约审计员队伍建设的经验在《工人日报》《中国工运》上推介。

2011–2017 年，市总工会经审会推出传帮带交叉审计模式。从 2011 年开始，每年市总工会经审办根据经审会的审计计划，分批安排 13 个县市区总工会经审干部参与市总工会经审办的对下审计工作。通过实地相互交叉审计的过程，提高经审干部业务能力，在“重点分析、互动交流、人人点评、共同提升”的学习实践新模式中，打造一支高素质的专业审计队伍。

第十二章 对外交流

第一节 接待来访

图 12-30 2016 年 7 月，市总工会接待香港电灯集团公司工会参观三峡大坝

市总工会外事工作建立健全一整套严格严密的制度，确定一名主要领导负责外事接待工作。1986 年 5 月，市编委批准成立市总工会国际联络部。1991 年 7 月，又批复成立市职工对外交流中心，同国际部合署办公，从组织机构保证了外事工作的开展。

1989–2017 年，市总工会共接待外国和港、澳、台地区工会代表团 108 批，1587 人，其中外国来访团队 69 批 787 人，港澳台来访团队 39 批 800 人。来访外国团队有美国、英国、法国、德国、西班牙、澳大利亚、马里、埃塞俄比亚、毛里求斯、日本、泰国等，遍及欧、亚、非、北美等各大洲。

1989–2017 年间，香港电灯集团工会 11 次组团来宜参观、交流。2001 年市总工会组团赴香港电灯集团公司职工工会工作访问；2004 年市总工会组团赴港参加香港电灯集团 73 周年庆会；2006 年参加 75 周年庆会，通过访问交流加深了两地工会友谊。

1995–1997 年间，日本三峡会分 6 批 77 人，历时 3 年，骑车分段完成三峡全程旅游，这一活动实施是由市职工对外交流中心负责完成的，为宣传三峡、宣传宜昌，开发宜昌旅游资源做出有益贡献。宜昌日报、三峡晚报、宜昌日报旅游专刊、工人日报、香港大公报对此都作了报道。

2007 年 11 月 24 日，日本福岛县工联 5 人访华团到兴山黄粮镇中心小学，为捐助新建的小学综合楼落成典礼剪彩。

1989-2017 年部分外国及港、澳、台地区代表团来访一览表

表 12–13

时　间	来访代表团队
1989.5.8	日本运输劳联第 14 次访华团一行 24 人来宜
1989.6.30	台湾“三峡 0430—20 D”旅行团一行 24 人来宜
1990.4.13	香港电灯集团工会观光团一行 31 人来宜
1990.5.8	日本运输劳联第 15 次访华团一行 28 人来宜
1990.5.20	日本福冈县自治劳访华团一行 22 人来宜
1991.5.6	台湾工人参观 3 团一行 18 人来宜
1991.5.8	日本运输劳联第 16 次访华团一行 28 人来宜
1991.5.16	香港公务员工会联合会参观团一行 13 人来宜
1991.8.26	香港公务员总工会参观团一行 15 人来宜
1991.9.2	香港政府华员会参观团一行 11 人来宜
1991.9.8	日本大坂工会总评中心代表团一行 4 人来宜
1991.9.28	第 21 届多粒子动力学国际会议代表参观团一行 43 人来宜

续表

时　间	来访代表团队
1991.10.8	日本9SJTW—9103团一行16人来宜
1991.11	毛里求斯劳工大会代表团一行2人来宜
1992.4.14	香港电灯集团职工会观光团一行27人来宜
1992.4.19	香港中华煤气华员职工观光团一行31人来宜
1992.4.24	香港爱国学校参观团一行16人来宜
1992.4.29	泰国正大集团一行10来宜
1992.5.13	台湾NHT—0506团一行29人来宜
1992.6.24	德国五金工会前主席迈尔一行6人来宜
1992.7.27	香港学校老师参观团一行16人来宜
1992.10.1	日本大分县日中友协访华团一行12人来宜
1992.10.14	马里工会代表团一行2人来宜
1992.10.15	港澳工会“十一”国庆参观团一行30人来宜
1993.4.8	澳门水电工会一行38人来宜
1993.4.7	香港房屋署结构工程协会一行26人来宜
1993.4.10	香港公用事业工会联合会观光团一行27人来宜
1993.4.14	香港新市镇老师三峡参观团一行32人来宜
1993.5.9	日本大分县工会联合肢访华团一行9人来宜
1993.5.29	香港电灯工会一行4人来宜
1993.8.4	香港新市镇文化教育协会三峡团一行19人来宜
1994.8.3	日本三峡会考察团一行6人来宜
1994.8.29	日本日中工人交流协会访华团一行7人来宜
1994.9.10	日本劳动笔友会访华团一行18人来宜
1994.10.23	日本自治团体工会大阪府访华团一行5人来宜
1994.10.23	日本福岛县第7次中国经济考察团一行15人来宜
1995.3.21	日本三峡会一行19人来宜
1995.4.15	香港电灯集团工会一行20人来宜
1995.6.27	日本新泻县职员工会访华团一行7人来宜
1995.10.9	日本三峡会一行11人来宜
1996.3.20	日本三峡会一行23人来宜
1996.8.3	日本三峡会一行8人来宜
1996.10.13	国际劳工组织、安全卫生专家一行2人来宜
1997.3.2	日本日中技能者交流中心代表团一行9人来宜
1997.3.15	日本三峡会一行12人来宜
1997.4.23	美国老龄工作者访华考察团一行13人来宜
1997.5.10	日本连合岗山访华考察团一行20人来宜
1997.9.14	台湾高雄市总工会代表团一行10人来宜
1997.9.29	日本全电通友好访华代表团一行15人来宜
1997.11.18	日本“连合福岛”友好访华团一行5人来宜
1997.11.18	香港政府人员协会代表团一行10人来宜
1998.3.15	日本三峡会一行8人来宜
1998.4.25	日本造船机械劳联代表团一行6人来宜
1998.4.30	日本第七次劳动问题交流访华团一行21人来宜
1998.5.9	国际建筑和木工工人联合会代表团一行6人来宜
1998.10.22	台湾邮务工会代表团一行8人来宜
1999.6.12	日本技能者交流中心一行2人来宜

续表

时　间	来访代表团队
1999.8.20	东京运输产业劳动组合协议会一行24人来宜
1999.9.16	日本九洲地区唐诗研修团一行49人来宜
1999.9.30	西班牙加里西来总工会一行3人来宜
1999.10.6	日本福岗县工会联会会一行12人来宜
1999.12.18	埃塞俄比亚工会联合会一行2人来宜
2000.5.13	日本福岗县工会联会会一行5人来宜
2000.6.25	美国弗瑞德包曼先生1人来宜
2000.9.10	日本劳动者福利协议会代表团一行5人来宜
2000.10.6	日本福岗县工会联合会一行12人来宜
2000.12.24	香港电灯工会一行2人来宜
2001.5.18	日本福岗县议会会员代表团一行16人来宜
2001.6.9	日本大分县工会联合会访华团一行8人来宜
2002.3.31	香港电灯工会一行2人来宜
2002.10.23	台湾邮务工会一行11人来宜
2002.11.23	澳大利亚C E P U工会一行2人来宜
2002.11.27	澳大利亚电业、管道工会一行3人来宜
2003.3.16	日本“连合福岛”第二次志愿者植树团一行20人来宜
2003.3.24	日本日中技能交流中心代表团一行6人来宜
2003.9.15	日本山梨县工会联合会访华团一行5人来宜
2003.10.7	香港电灯集团公司工会代表团一行7人来宜
2003.12.2	日本福岛县工会联合会访华团一行5人来宜
2004.2.4	日本福岗县工会联合会一行2人来宜
2004.4.5	香港电灯、电力、公共事业工会一行18人来宜
2004.4.11	日本联合福岛志愿者植树团一行21人来宜
2004.8.3	德国化学工会一行6人来宜
2004.10.20	法国工会五金工会一行6人来宜
2005.2.11	香港电灯集团公司工会主席黄年胜来访
5005.5.19	香港电灯集团公司吕建华一行5人来访
2005.9.3	香港电灯集团公司一行26人来访
2006.2.20	日本福岛县工会考察兴山黄粮小学一行3人
2006.7.14	香港公务员工会一行84人来宜
2006.10.10	香港、澳门工会一行9人来宜
2006.10.13	意大利工会一行22人来宜
2007.6.5	台湾电力工会代表团来宜
2007.6.30	台湾工会“三峡之旅”考察团一行100人
2007.11.12	日本福岛县工会联合会一行5人来宜
2008.5.10	“台湾工会荆楚行”一行40人来宜
2008.5.13	日本化学能源矿山工会协议会代表团一行5人来宜
2008.7.4	日本大分县工会联合会访华团一行6人来宜
2009.12. 4	日本“连合福岛”工会友好访问团一行5人来宜
2012.7	日本大分县工会联合会访华团一行6人来宜
2016.11	海峡两岸劳工发展交流协会理事长侯彩凤为团长的台湾代表团一行17人来宜
2017.3	以英国工会联盟苏格兰地区工会副书记玛丽·亚历山大为团长的访问团一行3人来宜

第二节　出访出境

1989–2017 年，市总工会组团参团出境港澳台地区和出访国外共 42 批 134 人次，其中出国访问交流、考察培训 27 批共 43 人次，出境港澳台地区 15 批 91 人次。通过考察、学习、培训，达到了走出国门、了解世界、宣传宜昌、促进交流、增进友谊的目的。

1997—2017 年部分出国访问一览表

表 12–14

时间	出访人员及地点
1997.11	市总工会副主席张兴本赴新加坡考察
2000.6	市总工会主席金泽兰赴西班牙访问
2000.7	市总工会国际部副部长高勇赴日本考察
2001.9	市总工会常务副主席周学文出访俄罗斯
2001.10	市总工会主席余幼明赴澳大利亚访问考察
2003.3	市总工会副主席何先玲赴德国培训
2004.7	市总工会副主席任云赴美国培训
2004.8	市总工会常务副主席周学文一行 12 人赴法、德、意大利考察
2004.10	市总工会纪检组长刘金莲赴澳大利亚、新西兰学习考察
2005.7	市总工会副主席潘德远赴德国汉堡培训
2005.8	市总工会女职工委员会主任许和平赴欧洲考察
2005.10	市总工会组织部长罗冬兰赴欧洲培训考察
2005.10	市总工会经审主任杜心宁赴欧洲培训考察
2006.10	市总工会副主席肖伟赴法国考察
2007.9	市总工会副主席张毅赴美国培训
2007.10	市总工会郑永安、张信甫、金浩、刘金莲赴法国培训考察
2009.12	市总工会常务副主席张毅赴澳大利亚、新西兰访问
2009.11	市总工会副主席肖伟赴美国培训
2011.8	市总工会常务副主席罗志勇出访瑞典、冰岛
2012.9	市总工会女工委主任朱利民、宜都市总工会常务副主席沈绪文、夷陵区总工会常务副主席陈国风赴德国不莱梅应用科技大学进行培训。
2014.8	市总工会经审会主任李达明赴南非、意大利、德国访问交流。
2015.9	市总工会常务副主席罗志勇赴阿根廷、巴西访问交流。
2016.6	市总工会副主席江浩赴英国、冰岛访问交流。
2017.5	市总工会常务副主席罗志勇赴法国、德国、瑞士访问交流。

第十三章　“互联网+”服务职工“宜昌模式”

第一节　发展历程

2010 年，宜昌市被确定为全国 35 个社会管理创新综合试点城市之一，市总工会积极参与试点工作。

自 2011 年初，市总工会积极探索，深入调研，于 2012 年 6 月，制发了《关于参与加强和创新社会管理工作的意见》。

2012 年，社会管理创新的提法改为社会治理创新，同时融入“智慧城市”建设概念。10 月，市总工会决定，由湖北纵横科技公司开发职工服务平台系统。由此，正式开启了“互联网+”服务职工的艰辛探索。在市总工会领导带领下，市总工会生活保障部与湖北纵横科技公司共同走访电子政务办、人社、民政、工商、税务等部门，于 2013 年 3 月，形成了“宜昌市总工会职工服务平台系统”架构设想，确定了“困难帮扶、职业介绍、家政培训、争议调解、E 通链接”等首批开发的职工服务模块。

2014 年 7 月，如期完成首期开发任务，“宜昌工会职工服务网”及“宜昌市总工会职工服务平台系统”正式上线试运行。市总工会顺应时代潮流，正式提出建设“互联网+职工服务平台系统”。

2014 年底，省总工会明确提出“地方学宜昌、企业学武钢、全省一张网、五级全覆盖”的工作方针。

2015 年 7 月，中央群团工作会议召开，中共中央《关于加强和改进党的群团工作的意见》强调，打造网上网下相互促进、有机融合的群众工作新格局。

2015 年 9 月，市总工会提出以“工会组织全覆盖、职工（农民工）全入会、基础信息全掌握、线上线下全服务”为目标，加快构建“互联网+服务职工”体系，结合宜昌工会实际，不断推出网上服务套餐，至此，“互联网+”服务职工“宜昌模式”初见雏形。

2015 年 7 月–2016 年 8 月，时任中共中央政治局委员、中华全国总工会主席李建国，中华全国总工会党组书记、副主席、书记处第一书记李玉赋，省委书记李鸿忠，省委常委、市委书记黄楚平，省委常委、省总工会主席梁惠玲等领导同志先后作出重要批示，对宜昌工会的做法给予高度肯定，全国总工会调研组 3 次来宜专题调研，全国总工会办公厅 3 次印发《工会要情》通报推介，《工人日报》《湖北日报》头版头条分别予以报道推介。

2016 年 5 月，市总工会全面建成“一个平台、两张网、五大系统（基础信息、职工服务、争议调处、舆情分析、协同办公）、四个终端（网站、微信、微博、APP）。”2016 年 9 月 27 日，全国“互联网+”工会普惠性服务现场推进会在宜昌召开，“互联网+”服务职工“宜昌模式”正式形成。

第二节　服务套餐

1.“互联网+”建会服务

主要依靠三个动态数据库来推动和实现。一个是企业动态数据库。这个数据库的建设，主要依托宜昌市的工商和法人信息库，抓取工会所需要的字段，如企业名称、组织机构代码、法人代表等信息，再通过网格管理员，实地采集和核实企业建会建制的情况，从而建成为工会所用的企业动态数据库。通过这个数据库，可以清楚地查询到这家企业情况，以及企业的职工人数、会员人数、男女职工分布，以及企业职工名册等信息。第二个是已建工会组织的企事业单位数据库。这个数据库主要是来源全国总工会基层组织建设数据库和基层组织大调研采集的相关数据信息。而且将已经建立工会组织的企事业单位和签订集体合同的建制信息，在电子地图上定位显示，可以清楚看到每个企业工会名称、企业规模、工会干部、联系方式，以及企业签订集体合同等情况。通过上述两个数据库的关联比对，可以随时查询和掌握全市所有县市区工会组建的情况，包括各地企业总数、已建会企业、未建会企业等情况。第三个是职工农民工实名制动态数据库。这个数据库主要来源于两个方面：一是依托宜昌市“金保工程”数据信息，通过字段筛选，将全市 80 多万职工信息“一网打尽”，再通过人口基础信息数据库中的农业和非农业人口信息的筛选，将所有信息按职工和农民工进行分类，形成职工和农民工动态实名数据库。二是职工农民工通过上网渠道入会和转会的数据信息，实时增减、动态更新。

2.“互联网+”职工（农民工）入会转会服务

职工农民工可以通过外网平台及“宜昌工人”微信公众号网上申请、平台受理、审核办理三个步骤即可实现“入会转会”。“宜昌工人”微信公众号被评为全国十佳最有影响力工会新媒体、全国十佳运营推广策划工会新媒体，WCI 指数稳居宜昌政务微信榜前 10 位。截至 2017 年底，通过网上加入工会组织的职工农民工达到了 5.2 万人，打造了“指尖上的工会”，实现了“要我入会”到“我要入会”的历史性跨越。

3.“互联网+”智慧生活服务

将面向全体职工的 8 项服务内容，面向困难职工的 6 项服务内容和面向劳动模范的 5 项服务内容共 19 个服务项目，同时置于职工服务网和“宜昌工人”微信公众号，职工农民工随时随地可通过网上申请工会服务，申请信息在 10 秒钟以内就可以同步到内网平台，由专门人员进行办理。同时，将“宜昌工人”与“宜昌市民 e 家”无缝链接，方便职工农民工共享水费、电费、燃气费查询，网上交费、预约就诊等 37 项智慧生活服务。

4.“互联网+”婚恋服务

建立男女单身职工（农民工）会员库，会员信息由所在单位工会审核申报，根据自愿的原则，录入工会“互联网+服务职工”平台系统，并在网上开通互动功能，男女青年互点“一见倾心”按钮之后，即可实现线上互动。同时，在职工服务中心开设线下婚恋服务窗口，经常组织开展“见面会”“游艺会”等联谊活动。截至 2017 年底，共有单身男女职工（农民工）会员 6118 人，382 对牵手成功。

5.“互联网+”困难职工帮扶服务

建立动态困难职工数据库。数据库中的数据来源包括三个渠道：一是各基层工会组织申报；二是社区网格管理员走访过程中发现家庭困难的，通过社区 E 通登记上报；三是职工（农民工）个人通过网上直接提交申请。在对这些困难职工申请的初步审核过程中，全面运用全市政务“大数据”，将职工个人身份证号作为唯一识别，与公安、民政、人社、房管、工商等各部门的相关信息的联网比对和验证，确保精准公正。通过信息联网比对后随即分派给所属县级工会职工服务中心工作人员，由其上门核实，最终确认是否可以建档。争取市委、市政府高度重视与支持，把工会 4 项服务内容（困难职工申请、困难职工走访、劳模走访和职工就业需求信息采集）纳入网格员的工作范畴，全市 11000 多名网格员成为工会工作的有力助手。对于基层工会、网格管理员、困难职工本人通过网上提交的困难帮扶申请，市总工会及各县市区工会在 3 个工作日内在网上审核审批，帮扶资金通过网上银行直达帮扶救助对象银行卡。截至 2017 年底，网格管理员走访困难职工（农民工）29000 人次，网上帮扶 4820 人次，发放帮扶资金 510 万元。

6.“互联网+”劳模服务

将劳动模范困难补助金申请、临时救助申请、荣誉津贴申请、劳模疗休养 5 项服务内容置于职工服务网和“宜昌工人”微信服务平台，劳模足不出户即可完成相关诉求的提交。同时，网格管理员每个季度至少对辖区内的劳模走访一次，发现生活特别困难的，及时向工会提交诉求和申请。

7.“互联网+”培训与就业服务

一是及时推送岗位信息。职工（农民工）通过职工服务网或“宜昌工人”微信服务平台，即可查询岗位信息，寻找适合自己的工作岗位。二是网上报名，实地培训。及时发布培训信息。将职业技能培训计划发布在职工服务网和“宜昌工人”微信服务平台。任何一名有意参加培训的职工（农民工），均可在网上报名。综合网上网下报名情况，适时举办培训班，实地培训任务继续由工会职业培训学校承担。三是线上匹配，线下推介。培训结业以后，建立动态人力资源库，并与宜昌市智慧城市大数据中的相关数据进行对接，及时推介他们上岗就业，截至 2017 年底，网上发布基层动态、政策资讯、岗位信息 2.3 万条，培训家政人员 5200 名，网上推介就业 2.5 万人次。

8.“互联网+”维权服务

运用“互联网+”，将职工（农民工）维权服务诉求，由原来的各级工会逐级上报、受理、办理，转变为现在的“扁平式”联动办理。“互联网+”维权服务，分为在线申请、诉求处理、跟踪督办三个环节。网上平台系统设有诉求审核、任务分派、短信提示、限时督办、“痕迹”管理等功能。截至 2017 年底，网上政策咨询 18 万人次，网上维权诉求 2.7 万人次，网上调解劳动争议 158 件。

9.“互联网+”民主管理

运用“互联网+”，及时布发职工工资福利资讯、职代会信息、集体合同签订信息。通过终端管理员授权，企业工会主席可在网上平台系统中开设“集体协商讨论组”，将职工代表、工会代表、行政方代表邀请在一起,在网上进行集体合同签订或专项集体合同或涉及职工切身利益的重要事项进行签约前的多轮协商、讨论，线上协商一致后，线下签订书面协议，既充分畅通了民主协商渠道，又极大地提升了工作效率。

10.“互联网+”职工健康 e 家

运用“互联网+”，把职工（农民工）的健康教育培训、健康风险评估、运动计划拟定、运动效果评估、健康检测、健康档案管理等信息，通过智能终端实时推送给职工（农民工）。同时，将工会会员信息、劳动模范信息与工会培训机构、健身场所、文化娱乐阵地进行有效对接，实现工会会员扫码打折优惠服务，劳动模范扫码免费服务。

第三节　辐射效应

“互联网+”服务职工“宜昌模式”，做强了服务职工的“大数据”，打通了服务职工的“最后一公里”，实现服务职工的“三全目标”即服务对象“全覆盖”、服务内容“全方位”、服务时间“全天候”。同时，对于提高工会组织服务职工群众的能力和水平、推动工会干部改进工作作风，以及工会系统提质增效等方面发挥了重要作用。

“互联网+”服务职工“宜昌模式”从湖北走向全国。全国“互联网+”工会普惠性服务现场推进会召开以后，全国总工会及黑龙江、安徽、河南、湖北、广西、海南、西藏等省（自治区）总工会先后在宜举办培训班，学习研究“宜昌模式”，共培训各地各级工会干部 820 人。全国各地工会先后 235 批次 1610 人次来宜学习交流。截至 2017 年底，湖北省 17 个地市州工会全面升级应用“互联网+”服务职工“宜昌模式”，黑龙江、新疆、甘肃、安徽、河南、广西、云南等省（自治区）工会正在与湖北纵横科技公司合作，推广应用“互联网+”服务职工“宜昌模式”。

第十四章　机关工作

第一节　党群工作

一、机关党组织

1989 年，市总工会机关党支部委员会由伍明万、赵长富、王昌元、罗冬兰、何先玲 5 人组成，伍明万任支部书记，赵长富任副书记。

1991 年 5 月，宜昌地区工会办事处党支部委员会由张信甫、王平、李兵 3 人组成，张信甫任支部书记。

1995 年 6 月，市总工会机关党支部进行换届选举，伍明万任支部书记，何先玲任副书记，罗冬兰、郝丽华、何平为支部委员。

1995 年 10 月，市直机关工委批复，建立市总工会党总支部委员会，市总工会第一届党总支由伍明万、何先玲、郝丽华、余汉陵、刘世富 5 人组成，伍明万任党总支部书记，何先玲任副书记。

2001 年 5 月 24 日，市总工会党总支召开第二次党员大会，选举潘德远、何平、江浩、余汉陵、刘世富、郝丽华等 6 人为市总工会第二届党总支部委员会委员。潘德远任党总支部书记，何平任副书记。

2002 年 3 月，宜昌市总工会直属机关党委成立，机关党总支撤销。

2002 年 3 月，经市总工会机关和直属事业单位全体党员大会民主选举，报市直机关工委批准，市总工会直属机关党委成员配备到位，潘德远任机关党委书记，罗冬兰任副书记，何平、刘金莲、陈卫平、李兵、江浩为成员。机关党委下设 6 个党支部，机关第一党支部、机关第二党支部、机关第三党支部、平湖工人疗养院党支部、工人文化宫党支部、机关离退休干部党支部。2006 年 9 月，肖伟任机关党委书记。

2007 年 6 月，市总工会直属机关党委召开党员代表大会，选举产生中共宜昌市总工会直属机关党委第二届委员会。市总工会直属机关党委第二届委员会由陶明福、李达明、朱利民、闫承模、王平 5 人组成，陶明福任机关党委书记，李达明任副书记。

2011 年 9 月 23 日，市总工会直属机关党委召开党员大会，选举产生中共宜昌市总工会直属机关党委第三届委员会。中共宜昌市总工会直属机关党委第三届委员会由朱利民、徐圣凤、魏清江、沈化冰、秦进文、闫承模、刘世富 7 人组成，朱利民任机关党委书记，徐圣凤任副书记。

2012 年 12 月，徐圣凤任市总工会直属机关党委书记。

2015 年，市总工会直属机关党委召开党员大会。大会以无记名投票、差额选举的方式，选举产生中共宜昌市总工会直属机关党委第四届委员会。中共宜昌市总工会直属机关党委第四届委员会由徐圣凤、杨春菊、魏清江、沈化冰、温燕、陈岿、姚正威 7 人组成，徐圣凤任机关党委书记，杨春菊任机关党委副书记。

二、机关纪委

2002 年 3 月，建立中共宜昌市总工会直属机关纪律检查委员会（简称“机关纪委”）。机关纪委在市直机关纪工委和市总工会机关党委领导下开展工作。

2007 年 6 月，市总工会直属机关党委召开党员大会，选举产生市总工会直属机关第一届纪律检查委员会，委员会由陶明福、何平、陈卫平、余汉陵、侯毅 5 人组成，陶明福任书记。

2011 年 9 月 23 日，市总工会直属机关党委召开第二次党员大会，选举产生中共宜昌市总工会直属机关纪委第二届委员会，委员会由徐圣凤、李东海、陈卫平、何平、余汉陵 5 人组成，徐圣凤任机关纪委书记。

2015 年 12 月 23 日，市总工会直属机关党委召开第三次党员大会，选举产生中共宜昌市总工会直属机关纪委第三届委员会。中共宜昌市总工会直属机关纪委第三届委员会由杨春菊、李东海、陈卫平、刘文、候毅 5 人组成，杨春菊任机关纪委书记。

三、机关工会

1990 年 5 月，原市工会机关工会由王昌元、徐明负责，会员 37 人。

1991 年 12 月 12 日，机关会员大会选举赵玉春等 5 人为机关工会委员会委员，赵玉春为机关工会主席。

1995 年 11 月，选举张信甫为机关工会主席。

1999 年 6 月，机关工会换届选举，张信甫连任主席。

2002 年，肖伟任机关工会主席。

2007 年 6 月，陶明福当选机关工会主席。

2011 年 9 月，朱利民当选机关工会主席。

2012 年 12 月，徐圣凤任机关工会主席。

四、机关共青团

2007 年 6 月，魏清江任市总工会机关团支部书记。

2011 年 9 月，魏为任市总工会机关团支部书记。

2017 年 5 月，肖秀栋任市总工会机关团支部书记。

第二节　离退休干部工作

市总工会机关从 1984 年开始有离退休干部，至 2017 年 12 月共有离退休干部 32 人，其中离休 3 人，退休 29 人。离退休干部工作经历了由市总工会组织部代管，确定专人负责和设置老干部工作机构三个阶段。经市编委批复，2007 年，设置市总工会老干部工作办公室（正科级），定编 1 人。市总工会党组[2007]10 号文任命雷斌为市总工会老干部工作办公室主任。2017 年老干部工作办公室更名为市总工会离退休干部科（正科级），陈卫平任科长。

市总工会党组每年安排 1–2 次听取老干部工作汇报，专题研究老干部工作。2007 年宜工[2007]92 号文件《宜昌市总工会关于进一步加强老干部工作的意见》和 2009 年市总工会主席办公会专题会议纪要对离退休干部“两个待遇”的落实具体化、制度化、规范化。30 多年来市总工会老干部工作形成了党组统一领导、分管领导主抓、老干办实施落实、各个部门协助配合的工作格局。

建立健全各项制度有：老干部学习制度、老干部活动室管理制度、党支部委员联系党员群众制度、走访慰问制度、外出党员管理制度、党内民主监督检查制度、党费收缴使用管理制度、党支部“三会一课”制度、党内民主监督检查制度等。

成立离退休干部党支部和自管组。在市总工会党组和市总工会直属机关党委领导下，市总工会离退休党支部已经历了三届。离退休党支部第一任书记毛传义、支委王宗新、雷逸志、黎开智；第二任书记伍明万、副书记张兴本、支委雷逸志、石明光、黎开智；第三任书记陶明福、副书记伍明万、支委张信甫、刘金莲、郝丽华。离退休干部党支部组织学习党的路线、方针、政策，时事政治，开展思想教育，协助老干部办公室开展活动，参加市老干部局组织的各种活动和学习。2001 年，离退休干部党支部被市委组织部、市委老干部局评为“先进离退休干部党支部”、2006 年被市直机关工委评为“五好基层党组织”。

老干部自管组开展的活动。一是组织离退休干部参加市委老干部局组织的文体活动；二是组织重大节日活动；三是组织开展志愿者服务“五老关爱”等活动；四是组织老干部外出活动。

创建市级老干部活动室。工会老干部活动室从 20 世纪 80 年代开始建立至今，活动室功能不断完善，现建 200 ㎡的活动室和一间 50 ㎡的乒乓球室，配备有学习、健身、娱乐等设施，活动功能完备齐全。2000 年 8 月获市委老干局授予的全市首批“优秀活动室”建设先进单位。2012 年在创建市级示范老干部活动室活动中被市委组织部、市委老干部局授予“市级示范老干部活动室”称号。2017 年通过复评验收，保留“市级示范干部活动室”称号。

获得荣誉。2008 年被市委老干部局评为“老干部工作先进集体”，2010 年、2011 年、2013 年分别被省总工会、省委老干部局、省老龄委评为“敬老模范单位、敬老模范岗、敬老文明号”称号。

第三节　档案工作

1989 年始，宜昌市总工会按照《中华人民共和国档案法》有关规定，建立健全《档案借阅制度》《档案保密制度》《档案统计、移交制度》《档案保管制度》《档案人员岗位责任制度》《档案利用制度》，以制度严格规范档案管理。市总工会党组定期听取档案管理工作汇报，着力加强档案基础工作，并与其他重点工作同布置、同检查、同落实，健全以文书档案、会计档案、科技档案、声像档案为内容，以机关档案室为中心的档案管理网络，实行集中统一管理。

截至 2017 年底，市总工会综合档案室共收集归档 1972—2016 年文书档案 8465 件，会计档案 1436 卷、专业档案 1555 件，声像档案（录音录像带 9 盘，照片 209 张），电子档案 96 盘，实物档案 238 件，资料 127 册，所有文书档案均实现了数字化。根据档案管理的相关规定，制订了详细档案管理“三合一”制度，按照不同的门类和载体分为七类档案进行归档管理：1 、文件档案，具体分为综合类、业务类；2 、科技档案，具体分为基本建设类、设备仪器类；3 、会计档案，具体分为凭证类、账簿类、财务报表类、其他类；4 、声像档案，具体分为照片类、录音类、录像类；5 、电子档案，具体分为磁盘类、光盘类；6 、实物档案，具体分为奖品类、印章类、其他类；7、专业文件材料，具体分为劳动争议调解，劳动模范。在各类别下按应归档文件材料内容，由责任者、问题、文件材料名称组成条款，依次排列。

2001 年 10 月，市总工会向市档案局移交 1972—1991 年湖北省总工会宜昌地区办事处文书档案 209 卷；1979-1991 年宜昌市总工会文书档案 106 卷；

2007 年 12 月，宜昌市总工会机关档案室通过省档案局的检查验收，被评为全省机关档案工作目标管理省一级单位。

2009 年 11 月，宜昌市总工会机关档案室通过省档案局的复检，被评为全省机关档案工作目标管理省特级单位。

2012 年 12 月，宜昌市总工会机关档案室通过省档案局的复检，被评为全省机关档案工作目标管理省特级单位。

2015 年 9 月，宜昌市总工会机关档案室向市档案局移交 1997—2001 年文书档案 181 卷，并完成了移交档案的数字化处理工作。

2016 年 9 月，宜昌市总工会机关档案室完成了所有现存档案的数字化处理工作。

第四节 创建文明单位

1989年至2017年，宜昌市总工会积极开展文明单位创建工作。1991年，原市总工会机关按照市直机关工委的要求，开展了“三为”活动（为经济建设、为人民群众、为基层单位办实事）。1993年，市总工会开展了“三为三比”活动（三比为比学习、比团结、比贡献）。1996年开展“创建文明机关”活动。1998年开展“双争”活动（争创文明机关、争做优秀公仆）。多年努力取得1998年、1999年市直“文明机关”称号。进入21世纪以来，创建工作不断取得新突破，市总工会2008年开始连续5届（2年1届）被市委、市政府表彰为“市级文明单位”，2009年开始连续4届（2年1届）被省委、省政府表彰为“省级文明单位”，连续多年被市直机关工委评为“群众满意机关”。

2000年以来，市总工会历届领导认真贯彻落实中央、省、市文明办的有关会议精神，成立了以党组书记、常务副主席任组长、党组成员任副组长的文明创建工作领导小组，制定科学方案，落实部室责任。围绕建设“优美环境、优良秩序、优质服务、群众满意”工作目标，积极参与文明创建工作。大力推进职工道德建设，增强广大职工社会责任感，努力提升职工文化道德素质。广泛开展了工会志愿者服务、倡导“文明餐桌”行动、社会主义核心价值观的宣传、“中国梦·劳动美”职工读书、提升职工出境旅游文明素质、“道德讲堂”活动、劳模“三进”（即进企业、进社区、进校园）和劳模“五进”（即进企业、进校园、进机关、进社区、进农村）、文明创建联系点帮扶等活动，努力营造“工人伟大，劳动光荣”的社会氛围，让劳动创造美好生活成为广大职工特别是青年职工的共同追求。

以传承和弘扬中华传统美德为主题，每年坚持开展“送电影”“走进职工”慰问演出、职工书画美术摄影作品大赛、“送春联”和元宵“猜灯谜”等活动。

典型事例

2008年5月，四川汶川地区发生特大地震灾害后，市总工会及时发出倡议书，紧急启动专用账户，开通12351捐助热线，与电信宜昌分公司联合开通募捐声讯平台和短信平台，组织动员全市各级工会、广大职工、工会会员、劳动模范向灾区人民捐款3700多万元，其中市总工会困难职工帮扶中心直接接受捐赠246.6万元并及时全额拨交上级工会和地方慈善总会，同时市总工会还对23名地震灾区在宜务工的农民工每人送去2000元的慰问金，对20名地震灾区在宜就读的学生每人资助1000元，并主动联系兴发集团与他们签订实习就业协议。

图14-31 2007年6月，市总工会机关举行模范事迹报告会

2010年，宜昌市总工会被湖北省委、省政府表彰为“2009–2010年度省级文明单位”。

2012年5月25日下午，宜昌市人民政府、湖北省总工会、中国光华科技基金会合作共建签约暨捐赠仪式在湖北宜昌市隆重举行。仪式上，宜昌市政府与基金会签订了公益战略合作协议，湖北省总工会党组书记、常务副主席黄国庆，宜昌市委副书记、市长李乐成，宜昌市委常委、市委秘书长马学军，宜昌市委常委、市总工会主席刘学甫，基金会副秘书长潘平，以及多家爱心企业代表等出席。中国光华科技基金会向宜昌市总工会“12351 驿站”捐赠 300 台联想电脑、1100 辆自行车、1100 件工作服装，2 台彩超设备，总捐赠价值数百万元。

2012 年 7 月 4 日，宜昌市总工会办公室下发了《关于成立宜昌市学雷锋职工志愿者服务队的通知》，明确了组织机构、相关标准、活动内容、工作要求。服务队下设市直产业（行业）、企业职工志愿者服务队和县市区（含高新区）职工志愿者服务队。目前全市共有 15,500 余名职工志愿者服务队员。

2013 年 9 月 16 日，深入贯彻落实中央文明委、省市文明委提升中国公民出境旅游文明素质电视电话会议精神，把实施提升职工出国（出境）访问考察、旅游文明素质作为加强职工职业道德素质建设的一项重大举措，列入重要日程，印发了《宜昌市总工会关于提升全市职工出国（出境）访问考察、旅游文明素质的通知》，建立健全目标责任考核机制，把“文明旅游”纳入工会工作考核内容，实行目标管理，推动活动经常化、规范化、制度化。

2014 年 7 月至 2015 年 3 月，宜昌市总工会联合宜昌市委宣传部、宜昌市文明办开展了首届“中国梦·劳动美”—寻找宜昌“最美一线职工”活动，共评选出 10 名“宜昌最美一线职工”和 10 名“宜昌最美一线职工”提名奖。截至 2017 年该项活动共成功举办了 3 届。

第五节　定点帮扶

市总工会机关对农村定点帮扶工作从 20 世纪 90 年代开始。1991 年 3 月 7 日，根据市委统一安排，市总工会与市政府政研室一起定点帮扶点军区吴家村，派出郝丽华、刘世富同市政府政研室人员一起驻队帮扶。驻队期间，协助村里工作，帮助解决困难。村委会和群众反映没有扩音喇叭等设备。市总工会和市政府政研室领导听到反映后，筹集 1 万多元购置设备后送到吴家村。同年 7 月 30 日，市总工会同市政府一起送点军区联棚乡大米 7000 斤。1994 年 3 月，市委统一安排市总工会与市政府重点办组成小康工作队进驻窑湾乡。帮助发展乡办企业，解决生产经营中的问题。1994 年 2 月 29 日到 1995 年 3 月 2 日，市总工会选派郑永安参加工作队一年，次年派张良雄接替，一年后结束。

1998–1999 年，市总工会与市人防办、市计生委、宜昌海关、市体改委组成进驻西陵区窑湾乡工作队，确定市总工会为队长单位，市总工会副主席张信甫任队长，市总工会职工学校副校长马松山任副队长，并作为挂职窑湾乡乡长助理，全勤驻点工作。驻队两年间，工作队参与夜明珠集团改制和组建、处置一批不良企业资产的转让、协助做好市垃圾处理厂征地清场、引导和培养村民发展民营经济和观光农业，发挥了重要作用，取得了显著成绩，得到西陵区委、乡党委充分肯定。1998、1999 年连续两年被市委市政府评为市先进小康工作队，马松山被评为先进工作队队员，并在全市小康工作会上介绍经验。

2002 年 1 月 30 日，市总工会副主席潘德远一行 4 人到扶贫帮困点秭归水田坝乡龙潭村调查了解。春节后市总工会领导班子成员深入该村并确定每人联系一家困难户。3 月，市总工会机关副县以下干部到点军区张家居委会参加市直机关工委开展的“干部走千家扶贫帮困”活动，走访 18 户，帮扶资金 2100 元。6 月，市总工会领导再到龙潭村，资助现金 1 万元。

2011–2017 年，宜昌市总工会积极参与“三万”活动和扶贫攻坚工作，先后定点帮扶枝江市问安镇袁码头村、长阳县大堰乡赵家堰村、夷陵区三斗坪镇柏果淌村。宜昌市总工会成立以党组书记、常务副主席为组长的专项工作领导小组，并明确一名党组成员具体负责帮扶工作。6 年来，先后从机关及直属事业单位抽调 50 名政治素质好、业务能力强，组织协调能力强的优秀干部，分 70 批次驻村开展工作。他们协助村委会解决村民困难和问题，在基础设施及民生工程建设、农业产业扶持、困难群众帮扶等方面见了成效。

一、袁码头村帮扶工作

2011–2013 年，宜昌市总工会定点联系帮扶枝江市问安镇袁码头村。抽调 40 名机关及直属事业单位干部分 35 批次驻村开展帮扶工作。筹集资金 28 万元用于村级公路建设；筹集资金 5 万元用于当家堰的整治，实现蓄水 66000 立方米；筹集资金 2.15 万元，走访慰问困难群众 35 人次；筹集资金 5 万元，用于环境整治和绿化工作；捐赠 4 万册图书，用于村级图书室建设；捐赠自行车 20 辆，用于村综治工作协会民防员工作出行；捐赠音响设备 1 套，用于丰富村民的日常文化生活。

2011 年 3 月 10 日，市总工会党组书记、常务副主席罗志勇前往袁码头村走访并夜宿农家访民情，召开村支部扩大会议和村民座谈会。协助村两委制定和完善袁码头村 2010—2012 年新农村建设和发展三年规划。指导开展村级集体资产、资源、资金清查登记工作。帮助村委会设立了村务公开栏。

2012 年 12 月 14 日，市总工会党组书记、常务副主席罗志勇带领机关干部职工来到枝江市袁码头村，走访慰问困难群众，参加“当家堰”开挖劳动，在现场为袁码头村捐赠了 5 万元挖掘资金。

图 14-32 2012 年 12 月 14 日，市总工会机关干部在枝江市袁码头村挖鱼塘

2012 年，市总工会被表彰为“三万”活动省级先进工作队。

二、赵家堰村帮扶工作

2014 年至 2015 年，在连续两年的宜昌市“万名干部进万村惠万民”活动中，宜昌市总工会定点联系长阳县大堰乡赵家堰。抽调 30 名机关及直属事业单位干部分 18 批次驻村开展帮扶工作。多方协调为赵家堰村修建了梦园广场、安装了健身器材、篮球乒乓球设施，为村民提供了良好的文化娱乐阵地；市总工会拨出资金 7 万元，帮助赵家堰村整修青坡垴、石板沟两处堰塘，实现蓄水 1000 立方米；投入资金 8 万元，协调资金 10 万元，支持村级卫生室、档案室和通组公路建设。协调市林业局、市农业局争取产业发展扶持资金 20 万元，促进核桃种植技术、茶叶产业发展。协调解决村供销社闲置资产问题，开办农资超市，每年为村集体增收 3 万元。市总机关干部与 30 户特困村民建立一帮一对子，结对帮扶资金达 4 万元；捐赠价值 3 万余元的音响设备和电脑，组织职工艺术团到村里慰问演出，开展“送春联”活动，丰富了村民的文化生活。

2014 年 2 月 25 日，市委常委、市总工会主席刘学甫带领市总工会班子成员，深入联系点大堰乡赵家堰村，召开支部扩大会，与村干部、村民代表面对面听心声，征求他们的意见和建议，协助村委制定发展规划。

2015 年 4 月 9 日，市委常委、市总工会主席刘学甫，市总工会党组书记、常务副主席罗志勇带队深入联系点长阳土家族自治县大堰乡赵家堰村召开“三万”工作现场办公会，协助村委制定发展规划，解决农村产业发展、市场化运作、标准化生产、规范化配套、加强基础设施建设、激励性支持等方面的问题。

2014 年，市总工会被表彰为“三万”活动省级先进工作队。

三、柏果淌村帮扶工作

2015 年 7 月，按照市委、市政府的统一安排，宜昌市总工会作为夷陵区精准扶贫工作片长单位，负责精准扶贫工作的指导、协调和服务督办工作，并与宜昌市工商联、民建宜昌市委（民建企业家协会）共同组建市直驻夷陵区三斗坪镇柏果淌村精准扶贫工作队，李达明、魏清江先后担任柏果淌村第一书记，脱产驻村开展精准扶贫工作。

（一）2015 年工作情况

2015 年 7 月，驻村工作队召开村“两委”班子、组长会议、村民小组会、全村脱贫攻坚誓师大会，学习中央、省市区推进扶贫攻坚工作精神。进组入户与村民见面，发放村民基本信息调查问卷，建立全村贫困户档案，一户一册。建立村“两委”班子一系列规章制度，村“两委”班子办公由过去“点卯式”转变为“全日制”。

9 月 8 日，副市长王应华带队到柏果淌村进行工作调研。根据市领导的要求，制定了柏果淌村精准脱贫规划，到市交通局、住建委、旅游局、农业局、林业局、水利水电局、国土局、畜牧局、扶贫办等部门争取资金项目支持，林业局、水利水电局、移动公司等部门派专人进村实地考察，确立支持项目。

10 月 12 日，王应华副市长在市政府 8 楼会议室主持召开办公会，对柏果淌村精准扶贫工作进行专题研究：市住建委、市交通运输局、市国土资源局、市水利水电局、宜昌供电公司、移动、电信、联通公司等市直各相关部门和单位都主动承接了任务。市政府下发了《关于研究夷陵区三斗坪镇柏果淌村精准扶贫工作专题会议纪要》。

市总工会、市工商联、民建宜昌市委、市进出口检验检疫局和夷陵区劳动监察大队及三斗坪镇相关部门，与柏果淌村 80 个贫困户结成“一对一”帮扶对子，分别给予了每户 300 元至 700 元慰问金，为每个贫困户发放了价值 200 元的“年货礼包”。市总工会对 18 名考上大学、大专、高中的困难学生分别给予 3000 元、2000 元、1000 元资助；协调社会爱心人士对 2 名单亲特困学生进行结对帮扶，每年分别给予 2000 元、1500 元资助，直至大学毕业；对 12 个低保户、困难户根据困难程度分别给予 500 至 2000 元的资助。

11 月上旬，组织村“两委”班子、组长、种植户代表共 17 人，赴五峰县长乐坪镇学习考察集中居民点建设、旅游开发经验和羊肚菌种植技术。

12 月 28 日，举办三斗坪镇柏果淌村首届“杀年猪、备年货，农产品推介会”，副市长王应华带领 30 多位企业家参加推介会。活动当天，现场销售生猪 50 多头、羊 100 多只、鸡 500 多只，农特产业价值 10 万余元。

（二）2016 年工作情况

2016 年，市总工会安排 13 批 26 人次驻村开展帮扶工作，累计投入帮扶经费 81.86 万元，其中：资金 66.36 万元，物资价值 8.7 万元，山羊 100 只、鸡苗 1200 只价值 6.8 万元。

2 月 15 日，市总工会领导带队到柏果淌村走访慰问两位抗美援朝退伍老兵（老支书），分别送慰问金 500 元；走访两位困难户，分别送慰问金 300 元。

3 月 22 日，市总工会领导带队，为柏果淌村民赠送甲肥 20 余吨，价值 5 万余元，由工作队分发到每户村民家中。

5 月 15–19 日，市总工会为遭受火灾的村民王德清救助资金 2000 元及被子、毛毯和其它衣物数十件。

5 月 31 日，市总工会协调国美家电、职工服务中心为柏果淌村捐赠价值 1 万余元的电水壶、锅、衣服、毛巾等，由驻村工作队和村干部分别送到困难户家中。

6 月 6 日，市总工会支持柏果淌村教育培训和服务中心阵地建设资金 25 万元。

市总工会为 8 户受灾村民发放救济经费 1 万元；为易地迁建点、卫生室建设、土地整治施工一线农民工送清凉包 85 个，价值 1 万余元。

10–11 月，市总工会领导带队，分 4 次组织机关干部 35 人次，共送去物资和现金达 7000 余元，帮助销售农特产品价值达 2 万多元。

市总工会拨付 95 户贫困户的生产资料维修和改造资金 17.4 万元；安置房缺口资金 1.5 万元；村委会维修资金 1 万元；困难户帮扶金 1，000 元，共计 20 万元整。

市总工会划拨 20 万元的产业发展资金，用于 2017 年村贫困户购买猪、鸡、羊和高山蔬菜等种苗。

同时，市总工会认真履行牵头单位职责，驻村第一书记积极协调相关单位开展帮扶工作，其中：市工商联累计投入经费 22.195 万元，民建企业家协会累计投入经费 34.7 万元，市教育局、市水利水电局、市文化局、夷陵区人社局等单位累计筹集资金 30 万元。

（三）2017 年工作情况

2017 年，市总工会先后召开 4 次会议研究部署精准扶贫工作，督办、协调各项扶贫工作。累计投入 85 万元用于产业扶持和困难群众帮扶。

5 月 4 日，市总机关 20 多名团员青年，为贫困户送去总价值近万元的米、油、牛奶、水果等生活物资和铁护栏等生产资料。

“六一”前夕，市总工会在三斗坪镇人民政府所在地举办了“关爱留守儿童 助力精准扶贫”活动，现场为柏果埫村 50 名学生发放价值 1 万多元学习用品。

7 月 26 日，市总工会党组成员带队慰问村内施工现场的工人，共送去清凉包 55 份，价值 6000 余元。

8 月 28 日，开展爱心助学进乡村活动，对柏果埫村 9 名考取大学、大专、高等职业学校村民子女进行资助，共计金额 14000 元。

“10 · 17 全国扶贫日”，组织机关干部开展精准扶贫“慈善一日捐”活动，共捐善款 11200 元，用于村扶贫项目等。

对 7 户生重病、遭受自然灾害的村民进行临时救助，共计 9000 余元。

同时，市总工会认真履行牵头单位职责，驻村第一书记积极协调相关单位开展帮扶工作，其中：市工商联累计投入经费 12 万元，民建企业家协会累计投入经费 27 万元，市牲畜兽医局、夷陵区政协、夷陵区劳动保障监察局等单位累计筹集 13.4 万元。

（四）工作队第一书记任职时间

李达明　　2015 年 7 月–2017 年 1 月

魏清江　　2017 年 1 月–2018 年 3 月

（五）获得荣誉

2016 年，被市委市政府表彰为精准扶贫先进驻村工作队

2016 年，李达明被市委市政府表彰为优秀第一书记

2017 年，魏清江被市委市政府表彰为优秀第一书记

第六节　主要荣誉

全国荣誉一览表

表 14–15

荣誉名称	颁发单位
市级工会财务会计工作先进单位	中华全国总工会
全国“安康杯”竞赛优秀组织奖	中华全国总工会、中华人民共和国国家经贸委
全国“安康杯”竞赛活动优秀组织奖	中华全国总工会、国家经济贸易委员会
送温暖工程先进单位	中华全国总工会
全国推进厂务公开工作先进单位	全国厂务公开协调领导小组
全国新建企业工会组建工作先进单位	中华全国总工会
全国职工安全生产知识普及教育活动先进单位	全国安康杯竞赛组委会
全国职工安全生产知识普及教育活动先进单位	全国安康杯竞赛组委会
全国“安康杯”竞赛优秀组织奖	中华全国总工会、国家安全监督管理局
全国工会帮扶中心工作先进集体	中华全国总工会
全国职工预防控制艾滋病及禁毒知识竞赛活动优秀组织奖	中华全国总工会等部门
市级工会财务工作先进单位	中华全国总工会
全国工会系统先进集体	人力资源和社会保障部、中华全国总工会
农民工工作先进集体	国务院农民工工作联席会议办公室
全国亿万职工迎奥运健身活动月优秀组织奖	中华全国总工会
示范单位	中华全国总工会
工会经审工作先进集体	中华全国总工会

全省荣誉一览表

表 14–16

荣誉名称	颁发单位
学习型组织标兵单位	湖北省争创活动小组
湖北五一劳动奖状	湖北省总工会
职工书屋建设先进单位	湖北省总工会
全省万名干部进万村万户活动“先进工作组”	中共湖北省委、省人民政府
全省工会“进万家企业、访万名职工、解万家困难”活动先进单位	湖北省总工会
湖北五一新闻奖(集体)	湖北省总工会
庆祝建党 90 周年全省职工文艺展演　“优秀组织单位”	湖北省总工会
湖北省“法律六讲”活动学法用法先进集体	湖北省依法治省工作领导小组
创先争优“先进基层党组织”	中共湖北省委
省级文明单位	中共湖北省委、湖北省人民政府
工会经审工作先进集体	湖北省总工会
安全生产文明生产先进单位	湖北省安全生产委员会
工会重点工作优秀单位	湖北省总工会
新建企业工会组建工作先进单位	湖北省总工会

续表

荣誉名称	颁发单位
湖北省职工计算机知识普及应用比赛优秀组织奖	湖北省总工会
工会基层工作先进单位	湖北省总工会
湖北省职工职业技能大赛优秀组织奖	湖北省总工会等部门
全省工会职业介绍先进单位	湖北省总工会
全省工会生活保障帮扶工作先进单位	湖北省总工会
全省安全生产先进单位	湖北省安全生产委员会
《厂务公开民主管理控制程序》先进单位	湖北省总工会、湖北省质量技术监督局
全省工会促进就业再就业工作先进单位	湖北省总工会
湖北省职业卫生示范企业评选优秀组织奖	湖北省卫生厅、湖北省总工会
全省厂务公开民主管理工作先进单位	湖北省厂务公开协调领导小组办公室
全省“创建学习型组织、争做知识型职工”征文活动优秀组织奖	湖北省创争活动领导小组
湖北省首届“技能状元”选拔赛焊工比赛优秀组织奖	湖北省劳动和社会保障厅、湖北省总工会
全省工会干部教育培训工作先进单位	湖北省总工会
湖北省工会资产统计工作优秀单位	湖北省总工会
先进单位	湖北省纪委、省委组织部
老干部工作先进集体	湖北省老龄工作委员会
全省内部审计先进集体	湖北省内部审计协会

全市荣誉一览表

表 14–17

荣誉名称	颁发单位
宜昌市参赛省运会先进单位	宜昌市人民政府
全市信访工作先进单位	宜昌市委办公室
市级文明机关	宜昌市直机关“双争”领导小组
安全生产、文明机关先进单位	宜昌市安全生产委员会
先进基层党组织	宜昌市直机关工委
安全生产先进单位	宜昌市安全生产委员会
全市信访工作先进单位	宜昌市委、市政府
五好基层党组织	宜昌市直机关工委
再就业先进工作单位	宜昌市人民政府
保持共产党员先进性教育活动先进单位	宜昌市委
首届“创建学习型组织争做知识型职工”活动标兵单位	宜昌市“双争”领导小组
宜昌市平安单位	宜昌市社会治安综合治理委员会
全市老干部工作先进集体	市委组织部、人事局、老干部局
先进基层党组织	宜昌市委
爱国拥军模范单位	中共宜昌市委、宜昌市人民政府、宜昌军分区
宜昌市文明单位	宜昌市委、市政府
先进党委中心组	宜昌市委
优秀成员单位	宜昌市禁毒委员会办公室
残疾人工作先进单位	宜昌市人民政府残疾人工作委员会
争创工作先进集体	宜昌市委、市政府

续表

荣誉名称	颁发单位
先进集体	宜昌市关心下一代工作委员会
贡献奖	宜昌市人民政府
宣传思想工作先进单位	宜昌市委宣传部
先进工作单位	中共宜昌市委
群众满意机关	宜昌市委、市政府
宜昌市目标管理综合考评优胜单位	宜昌市委、市政府
争创全国社会管理综合治理“长安杯”先进单位	宜昌市委、市政府
最具爱心慈善捐赠机关事业单位	宜昌市人民政府
慈善公益项目奖	宜昌市人民政府

第十五章　兴办工会企事业

第一节　发展历程

1992 年 6 月 26 日，中华全国总工会、国家工商行政管理局、国家税务局印发《关于工会兴办企业若干问题的规定》的通知，为工会兴办企事业铺平道路。

1992 年 7 月 9 日，地市合并后市总工会临时党组开会研究工会办实业的问题。

1992 年 8 月 14 日，市总工会副主席张兴本参加全国总工会在上海召开的工会兴办实业会议，并以《兴办围墙经济，增强工会为职工服务的能力》为题作了典型发言。

1992 年 10 月 11 日，宜昌市总工会、市财政局、市税务局、市工商行政管理局、市劳动局联合印发《关于工会兴办企事业若干问题的规定》，对工会兴办企事业政策作了规定。

1992 年 10 月 12 日，市总工会副主席张兴本传达参加全国总工会在上海召开的工会兴办实业会议精神，并提出全市工会发展实业的目标、意见和要求，明确提出全市工会发展经济事业的目标：一年起步，两年打基础，三年有较大发展，五年形成多层次、多产业、多种类，集科技、贸易、旅游为支柱的实业经济。市工会制发关于兴办工会经济实体的管理规定。

1992 年 11 月 19 日，宜昌市总工会、市税务局制发《关于工会兴办企事业有关税收问题的补充通知》，对工会企事业免税、减税政策作了规定。

1992 年 11 月 30 日，宜昌市总工会、市工商行政管理局制发关于工会组织兴办企业有关问题的补充通知。

1993 年 5 月 17 日，市总工会事业部在城区举办经济实体培训班。

1993 年 6 月 21–25 日，市总工会在宜昌县举办第三期工会创办经济实体研讨班，198 人参加培训。

1992 年，邓小平南巡讲话，给工会干部兴办实业很大的启发和鼓舞。国务院《关于加强发展第三产业的决定》和全国总工会在上海召开的全国第一次工会企事业工作会议，为工会企事业的发展创造了一个良好的外部环境。市总工会与市工商行政管理局、市税务局、市民政局、市劳动局等联合下发了一系列文件，在税收政策上为工会兴办企事业给予了一定的优惠。全市各级工会干部通过会议和培训班统一认识，共同努力，加大措施，真抓实干，使全市工会经济实业进入全面启动发展阶段。据统计，1994 年底，全市各级工会兴办企事业 255 家，其中城区 128 家。1995 年底，兴办企事业 242 家，1996 年 6 月底统计，兴办企事业 106 家。

1996 年以后，随着国有、集体企业全面改制，有的因国家政策而停办，有的因行政以“归口管理”为由收回，大多数因经营单一跟不上市场的变化，亏损而注销。至 2000 年，基层工会企事业逐步停办。

第二节　基本概况

一、兴办围墙经济

1988 年 4 月，枝江县总工会决定对工人文化宫的经营服务结构进行调整，他们采取预收门店租金等办法，筹集资金 5.3 万元，拆除了以往破旧围墙，兴建了 28 间门店，办起了理发、餐饮、小百货等各种经营服务项目，直接服务社会、服务职工。当年盈利近 10 万元。枝江县工人文化宫兴办“围墙经济”的成功经验在全市各县（市）推广后，引起了强烈反响，全市八个县（市）工会相继以文化事业为依托，办起了多种经营的工会“围墙经济”，形成了“以文引商、以商养文、文商一体、综合服务”的文化阵地特色。到1994年止，全市工会建立起“围墙经济”门店142个，建筑面积约2800平方米，四年间各级文化宫收入达172.50万元，其中“围墙经济”收入达120万元，占69.6%。《中国工运》《工人日报》分别对宜昌市发展“围墙经济”作了报道，受到省总和全国总工会的好评。

二、兴办“五小”企业

基层工会根据自己情况，利用工会办企事业的有利条件，因地制宜办起了小猪场、小鱼塘、小鸡场、小菜园、小果园的“五小”企业。如宜昌县黄金棠粮站七名职工因粮店远离城镇，收入不高，生活条件较差，职工都不安心工作，站工会通过办“五小”，养猪、养鱼、种果树，1990年人平盈利2000余元，职工工作和生活条件有了较大改善，企业有了新的吸引力。

1990–1991年，基层工会以“五小”为特色的职工生活后勤种养业的发展不断扩大，截至1991年底，基层工会兴办“五小”业的单位有1126个，占基层工会总数的44%，参加人数5万多人，开垦种植面积约2195亩，建养猪场（栏）1001个，养鱼塘176个，养鸡场69个。四年中，生产各类蔬菜达1924万斤，猪肉390万斤，鲜鱼145万斤，鸡鸭鹅9万斤，水果116万斤，创产值1300余万元，盈利130万元。

三、创办职工消费合作社

20世纪九十年代，随着国企改革改制的步伐加快，产业调整力度加大，一些企业关停并转，一批职工下岗分流，职工生活困难。为减轻职工负担，各基层工会又兴起办职工消费合作社的热潮。

图15-33　1996年9月，市委常委、市总工会主席金泽兰（左）在职工消费合作社销售现场

1996年4月22日，全国总工会工办发[1996]32号文下发《关于认真学习贯彻中共中央、国务院领导同志对职工消费合作社批示的意见》，5月29日，全国总工会工办发[1996]37号文印发李岚清副总理在天津考察职工消费合作社时的讲话。1996年12月25–27日，全国总工会、劳动部、内贸部在北京联合召开了全国职工消费合作社工作会议。中央领导李岚清、尉健行、邹家华、倪志福出席会议并讲话。全国总工会、劳动部、内贸部的领导作了报告，大会还交流了经验，参观了天津职工消费合作社。遵照中央领导同志讲话和中央各部委、全国总工会、省总工会有关工会兴办职工消费合作社的文件精神，市总工会积极行动，因势利导。

1996年6月16日，全市第一家职工消费合作社，在八一钢铁集团公司工会主持下试营业，经过七个月的试营业，合作社实现营业额252,219.56元，商品价格平均比市场价低25%，让利职工63,054.89元，得到了职工群众的肯定和市委领导的好评。随后，市总工会事业部举办工会事业培训班，指导建立职工消费合作社。截至年底，先后有中南橡胶集团、三峡药厂等五家企业工会办起职工消费合作社。

1997年1月，全市兴办职工消费合作社18家、连锁店21个，为2万多名职工提供服务，销售额60余万元，让利职工12万元，让利率20%。

1997年4月，由省总工会、劳动厅、贸易厅联合召开了全省职工消费合作社工作会议。八一集团职工消费合作社在会上交流了经验。同时参观了武汉市职工消费合作社配送中心及几个分社。会后结合宜昌具体情况，在省政府办发的《关于发展职工消费合作社有关问题的通知》的基础上制定了发展思路和优惠政策。联合市工商、税务、民政等五家协商发了《关于办好职工消费合作社的协商意见》以推动全市职工消费合作社的发展。

1997 年“五·一”前夕，组织了五家已成立合作社的单位组成送货上门服务车队，到宜药集团等三家单位上门服务，三天销售三万余元，让利 25%，受益职工千余人。

1997 年，市总工会与市工商局等单位联合签发《关于办好职工消费合作社的协商意见》。《中国工会企事业》《工人日报》、宜昌电视台相继报道宜昌兴办职工消费合作社的经验。

1998 年，市总工会职工消费合作社配送中心成立，及时向职工消费合作社配货送货上门。市工会事业部先后办理了工商执照、税务登记及基层三十多家分社的营业执照，并实行统一管理，统一进货，统一纳税等。到年底共发展合作社 60 家，实现销售收入近 200 万元，让利职工 20%，安置下岗职工 80 人。

四、兴办工会企事业

1992 年全国工会企事业工作会议在上海召开，会上市工会副主席张兴本作典型发言。上海会议后，市工会与财政局、工商局、劳动局、税务局联合签发了《关于工会兴办企事业若干问题的规定》（宜市工字（1992）52 号文）。紧接着分别召开了城区和县市大会。举办企事业干部培训班，并充分利用优惠政策，吸引行政投资，争取更多优惠。同时简化审批手续，缩短办证时间，提高工作效率，使基层企事业正常运转；召开信息发布会，发布经济信息 100 多条，并通过《工人日报》《工会企事业》杂志配合宣传，牵线搭桥，使工会企事业迅速发展，当年见效。

自 1992 年始，至 1995 年底，各级工会兴办企事业 242 家，兴办职工生活后勤养殖基地 1126 个，合计兴办实体 1368 个，占基层组织 2740 个的 50%。在 242 家企事业单位中，安置就业人数 2219 人，注册资金 5011.01 万元，生产销售 3146.66 万元，主要业务利润 347.32 万元。

1992-1993 年宜昌城区工会企事业单位名表

表 15-18

工会企事业名称	负责人	成立时间
城区供电分局工会职工综合服务部	刘贤荣	1992.12
城区供电分局工会电苑服务部	袁前玉　付建军	1993.1
城区用电公司工会变电分局职工综合服务部	陈春爱	1993.2
城区用电公司工会供电局试验研究所电力试验研究设备厂	–	1993
城区用电公司工会宜昌电力铁塔供销公司	–	1993
猴王集团工会宜昌猴王旅游服务公司	王同元	1992.12
电线厂工会“群工”综合贸易服务公司	付承尧	1992.11
微型电机厂工会“三维”综合经营服务部	何先进	1992.12
仪表总厂工会振兴物资经营部	–	1992
电工合金厂工会“工发”经营部	吴忠杰　宋万龙	1993.2
机械局工会机械综合贸易服务公司	–	1992
变压器厂工会“宏兴”职工综合服务公司	熊德新　刘茂林	1993.6
猴王焊接公司工会猴王天泉公司	董维迎	1993.3
电工合金厂工会西陵金属粉末经营部	–	1993
红旗电缆厂工会“奋进”经营部	李秀珍	1993
湖北开关厂工会“鄂开”工会餐厅	邵广中　余常斌	1993.9
湖北钢球厂工会水电安装技术服务部	–	
叉车厂工会全成贸易经营部	–	

续表

工会企事业名称	负责人	成立时间
电线厂工会金力师物业贸易中心	–	
标准件厂工会娱乐中心	–	
机械厂工会大兴实业公司	鄢志涛	1993.8
吉宜联营炭素厂工会经济贸易部	苏矣昌　陈玉衡	1993.2
钢窗厂工会金燕工贸公司	李爱群　李德超	1993.4
食品糖果厂工会怡泰综合服务部	曹金玉	1993.2
八一钢铁集团工会宜昌八一燎原贸易公司	–	1994
吉宜联营炭素厂工会木兰实业公司	饶天兰	1994
电子管厂工会宜昌市电子管厂毛毛雨工艺书屋	–	1993
电子管厂工会宜昌市峡光经贸开发公司	–	1993
电子管厂工会宜昌市电子俱乐部	–	1993
电子管厂工会文汇服务部	–	1993
电视机厂工会宜昌飞浪经济发展中心	–	1993
鄂西织布厂工会“宜鄂”宏源职工综合贸易服务部	杜远禄	1992.10
袜厂工会宜昌神女实业公司	杨　红　别江鹏	1993.1
第一针织厂工会峡珠职工综合服务部	童瑞燕	1992.12
毛涤纶厂工会太子酒楼	朱新文	1993.3
红卫化工厂宜昌花艳分厂工会工茂综合经营服务部	–	1992
中医院工会综合贸易部	李湘堂	1993.2
轮胎厂工会能泰经销公司	–	
磷化集团工会康泰生活服务社	周日香	1995.4
磷化集团工会殷盐职工贸易服务公司		1992.10
民政局工会宜昌市纵横装饰公司	程兴禹　韩启荣	1993.6
残疾人联合会工会宜昌市康汇公司	杨培礼	1993.4
三峡瓷器厂工会共惠建材经营部	–	1992
饮料厂工会金座酒楼	–	1992
航仪厂工会宜昌市海时公司	–	1993
自行车钢球厂工会飞鹤建行商店	–	1993
酒厂工会西陵久香生活服务部	罗惠娟	1993.10
柠檬酸厂工会柠檬园商店	徐宇敬	1993.9
电热电器厂工会经营部	唐玉英　肖福源	1993.3
自行车钢球厂工会服务部	王善金	1992.11
塑料七厂工会昌吉综合服务公司	–	1993
刻字厂工会服务部	–	1993
塑料十厂七重天舞厅	谢　克　杨　桦	1992.10
第一金属材料公司工会宜昌市金峡供应站	–	1992
第二机电设备公司工会经营部	–	
海通公司工会海丰综合经营部	冉茂发	1993.5
恒通公司工会恒工劳动贸易综合服务公司	张少乾	1993.10
联运公司工会联运综合贸易公司	皮先刚	1993.4
通达公司工会通达商贸公司	刘安林	1993.4

续表

工会企事业名称	负责人	成立时间
建筑安装公司工会工发贸易公司	蔡伦举	1993.4
建筑机械厂工会夷园酒家	黎建业	1993.3
建筑五分公司工会鸿达装潢修建处	张明晴	1993.3
建筑二公司工会敦煌影喷装潢工艺服务部	余启良	1993.2
城建幼儿园工会城建幼儿园招待所	–	1992
城监大队工会成功建材经营部	周　鸣	1993.1
三峡建筑设计院工会综合服务公司	黄辉仁	1992.12
滨江公园工会广告装潢服务部	–	1992
市政公司工会市政维修宏利综合服务部	–	1992
市政工程公司工会综合服务公司	–	1993
煤气公司工会三江工贸公司	–	1993
煤气公司工会蓝光经营部	–	1993
万寿房地所工会万源职工综合贸易服务部	–	1993
建委学校工会综合服务部	–	1993
自来水一水厂工会清源服务部	–	1993
绿化工程公司工会绿化雄鹰公司	–	1993.11
煤气公司宏达贸易公司	–	1994
建委机关工会建兴实业有限公司	–	1994
建材局工会建材公惠贸易公司	–	1993
陶瓷实业公司工会鑫海桃子实业公司	–	1993
水泥厂工会汇源商行	–	1993
饮食服务工会中国宜昌百乐旅行社	–	1992
副食品公司工会安达搬家服务公司	–	1992
食品公司工会经营服务部	–	1992
宜昌商场工会仙达实业公司	–	1993
中药材公司工会药膳餐厅	舒长鑫	1993
交通银行工会宜昌长安办公综合服务部	–	1993
交通银行工会宜昌舒安装潢工程服务部	–	1993
伍家工行工会实业公司	高德方　熊荣瑞	1992.10
胜利工行工会融兴贸易公司	陈　刚	1992.12
工行工会实业公司	董昌伟	1993.2
中国银行宜昌支行工会中环贸易公司	–	1993
中国银行宜昌支行工会宜昌中银实业开发总公司	–	1993.12
中国银行宜昌支行工会中环贸易“银星”“金豪”“中源”	–	1993
农行工会新世纪广告公司	–	1993
农行伍家支行工会三峡勇泰实业贸易公司	–	1993
农行西陵支行工会穗通服务公司	–	1993
建行伍家支行工会银海实业发展公司	–	1992
建行宜昌分行工会综合服务公司	–	1993
建行西陵支行工会银都实业开发公司（星火路办事处）	–	1993
保险公司葛洲坝支公司工会福临门实业公司	–	1994

续表

工会企事业名称	负责人	成立时间
葛洲坝建行工会长裕工贸公司	-	1994
三峡建行工会兴坝实业公司	-	1994
窑湾乡工会宜昌市西陵区恭连实业总公司	赵春祥	1992
窑湾乡工会三峡建材经营服务部	赵春祥	1992.10
窑湾乡工会三峡化工物资供应站	王乐珍	1992.12
窑湾乡工会东山修缮队	韦德元	1992
西陵区工会西陵区机电设备供应站	-	1992
西陵工业品经销公司工会长江三峡食品厂	宋方远	1993.1
西陵区塑料厂工会蒋军综合经营部	杨家萍	1992.12
西陵建安公司工会红安贸易商行	-	1992
解放服装厂工会劳动服务部	-	1992
东湖饭店工会东湖建材门市部	-	1993.10
快餐食品厂工会快餐食品经销服务部	王昌玉	1993.5
快餐食品有限公司工会宜泰劳动服务公司	黄德明	1993.5
东湖饭店工会建材经营部	-	1993
解放电视厂工会综合经营部	-	1993
电机修配厂工会宜昌市电机修配服务部	王伯华	1993.11
解放电影院工会广场管理部	邓顺新	
万寿建安公司工会伍家区夷陵建材经营部	杜经建　许淑芬	1993.1
万寿建安公司工会华丽综合经营部	谭昌华	1993
万寿建安公司工会华丽餐馆	-	1993
伍家岗区建材加工经营部工会万寿建材经营部	陈光贵　许淑芬	1992.12
自行车零件九厂工会鄂代商店	-	1993
自行车零件九厂工会综合服务部	-	1993
自行车零件九厂工会劳动服务公司	-	1993
帆布厂工会海天综合经营部	-	1993
二针织厂工会拼接加工服务部	-	1993
清真食品厂工会综合服务部	-	1993
饮食公司工会腾达商店	杜跃宁　王祥萍	1993.6
殷盐矿务局工会殷盐职工贸易服务公司	-	1992.10
通信导航局工会综合服务部	陈守礼	1992.11
船闸工会综合贸易服务公司	张兆兴	1993.7
邮电局工会邮电技术开发综合服务公司	张世谆	1992.11
中南冶金工会为您服务公司	-	1993.2
七一〇研究所工会顺达汽车配件综合门市部	-	1992.12
七一〇研究所工会神剑广告装潢公司	孙云利　刘治平	1992.12
港务局工会宜港鸿达商店	-	1992
港务局工会宜港实业开发总公司	-	1992
港务局工会宜港昌美饮食公司	-	1993.4
十六化建工会万力职工服务公司	袁兴合　柯象武	1993
鄂西地质大队工会宜昌星叶发展公司	-	1993.4

续表

工会企事业名称	负责人	成立时间
中国模工协会宜昌公司工会宜昌市模具工贸服务中心	–	1992.12
四〇三厂工会宜照工贸公司	陈　琪　严少舫	1993.4
一二五煤田工会宜昌龙宫装潢工艺公司	蔡　勇　齐永富	1993.6
一二五煤田工会天山一建筑安装工程公司	–	1993
水文站工会长江浮城实业公司	–	1993.4
纺织机械厂工会仝嘉技贸服务中心	骁　楠	1993.6
船厂工会银舟文商服务部	杨静琳	1993.2
五〇二厂工会综合商店	–	1993.4
中冶机械厂工会为您服务公司	陈鹏全　吴佳敏	1993.3
葛洲坝机电配件公司工会三峡贸易部	–	1992.12
葛洲坝机电配件公司工会环宇物资贸易部	–	1993.2
葛洲坝工程局第六公司工会葛峡录像带租售放映部	–	1993.2
葛洲坝物资总公司工会宜昌市和达物资贸易部	–	1993.3
葛兴实业总公司工会迪奥娱乐厅	–	1993.3
葛洲坝物资总公司工会开源物资贸易部	–	1993.3
葛洲坝汽运公司工会修理厂	–	1993.4
葛洲坝工程局第六公司工会葛峡贸易经营部	–	1993.5
三三〇物总储运公司工会滨江商店	–	1993.6
葛洲坝物资总公司劳务服务公司工会顺昌废品回收门市部	–	1993
党校工会金茂服务公司	曾凡银	1993.3
党校工会金茂服务公司招待所	–	1993.4
南湖宾馆工会南湖实业开发公司	–	1993.4
文化宫工会工业造型艺术中心	–	1993.5
司法局工会宜昌市司达经销部	–	1993.5
税务局工会宜化工贸公司	–	1993.7
电子工程学校工会建华保温涂料厂	杜　千	1993.6

第十六章　事业单位

第一节　宜昌平湖工人疗养院（宜昌市职工活动中心）

一、基本概况

宜昌平湖工人疗养院于1986年经中华全国总工会批准建立，是宜昌市总工会直属事业单位，下辖宜昌职工活动中心、宜昌职工旅行社和五一宾馆。经营和办公地点分设在宜昌市夷陵区、西陵区和三峡旅游风景区等四个地方。现占地51,500平方米，各类建筑物面积13,658平方米。客房114间，210张床位，可同时接待200多人会议、就餐、住宿。在2016年全国职旅年会上，宜昌职工旅行社荣获全国职旅系统“创新经营奖”。

本院主要职能是承担各级劳动模范、先进生产工作者、优秀工会干部、优秀农民工及职工疗休养的组织接待和服务工作。

二、组织沿革

1992年3月，地市合并前，宜昌平湖工人疗养院和“五一宾馆”分别由宜昌地区工会和原市总工会主管。地市合并后，统一由新的宜昌市总工会领导，但各自独立经营，2007年3月建立统一领导的经营管理体制。

五一宾馆于1997年3月28日开业。宾馆前身是职工服务中心所属的招待所，在原市总工会办公大楼四楼以下设置。1994年，市总工会决定何平任中心主任，法人代表。1995年，为支持兴办工会经济事业，工会机关搬出大楼，1996年大楼整体改造成宾馆，有60个标准间、120个床位、5个大小会议室和餐厅。1997年，市总工会决定委派王昌元加强宾馆管理工作。1999年3月市总工会决定何平、王昌元回机关，高勇接替宾馆全面工作。2000年年底高勇回机关。2000年—2007年，市总工会决定调闫承模负责宾馆全面工作。2007年3月，市总工会决定职工服务中心、职工旅行社，五一宾馆并入宜昌平湖疗养院资产重组。2007年开始五一宾馆整体租赁给雅斯集团至今。

图16-34　1997年3月28日，五一宾馆开业庆典

图16-35　1997年，五一宾馆大楼

宜昌平湖工人疗养院于 1986 年 10 月 30 日成立（宜地编【1986】55 号文件），核定单位名称为“宜昌平湖职工休养所”（同时挂“宜昌地区工会干部训练班”牌子），单位性质为正区（科级）事业单位，主管部门为“湖北省总工会宜昌地区办事处”，事业编制 12 人，经费自理。1987 年 7 月 18 日，宜昌地区编制委员会批复同意将“宜昌平湖职工休养所”更名为“湖北省宜昌平湖工人疗养院”（下简称“疗养院”）。

1988 年 11 月 25 日，疗养院事业编制由 12 人调整到 17 人。1991 年 7 月 26 日，宜昌地区机构编制委员会核定疗养院为副县（处）级机构。

2001 年 9 月 10 日，湖北省总工会决定将疗养院整体移交给宜昌市总工会管理（鄂工发【2001】30 号）。移交时，疗养院占地面积 24,200.9 平方米，建筑物面积 8717.06 平方米，资产总额 1187.15 万元，负债 182.10 万元，净资产 1005.05 万元。

2006 年，夷陵区规划建设将占用疗养院土地近 10 亩。经过多方协商、协调，同意占用部分土地，将剩余土地进行联合开发，并异地改扩建疗养院。宜昌市总工会于 2007 年向湖北省总工会报送《宜昌市总工会关于宜昌平湖工人疗养院迁址改扩建的请示》，湖北省总工会随后向中华全国总工会报送，中华全国总工会于 2008 年批复同意改扩建方案。

2006 年 9 月 15 日，宜昌市总工会党组召开专题会议研究疗养院开发建设的问题。2006 年 11 月 18 日，疗养院与“宜昌恒裕房地产开发有限公司”签订了《联合开发合同书》。在第一期联合开发成功后，市总工会党组决定进行二期开发，并同意实施疗养院整体异地改扩建。2008 年 3 月 18 日，疗养院与“宜昌恒裕房地产开发有限公司”签订《建（构）筑物、地面附着物转让及迁建补偿、安置协议书》。

2007 年 3 月 9 日，经市总工会研究，并报省总工会同意，决定对宜昌平湖工人疗养院、宜昌市职工服务活动中心（宜昌市五一宾馆、宜昌职工旅行社）管理关系进行调整，建立统一领导的经营管理体制。

2014 年 8 月 11 日，根据宜编【2014】76 号批复，宜昌平湖工人疗养院（挂市职工活动中心牌子）；相当副县级公益二类事业单位；核定内设机构 5 个，即办公室、财务科、综合管理科、接待科、休养科，级别相当副科级。核定事业编制 25 名。核定领导职数 4 名，其中院长（副县级）1 名，副院长（正科级）3 名。核定内设机构副科级职数 5 名。根据财务收支状况，财政给予经费补助。

宜昌平湖工人疗养院历任负责人名录

表 16-19

姓名	性别	职务	任职时间
邓明灯	男	院长	1986.11—1992.3
秦其华	男	院长	1992.3—1992.11
王　平	男	院长	1992.11—2002.2
陈　岿	男	院长	2002.2—2016.12
万其玉	女	副院长	1989.11—2002.2
张咏梅	女	副院长	2007.8—2016.12

三、主要工作

（一）阵地发展工作

1986 年疗养院建于虾子沟（现三峡国际旅游茶城）占地 35 亩，建筑面积 5000 平方米，建有三栋 4

层楼房，有会议室 5 个，接待能力 220 人。

1989 年 11 月 20 日，根据宜计基 1988 年 24 号文（1989 年批转转接），宜昌平湖工人疗养院市内中转站正式破土动工。

1991 年，位于山庄路的宜昌平湖工人疗养院市内中转站建成竣工。该处占地 610.24 平方米，建筑面积 1244.13 平方米，共 7 层。10 月 8 日，经请示省总工会、宜昌地区工会同意，成立单独核算的经济实体“宜昌平湖工人疗养院接待处”。该处优先接待劳模休养工作的同时，对外开放经营。

2006 年，因三峡国际旅游茶城建设需占用老院（原虾子沟）土地，在市总工会的支持下，疗养院对老院进行联合开发，提出异地改扩建方案，并有偿取得新院土地使用权和房屋所有权。疗养院原虾子沟地段经过两期开发后，分得 1 至 3 楼商业门面共计 4870.05 平方米，1–3 楼剩余部分近 3400 平方米产权仍属于“恒裕集团”，该集团于 2012 年将该处装修后、注册 “金泊岸大酒店”对外经营。宜昌金泊岸大酒店是一所集餐饮、住宿、会议、旅游服务于一体的大型多功能酒店。客房 114 间，210 张床位，可同时接待 200 多人会议、就餐、住宿。酒店设中餐包厢、宴会厅、多功能厅，可同时容纳 1000 余人用餐。

2007 年 12 月，宜昌平湖工人疗养院与宜昌市土地储备中心就受让原纪委培训中心土地使用权和房屋所有权签订了《土地房屋补偿合同》。按照合同规定，有偿取得原省纪委培训中心近 78 亩国有划拨土地使用权和 7544.28 平方米建筑物所有权，并依法取得土地证、房产证。2008 年，中华全国总工会下达《关于湖北省宜昌市总工会平湖工人疗养院迁址改扩建的批复》（工资字【2008】3 号），同意宜昌平湖工人疗养院异地改扩建方案。2009 年，宜昌市总工会拟启动新院建设，连续多年疗养院新院建设被列为市政府与市总工会联席会议题，但因疗养院新院所在地总体规划不能确定，导致疗养院新院建设前期准备工作进展缓慢。目前在宜昌市总工会党组关心下、在有关部门的支持下，正在加大力度推进疗养院新院建设工作。

（二）培训服务工作

2000 年，国际劳工局、中华全国总工会联合将疗养院挂牌为职业安全与卫生信息中心培训基地。2001 年接待全国各地培训学员 2000 多人。2002 年至 2005 年接待全市保险业培训班学员 12 万人。2016 年，按照中华全国总工会出台的《关于加强和规范工人疗养院管理的意见》（总工发〔2016〕22 号）的要求，疗养院突出公益性服务主题积极开展各项服务工作，先后组织各级劳模外出疗休养；组织“最美一线职工”和“宜昌工匠”外出休养；组织建筑、环卫和网格管理等基层一线职工通过夜观大美宜昌共享宜昌大城建设成果；组织农民工免费或优惠体检，大力弘扬劳模精神、劳动精神。

（三）职工休养工作

从 1986 年开始，每年组织 500 名劳动模范和职工代表赴全国各地进行疗休养工作。同时，每年积极做好 500 名来自全国各地企事业单位的职工代表在宜疗休养和培训服务接待工作。

2016 年开发了“互联网+职工休养”平台，实现了与“宜昌工人”官方微信公众号的互联互通。对原有 PC 版网站进行改版，并新建和注册手机版网站、官方微信微博“宜昌职工旅游”。目前，通过“宜昌工人”—微服务—职工疗休养，即可以进入宜昌平湖工人疗养院和宜昌职工旅行社的在线服务系统，实现旅游产品的在线支付业务。

在 2017 中国职旅系统年会上，宜昌职工旅行社再次被中国职工旅行总社评选为 2016 年度创新经营奖。据悉，中国职工旅行总社从全国百余家职工旅行社中共评选 5 个 2016 年度创新经营奖，宜昌职工旅行社是湖北省唯一连续两年获此殊荣的单位。

第二节　宜昌市工人文化宫

一、基本概况

宜昌市工人文化宫是直属宜昌市总工会领导的公益性文化事业单位，位于宜昌市西陵区隆康路 10 号。全宫占地面积 9110 平方米，建筑面积 17,392.93 平方米。文化宫是集职工文化体育活动、教育培训为一体的市级职工文化活动阵地，主要职责是组织开展群众性文化体育活动，为职工和工会干部提供岗位技能、就业创业等培训服务，可同时容纳 3000 人开展活动。

图 16-36　2013 年正月十五，广大市民参加文化宫猜灯谜活动

宜昌市工人文化宫兴建于 1953 年，活跃 10 多年后，在“文化大革命”中受到很大影响。1978 年以来，在市委和市总工会的高度重视下，经过在原址上的拆旧建新，加大投入，改善了文化宫的条件。

1993 年，市总工会得到市委、市政府大力支持，决定在南湖兴建新工人文化宫。1994 年，新工人文化宫破土动工。1995 年 10 月，新工人文化宫一期工程竣工，文化宫随即迁入新址湖堤街 1 号办公。1999 年 7 月新工人文化宫二期工程竣工（主体工程除外），文化宫又随即迁入二期工程新址隆康路 11 号办公。2004 年 10 月，文化宫网站开通。2005 年 7 月，文化宫主体工程建筑面积 6500 平方米开始修建。2006 年 10 月，文化宫主体工程竣工。2007 年 3 月，主体工程开始投入使用。

2009 年 4 月起，宜昌市工人文化宫办公楼进行装修改造。

2015 年 2 月 3 日，按照市总工会要求，职工技协的账面资金转入文化宫账户。2016 年 11 月，文化宫与职工技协做了房产、设备的交接。

2015 年 3 月，按市总工会的要求，文化宫参与对原机电技校改扩建工作。改扩建后，保留了原机电技校 6 层培训大楼，面积为 3599.95m^2；新建综合楼一栋，包含 2 层停车场、1 层羽毛球馆、3 层附属办公楼，停车场面积为 3656 ㎡，羽毛球馆面积为 1280m^2，附属办公楼面积为 666 m^2。2017 年 7 月，经市总工会党组会议决定，由文化宫负责原机电技校改扩建后的经营管理。11 月，原机电技校场地命名为“宜昌市工人文化宫职工培训健身基地”。2017 年 11 月，文化宫职工培训健身基地羽毛球馆试运营。12 月，宜昌市工人文化宫职工培训健身基地健身馆试运营，为全市职工开展文体活动提供了普惠服务。

2016 年 9 月，全国总工会下发了《中华全国总工会关于加强和规范工人文化宫管理的意见（试行）》（以下简称《意见》）。《意见》明确“坚持公益性发展方向”“突出公益性服务性”的要求。同年 12 月，文化宫正式启动了公益性改革。对临街租赁门面以租赁合同到期收回方式，收回门面一致魔芋（全部）、博溪商贸公司部分门面（2/5 面积）；对文化宫主楼内的租赁场地全部收回，实行自主经营管理，开展毛衣编织、绘画、舞蹈、乒乓球等培训工作；对莎莎美妆学校采用合作办学的方式开展培训；2017 年 11 月，文化宫收回位于隆康路 10 号的原威克多羽毛球馆，实行自主管理。至 2017 年底，基本完成收回主楼内及主楼临街门面十余处出租场地近 2000 m^2，按公益性功能调整，打通临街门面和现有 150 m^2 的职工书屋，建成临街开放的 272 m^2 的职工书屋，实行免费开放；优化原有职工艺术展示、职工艺术团队、职工技能培训公益性服务项目；引进和借助市摄影家协会、市桥牌协会、市曲艺家协会、市武术协会等社会专业协会，助力职工文化的开展。截至 2017 年底，文化宫公益性服务新格局基本形成。

二、组织沿革

1997 年 9 月 26 日，“宜市编办[1997]35 号”文批复，同意市总工会工人文化宫更名为“宜昌市工人文化宫”。

1997 年 7 月，市总工会决定职工技协与工人文化宫合署办公，由职工技协的负责人主持两个单位的全面工作。

1998 年 11 月，市总工会决定结束职工技协与文化宫的合署办公，另选调了新的负责人主持文化宫的全面工作。

1999 年 8 月 9 日，宜昌市教育委员会同意设立宜昌市工人文化宫艺术教育培训中心，其主管部门为宜昌市工人文化宫。

2002 年 7 月 25 日，工人文化宫、职工学校合署办公，8 月 20 日，根据市总工会党组决定，就合署后原职校职工的有关待遇作相关说明。

2003 年 6 月 28 日，宜昌市总工会直属机关工会联合会同意宜昌市工人文化宫成立工会委员会。

2014 年 8 月，“宜编[2014]76 号”文批复，同意宜昌市工人文化宫变更为“宜昌市工人文化宫（宜昌市工会职工学校）”。机构类别：相当于正科级公益二类事业单位。核定事业编制 16 名，核定领导职数 4 人，其中主任（正科级）1 名，副主任（副科级）3 名。截至 2017 年年底，在编在岗职工 12 人，退休职工 15 人。

三、主要活动

（一）文体活动

2003 年 4 月，文化宫举办第一届职工美术书法摄影大赛，并选送优秀作品参加湖北省第十八届工人画廊美术书法摄影展活动。自此以后，每两年举办一届职工美术书法摄影大赛，已连续举办七届职工书法、美术、摄影作品展览工作，并选送优秀作品参加湖北省工人画廊美术书法摄影展活动，多幅作品获奖。其中，2010 年，文化宫选送 30 幅作品参加第二十一届湖北工人画廊美术书法摄影作品展，19 件作品获奖，并获得优秀组织奖；2012 年，文化宫组织挑选 30 幅摄影作品参加“祥云杯第二十二届湖北工人画廊比赛”，获得一等奖 1 名、二等奖 1 名和优秀奖 1 名的好成绩；2014 年，在第二十三届湖北工人画廊比赛活动中，有 14 件选送作品分获一、二、三等奖；2016 年，文化宫参加第二十四届湖北省职工画廊展，共 18 幅作品获奖，其中 5 幅作品获一等奖。

图 16-37 2006 年 4 月，庆五一市工人文化宫职工艺术团《走进职工》在船厂慰问演出

2004 年 4 月，首次开展“走进职工”慰问演出活动，自此以后，每年举办 5 场及以上的“走进职工”慰问演出，截至 2017 底，累计送慰问演出 70 余场，为十多万职工朋友送去了丰盛的精神粮食。

2005 年 3 月，首次开展为职工、农民工“送电影”活动，以后每年坚持送电影 30 余场，截至 2017 底，累计送电影 400 余场。

2006 年 1 月，首次开展“书家送春联，和谐进社区”活动，该活动已连续坚持了 12 年，截至 2017 底，送春联 6000 余副。连续举办了十八届“庆元宵 猜灯谜”活动。

2007年1月，开展宜昌市职工迎新春大型游园会。

2007年，文化宫参与宜昌市第四届国际龙舟拉力赛开幕式、市百企反哺活动、市第八届旅游节、八艺节等活动。

2008年，承办市总工会职工文艺汇演大型电视直播活动、首届农民工趣味运动会、农民工闹元宵游园会活动，其中，游园会活动被新华网、中新网报道。协办了“相约三月三，情定奥运年”万人相亲大会及“庆五一、迎奥运、创三城”十万职工签名活动。

2009年，承办第二届职工（农民工）趣味运动会、农民工（职工）闹元宵活动，完成了宜昌市“庆祝宜昌解放60周年文艺演出”参演任务，为中华全国总工会举办的职工摄影展选送作品，为省总工会建国60周年文艺展演活动选送节目。

2010年，协办宜昌市“迎国庆”大型焰火晚会。

2011年，组织10幅书法作品参加“庆祝中国共产党成立九十周年全国书法作品展；做好“长江流域8省市老年书画联展” 和“庆祝建党九十周年老年书画展”相关工作，展出书画作品860幅；参与组织市总工会机关工会举办“迎新春联欢会”“第三届职工乒乓球赛活动”及“庆祝建党九十周年工会知识竞赛活动”；承办 “三峡卡·职工互助服务卡”和“百名劳模看发展”启动仪式；组织篮球队参加枝江市总工会主办的“领秀之江”杯第四届职工篮球联赛友谊赛活动。

2012年，承办宜昌市工会第四次代表大会联欢晚会、市直机关首届全民健身运动会、市总工会2012年新春送温暖活动、宜昌市万名工会干部访万组送万箱活动启动仪式，2012年首届三峡保险文化艺术节活动。

2014年，精心创编快板舞《工会服务谱新篇》节目，参加市政府主办的“大爱宜昌”慈善晚会。

2016年，承办2016“威克多杯”宜昌市职工羽毛球比赛、宜昌市职工象棋比赛、市直机关职工摄影公益培训、首届“文化宫”杯职工围棋锦标赛。

2017年，承办 “喜迎十九大 党在我心中”全市职工演讲比赛、“职工好声音 赞歌献给党”全市职工歌咏比赛、“大美宜昌•最美劳动者”第七届职工书法美术摄影作品展及大城航拍摄影展，在宫内开展职工桥牌比赛、围棋比赛和象棋比赛活动。9月，图书阅览室进行扩建，面积由150平方米增加至272平方米。

（二）职工艺术团

2002年，着手组建职工艺术团。2006年3月，对部分团队进行了撤并和整顿。2010年6月12日，《市总工会职工艺术团风采》画册面世。2012年12月19日，宜昌市工人文化宫举办“宜昌市总工会职工艺术团成立十周年”庆典活动。截至2017年，职工艺术团共有曲艺、京剧、舞蹈、管乐、时装、合唱等15个团队，团员1000多人。职工艺术团认真组织排练，积极参加公益演出活动，并积极组队参加各级单位组织的比赛活动，获得多项荣誉。2002年，舞蹈一团参加湖北省第一届长阳巴山舞比赛获第一名。2003年，舞蹈一团参加省十一运会巴山舞比赛获一等奖。2004年，曲艺团谐剧《路在脚下》荣获湖北省楚天文艺杯金奖；舞蹈一团参加湖北省第九届楚天群星奖比赛获优秀奖。2005年，曲艺团谐剧《二度梅》荣获湖北省曲艺大赛二等奖；曲艺团谐剧《二度梅》荣获湖北省第十届楚天群星杯优秀奖；京剧团被评为湖北省优秀票房；合唱一团参加全国职工合唱获优胜奖；舞蹈一团参加湖北省文艺汇演获二等奖。2006年，曲艺团谐剧《路在脚下》荣获中部六省大赛二等奖；京剧团参加“销品茂杯”第八届中国京剧票友邀请赛获优秀组织奖；合唱一团参加庆祝湖北省总工会成立80周年职工合唱音乐会获优胜奖、最佳组织奖；舞蹈一团参加湖北省第二届长阳巴山舞比赛获第一名；舞蹈一团参加“全国第二届四进社区展演活动”获最佳表演奖；时装队参加湖北省老红歌比赛（宜昌赛区）获得一等奖。2007

年，合唱一团参加全国中老年合唱时装舞蹈艺术展演获神女杯金奖、组织奖；舞蹈一团参加全国广场舞比赛获金奖。2008 年，曲艺团小品《关大妈查岗》荣获湖北省第十一届百花书会二等奖；舞蹈一团参加中央文化部举办的“纪念改革开放三十周年群众文艺汇演”获优秀表演奖。2009 年，曲艺团谐剧《二憨子老公》荣获湖北省庆祝新中国成立 60 周年二等奖；2010 年，曲艺团参加中部六省曲艺大赛获二等奖；合唱一团参加第六届世界合唱比赛获银奖；舞蹈一团参加省十三运会暨第四届职工运动会健身秧歌比赛获得地方 B 组自选套路银牌。2011 年，曲艺团谐剧《我要唱歌》荣获湖北省庆祝建党 90 周年活动三等奖。2012 年，合唱一团参加 2012 中国(广州)星海国际合唱锦标赛获混声合唱组银奖；舞蹈一团参加湖北省专业文艺汇演获文华大奖；舞蹈一团参加湖北省首届职工排舞大赛获一等奖。2013 年，曲艺团作词《回首人生》获 2013 年美丽中国大型演唱活动展演创作铜奖。2014 年，曲艺团作词《堂堂正正当硬汉》获 2014 建国杯全国大型音乐展演银奖；曲艺团作词《柑桔情缘》获中华颂第五届全国小戏小品曲艺大展铜奖；时装队参加第十三届全国中老年艺术节获“蓝丁香金奖”；合唱一团参加宜昌市首届艺术节群星奖合唱比赛获音乐类一等奖；舞蹈一团获省十四运会巴山舞比赛银奖；舞蹈一团参加省十四运会排舞比赛包揽本组别三个单项全部金牌；舞蹈一团获全省首届广场舞大赛二等奖；峡江时装队获湖北省第九届中老年才艺大赛三等奖。2015 年，京剧团在全国京剧票友联谊演唱会获最佳表演奖；曲艺团作词《宜昌车溪美》获 2015 放飞中国梦、相聚在北京全国大型音乐展演金奖；管乐团获武汉首届“江汉杯”管乐艺术节展演银奖。2016 年，合唱一团获第三届中国民歌合唱节金奖；舞蹈一团获全国广场舞南方片区选拔赛特别奖，总决赛三等奖；管乐团获 2016 武汉知音杯艺术节管乐艺术节展演金奖。2017 年，舞蹈一团获全国广场舞大赛特等奖、优秀组织奖、最佳编排奖，优秀教练奖。

（三）培训工作

2008 –2017 年，按照市总工会部署，积极配合市总工会各部门，举办工会干部业务培训班，累计开班 19 期，培训 2527 人次。

2010 年，深入黑旋风锯业有限责任公司、宜昌凯普松电子科技有限公司等企业，开展职工文化政治、技能素质提升及女职工素质提升等各类培训工作，累计培训 4527 人。其中，2014 年，文化宫实施“金蓝领”培训工程，培训职工近百人。

图 16-38　2006 年 1 月，文化宫首次开展“书家送春联，和谐进社区”活动

2010 年，文化宫引进毛衣编织、电脑应用、化妆造型、形体训练等技能培训项目。截至 2017 年底，累计培训 7000 余人次。

2009 年，宜昌市工人文化宫职业培训学校开办育婴师培训班。截至 2017 年，共计开办 67 期培训班，培训 4029 人。

2011 年 4 月，宜昌市工人文化宫职业培训学校第一期高级育婴师开班。

2015 年 3 月，宜昌市工人文化宫职业培训学校第一期公共营养师开班。

（四）经营工作

文化宫为自收自支事业单位，做好经营工作是保证文化宫顺利运转的基本保证。长期以来，市总工会加强对文化宫资产管理，文化宫依托自身资产优势，以房屋租赁为主要经营方式，租赁工作不断规范，经营状况良好，资产实现了保值增值。经营中，不断加强对房屋租赁在消防、环境、卫生等方面的管理，确保了安全、美观、整洁的经营环境。

四、取得成果

（一）获得的荣誉

2007 年文化宫获得劳动部门认定的劳动技能定点培训资格，也成为全国总工会和省总工会的“农民工业余学校”。

2010 年 9 月，宜昌市工人文化宫职业培训学校被中华全国总工会评定为首批“全国职工教育培训优秀示范点”。宜昌市工会干部职工学校被中华全国总工会女职工委员会评为“全国工会女职工培训示范学校”。

（二）取得的成绩

2003 年 11 月，宜昌市工人文化宫在全国工人文化宫改革与发展理论研讨会上介绍了经验。

2004 年，承办湖北省总工会召开的全省工人文化宫工作会议，在会上宜昌市工人文化宫被选为第一届湖北省工人文化宫联谊会常务副会长和秘书长单位。

2006 年 5 月 11–16 日，宜昌市工人文化宫组队参加省第十二届运动会暨第三届职工运动会健身秧歌地方 B 组的比赛项目，取得自选动作一等奖，规定动作二等奖的优异成绩。

2010 年，文化宫精心组队参加省十三运会职工类乒乓球项目比赛，取得一个单项第一、团体总分第三的好成绩。在省十三运会暨第四届职工运动会健身秧歌比赛中获得了地方 B 组自选套路第 2 名、规定套路第 4 名、团体总分第 6 名的好成绩。

自 2012 年开始，宜昌市工人文化宫已连续五年组队参加“湖北省职工排舞大赛”，包揽了该赛事团体一等奖。其中，2014 年 7 月，宜昌市工人文化宫组队参加湖北省第十四届运动会全民健身成人类（职工）排舞比赛，并获得团体总分第二名。2015 年 4 月 10 日，全国总工会办公厅主办的《工会要情》46 期，刊发文化宫构建工会服务品牌经验介绍。

2017 年 9 月，全省工会资产暨加强和规范工人文化宫管理工作现场推进会在荆州市工人文化宫召开，宜昌市工人文化宫作经验交流发言。

1989-2014 年宜昌市工人文化宫（宜昌市工会职工学校）历任负责人名录

表 16–20

姓名	性别	职务	任职时间
熊德中	男	市总工会职工学校副校长	1987 年 12 月至 1990 年 6 月
胡正义	男	市工人文化宫主任	1989 年 8 月至 1994 年 1 月
陈　闯	男	市工人文化宫副主任	1989 年 8 月至 1994 年 1 月
陈　闯	男	市工人文化宫主任	1994 年 1 月至 1997 年 8 月
熊德中	男	市总工会职工学校校长	1990 年 6 月至 2002 年 7 月
马松山	男	市总工会职工（干部）学校副校长	1994 年 5 月至 2002 年 7 月
陶从喜	男	市总工会工人文化宫副主任	1995 年 12 月至 2002 年 7 月
孔　亮	男	市职工技术文化发展中心副主任	1997 年 8 月至 1998 年 8 月
陈　闯	男	市工人文化宫主任	1997 年 8 月至 1998 年 10 月
肖　伟	男	市工人文化宫党支部书记、主任	1998 年 10 月至 2001 年 8 月
江　浩	男	市工人文化宫主任	2001 年 8 月至 2009 年 4 月
江　浩	男	市工人文化宫党支部书记	2001 年 8 月至 2007 年 7 月
江　浩	男	市总工会职工（干部）学校校长	2002 年 7 月至 2009 年 4 月
熊德中	男	市总工会工人文化宫副主任、职工（干部）学校副校长	2002 年 7 月至 2006 年 1 月

续表

姓名	性别	职务	任职时间
侯　毅	男	市工人文化宫副主任	2006 年 1 月至 2014 年 12 月
张　俊	男	市工人文化宫工会主席	2008 年 1 月至 2014 年 12 月
闫承模	男	市工人文化宫党支部书记	2007 年 7 月至 2014 年 11 月
黄　超	男	市工会职工学校校长助理（相当于副科级）	2009 年 3 月至 2014 年 12 月
李东海	男	市工人文化宫主任、市工会职工学校校长	2009 年 4 月至 2011 年 8 月
姚正威	男	市工人文化宫主任	2011 年 8 月至 2014 年 12 月

第三节　宜昌市工会职工学校

宜昌市工会职工学校成立于 1980 年，1980–1996 年校址在福绥路 33 号原工人文化宫活动楼 3、4 楼，有教室 3 大间，办公室 1 间，面积约 500 平方米。1996–2002 年学校迁至湖堤街 1 号现工人乐园 3、4 楼，有教室 5 大间，办公室 3 间，活动大厅 2 个，面积约 1200 平方米。学校配备有校长 1 人，副校长 1 人，工作人员 3 人，兼职教师 30 余人。

1980–2002 年，职工学校主要举办各类不同学制的文化补习、技术培训、成人高中、成人高考、政治理论、英语日语、公文写作等培训班，培训职工 2 万余人次。1985 年 6 月被全国总工会评为办学先进单位。1992 年地市合并，宜昌市工会职工学校与宜昌市工会干部学校合并为宜昌市工会职工学校，宜昌市工会干部学校牌子在工会系统内部使用。合并后，宜昌市工会职工学校增加了工会干部培训的职能，熊德中任宜昌市工会职工学校副校长、校长至 2002 年。1992–2002 年共培训工会干部 5000 余人次。2002 年 7 月，按照市总工会决定，职工学校与工人文化宫合并，江浩任校长。

第四节　职工技协

一、组织沿革

1982 年，全国总工会决定在全国开展职工技术协作活动，市总工会提出开展职工技术协作活动的任务。

1983 年 9 月，成立宜昌市职工技术协作筹备委员会。

图 16-39　1993 年 11 月 19 日，市职工技协举行“双庆”活动，时任市政协副主席景学镇、赵君礼到平和里向技协办主任黎开智表示祝贺

图 16–40　2006 年 10 月 25 日，市总工会举行技协兴起 45 周年座谈会

1984 年 10 月，正式成立宜昌市职工技术协作委员会，12 月，市总工会设立职工技协办公室。

1988 年 7 月，设置宜昌市职工技术协作交流站（为市总工会事业单位，是技术协作委员会的办事机构，办公地址为平和里 18 号，编制 10 人，有主任 1 人，工程师 2 人，会计 1 人）。第一任交流站主任为黎开智。截至 12 月，先后成立了各区、县（市）、产业、基层四级技协组织 69 个，会员 836 人。宜昌市本级基层技协组织 110 个，会员 2500 人。

1989 年 11 月，在全市技协第二次代表大会上，将宜昌市职工技术协作委员会更名为宜昌市职工技术协会。

1993 年 3 月，市职工技协交流站更名为“宜昌市总工会职工技术协作中心。

1995 年 11 月，市职工技协召开第三次代表大会。

1997 年 7 月，市职工技协与工人文化宫合署办公。

2004 年 11 月 20 日，市职工技术协作中心更名为“宜昌市工会职工技术协作中心”。

2009 年，宜昌市工会职工技术协作中心与市总工会劳动保护部合署办公。

2014 年 8 月 5 日，根据《中共宜昌市委机构编制委员会关于调整规范部分市直事业单位的通知》（宜编[2014]33 号）要求，撤销市总工会所属的市职工技术协作中心，将其承担的公益服务职责及在编在职人员划入市总工会职工服务中心。

二、队伍建设

1983 年 5 月，成立全市第一个专业技协组织—市花工技协。同月，宜昌纺机厂建立了第一个基层技协组织。

1984 年 3 月，宜昌棉纺织厂、扁丝织带厂等企业相继成立基层技协组织。继市焊接技术专业交流队成立后，电子电气、金属切削、工艺工装、钳工、锅炉、制冷、热处理、维修粘接等专业技术交流队及船舶车辆运输专业委员会相继成立。

1991 年，建立职工技术协作组织 131 个，会员 1000 多人。

1992–1998 年，全市有职工技协组织 229 个，其中县市职工技协 4 个，区职工技协 1 个，产业技协 3 个，专业协会 12 个，基层职工技协组织 204 个，技协会员达 13,000 余人。

2000–2005 年，全市基层技协组织达 146 个，会员 13150 人。

2007 年，全市基层技协组织达 147 个，会员 14150 人。

三、主要工作

1989 年，职工积极提合理化建议 5000 多件，采纳实施 1100 多件，其中 503 件创经济效益 1600 多万元。原宜昌市三峡制药厂采纳职工陈永龙提出的一项合理化建议，节约资金 300 多万元。编丝织袋厂提出一项创新试验，节约资金 28 万元。宜昌县布鞋厂发动职工向废物要效益，组织专班，设立网点，回收入废塑料，扩大颗粒料生产，使企业一举扭亏为盈。1991 年，以攻质量、上品牌、增效益为目标，开展技术革新，提合理化建议的竞赛活动。

1990–1991 年，各级技协组织通过“质量品种效益年”活动，广泛开展技术比武、岗位练兵、技术革新、合理化建议活动，积极为产业结构的调整服务，面向社会开展技术培训、技术交流、技术攻关活动。举办各类专业技术培训班 2600 期，培训职工 9.8 万人次，开展各种技术表演、比赛、岗位练兵 7000 余场次；组织技术人员攻关 2146 项，推广新技术、新工艺、新材料、新设备 905 项，提出并实施合理化建议、技术革新和改造 5 万多件。经市技协组织培训推广的金属刷镀、电火花强化、可编程控制技术和食品乳化剂添加技术取得显著效益。树脂厂技协开展“一人献一计”活动，宜昌纺机厂技协连续 10 年开展技术比武，市机械、船闸、宜棉、电子管、热电厂、机床公司等技协，先后开展车、钳、刨、铣、磨、电焊比武。其中 1991 年，举办技协培训班 343 人次，培训职工 2 万人，为企业和社会创经济效益

2000 多万元。

1992–1998 年，市技协充分利用雄厚的技术力量优势，面向社会举办服装裁剪、家电维修、毛衣编织、电脑应用、摩托车修理等培训，提高了下岗、待业职工的就业技能。据统计，各级技协组织技术协作攻关 2657 项，实施合理化建议 7 万多条，开发新产品 217 项，有 142 项获国家专利。红旗电缆厂技协“无氧铜杆直接上引法”达国际先进水平，市树脂厂技协“三合一炉法”新技术向齐齐哈尔化工厂、徐州电化厂等 18 个省市、自治区 20 多家企业推广。累计举办技术培训班 2052 期，参加培训职工 76844 人次。开展岗位练兵、技术比武 427 场，参加职工达 60437 人次，获市级标兵称号 120 人，获部省技术比赛能手称号 26 人。市技协焊接队夺得全国焊工“猴王杯”焊接赛第 3 名。

1999 年，市技协把下岗职工的技术、技能培训和再就业工程列入重点工作安排，在技协综合楼二楼设立“宜昌市总工会技协下岗职工再就业培训基地”，免费培训下岗职工。首批取得市劳动局颁发《宜昌市转业、转岗训练结业证》的下岗职工 33 名；在市工人文化宫建立毛衣编织培训基地，开展全日制教学、专家授课，培训下岗职工 400 余人；在全市开展“下岗职工再就业培训义务服务日”活动。市技协加大技术扶贫力度，选派 143 名能工巧匠、工程技术人员进入 21 家贫困企业开展技术帮扶，先后攻克利川市印刷厂、西陵区快餐食品“耗煤大王”的一号锅炉等技术难题，实现草埠湖农场化工厂转产农药。同时，适应市场经济发展形势，市技协不断拓宽技协有偿服务活动领域。全市有 76 个基层技协开展有偿服务活动，签订有偿技术服务合同 1895 项，合同金额达 6415 万元。为保障技协有偿服务活动在法制的保障下发展，市总工会同市科委、市财政局、市税务局、市工商局联合下发了《宜昌市工会系统职工技协有偿服务管理暂行办法》文件。12 个技协企事业单位领取营业执照，成为经营实体，向国家纳税 33.6 万元。

2000–2005 年，按照省总工会《关于在全省职工中实施群众性经济技术创新工程的意见》和《关于组织动员全省职工广泛深入实施群众性经济技术创新工程为实现“十五”计划建功立业的决定》，市技协组织职工积极参与“学习一门新技术、提出一项新建议、创造一项新成果、推广一项新工艺、刷新一项新纪录”和争当“创新能手”、争创“创新示范岗”的“双创”活动。宜昌长机科技公司技协制定《小改小革与合理化建议奖励办法》和《实施“525”人才工程的通知》，每月按照标准发放人才津贴。职工积极性空前高涨，提出合理化建议 150 条，完成技术创新成果 24 项。宜昌纺机有限公司技协把经济技术创新活动与企业“三年发展规划”相结合，开展专题攻关活动。该厂青年工程师、技协会员胡永才的“GE1870 单面电脑提花机方案设计”获中纺机集团公司“科技创新”奖、宜昌市“五小”成果一等奖。八〇九厂技协攻关研制防“非典”可卸式滤芯医用口罩两万个支援北京，该厂被国资委评为抗“非典”工作先进单位。

2001 年，市技协开展“十、百、千、万”活动，即实施“经济技术创新工程”联系点 10 个，培训骨干 100 名，创建推广应用“创造学”的示范基地（示范班组、示范岗位）100 个；发布“经济技术创新成果”1000 项；开展技术大比赛活动 10,000 人。10 月中旬，市总工会、市劳动局联合举办全市“精一业会两手”练兵决赛，有 17 支代表队、39 名选手参加。2004 年，积极做好经济技术创新工程建设，全年共申报全国职工优秀技术创新成果 7 项，推荐申报“梁开全热线”为全国创新示范岗。

5 年来，市技协开展技术创新活动参与率达 85%，实施合理化建议 27,416 件，开发技术创新成果 9963 项，推广新技术 182 项，发明创造专利技术 145 项，创经济效益 28695 万元；签订技术合同 102 份，完成技术交易金额 3310 万元，每年递增 17.8%，其中，2004 年技术交易金额突破 1000 万元，创造了历史最高记录。市职工技协被市政府评为先进社团组织，被省职工技协评为先进集体。

2007 年，广泛开展技术培训、技术革新、技术协作、技术攻关和合理化建议等多种形式的群众性经济技术创新活动。当阳市职工技术协会等 15 个技协组织荣获“宜昌市职工技协先进集体”称号，付光军等 32 名同志荣获“宜昌市职工技协先进个人”称号，宜昌长机科技有限责任公司《YKT5180 提拉式数控插齿机》等 20 项成果评为宜昌市职工技协优秀技术成果。

2009 年，按照全国总工会办公厅《关于进一步加强职工技协工作的通知》精神，市总专题办公会决定，职工技协中心与市总工会劳动保护部合署办公。截至 12 月，参加群众性技术革新活动的企事业单位 3100 多家、职工 46 万名，提出合理化建议 13,622 条，实施技术革新、五小成果、节能减排 2267 项，创效益 1.4255 亿元。兴发集团冉迎玖“磷化工生产余热回收技术”被省总工会、省科技厅联合授予湖北省首届职工技术创新成果一等奖。

2010 年，开展宜昌市第二届职工技术创新成果评选活动，申报技术创新成果 236 项，评选表彰技术创新成果 50 项。陆国兴的“新型并捻器的研制”、殷银华的“间歇式半水煤气制气工艺改进”荣获一等奖，何茂方的“宜昌磷矿石料浆法生产 60%磷酸一铵新技术”等 10 项获得二等奖；王梦林的“自主革新的电缆敷设机”等 38 项获得三等奖。一、二、三等奖奖金分别为 10,000 元、5000 元和 2000 元。广泛开展合理化建议、技术培训、技术革新、发明创造、职业技能竞赛等群体性经济技术创新活动，提出合理化建议 14922 条，实施技术创新、“五小”活动（小发明、小创造、小革新、小设计、小建议）、“六一”（节约一滴水、一度电、一块煤、一寸纱、一升油、一张纸）和节能减排成果 3847 项，创造经济效益 15258 万元。

2012 年，开展宜昌市第三届职工技术创新成果评选活动，申报职工技术创新成果 165 项。其中一线职工成果 108 项，占 65.46%。评选表彰创新成果奖 50 项。宜昌港务集团杨志洪等人完成的《三峡船闸上下游增设待闸趸船项目技术创新》等 2 个项目获得一等奖；宜昌南玻硅材料有限公司张鹏等人完成的《还原炉热水综合利用技术与应用》等 10 个项目获得二等奖；湖北华饴木本油脂有限公司李军鹏等人完成的《油脂灌装机保护装置》等 38 个项目获得三等奖。

2013 年，为充分发挥劳动模范和高技能人才在全市科学发展、跨越发展中的示范、引领和骨干带头作用。市总工会开展了宜昌市“劳模（职工）创新工作室” 创建活动，制定和印发《宜昌市总工会关于职工（劳模）创新工作室创建工作的意见》，先后组织 35 人赴武钢、江汉油田学习职工（劳模）创新工作室创建经验，并在长机科技、宜昌市公交集团、宜昌市第一人民医院进行试点，筹建了以全国五一劳动奖章获得者智通兵、湖北省劳动模范宋俊明、湖北省劳动模范杜远立命名的劳模创新工作室。

2014 年，组织开展了宜昌市第四届职工技术创新成果评选活动，收到创新成果 154 项。湖北采花茶叶有限公司周宁完成的《一种茶叶自动杀青机及杀青方法》等 2 个项目被评为一等奖；湖北宜昌五峰鑫星节能炉具开发有限公司高洪亮完成的《高效节能回风汽化炉》等 10 个项目被评为二等奖；湖北红业建材科技开发有限公司陈良洪完成的《混凝土承重雨水箅》等 38 个项目被评为三等奖。

四、创造学推广

1987 年，宜昌县工会技协开始引进创造学，成立创造学会，编写教材，举办培训班，在 1988–2000 年间举办 184 期，培训县内职工、工会干部 1.96 万次。

1992 年，宜昌县工会培训基地被全国总工会技协办确定为全国创造学推广应用华中培训基地。

1990 年至 2000 年，承办全国性创造学培训班 61 期，全国 30 个省市自治区直辖市 5268 名学员参加培训。1991 年，时任全国人大常委会副委员长，全国总工会主席倪志福在宜昌县推广创造学开展技协活动的报告上批示“技协活动历来是把培养人才作为重要内容的，希望你们总结经验加以推广”。时任中央政治局常委李瑞环批示：“鉴于创造力开发是一项提高职工队伍素质的有效措施，有必要给予支持”。在中央领导同志的批示后，《工人日报》《科技日报》《中国青年报》《中国劳动报》《中国职工技术导报》等媒体先后报道宜昌县推广应用创造学的经验和作用，宜昌县经验走向全国。

2002 年，全市各级工会组织结合企业生产实际，开展群众性经济技术创新工程，把推广普及创造学、计算机知识的运用技能与提高职工的创新能力和职业技术素质相结合，总结推广先进操作法，挖掘职工中的绝招、绝活、绝技，使更多的职工掌握和运用先进技术与工艺。

五、取得成绩

1987–1993 年，市花工技协作品在全国花卉、根艺、盆景等博览会上共获得金牌 3 个，二等奖 2 个，三等奖 1 个。在 1993 湖北人才与技术交流会上，市技协有 11 项成果入选参展。

1991 年 3 月，宜昌县总工会技协办主任朱邦盛，因推广创造学普及应用，获全国总工会和国家计委授予的“全国合理化建议和技术改进活动积极分子”称号。

1991 年 10 月，市职工技协办主任黎开智，获全国总工会授予的“全国职工技协先进个人”称号，应邀参加全国总工会在人民大会堂召开的“庆祝职工技协活动兴起 30 周年暨表彰大会”受到党和国家领导人的接见并合影。

1994–1999 年，全市各级技协受全国总工会表彰先进集体 3 个，先进个人 7 个，获全国技协优秀成果奖 7 项，有 5 人获得参加职工技协活动 30 年荣誉证书。

1997 年，市技协配合省技协办在宜昌举办“湖北省大型国有企业成果发布交流会”，全市技协推出 8 项新成果参加交流。在 1997 年市科技周活动中，组织 13 个单位 80 余名会员在夷陵区广场展示 40 余项科技成果。1999 年，市技协依托三峡区位优势，加强对外交流工作，与上海、北京、沈阳、重庆等 14 个城市，互访考察共 464 人次，交流科工贸信息 1136 项，积极参与武汉经济协作区活动，派代表赴武汉、南昌等地进行交流。1997 年《中国职工技术导报》第 640 期用整版的篇幅介绍了“前进中的宜昌职工技协”。市委常委、市总工会主席金泽兰专文推介了宜昌技协经验。

2007 年 11 月，全国中心城市职工技协工作会议在厦门召开，宜昌市职工技协作题为《围绕三个“结合”开展技术创新活动》的经验交流，《中国职工技术导报》刊登经验材料。

2008 年，由宜昌技协推荐申报，宜昌人福药业有限责任公司田华提出的“水蓄能改造、改用太阳能及空调系统节电改造项目”，被中华全国总工会评为全国职工节能减排优秀合理化建议。

第五节　职工服务中心

一、基本概况

宜昌市总工会职工服务中心是隶属宜昌市总工会的二级单位，根据宜编【2014】76 号文《关于市总工会所属事业单位类别及有关机构编制事项的批复》要求，将市总工会职工服务中心（挂市总工会职工权益维护中心牌子）设为正科级公益一类事业单位。主要职责为承担市总工会职工服务系统平台的运行及维护工作；承担职工信访接待、困难救助、就业创业、劳动权益维护、法律援助等服务工作；承担职工技术协作、技术交流等工作。办公地点在宜昌市隆康路 10 号宜昌市总工会一楼服务大厅，下设有“宜昌市工友家政服务有限公司”一个公益企业。

2009 年 4 月 14 日，宜昌市总工会劳动争议调解中心在全省率先挂牌。2015 年，宜昌市总工会职工服务中心被评为全省工会示范职工服务中心。

二、机构沿革

2002 年建立市困难职工援助中心，任云兼任中心主任，何平、王昌元任副主任；此时作为工会内设机构，未有编委下文。

2005 年，朱利民任市总工会生活保障部部长，负责援助中心工作。

2007 年 2 月，宜编办批文，宜昌市总工会困难职工帮扶中心正式成立，加挂“宜昌市总工会职工权益维护中心”牌子。5 月，朱利民兼任中心主任。

2008 年 2 月，李东海兼任中心主任，贺清松任副主任。

2009 年，中心加挂“劳动争议调解中心”牌子。

2013 年 4 月，困难职工帮扶中心更名为职工服务中心。宜昌市职工服务活动中心更名为“宜昌市职工活动中心”。

2014 年，贺清松任主任至今。

2015 年，中心被评为“全省工会示范职工服务中心”。

宜昌市职工权益维护中心拟定规格相当正科级，共有事业编制 10 名，其中设主任 1 名，副主任 2 名，工作人员 7 名，根据正常业务需要，财政给与经费保障。中心登记为事业法人；中心工作人员实行聘用制，由市总工会直接管理。

三、服务窗口

（一）主席接待室：市总工会主席、常务副主席、副主席定期轮流到主席接待室接待来访职工

（二）职工来信来访工作窗口：负责接待企业、事业单位机关团体的职工、工会干部、工会组织通过书信或者走访形式反映、表达意愿和要求；承办市委和市政府领导、全国总工会、省总工会、市总工会领导及市信访办公室交办、转办的信访事项；负责向下级工会协调、督办信访案件；检查、指导和协调下级工会信访工作；对信访动态进行分析研究，及时向上级领导和上级机关提供信访信息，为领导决策服务。

（三）法律援助工作窗口：负责劳动合同指导、集体合同指导、劳动争议调处、劳动保护、工会干部权益维护、基层权益维护、女职工权益维护，以及有关劳动法律、法规、政策咨询，代拟法律文书，代理非诉讼案件。

（四）困难救助工作窗口：负责建立健全困难职工档案，组织开展经常性的送温暖活动;建立健全困难职工子女入学档案，开展“金秋助学”活动，为困难职工子女入学提供帮助;对下岗、失业、退休等人员各种原因造成基本生活难以为继的特困职工家庭给予及时必要的援助。

（五）职业介绍与职业培训工作窗口：协助政府做好促进就业再就业工作，广泛收集用工信息，为广大下岗失业人员和农民工提供职业介绍，针对企业需求开展职业技能培训，为有再就业愿望，又有劳动能力的下岗特困职工，提供职业技能培训和职业介绍工作，为他们提供岗位援助。

（六）农民工权益维护工作窗口：负责组织农民工建会入会，协助政府重点做好农民工欠薪追讨、工伤维权、法律援助、技能培训等工作。接待农民工来信来访，为农民工提供政策咨询、法律援助、就业指导、就业培训、困难救助等方面的服务。

（七）律师办公室：负责帮助职工代写法律文书，处理关于职工劳动权益方面的法律咨询和案件代理诉讼工作；负责调处中心受理的相关劳动争议案件。

四、工作成果

自 2002 年职工服务中心成立以来共接待困难职工 18 万多人次，为工会组织的“送温暖”“送清凉”“金秋助学”活动共筹集资金 9500 多万元，为 77,000 多名困难职工、农民工提供更加精准化的生活帮扶。共走访慰问困难企业 3000 余家，多渠道帮助下岗失业职工和进城务工农民工实现就业再就业。“春风行动”“民营企业招聘周”期间，联合人社等部门组织召开各类招聘会、洽谈会 450 多场次，发放资料 48.75 万余份，帮助 148,000 余人次达成就业意向，为促进下岗失业职工和进城务工农民工就业再就业做出了应有贡献。2012 年以来职工服务中心共接待职工（农民工）来访案 19,860 多次；办理职工来信 230 多件；来电 4858 次，办结率均达到 100%。职工的信访诉求都能得到妥善办理。并为 32 人提供小额贷(借)款 32 笔（含工会会员小额担保贷款），当年贷（借）款金额合计 320 万元（含工会会员小额担保贷款）。

第十七章　产业、行业、企业工会

第一节　市直产业（行业）工会

1. 市住建系统（建设）工会

一、基本概况

根据省委办公厅、省政府办公厅《关于印发〈宜昌市人民政府机构改革方案〉的通知》（鄂办文〔2009〕92 号）和市委、市政府《关于印发〈宜昌市人民政府机构改革实施意见〉的通知》（宜文〔2010〕1 号）精神，设立宜昌市住房和城乡建设委员会。

市住房和城乡建设委员会设 10 个内设机构，分别为行政审批办公室（挂行政审批科牌子）、城市发展项目科、政策法规科、建筑业管理科、勘察设计科技科、城市建设科、村镇建设科、城市建设重点工程管理办公室、财务审计科、人事科（直属机关党委办公室与其合署办公）、离退休干部科。

市住房和城乡建设委员会机关行政编制为 50 名。其中:主任 1 名，副主任 3 名，总工程师 1 名；正科级领导职数 12 名，副科级领导职数 10 名。

二、组织沿革

1989 年 11 月，市建委工会工作委员会成立，统一领导全市建设系统工会工作。1989 年末，全市建设系统共有基层工会组织 17 个。

1989 年末，全市建设系统有市建委工会和市建筑安装总公司工会两个工会工作委员会，有 36 个基层工会组织、会员 5790 人。其中：市建委工会有基层工会组织 26 个、会员 3740 人；市建筑安装总公司工会有基层工会组织 10 个、会员 2050 人。1990 年 4 月 13 日，市总工会批复同意成立宜昌市建委工会工作委员会。1990 年 5 月 4 日，市建委工会女职工委员会成立。2002 年 6 月，市房地产管理局工会工作委员会成立。2002 年 12 月 9 日，宜昌市市直机关机构改革，市总工会根据《工会法》有关规定，对市直机关工会组织管理体制进行调整，同意建立建设、城管、房地产等 3 个产业（行业）工会，领导直属企事业单位和归口的企事业单位的工会工作（市规划管理局机关工会由市直机关工会管理）。明确产业（行业）工会设立工会工作委员会，作为市总工会派出机构，实行部门党组织和市总工会双重领导，以部门党组领导为主的管理体制。同时对产业（行业）工会工作委员会的职责、级别、委员配备等作了具体规定。

2003 年 10 月 14 日，市委机构编制委员会办公室和市总工会联合下发通知，明确市建设工会列入给予核定“工会主任”职数的部门设置产业工会，但 2002 年设立的城管、房地产两个产业（行业）工会未列入。2005 年，为加强宜昌市建筑企业工会工作，经市建委党组同意，成立了宜昌市建筑业工会联合会。同年，市城市管理局工会成立。

2005 年末，全市建设行业有市建设工会、市城市管理局工会、市房产管理局工会，共有基层工会组织 201 个，工会会员 15184 人。其中：市建设工会有基层工会组织 176 个，工会会员 12890 人（其中国有企事业工会 15 个，会员 4631 人；民营企业工会 161 个，会员 8259 人，市城市管理局工会有基层工会组织 15 个，会员 1564 人；市房产管理局工会有基层工会组织 10 个，会员 730 人）。

宜昌市住房和城乡建设委员会工会委员会历任负责人名录

表 17-21

单位名称	姓　名	任职时间	职　务
宜昌市建委工会工作委员会	谭和银	1990.4–1992.3	主　任
	康绮华	1992.3–1994	牵头负责人
	谭和银	1994–1997	主　任
	范　武	1997–2001.11	副主任
	杜岐山	1998.4–1999.9	主　任
	张才珍	1999.9	主　任
宜昌市住房和城乡建设工会	杜岐山	2001.12–2010.8	主　任
	范　武	2001.12–2011	副主任
	向　军	2010.8–2011.3	主　任
	杨　涛	2011.4–2013.6	主　任
	叶帮斌	2013.7–2017.7	主　任
	刘溯剑	2017.8 至今	主　任

三、主要工作

1、组织工作。2003 年 2 月，根据《宜昌市委办公室、市政府办公室关于加强新建企业工会组建工作的意见》，结合宜昌市建设行业的实际情况，市建设局党组下发通知，要求凡是在宜昌登记注册，从事建筑、装饰、房地产开发、园林建设的民营企业、私营企业、外商投资企业，都必须依法建立工会组织。当年共新建工会组织 131 个，外转工会关系 6 个，共计 137 个，发展新会员 5000 多人。市建设工会举办非公有制企业工会干部培训班，培训工会干部 155 名，为开展非公有制企业工会工作奠定了组织基础。宜昌市政工程公司、宜昌建筑总公司改制以后，在组建民营公司的同时，成立新的工会组织，确保工会组织不消失，工会工作不中断。市总工会向全市工会组织转发了《市建设局关于加强建设行业新经济组织工会建设的通知》，供各地、各单位参考。

2、广泛开展技能大赛和技术协作。1989–1990 年，市建设工会组织全系统职工开展“双增双节”劳动竞赛。市公汽公司在车队推行“双百挂钩”活动；市自来水公司在全公司开展“安全优质低耗”供水劳动竞赛。1991–1992 年，宜昌市公共汽车公司、宜昌市轮渡公司和宜昌市出租汽车公司参加全国城市公交优质服务竞赛，取得国家级优胜个人奖 4 个、省级优胜个人奖 8 个，国家、省级优胜线路各 1 条，国家级优胜车船组 4 个、省级优胜车船组 7 个，国家、省级优胜保修班组各 2 个，省级优胜后勤班组 1 个，省级优胜单位、优胜企业、优胜标兵、优胜组织工作者各 1 个的好成绩。1993 年，宜昌焦化煤气公司组织职工开展“安装快，质量优”竞赛，提前 1 个月完成 1.5 万户煤气用户安装任务。1994–1995 年，市建设工会在全系统开展“创建文明城市，争当万名能手、争做文明市民”劳动竞赛，评出各种能手 339 人，其中有 6 人被市总工会评为“能手”称号、有 8 人被省建设厅评为规范化服务能手。1997 年，市自来水公司二水厂二泵房班被省总工会表彰为省模范班组，1998 年被全国总工会表彰为“模范职工小家”。1989–2017 年，市住房和城乡建设工会坚持在职工中开展“我为企业献一计”、合理化建议和“全市建设行业职业技能大赛”活动，共提出合理化建议 25242 条，采纳 3872 条，实现经济效益 9205.4 万元。

2002 年，市建设局建立了职工技术协会，由李绍停（会长）、杜岐山（副会长）、范武（女，秘书长）、杜宗朝、万红军、胡五一、李向东 7 人组成。2003 年，全系统已建立职工技协组织 19 个，市建设局职工技协被市职工技协评为先进单位。2004 年，宜昌焦化煤气公司职工技协被评为全国职工技协先进单位。2002 年 6 月至 9 月，由市建设工会主办，建筑市场管理站、宜昌民生房地产有限责任公司协办的宜昌市首届建设行业“民生丽岛杯”职工职业技能大赛，在宜昌城建学校建设教育培训中心举行，宜昌焦化煤气公司等 27 个单位组队参加比赛。宜昌瑞林装饰设计工程有限公司刘华维等 6 人被评为木工组第一、二、三名，宜昌市金信建筑安装有限责任公司裴宏伟等 6 人被评为管道工组第一、二、三名，杨晓春等 20 人获优秀奖，宜昌焦化煤气公司等 15 个单位获优秀组织奖。2002 年 ~ 2017 年市住房和城乡建设工会共举办了全市建设职工职业技能大赛 8 次，参赛职工 15800 人次。

3、做好下岗职工再就业工作。1998 年，市建设系统有亏损企业 18 家，其中特困企业 6 家；有下岗职工 1611 人，占企业职工总数的 48%。在下岗职工中，“40、50”（指女职工年满 40 岁，男职工年满 50 岁）人员 624 人，夫妻双下岗职工 344 人，下岗女职工占 60%以上。市建设局工会积极协助党委、行政做好下岗职工再就业工作，定期召开专题会议分析研究下岗职工再就业问题，各企业工会都建立了下岗职工基本情况登记表，有条件的单位还成立了再就业服务中心，重点做好“40、50”下岗职工中双下岗职工、单亲下岗职工的帮扶工作。市建委领导、工会干部登门到下岗职工家庭调研慰问，当年安置下岗职工 51 人。做好下岗职工转岗、转业培训，先后有 216 名下岗职工参加宜昌市再就业服务中心举办的电器维修、烹调、电工等 10 多种技能培训。1999 年，市建委工会（再就业服务中心）扶持宜昌建筑总公司在果园一路建设再就业示范基地，安排下岗职工 34 人；宜昌市建筑安装工程总公司在市郊建木线条生产线，安置下岗职工 86 人。为加强下岗职工基本生活保障资金管理，市建委开设下岗职工生活费专户，同时筹措资金 170 万元为委属六家困难企业下岗职工补交历年拖欠的“养老保险金”“失业保险金”。确保下岗职工生活费按时发放。2003–2006 年，市建设工会为 1000 余名下岗职工申请解决生活困难补助金，共计 183.2 万元。

4、推行民主管理制度、维护职工合法权益。中共十一届三中全会后，建设系统各基层工会逐步建立健全了以职代会为基本形式的各项民主管理制度。为使工会干部、职工代表切实掌握民主管理基本知识，提高参政议事能力，市建设（建委）工会组织系统各级工会干部和职工代表开展培训活动或参加市总工会的培训。1989 年至 2017 年共培训工会主席、女工主任 720 人次，工会干部 2363 人次、职工代表 7698 人次。

推行平等协商和集体合同制度。1995 年，市自来水公司、宜昌意达股份有限公司被市总工会确定为全市首批推行平等协商、签订集体合同制度工作试点单位。两公司经过艰苦、细致的工作，圆满完成了市总工会下达的任务。1997 年，全市建设系统签订集体合同的企（事）业单位已有 22 家，市建委工会对在签约工作中成绩突出的宜昌市自来水公司工会等 15 家工会予以通报表彰。截至 1999 年，建设系统企（事）业单位集体合同签约率达 100%，市总工会在工会一届七次常委（扩大）会议介绍了市建委工会的经验。2002 年，按照《全国总工会关于工会参加工资平等协商的指导意见》，市建设局成立了工资平等协商工作领导小组，局长雷元海任组长，副局长李绍停、局工会主任杜岐山任副组长。同时决定在宜昌焦化煤气公司、宜昌市儿童公园管理处等 5 个单位进行工资平等协商工作试点，并多次召开党、政、工联席会议。2004 年，市建委工会决定，在全市建设行业所有非公有制企业中推行平等协商集体合同制度，并下发实施意见。2004–2017 年，全市建设行业共有 187 家非公有制企业开展了平等协商集体合同制度工作。

推行厂务公开。1998 年，按照市纪委、市总工会要求，市建委工会在宜昌焦化煤气公司、市自来水公司、市轮渡公司、市儿童公园管理处等 4 个单位推行“厂务公开”工作试点。1999 年 6 月，市建委印发《关于在企业建立民主管理制度，推行厂务公开的意见》，成立市建委厂（事）务公开领导小组，由党委副书记齐福堂任组长，副主任陈家贤、纪委书记杜岐山、工会主任张才珍（女）任副组长，明确由工会承担厂务公开的日常工作。同时制定了《市建委关于实行厂务公开加强民主管理实施方案》《厂务公开实施细则》《职工民主议事会章程》，就厂务公开的内容、形式、程序、时间等提出了要求。同年7月，市建委在宜昌焦化煤气公司召开厂务公开现场动员会。2000年，全市建设系统有51家企事业单位建立了厂务公开制度，覆盖职工人数达10699人。2003年，由市建设工会代拟，市建设局党组印发《关于进一步推行厂务公开工作的意见》。2004年，宜昌焦化煤气公司分别被市、省、国家授予厂务公开工作先进单位。

参与企（事）业单位改制工作。2002年，市建设局党组决定对所属建筑企业和设计单位进行改革改制。这次改制，共涉及10家企业、3家事业单位近6000名职工利益。市建设工会及各基层工会都积极参与，改制工作。市建设工会主任杜岐山作为市建设局（委）企业改制工作领导小组成员，积极做好建设系统企业改制工作的协调服务工作，各改制企业的工会负责人都是各企业改制工作领导工作小组成员，工会干部和职工代表组成工作专班。工会干部深入职工群众调查摸底，反映职工的意见和要求，全过程参与改制方案的讨论和制定。各企业工会依法召开职代会，审议通过改制方案和职工安置方案。

5、关心职工生活福利。从20世纪80年代末，建设系统有条件的工会组织为职工兴办了生活福利事业的方式主要有：举办职工互助储金会，举办职工消费合作社，组织劳动模范、先进工作者疗养、旅游（后逐步扩大到职工群众），协助行政办好职工食堂、洗澡堂、婴儿室、幼儿园、职工医院等生活福利设施。自80年代末起，工会福利工作又增加了新内容。如：发放劳保用品；监督按规定享受婚假、产假、探亲假和法定节假日待遇、独生子女补助费等是否落实，协助制定职工医药费管理制度，讨论职工福利分房方案、奖金分配办法等。在全系统实行了女职工定期保健体检制度，每次参加体检的女职工达1000多人；在非公有制企业开展“双爱双评”活动。宜昌民生房地产有限责任公司、宜昌市坤发建筑有限责任公司等民营企业都建有规范的职工食堂、寝室、文体活动场所。各单位按规定完成住房制度改革，落实住房公积金制度、医疗保险制度，企业为职工办理养老失业、医疗、工伤等社会保险。1989–2017年，市住建委党组成员、各级党政主要领导和工会干部共走访慰问困难职工8719人次，送慰问金945.97万元。

6、组织职工文体活动。20世纪80年代末起，市建设系统各级工会就积极组织职工学跳交际舞，开展篮球、乒乓球、羽毛球比赛等活动。1989年10月，市建委工会集中宜昌市城建幼儿园、市基建幼儿园和市城建学校等单位文艺骨干，组成建委系统代表队，先后参加市总工会举办的庆“五一”“五四”文艺节汇演和庆国庆50周年演唱大赛，两次均夺得第一名。1991年6月，举办全系统职工业余文艺调演。市建委主任李家余为调演领导小组组长，委工会主任谭和银为办公室主任。1992年9月，由宜昌市建委工会精心组织编排的舞蹈节目《山风》，参加由建设部、全国建设、建材工会在北京举行的全国“建设之光”文艺调演，获得演出三等奖、创作三等奖的好成绩。1993年9月，由市建委工会组织的庆祝国庆44周年和纪念毛泽东主席诞辰100周年“夷陵建设魂”文艺调演，全系统有34个单位参加，演出55个节目，9月26日，三峡电视台为20个获奖节目进行了现场直播。经过评比，宜昌市自来水公司、宜昌市西陵房地产管理所、枝江县建设局获节目创作奖，市房管局、宜昌焦化煤气公司、枝江县建设局获组织奖，宜昌市市政维修管理处、峡口风景区管理局、宜昌建筑安装工程总公司获精神文明奖。2015年，为纪念中国人民抗日战争和世界人民反法西斯战争胜利70周年，市住建工会举办了“胜利颂”演唱赛活动，全系统35个单位、800余名职工参加，演出39个节目。9月24日，16个优秀节目在宜昌剧院进行决赛，三峡电视台进行了现场直播。1996年～2017年，市住建工会分别举办了市住建委“兰台杯”和“益通杯”8届全市住建职工运动会。2010年～2013年，在规划局、房产局、住房资金管理中心、城投公司、住建委等单位大力支持下，分别组建宜昌市住建篮球、乒乓球、羽毛球代表队，在全省住建系统首届“新八建”杯篮球和首届“新七建”杯比赛中，三个项目都取得了每届比赛全省第二名的佳绩。

2. 市城市管理工会

一、基本概况

宜昌市城市管理委员会（原名：宜昌市城市管理局）是2001年新成立的市政府直属机构，下辖市城市管理监察支队、市绿化工程管理处、市市政设施维修管理处、市环境卫生管理处、市东山隧道管理处和市固废公司共6个事业单位。2004年加挂“宜昌市城市管理行政执法局”牌子，实行两块牌子、一套班子。2005年加挂“宜昌市城市园林绿化管理局”牌子，实行三块牌子一套班子。2013年3月，宜昌市城区城管体制改革后，市城市管理局主要负责宏观管理、综合协调、监督考核工作。下设5个二级单位，市城市管理监察支队、市市政环境卫生管理处、市城市管理监督指挥中心、市桥梁隧道管理处、市固废处置管理中心。2014年11月，市城市管理局更名为市城市管理委员会。2016年新增1个二级单位，市道路停车管理中心，所辖二级单位变为6个。截至到2017年底，城管委共有职工264人。

二、组织沿革

2001年，市城市管理局成立6个基层工会组织。2003年4月1日，市城市管理局工会工作委员会成立，武斌胜任主任。2004年，各基层工会共发展新会员60余人。2005年，市城市管理局工会工作委员会下属14个基层工会组织。

2005年8月，武斌胜改任市城市管理局副调研员，由局党组成员、副局长鲁邦国负责局工会工作。

2006年，全系统各级工会组织发展新会员296名。

2013年，城区城市管理体制改革后，成立市城市管理局机关工会。市城市管理局作业单位下放，下属5个单位成立工会：市城市管理监察支队工会，市政环卫处工会，市城市管理监督指挥中心工会，市桥梁隧道管理处工会，市固废处置管理中心工会。

2014年11月，市城市管理局工会工作委员会更名为市城市管理委员会工会工作委员会。

到2017年底，城管委共有职工264人，会员264人，基层工会7个。

三、代表大会

2015年6月5日召开市城市管理委员会工会第一次会员代表大会。大会代表44人，实到43人。大会选举产生城管委第一届工会委员会委员黄传波、余拥军、高炎琼和第一届女职工委员会委员高炎琼、向鹃、魏雪梅。黄传波任经审委员、余拥军任文体宣传委员、高炎琼任组织委员（兼任女职工委员会主任）。

四、主要工作

（一）权益保障

2003年，市城市管理局工会对战线下岗调岗职工采取岗前培训、协商寻岗、转岗离岗、退养等多渠道的安排措施，妥善安排12名落岗人员。市环境卫生管理处召开职代会，进行岗位工资的改革。改革后的岗位工资最低350元，最高达1200元，一线职工工资、临时工工资得到一定提升。

2004年，组织全体职工体检。

2007年，市城市管理局工会组织专班调查城区环卫临时工工资低的状况，并向相关部门反映，最终使临时工的待遇得到合理提高。

2010年，市城市管理局工会督办落实了孟宪美等原环卫离岗临时工待遇问题，有效解决了一批环卫临时工多年纠缠不清的老大难问题。

2012年，不断扩大“三峡卡.职工互助服务卡”覆盖范围。组织全体职工（包含聘用职工）体检。

2016年，全系统开展劳动用工检查，对市固废处置管理中心存在的派遣工不符合劳动用工的情况进行了规范。联合市总工会开展城区环卫工人工作生活状况调研，提出保障城区环卫工人合法权益的措施和办法，为市委市政府提供决策参考。

（二）帮扶慰问

2003年，共看望生病住院职工及家属40余人次；为二级单位一线职工送防暑降温品600多人次，共计25000余元。春节前慰问一线工人40人次，共计6000余元。

2004年，对市城市管理局内困难职工进行慰问和帮扶，对家庭发生变故的职工陈明生和临时工郭达秀，工会组织职工各捐款1000元和1800元。全年系统共慰问因病住院、家庭困难职工计150余人次。

2012年，在春节、劳动节、中秋节等重大节日为500多名困难职工发放慰问金20多万元。为重病职工王爱群、王康见、程晓懿等捐款数万元。

2013年，城管体制改革后，对全系统市级以上劳模、困难职工进行了摸底调查，完成了全国困难职工网上录入工作。全年共走访慰问33人，其中：全国劳模3名、省部级劳模8人、市级劳模7人、专家1人、困难职工8人、困难党员8人，慰问金共16600元。推荐市城市管理局系统省劳模任稚萍等三人分别参加了省、市总工会组织的疗养。

2014年，继续完善系统劳动模范和困难职工档案，对系统内市级以上劳动模范和困难职工进行了重新摸底调查，确定2名困难职工并录入全国扶贫帮困系统。在元旦春节期间共募集慰问金近10万元，对系统内劳模、困难党员和职工、城区困难环卫工人和一线职工进行了慰问。市城市管理委员会工会收到委系统单位和个人捐款共计9500元，全部用于春节期间慰问城区部分特困环卫工人。筹措资金5万余元开展“送清凉”活动，为城区500余名城管职工和11名社区网格员送去了关爱。

2015年，筹措慰问金10多万元，在元旦春节期间对城区城管系统劳模、先进工作者、困难职工和在节日期间工作在一线的部分职工进行慰问。筹措资金6万余元为城区600余名一线城管职工和18名社区网格员及社区工作者“送清凉”。组织省、市劳模3人分别到三亚、张家界、神农架进行疗养。

2016年，共筹措慰问金6万多元，慰问一线职工、劳模、先进工作者、困难职工、社区困难党员及宜都市六里冲村精准扶贫点困难党员和群众，共470人。市城管委工会、市城市管理协会、市固废处置管理中心工会倡议为市固废处置管理中心招聘工汪亮的儿子（身患白血病）捐款，共募得善款44199元。进一步完善委系统劳动模范和困难职工档案，对城管系统内市级以上劳动模范和困难职工进行了再次摸底调查，将3名困难职工录入全国扶贫帮困系统。

（三）技能培训和劳动竞赛

2004年通过岗位培训，局机关95%以上的工作人员，能熟练操作电脑，文稿基本自行打印。市绿化工程管理处、市市政设施维修管理处、市东山隧道管理处工会大力开展技术教育和培训，提高行业水平。

2007年，市环境卫生管理处、市市政设施维修管理处职工提出技术革新建议14项，采纳7项，革新实验5项，参与职工45人，技改成功3项。

2009年，由市城市管理局工会牵头，市环境卫生管理处工会在技能创新和技能学习中展开“四比”挑战赛；市市政设施维修管理处工会以市政110、护岸清扫班、道路管理所等作业班组为单位，开展劳动竞赛；市植物科研所组织开展菊艺创新、绿地管养技术能手等争创活动。

2013年，市城市管理局工会9月30日—11月1日组织了全市城管系统法律法规知识竞赛。市城市管理局工会与市城市管理协会、市市政环卫处共同组织160名环卫工人选手组成的16个代表队参加全市环卫工人技能比武活动。11 月 4 日—20 日，会同市城市管理局直属机关党委联合组织了文明礼仪知识答题活动。

2014 年，组织开展以扎扫帚、道路清扫、清洗野广告、安装果皮箱等为主要内容的“市政环卫服务明星”大赛，全市城管系统 15 个代表队，共 150 多人参加。组织近 200 人次参加《“大城梦”—市直机关第三届干部职工综合技能大赛》。参加省总工会组织的全省《劳动法》《湖北省集体合同条例》知识网络有奖竞赛，市城管系统共有 60 多人参加了网络有奖竞赛活动，市城市管理委员会工会在此次活动中获得了市总工会组织奖。组织市城管系统 2 名工会干部参加了省总工会举办的新任工会干部培训班。

2015 年举办了两期摄影知识讲座，一期公文写作知识讲座，一期城管文明执法礼仪展示及执法文书制作竞赛活动，一场宜昌市环卫车辆操作、维修技能比武大赛，全系统参加培训及比赛共 271 人次。

2016 年，9 月 13 日举办干部职工综合技能大赛，30 名选手报名参赛。10 月 24、25 日，市城市管理委员会工会联合市总工会、市人社局组织举办市环卫车辆操作维修技能竞赛，全市共 15 支代表队参加了本次竞赛。11 月 7-11 日，在市委党校举办 2016 年城管执法基础培训班，各县市区城管部门共计 45 名城管执法队员参加培训。11 月 11 日，举办宜昌市城管执法法律知识竞赛，共计 30 名城管执法队员参加。6 月至 8 月，举办了《公文写作》《即席演讲》《课件制作》三次讲座，全系统共有 150 人次参加培训。

（四）安全生产和劳动保护工作

2007 年，市环境卫生管理处、市政设施维修管理处、市儿童公园等单位工会组织开展了“安全生产”知识竞赛活动，参加职工达 1215 人。

2012 年，组织职工开展“职工安全生产知识普及教育活动”和“职工安全生产知识百题答题竞赛”及“职工网上安全生产知识竞赛”，全系统 1000 余员工参加。

2015 年，市城管委工会联合委安全生产领导小组、直属机关党委举办了《安全生产法》知识竞赛和新《安全生产法》学习讲座。市城市管理委员会党组成员、委机关科室、委属各单位班子成员和安全生产工作人员近百人参加了学习。6 月 26 日，30 名选手参加了《安全生产法》知识竞赛，市固废处置管理中心选手李佑智以 97 分的成绩获得了第一名。

（五）女职工工作

2003 年，全系统共获得全国巾帼示范岗、省女职工标兵、省工人先锋号、市“优秀女职工”、市“五好”文明家庭、市“双文明示范岗”等荣誉各 1 个。

2007 年，组织城管代表队参加全市三八女职工集体健身艺术操比赛，并获得优秀表演奖。

2010 年，6 月 17 日组织全系统 68 名女职工参加“女职工健康知识讲座”。

2012 年，参加市妇联组织的“三八女职工风采展示”活动，荣获最佳表演奖。

2013 年，组织全系统女职工参加了市总工会女职工委员会组织的《女职工劳动保护特别规定》知识竞赛，全系统共有 87 人参加（其中女职工 78 人全部参加了知识竞赛）。确定住建部劳模、市固废处置管理中心工会主席任稚萍为市城市管理局系统“爱心妈妈”，负责结对帮扶市儿童福利院残疾孤儿宜福秋。

2014 年，“三八”妇女节期间，组织系统内女职工参加第一届城管系统女职工趣味运动会。组织女职工 25 件作品参加市总工会举办的书画、摄影、手工艺作品比赛。市城市管理局工会选送的摄影作品《我们的节日》和硬笔书法《兰亭序》分别获得三等奖，局工会获得组织奖。

2015 年 6-7 月，市城管委工会组织开展《妇女权益保障法》及湖北省实施办法实施情况自查，并上报了自查报告。

（六）宣教文体

2003 年，由市城市管理局工会组织的合唱队在市总工会举办的《三峡放歌》文娱演唱活动中，获得优胜奖。

2004 年，市城市管理局工会组队参加了宜昌市直机关“交通杯”首届羽毛球比赛，取得了团体冠军和男、女单打第一名的佳绩。

2012 年，成立城管系统业余艺术团，4 月 25 日在峡州宾馆举办了“激情跨越.和谐城管”首场文艺演出和成果图片展。

10 月 25 日，在五一剧场举办了全市城管系统“喜迎十八大 欢庆环卫节”文艺演出，共有 17 个节目参演。

2014 年，组织为全国劳模“的姐”王书凤送爱心，共筹到捐款 6190 元。9 月 26 日组织以“提振精神之标，增强工作激情”为主题的国庆职工文体活动，设置了羽毛球、乒乓球男女单打和定点投篮 3 个比赛项目，全系统共 6 支代表队、90 多名职工参加。组织成立了 10 多人的篮球兴趣小组，并与市电大、铁路坝小学老师举行了 2 次友谊赛。

2015 年，组织全系统 80 名干部职工参加了 2015 年元旦长跑活动。组织参加今年举办的 24 式简化太极拳比赛，在初赛中获得了第 5 名。

2016 年，9 月 18–24 日，组队参加市直机关工委、体育局和市总工会组织的第二届全民健身运动会。在羽毛球和拔河项目中分别获得第 7 名和第 6 名的成绩。11 月 24 日，组织 3 人参加市总工会组织的象棋比赛，1 人获得道德风尚奖、市城管委工会获得优秀组织奖。

（七）获得荣誉

2004 年，市绿化工程管理处女职工秦玉萍先后获得“宜昌市城市美容师”、宜昌市劳动模范、湖北省“五一”劳动奖章、全国“五一”劳动奖章；“梁开全清疏热线”被全国总工会授予“全国职工创新示范岗”荣誉称号。

2006 年，梁开全环卫服务中心荣获“全国职工创新示范岗”荣誉称号；市城市管理局被西陵区评为“社区党建共驻共建先进单位”和“助残先进单位”。

2009 年，市城市管理局工会被市总工会评为劳动竞赛、工人先锋号“创争活动”优秀组织奖；市夷陵广场、市市政设施维修管理处、市儿童公园、市固废公司、市王家河公园等单位荣获市总工会授予的“工人先锋号”荣誉称号。

2011 年，市城市管理监察支队李西全荣获“湖北省劳动模范”光荣称号。市城市管理监察支队荣获“湖北五一巾帼奖”。

2012 年，涌现出“全省优秀共产党员、省首届十佳城管人、市第二届爱岗敬业道德模范”李西全，“全国住房城乡建设系统劳动模范、全省创先争优优秀共产党员、全市三八红旗手”任稚萍。

2013 年，市环境卫生管理处王振钢完成的《PY1ZⅡ**B 型水平压缩式垃圾收集站的技改》项目被市总工会、市科技局评为“宜昌市第三届职工技术创新成果二等奖”。市固废公司熊辉完成的《垃圾渗滤液调节池膜盖密闭处理系统》项目被市总工会、市科技局评为“宜昌市第三届职工技术创新成果三等奖”。

2014 年，市城市管理委员会工会将西陵区环卫工人刘建峰发明的野广告电动清洗工具向市总工会进行了推荐，获得了 2014 年宜昌市第四届职工优秀技术创新成果奖。市固废处置管理中心张应高被评为“湖北省优秀环卫工人”。

2015 年，向市总工会推荐鄂山、张应高作为“宜昌市五一劳动奖章”和“省劳动模范”的候选人，推荐李传兵、向先华参加“宜昌市最美一线职工”的评选，其中张应高同获得“湖北省劳动模范”的称号。市固废处置管理中心向先华荣获“湖北省优秀环卫工人”荣誉称号。市总工会命名“任稚萍劳模创新工作室”。

2016 年，市固废处置管理中心“任稚萍劳模创新工作室”《山谷型生活垃圾填埋场“雨污分流”系统技改》项目被市总工会、市科技局评为“宜昌市第五届职工技术创新成果三等奖”。市城市管理监察支队鄂山被评为宜昌市先进工作者。

2017 年，市固废处置管理中心熊陆茜荣获市直机关“喜迎十九大，党在我心中”演讲比赛第三名；市城市管理监察支队高超在“三峡工行杯”2017 宜昌首届推广普通话形象大使选拔赛暨志愿者征集活动中荣获“2017 宜昌首届推广普通话形象大使选拔赛银奖”，市环境卫生管理处翟潇娟获推广普通话志愿者称号。

3. 市文化新闻出版广电局工会

一、基本概况

宜昌市文化新闻出版广电局（简称市文广局，挂宜昌市版权局、市宜昌文物事业管理局牌子）是主管全市文化艺术、新闻出版、版权、文化市场、文物、广播、电影、电视工作的市政府工作部门。宜昌文化新闻出版广电系统共有 16 个单位，从业人员（工会会员）471 人。机关单位 1 个为宜昌市文化新闻出版广电局。市直公益一类事业单位 8 个：市文化市场综合执法支队从业 23 人、宜昌博物馆从业 51 人、市图书馆从业 40 人、市群众艺术馆从业 38 人、市艺术研究所从业 10 人、宜昌长阳微波电视站和宜昌秭归微波电视站从业 15 人、市广播电视监测站从业 3 人。市直公益二类事业单位 1 个：三峡画院。市直生产经营类事业单位 4 个：市歌舞剧团从业 80 人、市京剧团从业 26 人、五一剧场从业 19 人、宜昌剧院从业 19 人。市直文化企业 2 个：宜昌市新华书店从业 98 人、宜昌市电影发行放映公司从业 9 人。

宜昌市文化系统工会历任负责人名录

表 17–22

单位名称	姓名	任职时间	职务	备注
宜昌市文化局	刘德明	2001.04—2010.12	局工会主任	
宜昌市文化局	倪方成	2011.11—2015.12	局党组成员、工会主任	

宜昌市广电系统工会历任负责人名录

表 17–23

单位名称	姓名	任职时间	职务	备注
宜昌市广播电视局	李传成	1987.11—1990.12	局党委委员、副局长兼任工会主席	宜市工字 1987 第 83 号
宜昌市广播电视局	张周槐	1993.07—1994.02	局党委委员、工会主任	
宜昌市广播电视局	闵先梅	1995.05—2000.11	局工会主任	
宜昌市广播电视局	阎红梅	2000.11—2001.12	局党委委员、工会主任	
宜昌市广播电视局	阎红梅	2001.12—2005.08	局工会主任	
宜昌市广播电视局	向守钰	2005.08—2009.09	局党组成员、工会主任	
宜昌市广播电影电视局	刘勤华	2009.09—2011.10	局党组成员、工会主任	
宜昌市广播电影电视局	唐四海	2011.11—2015.06	局党组成员、工会主任	
宜昌市广播电影电视局	庄　明	2015.06—2015.11	局党组成员、工会主任	

宜昌市文化新闻出版广电局工会历任负责人名录

表 17–24

单位名称	姓名	任职时间	职务	备注
宜昌市文化新闻出版广电局	倪方成	2015.11 至今	局党组成员、工会主任	宜组干[2015]292 号

二、组织沿革

中共十一届三中全会后，原宜昌市文化局，广播局工会组织得到恢复。1987 年 11 月，原市总工会批准原广播电视局成立工会工作委员会，1990 年，原市文化局工会基层组织 10 个，会员 395 人，广播局 1 个，会员 150 人。地市合并后，市文化局、市广播电视局都设有工会专职主任。1995 年，市文化局基层工会 17 个，会员 695 人。广播局基层工会 10 个，会员 406 人。

2015 年市文化新闻出版广电局成立，同时任命工会主任。现全局有基层工会 14 个，工会会员 444 人，专兼职工会干部 24 人。

三、主要工作

（一）组织工作

1987 年 11 月 6 日，经宜昌市总工会同意，市广播电视局成立了工会工作委员会。

1992 年 4 月，地市合并后，市广播电视局设工会工作委员会。

1995 年 5 月，任命闵先梅为市广播电视局工会主任。

2009 年，市文化工会班子配备上，严格按照中共宜昌市委《关于进一步加强工会工作的意见》和市文化局党组《关于进一步加强文化工会工作的意见》文件精神，执行均按同级党政副职配备专（兼）职主席的规定，年终考核对单位实行“一票否决”制。

2009 年 12 月 29 日，市广电工会批复宜昌电影公司工会成立。

2010 年 2 月 1 日，市广电工会发文确定 11 个二级工会组织和工会主席。

2010 年 11 月，宜昌市电影发行放映公司工会，被市总工会授予“市级模范职工之家”称号。

2011 年 3 月，市文化局工会安排全体工会干部共 9 名，参加市总工会举办的培训班。

2011 年 3 月，市歌舞剧团工会和市广电局电视中心工会，被授予“宜昌市‘七好’先进基层工会组织”。

2011 年 10 月，市广电局举办工会干部培训班，局所有领导和各级工会主席、职工骨干 40 多人参加培训，局党组书记、局台长吴玲亲自讲授第一课。

2011 年，市广电工会开展“会员评家”活动，共有 140 名职工会员代表采取无记名投票方式参加了测评，评议结果，广电工会工作满意率 99%，工会主席满意率 100%。

2011 年，市广电工会组织开展工会会员基本信息登记统计工作。

2011 年，市文化和广电工会分别组织开展了“‘七好’先进基层工会组织”创建活动。市歌舞剧团工会、市广电局电视中心工会被授予“宜昌市‘七好’先进基层工会组织”。

2012 年，市文化工会严格落实工会组织凡是任期届满的都进行换届选举的规定，新建立了宜昌市文化市场综合执法支队工会委员会。文化工会建有 11 个基层工会组织，建会率达到了 100%，职工入会率达到了 100%。9 个基层工会负责人均按同级党政副职配备，其中有 7 位工会主席进入同级领导班子。

2012 年，市文化工会积极开展“五抓”活动，即：一抓解放思想，增强工会组织的创新力；二抓围绕中心，增强工会组织的战斗力；三抓工会组建，增强工会组织的吸引力；四抓依法维权，增强工会组织的凝聚力；五抓干部素质，增强工会组织的影响力。

2014 年，市文化局共建立工会组织 10 个，工会会员 373 人，入会率 100%。工会干部 27 名（专职 1 名，兼职 26 名）。所属文化单位市三峡摄影研究院（1 人），三峡画院（4 人）因人员少，2 个单位建立联合工会。

2016 年 6 月，市文广工会召开工会工作会议，局直属各级工会负责人和职工代表 20 多人出席会议。会上选出了局工会经审委员和女工委员，陆厉为局工会经审委员会委员，贺华为局工会女工委员会委员。

（二）权益保障

2004 年，市广电局启动先进典型、劳动模范疗养活动。

2006 年 4 月，市广电工会组织职工家属参加市总工会在环城北路 9 号市劳动局就业大厅举办的“民营企业招聘周”活动。

2008 年，市文化工会落实困难职工调查摸底工作，分级建立档案，分年度进行调整，建档上报困难职工户 20 户。

2010 年，市广电建立“四必谈四必访”制度，办理解决职工关心的重大问题和遇到的重大困难。

2010 年，市广电工会组织离退休职工、内退职工和在岗职工 380 多人分批次在市一医院体检。

2010 年 8 月，市文化工会开展“金秋助学”活动，将考入中南财经政法大学的、市群艺馆职工黄淑芳之女的助学申请上报市总工会，获得 2000 元的资助。

2011 年 4 月，市广电工会为首批 88 名职工办理“三峡卡·职工互助服务卡”。

2011 年，市广电工会开展“工会干部下基层进部室访民情和结队帮扶活动”，在局党政支持下：普调了职工工资标准，提高了职工养老金、午餐费、交通费补助、住房公积金标准；解决了劳务派遣工入会问题，解除 3 位派遣工的委派合同，改为聘用职工；慰问探望生病住院职工、为结婚青年职工送祝福、为重病职工争取医疗费；工会干部与困难职工结对子。

2013 年 1 月，市文化工会组织新春佳节走访慰问活动，局党政工领导分别上门慰问离退休干部、困难及生病住院的职工。

2013 年 8 月，市文化工会完成本系统 18 名困难职工的调查摸底、公示和网络建档录入。

2014 年 9 月，市文化工会联合有关单位，在点军区团购，解决职工住房问题。

2014 年 11 月，市广电工会组织多名单身职工报名参加三峡电视台《三峡夜航》栏目组举办的《情定峡江·为爱启航》豪华游轮联谊会，2 名职工牵手成功。

2014 年，市文化工会完成本系统 5 名困难职工的调查摸底、公示和网络建档录入工作。

2015 年 4 月，市广电工会组织单身职工参加三峡电视台举办的《三峡夜航·为爱启航》“相约鸣翠谷·寻觅意中人”交友联谊活动。

2017 年 5 月，市文广工会开展第二届“5·20”职工维权日活动。

2017 年 8 月，市文广工会落实夏季劳动保护和防暑降温工作，认定室外露天作业场所、高温作业岗位和工作人员，做好职工夏季劳动保护。

2008–2017 年，市文化和广电工会共走访困难职工 270 人次，大病救助 2 人，困难帮扶 8 人，为 3 名省劳模落实津贴和特殊困难补助，为 2 名劳模落实疗休养，有 5 名困难职工子女得到金秋助学 1.1 万元，组织职工健康体检 1418 人次。

（三）民主管理

2008 年，市文化工会落实市总工会《关于在全市企事业单位建立职工代表大会报告制的通知》精神，建立维权“七项机制”。

2009 年，市文化工会落实市总工会要求各单位在工会职代会届满改选前实行报告制，会议结果上报，会议决议进行公布，接受广大职工监督。同时规定各二级单位工会干部对单位改革做到源头参与，切实维护职工权益。

2016 年 6 月，市文广工会召开工会工作会议，强调落实好职代会、厂务公开制度。

（四）安全生产和劳动保护

2003 年“非典”期间，市广电工会争取局行政斥资 10 万多元购买防护品，严格执行流动人员登记和发热症状人员报告制度，确保了广大职工的身体健康。

2008 年，市文化工会组织开展“安康杯”竞赛活动，职工参与面达 100%。

2011–2015 年，市广电局举办消防安全知识培训课，邀请消防安全专家现场讲解，局台各单位部门主要负责人、安全管理责任人、重点岗位人员、新聘员工、物业公司安保员等 680 多人次参加培训。

2017 年，市文广工会下发文件“关于开展 2017 年度‘安康杯’竞赛活动的通知”，成立了局长为组长、副局长为副组长、机关主要科室长和二级单位主要负责人为成员的领导小组，活动办公室设在局工会，各二级单位下发了相应文件，组织开展活动。

2017 年 8 月，参加市总工会“安全检查员培训”。

（五）劳动竞赛

1993 年–2015 年，市文化和广电系统共获得省劳模 1 人，省工人先锋号 2 个，市劳模 12 人，市五一劳动奖章 1 人，市五一劳动奖状 1 个，市工人先锋号 4 个。

2008 年，市文化工会全面开展“四创”活动，年底总结表彰，评出“优秀单位”8 个，“先进单位”3 个，优秀工作干部 7 名，先进工会组织面达到 80%。

2009–2015 年，市广电工会 3 次被授予“劳动竞赛优秀组织奖”，2 次被授予“劳动竞赛先进集体”荣誉称号。

2010 年 5 月，市广电局开展劳动竞赛活动的做法和经验，在市总工会《深入开展创先争优活动简报》第 2 期上推荐。同年 10 月，市总工会又在简报第 5 期上登载消息，全面介绍宜昌市广电局召开劳动竞赛总结表彰大会的盛况。

2010 年，市文化工会组织开展争创“工人先锋号”活动，市图书馆、新华书店、市三游洞管理处等工会积极行动。

2010 年 10 月，市广电局隆重召开劳动竞赛总结表彰大会，嘉奖了“广电劳动竞赛优秀组织奖”2 个、“广电工人先锋号”3 个、“广电技术创新之星”2 名、“广电五小活动之星”4 名、“广电技能学习之星”4 名，同时通报表扬了在本年度劳动竞赛活动中获得市总工会嘉奖的单位和个人。

2010–2015 年，市广电工会连续六年被授予“全市工会系统创先争优考核先进单位”。

2011 年 4 月，市广电工会召开“深入开展创先争优劳动竞赛活动动员会”，局党组成员、工会主任刘勤华作动员报告。

2011 年 6 月，市广电局李建新被授予“全市工会系统创先争优活动优秀工会干部”。

2012 年 ，市文化工会把劳动竞赛与“安康杯”竞赛活动紧密结合起来，所属文化单位参与劳动竞赛覆盖面达到 90%，职工参与率达到 95%以上。

2012 年 6 月，市广电工会推荐二项技术革新项目，参加宜昌市第三届职工技术创新成果评选申报：《无线发射中心低压供电电源改造及综合利用》《宜昌人民广播电台 ERP 管理系统》。

2012 年 10 月，市广电局总结表彰“勇担新使命，服务新跨越”劳动竞赛活动。嘉奖了“局工人先锋号”3 个、“局机关优质服务示范岗”1 个、“局创先争优劳动竞赛先进集体”5 个、“局创先争优劳动竞赛技术标兵”5 名、“局创先争优劳动竞赛先进个人”9 名。

2013 年 3 月，市文化工会发文动员开展新一轮劳动竞赛活动。

2013 年 3 月，市广电局直属机关党委和局工会联合下文《关于开展“建功黄金期，展现新作为”劳动竞赛活动的通知》，安排部署新一轮劳动竞赛活动。

2013 年 12 月，市广电局对“建功黄金期，展现新作为”劳动竞赛活动进行总结表彰，嘉奖了“局创先争优劳动竞赛先进集体”6 个、表彰“局创先争优劳动竞赛先进个人”16 名。

2014 年 5 月，市文化工会转发《关于开展 2014 年度“安康杯”竞赛活动的通知》文件，组织开展新一轮安康杯竞赛活动。

2014 年 12 月，市广电局总结表彰“建功黄金期、展现新作为”创先争优劳动竞赛活动，授予广播中心交通音乐频率等 6 个单位为“创先争优劳动竞赛先进集体”；授予新闻中心为爱启航栏目组等 2 个班组为“工人先锋号”；授予闵浩等 14 人为“创先争优劳动竞赛先进个人”。

2015 年 4 月，市广电工会发文《关于深入开展“建功黄金期 展现新作为”劳动竞赛活动的通知》，开始新一轮劳动竞赛活动。

2016 年 7 月，推荐宜昌博物馆青年文物修复技术员税元斌参加“宜昌工匠”评选，并被授予“宜昌工匠”称号。

2017 年，市文广工会下文“关于开展‘践行新理念 建功十三五’劳动竞赛的通知”，组织开展劳动竞赛活动。二级单位制定相应方案，结合实际，开展活动。

2017 年 3 月，市文广工会收集整理宜昌工匠、宜昌博物馆税元斌的资料，交市总工会统一在媒体上宣传。

2017 年 4 月，市文广局与市总工会、市人社局联合举办“宜昌市首届讲解员大赛”，宜昌博物馆周晨获大赛一等奖；宜昌博物馆杨雪珂、王帆池、袁晓雪获大赛二等奖；宜昌博物馆谭梅获大赛优秀奖。

2017 年 6 月，市文化新闻出版广电局发文组织开展“安康杯”竞赛活动。

（六）宣教文体

1989–2017 年，市文化和广电局工会举办了职工书法比赛、“立足岗位，奉献广电”主题演讲比赛、三项教育活动、纪念改革开放 30 周年征文活动和大型图片展活动、建党 90 周年摄影比赛展，组建了羽毛球队、篮球队、网球队、乒乓球队、足球队、健美操队，修建了篮球场和羽毛球场，举办了职工运动会、迎奥运文化系统第八届运动会、首届广电职工广播体操赛等活动，组织参加了全省广电系统羽毛球赛，多次参加了市迎新春元旦长跑，参加了市直机关首届和第二届全民健身运动会、市迎新春足球邀请赛、市首届城区社区男篮赛、市首届游泳锦标赛等赛事，并取得优异成绩。全系统广泛推行工间操活动，举办职工春节联欢晚会、开展文化礼仪知识竞赛、劳动美征文活动、学习邓艾民活动，组织参加市工会法律知识竞赛、财政法规知识竞赛、“六五”普法知识竞赛等。

2004 年和 2006 年，市文化工会开展重点工作课题调研活动。

2008 年，市文化和广电工会组织全系统职工向汶川地震灾区捐款，多次开展市慈善一日捐活动。

2008 年 6 月，市文化工会举办《劳动合同法》学习班，市直文化系统工会小组长以上工会干部和职工代表参加学习，《劳动合同法》知识测试共回收试卷 185 份，平均成绩 98 分。宜昌博物馆党政班子全体成员亲自带队参加学习和考试。

2008 年 11 月，市文化工会组织工会干部学习工会十五大文件精神，及时领会党中央关于工人阶级和工会工作的一系列新思路、新观点、新论断，结合实际进行讨论。

2008 年，市文化工会开展“三城联创”“创建国家卫生城市”宣传教育活动，把“中国公民健康素养基本知识与技能（60 条）”“中国公民健康素养基本知识与技能调查问卷”“国家卫生城市居民健康知识测试试卷”等印发给市直各单位，进行多批次健康知识普测，共收回“公民健康素养基本知识与技能调查问卷”和“国家卫生城市居民健康知识测试试卷”共计 596 套（1192 份），占市直文化系统在岗职工人数98%以上，通报表扬了答案准确的66位职工。

2010–2015年，市广电工会在《宜昌工会维权网》上发表消息120多条。

2010年，市文化工会组织干部职工观看话剧《信义兄弟》，开展向武汉市黄陂区“信义兄弟”孙水林、孙东林学习的活动。

2011年3月，市广电工会被授予“宜昌市工会系统五五普法先进单位”。宜昌博物馆肖承云被授予“宜昌市工会系统‘五五’普法先进个人”。

2011年9月，市广电工会开展“红色之旅传统教育活动”，组织200多名职工分批组团赴延安革命圣地、重庆邓小平故居等地参观学习。

2012年5月，市广电局成立“宜昌市广电摄影家协会”，局工会副主任李建新任首届协会主席兼秘书长。

2012–2016年，市文化和市广电局有3人次被市总工会授予“全市工会优秀通讯员”。

2013年9月，市文化工会组织职工开展征文活动，选送文化市场执法队的“崇尚劳动美·托起中国梦”和“中国梦·大城梦·文化梦”2篇文章，参加市总工会开展的劳动美征文活动。

2013年10月，市广电局李建新撰写的调研文章《用科学发展观指导创新工会工作的几点体会》，被市总工会评为“全市工会工作调研文章优秀奖”。

2014年4月，市广电工会发文《关于深入开展“建功黄金期，展现新作为”劳动竞赛活动的通知》，开展新一轮劳动竞赛活动。

2014年5月，市广电工会和局团委在广电中心圆梦广场举办首届广电青年职工素质拓展训练活动。来自广播中心、新闻中心、电视中心、技术中心、新媒体中心、广告中心、文交所的百名青年职工，组成五个方阵开展训练。副局长刘勤华、冯世源，工会主任唐四海出席活动，并为获奖单位颁奖。

2014年，市文化工会组织动员开展新一轮劳动竞赛活动，参加“全省法律知识网络有奖竞赛”“六·五全国财政法规知识竞赛”“宜昌市六·五普法知识竞赛”，在“我与改革同行”读书征文活动中，市歌舞剧团陈世铸因其作品《扬帆远航正当时》，被市直机关工委评为优秀作者。

2014年，组织开展选送“最美一线职工”活动，宜昌三峡电视台一线记者刘作华获得“宜昌市最美一线职工提名奖”。

2014年，市广电工会组织职工参加上街文明劝导、网吧文明劝导、进社区文明宣传等创建活动。

2015年2月，宜昌市广电工会获得市广电系统“丰富的职工文化活动”创新项目奖。

2015年2月，宜昌人民广播电台工会举办“新年迎春会”。

2015年，市广电工会、广电摄影协会，组织职工摄影爱好者参加省委宣传部、省记协和省新闻摄影学会联合举办的《“深入走转改，争当建设者”全省新闻媒体职工摄影比赛巡展》活动，市广电局共有13幅摄影作品入选全省巡展，6幅作品入选《肩扛责任，躬耕荆楚，湖北省新闻出版界“深入走转改，争当建设者”摄影画册》。其中，李建新拍摄的作品《挽起裤腿捉活鱼》获得特别奖，作为摄影精品，被重点推介展出和收入画册。

2016年5月，市文广工会组织局机关50多名离退休老同志到宜昌规划展览馆、宜昌博物馆新馆、至喜长江大桥、奥体中心等处参观考察宜昌建设成就。

2016年11月，市文广工会安排工会干部参加“全市工会系统宣教会议暨新媒体应用培训班”。

2017年1月，市文广工会组织职工登录“宜昌工人”公众微信号，参加职工满意度调查问卷评议活动。

2017年3月，市文广工会组织开展“3.5学雷锋活动日”义务植树活动，局领导和局机关干部职工一道，在磨基山公园种下一片绿色。

2017 年 4 月，市文广工会发文“关于开展优良家风家规家教宣传教育活动的实施方案”，要求突出工会干部尤其是工会党员干部的示范引领作用，带头立家规、带领育家风、带动严家教，创建文明家庭，掀起一场群众性的弘扬中华传统美德和社会主义核心价值观的活动。

（七）女职工工作

1990–2017 年，市文化和广电全系统获得全国巾帼建功示范岗 1 个，省三八红旗集体 1 个，市百名榜样女性 1 名，市优秀女职工工作者 2 人，市建功立业优秀女职工 21 人，市职工和谐家庭 7 个，市女职工建功立业标兵 5 人，标兵岗 2 个，市直机关巾帼建功标兵和文明岗共 4 个，市直机关最美家庭 1 个。

2004 年 3 月，举办“三八节女职工体育娱乐比赛”，111 名女职工参加。

2004 年 4 月，组织 48 名女职工体检。

2008 年 3 月，总结表彰女职工“建功立业”先进单位（集体）8 个，先进个人 33 名。

2009 年 3 月，先后选派市博物馆、市歌舞剧团等单位工会负责人参加市总工会“中国工会十五大精神培训班”和迎“三八”宜昌“首届关爱女性健康，促进家庭和谐”知识讲座。

2009 年 11 月，开展“争做智慧型女性，争创学习型组织”读书活动，组织系统内女职工开展“女职工权益保护法律法规”知识竞赛，对 30 名优秀个人进行了表彰和奖励。

2011 年 3 月，广电中心举办“迎三八魅力女性知识讲座”，100 多名女职工参加。

2012 年 3 月，广电中心举办“庆三八女性文化知识讲座”，市直机关和市广电局 150 名女职工参加。

2012 年 11 月，组织女工委员参加市总工会组织的女职工“三期保护”培训。

2013 年 4 月，组织女职工参加“三期保护”培训，开展查环查孕和定期科普检。

2013 年 11 月，开展婚育新风自查活动。

2015 年，市广电局获得“全市计划生育目标管理达标单位”。

2015 年 3 月，邀请西陵卫生服务中心副院长刘昌宜到广电中心现场讲授《孕前优生健康知识》，开展女职工健康知识培训。

2016 年 6 月，结合“智慧女性·书香家庭”读书活动，动员广大女职工积极“写家书·传亲情”。

2017 年 6 月，开展女职工劳动保护卫生费发放情况调研。

2017 年 6 月，开展“六一”儿童节期间慰问活动，举办了少儿文艺汇演、关爱留守儿童捐赠、少儿培训展演、送电影送文艺下基层进乡村、文艺场所惠民演出等，为孩子们送去了一个快乐的节日。

2017 年 10 月，市文广工会针对局办公大楼内机关、群艺馆和支队等单位女职工多的情况，为呵护关心备孕期、怀孕期和哺乳期的女职工，在局办公楼内建一个母婴室。

4. 市卫生和计划生育工会

一、基本概况

1989 年，宜昌市卫生管理职能由宜昌地区行署卫生局和原宜昌市卫生局共同履行区域内的卫生管理职能。1992 年 3 月地市合并，宜昌地区行政公署卫生局和原宜昌市卫生局组建新的“宜昌市卫生局”。

1989 年，宜昌地区直属医疗单位 7 家，原宜昌市直医疗单位 10 家，卫生人员 2800 人。1992 年地市合并后，新的宜昌市卫生局拥有卫生机构 14 家，卫生人员 3016 人。截至 2017 年 9 月，宜昌市直卫生计生系统共有 15 家医疗卫生机构，其中：正县级 3 家，副县级 5 家，正科级 7 家，在职职工 8154 人。医疗卫生计生机构分别是：宜昌市中心人民医院、宜昌市第一人民医院、宜昌市第二人民医院、宜昌市中医医院、宜昌市第三人民医院、宜昌市疾病预防控制中心、宜昌市卫生计生综合监督执法局、宜昌市妇幼保健和计划生育服务中心、宜昌市红十字中心血站、宜昌市急救中心、宜昌市卫生界学会办公室、宜昌市卫生科技信息中心、宜昌市计划生育药具管理站、宜昌市流动人员计划生育管理站、宜昌市计划生育秘书处。委托管理 4 家，分别是葛洲坝集团中心医院、三峡大学仁和医院、宜昌市优抚医院、三峡职业技术学院附属医院。

二、组织沿革

中共十一届三中全会后，卫生系统工会组织得到恢复，1979 年原市卫生局建立基层工会和小组 12 个，有会员 1022 人；1986 年包括局机关工会组织共 13 个，有专兼职工会干部 14 人；1990 年统计在册工会组织 13 个，会员 633 人，工会干部 15 人。1995 年 11 月工会组织 15 个，工会干部 17 人，会员 3581 人，有 1 人代任工会主任。

1997 年 2 月，根据宜昌市政府“三定方案”（宜府办发【1997】27 号），核定宜昌市卫生局领导班子职数 7 名，其中工会主任 1 名，从此开启了卫生行业工会管理的新模式。

2001 年，宜昌市卫生局设立卫生行业工会机构，其工会主任及正县级单位工会主席由宜昌市委组织部任命。

2014 年 2 月，宜昌市卫生局与宜昌市计划生育委员会合并，组建“宜昌市卫生和计划生育委员会”，核定工会主任 1 名。

截至 2017 年，宜昌市卫生计生工会共有基层工会组织 13 个，专职工会主席 6 人，专兼职工会负责人 87 人，独立工会办公室 8 个。工会会员总数 7826 人，其中专业技术人员占 90%，女职工占 65%以上，职工入会率达 100%。

宜昌市卫生和计划生育工会历任负责人名录

表 17–25

单位名称	姓名	职　务	任职时间	备注
宜昌市卫生局	朱兴元	党委副书记（代管）	1989.1–1992.12	
宜昌市卫生局	朱兴元	党委委员、副局长兼工会主任	1993.12—1995.1	
宜昌市卫生局	何克春	党委委员、工会主任	2000.9—2001.12	
宜昌市卫生局	赵思刚	工会主任	2001.12—2007.10	
宜昌市卫生局	赵思刚	党组成员、工会主任	2007.10—2012.7	
宜昌市卫生和计划生育委员会	何莉莉	党组成员、工会主任	2012.7—至今	

三、主要工作

（一）组织工作

1989 年，宜昌地区和原宜昌市卫生局分别建立工会工作委员会，下属 17 家二级单位也分别成立工会工作委员会。

1990 年 10 月，原市卫生工会开展创建模范职工之家，至今创建全国模范职工之家 2 个（市中心医院、市疾控中心），湖北省模范职工之家 3 个（市一医院、市中医院、市妇保院），宜昌市模范职工之家 2 个（市卫生监督局、市中心血站）。

1993 年 12 月，宜昌市委组织部任命市卫生局一名党委委员、副局长兼任工会主任。

2000 年 9 月，宜昌市委组织部任命工会主任、党委委员为班子成员。

2001 年 2 月，市卫生局下发《关于加强市直卫生单位工会组织建设的意见》（宜市卫发【2001】

16号），明确提出按照党政副职选好配强工会主席，工会主席是党员的应进同级党委（支部）班子；把工会组建纳入党建目标考核体系，在布置、检查党建工作的同时布置、检查工会建会工作；临时用工人员在本单位连续工作三个月以上，可以自愿加入工会组织；单位行政要更好地支持工会工作，切实发挥工会的民主参与和民主监督作用。

2014年10月，市卫计委下发《宜昌市卫计委党组关于进一步加强党建带工建工作的通知》（宜卫生计生党【2014】37号），共同推进党工共建工作协同发展。

各二级基层工会组织坚持每3–5年换届产生新一届工会委员会、女工委员会和经费审查委员会。

（二）权益保障

1989年以来，市卫生工会认真贯彻执行劳动者权益保障法，落实职工年休假、生育假、陪护假、安全保护、医疗保险、奖励奖金和劳动工资待遇，使全行业8154位职工的权益得到充分保障。

2005年10月，在市卫生局党委支持下，调整机关职工的午餐费、交通补助费、住房公积金，解决机关劳务派遣入会的问题，慰问探望生病住院职工，为结婚青年职工送祝福。

2007–2017年，市卫生工会积极开展困难帮扶、送温暖、送清凉、金秋助学活动，发放各类慰问金468万元，为3518位困难职工建立困难档案。为印度洋海啸大灾难、汶川大地震、大西南干旱、玉树地震、慈善一日捐等捐款700多万元、药品27万元及大量物资。

2017年1月，市卫计工会进一步落实职工节日慰问、生日慰问、职工教育、文体活动等保障措施。

2017年6月，市卫计工会机关职工为帮扶枝江白里洲一贫困户捐款5300元。

（三）民主管理

1989年以来，市卫生工会坚持民主管理，充分发挥职工代表大会参与民主决策、民主管理、民主监督的作用。干部职工通过每年的职代会主动参与单位的各项改革和涉及职工切身利益的政策、细则的制订，坚持工会经费收支情况向广大职工报告，保障了职工对重大事务的知情权、参与权和监督权。

2006年，宜昌市卫生工会按照市纪委等七部门《关于做好2006年院务公开民主管理工作的意见》（宜纪发【2006】11号），加强民主管理，积极推进院（站）务公开，加大落实力度和监督力度，做到重大事项决策、重要干部任免、评先表彰、奖惩机制、财务收支等方面透明公开。

（四）劳动竞赛

1989–2017年，市卫计工会积极组织参加全国、全省和全市各类劳动技能竞赛，其中参加世界急救技能大赛1次，获得第4名；参加全国劳动技能竞赛2次，获得组织奖和个人一等奖；参加全省技能竞赛12次，获团体奖15个，个人奖17个；参加市级劳动技能大赛共获得团体奖19个，个人奖或技术能手等荣誉50个。劳动竞赛覆盖面100%，职工参与率90%以上。

2002–2007年，市卫生工会连续六年被市总工会表彰为“创优争先优秀单位”。

2008–2016年，市卫计工会连续九年荣获市总工会“创优争先优胜单位”。

2014–2015年，市卫计工会两次被市总工会表彰为“建功黄金期，展现新作为”劳动竞赛先进集体。

截至2017年，市卫计系统共获全国劳模12人，省劳模9人，市劳模14人；全国五一劳动奖章1人，省五一劳动奖章4人，市五一劳动奖章1人。市中心医院获省五一劳动奖状，市疾控中心、市卫生监督局、市妇保院、市中心血站获宜昌市五一劳动奖状。

（五）宣教文体

1998年、2003年、2009年，市卫生局分别三次开展“以医德医风建设和职业道德教育”为抓手，“以病人为中心，优质服务树医疗行业新风”活动，评选表彰“十佳医生”30名，“十佳护士”30名，“十佳工作人员”10名。

2003年5月，市卫生局组织开展向中心医院主治医师覃慧敏学习的热潮，学习她在抗击非典型肺炎的战斗中，临危不惧，视疫情如命令，关键时刻迎难而上，把风险留给自己，把安全留给他人的救死扶伤的大无畏精神。

2004 年 2 月，在夺取非典防治工作的阶段性重大胜利时期，各项卫生工作得到了顺利完成，宜昌市卫生局表彰了政工系列先进集体和先进个人，其中市中心医院、市二医院表彰为工会工作先进集体，叶阳雄（市一医院）、胡勇娥（市妇保院）表彰为工会工作先进个人。

2004 年 9 月，市卫生工会组队参加湖北省卫生厅举办的庆祝建国 55 周年“天使之歌”文艺汇演，市中心医院舞蹈“峡江红叶”获二等奖，市二医院舞蹈“开门红”获三等奖。

2007 年 2 月，市卫生工会组队参加湖北省首届“荆楚十大健康卫士”颁奖文艺晚会，长阳卫生局《生命之光》和枝江市卫生局《天使之歌》获得好评。《生命之光》被推荐到卫生部参加“全国卫生系统文艺调演”，荣获最佳表演奖。

2008 年，市卫生局推荐宜昌市中医医院离休干部刘根钱，一位 82 岁老党员，遗体捐给医学事业，一次性交党费 2 万元，“把一切献给党”的先进事迹。组织全市 1200 名医务人员聆听事迹报告会。随后她的先进事迹又在湖北省洪山礼堂进行了宣讲。中组部、中组部老干部局、省委组织部、省委老干部局联合编印党建读物《无私奉献的楷模—–刘根钱》，在全国广为传诵。

2009 年 9 月，市卫生工会举办以《和谐、创新、发展》为主题的庆祝建国 60 周年文艺汇演。市直 15 家医疗卫生单位参加，市中心医院获一等奖，市疾控中心、市中医院、市妇幼保健院获二等奖，市二医院、医学会办公室、市中心血站、宜昌卫生学校获三等奖。推荐市中心医院的节目参加全省卫生系统文艺汇演。

2011 年 6 月，市卫生工会开展以《颂建党伟业 展卫生风采》为主题的歌咏比赛，市直 15 家医疗卫生单位参加。

2013 年 9 月，市卫生工会组织系统广播体操比赛。市二医院获一等奖，市中心血站、市一医院获二等奖，市中心医院、湖北三峡职院附属医院、中医院获三等奖。

2016 年，卫计工会开展以《弘正气、促和谐》为主题演讲比赛，19 名选手代表城区 1.2 万余名卫生计生工作者，用生动的语言讲述身边的先进事迹和感人故事。市中医院李龙露获一等奖，市中心医院田梦、桑野获二等奖，市疾控中心李琴娜、葛洲坝中心医院朱慧琴、市二医院陈琴、马玉琴、市妇保院刘露分别获三等奖。

2017 年 8 月，市疾控中心艾滋病自愿咨询检测门诊专家杨玉兰，坚持 10 年，去点亮艾滋孤儿生命的亮色，事迹感人肺腑，获得“全国卫生计生先进工作者”“湖北好人”“省十大疾控卫士”“宜昌十大新闻民选人物”等荣誉称号。

2000–2014 年，市卫计系统参加全省卫计系统文艺汇演、体育比赛、工装展示 8 次，获奖 10 个。

2008–2017 年，市卫计工会开展创建职工书屋 11 个，其中，全国职工书屋 3 个（市中心医院、疾控中心、市妇保院），省职工书屋 4 个（市一医院、市二医院、市中医院、市疾控中心），市职工书屋 4 个（市三医院、市卫生监督局、市中心血站、市急救中心）。

（六）女职工工作

市卫计系统女职工占职工总数的 60%以上，各级工会组织较好落实女职工休假制度、孕产期保护机制（怀孕七个月和分娩后一年不安排晚夜班、特殊岗位关照等），定期为女职工特殊体检，建立女职工健康档案，坚持女职工慰问制度、困难帮扶制度、交心谈心制度，落实晚婚、晚育奖励经费、独生子女保健费及女职工卫生费，积极为女职工办实事、办好事。

2007–2016 年，市卫计工会连续 10 年为 15620 名育龄女职工办理《女职工安康团体重大疾病保险》，有效地保障了育龄妇女的身体健康。

1998 年 3 月，市中心医院被表彰为“全省卫生系统巾帼文明示范岗”，2009 年 10 月市妇幼保健院被表彰为“全国三八红旗集体”，2014 年 3 月市中心血站被表彰为“湖北省三八红旗集体”。

1990 年以来，宜昌卫生系统王泽秀等 17 位女职工被湖北省总工会和湖北省妇联授予湖北省“三八”红旗手称号或湖北省“巾帼建功标兵”荣誉称号。

5. 市民政工会

一、基本概况

市民政局是政府主管有关社会行政事务的职能部门，主要有五个方面的职能，承担近 30 项主要业务工作，细化为 120 多项具体工作任务。1.社会救助；2.基层民主政治建设和城市社区建设；3.为军队和国防建设服务；4.专项社会事务管理工作；5.社会福利事业发展工作。

市直民政系统共有十七个直属单位。一类事业单位 13 个：①市社会救助局；②市老龄工作委员会办公室；③市杨岔路军休所；④市南苑军休所；⑤市白龙井军休所；⑥市民政局退休离休干部管理所；⑦市减灾备灾中心；⑧市社会福利院；⑨市儿童福利院；⑩市第二社会福利院；⑪市救助管理站；⑫市烈士陵园管理处；⑬宜昌军用供应站。二类事业单位 4 个：①市优抚医院；②市假肢修配站；③市殡葬管理所；④市社会福利有奖募捐办公室。共计 466 人。

二、组织沿革

1984 年 8 月 11 日，宜昌市民政局党委批准成立工会工作委员会。1990 年 5 月，有局机关在内的 8 个单位成立工会组织，会员 680 人，专兼职工会主席、委员 11 人。1995 年 11 月，基层工会 11 个，会员 1124 人，设专职工会主任 1 人。地市合并至 1998 年 6 月，局工会工作委员会由 1 名局党委成员分管，安排 1 名正科级干部主持日常工作。1998 年 6 月 9 日，市编委批准设立宜昌市民政局工会工作委员会，设专职工会主任一名。截至 2017 年 9 月，宜昌市民政工会建有基层工会组织 10 个，其中机关工会 1 个，直属单位工会 9 个（联合工会 2 个）；工会会员 589 名（含编外人员），职工入会率 100%；基层工会设立女工委员会的有 7 个、其它 3 个设立了专职女工委员。

宜昌市民政局工会历任主要负责人名录

表 17–26

单位名称	姓名	任职时间	职务	备注
市民政局	杨锦坤	1999.1	工会主任	
	李志进	2003.10	工会主任	
	傅承林	2013.7	工会主任	

三、主要工作

（一）组织工作方面。1、工会干部配备。截至目前，全系统配备工会干部 45 名，专兼职工会主席由中层干部担任的有 9 个，班子成员担任专职工会主席的有 1 个（市优抚医院）。2、工会干部岗前培训和岗中集训。2004 年以来，开展工会业务培训 14 次，认真学习了《工会法》《女职工特别保护规定》等法律法规。3、“六有六好”职工之家创建。2015 年 4 月以来，市民政工会开展创建活动，90%的基层工会达到预期目标，选树市优抚医院工会为市直民政系统“六有六好”创建示范点。4、管理制度。建立基层工会财务管理、年度考核等制度。

（二）民主管理权益保障方面。1、困难职工走访慰问。1994 年春节前夕，局领导带领党办、工会有关人员走访慰问特困职工；是年，全系统工会组织共走访慰问 220 人，发放慰问金总额 15000 元。各基层工会重大节假日均开展困难职工走访慰问工作。2、基层职工代表大会。2004 年 12 月，市优抚医院召开第一届职工代表大会，从 156 名职工中选举产生 39 名职工代表，实行代表常任制，届期四年，同时成立提案审查小组。2005 年 1 月，市优抚医院召开第一届职工代表大会第一次会议，征集提案 26 件，其中 12 件提案立案，批转 5 件，不立案的有 9 件。3、权益保障。2012 年，市优抚医院为 150 名参保女职工购买“安康保险”。局各基层工会每年定期组织职工开展体检，夏季开展“送清凉”活动。

（三）群众生产和劳模工作。

1、劳动竞赛。2011–2015 年，市民政工会与市人社局联合举办第一届、第二届殡葬职业技能竞赛，8 人被认定为高级工，12 人被认定为中级工，19 人被认定为初级工。2016 年，市民政工会在市社会福利院举办养老护理员大赛。

2、劳模工作室。2014–2017 年，全系统 1 个大师工作室正式挂牌、3 个劳模创新工作室正式挂牌。其中市第二社会福利院杨树德劳模创新工作室被宜昌市总工会命名成立，并奖励 1 万元的专项补助经费。

（四）宣教文体、女职工方面。1、文体活动。1999 年以来，市民政工会举办全系统庆祝中华人民共和国成立 50 周年“歌唱祖国”歌咏比赛、“民政风采杯”全民健身运动会、市直民政系统民政风采杯乒乓球团体赛、市直民政系统第九套广播体操比赛决赛等。2016 年 9 月，市民政工会组队参加宜昌市第二届全民运动会第九套广播体操比赛获得二等奖。2、职工书屋。市直民政系统工会建有职工书屋 10 个。其中市优抚医院为省级示范职工书屋。2011 年 6 月，市优抚医院职工书屋正式挂牌“宜昌市职工书屋”，全国总工会捐赠图书 850 册；2013 年该职工书屋升级为省级职工书屋；2017 年该职工书屋与三峡大学图书馆签订合作协议，建立馆级互借制度。3、先进典型。表彰市优抚医院、市殡葬管理所等先进工会组织，选树潘峰、梁高芳、徐刚、杨树德等一批先进个人标杆，弘扬正气、倡导工匠精神。4、发挥女工委员会作用。女工委员会积极宣传晚婚、晚育、少生、优生工作，宣传贯彻执行党和国家的计划生育政策。5、工作创新。2007 年，市殡葬管理所成立以女职工为主的礼宾班团队，被称为“人生终点站美丽天使”。2013 年 3 月 30 日，宜昌市殡葬管理所“风玲草”遗体尊容会所正式挂牌成立，专业为女性逝者提供服务。2017 年，局工会结合民政工作实际，组织开展“中国梦。劳动美—永远跟党走”系列活动、开展“践行新理念，建功十三五”劳动竞赛、开展“强基础、补短板、增活力”集中行动，激发职工干事创业热情和基层工会组织活力。6、“爱心妈咪小屋”建设。2017 年，宜昌市优抚医院被市总工会挂牌“爱心妈咪小屋”。

6. 市人力资源和社会保障局工会

一、基本概况

根据《市政府办公室关于印发宜昌市人力资源和社会保障局主要职责内设机构和人员编制规定的通知》（宜府办发[2010]55 号）文件精神，市人事局和市劳动和社会保障局合并成为市人力资源和社会保障局（挂市公务员局牌子）。

宜昌市人力资源和社会保障局的主要职责：（一）贯彻实施国家和省人力资源和社会保障的政策法规。（二）拟订全市人力资源市场发展规划和人力资源流动政策并组织实施。（三）负责全市促进就业工作。（四）统筹建立覆盖全市城乡的社会保障体系。（五）负责全市职业能力建设工作。（六）研究拟订全市机关、事业单位工作人员工资政策的具体实施办法并组织实施，研究完善机关、事业单位工作人员退休和退职的政策措施并组织实施，综合管理全市机关及事业单位工作人员工资、奖金、津补贴工作，拟订企业劳动标准政策和劳动定额标准，监督检查实施情况。（七）负责并指导全市事业单位人事制度改革工作，会同有关部门加强事业单位人员宏观管理。（八）负责专业技术人员队伍建设。（九）

会同有关部门拟订全市军队转业干部安置计划和安置办法并组织实施。（十）负责全市行政机关公务员综合管理。（十一）会同有关部门拟订全市农民工工作综合性政策和规划，维护农民工合法权益。（十二）拟订全市协调劳动关系的政策并组织实施，拟订全市劳动人事争议仲裁制度并组织实施。主管全市劳动保障监察工作等。

全局有 1 个机关，14 个直属单位，即市人才局、市就业局、市社保局、市医保局、市征稽局、市劳动监察局、湖北三峡技师学院、市人武训练中心、市人力资源和社会保障培训中心、市职业技能鉴定指导中心。

二、组织沿革

1992 年 3 月，宜昌行政公署劳动局更名为宜昌市劳动局，宜昌行政公署人事局更名为宜昌市人事局。2001 年 11 月，宜昌市劳动局更名为宜昌市劳动和社会保障局。2010 年，宜昌市人事局和宜昌市劳动和社会保障局合并为宜昌市人力资源和社会保障局。

市直人社产业（行业）工会于 2010 年批复成立。自成立以来，人社产业（行业）工会建立健全了工会各级组织，形成了行业工会、机关工会、二级事业单位工会共三级工会机构。人社产业（行业）工会共成立了 15 个基层工会，其中机关工会 1 个，直属单位工会 14 个，即：人社局局机关工会、市人才服务局工会、市劳动就业管理局工会、市社会保险管理局工会、市医疗保险管理局工会、市社会保险基金征收稽查局工会、市劳动保障监察局工会、湖北三峡技师学院工会、市人武干部训练中心工会、市人力资源和社会保障培训中心工会、市职业技能鉴定指导中心工会、市专业技术资格评审中心工会、市人事考试院工会、市劳动人事争议仲裁院工会、市社会保险基金监督管理中心工会。

2011 年 11 月 1 日，上官业声任命为宜昌市人社产业（行业）工会主席，负责人社行业工会的全面工作。

到 2017 年底，人社产业（行业）共有职工 453 人，工会会员 453 人，基层工会组织 14 个，基层工会建会率达到 100%，职工入会率 100%。

三、代表大会

2010 年，市人事局和劳动和社会保障局合并成为宜昌市人力资源和社会保障局，2011 年成立市人社产业（行业）工会。上官业声任人社产业（行业）工会主任。

（一）局机关工会：2012 年 1 月，召开市人社局局机关职工代表大会，大会选举产生市人社局局机关工会第一届工会委员会委员五人。汪永春任主席，龚万琼任副主席。

2016 年 7 月 15 日，召开市人社局局机关职工代表大会，大会选举产生市人社局局机关工会第二届工会委员会委员 5 人。曾洁任主席，杨梅、肖明海任副主席。

（二）市人才局工会：2015 年 9 月，召开宜昌市人才服务局职工代表大会，大会选举产生熊莉、郑晓娟、帅伟 3 人为工会委员会委员。

（三）市就业局工会：2011 年 10 月，召开市就业局职工代表大会，大会选举产生熊泽英任工会主席。

2016 年 9 月 23 日，召开了工会会员大会和市就业局职工代表大会。大会选举市就业局新一届工会委员会委员 5 人，王娟任工会主席、董大英任工会副主席。

（四）市社保局工会：1986 年 10 月，成立市社会劳动保险统筹处，1997 年后，与宜昌市机关事业单位社会保险管理处合并，重新组建宜昌市养老保险管理处；2012 年更名为宜昌市社会保险管理局。

2016 年 10 月，召开市社保局职工代表大会，进行换届选举，产生新一届工会委员会委员 5 人，余净婷任工会主席。

工会主席历届三任：1997 年 12 月至 2008 年 5 月，吴波任工会主席； 2008 年 6 月至 2016 年 9 月，副局长刘开岳任工会主席；至 2016 年 10 月至今，余净婷任工会主席。

（五）市医保局工会：2008 年 4 月 8 日，召开宜昌市医疗保险管理局第一届职工代表大会，出席会议的会员 44 人，大会选举产生市医疗保险管理局第一届工会委员会委员 5 人。曾庆华任工会主席。

2016 年 10 月 21 日，召开市医疗保险管理局第一届职工代表大会，出席会议的会员 26 人，选举产生宜昌市医疗保险管理局第一届工会委员会委员 5 人。廖斌任主席。

（六）市征稽局工会：2007 年，召开市社会保险基金征收稽查处第一届职工代表大会，大会选举产生吕江鸿任工会主席。

2013 年，召开市社会保险基金征收稽查处第二届职工代表大会，大会选举产生吕江鸿任工会主席，郑琼玲任工会副主席。

2014 年，召开市社会保险基金征收稽查局第一届职工代表大会，大会选举产生吕江鸿任工会主席。

（七）市劳动监察局工会：2007 年 4 月 29 日，召开宜昌市劳动保障监察局第一届职工代表大会，大会选举产生工会委员会委员 3 名，谢远林任工会主席。

（八）湖北三峡技师学院工会：2012 年 2 月，召开职工代表大会，大会选举产生工会委员会委员 8 名。田家兴任工会主席，李欣任工会副主席。

2015 年 12 月，召开职工代表大会，大会选举产生工会委员 7 人，李欣任工会主席。

（九）市人武训练中心工会：2016 年 4 月 26 日，召开宜昌市人武干部训练中心第一届职工代表大会，大会选举产生工会委员会委员 3 名，朱强任工会主席。

（十）市人力资源和社会保障培训中心工会：1987 年 7 月，市培训教育中心成立工会委员会，在职工代表大会上选举产生 4 名工会委员，王忠祥任工会主席。

1989 年 9 月，召开第二届职工代表大会，大会选举产生 5 名工会委员，汤永斌任工会主席。

1994 年 9 月，召开第三届职工代表大会，大会选举产生 5 名工会委员，汤永斌任工会主席。

1998 年 9 月，召开第四届职工代表大会，大会选举产生 5 名工会委员，杜丛山任工会主席。

2003 年 5 月–2005 年 5 月并入市工业技校管理。

2005 年 5 月，召开第五届职工代表大会，大会选举产生 5 名工会委员，杜丛山任工会主席。

2008 年 8 月，召开第六届职工代表大会，大会选举产生 5 名工会委员，高华斌任工会主席。

2017 年 8 月，召开第七届职工代表大会，大会选举产生 5 名工会委员，高华斌任工会主席。

（十一）市职业技能鉴定指导中心工会：2016 年 4 月 11 日，召开第一届市职业技能鉴定指导中心职工代表大会，大会选举产生刘庆任工会主席。

三、主要工作

（一）组织建设

人社工会按照《宜昌市基层工会“六有六好”建设实施意见》(宜工〔2015〕31 号)的要求，不断夯实基层工会基础。

1、积极争取党组支持，形成了“党组领导、行政支持、职工参与”的工会工作格局，党组定期研究解决工会工作中的重大问题，为工会开展工作提供了人力和物质保障。建立局直属机关党委和工会的联席会议制度，把工会工作纳入全局党建工作的总体目标，纳入党建考核体系;年初专门制定了人社工会工作计划，以局直属机关党委的名义向局系统各级基层党组织印发，促使局系统各级党组织支持工会依法独立自主开展工作。

2、加强工会基层建设。全局工会建会率达到 100%，形成了行业工会、机关工会、二级事业单位工会共三级工会机构，各级基层工会组织机构健全，人员配备到位，职工入会率 100%。。局系统 8 个副县级单位均成立工会组织，配备专兼职工会干部，6 个正科级单位明确了工会责任人。健全各级女职工委员会组织，成立局机关女职工委员会，配备了 5 名兼职女职工干部；局辖属 14 个单位分别成立了女职工组织，配备专兼职干部。

（二）开展学习竞赛，提升职工素质

1、开展“两学一做”教育活动，举办局系统“两学一做”知识竞赛活动，在局系统开展“老少携手，两学一做”学习活动，活动经验经湖北日报、荆楚网等媒体和市“两学一做”工作简报刊发并推介。举办全市人社系统干部业务能力提升培训班，有效提升干部职工的政策理论水平和精神境界。

2、开展“啃骨头、攻难题、优服务”和“重点创新项目”两个专项行动，直面涉及群众切身利益的重点难点热点问题，确定 28 个硬骨头和 31 个创新项目，集中力量突破，探索推出了一批新亮点新经验。

围绕给服务对象提供最佳舒适度服务这个课题，组织系统工会干部参加服务礼仪培训，在服务大楼设立“引导服务台”，在所有窗口推行“挂牌服务”“微笑服务”“站迎服务”“上门服务”和“代办服务”等模式，积极将热情传达给服务对象。

（三）关爱职工维护保障

努力为职工办实事、做好事、解难事，让职工时时刻刻感受到工会组织的关心和温暖。

1、组织文体活动。人社工会先后组织局系统书法摄影比赛、趣味运动会、女职工赴夷陵区森林公园开展健步走等活动。开展春秋游活动，组织局系统干部职工参加宜昌马拉松赛和全民健身运动会，组织市人社系统职工与秭归县青年干部联谊交流活动。

2、关心困难职工，切实保障职工权益。坚持职工住院慰问制度，对困难职工进行走访慰问。坚持关心职工的身体健康，认真解决干部职工关心的热点难点问题。通过配备净化水设施、给职工发放生日卡等方式，增强人文关怀。本着花小钱办大事的原则，对机关小食堂全面翻新改造，建设设施齐全的职工食堂，每日为职工提供早、中餐。

3、开展爱心志愿服务。成立学雷锋志愿服务队和 12 支分队，将志愿服务者信息录入系统，多次组织文明劝导、垃圾清理等活动，志愿服务进入长效化、常态化运转。近年来，志愿服务队共参加全市文明劝导两次，开展“慈善一日捐”和“爱心包裹”捐款 3 万多元，义务献血 40 余人次，并组织局系统年轻职工会员两次到三涧溪村开展清除道路垃圾、宣讲人社政策等志愿服务活动。

7. 市农业工会

一、基本概况

2001 年 11 月，根据《宜昌市市级机构改革方案实施意见》，“市农业委员会与市农业局合并，组建新的宜昌市农业局”。宜昌市农业局是主管全市农业与农村经济发展的政府组成部门。综合管理全市种植业、水产、农机、农经、能源和畜牧六大行业和部门。现有 1 个机关、3 个内设办公室、14 个局属事业单位。

二、组织沿革

2001 年 12 月 11 日，市委组织部任命“吴德超同志为工会主任”。在局领导职数中，核定工会主任 1 名。改革后的市农业局归并了市农业机械局、市水产局、市农村经营管理局、市蔬菜办公室等 4 个单位及职能；原农业局下属农科院、农技中心、机电工程学校、金桥蔬菜总公司等 20 个企事业单位；归口管理市畜牧局及畜牧局下属 6 个二级单位。共有在职职工 1104 人，其中：机关干部职工 92 人，事业单位职工 728 人，企业单位职工 284 人。2016 年底，干部职工 825 人，其中在职 344 人，离退休 481 人。

2002 年 9 月 25 日，市总工会行文批复“同意组建宜昌市农业局工会工作委员会，吴德超同志任主任”。

2003 年 3 月 13 日，市总工会行文批复同意“宜昌市农业局工会工作委员会”更名为“宜昌市农业工会工作委员会”。

2009 年 12 月 25 日，市委组织部“任命覃虎挺同志为工会主任”至今。

2014 年 8 月事业单位分类改革后，全系统建有基层工会组织 21 个，其中工会委员会 19 个，工会小组 2 个，共有工会会员 422 名。

2015 年 2 月市畜牧局调整为市政府管理。至 2016 年底，全系统共有基层工会组织 17 个，工会会员 344 名。市农业工会工作委员会有专职干部 1 人。

三、主要工作

（一）组织工作

2002 年 7 月 11 日，市农业局工会工作委员会向局党组请示“全系统工会组织建设问题”。是年进一步健全和完善市农业局工会工作委员会，新组建基层工会 10 个、改选基层工会 6 个。

2007 年 5 月，市农业工会工作委员会下发了《关于进一步加强基层工会组织建设的意见》。截至年底，全系统 27 个基层单位都建立健全了工会组织。专兼职工会干部 30 余人，会员 780 余人。

2008 年 27 个基层工会完成了换届选举，实现了单位建会率 100%，职工入会率 100%，巩固率 100%的目标。

（二）民主管理

2008 年，在事业单位推行职工评议领导班子制度，结合年终考核，对本系统 21 个领导班子进行了民主评议。该制度经不断完善提高，目前已经常态化。同时，基层单位工会主席一般都参加单位领导班子会议和议事，代表职工参与监督管理。

（三）经济技术和劳动保护

2013 年 3 月，与市总工会、市农业局和夷陵区人民政府联合举办了首届三峡斗茶大赛，全市 17 支代表队参赛，湖北邓村绿茶集团有限公司获得冠军。

2014 年 11 月、2016 年 11 月连续两次与市总工会、市人社局联合组织开展了“农产品质量安全检测员”职业技能竞赛。全市 10 个县市区都派出代表队参赛。当阳、秭归代表队分别获得团体一等奖；田振会、陈艳分别获得个人第一名。

（四）宣教文体

2004 年以来，农业工会在全系统举办“纪念建党文艺汇演”“道德讲堂”“五一运动会”“迎春运动会”等系列文体活动。同时积极参加市直机关组织的“迎新春元旦长跑”“全民健身”等各类活动。

2011 年 11 月，组织局直属系统合唱队参加市文明办举办的“爱国歌曲大家唱”获得二等奖。

2014 年 4 月，下发了《关于进一步加强市直农业系统文体建设组建“市直农业系统业余文体小组”的通知》，全系统建立书画、摄影、羽毛球、乒乓球、象棋等活动小组 5 个，全系统 150 余名职工报名参加活动。

2016 年 6 月 28 日，农业工会与局直机关党委联合举办庆祝建党 95 周年文艺汇演活动，21 个节目充分展示了市直农业系统党员和干部的精神风貌。

2016 年 9 月组织参加市直机关工委举办的第二届全民健身运动会，获广播体操 3 等奖。

（五）女职工工作

从 2009 年开始，每年对女职工办理特殊重大疾病保险，全系统 15 个单位 60 多名女职工参保。

8. 市林业工会

一、基本概况

2010 年 6 月，根据《市人民政府办公室关于印发宜昌市林业局主要职责内设机构和人员编制规定的通知》（宜府办发[2010]71 号），确定设立宜昌市林业局，市林业局为市政府工作部门。

市林业局下属级别相当于副县级的二级单位有 4 个：湖北五峰后河国家级自然保护区管理局、宜昌三峡大老岭自然保护区管理局、三峡植物园管理处、宜昌市森林公安局；下属级别相当于正科级的二级单位有 3 个：宜昌市林业综合执法支队、宜昌市森林资源监测站、宜昌市林木种苗管理站。

截至 2017 年底，市直林业系统共有职工 237 人。其中，市林业局机关在编人员 23 名（包括 2 名机关工勤事业编制人员），聘用人员 5 人，局属二级单位在编人员 209 名。

二、组织沿革

2002 年以前，没有成立林业系统工会，机关工会组织隶属市农委工会领导。

2002 年，成立宜昌市林业工会。同年 9 月 11 日，经市委组织部下文，秦学礼任市林业局党组成员、工会主任。

2002 年 12 月 9 日，宜昌市总工会发文明确宜昌林业工会是市总工会管理的产业（行业）工会，市林业局机关工会隶属市直机关工会管理。

2004 年，市林业工会辖 13 个县市区林业局（农林水局）工会，共有职工 3812 人。市直林业系统有基层工会 8 个，会员 279 人，其中市林业局机关 35 人。新组建湖北五峰后河国家级自然保护区管理局基层工会，新增会员 75 人。

2005 年，全市林业（行业）工会 1 个，县、市、区林业局（农林水局、属地管理）工会 13 个、局属二级单位基层工会 6 个、市局机关基层工会 1 个。市林业工会配专职主任 1 人，兼职委员 8 人。全市林业系统有职工 3700 余人，其中市直 178 人。

2007 年，市林业工会主任为市林业局党组成员；县、市、区林业局基层工会都配了专职工会主席，并全部进了同级领导班子；市局机关工会主席和局属二级单位工会主席都为班子成员兼任。按照同级工会副职的要求配齐了经审委员和女工委员。全市林业系统有职工 3 700 余人，其中市直 244 人，全部加入工会组织。

2013 年，全市有林业工会 1 个，县、市、区林业局（农林水局）工会 13 个（以属地管理为主），局属二级单位基层工会 7 个，市局机关基层工会 1 个。全市林业工会有会员 3800 多人，其中市直 212 人（包括女职工会员 55 人）。

2015 年，市森林公安局成立工会组织并组建了第一届工会委员会。

2016 年，大老岭管理局工会、市直林业系统所有基层工会组织均按期换届，经审委员、女职工委员等工会干部配备到位。

到 2017 年底，市直林业系统有职工 237 人，工会会员 237 人，市林业工会 1 个，县、市、区林业局（农林水局）工会 13 个（以属地管理为主）。其中，市林业局机关基层工会 1 个，局属二级单位基层工会 7 个。

三、主要工作

2002 年以来，市林业工会及基层工会紧紧围绕市委市政府的工作大局，围绕维护职工的合法权益开展各种活动，充分发挥工会组织的桥梁、纽带作用，全面履行各项职能。

（一）权益保障

1.健康服务。2003 年，市林业工会组织开展了防控“非典”的工作。2008 年，为女职工购买了特殊保险进行了女职工特殊检查。2014–2016 年，组织所有职工开展了健康体检；为全系统女职工购买了特殊保险，组织进行了健康体检，同时提高了体检标准。2016–2017 年，组织湖北大学等高校医学专业大学生为林业系统职工免费义诊。

2.住房保障。2006 年 1 月 24 日，工会组织为市林业局机关引进的博士落实了一套商品住房。2011 年，为三个二级单位 100 多名国有林场职工落实了危旧住房改造政策。2012 年，帮助国有林场职工落实国有林场棚户区改造的补贴政策。2012 年，帮助 90 名职工团购商品房。2014 年，进行了职工团购房的相关工作。2015 年，德昌瑞园团购房项目停工近一年时间，职工多次上访，经过工会多方工作，全力化解群体上访事件。到 2016 年底，房产项目进展顺利，所有团购户均签订了购房协议。

3.天保安置。2002 年，市林业工会参与了全市天然林保护工程区森工企业职工一次性安置工作，全市共安置职工 785 人，其中市直林业系统 239 人。2003 年 8 月，市林业工会组织开展了“宜昌市天然林保护工程区一次性安置解除劳动关系的职工情况调查”，并帮助被一次性安置的职工办理低保、优惠证、提前退休等手续，接待分流职工 50 批次 218 人次。

4.基本福利。2007 年，按规定签订了集体劳动合同，足额发放了职工的工资和福利待遇；临时工会员的福利待遇同正式工会员一样。2012 年，开展送生日蛋糕和送鲜花活动。2014 年，督促所属单位按规定签订了劳动合同，与临时用工人员签订了临时用工合同，签订率达到 100%。工资集体协商实现了全覆盖，将合同工司机的工资由原来的每月 1800 元上调到 2100 元（不含各种保险）。2016 年，组织市直林业系统工会会员加入“宜昌工人”微信平台。

5.劳模管理。对市直林业系统 6 名劳模进行了一次调查统计，填报了《宜昌劳动模范基本信息表》，并建立了专门档案。按要求做好了劳模的体检、慰问、疗养等工作。

6.单身婚恋服务。2016 年，参加了市总工会“宜昌工会鹊桥网”开通仪式，组织单身职工报名加入“宜昌工会鹊桥网”，并组织他们参加市总工会开展的各类单身职工联谊活动。

（二）帮扶慰问

1.困难帮扶及送温暖活动。

2003–2011 年，市林业工会组织局机关、局属各单位捐助、筹集资金 18.12 万元，食用油 78 瓶（盒），衣物 500 件等和没有计量折价的物资，走访慰问本系统特困职工、困难林农、社区特困户、下岗职工、村困难户等共计 137 户，个人 107 人次。抽调 31 人帮扶困难林农 40 户，向汶川地震捐款 5 万余元，为秭归水田坝乡良斗河村建起一栋村委会办公大楼。

2012–2015 年，春节走访慰问市直林业系统特困家庭、老干部 109 户，金秋助学 17 人次，金额 3.9 万元。

2016 年 7 月，后河管理局向五峰县 4 个受洪灾乡镇捐赠 10 万元，市林业局机关全体干部职工捐赠衣服 147 件以及鞋、电器、床单、棉絮等。同年 10 月，市林业工会组织为森林公安民警张家刚遗属捐款 2 万元。

2.“慈善一日捐”及“义务献血”活动。

2013–2017 年，市林业工会组织 5 次无偿献血，共计 160 人次，献血量达 45,700 毫升。

2014 年、2015 年、2017 年组织 3 次“慈善一日捐”，305 人共捐 35,870 元。

（三）组织和民主管理工作

2003 年以来，共召开了 4 次林业工会工作会议；2013 年局党委 4 次研究工会工作，局行政 5 次研究工会工作；2014 年，组织召开了 4 次市直林业系统工会干部会议。2015 年，市林业工会对市直林业系统基层工会组织进行了一次全面调查摸底，在此基础上先后开展了工会组织筹建和换届选举工作。

2016 年，市直林业系统所有基层工会组织均完成换届工作，经审委员、女职工委员等工会干部配备到位。针对部分单位临时聘用、劳务派遣人员变动情况，组织各单位理顺了职工入会的归属，确保会员管理规范有序。市直林业系统已建立职工代表大会、职代会和政务事务公开制度，定期组织召开职工大会和职工代表大会，实行政务、事务公开，让职工充分享有知情权、参与管理权，较好地维护了职工的民主权利。部分基层工会建立了会员大会制度、会员评价制度、工会财务管理制度、困难职工帮扶制度等，做到工会工作有章可循，用制度管事。按时足额拨缴工会经费，按标准收缴会员会费，严格执行经费开支管理。

（四）经济技术和劳动保护

1.劳动竞赛。2006 年 1 月 24 日，组织开展了风力灭火机灭火操作演练、森林防火枪射击等项目比赛。2008 年，市森林防火办组织科研人员研制出了车载式灭火弹抛射系统和光控电子祭祀灯。

2012–2017 年，林业工会下属单位三峡植物园、市大老岭国有林场、市种苗站、市森林病虫害检疫防疫站、市森林公安局等单位，都开展了结合本单位业务技能的劳动竞赛。参加了湖北省首届国有林场职业技能竞赛，宜昌森林公安机关二届警务技能游泳比赛、射击技能比赛，省和市举办的森林抚育劳动竞赛、森林消防技能竞赛，省林业职工观鸟赛等，并获得省级比赛的最佳组织奖，一个优秀个人奖，总分第一的佳绩，观鸟赛二等奖、消防职业技能赛蝉联团体第一和 4 个个人奖等荣誉。

（五）宣教文体

2002–2003 年，市林业工会组织职工到张家界、五峰后河保护区、巴东、巫山、奉节等三峡库区考察林业生态环境建设。在元旦、春节开展“三个一”活动，即一次“送温暖”活动、一场“迎春文艺联欢会”、一次“迎春棋、牌、球类友谊赛”。2004 年，全市林业工会建起了“职工之家”，市林业局机关投入数十万元资金购置了各种设备器材。各基层工会分别建起了学习室、阅览室、娱乐室、乒乓球室、篮球场等职工学习、锻炼、娱乐的场所。选派 8 名工会干部参加市总工会的培训班。

2005–2014 年间，市林业工会举办市直和基层工会培训班 9 次，参加省林业工会在谷城、咸宁两地举办的工会培训班两次，并作了一次“建好职工之家，服务职工会员”的典型发言。林业工会主任秦学礼备课的《工会知识讲座》成为林业局党组中心学习组的第一课，并被邀请在省林业工会培训班上讲授。

2005–2017 年，每逢元旦、春节、五一、十一重大节日，工会组织开展文艺联欢和文体活动，组织参加了第八届中国艺术节三峡宜昌万人大合唱、市建国 60 周年、建党 90 周年文艺演出，唱支山歌给党听等活动，参加了“迎奥运·星球杯”篮球赛、迎国庆职工运动会、“长江市场杯”拔河赛、磨基山登山联谊活动，市直机关第一、二届职工运动会，市第 29–34 届共 6 届元旦长跑活动，百里荒乒乓球赛等。举办了市直林业系统一、二、三届职工迎春运动会，开展篮球、羽毛球、乒乓球、拔河、象棋五项运动比赛、组织职工赴革命老区井冈山、延安、韶山、西柏坡等地进行革命传统教育，赴深圳、海南、上海等改革开放前沿阵地开阔眼界解放思想，到西南、西北、东北、华东等地和台湾参观学习考察生态文明建设。全系统“职工之家”“职工书屋”建设不断推进，2013 年市总工会为大老岭林场“职工书屋”授牌。市林业工会撰写的《着力构建学习型组织、推进林业跨越式发展》《充分发挥工会“桥梁纽带”作用，为建设宜昌现代林业和省城副中心城市凝心聚力》等文章，得到市总工会肯定，在省林业工会工作会上做典型发言。

（六）女职工工作

2004–2016 年，组织女职工到海南、厦门和荆门等地学习考察。组织全体女职工开展春游活动，分别参观了远安县翟家岭古树保护群落、金家湾旅游项目绿化基地和夷陵区绿化基地、易家老屋、古兵寨，体验美丽乡村建设，感受生态文明建设新成果。组织女干部参加市总工会组织的女职工讲坛、女职工健康知识专题讲座和“智慧女性 书香家庭”读书活动及“写家书、传亲情”活动。2017 年 11 月 29 日，组织参加了宜昌市妇联学习贯彻党的十九大“百千万巾帼大宣讲”活动。

9. 市粮食工会

一、基本概况

宜昌市粮食局是政府直属事业单位，是政府管理粮食事务的行政主管部门，履行行业管理、业务指导等职能。主要承担全市粮食安全行政首长责任制、粮食应急管理、粮食宏观调控、粮食收购存储供应管理、政策性粮油管理、粮食产业发展、粮食物流及市场体系建设、粮食质量管理、粮食流通监督检查及市直国有粮食企业国有资产监管等任务。现有三家国有独资商业二类企业和一家公益一类事业单位。三家商业二类企业的出资人为宜昌市财政经济开发投资公司，市粮食局代表政府行使资产监管职责。三家商业二类企业分别为：市花艳粮食储备有限公司、市宝塔河粮油储备有限公司、市三峡粮油产业发展有限公司。2016 年 8 月至 2017 年 3 月，市三峡粮油产业发展公司通过现金出资，组建或收购控股四家公司：即湖北荆楚粮油宜昌有限公司、湖北亚隆达实业发展有限公司、湖北荆宜鸿越农产品有限公司、湖北伟悦食品有限公司。

市直粮食企业现有资产总额 7.65 亿元，其中固定资产 3.8 亿元，净资产 2.78 亿元，年销售收入 10 亿元，职工 269 人。

二、组织沿革

1987 年 2 月，换届成立“宜昌地区行署粮食局工会委员会”。委员会由 5 名委员组成，张声锦任工会主席，会员 60 人，有 4 个工会小组。粮食局下属基层工会 2 个，即宜昌地区粮食车队工会委员会和湖北省宜昌粮食职工中等专业学校教育工会委员会。宜昌地区粮油贸易公司成立了工会小组，隶属粮食局机关工会。地区行署粮食工会组织隶属宜昌地直工会。

1982 年 11 月，原宜昌市粮食局工会工作委员会正式成立。委员会由 7 人组成， 设专职工会干部 1 人，刘文达任工会副主任。1990 年 8 月， 系统工会换届，同时成立了粮食局工会女职工工作委员会。张在华任工会主任，郝凤英任女工主任。

1989 年，地区行署粮食局工会和原市粮食局工会共有基层工会 15 个，会员 1800 人，专兼职工会干部 28 人。

1992 年地市合并。1992 年 11 月，黄奉全任新组建的宜昌市粮食局工会工作委员会主任，郑献群任女工主任。全系统共有基层工会 15 个，会员 1821 人，专兼职工会干部 28 人。

1993 年 4 月市粮油技术实业开发公司工会成立。

1993 年 4 月，粮食工会 15 家基层工会换届，拥有会员 1860 人。

1996 年 9 月，市粮油食品开发公司工会成立。

1996 年 11 月–1997 年 3 月，粮食工会 15 家基层工会换届。拥有会员 2012 人。

1997 年 2 月，市第一粮油供应公司工会更名为市西陵粮油公司工会、市宏源粮油公司工会更名为市伍家粮油公司工会。

1997 年 4 月，市黄龙房地产开发公司工会成立。

1998 年 11 月，经过粮食流通体制改革，粮食基层工会保持在 16 个，工会会员 1464 人。

1999 年 11 月，粮食工会改选，单于先秀任粮食工会主任，郑献群任女工主任。

2002 年 3 月，市国家粮食储备库上划成为中央直属粮库，其工会组织关系随之与粮食工会脱钩。

2003 年 4 月，市粮食局党组任命杨建民任粮食工会副主任，主持粮食工会工作，郑献群任女工主任。

2004 年 12 月，成立市红轮港粮油调销公司工会，原伍家粮油公司整体并入。

2006 年 6 月，杨建民任粮食局副调研员，主持粮食工会全面工作。2009 年 1 月，陈友菊任女工主任。

2011 年 7 月，汤洪任女工主任。

2011 年 12 月，王平柱任粮食工会主任。

2013 年 11 月，王万桦任粮食工会主任。

2016 年 7 月，粮食企业进行整合重组，由 10 家整合为 4 家，粮食基层工会由 10 个减为 5 个。

粮食工会现有 5 个基层工会，即市粮食局机关工会、市宝塔河粮油储备有限公司工会、市花艳粮食储备有限公司工会、市三峡粮油产业发展有限公司工会、市军粮供应管理中心工会；拥有会员 215 人，其中，女职工 80 人；专兼职工会干部 17 人，女工委员会 6 个。市三峡粮油产业发展公司控股的子公司工会组织正在组建中。

宜昌市粮食局直属工会组织基本情况表（1993 年）

表 17–27

工会委员会名称	职工人数		会员人数		工会小组	工会专兼职主席	女工主任	换届时间
	合计	其中女职工	合计	其中女会员				
合　计	1860	965	1797	928	105	18	10	
第一粮油供应公司工会委员会	298	201	298	201	24	张祖英	张祖英	93.6
第二粮油供应公司工会委员会	165	115	161	113	11	向方贵	吴永梅	93.4
葛洲坝粮油供应公司工会委员会	145	88	141	88	8	李　玲(兼) 周惠玲(副)	李　玲	93.6
江南粮油食品公司工会委员会	37	8	37	8	1	李承海(副)		
粮油食品工业公司工会委员会	445	223	432	210	17	叶德芝(兼)	叶佩琳	93.4
粮食储运公司工会委员会	218	97	211	94	11	胡新桥(兼)	余君平	93.6
油脂公司工会委员会	77	32	76	31	4	吴传金	郭厚香(兼)	93.4
饲料公司工会委员会	106	44	106	44	6	朱美珍(兼) 刘指挥	雷明惠	93.10
凯利粮油食品开发公司工会委员	66	21	63	19	3	刁桂富(副)		93.10
粮油贸易总公司工会委员会	87	48	56	32	6	冯功义	高孔玲	93.6
粮食职工中等专业学校工会委员	60	25	60	25	3	魏理鹏(兼) 王世箴(副)	王世箴	93.10
粮食幼儿园工会	20	19	20	19	1	胡学英		
粮油机械设备公司委员会	34	16	34	16	6	万远英		
粮食局机关工会委员会	102	28	102	28	4	赵崎明		93.2
市粮食局工会工作委员会						黄奉全(主任)	郑献群	

宜昌市粮食局直属工会组织基本情况表（1998 年）

表 17–28

工会委员会名称	职工人数		会员人数		工会小组	工会专兼职主席	女工主任	劳动争议调解委员会人数
	合计	其中女职工	合计	其中女会员				
合　计	1464	779	1429	760	57	17	13	65
西陵粮油公司工会委员会	182	126	182	126	15	岳世兰	岳世兰	5

续表

工会委员会名称	职工人数		会员人数		工会小组	工会专兼职主席	女工主任	劳动争议调解委员会人数
	合计	其中女职工	合计	其中女会员				
伍家粮油公司工会委员会	153	90	150	89	9	郭秀琴	郭秀琴	5
葛洲坝粮油公司工会委员会	124	74	124	74	3	余清林	李玲（兼）	3
猇亭粮油公司工会委员会	46	23	46	23	1	董小红（兼）	董小红	3
粮油食品工业公司工会委员会	302	145	302	145	4	叶德芝	龙德翠	5
国家粮食储备库工会委员会	153	70	149	70	6	余君平	余君平	5
油脂公司工会委员会	28	12	28	12	1	郭厚香（兼）	郭厚香	5
市饲料公司工会委员会	104	44	104	44	5	陈裕盛	江慧群	5
粮油食品开发公司工会委员会	34	23	34	23	2	蒋保和	蒋保和	3
宝塔河粮库工会委员会	88	37	83	33	1	查明亮（退）	余　静	3
粮油贸易总公司工会委员会	109	69	93	62	3	熊泽珍	赵淑敏	7
正天房地产开发有限责任公司工会委员会	26	9	26	9	1	屈克贵		3
粮食职工中等专业学校工会委员会	64	30	60	26	1	魏理鹏	余　明	5
粮食幼儿园工会员会	18	17	15	14	1	胡学英		3
粮食局机关工会委员会	33	10	33	10	4	赵崎明		5
市粮食工会工作委员会						黄奉全(主任）	郑献群	

说明：点军粮油公司工会委员会于 1998 年 11 月并入葛洲坝粮油公司工会委员会。

宜昌市粮食局直属工会组织基本情况表（2017 年）

表 17-29

工会委员会名称	职工人数		工会会员		工会主任、主席	女工主任
	合计	其中女职工	合计	其中女会员		
合计	215	80	215	80		
市粮食工会委员会					王万桦	汤　洪
市粮食局机关工会委员会	24	9	24	9	曾　莉	时晓玲
市宝塔河粮油储备有限公司工会委员会	65	16	65	16	易　鸿	王　祎
市花艳粮食储备有限公司工会委员会	53	24	53	24	刘建军	黄玉蓉
市三峡粮油产业发展有限公司工会委员会	65	26	65	26	郝　波	周　黎
市军粮供应管理中心工会委员会	8	5	8	5	何林玲	朱小玲

三、主要工作

1、1992 年，市粮食局与精神文明办公室联合举办了 1991 年度“窗口”服务行业“十佳十差”评选活动，市直延河路粮店荣获“十佳”单位，红轮港粮店评为“优质服务先进单位”。

1992 年，粮食系统全面推行企业全员劳动合同化管理，按照“国家计划指导、企业自主用工、多种形式并存、全员劳动合同”。原职工身份作为档案保留，不论管理干部、技术人员和生产人员，对外统称企业职工，所有职工一律平等竞争，择优上岗。

2、1993 年，采用多种形式提高职工素质，新会计制度颁布以后宜昌市以粮校为基地，组织了多期新会计制度培训。

3、1994 年，组织“创业风采”报告团，开展巡回演讲活动，宣讲近几年，尤其是企业完全走向市场后，粮食职工勇于改革、艰苦创业的事迹，进一步激发和保护干部职工改革、图强的热情。

1994 年 6 月，根据《中华人民共和国企业劳动争议处理条例》，市直粮食企业（11 个单位）全部建立了劳动争议调解委员会。

1994 年 7 月，成立了宜昌市粮食局第一届女职工工作委员会，由郑献群、张祖英、叶德之、余君平、朱美珍、吴咏梅、周惠玲七人组成，郑献群任主任。下设 9 个基层女工委员会，共有女会员 927 人，专兼职女工主任 9 个，委员 21 个。

1994 年 5 月，工会组织了卡拉 OK 比赛。10 月工会组织了“祖国颂”大合唱比赛。

4、1996 年，直属 8 家企业，完成了推行平等协商和集体合同制度工作。

5、从 1997 年 1 月起，全面推行岗位技能工资，总公司控制工资总量，分配方案由总公司统一制定，企业按照方案进行内部分配。

6、1998 年市直粮食系统职工净减 330 人，减幅 21%，是十年来第一次出现负增长。一是制定优惠政策，实行“三鼓励”，鼓励职工解除劳动合同、鼓励职工调出粮食部门、鼓励职工停工留职。二是市局和下属 9 家企业相继成立了再就业服务中心，担起下岗分流职工的管理，保障其基本生活费及时足额发放。三是争取有关部门支持，做好 129 个下岗职工劳动关系的代理、养老保险的延续和失业证的发放工作，组织下岗职工参加转岗培训。有 43 名职工实现了再就业，还与 57 名下岗职工签订了托管协议。下岗职工情绪稳定，生活有保障，受到了市再就业工作领导小组的充分肯定。

7、1999 年是狠抓企业自身改革的一年，10 个县市粮食局机关工作人员由粮改前的 459 人，精简到现在的 181 人，减少 278 人。粮食购销企业由粮改前的 122 个，减少到 80 个。全系统率先实行了第一次人员分流，由 6687 人减少到 3071 人，这些分流人员均得到妥善安置。同时狠抓再就业工作，保障了下岗职工生活费和社会保险费的按时支付，实现了改革的平稳过渡。

8、2000 年全面推行企务公开工作，粮食局于 6 月成立了厂务公开领导小组。

2000 年粮食系统改革取得重大成效，在全省超额完成了“三减”任务，全市粮食部门由上年底的 10,349 人减至 3310 人，整体减幅达 82%。

按照“公平、公正、公开”的原则，通过考试考核竞争上岗，优胜劣汰，干部实行聘任制、职工实行返聘，整体素质得到了加强。

为 1998 年以来解除合同的 311 人落实失业救济金 120 万元。2000 年解除合同的 703 人全部享受失业救济金。

9、2002 年粮食企业减员分流 133 人，精简 5 家企业。到年底市直粮食企业由 1997 年的 2060 人减至 466 人，累计减少 1594 人，减幅 78%。企业由 2001 年的 13 家减至 8 家。粮食工会积极维护职工利益，着力解决改革中的遗留问题。在上级部门的支持下，筹资 200 多万元，解决了工业、饲料、油脂三个困难企业退休人员的医疗统筹问题。

10、2003 年，精简 5 家企业，减员分流 18 人，着手消化处理历史债务 2900 万元。职工收入大幅增长，人均工资达到 800 元，人均年增资 2400 元。

11、2004 年，筹措资金对 175 名退休职工清算了医疗保险。至此，市直粮食企业近 500 名退休人员的养老和医保问题全部落实。

12、2005 年，对企业全员解除合同的人员办理返聘手续，一聘一年。经过精心组织，稳步实施，顺利完成了企业全员置换身份工作。273 人解除劳动合同，87 人实行内部退养。在解除合同人员中有 144 人通过竞争上岗实行返聘，130 人纳入社会保障体系，筹措资金 1200 万元用于职工安置，确保了改革平稳进行。

13、2006 年，进一步深化粮食流通体制改革，妥善处理遗留问题。一是按市政府要求，对职工转换身份经济补偿，对内退和退休人员缴纳社会保险费、职工上岗保证金，对其他历史问题一一摸底核准。二是做好职工维稳工作。

2006 年，宜昌市粮食局被评为“全国粮食系统先进集体”，是湖北省唯一获此荣誉称号的单位。

14、2008 年，市直粮食系统分三次向地震灾区捐款 258870 元，其中个人捐款 138870 元，企业捐款 120000 元。

15、2012 年，组织参加了“兴发”杯首届全民健身运动会，获得了拔河比赛第二名、广播操比赛第七名。

16、2013 年，积极组织职工参加全省粮食系统保管员、检验员业务技术比赛活动，在市州取得“三个第一”（保管、检验和组织工作）的优异成绩，受到省局的通报表彰。

17、2015 年，组织参加了湖北省粮食局第二届职业技能比赛，宜昌市粮食局荣获团体优胜奖和粮油质量检验员个人三等奖。

18、2016 年组织参加了“三峡农商银行”杯宜昌市第二届全民健身运动会，宜昌市粮食局获得“体育道德风尚”奖。

10. 市水利水电工会

一、基本情况

宜昌市水利水电局是主管全市水利行业依法行政的政府组成部门。

宜昌市水利水电局内设科室 12 个，现有编制 35 名，局下设单位 11 个，现有在职人员 392 人。截至 2017 年底，全市水利系统共 178 个单位，其中行政机关 14 个，事业单位 157 个，企业单位 7 个。全市水利系统共有干部职工 1816 人。

宜昌市水利系统工会组织历任负责人名录

表 17-30

单位名称	姓名	任职时间	职务	备注
宜昌地区行政公署水利电力局	雷鼎书	1989—1993	局机关工会主席	兼职
宜昌市水利电力局	肖明礼	1994.1—1996.10	局工会主席	
宜昌市水利水电局	陈泽亮	1996.10—2001.12	局工会主任	
宜昌市水利水电局	潘家秀	2002.1—2004.8	市水利水电工会主任	兼职
宜昌市水利水电局	张志新	2004.9 至今	局党组成员、市水利水电工会主任	

二、组织沿革

1992 年 3 月，宜昌地市合并后，组成新的宜昌市水利电力局。地市合并以前，宜昌地区行署水利电力局机关工会主席由雷鼎书兼任。

1994 年，宜昌市水利电力局系统拥有 9 个工会组织，即市水电局机关、工程团、东风渠、物资站、水电学校、设计院、天福庙水库管理处、西北口水库管理处、尚家河水库管理处，工会会员 821 人。工会主席由肖明礼担任。

1996 年 10 月，宜昌市水利水电局工会主席由陈泽亮担任。

2003 年 1 月 16 日宜昌市总工会以宜工委 [2003]3 号文件批准同意在原宜昌市水利水电局工会工作委员会的基础上成立宜昌市水利水电工会工作委员会。

2004 年 9 月，宜昌市水利水电局局党组成员张志新任市水利水电工会主任。

2004 年度市直水利工会组织包含机关工会、黄柏河流域管理局工会、东风渠灌区管理局工会、市水利电力学校工会、市水利水电勘察设计院工会、水电工程团和水文局工会，会员人数达 894 人。

2017 年 12 月，宜昌市水利水电工会工作委员会有局机关工会、黄柏河流域管理局工会、东风渠灌区管理局工会、水利水电勘察设计院工会等 4 个基层工会组织，会员人数 392 人。

三、主要工作

（一）组织工作

1998 年 4 月，宜昌市水利水电局工会工作委员会荣获先进工会组织，宜昌市天福庙水库管理处一级电站工会小组荣获模范“职工小家””称号，东风渠管理处工会第二次荣获“模范职工之家”宜昌市水利水电局党委书记、局长袁春堂荣获“职工之友”称号。

1998 年 8 月，宜昌市水利水电局工会工作委员会主任陈泽亮被湖北省总工会授予“省级优秀工会工作者”。

1999 年，市直水利系统 10 个基层工会组织中有工程团工会等 5 个基层工会组织达到合格职工之家标准，天福庙水库管理处工会等 5 个基层工会组织达到模范职工之家标准，西北口水库管理处工会率先在市直水利系统搞标准化系列化建设。

2003 年 1 月 16 日，宜昌市总工会以宜工委〔2003〕3 号文批复成立宜昌市水利水电工会工作委员会，潘家秀兼任主任，陈泽亮、周国强为副主任。3 月 31 日，宜昌市东风渠灌区管理局工会换届选举。8 月 29 日批准市水电设计院工会换届选举，胡清玲担任主席。10 月 18 日，宜昌市水电学校第五次教代会召开。11 月 7 日，宜昌市天福庙水库管理处工会换届选举。

2004 年，组建宜昌市东风渠水利水电工程建设有限责任公司工会，35 名非在册职工劳动者入会。

2005 年 3 月 30 日宜昌市黄柏河流域管理局成立工会委员会，工会主席为施功臣。

12 月 27 日，湖北楚曜水利水电工程有限公司（民营）成立工会，隶属宜昌市水利水电工会委员会领导，由公司董事、副总经理陈友松兼任工会主席。

2005 年度，市直水利系统工会组织 7 个，工会会员 859 名。

2006 年水利水电工会副主任周国强被省水利工会表彰为优秀工会干部。

2006 年度有 6 个基层工会，共有会员 883 名，其中女会员 339 人，非在册会员 51 人。

2009 年 9 月 21 日，向清炳、吴传仁、刘莉丽获全省水利系统工会积极分子称号；施功臣、陈珍获全省水利系统优秀工会工作者称号。

2009 年 3 月 6 日，在 2008 年度全省水利系统工会工作创优争先考核中被评为优秀单位。

2009 年 1 月 19 日，在全市工会工作创优争先中荣获二等奖。

2010 年 7 月 12 日，宜昌市水利水电工会入选湖北省水利系统“先进职工之家”和湖北省水利系统“模范职工小家”名单。

2011 年 4 月 6 日，市水利水电工会入选了全市工会工作创先争优考核单位。

2012 年，宜昌市水利水电局荣获 2011–2012 年度湖北省市州水利局工会工作创先争优考核“先进单位”。

2012年，市水利水电工会在2011年度全市工会工作创先争优考核中被评为先进单位。

2012年，市水利水电工会有5人受到省、市工会的表彰。

2012年黄柏河管理局工会被市总工会授予“全市工会财务工作先进单位”荣誉称号。

2013年市水利水电局机关工会换届选举，李伟担任机关工会主席。

2013年市水利水电工会下属有四个基层工会，有会员660多人，入会率达100%。5月10日黄柏河管理局民主选举李中华担任黄柏河流域管理局工会第三届工会委员会主席。

2014年度5月5日，市水利水电工会获评2013年度全市工会工作创先争优考核先进。

2015年市水利水电局工会荣获全省水利系统优秀工会组织。

2015年全市水利系统共荣获 2个优秀工会组织、2个优秀工会工作者、5个优秀工会积极分子荣誉。

2017年宜昌市水利水电工会下属一个机关工会和三个事业单位工会，共有会员650多人，入会率达到100%。

（二）权益保障

2003年，组织机关干部30人走访慰问30个贫困户，7名局党组成员常年对口帮扶7个困难户；贯彻落实《工会法》和《劳动法》，严格两个制度监管，保障职工合法权益。

2006年10月24日，开展水利系统职工医疗保障情况调查，参与医保职工545人，事业单位1155人，企业单位165人。

2006年局及局属单位全年“献爱心”及对口帮扶捐款达25000多元，助学捐款达19000多元，组织女职工参加特殊疾病保险工作，参保面达90%以上。

2007年帮扶困难职工82人，29,000元；助学203人203,000元；献爱心送温暖28,315元。

2008年市水利水电基层工会建立了职工定期体检制度，东风渠灌区管理局落实职工带薪休假制度。

2008年市水利系统职工为四川灾区捐款11.6万元，响应市总工会号召为四川灾区捐款3780元。

2008年签订了《黄柏河流域管理局女职工权益保护专项集体合同》；组织全局职工参加“心系女性”之中国女性形象工程教育活动，为女职工免费发放女性形象知识手册；工会出资为60周岁以下的105名女工（含退休、提前退养女工）购买女职工安康团体重大疾病保险。

2008年5月15日，黄柏河流域管理局219名工会会员为“5.12”四川地震灾区人民捐款17,400元。

2008年东风渠管理局召开78名离退休老同志参加的茶话会，为110名老同志发放了慰问品。

2009年完善了困难职工基本档案，督促各单位建立了职工定期体检制度，落实了职工带薪休假的制度、女职工特殊保险制度，在系统内开展了扶贫帮困助学活动，连续多年实现了水利系统职工的子女不因贫困而辍学的承诺。

2010年东风渠管理局坚持两年一次组织女职工进行妇科检查，不定期举办女职工听取保健知识讲座。

2010年春节前，东风渠管理局慰问了部分退休职工、困难职工和困难党员，发放困难补助金6500元。

2012 年黄柏河管理局工会继续为全局女职工续保《平安女性安康团体重大疾病保险》，参保人数105人，参保率100%。全年主动看望生病住院职工8人次，探望去世职工家属以及吊唁职工父母去世10人次。

2016年开展结对帮扶活动。与金家台社区结对共建，资助社区创建资金5000元。与夷陵区马卧泥村开展结对帮扶活动，投入资金100万元解决马卧泥村饮水不安全问题及水毁设施建设，先后组织局机关全体党员干部50余人，分2次前往夷陵区马卧泥村，深入走访群众100多户，结对帮扶49户困难家庭。

2017 年做好困难职工帮扶工作，申报市直水利系统 4 名困难职工纳入市总工会帮扶系统。

（三）民主管理

2000 年，建立健全有利于职工参与管理、行使民主权利的机制，在抓“厂务公开”规范化下功夫。

2002 年 8 月 23 日，调整局政务（厂务）公开工作领导小组，具体工作由工会负责。

2006 年 3 月 30 日，组织实施《市水利水电工会职工代表培训工作方案》。市水利水电工会除局机关外，均建立了职（教）代会组织，建制率达 100%。

2007 年 5 月培训职工代表 123 人，职工代表培训率 87.9%。

2008 年续签和完善了集体合同，新签女职工保护专项合同，黄柏河工会分别在天福庙、西北口管理处，组织完成了管理局第二届职工代表大会职工代表的培训工作。

2008 年东风渠管理局工会明确按照市水利水电局的要求着力加强政务公开规范程序，完善政务公开的手段与方法。

2009 年，各基层工会都按要求召开了职（教）代会，进一步完善了民主管理政务公开工作。续签和完善了集体合同，签订和完善了女职工保护专项合同。

2010 年，局机关和局属单位都结合实际建立政务公开制度，市水利水电局专门就政务公开工作发了文件。

2010 年，东风渠管理局在工程立项、招投标、重大决策等方面，及时向广大职工进行公开，推动政务公开工作向管理局管理的深度和广度方面延伸，在干部任用选拔上坚持了“民主推荐制”。

2011 年，市水利水电各基层工会通过召开职代会，进一步落实职工的知情权、参与权、建议权、评议权、监督权和决定权。

2011 年，东风渠管理局协助管理局党委建立和健全了全局党务公开制度，并通过管理局网站实行了定期、定向公开，切实接受职工的监督。

2015 年，市直水利系统各单位签订集体合同和工资专项合同达到 100%，工资收入实现了年增长 10%的目标，基本上落实了同工同酬待遇。

（四）安全生产和劳动保护

2008 年，东风渠管理局工会组织技术骨干分别从工程管理、安全生产和法律法规等方面对在岗职工进行了培训，组织基层单位的 43 人进行安规知识和相关知识的培训。

2009 年，组织职工参加以“关爱生命、安全发展”为主题的 2009 年安全生产月活动。

2010 年，市东风渠工会在办公自动化、信息遥测、电站实务等方面对在岗职工开展了三次业务培训，并就电力行业安全规程和操作规程进行了考试。

2010 年，市黄柏河管理局工会组织开展了电站操作、安全管理知识培训和竞赛活动，连续多年实现了安全生产零事故。市水文局开展了以水情测报为主要内容的劳动竞赛活动，并选派优秀选手参加了全省水文知识理论和实际操作劳动竞赛，职工参与率达到了 85%以上。

2010 年，组织职工参加以“安全发展、预防为主”为主题的 2010 年安全生产月活动，配合组织职工参加“全国应急知识竞赛”活动。

2016 年，局属单位依法签订了集体合同，提高了女职工权益保护专项集体合同签约履约率。局属单位组织女职工参与安全规程知识竞赛。

（五）劳动竞赛

1998 年 5 月，宜昌市水利水电局总工程师黄峄获得全国“五一”劳动奖章。

2003 年 3 月 16 日，宜昌市水利水电工会表彰市直水利系统西北口水库管理处工会等五个优秀单位。

2004 年 12 月，黄柏河流域管理局孙云丰被省水利厅授予“湖北省水利系统职工创新能手”、市东风渠灌区管理局李勇、市水文局高士欣被省水利厅授予“湖北省水利系统职工岗位能手”荣誉称号。

2006 年 7 月，市水利水电规划设计院贺江华被团省委、省文明办表彰为省青年岗位能手；市东风渠灌区管理局姚太新取得全国水利系统渠道维护职业技能竞赛第 20 名，全省第一名的好成绩，被省总工会授予“湖北五一劳动奖章”光荣称号。

2006 年，市水利水电工会被省水利厅评为全省水利系统工会先进集体。

2007 年 2 月 8 日，市水利水电工会在 2016 年全市工会创优争先中荣获二等奖。

2007 年 2 月 26 日，市水利水电局工会委员会被省水利系统工会评为优秀单位。

2007 年，市东风渠灌区管理局李勇荣获市劳动模范的称号。

2008 年，在水利职工中开展了“我为节能减排做贡献”活动，组织水利职工开展了“三城联创”知识竞赛。

2009 年，下发了《关于在市直水利系统开展“同舟共济保增长、建功立业促发展”劳动竞赛活动的通知》各单位工会开展竞赛活动，取得了较好的效果。

2010 年 3 月 8 日，在全市工会工作创优争先中市水利水电工会荣获二等奖。

2010 年，市水利水电勘察设计院苗云江荣获宜昌市劳动模范称号。

2011 年，市水利水电工会大力开展建功立业劳动竞赛活动。积极参加市总工会组织的全市“百万职工争先锋、建功立业十二五”劳动大竞赛，结合水利实际和“安康杯”竞赛活动，在市直水利重点工程、重点岗位开展各具特色的“岗位大练兵、技术大比武”劳动竞赛。

2012 年，组织水利职工参加了由省水利厅、人社厅、总工会在仙桃市举办的泵站运行工、渠道维护工劳动竞赛活动。

2013 年，宜昌市水利水电局驻行政服务窗口人员郑芳获得“政务服务能手”称号。

2016 年，黄柏河流域管理局干部、援疆干部聂其兵事迹突出感人，荣获 2013 ~ 2015 年度宜昌市劳动模范（先进工作者），荣获宜昌市敬业奉献好人称号。

2016 年，积极参加全省水行政执法能力竞赛，水电局尤志方、杨传业 2 名选手均荣获竞赛三等奖。组织参加全国水利安全生产知识网络竞赛，在全省取得第四名的好成绩。

2017 年，兴山县水利局甘明槐同志荣获“宜昌楷模”称号。

2017 年 11 月，宜昌市水利水电局被评为全国文明单位。

（六）宣教文体

1997–2007 年，市直水利系统先后举办六届职工运动会；参加市农口妇联组织的“年青妈妈读书演讲比赛”，荣获个人第二名和单位组织奖，参加省厅工会组织的乒乓球赛荣获女子团体和个人第五名。

1998–2017 年，组织参加省水利厅举办的职工演唱比赛、文艺调演、棋类比赛、羽毛球比赛，全市机关太极拳比赛，“践行核心价值观，弘扬水利行业精神”征文活动、喜迎十九大，共筑水利梦职工书画展，“大禹杯”乒乓球赛，组织参加省水利工会举办的诗歌散文比赛、省水利厅举办的病险水库除险加固论文征集活动，有 7 人获奖，参加征文 18 篇获奖，多次文体比赛获冠军。

2000 年，在“三八”“五一”和“十一”前后分别举办女职工联谊会。2000–2010 年组织先进工作者和 65 名职工到荆州古城、海南等地参观学习，去越南旅游。

2003–2017 年，组织参加市直机关工委举办的篮球、乒乓球赛羽毛球赛、首届、二届全民健身运动会、拔河比赛、第四届干部职工综合技能大赛、游泳锦标赛等，多次获得好名次。

2006 年，市水文局开展“爱我水文，我爱水文”演讲比赛和水情报讯资料整编评比活动。市水利水电工会先后获得“全省水利系统群众文艺体育活动先进单位”“全市群众体育活动先进单位”荣誉称号。

2007 年 10 月，市水电局机关干部王建中的摄影作品《民工赞》参加第二届中国职工艺术节“中国石化”杯摄影展获得金奖，受到中华全国总工会、中国文联、中央文明办、中央电视台和中国摄影家协会的联合表彰。

2007 年 11 月，选送三幅摄影作品参加宜昌市第三届“益通杯”职工美术、书法、摄影作品大赛，其中一幅作品获得优秀奖。

2008 年，市水利工会共组织 400 名职工参加迎接奥运火炬在宜昌传递活动，组织 34 名职工参加宜昌市农民趣味运动会，选送的节目《青藏高原是我家》获得了歌舞类三等奖。

2008 年，黄柏河工会组织参加“迎奥运、迎新年、庆通车”宜昌市第二十四届元旦长跑活动。

2008 年，东风渠管理局工会先后组织干部职工参加夷陵区广盛源杯乒乓球赛、夷陵区庆改革 30 周年“文明之光”文艺调演活动，分别获得第二名和优秀奖。

2009 年 9 月 25 日，在宜昌市“工友杯”第四届职工书法美术摄影作品大赛中吴传仁作品《旋》荣获摄影作品优秀奖。

2010 年，市黄柏河流域管理局组织全体职工开展了野外拓展训练活动，市东风渠管理局召开职工运动会，市设计院组织先进工作者和技术骨干参观感受上海世博会，局机关开展全民健身比赛和表彰活动。

2011 年 6 月 10 日，东风渠管理局舞蹈《祝福祖国》《再唱山歌给党听》及女声表演唱《东风赞歌》，参加了由市水利水电局举办的建党 90 周年文艺演出活动。

2012 年，夷陵水利干部朱白丹、宜都市水利干部李广彦成为中国水利文协的会员。

2012 年，黄柏河流域管理局在元旦前夕，积极参加“迎新春万人健身长跑”活动。。

2013 年 7 月 1 日，市水利水电工会在局及局属单位机关开展了“激情跨越、争创一流”征文及演讲比赛。

2013 年，全年向工会网站投稿 11 篇，宜昌工会网采用新闻 8 篇，完成了《工人日报》《工友》的征订任务，共订《工人日报》7 份、《工友》杂志 7 份。

2015 年，宜都市水利局干部李广彦作品《细水长流》荣获第九届湖北产（行）业文艺楚天奖摄影作品一等奖；当阳市水利局报送的作品《呼声》荣获第九届湖北产（行）业文艺楚天奖（表演类）二等奖。

2015 年，在宜昌工会维权网发布信息 18 条，在省水利工会网发布信息 30 条，在省水利网、中国宜昌网、宜昌水利网等网站发布信息 79 条。做好报刊征订工作，完成《工人日报》和《工友》征订。

2015 年 12 月 25 日，在省水利工会举办的“践行核心价值观、弘扬水利行业精神”征文中，市水利水电局郭丽丹的作品《将山川织成锦绣》《五小水利惠民生》获得优秀奖。市水利水电局工会荣获优秀组织奖。

2015 年以来，通过“上善若水”职工学习微信群，开展素质提升服务。通过“宜昌水利”微博微信，开展信息宣传服务。2017 年微信公众号发文 772 篇，微博发文 2168 篇。加强“宜昌水利”网站建设，开展高效阳光服务。在“宜昌水利”网站设置投诉咨询专栏，24 小时受理职工群众诉求。

2016 年，策划了反映黄柏河流域开发建设的大型纪实文学《中国有条黄柏河》出版。举办以“弘扬水利精神、争做合格党员”为主题的市直水利系统演讲比赛，举办全市水利系统“水润宜昌 · 美丽江河”摄影大赛，收集作品 600 余幅。组织市直水利系统干部职工 450 余人参加全省职工“弘扬法治精神工会普法在身边”微信有奖答题活动和全市职工“大城梦 · 劳动美”微信有奖答题活动。

2017 年 3 月，举办了全市水利系统“与水相伴、为水而歌”主题征文活动，共收集征文 86 篇。参加市总工会“大美宜昌·最美劳动者”职工书法美术摄影作品展。闫靖摄影作品荣获二等奖，熊先春、李晨晨摄影作品荣获三等奖。

2017 年 6 月底举办市直水利系统“永远跟党走”文艺汇演。

2017 年 8 月，水电局规财科杨帆参加省水利厅“喜迎十九大　共筑水利梦”职工书画展荣获三等奖。

2017 年黄柏河流域管理局干部熊先春加入中国水利作家协会，11 月诗集《太阳底下是故乡》由三峡电子音像出版社出版发行。

（七）女职工工作

2003 年 3 月 16 日，调整市水利水电局工会女工委员会，朱玉香为主任，邹平菊为副主任。

2003 年 8 月 4 日，开展实施女职工素质达标岗位练兵活动。

2006 年 3 月，东风渠管理局调度室被市总工会授予“女职工建功立业示范岗”称号。

2008 年，组织女职工学习了全国五一劳动奖章获得者王忠平先进事迹；加强对女职工的安全培训、教育及考核工作；鼓励女职工参加自学考试和不同形式的业务技能学习考试。

2014 年 4 月，调整市水利水电局工会女工委员会，郭丽丹为主任。

2015 年，开展女职工维权行动月活动，宣传妇女权益保护等法律法规。

2016 年，黄柏河流域管理局女职工李永桂、廖发玉荣获宜昌市女职工建功立业标兵。黄柏河流域管理局邬春蓉获全省水利行业优秀女班组长。

2017 年，组织女职工赴秭归登山踏青，组织单身职工参加集中联谊活动，为十余位单身职工提供交友联谊服务。

2017 年，宜昌市黄柏河流域管理局王玉芹荣获“宜昌市三八红旗手”，宜昌市东风渠灌区管理局张晓卿荣获“宜昌市女职工建功立业标兵”，周国强家庭荣获“宜昌市最美家庭”。

第二节　市直企业工会

根据省委《关于进一步加强工会工作的意见》（鄂发[2009]18 号）、全国总工会《关于加强改进新形势下产业工会工作的意见》（总工发[2008]41 号）和市委市政府《关于印发〈宜昌市人民政府机构改革实施意见〉的通知》（宜文[2010]1 号）精神，经报市委同意，宜昌市直企业工会工作委员会于 2010 年 10 月成立。

市直企业工会工作委员会的机构级别核定为副县级，核定领导职数 1 正 1 副。

主要职责：指导所属基层工会工作，开展调查研究，反映本产业（行业）改革发展重大问题和职工特殊利益问题，维护职工合法权益。动员和组织职工开展具有产业（行业）特点的劳动竞赛、合理化建议、技术革新及职工文化体育活动，广泛开展形式多样的建功立业活动，提高职工队伍素质，培养和推荐本产业的先进典型和劳动模范。

2010 年 10 月–2011 年 4 月，宜昌市直企业工会工作委员会实有人数 1 人，副主任沈襄威（正科级）。

2011 年 4 月–2016 年 4 月，宜昌市直企业工会工作委员会实有人数 2 人，主任何平，副主任沈襄威（正科级）。

2016 年 4 月至今宜昌市直企业工会工作委员会实有人数 2 人，主任李东海，副主任沈襄威（正科级）。

市直企业工会工作委员会服务对象共计 32 家:

宜昌国有资本投资控股集团有限公司

宜昌城市建设投资控股集团有限公司
宜昌高新产业投资控股集团有限公司
湖北宜化集团有限责任公司
湖北安琪生物集团有限公司
宜昌桃花岭饭店股份有限公司
宜昌物资集团有限公司
宜昌港务集团资产管理有限公司
宜昌港务集团有限责任公司
宜昌峡州酒店管理集团有限公司
宜昌长江大桥总公司
宜昌运联置业发展有限责任公司
湖北宜昌棉纺织集团有限责任公司
宜昌旭光棉纺织集团有限责任公司
宜昌交通旅游发展有限公司（机关工会）
宜昌公交集团有限责任公司
湖北宜昌交运集团股份有限公司
湖北三峡九凤谷旅游开发有限公司
宜昌三峡旅游度假区开发有限公司
湖北民康制药有限公司
湖北国贸大厦集团有限公司工会（合资）
宜昌市盐业公司工会
中国石化销售有限公司湖北宜昌石油分公司
中国平安人寿宜昌公司
湖北省烟草公司宜昌市公司
湖北中烟工业有限责任公司三峡烟厂
华润电力（宜昌）有限公司
湖北三峡职业技术学院
宜昌经纬纺机有限公司
中国化学工程第十六建设有限公司
湖北煤炭地质一二五队
中储粮宜昌直属库

主要工作：

1、组织建设

2010年以来，组建华润电力（宜昌）有限公司及部分集团子公司等8家工会；指导工会换届工作；2017年3月14日举办市直企业“互联网+服务职工”实训班，30多名工会干部参加学习；通过线上、线下入会，发展农民工会员8000多人，目前企业建会率为100%，入会率为98%。

2、技能大赛

2015年11月组织宜化集团等3家单位参加了省总工会经贸工会组织的化工行业技能大赛；2017年9月联合市交通委员会举办了宜昌市港航系统技能大赛；积极参与权益保障部职工服务中心创建活

动，2014 年 4 月召开市直企业创建职工服务中心推进会，市直近 30 家企业参加。创建了宜化集团等 6 家市级职工服务中心。2010 年以来，企业职工参加各类劳动竞赛 2 万多人，职工参与率达 89%。

3、参与维权

2011 年，为裕波纺织有限责任公司职工吴梅追回拖欠 3 年的工伤补助款 2 万元；2012 年成功化解裕波纺织有限责任公司因改制拆迁职工群体上访事件；2016 年指导完成了焦化煤气公司企业改制；2016 年 3 月化解了湖北宜昌民康制药有限公司因欠薪发生的停工事件；2016 年以来，接待职工上访事件 80 余件，矛盾化解率达 100%。

4、职工帮扶

2016 年 2 月，组织三峡药业、宜化集团等企业到夷陵区三斗坪镇举办“精准扶贫　脱贫致富”坝区库区移民专场招聘洽谈会。2016 年为枝城港送电脑 4 台，价值 18000 元。截至 2017 年走访慰问困难企业 20 多家，困难职工 1200 多人；每年开展了“金秋助学”和为一线职工“送清凉”活动。

5、文体活动

2010 年以来，创建人福药业等省级职工书屋 4 家、市级职工书屋 12 家。为企业送电影 8 场。为宜港集团一线班组送篮球、羽毛球等物品，价值 12000 元。

6、调研宣传

市直企业工会工作委员会成立以来，在工会组建、劳动保护和维护职工合法权益工作中，广泛开展调查研究。2011 年 8 月撰写了《宜昌市劳务派遣工的情况、问题及建议》调研报告，在《中国工运》刊物上发表。2013 年撰写的《关于企业班组建设工作的调查与对策》调研报告在《中国工运》2013 年第 8 期和《工友》刊物上发表。

7、干部教育

2010 年以来，组织参加全国总工会、省总工会和市总工会干部培训达 82 人次。举办工会干部培训班 6 期，培训工会干部和企业班组长 600 多人。

8、女工工作

截至 2017 年，成立宜昌长江公路大桥公司等 20 多家女职工委员会。2015 年 5 月，开展了“六一”儿童节为公交集团困难职工子女送文具活动。为企业困难女职工送安康保险 1400 多人次。两节走访慰问企业困难女职工 300 多人次。2017 年 5 月，联合女工部组织了市直企业未婚男、女青年联谊会。2018 年 3 月，评选出宜昌市三八红旗集体“宜昌三峡制药有限公司—-质量管理部”和 宜昌市三八红旗个人“湖北中烟三峡卷烟厂雪茄烟车间郑俊玲、宜化集团女职工委员会主任李明亮”。

9、创建和谐企业

市直企业在创建活动中，评选出 10 家“和谐企业”5 家“和谐示范企业”

（1）宜昌市“和谐企业”

2012 年：宜昌公交集团有限责任公司
　　　　湖北安琪生物集团有限公司
　　　　宜昌桃花岭饭店股份有限公司
　　　　宜昌长江大桥总公司

2013 年：湖北烟草公司宜昌市公司
　　　　宜昌三峡制药有限公司

2014 年：宜昌城市建设投资控股集团有限公司
　　　　湖北宜昌交运集团股份有限公司
　　　　湖北中烟工业有限责任公司三峡卷烟厂

2015 年：宜昌市盐业公司

（2）宜昌市“和谐示范企业”

湖北宜化集团有限责任公司

宜昌人福药业有限责任公司

湖北安琪生物集团有限公司

宜昌桃花岭饭店股份有限公司

湖北宜昌交运集团股份有限公司

10、民主管理

组织市直企业积极参加市“工资集体协商示范企业”创建活动，创建了“宜昌三峡制药有限公司和湖北国贸大厦集团有限公司”两家“工资集体协商示范企业”。

1. 宜昌国有资本投资控股集团有限公司工会

一、基本概况

集团于 2015 年 1 月 8 日正式成立，由宜昌市夷陵国有资产经营有限公司和宜昌市财政经济开发投资公司为基础组建，注册资本 10 亿元。集团作为宜昌国有资本市场化运作的专业平台，主要功能为引导产业发展、扶持创新创业、保障改革稳定、助力民生事业。

截至 2017 年 8 月底，集团拥有二级出资企业 16 家，三级出资企业 41 家；总资产 268 亿元，净资产 96 亿元，资产负债率 64%。

集团建立了规范的法人治理结构，设有董事会、监事会和经理层。董事会成员 5 人（其中职工董事 1 人），监事会成员 5 人（其中市国有企业第一监事会 3 人，职工监事 2 人），经理层成员 3 人。

集团现有在册职工 193 人，其中，大学本科以上学历 136 人（硕士研究生 41 人），占职工总数的 70%；中共党员 92 人，占职工总数的 48%。

二、组织沿革

2015 年 9 月，经宜昌市总工会批准，组建宜昌国有资本投资控股集团有限公司工会委员会。

2015 年 11 月，集团工会组建了 3 个分工会。

2016 年 9 月，经集团工会研究并报集团党委批准，撤销原基层工会组织，组建了 6 个新的基层工会。

2017 年 11 月，经集团工会研究并报集团党委批准，决定调整集团基层工会组织设置，新设立武汉银海合盛置业有限公司分工会，变更有关基层工会组织名称，有基层工会 7 个，会员 193 人，工会专兼职干部 19 人。

三、主要工作

集团工会及基层工会紧紧围绕集团的工作大局，围绕维护职工的合法权益开展各种活动，充分发挥工会组织的桥梁和纽带作用，全面履行各项职能。

（一）组织工作

2015 年 12 月 30 日，第一届工会委员会第三次全体会议审议通过了《工会委员会议事规则》《工会经费管理规定》两项制度。

2016 年 6 月，集团设立群团工作部，作为工会的常设工作机构。

（二）权益保障

2015 年 9 月—2017 年，集团工会组织员工进行了体检和女职工妇检，建立职工个人健康档案。由工会发放困难补助金、慰问金及物品。

（三）民主管理

2015 年 9 月—2017 年，集团工会深入推进厂务公开。集团工会代表全体职工与公司签订了《劳动安全卫生专项集体合同》《女职工权益保护专项集体合同》及《工资集体协商专项集体合同》。

2015-2017 年，集团工会共召开了 4 次职工代表大会。

集团一届一次职工代表大会，于 2015 年 11 月 9 日在桃花岭三楼桃岭春会议室召开，到会代表 35 名。集团党委副书记、总经理李晓荣出席会议并作重要讲话，集团工会主席戴德云向大会作工会工作报告，职工代表江海致倡议书。

集团一届二次职工代表大会，于 2016 年 7 月 29 日在夷陵饭店会议室召开，到会代表 34 名。集团党委书记、董事长郭习军出席会议并作重要讲话。听取 2016 年上半年经营工作报告、财务结算报告、经营（工作）目标考核情况和集团“十三五”发展规划（草案）及编制说明。

集团一届三次职工代表大会，于 2017 年 1 月 22 日在集团 20 楼三会议室召开，到会代表 33 名。集团党委书记、董事长郭习军出席会议并作重要讲话。工会主席戴德云通报大会筹备情况，听取 2016 年度经营工作报告、财务决算及 2017 年度财务预算报告等。大会安排集团中层干部述职述廉暨民主评议等议程，并审议通过了《劳动安全卫生专项集体合同》。

集团一届四次职工代表大会，于 2017 年 7 月 21 日在集团 20 楼三会议室召开，到会代表 32 名。听取了 2017 年上半年经营工作报告、财务结算报告等。

（四）经济技术和劳动保护

2016 年 4 月 28 日，集团下属担保公司参与宜昌市劳动竞赛委员会开展的“践行新理念，建功十三五”劳动竞赛活动。

2016 年 5 月 31 日，集团组织开展了“安全生产月”活动。

2015 年-2017 年，集团组织开展了湖北省安全生产知识网络竞赛等活动。

（五）宣教文体

2016 年 10 月 21 日—11 月 11 日，集团工会主办、夷陵国资分工会承办了第一届“国投杯”篮球比赛。

2016 年 12 月 30 日，集团工会组织员工参加全市元旦长跑。

2017 年 1 月，集团建立了集团职工文体活动室，购置 3 万多元的活动器材。

2017 年 3 月，集团建立了“职工书屋”，购买了 98 册书籍，使用经费 5760.6 元。

2017 年 3 月 7 日，集团工会印发了《关于开展集团干部职工“体育活动日”活动的通知》。

2017 年 4-9 月，集团工会举办了第二届“国投杯”乒乓球、羽毛球、篮球比赛，与农业银行三峡分行举行了趣味乒乓球联谊活动。

2017 年 5 月 6 日，集团工会组织 163 名职工在宜昌市国防教育基地开展了团队素质拓展训练。

2017 年 9 月 29 日，集团工会在合益路职工活动中心举办了趣味运动会。

2017 年 12 月 30 日，集团工会组织员工参加全市元旦长跑。

2. 宜昌桃花岭饭店股份有限公司工会

一、基本概况

宜昌桃花岭饭店股份有限公司是集住宿、餐饮、会议、商务、旅游、康乐为一体的现代化四星级旅游饭店，宜昌市国资委出资监管的市属重点企业，宜昌主要政务接待场所，对外交流的重要窗口，市旅游饭店业领军企业，承担着宜昌政务接待和高端商务接待任务，以优秀的软件服务品质闻名全省乃至全国酒店业。现有职工 400 多人，工会入会率达 97%。

二、组织沿革和代表大会

1986 年 8 月 25 日，经湖北省总工会宜昌地区办事处批准，成立工会委员会。

1993 年 3 月，召开首届一次职工代表大会。

1994 年 8 月，召开二届一次职工代表大会。1997 年 4 月，成立基层分会。

1999 年 4 月，召开三届一次职工代表大会。

2002 年 7 月，召开四届一次职工代表大会。

2004 年 12 月，召开五届一次职工代表大会。

2008 年 5 月，召开六届一次职工代表大会，选举职工董事。

2010 年 10 月，召开七届一次职工代表大会。

2015 年 4 月，召开八届一次职工代表大会。

2017 年 5 月，召开九届一次职工代表大会。

宜昌桃花岭饭店股份有限公司工会历任负责人名录

表 17–31

单位名称	姓　名	任职时间	职　务
宜昌桃花岭饭店股份有限公司工会	李家禄	1986.3–1992.3	主　席
	包德元	1992.3–1998.8	
	周厚梅	1998.8–2009.1	
	曹建华	2009.1–2010.10	
	姜　萍	2010.10–2016.4	
	熊红成	2016.4 至今	
	赵　岗	1986.3	副主席
	张　彪	2011.5–2014.2	
	李　敏	2014.2–2015.3	
	张　彪	2015.3–2018.5	
	陈　勇	2018.5 至今	

三、主要工作

公司工会以服务职工、服务企业为已任，积极参与和协助公司的经营管理工作，积极履行维护职工合法权益、促进职工素质提升、推进企业民主管理、构建和谐劳动关系等职责，推动企业健康发展。

（一）组织建设

1、会员发展

1986 年 8 月，公司工会成立以来，服务广大职工，注重宣传引导，吸纳广大职工加入工会组织，职工入会率一直保持在 97%以上。

2、班子建设

公司工会委员会于 1986 年 8 月成立，1997 年 4 月成立基层分会，2000 年 3 月成立女职工委员会，2000 年 11 月成立工会经费审查委员会。组织构建以后，经过 30 年来的不断健全和规范，形成了完善的组织体系。

当前为第九届工会委员会，由工会主席、副主席和工会委员组成。公司工会成立了经费审查委员会、女工委员会和劳动保护监督检查委员会，下设餐饮分会、客房分会、综合分会和保障分会四个工会分会。

公司设有工会办公室，配备专职工会干事。

3、“职工之家”的建设

1997 年 7 月 24 日，市总工会和市直机关工委为公司成为市直单位中第一个合格的职工之家授牌。公司工会副主席曾昭全、工会干事张承凤介绍了创建职工之家的情况。2011 年起，进一步加强了“职工之家”的建设，开始开展“会员评家”。“会员评家”满意率，2011 年为 92.76%，2012 年为 98%，2013 年为 94.4%，2014–2015 年为 96.5%，2016 年为 98.59%，2017 年为 97.9%。

（二）群众生产

1、劳动竞赛

每年开展以服务质量为主题的竞赛、各部门岗位大练兵同步实施的劳动竞赛活动，大力提升职工业务和综合素养。

2016 年开展“感动顾客 为我点赞”质量竞赛活动，涌现出先进部门 1 个，最美服务班组 3 个，最美服务明星 63 人。2017 年以“匠心服务 百年梦想”为主题，围绕践行工匠精神开展质量竞赛活动，涌现出服务明星 63 名，先进班组 3 个。客房部开展了检查 OK 房比赛、礼宾中心行李服务技能竞赛、中式铺床比赛、总台问询比赛;餐饮部开展了趣味知识竞答赛、标准化服务情景剧主题竞赛、厨王争霸赛;财务部开展了收银员技能比武和知识竞赛;营销部开展了两次应知应会知识竞赛。

饭店阶段性开展全员参与的服务技能大赛。2012 年举办了第十一届服务技能大赛，2017 年开展了第十二届服务技能大赛。

通过争当业务能手竞赛，服务质量稳步提升，宾客满意率达到 99%，政务接待满意率达 100%，受到了各级领导和广大顾客好评。2015 年、2016 年连续两年被市总工会评为劳动竞赛先进单位。

2、职工培训

建立运营公司、部门子公司、班子三级培训体系，将理论知识、业务技能、实际操作全面融入培训体系，按月制定培训计划、实施培训督导、开展效果评估，实现了培训工作的制度化、常态化。实施培训员制度和新员工指导老师制度，强化基层培训力量，确保培训质量不断提升。

2016 年，公司内部培训累计 12032 人次，完成培训课时达 18150 课时，安排人员外出学习及考察交流 23 人次。外请专家授课 1 次，培训职工 353 人。

2017 年，公司内部培训累计 11258 人次，完成培训 20299 课时，安排人员外出学习及考察交流 4 人次。外请专家专项讲座 2 次，培训职工 582 人，形成了“创建学习型组织和争做学习型员工”的良好氛围。

3、安全生产

2016–2017 年，开展“安康杯”竞赛、“安全随手拍”活动，加强安全培训，及时发现并排除安全隐患 102 处。稳步提升职工安全意识和操作技能，实现了安全生产无事故。

4、选树典型

公司工会成立以来，先后培养部级劳动模范、省级劳动模范、省级“五一”劳动奖章各 1 人，市级劳动模范 3 人，区级劳动模范 1 人。涌现出市级“工人先锋号”“建功立业标兵”等 10 多个。

历届全省全市旅游饭店服务技能大赛，公司选手在总台问询、中式铺床、西餐摆台、中餐服务和鸡尾酒调制等多个醒目中名列前茅。

2016 年，开展“桃花岭工匠”评选活动。评选出技术带头人 6 名，其中 1 人“宜昌工匠”提名。餐饮部在十大“宜昌名菜”烹饪技能竞赛中荣获两个菜品的第一名。安保部酒店热水系统节能方案获宜昌市第五届职工技术创新成果三等奖。餐饮部姚永芳被评为宜昌市劳动模范，巴楚厨房荣获宜昌市“工人先锋号”光荣称号。

2017 年，杨善全劳模创新工作室被市总工会命名为“宜昌市职工（劳模）创新工作室”，陈凯获市总工会 2017 年度职工安全隐患排查整治大赛三等奖，客房部管家中心获“宜昌市工人先锋号”光荣称号。

（三）权益保障

1、坚持依法治企

公司工会与行政方签订并兑现《集体合同》，严格贯彻落实《工会法》和国家颁布的关于工会工作的法规制度。在上级工会的指导下，陆续签订《女职工特殊权益保护专项集体合同》《劳动安全卫生专项合同》。集体合同、专项集体合同坚持及时续签，始终有效运行。

2011 年起，开展工资集体协商，经过事前要约协商、职工代表大会审议通过，签订《集体工资协议》，依法保障职工合法权益。

2、保障合法权益

员工手册、薪酬制度等涉及职工切身利益的制度规定和涉及公司改革发展的重大决策，均提交职工代表大会审议表决通过后实施。

2012 年以来，在市场环境堪忧、发展压力巨大的情况下，优先保障职工收入增长。2016 年在岗普通职工收入水平较 2015 年增长 8.96%，各项社会保险及公积金人均缴费基数同比增长 12%。2017 年，公司在岗普通职工收入水平较 2016 年增长 7.6%，各项社会保险及公积金人均缴费基数同比增长 11%。

连续多年无重大劳动争议纠纷，职工的劳动合同签订率达 100%，社保办理达到了 100%，社保基数依法及时上调。

（四）民主管理

1、职工代表大会

1993 年 3 月，依法召开第一届职工代表大会以来，每年至少召开一次职工代表大会，审议表决涉及职工利益和重大决策事项，保障职工切身利益和民主权益。

2、职工董事和职工监事

2008 年 5 月，选举职工董事，2011 年 5 月选举职工监事，完善公司法人治理结构。职工董事、职工监事依法参加公司董事会，代表职工行使参政议政和监督权利。

3、店务公开

2002 年 7 月，成立店务公开工作领导小组，出台店务公开工作制度，明确店务公开事项内容和实施流程，指定专人跟踪落实。2015 年、2016 年结合实际两次修改店务公开工作制度。

2016 年店务公开，公示职工招聘、解聘方案类事项 7 次；公示财务管理和审计、评估结果类事项 5 次；公示物资采购、建设项目招投标情况类事项 10 次；公示职工工资、福利、晋级类事项 1 次，职工奖励及惩处类事项 11 次，安全生产措施、安全责任事故及处理结果类事项 1 次；公示领导人员执行廉洁自律规定和职务消费情况类事项 7 次，领导人员年薪制实施及考核情况和持有本企业股权情况类事项 10 次，民主评议干部 4 次；公示发展党员、工会工作、劳动竞赛和宣传等事项 34 次。全年共计公示各类事项 95 次。

2017 年“改革、改制、重大决策”公示：职工招聘、解聘方案类事项 16 次；“经营管理方面的重大问题”公示：财务管理和审计、评估结果类事项 25 次，依法依规实行物资采购、建设项目招投标情况类事项 16 次；“涉及职工切身利益的问题” 公示：职工工资、福利、晋级类事项 1 次，职工奖励及惩处类事项 9 次，安全生产措施、安全责任事故及处理结果类事项 1 次；“领导班子建设和廉政建设情况”公示：领导人员执行廉洁自律规定和职务消费情况类事项 5 次，民主评议领导人情况 2 次；公示发展党员、工会工作、劳动竞赛和宣传等事项 33 次。全年共计公示各类事项 108 次。

4、建言献策

长年坚持开展总经理接待活动，常设职工意见箱。2016 年出台《职工建言献策工作实施办法》。通过全员大会、管理人员会议和职工培训会，及时向职工介绍经营形式，向职工亮家底，引导职工与企业一同破解难题，共创美好明天。

5、推进互联网+工会工作

2015 年起推出并有效运行工会委员微信群、“三万”困难职工帮扶群，提高了工作效率，拉近了与职工的距离。

（五）职工活动

长年开展职工生日、春游、秋游活动和看电影职工联谊活动，举办拔河比赛、棋牌比赛、羽毛球比赛、演讲比赛、歌咏比赛等职工文体活动，给职工提供放松心情、陶冶情操、彼此交流的平台，职工参与率始终在 70%以上。

（六）女职工工作

2000 年 3 月，成立女职工委员会，签订《女职工特殊权益保护专项集体合同》。每月发放女职工卫生费，每年组织女职工体检，确保职工代表大会女职工比例，保障女职工同岗同酬。中层以上管理人员岗位，女性管理人员比例超过 30%。

坚持开展“三八”妇女节庆祝活动，表彰优秀女职工。2016 年，营销部被评为“宜昌市女职工建功立业标兵岗”。2017 年，公司召开“三八”国际劳动妇女节表彰座谈会，表彰“优秀女职工”15 人、“建功立业标兵”10 人、“优秀女工干部”2 人、“建功立业标兵岗”4 个。

（七）职工关怀

2003 年，成立困难职工救助中心。2014 年成立困难职工帮扶基金。2016 年，帮扶困难职工 32 人次，帮扶金额 34100 元，帮扶标准由 800-1500 元提升为 1000-1500 元。金秋助学职工家庭 3 个，资助金额 8000 元。慰问职工生病等情况 40 人次，慰问金额 8500 元。2017 年，帮扶困难职工 27 人次，帮扶金额 36300 元；使用困难职工帮扶基金帮扶特别困难职工 3 人次，金额 8000 元；金秋助学职工家庭 3 个，资助金额 6000 元；慰问职工住院 24 人次，慰问金额 6450 元。公司中层及以上管理人员对 19 名困难职工进行了一帮一活动。

春节、端午、中秋等传统节日，坚持发放年节慰问品。持续改善职工宿舍、职工食堂等职工工作生活环境。长年开展“夏送清凉”慰问活动，将防暑降温物品送到高温岗位。坚持管理人员和职工交心谈心，关注职工身心和工作生活情况，畅通表达诉求的渠道，及时向职工提供帮助和关怀。

3. 湖北三峡职业技术学院工会

一、基本概况

湖北三峡职业技术学院是经省政府批准、教育部备案，于 2002 年由宜昌市政府创办的全日制普通高等学校。办学历史上溯到 1949 年 8 月成立的宜昌专署财经学校。

学校位于宜昌市体育场路 31 号，占地面积 1621 亩。

二、组织沿革及代表大会

2003 年 1 月成立宜昌职业技术学院第一届工会委员会，至 2014 年工会委员会已历三届。至 2017 年底，在编教职工 807 人，合同工 167 人，工会会员 974 人，基层工会组织 14 个，专职工会干部 5 人。

代表大会

从 2003 年至 2017 年，共召开教职工代表大会和会员代表大会（简称“双代会”）的会议三届共

15次。

2003年1月15日，召开第一届教职工代表大会第一次会议。

2007年4月6–7日，召开第二届教职工代表大会第一次会议。

2013年3月28日，召开第三届教职工代表和工会会员代表大会第一次会议。选举产生福利工作委员会、提案工作委员会。

三、主要工作

学校工会及各二级工会紧紧围绕全校工作大局，充分发挥工会组织的桥梁、纽带作用，全面履行各项职能。

（一）组织工作

2009年12月4–5日，举办基层工会干部学习培训班，共有20人参加，认真学习贯彻了湖北省委工会工作会议精神。15个基层工会在会上发言，总结交流经验。

2014年6月3日，参加宜昌市新任工会干部培训班学习。

连续开展“优秀基层工会”“优秀工会干部”“优秀工会会员”评比表彰活动。评出优秀基层工会50余个次，优秀工会干部120余人次，优秀工会会员400余人次。

（二）权益保障

2007–2018年，工会走访慰问学院病困教职工140余人次，送温暖金额12万余元。

坚持进行职工住院慰问、职工去世及直系亲属去世慰问、传统节日慰问、生日祝福等，共计金额500余万元。

（三）民主管理

从2007年二届一次教代会至2017年三届五次教代会，共征集提案141份，多次召开提案督办会、提案办理情况反馈会。

2014年4月组织召开三届二次“双代会”代表团团长会议，讨论学校新一轮岗位设置方案和实施细则。

建校以来，校工会多次组织召开学校二级教代会校务公开工作交流会、校务公开工作检查汇报会。

（四）职工教育

2010–2015年，组织开展五届“创学习型校园，做知识型教工”等为主题的读书活动。

2011年9月8日下午，宜昌市总工会、宜昌市教育局为庆祝第27个教师节，联合举办“情系教育事业 走进湖北三峡职业技术学院”慰问演出。

2016年11月25日下午，市总工会和校工会、学工处联合举办“劳模进校园”事迹报告会。

（五）文体活动

1、校内组织活动

2004–2017年，校工会举办教职工文艺汇演2次，迎新年教职工拔河、跳绳比赛、文艺晚会、趣味游艺会、联欢会8次，举办男子三人篮球赛5次，男子和女子排球赛、混合赛6次，乒乓球赛、羽毛球赛共7次，还举办过教职工巴山舞比赛、足球友谊赛、广播体操比赛和太极拳培训等活动。

2、参加省市各类文体活动

2005–2016年，组织参加省高校和职教系统举办的乒乓球、羽毛球团体和个人赛6次，市直机关二届、三届羽毛球比赛和首届、二届全民健身运动会等活动，获得过“最佳组织奖”“道德风尚奖”团体冠军等荣誉，取得过广播操比赛冠军、游泳接力赛冠军等好成绩。

（六）女工工作

2006年3月2日，女职工委员会表彰“五好文明家庭”9个，举办“关注女性健康”知识讲座。

2007年4月27日，女职工委员会开展“送书、送衣、送学习用具—牵手农村贫困儿童”活动。共捐助衣物1413件、书籍275本，学习用具107件，现金635元。

2008年3月6日下午，召开庆祝“三·八”国际劳动妇女节暨表彰大会，女教职工代表近200人参加。

2011年3月7日，举行“庆三八、步步高”女教工登阶梯比赛。

2014年“三八”国际劳动妇女节表彰李方桥等23个“最美家庭”。

2016年，医学院女教师胡慧勤被授予市“女职工建功立业标兵”称号。

2017年，人事处、旅游与教育学院获得“宜昌市直机关巾帼文明岗”称号，李秀玲、黄亚娴、方瑛、杜丽辉、陈珊珊、邓惠芳等6名个人获得“宜昌市直机关巾帼建功标兵”称号。

2017年，黎韵文、方瑛、朱华平、刘勤等4个家庭获宜昌市直机关 “最美家庭”称号。

4. 湖北盐业集团有限公司宜昌分公司工会

一、基本概况

湖北盐业集团有限公司宜昌分公司系湖北盐业集团有限公司下属的国有企业，担负着全市5县3市5区的食盐供应工作，管辖着8个县（市）分公司和城区一个批发部。公司的管理模式为一套人马，两块牌子。一为政府直属的宜昌市盐务管理局，其职能专司盐政管理，确保国家《盐业管理条例》的贯彻实施，为企业的食盐专营保驾护航。二是湖北省宜昌盐业公司，其职能是从事盐产品的经营与管理，公司注册资金1100万元，经营范围为盐（含食盐）批发，从事食用油及酒等非盐销售工作，销区为宜昌城区及市辖8县（市、区）。

截至目前，整个宜昌地区在册127人，其中在岗116人，内退9人。宜昌分公司在册76人，其中在岗69人，内退6人。

二、组织沿革

1979年9月13日组建成立地区盐业公司。

1984年成立宜昌盐业工会，并成立第一届工会委员会。

1989年选举产生了第二届工会委员会。

1992年3月地市合并，宜昌盐业公司隶属新的宜昌市政府领导。

1995年选举产生了第三届工会委员会。

2002年9月4日，工会委员会换届选举，组成第四届工会委员会。

2007年9月28日成立工会女工委员会和经费审查委员会。

2009年，选举产生第五届工会委员会。

到2017年底，湖北盐业集团有限公司宜昌分公司工会会员76人，工会主席由公司副经理兼任，工会干事1人。

三、代表大会

1989年5月11日，公司召开第二届一次会员大会，民主选举产生工会委员会。冯运芬担任工会主席。

1995年，召开宜昌盐业第二届五次职工代表大会，工会委员进行换届选举，罗德全担任工会主席。

2002年9月4日，召开第三届三次职工代表大会，工会委员会进行换届选举，王林香任工会主席。

2009年，召开职工代表大会，选举了第五届工会委员会委员5人：林伟、钱怀举、沈建琼、方斌、涂景林，工会主席：林伟。

四、主要工作

（一）组织工作

1989 年，工会委员会由冯运芬、陈明玉、宋清宝、王建敏、胡杰五人组成。发展会员 47 人。

1992 年地市合并，经宜昌市一轻工业局党委研究，吴秀秀任宜昌盐业分公司工会主席。会员人数共 54 人。

1995 年，工会代表大会进行换届，选举产生第三届工会委员会委员 5 名。会员人数共 56 人。

2000 年，吴秀秀任湖北省宜昌盐业公司工会主席。会员人数共 65 人。

2002 年 9 月 4 日，召开第三届职工代表大会，选举王林香、姜玲、熊华、宋秀琼、佘静等 5 人组成第四届工会委员会。会员人数共 67 人。

2003 年，被宜昌市总工会授予市模范“职工之家”称号。

2007 年 9 月 28 日选举产生新的公司工会委员会，主席：王林香，组织委员：钱怀举，文体委员：宋秀琼，劳动委员：沈建琼。讨论通过成立工会女职工委员会，主任：张巧玲，委员：佘静、李欣。经费审查委员主任：宋秀琼，委员：李欣、方斌。会员人数共 84 人。

2009 年，选举第五届工会委员会成员：林伟、钱怀举、沈建琼、方斌、涂景林。成立公司劳动争议调解委员会和女工委员会。劳动争议调解委员会主任：刘景志。委员：沈建琼、涂景琳。女职工委员会主任：沈建琼。委员：涂景琳、佘静。会员人数共 89 人。

2011 年 6 月，公司工会被宜昌市总工会评为“宜昌市‘七好’基层工会组织”和“工会财务先进集体”称号。

2013 年度全市“工会工作创先争优”荣誉称号。

1995–2017 年，公司工会委员吴秀秀、张巧玲、钱怀举获全省盐业系统优秀工会工作者称号。宋秀琼、刘金玉、姜玲、佘静、陈明勤、焦亚兴、夏明双获全省盐业系统工会工作积极分子称号。

（二）民主管理

1993 年 6 月 15 日，召开第二届二次工会委员会扩大会议。工会委员、工会小组长及部分职工代表共 9 人参会。会议总结上半年工作，提出下半年对工会工作和公司有关工作的建议和安排。

1993 年 9 月 21 日，召开第二届三次工会委员会扩大会议。工会委员、工会小组长及部分职工代表共 9 人参会。会议讨论通过职工入会申请等。

1995 年，各支公司代表参加宜昌盐业第二届五次职工代表大会，讨论通过公司全员劳动合同制方案和公司考核增资方案。

1996 年 3 月 18 日，召开第三届一次职工代表大会。会议讨论通过工会 1996 年工作方案；审议公司《职工考勤、评发奖金、盐贴和误餐帖制度》；对企业发展与建设提出了合理化建议。

2001 年 8 月 28 日，召开第三届二次职工代表大会，讨论、审议《宜昌盐业公司职工内部离岗退养实施方案》。

2002 年 9 月 4 日，召开第三届三次职工代表大会，讨论审议宜昌盐业公司《竞争上岗，双向选择实施方案》。

2003 年，召开第四届一次职代会，制定了《宜昌盐业公司职工代表大会实施细则》《宜昌盐业公司厂务公开实施办法》。

2005 年，公司先后召开两次职代会，通过了行政提交的调整职工住房公积金、奖金等事项，替补省总公司工会职工代表。

2006 年，先后召开两次系统职工代表大会，审议通过《宜昌盐业公司三项制度改革实施方案》。特别是“薪酬分配制度的改革方案”。

2008 年，枝江公司被湖北省总工会授予“工人先锋号”。

2009 年，先后召开三次职工代表大会，讨论修改《宜昌分公司职工企业年金方案》，讨论和建议修改《湖北盐业集团有限公司职工奖惩暂行规定》，审议通过《宜昌分公司职工年度考评办法》，审议修改《宜昌分公司薪酬分配制度改革实施方案》。

2013 年 3 月 21 日，召开五届一次职工代表大会审议通过《职工薪酬分配调整草案》。出席会议的正式职工代表 20 名，列席代表 17 名。

2015 年 5 月，获得宜昌市人民政府授予的“宜昌市和谐企业”称号。

（三）权益保障

1994 年 2 月 3 日，召开第二届四次工会委员会会议，工会委员、工会小组长及部分职工代表共 9 人参会，讨论公司职工医疗费试行方案及职工食堂去留问题。

（四）经济技术和劳动保护

1.劳动竞赛

2002 年，组织参加全省盐业系统包装机操作工技能比赛。

2004 年，组织 9 名职工参加“全省盐业运销系统业务微机操作技能比赛活动”，1 人获前十名岗位能手称号。

2007 年，组织参加全省盐政管理知识竞赛，荣获第二名。

2009 年，公司批发部被宜昌市总工会授予“工人先锋号”称号。

2014 年，王建敏、钟学军获得“湖北盐业市场管理标兵能手”称号

2015 年，唐海英获业务能手标兵称号。

2016 年 5 月，参加集团公司开展的汽车驾驶岗位标兵、能手评选活动，1 人获“优秀驾驶员”称号。

2017 年，参加集团公司系统内开展的客户经理岗位评选活动，陈和国、陈明勤被评选为客户经理岗位能手。

2.技能培训

1993 年，公司工会牵头组织公司妇女一行 18 人到远安、当阳支公司学习第三产业。

2017 年，参加市直企业工会干部“互联网＋服务职工”实训班。

3.宣教文体

1991–2017 年期间，组织公司职工参加省盐业运销系统乒乓球赛、省总公司“云鹤杯”篮球赛和两届羽毛球赛、第十届十一届省盐业乒乓球赛、西陵区全民健身运动会、宜昌市 32 届迎新春元旦长跑活动、市工会举办的球类赛以及社区举办的球类棋类比赛活动。组织参加省公司“鄂盐之光”文艺调演和“云鹤腾飞”文艺汇演活动，社区庆“七一”文艺汇演和庆十六大胜利召开联欢活动，参加宜昌市国资委“国企魂”文艺演出，组织参加“我看盐业三十年”征文比赛、“我为湖北盐业发展献计献策”征文活动。1999 年组织学习宣传《劳动法》《工会法》《女职工权益保护法》，并进行知识竞赛。公司工会举办夏季趣味游泳活动和“低碳出行，绿色盐业”自行车骑行等活动。

（五）女职工工作

1995 年，举办妇女大会暨妇女卫生保健知识竞赛。

2006 年，公司工会被宜昌市总工会评为“女职工工作先进集体”

2012 年，吴周玉获市“女职工建功立业标兵”。

第十八章　县市区工会

第一节　宜都市工会

一、基本概况

宜都市位于长江中游宜昌市东南部，系江汉平原向鄂西山区过渡地带。东北濒临长江与猇亭区、枝江市隔江相望，东南与松滋市交界，西南与五峰土家族自治县相连，西与长阳土家族自治县毗邻，北与点军区接壤。至2017年底，全市辖8镇1乡1街道、2个管委会，总人口39万，国土面积1357平方公里。

2017年，全年实现地区生产总值575.82亿元，社会固定资产投资完成409.98亿元，公共财政预算收入28亿元，全年社会消费品零售总额为118.21亿元。主要经济指标总量保持宜昌前列，综合实力稳居全省第一方阵，全国县域经济基本竞争力排名从上年85位升至81位。

二、组织沿革

1987年11月，随着撤销宜都县设立枝城市，县总工会更名为枝城市总工会。

1998年6月，随着枝城市更名宜都市，市总工会更名为宜都市总工会。

2000年，全市市直单位工会主席按照党政副职配备。12个乡镇街道全部组建成立工会工作委员会并配备专职工会主席。

2001年，市总工会定编5人，机关工勤人员事业编制1名。设办公室（宣教民管部）、组织财务部、女工生活法律部、生产事业部4个职能部门。

2003年，市工人文化宫实行人事制度改革后，市委编办批复设立差额拨款事业编制5个。

2008年，成立宜都市总工会困难职工帮扶中心，帮扶中心与宜都市工人文化宫合署办公(一套班子两块牌子)，人员编制内部调剂。

2013年，宜都市总工会困难职工帮扶中心在全省率先升级为宜都市总工会职工服务中心。

2016 年，市工人文化宫确定为公益一类事业单位。同年，按照全国总工会《关于加强和规范工人文化宫管理的意见》，拆除21间临街商业门面，建成1760㎡公共停车场，对1200㎡租赁用户劝退，建起爱心驿站、爱心母婴室、舞蹈室、合唱室等职工免费开放式文化场所。

2017年5月，完成市工人文化宫立面改造。同年底，市总工会完成机关改革，内设部室调整为维权服务部、生产宣教部、组织基层部，财务资产部，办公室。

三、代表大会

1992–2017年，市工会共召开五次工会代表大会。

枝城市工会第一次代表大会于1992年1月13–14日在陆城召开，出席会议代表359名。屈克诚向大会作题为《振奋精神，团结奋斗，为振兴枝城市作出新贡献》的工作报告。大会选举产生第一届委员会委员29人。主席：屈克诚，副主席：杨成松、谭秀远。

枝城市工会第二次代表大会于1998年1月16–17日召开，出席会议代表133人。周启圣向大会作题为《高举旗帜，把握大局，围绕中心，开拓进取，团结和动员全市职工为实现我市新一轮经济大发展而努力奋斗》的工作报告。大会选举产生市总工会第二届委员会委员21人。在二届一次全委会上，选举产生市总工会常委7人，正副主席3人。主席：周启圣，副主席：谭秀远、杨士荣。

宜都市工会第一次代表大会于2003年4月22–23日在陆城召开。会议正式代表120人，特邀代表6人。陈凤喜向大会作题为《与时俱进，开拓创新，团结动员全市职工为实现我市“三市”目标而奋斗》的工作报告。大会选举产生了宜都市总工会第一届委员会委员25人。在一届一次全委会上，选举产生市总工会第一届委员会常委7名，正副主席4名。主席：秦文煊，常务副主席：陈凤喜，副主席：杨士荣、邹玉红。

宜都市工会第二次代表大会于2008年4月21–22日在陆逊宾馆隆重开幕。会议正式代表125人，特邀代表3人。高登海向大会作题为《树立以职工为本的科学维权观，团结动员全市广大职工为宜都在全省率先实现全面小康宏伟目标而努力奋斗》的工作报告。大会选举产生市总工会第二届委员会委员25人。在二届一次全委会上，选举产生常委8人，正副主席4人。主席：王长镜，常务副主席：高登海，副主席：彭正元、邹玉红。

宜都市工会第三次代表大会于2013年7月9–10日在小西湖宾馆召开。大会正式代表167名，特邀代表15名。沈绪文代表第二届委员会向大会作题为《凝心聚力，服务创新，团结动员全市职工激情奋进推动宜都跨越发展》的工作报告。大会选举产生了市总工会第三届委员会委员25人。在三届一次全委会上，选举产生常委9人，正副主席5人。主席：罗华玉，常务副主席：沈绪文，副主席：晏波云、侯春煜。

2016年，全市试点推行会员代表常任制，市总工会率先垂范，创新推出会员代表民主评议制度、提案制度等七项制度，实行届中“两委会”向代表报告工作、全体委员向代表述职，并接受代表民主评议，同时，发挥代表作用，走访职工，撰写提案，实现将工会工作取向真正交给职工。2016年、2017年3月28日，分别召开市工会三届二次、三次代表大会。

2017年12月29日，按照全市工会改革方案的要求，召开三届九次全委会议，将市总工会第三届委会委员人数由原来的25名增补为33名，常委增选为13名，增选产生兼职副主席3名、挂职副主席1名。兼职副主席：罗建军、郭军军、李均，挂职副主席：高嵩。

宜都市总工会历任负责人名录

表 18–32

届次	姓名	任职时间	职务	备注
宜都县总工会 第六届委员会	屈克诚	续 1989.01—1992.01	主　席	–
	杨成松	续 1989.01—1992.01	副主席	–
	谭秀远	1988.07—1992.01	副主席	–
枝城市总工会 第一届委员会	屈克诚	1992.01—1995.12	主　席	–
	周启圣	1995.12—1998.01	副主席	–
	杨成松	1992.01—1995.12	副主席	–
	谭秀远	1992.01—1998.01	副主席	–
	于宏发	1995.12—1998.01	副主席	–
枝城市总工会 第二届委员会	周启圣	1998.01—1999.05	主　席	–
	秦文煊	1999.05—2003.04	主　席	市委常委
	周启圣	1999.05—2001.03	常务副主席	–
	陈凤喜	2001.03—2003.04	常务副主席	–
	谭秀远	1998.01—2001.12	副主席	–
	杨士荣	1998.01—2003.04	副主席	–
	邹玉红	2001.12—2003.04	副主席	–

续表

届次	姓名	任职时间	职务	备注
宜都市总工会第一届委员会	秦文煊	2003.04—2006.12	主　席	市委常委
	王长镜	2006.12—2008.04	主　席	市委常委
	陈凤喜	2003.04—2006.08	常务副主席	–
	高登海	2006.08—2008.04	常务副主席	–
	杨士荣	2003.04—2008.02	副主席	–
	邹玉红	2003.04—2008.04	副主席	–
宜都市总工会第二届委员会	王长镜	2008.04—2011.10	主　席	市委常委
	王世斌	2011.10—2012.03	主　席	市委常委
	罗华玉	2012.03—2013.07	主　席	市委常委
	高登海	2008.04—2011.10	常务副主席	–
	沈绪文	2011.10—2013.07	常务副主席	–
	彭正元	2008.04—2012.12	副主席	–
	邹玉红	2008.04—2010.07	副主席	–
	晏波云	2011.08—2013.07	副主席	–
	侯春煜	2013.03—2013.07	副主席	–
宜都市总工会第三届委员会	罗华玉	2013.07　2016.12	土　席	市委常委
	陈珊珊	2016.12 至今	主　席	市委常委
	沈绪文	2013.7 至今	常务副主席	–
	晏波云	2013.7 至今	副主席	–
	侯春煜	2013.7 至今	副主席	–
	罗建军	2017.12 至今	副主席（兼职）	–
	郭军军	2017.12 至今	副主席（兼职）	–
	李　均	2017.12 至今	副主席（兼职）	–
	高　嵩	2017.12 至今	副主席（挂职）	–

四、主要工作

（一）组织工作

1991 年底，全市有工会会员 25760 人，基层工会委员会 216 个，工会小组 1562 个，女职工委员会 105 个。

2002 年 7 月，组织各乡镇、街道工会到夷陵区龙泉镇进行考察学习。10 月组织各乡镇、街道工会在松木坪镇召开示范乡镇工会创建现场会。到年底，全市共建企业工会 1,726 个，会员 51,631 人。其中工会联合会 96 个，工会小组 1,076 个。25 人以上新建企业工会组建率 98%，职工入会率 99%。

2003 年，各乡镇处召开首届工会会员代表暨区域性职工代表大会，正式成立乡镇处区域性工会联合会。9 月 22 日，举办工会干部培训班，75 名工会干部参训，其中新任企业工会干部培训面达 85%。

至 2004 年，全市有 27 家工会组织被宜昌市总工会命名为“模范职工之家”，清河纺织集团工会等 4 家工会组织被省总工会命名为“省级模范职工之家”，一家企业获得“双爱双评先进集体”。获得本级表彰的模范职工之家有 47 家。

2005 年，全市 10 个社区全部建立工会组织。

2009 年 7 月，全市下发《关于规范和加强村级工会建设的意见》，进一步探索村级工会规范化建设。

2011 年 7 月 12 日，在宜都兴发化工有限公司成立在建项目工会联合会，为全省首创，联合会由 8 个工会成员单位组成，登记会员 1100 余人。

2013 年，三立路桥公司工会、湖北宜都机电集团公司工会获“湖北省模范职工之家”；晏波云获“省级优秀工会工作者”；张春菊获“省级优秀工会积极分子”；庄光明获“省级关心支持工会工作的党政领导干部”。

2014 年 3 月，全市组成四个调研组，开展工会基层组织建设情况专题调研，全面摸清建会底数，完善建会台账，适时动态更新。5 月，在姚家店镇召开全市基层组织建设推进会。12 月，曹礼品获“全省推进企业普遍建会工作和工资集体协商工作先进个人”。同年 11 月，与市委组织部联合印发《关于进一步加强党建带工建工作的意见》，加强和改进党对工会工作的领导。

2015 年，在潘家湾土家族乡建立首个在京务工人员工会联合会。同年 12 月，在陆城街道试点建立全市首个乡镇（街道）总工会。三立路桥公司工会获“全国模范职工之家”，市职教中心工会获“省级模范职工之家”，宜红茶叶公司第二分公司工会获“省级模范职工小家”。沈绪文获“省级优秀工会工作者”。

2014–2016 年，每年举办一期工会干部培训班，培训工会干部 600 余人次。

2017 年，全市开展“强基层、补短板、增活力”集中行动，整体推进基层工会组织六有六好规范化建设。华新水泥（宜昌）公司工会、陆城街道总工会被评为宜昌市基层工会“六有六好”建设示范单位。截至年底，全市共有独立建会企业 179 家，区域性、行业性工会联合会 177 个，覆盖企业 1692 家，企业职工数 42422 人，会员 41573 人。职工 50 人以上、投入运营 5 年以上企业建会率、职工入会率均达 100%。

（二）权益保障

2001 年 10 月 16 日，市总工会联合市劳动局在陆逊宾馆举办企业劳动争议工作培训班，80 人参训。

2006 年 3 月 28 日，市总工会成立职工维权中心，并在各乡镇（街道）、各行业主管局成立职工维权工作站，分级建立维权登记台账，实行“一站式”服务。

自 2008 年开始，每年 12 月 4 日法制宣传日，组织队伍走上街头，免费为农民工发放《农民工权益维护手册》《劳动合同法》《给农民工的一封信》等资料，现场解答劳动权益保护等方面问题。

2009 年 10 月 26 日，宜都市总工会困难职工帮扶中心正式揭牌。

2011 年起，结合全市六五、七五普法工作，各级基层工会组织深入开展针对职工的普法宣传。同年 3–5 月，开展“进万家企业、访万名职工、解万家困难”活动，走访企业 245 家，发出调查问卷 6500 份，召开座谈会 197 次，收集并督办解决职工建议 216 条，化解矛盾 25 起，工会干部结对帮扶 175 人，形成调研报告 4 个，选树典型 3 个，鄂中化工的做法和经验被《三峡日报》、湖北《工友》刊载宣传。

2013 年，投资 30 万元建成拥有 700 平方米的市职工服务中心，设劳动权益维护、劳动争议调处、职工综合服务等 37 项服务项目。同年，在全市建成 6 个企业职工服务中心和 2 家区域性职工服务中心。

2014 年，完成职工服务综合信息平台建设，实现职工服务网上申报、受理、审核、公示、监督。同年月，组织职工参加省《劳动合同法》颁布 20 周年网络知识竞赛。

2015 年，省、市两级互联网+服务职工工作现场会在宜昌市召开。宜都市《建设职工服务信息系统平台的几点体会》的经验在大会交流。

2016 年，设计开发“宜都工人”微信平台，及时推送与职工切身利益相关的法律法规。

2017 年，在“宜都工人”微信公众号推出《以案说法》专栏。同年 5 月 18 日，与市人社局联合举办“情系劳动者，维权在行动”法律咨询和维权服务活动，现场发放宣传资料 500 余份，解答职工诉求 100 余人次。

（三）民主管理

2000年，全市建立职工代表大会制度的企业单位158家，实行厂、院、校务公开的企事业单位214家，建立健全平等协商、集体合同制度的企业达1346家。

2002年7月，与市劳动和社会保障局联合举办集体合同和工资集体协商培训班，全市各乡镇（街道）、企业主管局及市直骨干企业工会主席共40人参训。

2005年9月，在红花套镇江海装卸公司进行规范非公有制企业职代会试点，并首次召开工会主席直选暨会员代表大会。同年10月，宜都市华益工具制造有限公司召开工会主席直选暨职工（会员）代表大会。在非公企业推行直接选举基层工会主席制度和职代会制度。

2008年，市厂务公开领导小组修订《厂务公开示范点建设考评办法》。

2009年，对市一中、市一医院、市供水总公司等10家企事业单位厂务公开示范点开展检查验收。

2010年，成立市总工会劳动关系协商指导组，建立基层集体合同和工资集体协商指导员队伍。开展维权月活动，全市印发《关于进一步做好维护职工队伍稳定工作的通知》，深入30多家企业走访调查。深化“共同约定行动”，对集体合同与工资集体协商建制情况实施全面普查，分三个阶段推进，工作面达100%。全市170家国有及规模以上企业签订集体合同、工资集体协商等专项合同165份，完成率达97%。

2011年2月，市委办、市政府办先后出台《关于建立宜都市厂务公开民主管理联席会议制度的通知》《宜都市厂务公开民主管理工作联席会议制度》和《联席会议成员单位工作职责》《关于深入推进企业工资集体协商工作的意见》，将厂务公开民主管理、工资集体协商工作纳入政府目标考核内容。市总工会相继制定《深入推进工资集体协商工作三年行动计划实施方案》和考核奖励制度，印发《宜都市总工会工资集体协商指导员管理办法（试行）》。组织专项调查，集中开展“百日行动”和“要约行动”。在陆城、枝城、红花套和工业园区建立“区域性工资集体协商示范单位”，在陆城美容美发行业协会、潘家湾天然富锌茶叶协会及所属企业建立“行业工资集体协商示范单位”。

2012年，荣获宜昌市工会工资集体协商工作二等奖。大力开展“和谐企业”创建，规模企业参与率达到95%，评选产生宜昌市、宜都市和谐（示范）企业31家。实行首席指导员和区域指导员制度，市总工会和乡镇聘请了4名首席指导员和6名专业指导员，担任工资集体协商指导组组长。组织骨干培训20多场次500多人参加。

2013年起，全市以土老憨集团公司、天宜机械、鑫宜陶瓷为示范，在红花套镇、姚家店镇、陆城街道召开集体协商推进会，推动民营企业工资集体协商工作。工作经验得到《工人日报》推介。

2013年，全市国有及规模以上企业签订集体合同、工资集体协商专项合同168份，其中55家200人以上企业完成率达100%。签订区域性、行业性集体合同、工资集体协议310份，覆盖企业1600家，职工74,501人。推进民主管理，新增职代会达标单位2个、区域性行业性职代会3个、实施控制程序单位3个。市职教中心职代会的经验和做法在省《厂务公开民主管理》上刊载。

2014年，确立天宜机械、仝鑫锻造为职代会达标试点单位；确立姚家店镇区域性工会联合会、陆城东风社区工会联合会 、五眼泉茶叶行业工会联合会为职工代表大会达标单位；确立湖北宜都天宜机械有限公司、宜都市职业教育中心为实施ISO9000管理控制程序单位，以试点单位为样板，推进全市民主管理工作整体提升。三立路桥公司获“省厂务公开民主管理示范企业”称号和“省模范劳动关系和谐企业”，8家企业获“宜昌市和谐企业”。5月，在姚家店镇政府组织召开工资集体协商“百日行动”推进会，组织《湖北省集体合同条例》专题培训。

2015年，召开以“贯彻落实《条例》，推进集体协商”为主题的劳动关系三方会议；在陆城召开工资集体协商提质行动动员会，鑫圣陶瓷有限公司现场开展协商谈判，为陆城40多家企业做出示范。

全市确立工资集体协商示范单位4家，推进工资集体协商A类企业达标创建，申报宜昌市A类达标企业220家。

2016年，开展第五届“和谐（示范）企业”评选，全市符合创建条件的企业，创建率达到90%以上。表彰本级“和谐企业”4家、“和谐示范企业”6家。全年监督、指导1666家企业进行工资集体协商，建制企业集体协商参与率达到90%，知晓率达到95%。4篇厂务公开民主管理、工资集体协商案例被宜昌市总工会收录，三立路桥公司获“宜昌市工资集体协商示范单位”，华新水泥（宜昌）有限公司获“宜昌市厂务公开民主管理示范单位”。

2017年，围绕“规范协商程序、突出协商成效”主题，重点推进非公有制企业集体协商提质升级工作。召开全市工资集体协商观摩会，现场观摩天宜机械公司工资集体协商最后一轮谈判，组织全市40余家机械行业工会主席参加。

（四）经济技术和劳动保护

1.劳动竞赛

1990年，围绕治理整顿、深化改革，广泛开展以“双增双节”为主要内容的劳动竞赛和以“学大庆、学铁人、学雷锋、学‘两兰’”的“四学”活动。市铸造厂食锅车间炉工班被中华全国总工会授予全国“五一劳动奖状”称号。

1998–2000年，在广大职工中开展各类技术比赛，35444人次参赛，选拔各类生产业务能手569名，培训各类岗位骨干和技术能手22155人次；评选推荐湖北楚星集团、解放实业总公司等4个宜昌市级红旗单位和程启木等10名宜昌、省级劳动模范。

2003年，联合市科技局、市劳动和社会保障局联合举办 “四个一”职工劳动竞赛活动。5月22日，在王家畈全福河宜都市玉露茶业有限公司举办“四个一”劳动竞赛活动优质炒青绿茶加工决赛。

2007年开始，每年在全市职工中广泛开展以“提出一条合理化建议、引领一项操作技术、革新一项操作方法、创造一批优质产品”为内容的“争当先锋号，建功新宜都” 主题劳动技能竞赛活动，并于五一国际劳动节之际召开表彰大会。

2008年，共有10个乡镇、街道，18个市直主管局、42个企事业单位制定活动方案，完成劳动竞赛项目100余个，举行技能大赛10场次，报名的职工达18300余人。提出合理化建议1486条，采纳874条；技术革新80项，申请专利39项；创造经济效益3160万元，节能降耗892万元。

2010年，参加竞赛的职工达12,000人次，提出了合理化建议6500余条，实施技术革新和引进新技术180项。

2011–2017年，全市各乡镇、各行业主管部门、大型企业组织15万人次开展劳动竞赛。市总工会连年获“宜昌市劳动竞赛工作先进集体”称号。

2013年，以茶叶机采为代表的现代农业劳动竞赛在湖北电视台垄上行栏目展播。6项科技创新项目获得宜昌市技术创新奖。市总工会获宜昌市“勇担新使命，服务新跨越”劳动竞赛先进集体。宜都兴发化工重点项目劳动竞赛获省巡礼。宜都兴发化工、市公租房住房项目部获湖北省“工人先锋号”。

2014年起，全市劳动竞赛主题确定为“争当时代先锋，建功三市三区”，层层开展“工人先锋号”创建和“五项金牌”评选。确立土老憨鱼鲜养生酱油及鱼肉干休闲食品生产线劳动竞赛为省重点项目、重点工程劳动竞赛项目。同年10月，包含上述两个项目的土老憨集团科技园竣工投产。组织参加省、宜昌市2012–2013年度科技创新成果评选，共推荐申报省总评选成果7项，宜昌市总32项。

2015年10月，与市农业局以“桔子红了富乡亲”为主题，联合举办“2016年柑桔文化艺术节和斗桔大赛”，吸引全国13家新闻媒体、电商平台参加。

2016年4月，在王家畈镇古水坪村大风口举办宜都市首届斗茶比赛，吸引全市10多家优秀茶叶龙头企业和300多名采、制茶能手、健身爱好者参赛。活动同时吸引20多家室内知名农业现场展示展销农副产品。

2017年4月27日，在市人民广场举办“中国梦·劳动美”五一劳动竞赛，150余名优秀选手以叉车、铺床、摆台、精细化工分析、水电表安装、美容美发等技能竞赛和无人机飞行、3D打印、科技大棚、剪纸艺术等展示，吸引现场观众近千名。中新网、新华网、湖北日报网等多家媒体关注。在潘家湾吕家坳村举办全市“在希望的田野上”斗茶大赛。参加宜昌市服务职工技能竞赛，获得团体一等奖和个人一等奖。

2011–2017年，共获省五一劳动奖状4个，省五一劳动奖章1个，宜昌市五一劳动奖状5个，宜昌市五一劳动奖章10人，全国工人先锋号3个，省工人先锋号4个，宜昌市工人先锋号19个，宜昌市金牌工人4人。

2.安全生产和劳动保护

1990年，建立12个基层劳动保护监督委员会和25个厂矿车间工会劳动保护监察委员会，明确241个工会劳动保护检查员。

2006年，在全市深入开展“安康杯”竞赛活动，市建筑工程总公司获宜昌市优胜企业称号，市华运有限公司朱俊典获宜昌市优秀组织个人奖。

2008年8月6日，市总工会领导带队到华新水泥(宜昌)公司矿山部和东阳光化工公司三号基地施工现场，为一线职工送去牛奶、饮料等防暑降温用品和安全生产书籍。

2011年，组织宣讲培训126场30000多人次，张贴发放《致外出务工朋友的慰问信》12,000份。同年，大力开展矿山企业“安康杯”竞赛活动。市总工会、市安监局、市司法局联合举办“安康杯”安全生产知识竞赛活动，发放资料5万份。暑期在全市集中开展为一线职工“送清凉、送健康、送安全”活动。

2013–2017年，共筹措送清凉资金528.64万元，送出清凉物资52615份。每年联合市安监局在全市广泛开展“安康杯”竞赛活动，指导700余家规模企业制定“安康杯”竞赛活动实施方案，覆盖职工近10多万人。每年安全生产月期间各级工会深入企业、班组宣传《安全生产法》《职业病防治法》和安全卫生消防应急知识，发放宣传资料5万余册。2016年联合市交运局，培训安全管理干部、工会主席和工程项目经理等70余人次。2013年以来，共参与28件安全生产责任事故的调查处理工作。

3.劳模工匠评选

2002年4月，成功推选宜都市三立路桥公司杨正元等5人为宜昌市劳动模范。

2006年4月，全市召开劳模表彰大会，评选表彰宜都市劳动模范15名。同年4月推选胡国风等6人为宜昌市劳动模范。

2009年4月，全市召开庆“五一”劳动模范命名表彰大会，评选表彰宜都市劳动模范15名。其中职工劳模10人，农民劳模5人。同年4月，陈世贵、陈先凤获湖北省劳动模范。

2010年修改出台《宜都市劳动模范管理办法》；成功推选杨承清为全国劳模、曾祥宇等6名宜昌市级劳模，对获得各级表彰的劳模进行广泛宣传；组织部分劳模参加宜昌市总疗休养团，完成了对部分省部级劳模的免费体检和困难劳模的建档工作，对特殊困难劳模和生重病的劳模进行慰问。

2012年4月，全市评选表彰2009—2011年度宜都劳动模范15名。其中职工劳模10人，农民劳模5人。

2013年，全市以全国劳模杨承清命名创建首个“劳模创新工作室”。当年，该项工作获评宜都市特色工作。

2014年8至10月，组织三个专班，分赴各地各部门，采取问卷、座谈、走访等方式对全市市级及以上在籍、健在劳模进行了一次全面核查，并为劳模建立个人专档。同时，将劳模电子档案上传宜昌市职工服务系统平台，通过网格员实现对劳模定期走访、点对点服务。

2015 年 4 月，全市评选表彰 20 名“2012–2014”年度宜都市级劳动模范。朱英伟、彭兵获湖北省劳动模范。

2016 年，胡安明等 7 人获宜昌市级劳动模范。

2017 年 7 月、8 月，组织开展劳模“进机关、进校园、进企业、进农村、进社区”和“工匠大讲堂”活动，掀起了全社会学习劳模、争做劳模的新热潮。

截至 2017 年底，全市共有在籍健在宜都市级以上劳动模范 243 人，其中国家级 4 人，省部级 50 人，宜昌市级 46 人，宜都市级 141 人。选树宜都工匠 4 名，获“宜昌工匠”1 名。创建本级职工（劳模）工作室 11 个，其中 1 个获省总工会命名、8 个获宜昌市总工会命名，各工作室共网罗技术、科研人才 182 名，对外发表科研文章 106 篇，出版专著 9 部，完成科研项目 259 项，拥有专利成果 78 项，创造直接经济效益 5.75 亿元。

2013 年以来，各级工会共组织召开劳模座谈会 50 场次，走访慰问 570 人次，争取各级生活困难、医疗救助金 168.4 万元，惠及劳模 431 人次。

（五）宣教文体

1983 年开始，每年“五一”和“十一”节假日，工会组织会同文体部门在全县范围内开展乒乓球、篮球、羽毛球等体育竞赛和文艺调演。

1990 年 1–9 月，全市开展“百日锻炼迎亚运”职工运动会。10 月，举办市第一届职工运动会，33 家单位，2000 多名职工参加。

2002 年 5 月 1 日，市总举办全市职工文艺调演活动，职工自编自演节目 18 个。

2007 年，参加宜昌市职工书法、摄影、绘画比赛，19 名职工获得优秀奖，市工会获得优秀组织奖。

2009 年 4 月 28 日，市总工会举办庆祝“五一”暨《劳动颂歌》职工文艺调演活动。

2010 年 10 月，在宜昌市宣教工作会议上，宜都市作为工会宣传工作先进单位作了题为《围绕中心，强化措施，提高工会宣传工作服务全局的水平》的典型发言。

2011 年，组织参加了宜昌市第五届职工美术、书法、摄影作品赛，选送作品 17 件，获奖 3 件。

2012 年，组织全市规模企业参加全市“两江文化·全民阅读”活动。共评选产生 10 家“书香企业”、30 名“知识型”职工。

2013 年开始，与市新闻中心合作，通过在宜都电视台、湖北宜都网开辟专栏、专业，大力宣传劳动模范、金牌工人、工人先锋号事迹，唱响“工人伟大，劳动光荣”主旋律。

2014 年，深化“建书香型企业，做知识型职工”主题读书活动，兴发化工、新丰机电、东风社区等 3 家单位被授予宜昌市职工书屋。

2015 年 10 月，在市博物馆举办第一届宜都市职工美术书法摄影大赛，共展出作品 70 余件。同年 11 月，宜昌市选手参加宜都市“与法同行”演讲比赛摘冠。三立路桥公司获省“十佳书香企业”称号。运机机电、市法院、市技监局等 3 家单位被授予宜昌市职工书屋。

2016 年五一前夕，以“劳动.梦想”为主题，在宜都剧场举办全市职工文艺汇报演出。组队参加宜昌市 2016“威克多杯”职工羽毛球比赛和宜昌市职工象棋比赛，取得优异成绩。同年，市总工会被宜昌市总工会评为全市工会宣教工作先进单位，汪红兵被评为先进个人。天宜机械、土老憨、东阳光等 3 家单位被授予宜昌市职工书屋。

2017 年 12 月，在宜昌市举办的“大美宜昌 · 最美劳动者”第七届职工书法美术摄影作品展中，获一等奖 2 人，二等奖 1 人，三等奖 1 人。组织参加全国总工会“网聚职工正能量、争做中国好网民”活动，获优秀组织奖，4 件作品获奖。市二中、供电公司、长江陶瓷等 3 家单位被授予宜昌市职工书屋。

2013 年以来，共在《中国工运》《工运研究》《中国职工科技报》《中工网》《工友》等市级以上刊物、媒体发表工会调研、信息 600 余篇，其中，国家级 132 篇、省级 101 篇，宜昌市级 380 余篇。

（六）女职工工作

2001 年，开展“女子健身操”和“女职工素质立志达标大行动”活动。

2002 年，开展全市女职工“三八”巴山舞比赛，18 个单位 1000 多名女职工参加。

2006 年 3 月，与市妇联、市体育局联合在宋山举行第二届女子健身(登宋山)比赛。全市 24 个单位 308 人参加。

2007 年 3 月，与市妇联在宜都剧场联合举办“移动杯”庆“三八”女职工“我的事业、我的家”演讲比赛。5 月、6 月分别在枝城镇各社区、宜化楚星公司举办“女职工健康知识讲座”，共有 185 人参加。

2009 年 6 月，组织首批家政服务员 15 人进京并举行欢送仪式。

2010 年 3 月，与市妇联、市文化局等单位联合举办第四届女子健身项目（广场舞）表演赛。

2011 年，全市女职工组织覆盖率 100%。签订女职工专项集体合同 46 份，完成率 97%。完成女职工教育培训 890 人，免费妇检 2920 人，办理女职工重大疾病保险 4163 份，办理理赔 3 人，为女职工提供政策及法律咨询 200 人次。

2012 年，“六一”前看望杨守敬小学留守儿童，送去价值 1500 元的慰问金和慰问品。

2013 年 7 月，举办家政服务员培训班，100 余名下岗失业妇女、农村富余劳动力参加。

2014 年 4 月，在枝城镇举办家政服务员（月嫂）培训班，培训 140 余人。“三八”前夕，举办“美丽家乡·魅力女性”女职工书画、摄影、手工艺作品大赛，44 人获得表彰，其中选送的两副美术、书法作品获得省一等奖；举办女职工健康知识讲座 1 场。

2015 年 3 月，在市人民广场与市妇联联合举办庆“三八”表彰大会暨“春之约”宜都市首届万人相亲文化节。会议通报表彰 2014 年度“最美家庭”和“文明家庭标兵”。

2016 年 5 月，举办家政培训班，190 余人参训。同月，在市人民广场举行“幸福宜都”第二届万人相亲文化节活动，2000 名单身男女参与，20 对男女现场成功牵手。

第二节 枝江市工会

一、基本概况

枝江市地处长江中游北岸、江汉平原西缘。东以沮漳河为界，与沙市市的江陵县一水相隔；南自西向东，以长江、松滋河为天然地界，与宜都、松滋二市隔江相望，西接壤于宜昌市中心城区；北与当阳市交界。至 2017 年底，全市常住人口 47.78 万人，从业人口 11.07 万。农村居民人均可支配收入 16,697 元，城镇居民人均可支配收入 25,955 元。1996 年经国务院批准撤县设市，全市国土面积 1310.4 平方公里，辖 8 个镇、1 个街道、1 个开发区，194 个行政村、23 个社区。

二、组织沿革

1989 年，枝江县总工会机关内设办公室一个科室，行政编制 5 人，事业编制 2 人。二级单位枝江县工人文化宫核定事业编制 13 人。

1996 年，枝江县总工会更名为枝江市总工会。1997 年，市总工会机关内设办公室一个科室，行政编制 6 人，工勤人员事业编制 1 人。2001 年定编 7 名，其中行政编制 5 名，机关工勤人员事业编制 2 名。二级单位枝江市工人文化宫核定事业编制 13 人。

2013 年，市总工会机关内设办公室一个科室，行政编制 5 人，领导职数 4 人，事业编制 2 人。二级单位枝江市工人文化宫核定事业编制 8 人，枝江市职工服务中心核定事业编制 3 人。

至 2017 年，市总工会有工作人员 7 人，内设办公室一个科室。二级单位二个：枝江市工人文化宫，工作人员 7 人；枝江市职工服务中心，工作人员 2 人。

全县职工 53,565 人，工会会员 53,206 人，其中农民工会员 28,917 人；基层工会组织 828 个，其中独立基层工会 784 个，联合基层工会 44 个，涵盖单位 1792 个。

枝江市（县）总工会历任负责人名录

表 18–33

届别	姓名	任职时间	职务	备注
枝江县工会第八届委员会	徐开烈	1989.1—1993.11	工会主席	–
	杨廷国	1993.11—1996.12	工会主席	–
枝江市总工会第二届委员会	赵家彬	1997.01—1999.01	工会主席	–
	朱耀平	1999.01—2003.12	工会主席	常委兼任
	赵家彬	1999.01—2001.03	常务副主席	–
	周家荣	2001.03—2001.12	常务副主席	–
	薛传平	2001.12—2002.06	常务副主席	–
	李开荣	2002.12—2003.10	常务副主席	–
枝江市总工会第三届委员会	闫友才	2003.10—2006.09	常务副主席	–
	王根华	2004.01—2005.03	工会主席	常委兼任
	孙咏平	2005.03—2006.12	工会主席	常委兼任
	戴　福	2006.09—2012.06	常务副主席	–
	张　武	2006.12—2011.11	工会主席	常委兼任
枝江市总工会第四届委员会	刘永生	2011.11—2014.02	工会主席	常委兼任
	黄丹梅	2014.02 至今	工会主席	常委兼任
	戴　福	2012.06—2014.06	常务副主席	–
	李照善	2014.06 至今	常务副主席	–

三、代表大会

1989–2017 年，枝江市（县）总工会共召开四次工会代表大会。

枝江县工会第八次代表大会于 1991 年 11 月 29 日–12 月 1 日在马家店镇召开。出席大会代表 245 名，特邀代表 6 名。徐开烈代表上届委员会向大会作题为《充分发挥工人阶级主力军作用，为实现全县“八五”计划建功立业》的工作报告。大会选举产生枝江县总工会第八届委员会委员 31 人，在八届一次全委会上，选举常委 9 人，正副主席 3 人。主席：徐开烈，副主席：周世慧、彭兆先。1996 年 11 月枝江撤县建市后，枝江县总工会第八届委员会更名为枝江市总工会第一届委员会。

枝江市工会第二次代表大会于 1997 年 10 月 15–17 日召开。出席大会代表 228 名，特邀代表 3 名。赵家彬代表市工会一届委员会作题为《高举伟大旗帜，推进工会工作，团结动员全市职工为实现宜昌市“九五”计划的宏伟目标而奋斗》的工作报告。大会选举产生枝江市总工会第二届委员会委员 33 人。

在二届一次全委会上，选举常委9人，正副主席3人。主席：赵家彬，副主席：屈联合、匡永凤。

枝江市工会第三次代表大会于2004年3月25-27日召开。出席大会代表146人，特邀代表3名。王根华代表枝江市总工会第二届委员会向大会作题为《与时俱进、开拓创新，团结动员全市职工为全面建设小康社会而努力奋斗》的工作报告。大会选举产生第三届委员会委员25人。在三届一次全委会上，选举常委9人，正副主席4人。主席：王根华，常务副主席：闫友才，副主席：杨少华、孟祥英。

枝江市工会第四次代表大会于2012年6月5-6日召开，出席会议代表160人，特邀代表11名。戴福代表枝江市总工会第三届委员会作题为《立足新起点，开创新局面，团结动员全市职工为推进枝江跨越发展再立新功》的工作报告。大会选举产生第四届委员会委员25人。在四届一次全委会上，选举常委9人，正副主席4人。主席：刘永生，常务副主席：戴福，副主席：王峰、王红琴。

四、主要工作

（一）组织工作

1、基层组织。1989年，枝江县共有基层工会委员会335个，其中企事业单位265个，职工人数28,040人，会员24,418人。各级工会专职干部119人。1994年，全县13个乡镇工会委员会全部挂牌成立。2002年底，全市基层工会组织631家，各级工会专职干部631人。2017年，宜昌市职工53,565人，工会会员53,206人，其中农民工会员28,917人。基层工会组织828个，其中独立基层工会784个，联合基层工会44个，涵盖单位1,792个，各级专职工会干部762人。

2、职工之家。1989年全市建立合格职工之家162个，职工小家89个。1999年底，全市已建合格"职工之家"237个，其中省总工会授予的"模范职工之家"5个，宜昌市总工会授予"模范职工之家"10个，本级授予"模范职工之家"60个，"模范职工小家"35个。2007年，开展省级示范乡镇工会和社区工会规范化建设试点工作。2017年，全市共有合格职工之家807个。奥美枝江地区工会联合会荣获"全国模范职工之家"称号，迅达公司荣获"省级模范职工之家"称号。

3、干部管理。1989-1991年，全市各级工会干部的配备按"四化"的基本要求选配。1997年，在全市13个乡镇建立了工会工作委员会。1998-1999年，枝江市编委印发了《关于市直产业(委、局、总公司)工会组织设置和人员编制的意见》，确定在34个乡镇(街办)、局、总公司设置工会工作委员会。

2000-2002年，市总工会举办新建企业工会干部培训班6次，共培训工会干部240余人次。2006年，各镇（街道）工会专职工会干部，由同级党政副职干部担任，进入同级党委领导班子。2008年，组织全市12家200人以上企业的工会干部到宜昌市工会干部学校学习培训《劳动合同法》等相关知识。2013年组织工会干部赴省市培训4批次50余人。2015年，市委组织部为各镇（街道）、市直局工会配齐工会主席（主任）。2016-2017年，先后举办工会干部培训班8次，培训工会干部500余人次。

（二）权益保障

1、职工生活福利。1989年，全县各级工会组织广大职工学习国务院颁发的《国营企业职工待业保险暂行规定》。至1996年底，全县各级工会建立职工保险组织84个，从事劳动保险专职工会干部82人，兼职干部84人，保险金累计结余89万元。2015年，省总工会下发《关于贯彻落实全国总工会加强基层工会经费收支管理的实施意见》，进一步规范了发放职工福利的范围和标准。

2、困难帮扶。1997年元月，成立枝江市职工送温暖工程领导小组。至2000年底，送温暖基金总额达44.22万元。同年2月，枝江市职工扶贫救济互助会成立。3月，市人民政府批转市总工会《关于缓解特困职工生活问题的实施办法》，并出台十条优惠政策。11月，枝江市职工消费合作社及商品配送中心挂牌成立。1998年，枝江市职工扶贫救济互助会成立。2000年，市总工会配合市民政局，调查审定特困职工477人。2004年，枝江市总工会困难职工帮扶中心成立。2007年，新建130平方的枝江市职工权益维护中心，并与帮扶中心、农民工权益维护中心合署办公。2009年，劳动争议调解中心成立。同年 6 月，获全省“县级示范帮扶中心”荣誉。2013 年，市总工会困难职工帮扶中心更名为职工服务中心。中心每年筹集资金 100 万余元开展“春送平安、夏送清凉、金秋助学、冬送温暖、大病救助”等活动，受惠职工 1 万余人。劳动争议调解中心自成立以来，共受理劳动争议案件 91 件，涉及职工 108 人，涉及金额 300 余万元。

3、就业和再就业工程。1989–1995 年，市总工会深入调查，促进下岗职工再就业工作，并形成专题调查报告，为市政府制定再就业政策提供重要依据。1998 年，在市工人文化宫建立下岗职工再就业培训基地。至 2002 年，共计培训下岗职工 2000 多人。各级工会组织大力宣传再就业典型，并把他们的事迹推介到《湖北工运》《宜昌工运》、枝江电视台《路在脚下》专栏中刊播。2005 年，与劳动和社会保障局、工商联联合举办民营企业招聘周活动，423 名下岗失业人员与用人单位签订用工协议。2008 年以来连续 10 年，联合市人社局等部门开展“春风行动”系列服务活动暨新春首场人才招聘会，共有 2 万余人与企业达成就业意向。

（三）民主管理

1、创建和谐劳动关系。2007 年，市劳动和社会保障局、市总工会等 5 部门联合出台《关于开展创建枝江市“劳动关系和谐企业”活动的通知》。2009 年，印发《关于进一步构建和发展和谐劳动关系实施方案的通知》。同年在宜昌市劳动关系和谐企业表彰大会上，湖北枝江酒业股份有限公司等 4 家企业被评为宜昌市劳动关系和谐企业。2011 年，枝江酒业获全省和谐企业称号、枝江奥美公司获宜昌市和谐模范企业称号。2013 年，下发《关于进一步加强和谐企业创建工作的通知》。截至 2017 年，全市 2 家企业获省级和谐企业荣誉称号、2 家企业获宜昌市和谐示范企业、35 家企业获宜昌市和谐企业荣誉称号，10 家企业获枝江市和谐企业荣誉称号。

2、职工代表大会、厂务公开。1989 年，全县有 262 个企、事业单位组建职代会。1997 年底，建立职代会制度的企、事业单位 347 家。至 2017 年，全市有基层工会组织 828 个，建立职代会和厂务公开制度的单位 816 个。

2004 年开始，确定厂务公开规范化建设试点单位 4 个。开展公司制企业建立职工董事、职工监事制度建设，至 2007 年底，有 27 家规模企业建立了职工董事、17 家建立了职工监事制度，职工董事 111 人，职工监事 41 人。2010 年，全市将厂务公开工作纳入市纪委反腐倡廉工作考核和市工会争优创先重点工作考核内容。先后向全市推广了三宁公司、自来水公司、教育系统等厂务公开的经验和作法。2011 年，成立了枝江市厂务公开领导小组。非公企业厂务公开建制率达到 85%，规模以上企业达到 100%。印发了《关于推进工资集体协商工作三年行动计划实施方案》。当年签订集体合同 853 家，工资专项合同覆盖企业 725 家。2015 年，开展创建厂务公开民主管理示范单位活动，加大工资集体协商工作督办力度。奥美公司职工全员参加对 85 名管理者的测评。通过测评，工会帮助解决职工困难 30 余起，职工建言直接产生经济效益 85 万元。奥美公司职工测评管理者试点工作经验在全市“三上”企业全面推广。2016 年，湖北三宁化工股份有限公司被评为宜昌市厂务公开民主管理示范单位。截至 2017 年，全市开展平等协商、签订集体合同及工资专项集体合同各 510 份，覆盖企业 1302 家，职工 33916 人。

（四）经济技术和劳动保护

1、劳动竞赛

1989 年，县总工会作出开展“双增双节”竞赛活动的决定，成立了 267 个双增双节领导小组。1995–1997 年开展万名能手竞赛活动、“劳动技能竞赛”和“班组争先创优竞赛”等活动。至 1998 年，全市职工提出合理化建议 11835 件，采纳 6069 件，革新项目 126 项。2001 年，枝江一中的教学改革创新获国家教育部优秀成果展示会二等奖。2003 年开展以“创优质量、创高效益、创新技术、创低能耗”为主要内容的群众性经济技术创新活动。2009 年，开展“同舟共济保增长、建功立业促发展”为主题的劳动竞赛，全市参赛职工2万余人次，涌现出了一批“工人先锋号”“技能学习之星”“技术创新之星”“创业就业之星”。2010年湖北三宁化工股份有限公司殷银华等人发明的“间歇式半水煤气工艺改进”项目荣获宜昌市总工会、宜昌市科学技术局表彰的第二届职工技术创新成果一等奖。

2010年，枝江市劳动竞赛委员会在市大礼堂广场举行“万人千岗竞风流”劳动竞赛观摩暨促进会。

2012年，全市企事业和机关单位开展以“当好主力军、建功立业促发展”为主题的劳动竞赛，开展各种劳动技能比赛活动65个项目、38场次，参赛职工2.5万人。2013年，举办“百年枝江杯”烹饪大奖赛。2014年，开展以“建功黄金期，展现新作为”为主题的劳动竞赛。2015年，以“劳动托起枝江梦”为主题，共组织劳动竞赛300余场次，参赛职工2万余名。2016年，开展点钞大赛、护士技能大赛、美发技能大赛、教学大赛等十项赛事，参赛职工4万余人。2017年，全市共有43家企事业单位开展了不同形式的劳动竞赛活动。

2、安全生产和劳动保护工作

1989年，县总工会强化劳动安全监察，努力降低企业职工伤亡率和职业病发作率。2001年8月，市总工会、市劳动局、市妇联联合开展了全市劳动安全检查活动。共检查25个单位，涉及职工6216人，查出安全隐患43件。2002年，“枝江市总工会劳动保护监督检查委员会”成立。年底，全市631个基层工会组织，建立工会劳动保护监督检查组织410个。2004年，继续加强工会劳动监督检查组织的三级网络建设，与市安全局联合开展了《安全生产法》《职业病防治》等安全生产知识的宣传学习活动。2005年，组织全市职工参加“安康杯”竞赛和全国消防知识竞赛。2007年，参与了人大检查、政协视察活动，主动协同政府劳动保障、安全生产监管部门，开展监察监督和通报公示工作，健全了工会劳动法律监督意见书、建议书制度，建立劳动争议调解委员会145个，有信息员412名。2013年，组织工会干部赴省市参加劳动保护培训4批次50余人。市总工会班子成员多次带队下乡镇进企业，开展劳动保护指导和检查督办工作。2017年，基层工会组织828个，建立劳动保护监督检查组织796个。市工会每年由工会主席带队，开展“关爱在身边、夏日送清凉”活动，每年为一线职工送去价值2–10万余元的防暑降温物资。

3、先进模范

1990年，县总工会申报杨大兰、潘星兰为湖北省劳动模范。同年，全国总工会追认杨大兰、确认潘星兰为全国先进工作者。2007年，推荐表彰枝江市劳模10名，宜昌市劳模6名。在枝江电视台开辟劳模风采专栏，专题宣传报道劳模事迹。组织45名一线劳模、先进生产工作者外出疗休养。2010年，在宜昌新闻媒体和枝江电视台黄金时间段对当年新评选的1名全国劳模、6名宜昌市劳模进行了采访报道。2012年，开展寻访学习、宣传弘扬和关爱服务劳模系列活动。2013年，将劳模事迹做成灯箱广告并在电视台、枝江工会网上广泛宣传。2014年，建立劳模帮扶资金，开展为劳模提供免费体检、送温暖等活动。编辑出版《劳动者风采》专辑，收录40余名劳模先进事迹。2015年，启动本级劳模疗休养活动，组织11名全国、省、市劳模赴三亚疗休养。新建宜昌市级劳模工作室2个，枝江市级劳模工作室5个。截至目前，共推荐表彰全国劳模7人，省部级劳模38人。

（五）宣教文体

1、思想教育、素质提升。1989年“6.4”风波中，全县各级工会主动开展职工群众政治思想工作，引导职工在政治上、思想上、行动上与党中央保持高度一致，保证了生产工作的正常进行。1990年元月，县总工会作出关于追认杨大兰、授予潘星兰枝江县优秀职工的决定，向全县职工发出了“学习两兰英雄事迹的倡议书”。2001年3月，市总工会与市妇联、共青团共同发起了“反对邪教、崇尚科学万人签名”活动，5月举办了“实践三个代表，争做时代主人”职工风采演讲比赛。2002年组织以“弘扬主人翁精神，展现劳动者风采”为主题的“劳动者之歌”文艺演出。2004年，开展学习党的十六大精神知识竞赛以及“创建学习型企业，争做知识型职工”知识竞赛，参赛人数 15,000 余人。2007–2017 年，相继开展“树立社会主义荣辱观、增强主人翁责任感”、“增强信心、共渡难关”“共铸理想信念、共促科学发展”、“弘扬传统文化，建设锦绣枝江”为主题的教育活动。

2、文体、宣传工作。1989–1992 年，县总工会主办和承办了《首届青年艺术节》《全县职工文艺调演》、“银鹰杯”职工篮球运动会，县总工会女职工委员会在“三八”妇女节期间举办“女性风采、枝江十佳”评选活动。1990 年，县总工会牵头开展的职工百日迎亚运活动，被全国总工会、国家体委授予“职工百日迎亚运”活动全国先进单位。1992 年，枝江市工人文化宫获湖北省“先进工人文化宫”称号。1993 年，承办《湖北工人画廊》美术、书法、摄影展。5 月，组团赴武汉参演全省职工“五一”文艺晚会。1999 年，枝江市工人文化宫获全国工会系统“示范文化宫”称号。1996–2000 年，市总工会举办正月十五“闹元宵”、庆“三八”女职工拔河比赛、庆“五一”职工书画展、职工文艺调演、迎“国庆”职工广播体操比赛、职工歌手大奖赛等系列活动。2002 年，组织全市巴山舞比赛。2008 年，组织枝江市首届企业职工运动会，20 多家企业近 400 名职工参加。2009–2017 年，主办枝江市篮球联赛 9 届。2009 年，成立了“枝江市职工文体协会”。2010 年，枝江市总工会网站正式开通。先后印发了《工会新闻宣传和信息调研奖励办法》和《关于加强信息、调研文章报送工作的通知》。在市级以上新闻媒体刊发枝江工会工作信息 120 余条。

2011 年，市总工会承办元宵灯展，吸引近 10 万名市民观赏。2012 年，主办“时尚健康”女子健身操大赛、周末音乐伴奏广场交谊舞活动。2014 年，举办枝江市职工球类运动会乒乓球羽毛球赛。全市 35 个单位的 250 多名运动员参赛。2015 年举办“枝江梦 · 劳动美”职工书画摄影大赛、“书香三八 · 幸福女性”征文比赛、手工艺品制作展示赛，并送展览到企业。2017 年元宵节，举办了舞龙舞狮传统文化展演，参与职工 5 万余人。开展“向职工（农民工）送文化”活动。援建宜昌示范“职工书屋”2 个，新建本级“职工书屋”3 个。2011–2015 年，市工会发出信息被省、市、国家级报刊网站采用 308 篇。

（六）女职工工作

1、女职工组织。1989 年，全市共有女职工 5468 人，女职工委员会 125 个，女职工小组 235 个。1991 年底，制定了《女职工之家验收实施细则》，坚持了“四个一”活动，即每年一次妇科病查治，一次女职工文体活动，一次女职工工作检查，一次总结表彰。2000 年，共有女职工 7468 人，女职工委员会 155 个。至 2017 年，全市共有女职工 23869 人，女职工委员会 763 个。

2、特殊权益保护和建功立业活动。1989 年，全县各级工会组织女职工开展“振兴中华、爱我枝江”争做八十年代新女性的竞赛活动。1993 年，县总工会女职工委员会和县妇联开展了《学“两兰”，比奉献、争当优秀女职工，为“八五”计划建功立业》的竞赛活动。1995 年，开展了“世妇会”知识竞赛和“巾帼建功”竞赛等大型活动共计 224 场，参加女职工人数达到 11388 人。1998 年，在广大女职工中开展学知识、学科学、学技术、立足岗位成才、自学成才的活动。2001 年，市总工会印发《枝江市女职工素质达标行动活动实施方案》，全市 6000 余名女职工建立达标档案。2002 年，95%的企业在集体合同中写进了女职工保护专项条例。2007 年，开展为期两周的为女职工送健康活动，特邀西安医科大学妇产科教授为 2000 名女职工进行了 22 场健康保健知识讲座。2012 年，组织奥美公司、三宁公司开展联谊和“奥美职工看三宁”“三宁职工看奥美”活动。与市妇联、团市委联合举办“以爱之名 ·2012 枝江市万人相亲大会”。2014 年 2 月在大礼堂举办女工招聘会。

2016 年，开通“枝江红娘”微信公众号，建成枝江首家工会主办、免费注册、单位审核的公益相亲平台，共推送男女会员 134 名。线下开展“缘来你也在这里”联谊活动 8 场，400 余名单身职工参加，促成 45 对青年达成交往意向，19 对青年现场牵手成功，3 对新人领证。“枝江红娘”志愿服务团队获宜昌市“最佳志愿服务组织”、枝江市“优秀志愿服务组织”。

第三节　当阳市工会

一、基本概况

当阳市地处鄂西山地向江汉平原的过渡地带，东临荆门市，西接宜昌夷陵区，南邻江陵、枝江市，北联远安县，总面积为 2，159 平方公里。

1988 年 10 月撤县建市，至 2017 年底，辖 7 个镇、3 个城区办事处、1 个经济开发区、155 个行政村、18 个社区、963 个村民小组，耕地面积 66 万亩，人口 46.8 万人。

2016 年全市实现地区生产总值 474 亿元，增长 8.1%；完成地方公共财政预算收入 25.4 亿元；完成全社会固定资产投资 412.5 亿元，增长 10.2%；城镇和农村常住居民人均可支配收入分别为 29，641 元、17791 元，分别增长 9.5%和 7.8%。2016 年末，全市规模以上工业企业达到 303 家，全年完成规模以上工业总产值 951 亿元，增长 11.6%，工业增加值增速 11.1%。限额以上商贸企业达 265 家。实现社会消费品零售总额 136 亿元，增长 13.4%。完成外贸出口 1.14 亿美元；实际利用外资 5500 万美元，增长 18.5%。

二、组织沿革

1988 年 10 月，当阳撤县建市。1989 年 1 月，当阳县工会第六次代表大会即改称当阳市工会第一次代表大会。

2001 年 12 月，市总工会机关定编 8 人，其中行政编制 6 人，工勤编制 2 人；内设办公室、民主管理部、保护保障部。2007 年 6 月增设财务部，2010 年 9 月增设经费审查委员会办公室，2011 年 10 月办公室加挂“组织部”牌子，2013 年 12 月在财务部加挂“当阳市基层工会经费集中核算部”牌子。

2002 年成立当阳市困难职工援助中心，2005 年 6 月更名为当阳市困难职工帮扶中心，2011 年 6 月更名为当阳市总工会困难职工帮扶中心，2013 年 6 月更名为当阳市总工会职工服务中心，2014 年 12 月划分为公益一类事业单位，全额拨款，核定事业编制 3 人。2017 年 7 月增编 1 人，编制数达到 4 名。

工人文化宫 2014 年 12 月划分为公益一类事业单位，经费自筹，核定事业编制 5 人。

至 2016 年 12 月，全市有 1 个乡镇总工会，28 个镇处局工会工作委员会，基层工会组织 937 个，职工 105,341 人（其中农民工 49,390 人），工会会员 105,216 人（其中农民工 49,312 人），基层工会组织、职工人数、工会会员数分别比 1988 年增 3.23 倍、3.55 倍和 3.8 倍。市总工会有机关工作人员 15 人，内设“五部一室”，2 个二级单位即职工服务中心和工人文化宫，共有职工 11 人。

三、代表大会

1989–2017 年，当阳市总工会共召开五次工会代表大会。

当阳市工会第二次代表大会于 1992 年 4 月 21–23 日在长坂坡宾馆召开，到会代表 160 人。大会听取、审议并通过了闫红梅代表市总工会第一届委员会作的题为《发扬主人翁精神，发挥主力军作用，在实现奔小康的伟大实践中建功立业》的工作报告。选举当阳市总工会第二届委员会委员 27 人。在二届一次全委会上，选举产生常委 9 人，正副主席 3 人。主席：闫红梅，副主席：冯友仁、屈秀。

当阳市工会第三次代表大会于 1997 年 9 月 16–17 日在长坂坡宾馆召开，到会代表 160 人。大会听取、审议并通过了闫红梅代表市总工会第二届委员会作的题为《把握大局，开拓进取，团结和动员全市职工为实现我市新一轮经济大发展而努力奋斗》的工作报告。选举市总工会第三届委员会委员 27 人。在三届一次全委会上，选举产生常委 9 人，正副主席 4 人。主席：闫红梅，副主席：冯友仁、屈秀、曹恩春。

当阳市工会第四次代表大会于 2002 年 10 月 27–29 日在长坂坡宾馆召开，到会代表 154 人。会议听取、审议并通过了王怀兰代表市总工会第三届委员会作的题为《高举邓小平理论伟大旗帜，按照“三个代表”要求，与时俱进，开拓创新，团结和动员全市职工为实现我市楚天强市的总目标而奋斗》的工作报告；审议通过了第三届经费审查委员会工作报告和市总工会财务工作报告；选举当阳市总工会第四届委员会委员 29 人。在四届一次全委会上，选举产生常委 9 人，正副主席 3 人。主席：王怀兰，副主席：曹恩春、李帮文。

当阳市工会第五次代表大会于 2007 年 10 月 7-8 日在长坂坡宾馆召开，到会代表 156 人。会议听取、审议并通过了江文平代表市总工会第四届委员会作的题为《树立以职工为本的科学维权观，团结动员全市广大职工为实现当阳生产总值过百亿元的经济强市总目标而努力奋斗》的工作报告；审议通过了第四届经费审查委员会工作报告和工会财务工作报告；选举市总工会第五届委员会委员 35 人。在五届一次全委会上，选举产生常委 11 人，正副主席 5 人。主席：文媛，常务副主席：江文平，副主席：杨洪、曹恩春、李帮文。

当阳市工会第六次代表大会于 2012 年 9 月 25-26 日在当阳宾馆召开，到会代表 199 人。大会听取、审议并通过覃玉蓉代表市总工会第五届委员会作的题为《勇担新使命、推动新跨越，团结带领全市职工为实现当阳科学发展建功立业》的工作报告。选举市总工会第六届委员会委员 39 人。在六届一次全委会上，选举产生常委 11 人，正副主席 4 人。主席：刘祖光，常务副主席：覃玉蓉，副主席：曹恩春、李帮文。

当阳市总工会历任负责人名录

表 18-34

届　次	姓　名	任职时间	职　务	备　注
当阳市总工会第一届委员会	徐菊芳	续 1989.1—1991.6	主　席	
	闫红梅	1991.6—1992.4	主　席	
	雷体楷	续 1989.1—1990.8	副主席	
	冯友仁	续 1989.1—1992.4	副主席	
	周荣世	1990.1—1991.12	副主席	
	黄道藩	续 1989.1—1992.4	巡视员	
当阳市总工会第二届委员会	闫红梅	1992.4—1997.9	主　席	市委常委
	冯友仁	1992.4—1997.9	副主席	
	屈　秀	1992.4—1997.9	副主席	
	杨建国	1994.9—1997.9	副主席	
	刘相林	1996.7—1997.9	副主席	
	黄道藩	1992.4—1993.7	巡视员	
当阳市总工会第三届委员会	闫红梅	1997.9—2000.11	主　席	市委常委
	王怀兰	2001.3—2002.10	主　席	市委常委
	冯友仁	1997.9—1999.3	副主席	
	屈　秀	1997.9—2002.10	副主席	
	曹恩春	1997.9—2002.10	副主席	
	李帮文	1999.12—2002.10	副主席	

续表

届　次	姓　名	任职时间	职　务	备　注
当阳市总工会第四届委员会	王怀兰	2002.10—2006.9	主　席	市委常委
	文　媛	2007.1—2007.10	主　席	市委常委
	张国富	2004.1—2007.3	常务副主席	市委候补委员
	江文平	2007.3—2007.10	常务副主席	
	杨　洪	2004.12—2007.10	副主席	市人大副主任
	曹恩春	2002.10—2007.10	副主席	
	李帮文	2002.10—2007.10	副主席	
当阳市总工会第五届委员会	文　媛	2007.10—2010.7	主　席	市委常委
	杨德生	2010.7—2011.11	主　席	市委常委
	刘祖光	2011.11—2012.9	主　席	市委常委
	江文平	2007.10—2011.8	常务副主席	
	覃玉蓉	2011.8—2012.9	常务副主席	市委候补委员
	杨　洪	2007.10—2008.7	副主席	市人大副主任
	曹恩春	2007.10—2012.9	副主席	
	李帮文	2007.10—2012.9	副主席	
当阳市总工会第六届委员会	刘祖光	2012.9—2016.11	主　席	市委常委
	李　敏	2016.11 至今	主　席	市委常委
	覃玉蓉	2012.9—2013.3	常务副主席	市委候补委员
	苏　琼	2013.3—2016.11	常务副主席	市人大副主任
	钟雪平	2016.11 至今	常务副主席	市委候补委员
	曹恩春	2012.9—2015.9	副主席	
	李帮文	2012.9—2014.5	副主席	
	叶　毅	2015.9 至今	副主席	
	任　香	2014.5 至今	副主席	

四、主要工作

当阳市总工会紧紧围绕市委市政府工作大局，在服务中心、服务企业、服务职工中全面履行了工会各项社会职能。

（一）组织工作

组建工会和发展会员。1995 年，当阳市首家私营企业工会-干溪造纸厂工会委员会诞生。2002-2004 年，全市 168 家改制企业全部改建和重建工会组织，并广泛开展新建企业、街道、楼宇、村工会组建和会员发展工作，积极推进区域性、行业性工会组织组建。2002 年，在全市镇(办事处)建立工会联合会。2012 年 7 月，在全市建立首家行业工会-当阳市陶瓷行业工会联合会。2013 年先后成立金桥工业园、建筑行业、民营医疗机构、坝陵机械电子等行业工会，2014 年 8 月，成立当阳市个体工商户联合工会和市外出务工人员联合工会。2014 年被全国总工会授予“全国工会落实建会三年规划先进集体和工会基层组织建设创新成果三等奖”。2010-2012 年，新建会 668 家，发展会员 8,420 人。2015-2016 年，扎实推进农民工入会集中行动，新增农民工会员 2,894 人。截至 2016 年，全市共有工会组织 937 家，会员 105,216 人，涵盖 2,128 个基层工会。

2015 年 8 月，建立宜昌市首家乡镇总工会-玉阳办事处总工会。

职工之家创建。1990 年，市总工会制发《关于深入开展建设“职工之家”活动的实施意见》《职工之家考核验收标准》和《机关工会“建家”考核标准》，386 个基层工会开展建家评家活动，首批达标“合格职工之家”324 个，“先进职工之家”59 个，宜昌地（市）级“模范职工之家”6 个，省级“先进职工之家”2个，省级“模范职工之家”1个。全市基层工会组织活力明显增强。至2017年，全市共有全国“模范职工之家”2个，省级4个，宜昌市级54个。广泛开展工会规范化建设活动，有2个镇办、1个社区达省级示范标准，3个企业达省一级、5个企业达省二级标准。

2010年，制订《工会会员评议职工之家实施办法》。全市共有911家基层工会开展会员评家活动，覆盖率达到97.3%，职工满意率达到96.2%。当阳市总工会获中华全国总工会会员评家先进单位。

工会干部队伍建设。1994年以来，市总工会主席一直由市委常委担任(兼任)，各镇办、市直各工会工作委员会主任，骨干企业工会主席也由同级党政副职担（兼）任。坚持党管干部和工会协管原则，工会干部的调配，征求市总工会的意见，总工会一同参与考核。积极探索社会化、职业化途径，公开招聘12名职业工会干部、协理员担任区域（行业）性工会联合会专职主席或副主席。加大教育培训力度，编制年度计划和预算，采取走出去、请进来等多种方式开展工会干部培训，先后九次组织304名工会干部赴湖南、黑龙江、江苏、浙江、四川、江西、武汉等地学习考察。从2002年开始，坚持每二年与省工会干校联合举办一次工会干部培训班。

“一线工作法”和基层工会“六有六好”规范化建设。2002年，当阳市总工会总结推行“一线工作法”，省总工会在当阳召开全省县市（区）工会工作会议予以总结推广。2003年，市总获省总授予的工会基层工作先进单位。2013年，当阳市总工会探索基层工会“六有六好”规范化建设（六有即：有健全完善的组织、有素质优良的队伍、有科学管理的制度、有务实管用的活动、有稳定可靠的保障、有信息化工作平台，六好即：各方支持好、履行职责好、运行机制好、服务职工好、服务大局好、自身建设好），并将之纳入党建工作目标考核的内容。2014年，全省工会基层工作会议在宜昌召开，与会人员参观了当阳4个规范化建设现场。

（二）权益保障

兴办工会经济实体，“五小”建设。1989年，针对改革改制过程中关停并转企业待岗、下岗分流职工生活困难的情况，市总工会及时组织各级工会广泛开展群众性生产自救活动，兴办经济实体，发展“五小”（即小菜园、小果园、小鸡场、小猪场、小鱼塘）事业。1989–1992年底，全市工会组织共兴办经济实体103个，安置下岗人员1400多人，年创利税120余万元，有效改善了职工生活条件。1990年，当阳市加强“五小”建设的经验在全省工会职工生活会上进行了推介，全国总工会副主席于洪恩对宜昌市开展的“五小”活动给予了充分肯定。

职工帮扶。1995年，筹建当阳市职工济困会，218个单位成为首批团体会员，筹措资金35.5万元；70家企业成立职工互助补充保险组织，入会职工7699人，保险金额84万元。

2002年，建困难职工援助中心，2013年改为职工服务中心。联合市人社局每年开展“春风行动”，共帮助1300名下岗职工实现再就业，帮助市内企业招工1038人；建立3个再就业基地和1个解困贸易市场，出台优惠政策安置下岗职工825人。市总工会坚持送清凉物资到车间、班组慰问一线职工，年均资金额达25万元。每年对考取大学的困难职工和农民工子女实施助学，共资助困难学生766人，资金达120万元。1989年以来，坚持连年开展送温暖活动，年送温暖资金由1989年的8.6万元增加到2016年的95.5万元，共惠及困难职工53,369人（次）。实施“冬送温暖”和日常大病、生活帮扶相结合，领导重点走访与工会普遍走访相结合，每年由市委书记带队慰问全国劳模和困难职工，并送去慰问金。建立领导干部和文明单位联系困难户制度，共联系帮扶483户；完善困难职工动态档案2792人；发放工会会员服务卡9560张，确定7家商户29家营业网点为特约服务商户。2016年，在当阳网格化信息化系统中置入工会模块，与宜昌市工会服务职工平台对接，实现了职工服务向基层网格的延伸和拓展。2005年，被省总授予全省工会生活保障帮扶工作先进集体。2009年，市总工会困难职工帮扶中心被评为省AAA级困难职工帮扶中心。

劳动争议调解。1992–1997 年，全市 110 个企（事）业劳动争议调解委员会共受理劳动争议和来信来访 1466 件次，调处 1389 件次。2002 年–2007 年，"帮扶中心"共接待职工群众来信来访 638 件次。2010 年，市总工会协调司法、法院、人力资源和社会保障等单位，组建市劳动争议调解队伍，制定《劳动争议调解中心调解员管理办法》。2010–2017 年，"中心"共受理各类劳资纠纷案 255 件，处理 251 件，占受理总案件的 98.4%。2013 年，设立"当阳市劳动人事争议仲裁委员会市总工会派出庭"，与市劳动人事争议仲裁院联合调解劳动争议案件 156 件。2010–2017 年，全市 202 个企业劳动争议调解委员会，共受理各类劳动争议和来信来访 5060 件（次），涉及职工 5200 余人，调处达成协议 5039 件（次）。

工会法治宣传。1992–2002 年，全市各级工会认真学习和贯彻落实新《工会法》。2001 年、2004 年、2012 年、2016 年配合市人大、市政协对《工会法》贯彻落实情况进行检查视察。2004 年，将《工会法》《劳动法》等法律法规编印 1000 册下发基层工会。"二五""四五""五五"普法期间，市普法办将《工会法》纳入全市普法范围。2010 年，当阳市总工会被评为"全国工会五五普法"先进单位。

女职工特殊权益保护。1990 年，成立当阳市总工会女职工委员会。全市 627 家基层工会建立了女职工组织。2005 年，签订女职工特殊权益专项集体合同 748 份（含专章）。各级女职工组织推进《妇女权益保障法》《女职工劳动保护特别规定》贯彻落实，全面开展"双文明建功立业活动"和"女职工素质达标大行动"。2010–2017 年，每年三八期间邀请专家、学者对全市女职工进行专题讲座，共计 800 多人次聆听讲座。2000 年，在全市推广《女职工大病安康保险团体险》，到 2017 年，投保人数 4932 人。

（三）民主管理

工会源头参与。市总工会坚持向市委常委会汇报工会工作制度，市委常委会每年 1–2 次听取全市工会工作情况汇报并对工会工作进行专题研究。2008 年，市委将工会工作纳入全市目标管理综合考评内容。2002 年，市政府发文，进一步健全市政府与市总工会联席会议制度。市总工会先后参与 4 家破产企业和市直企业第一、第二轮承包方案的修改、制订，全过程参与了全市的企业改革、破产以及改制前的调查、改制方案、职工安置方案的制定及实施；参加了市劳动仲裁、工资改革、劳动安全、劳动鉴定、社会养老保险、医疗保险、住房制度改革等涉及职工切身利益方面的工作机构。

和谐劳动关系。2011 年底，市政府出台《关于在全市开展和谐企业创建工作的实施意见》，2012 年，领导小组制发《当阳市和谐企业评选表彰办法》，2014 年，市委把和谐企业创建工作纳入全市企业综合目标考核。2015 年，抓住贯彻落实中央、国务院《关于构建和谐劳动关系的意见》的有利契机，深化劳动关系和谐创建活动。至 2017 年，全市共评选表彰"和谐示范企业"15 家，"和谐企业"44 家；选树宜昌市级"和谐示范企业"3 家，"和谐企业"33 家；省级和谐企业 3 家。

（四）制度、机制建设。

1、职代会。1995 年，市委印发《关于在社会主义市场经济体制中进一步落实全心全意依靠工人阶级根本指导方针若干问题的意见》。2002 年，市总工会联合市工商局、市劳动和社会保障局、市工商业联合会下发了《关于在非公有制企业推行职代会制度的试行意见》。2004 年，全市镇（办事处）推行区域性职代会。2005 年，当阳市总工会在 25 人以上非公企业中，推行以"三票制"为主要内容的职代会制度，覆盖面达到 85%。当阳市职代会"推行'三票'，落实'三权'"的做法分别在省总、宜昌市总召开的常委（扩大）会议上进行了交流发言。到 2017 年，全市国有、集体及其控股企业全部建立职代会制度，事业单位和 95%以上的非公有制企业建立了职代会制度；区域性、行业性职代会覆盖企业 748 家。95%以上的公司制企业建立了职工董事、职工监事制度。

2、厂务公开。1998 年，市总工会确立 8 家企业进行厂务公开试点。1999 年，市委、市政府办公室印发《关于推行厂务公开、民主管理制度的实施意见》，并召开全市厂务公开工作推进会。2004 年召开全市推行厂务公开工作经验交流暨表彰会，是年获全省厂务公开先进单位。至2017年，全市国有、集体及其控股企业已全面推行了厂务公开制度，科教文卫等事业单位内部事务公开顺利进行，非公企业厂务公开面达85%。

3、平等协商集体合同。1995年，市委、市政府办公室下发《关于建立企业集体合同制度的实施意见》，提出了一年试点、两年推广、三年发展的规划。市总工会确定了当阳玻璃厂等6家试点企业，平等协商集体合同制度在市属企业广泛推开。至2002年，实现集体合同在范围上由国有、集体及其控股企业向非公有制企业推进；在形式上，由企事业单位单独签订向区域性、行业性扩展；在内容上，实现由综合性向单一性转变。从2014年起，在全市开展集体协商提质升级五年行动计划。至2017年，全市集体合同的建制率、到期续签率达到98%，职工满意率达90%以上。建立并规范了市、镇（处）局（公司）、企业三级集体合同档案管理制度。

4、工资协商。2008年，市委制定了《关于加强全市非公有制企业工会工作的意见》，市政府出台了《关于推进工资集体协商工作的意见》，市总工会、人力资源和社会保障局等四部门联合制发了《当阳市工资集体协商规范要求和操作程序》，建立由14个部门组成的全市工资协商工作领导小组。2008年11月，全省工会工资集体协商工作推进会在当阳宾馆召开，市委、市政府在会上作了经验介绍。针对县域经济小微企业多的实际，建立了区域性、行业性工资集体协商制度。当阳市陶瓷行业工资集体协商成为全省行业工资协商的范本，其作法被全国总工会《工资集体协商典型案例》一书收录，并在省总襄阳会上进行推介。

（五）经济技术创新和劳动保护

劳动竞赛。1989-1992年，开展“四创一增”“七赛七比”劳动竞赛和“八能手”立功竞赛活动，实现双增双节目标8094万元。1992-2002年，广泛开展以“双增双节”为主要内容的“十百千”“学先进、比贡献、创一流、增效益”“外学邯钢、内学烟厂、推广马能经验”等多种形式的劳动竞赛活动。2009年成立市劳动竞赛委员会，广泛开展“建功黄金期、展现新作为”“建功‘十二五’、推进新跨越”等主题劳动竞赛活动，制定了4大类，18个项目的劳动竞赛方案，共有210名职工通过各类技能技术竞赛实现了向高级工、中级工的晋升。2010年8月，在宝加利陶瓷公司举办“当阳市陶瓷企业职工技能大比武”，35家陶瓷生产及配套企业1.3万名职工参加。当阳市劳动竞赛活动纳入“2010年湖北省劳动竞赛巡礼”集中专访和报道。2010-2017年，先后举办叉车工技能竞赛、化学及食品检验工技能竞赛、电工技能竞赛，掀起全市劳动竞赛的高潮。创建“劳动竞赛活动机制、成果评价机制和成果应用机制”三大机制，获宜昌市总的充分肯定。

职工培训、合理化建议、技术创新和劳动保护工作。全市各级工会组织广泛开展技术培训、合理化建议等活动，年均培训职工3万人次。1992年，市总工会在全市开展职工技协和合理化建议之最竞赛活动，80%以上基层工会配合行政制定了《合理化建议和发明创造评审奖励办法》。1992-1997年，共举办各类培训班1354期，培训职工41754人，提合理化建议25163件，采纳13770件。市邮电局话务班、市人民银行等被省总工会表彰为职工读书活动先进单位。2014年，市总工会配合市人才工作领导小组实施“蓝领精英工程”，引导企业推行“首席员工”“职业技能带头人”制度，建立完善职工创新工作室。目前共建立劳模（职工）创新工作室7个，确立首席员工和职工技能带头人、“沮漳工匠”等42名。

深入开展经济技术创新活动。2001年，市总工会制发了《群众性经济技术创新工程实施方案》。2002-2007年，全市企业共组织实施技术质量攻关改造项目1380个，产品实物改进179个，技术操作改进287项，推广新工艺863项。开展争创“合格班组、六好班组、模范班组”竞赛活动，评出合格班组655个，六好班组27个，有28个班组被评为省、宜昌市模范班组，42人获省、宜昌市模范班组长称号。从 2011 年开始，联合市科技部门每二年组织一次职工技术成果评审。到 2017 年，有 194 项职工技术成果获奖，其中，上送省、宜昌市获奖成果 17 项。全国自学成才奖获得者胡兆德研发的“泡沫沥青施工法”填补了国内空白；当阳玻璃厂“玻璃生产线无槽工艺四改六项目”获全国职工技协优秀技术成果奖。

健全劳动保护机制。1998 年，市总工会制发《关于深入贯彻全国总工会颁发的工会劳动保护监督检查〈三个条例〉的实施意见》，设市级劳动保护监督检查委员会 1 个，监督检查员 25 人，基层工会劳动保护监督检查委员会(小组)360 个。1999 年在 5710 工厂试点推行“一法三卡”工作，年底召开现场会，全市骨干企业全面推行。广泛开展以“安康杯”竞赛为主要形式的群众性安全生产劳动保护活动，组织职工开展多种形式的群防群治和监督检查活动。每年协助政府相关部门对全市安全生产进行检查。2013—2017 年，共参与安全事故调查处理 20 次，处罚当事责任人 40 人。尤其是在 2016 年马店矸石发电有限责任公司“8·11”高压蒸汽管道裂爆重大事故案中，市总工会组成专班，主动参与应急救援、调查取证和善后处置工作。建立职业卫生健康预警防治机制。市属骨干企业、接触职业病危害作业的行业（岗位）建立了职工职业卫生健康档案，坚持上岗前、离岗前职业病健康检查。2000 年，市总工会联合市卫生局等职能部门开展了职工职业卫生健康调研，督促用人单位改善工作环境，及时发放和更换劳保用品。庙前煤矿 2 名矽肺病人得到有效医治。2013 年，配合市安监局选取矿山、化工、建材、石英砂、电子五大行业 34 家企业，集中开展职业危害防治达标专项治理。

劳模管理。1996 年，市政府印发《当阳市职工劳动模范管理暂行办法》，成立当阳市先进单位、劳动模范评选委员会（办公室设市总工会）。2010 年，市政府修订《当阳市劳模管理办法》，成立劳模管理办公室（设总工会），确定每三年开展一次劳动模范评选活动。至 2017 年，全市共选树全国劳模 6 人，省部级劳模 45 人，宜昌市劳模 54 人，本级劳模 320 人。2008 年以来，开展“工人先锋号”评选表彰活动，共评选命名 98 个先进单位，其中，获省、宜昌市表彰的“工人先锋号”35 个。2011 年，评选金牌工人 32 名。2017 评选 10 名沮漳工匠，10 名沮漳工匠提名奖。加大劳模宣传，确定每年五月为劳模宣传月。建立劳模档案，坚持每年对省部级以上劳模进行体检，落实劳模荣誉津贴，并由财政拨款组织 20 名劳模外出休养。

（六）职工教育

职工思想教育。以“三热爱”和社会主义核心价值观系列教育活动为主题，加强职工思想政治工作。1989 年春夏之交，在制止动乱的政治斗争中，全市各级工会组织教育职工不信谣、不传谣、不离岗、不声援、不游行，维护了社会和职工队伍的稳定。1998 年，开展了职工思想大调查并组织先进事迹报告团深入 16 家企业进行巡回演讲。1999-2002 年，在职工队伍中开展理想信念、形势政策、“三热爱”、职业道德和法制教育活动。2000 年，组织 8500 名职工参加《国有企业改革和发展百问百答》竞赛活动。2005-2008 年，开展“塑造企业形象、职工形象”活动，使职业道德成为全市职工自觉行为。2008 年面对金融危机，在全市开展“共同约定”行动，235 家规模以上企业全部与职工签订共同约定书。2013-2017 年，配合全市社会主义核心价值观教育，先后开展“中国梦• 劳动美”主题宣传教育活动、庆祝抗日战争胜利 70 周年和中华全国总工会成立 90 周年纪念活动等。

文娱、体育活动。1989—2001 年间，以工人文化宫阵地为依托，先后开办了图书室、舞厅、录像厅、溜冰场、儿童游乐场；修建了篮球场；成立了职工作协、职工艺术团、职工书法协会、职工象棋协会、职工灯谜协会，广泛开展了各类兴趣爱好活动；职工作协出版《当阳文学》（内刊）20 期，发表 700 多人次 100 多万字的文学作品。市总工会每年都分别组织全市职工文艺、体育赛事活动，如长征组歌文艺晚会、革命传统歌曲大赛、红歌会、工人之声歌舞大赛（连续八届）、秧歌舞；演讲比赛、法律竞赛、书法、美术、摄影大赛；大众广播体操、健美操、职工篮球赛、羽毛球赛、趣味运动会等。适时组队参加上级工会举办的文艺、体育、知识竞赛等赛事活动。市总工会举办的“工人之声”被市政府纳入“八五”精神文明建设规划。

工会活动阵地建设。1990 年，获全国总工会“全国职工文化优秀单位”。1998 年，获省总“全省先进工人文化宫”。

2005 年，投资 291.5 万元修建 3177 平方米的职工活动综合大楼；2013 年，筹资 215 万元，修建了职工乒乓球馆；2016 年，筹资 64 万元，修建标准篮球场。市总工会还加大对基层工会的投入，使各镇办和重点企业职工活动阵地得到长足发展。为玉阳办事处总工会注资 50 万元，修建了 654 平方米的职工活动中心。2014—2016 年共筹资 484 万元，援建 24 家“职工书屋”，125 家职工服务中心，2 个劳模创新工作室。

第四节　远安县工会

一、基本概况

远安县位于湖北省西部、居宜昌市之东北，东南与荆门市、当阳市毗邻，西南、西与夷陵区为邻，北与保康县、南漳县接壤。全县国土面积 1752 平方公里，至 2017 年末全县总人口 19.2 万人。全县辖 6 镇 1 乡，有 102 个行政村、15 个居民委员会、494 个村民小组。

全县农业主导产业为食用菌、茶叶、特色水果、优质米；工业支柱产业为磷化工、机械制造、新型建材、食品医药；预计 2017 年全县地区生产总值 220.5 亿元 ，地方一般公共财政预算收入 12.0 亿元，城镇居民人均可支配收入 3.05 万元，农村居民人均可支配收入 1.86 万元。

二、组织沿革

1989 年 7 月，“远安县工人俱乐部”更名为“远安县工人文化宫”。

1990 年底，全县共有基层工会组织 253 个，工会会员 12,396 人。

至 1997 年，全县 9 个乡镇和县直局级机关全部建立了工会工作委员会。

2000 年，全县共组建私营企业工会 95 家（其中独立型工会委员会 23 家，行业型工会联合会 4 家），组建台港资企业 2 家，新建恢复 20 家乡镇企业工会和 23 家改制企业工会。

2004–2005 年，新建基层工会组织 31 个，规范基层组织 23 个。至 2005 年底，全县基层工会组织 283 个。

2007 年，新建工会组织 35 个，1 家外资企业建会，撤销 12 个单位；组建新的工会工作委员会，明确各乡镇和教育、卫生、交通、住建、企业共 13 个工会工作委员会分别管理所属基层工会。

2008 年，协调推进村（社区）工会组织建设。

2009 年，净增会员 11,135 人（其中农民工会员 11,000 人），净增基层工会组织 37 个，涵盖法人单位 58 个。实现出租车行业企业建会率 100%，职工入会率 100%。

2017 年下半年，县委做出群团组织改革部署，县总工会机关内设机构由三部两室（保护保障部、女工部、财务部、经审办公室、办公室）变成三部一室（办公室、组织基层部、维权服务部、生产宣教部），行政编制 4 名、机关工勤编制 1 名，现有在编在岗人员 7 人。下设两个二级单位，远安县总工会职工服务中心和远安县工人文化宫。远安县总工会职工服务中心为公益一类事业单位，核定全额拨款事业编制 2 名，现有在编在岗人员 2 人。远安县工人文化宫为公益二类事业单位，核定自收自支事业编制 3 名，现有在编在岗人员 3 人。县总工会自聘协理员 5 人。下辖 13 个工会工作委员会全部改建为工会联合会。

截至 2017 年底，全县有 427 家基层单位独立建会，其中独立建会非公企业 114 家；现有工会会员

35880 人，工会专兼职干部 1075 人。县总工会及所属职工服务中心、工人文化宫共有工作人员 17 人。

三、代表大会

1989–2017 年，远安县总工会共召开 5 次代表大会。

远安县工会第六次代表大会于 1991 年 12 月 26–28 日在鸣凤镇召开，大会代表 150 名。会议听取和审议了徐崇斌代表县工会第五届委员会所作的题为《当好国家主人翁　“八五”计划立新功》的工作报告。大会选举产生第六届委员会委员 21 名和经费审查委员会委员 7 名。在六届一次全委会上，选举产生常委 9 名，正副主席 3 名。主席：徐崇斌，副主席：刘文清、赵武。

远安县工会第七次代表大会于 1997 年 4 月 25–26 日在鸣凤镇召开，大会代表 152 名。会议听取和审议了谭思海代表第六届委员会所作的《紧紧围绕党的工作中心，全心全意依靠工人阶级，为实现我县“九五”计划和 2010 年远景目标而努力奋斗》的工作报告，听取和审议第六届委员会财务工作报告。大会选举产生了第七届委员会委员 23 名和第七届经费审查委员会委员 7 名。在七届一次全委会上，选举产生常委 9 名，正副主席 3 名。主席：谭思海，副主席：杨宗英、严祥云。

远安县工会第八次代表大会于 2003 年 10 月 19–21 日在县城召开。大会代表 128 名（其中女代表 50 人），特邀代表 15 名。大会审议通过了向龙代表县总工会七届委员会所作的题为《深入贯彻党的十六大精神，团结动员广大职工为实现我县全面建设小康社会目标而努力奋斗》的工作报告，审议并通过县总工会七届委员会财务工作报告。大会选举产生第八届委员会委员 25 人和第八届经审委员会委员 5 人。在八届一次全委会上选举产生县总工会常委 13 人，正副主席 3 人。主席：向龙，常务副主席：史元章，副主席：刘大梅。

远安县工会第九次代表大会于 2008 年 4 月在鸣凤镇召开，大会代表 130 名。大会听取和审议了王继平代表第八届委员会所作的题为《树立以职工为本的科学维权观　团结动员全县广大职工为实现远安走在全省山区县市前列而努力奋斗》的工作报告，审议并通过县总工会第八届经费审查委员会报告。大会选举产生县总工会第九届委员会委员 25 名和经费审查委员会委员 5 名。在九届一次全委会上，选举产生县总工会常委 9 人，正副主席 5 人。主席：夏锡璠，常务副主席：王继平，副主席：傅家柏、邓建华、罗国慧。

远安县工会第十次代表大会于 2013 年 4 月 19 日在鸣凤宾馆召开，大会代表 130 名。会议讨论和审议了王继平代表远安县总工会第九届委员会所作的题为《凝心聚力　实干创新　为“三个远安”建设建功立业》的工作报告，提出了今后五年全县工会工作的主要任务。选举产生县总工会第十届委员会委员 25 名，第十届经费审查委员会委员 5 名。在县总工会十届一次全委会上，选举产生常委 9 名，正副主席 4 名。主席：李宏华，常务副主席：王继平，副主席：谭春燕、王兴。

远安县总工会历任负责人名录

表 18–35

名称	姓　名	任职时间	职　务	备注
远安县总工会第五届委员会	徐崇斌	1989.1—1991.12	主　席	
	刘文清	1989.1—1991.12	副主席	
远安县总工会第六届委员会	徐崇斌	1991.12—1996.11	主　席	
	谭思海	1991.12—1997.4	主　席	
	刘文清	1991.12—1997.4	副主席	
	赵　武	1996.12—1997.4	副主席	

续表

名称	姓　名	任职时间	职　务	备注
远安县总工会第七届委员会	谭思海	1997.5—1999.11	主　席	
	向　龙	1999.12—2003.10	主　席	
	郭玉华	2000.9—2001.12	常务副主席	
	江昌勤	2001.12—2002.10	常务副主席	
	史元章	2002.10—2003.1	常务副主席	
	杨宗英	1997.5—2001.12	副主席	
	严祥云	1997.4—1997.9	副主席	
	刘大梅	2001.12—2003.10	副主席	
远安县总工会第八届委员会	向　龙	2003.10—12	主　席	
	云　成	2003.12—2006.6	主　席	
	夏锡璠	2006.6—2008.3	主　席	
	史元章	2003.10—2006.10	常务副主席	
	王继平	2006.10—2008.3	常务副主席	
	刘大梅	2003.10—2004.3	副主席	
	邓建华	2003.12—2008.3	副主席	
	傅家柏	2004.3—2008.3	副主席	
	罗国慧	2004.3—2008.3	副主席	
远安县总工会第九届委员会	夏锡璠	2008.4—2009.9	主　席	
	李宏华	2011.11—2013.4	主　席	
	王继平	2008.4—2013.4	常务副主席	
	傅家柏	2008.4—2011.8	副主席	
	邓建华	2008.4—2011.8	副主席	
	罗国慧	2008.4—2009.9	副主席	
	杨卫华	2009.9—2011.10	主　席	
	谭春燕	2011.8—2013.4	副主席	
	王　兴	2012.5—2013.4	副主席	
远安县总工会第十届委员会	李宏华	2013.4—2016.12	主　席	
	孙明琴	2016.12—2017.12	主　席	
	王继平	2013.4—2014.3	常务副主席	
	尹红新	2014.3—2016.10	常务副主席	
	郑向东	2016.10—2017.12	常务副主席	
	王友贵	2017.12 至今	常务副主席	
	谭春艳	2013.4—2015.11	副主席	
	王　兴	2013.4—2017.12	副主席	
	王巧玲	2015.11—2017.12	副主席	

四、主要工作

县总工会及基层工会紧紧围绕县委县政府的工作大局，围绕维护职工的合法权益开展各种活动，充分发挥工会组织的桥梁、纽带作用，全面履行各项职能。

（一）组织工作

1989–1990 年，全县以建设“职工之家”，增强基层工会组织活力为主线，不断发展壮大基层工会组织。

1991–1997 年，探索在乡镇企业等经济组织中组建工会组织。

2001 年，建立矿区工会（矿山企业）158 家，社区（城区居民委员会）基层工会 4 家。6 月 15 日，鉴于行政区划变更，撤销苟家垭镇和望家乡两个工会工作委员会，成立荷花镇工会工作委员会；撤销晓坪乡工会工作委员会，其工会组织关系并入茅坪场镇工会工作委员会。

2003 年，改制企业工会组织重建 23 个。

2007 年，任命 13 个工会工作委员会主任和 65 名成员。

2009 年，净增会员 11135 人（其中农民工会员 11,000 人）净增工会组织 37 个，涵盖法人单位 58 个。出租车行业建会率 100%，职工入会率 100%。

2011、2012 年连续两年获省总工会授予的“全省普遍建立工会组织：‘百日攻坚行动’先进集体”。

至 2016 年，全县工会组织 463 个、工会会员 64741 人。企业法人动态建会率和职工入会率均达到 95%以上，基层组织建设系统核查录入完成率达到 100%。继续开展“农民工入会攻坚行动”，2016 年新发展农民工会员 4775 人，全县农民工会员数达到 47,289 人。

2013–2017 年，县总工会贯彻“党建带工建、工建促党建”的工作方针，大力推进“两个普遍”，不断扩大工会组织、工会工作、工会服务覆盖面。全县机关、事业、企业（正常经营）等单位建会率和职工入会率保持在 90%以上。开展“六有六好”基层工会规范化建设，推进“农民工入会集中行动”和服务农民工“十送”活动。

对申请入会的职工，县总工会严格遵照 1993 年 10 月中国工会第十二次全国代表大会通过的《中国工会章程》规定的条件。2004 年 8 月，县总工会印发《关于加强基层工会组织管理的通知》，要求基层工会组织对本单位职工的会籍关系进行一次清理，要接转好工会会员关系，并建好工会花名册，换发新式会员证。自 2005 年 1 月起，确认工会会员资格一律凭新式会员证为据。

（二）权益保障

2005 年，县总工会主动参与 11 起 13 名职工伤亡事故的调查处理工作。2007 年，建立劳动争议调解组织 114 家，培训劳动争议调解员、劳动法律监督员和劳动保护检查员 38 人，并送 4 人到省工会参加培训。按省总 3A 标准建设县困难职工帮扶中心和县职工权益维护中心。县美厦建材有限公司职工反映企业扣发伤残补助金一事及时得到解决，企业召开现场会，补发 18 名职工被扣发 4 年的 1.7587 万元伤残补助金。2006 年，召开全县劳动关系三方协商会议。乡镇劳动关系三方协商会议机制建设在旧县、花林寺镇开展。

2008–2016 年，县工会建立与政府联席会议制度、劳动关系三方协商机制，坚持平等协商集体合同制度。成立职工法律服务团，建立“主席接待日”制度，班子成员每周二在服务中心轮流接访。县工会直接处理劳动争议 44 件，处理工伤安全事故 15 件，接待来访 391 人次，处理信访 276 件次，实施法律援助 65 件，涉及追讨工资拖欠和劳动争议资金达 398.783 万元。发放《农民工权益维护手册》《职工维权服务卡》共计 15,000 份。2013 年，在“企业工资集体协商百日行动”中，建会企业 369 家全部建立工资集体协商机制，共签集体合同、工资集体协商合同 57 份，覆盖职工 10,802 人。

2001–2005 年，县总工会开展“千人送温暖、万人帮贫困”活动。2003 年，全县帮扶困难职工 170

户，帮扶资金 13.89 万元，物资折款 5885 元。2004 年帮扶困难劳模和特困职工 156 人，帮扶困难职工子女上大学 16 名。

2006 年起，唱响工会春送岗位、夏送清凉、金秋助学、冬送温暖“四季歌”。

“送岗位”活动。2013 年与县人社局联合举办 14 场招聘会，累计为 297 家企业提供就业岗位 9704 个，进场求职人员 21627 人，达成意向性就业协议 5049 人。2017 年，发布职业介绍信息 90 余条，成功进行职业介绍 205 人，实现就近就地就业。

“送清凉”活动。2013 年，县总工会筹集资金 10 万元，为职工购买藿香正气水、风油精、人丹、矿泉水、毛巾等防暑降温用品，及时送到重点企业、高温露天作业场所一线职工手中。2014 年，县总工会走访慰问企事业单位 175 家，慰问职工 10259 人。189 个基层工会共送清凉物品折合金额 118.5 万元。2016 年县总工会筹集 5 万元，全县各级工会组织共筹集 182.5 万元，走访企业车间、班组和工地 180 个，慰问职工 11957 人。2017 年筹措资金 4.5 万元，发放防暑降温“清凉包”1000 个。

“金秋助学”活动。2006–2017 年，全县各级工会累计筹措资金 278.59 万元，帮助困难职工子女求学 2249 人。其中，本级工会 2013–2017 年共筹措助学金 32.64 万元，资助困难职工及农民工子女 154 人。

“送温暖”活动。县总工会每年均开展“送温暖”活动。2009 年元旦春节期间，确保对工会建档立卡困难职工（农民工）走访慰问 100%，发放慰问金 15.84 万元。2014 年，全县共发放慰问款物 108 万元，其中本级工会为 270 户困难职工发放慰问款 15.48 万元。2017 年，全县各级工会组织发放慰问款物 116.8 万元，走访企业 132 家，慰问一线职工 2203 人，慰问困难劳模 33 名。

（三）民主管理

1979 年，远安县开展职工代表大会试点。1995 年，推行企业平等协商和集体合同制度。1999 年，实施厂务公开。

1989–1991 年，全县各级工会组织深入贯彻“三个条例”，90%以上的全民所有制企业都建立了职工代表大会制度，办职工代表培训班 20 期，培训 520 人次。1992–1998 年，企业建立劳动争议调解组织 173 个，在 80%的企业和基层工会组织中建立劳动法律监督委员会。2005 年，全县国有企业、集体企业和科教、文化、卫生等事业单位建立职工代表大会制度达到 100%；非公有制企业建立职工代表大会制度 91 家，占应建的 92.8%。

1996 年 6 月，县两办批转了县总工会、县劳动局提出的《远安县推行平等协商和签订集体合同制度工作实施意见》。举办 3 期培训班，培训骨干 180 人，印发《集体合同范本》1000 余册，签订集体合同单位 35 家。

至 2000 年，全县国有、集体及其控股企业 41 家，签订集体合同 38 家，建制率 92.6%，职工覆盖率达到 99%。到期集体合同 2 家，续签 2 家；改制企业 23 家，全部重签；外商投资企业 2 家均签订集体合同；私营企业 84 家，签订集体合同 52 家，达到 62%；乡镇企业 20 家，签订集体合同 15 家，达到 75%，职工覆盖率达到 82%；企业其他合同兑现率和职工满意率均达到 90%以上。

2001 年 9 月，县总工会、县劳动局联合印发《关于进一步推行平等协商和集体合同制度工作的意见》。2002 年 6 月，县总工会印发《关于开展工资集体协商的意见》，200 家私营企业开展了工资集体协商工作。2009 年，全县 7 家工会联合签订了区域性集体合同；116 家企业签订了劳动安全卫生集体合同、女职工特殊权益保护专项集体合同；制定工资集体协商机制文件，积极开展工资集体协商要约行动。2012 年，开展工资协商“百日行动”，签订工资集体协商合同 47 份，涉及职工 14933 名。2016 年，完成 2016–2018 年全县 369 家非公企业集体合同、工资集体协商专项集体合同、劳动安全卫生专项集体合同、女职工权益保护专项集体合同等 4 个合同的续签工作，集体合同建制率 92%。

1999 年 4 月，县两办印发了《关于在全县国有、集体企业中推行厂务公开、民主监督制度的实施方案》。6 月 2 日，县委、县政府召开全县厂务公开、民主监督动员大会。会议确定天马农业机械有限责任公司等 4 家企业开始试点。2000 年，召开第二次全县厂务公开工作会议，县纪委和县总工会联合下发《远安县厂务公开工作考核验收办法》。2001 年，县纪委、县委组织部等单位联合发出《关于进一步做好厂务公开工作的通知》。至 2002 年底，全县开展厂务公开的企业达到 226 家。2004 年，县总工会分别在东圣公司、武星公司。建立运用 IS09000 模式，创新厂务公开过程监管。2007 年，按 ISO9000 标准实行厂务公开管理控制程序试点，新增试点单位 1 家，总数达到 5 家。2010 年，有 8 家企事业单位，建立了厂务公开民主管理控制体系。

2016 年，县总工会组织湖北花林新型建材集团等 10 家重点企业到当阳市华强化工集团参观学习，指导推进全县企事业单位加强民主管理工作。全县建立职代会、厂务公开民主管理制度企业 369 家，建制率达 92%。培育湖北花林新型建材集团和远安县人民医院两个典型。全县 35 家规模以上企业建立“互联网+民主管理”工作模块和 QQ 群。

（四）经济技术和劳动保护

1.劳动竞赛和经济技术

1989–1991 年，各级工会组织在职工中广泛开展“当主人，做贡献”的社会主义劳动竞赛和“质量、品种、效益年”活动。3 年共有 5859 名职工提出合理化建议 7212 件，创造经济价值 1000 万元以上；开展职工技术协作，创造经济价值 270 万元。1990–1991 年，各级工会组织广大职工实施技术革新项目 15 个，攻克技术难点 21 个，创造经济价值 500 万元。县机械厂铸造车间 5 人技术攻关小组研究用合脂油代替桐油，仅此一项一年就节约资金 6 万元。1992–1997 年，开展小改小革、修旧利废的职工技协活动，创造经济效益 800 多万元。1992 年 2 月，县总工会成立“远安县职工技协合理化建议之最竞赛活动领导小组”和“成果评审组”。年底，对县机械厂工会等 12 个先进单位和汪家龙等 37 个先进个人予以通报表彰。1993–1998 年，全县累计提出合理化建议 1.8 万件，被采纳应用 3600 余件，创造经济价值 980 多万元，涌现各种生产能手、建功立业先进个人 1566 人，先进模范班组 148 个。

2001–2015 年，开展经济技术创新活动，开展形式多样的劳动竞赛、技能大赛、技术比武、节能减排活动，提出合理化建议 4310 条，采纳 980 条，组织职工技术培训 2340 人次，参加劳动竞赛 83671 人次，创新技术成果和攻克技术难关 162 项，创造直接或间接经济效益 1.388 亿元。有 145 人获“能手”和“状元”称号，有 3 名电工入围宜昌市首届“技能状元”，1 个单位和 3 名个人获宜昌市创新奖。

2013–2017 年，县总工会开展“勇担新使命，服务新跨越”“建功黄金期，展现新作为”“践行新理念、建功十三五”“安康杯”等劳动竞赛和科技创新、节能减排、合理化建议、“创建学习型组织、争创知识型职工”等系列活动，创建“行政服务标兵”和“优质服务窗口”，开展家政服务等技能培训，职工素质不断提升。建立徐年声、周华雄、简开贵、孙文庆等劳模创新工作室，建造远安县劳模纪念林，新时期劳模精神得到弘扬。通过评选表彰劳动模范(省级 1 人、市级 5 人、县级 20 人)、五一劳动奖章（省级 4 人、市级 5 人）和金牌工人 40 人等活动，在职工中凝聚了正能量。

2.安全生产和劳动保护工作

1989 年，县总工会组织基层工会广泛宣传《安全生产法》《职业病防治法》和劳动保护 3 个《条例》等安全生产法律法规，配合相关部门进行安全生产检查。2000 年，全县各级工会组织建立劳动保护监督委员会 99 个，工会小组劳动保护检查员 87 人，参加安全生产检查 174 次，提出安全生产整改意见 293 条，参与处理工伤事故 74 起。2001 年，建立县工会劳动保护监督检查委员会，同时建立县直部门基层工会劳动保护监督检查委员会 11 个，乡镇基层工会劳动保护监督检查委员会 7 个，社区基层工会劳动保护监督检查委员会 4 个。在 50 人以下的基层工会设立检查员 56 人，工会小组设检查员 22 人。

在企业中开展 “安康杯”安全生产竞赛活动，2000 多名职工参与。2002 年，坚持把企业的安全生产、职工的劳动保护作为重要条款写进集体合同文本。2003 年，县总工会加强对企业，特别是高危企业、事故多发行业和中小企业的群众性安全生产监督检查。制定 2004 年安全生产责任目标考核时，将工会工作的“一法三卡”“三同时”和“重点危险点监控”等内容纳入。继续开展“安康杯”安全生产竞赛活动。2005 年，县总工会积极参与对矿山企业春节后开工复产“十个一票否决”制度的制定工作，参与县安监局制定远安县 2005 年“全县安全生产月”活动方案。2007 年 6 月 27 日，与县安监局、共青团远安县委联合开展职工矿山应急救援比武，84 人 12 个代表队参加，相关企业 500 多人到现场观摩。全县 111 个单位 8350 名职工参加“安康杯”安全生产竞赛。参加 9 起职工伤亡事故的调查和处理。2008 年，县总工会联合县安监局，对全县煤磷两矿企业的 14572 名职工开展了安全生产知识电视教育培训。2016 年，县总工会联合县有关部门组成检查专班，开展劳动安全监督检查活动 148 次，查出隐患 172 条，整改 172 条；督促部分企事业单位为一线职工发放高温补贴 200.95 万元；参加 3 起安全事故的调查处理工作。

（五）宣教文体

职工思想政治教育工作。1988–1991 年，全县开展职工“四有”教育和学“两兰”（杨大兰、潘星兰）等系列活动， 14622 名职工参加，占职工总数的 92%。1992 年，县总工会发出“三峡工程在宜昌、远安职工做贡献”的倡议书，县总工会收到职工的捐款 2 万余元。1997 年 10 月，县总工会发出《关于深入学习贯彻党的十五大精神的通知》。1998 年，共印发学习资料 4 万余份，举办理论学习班 4 期，参加学习 2000 余人次。1999 年，各基层工会组织批判“法轮功”欺骗群众、破坏稳定的罪行。

宣传贯彻《工会法》。1992 年 5 月份开展《工会法》宣传月活动。县委书记发表电视讲话，举办《工会法》干部培训班 4 期， 600 多人参训， 2000 多人参加《工会法》知识竞赛。1993–1997 年，举办《工会法》及有关法律法规培训班 50 余期，参训人数达 2500 人次。2000 年 10 月，县人大常委会组织县总工会、县劳动局等相关部门，对全县《工会法》贯彻执行情况进行了一次全面执法检查。

2001 年 10 月，新修改的《工会法》颁布，县总工会于 11 月 5 日发出《关于学习宣传贯彻修改后的<工会法>的通知》，翻印《工会法》5000 多册，举办讲座和知识竞赛，参与活动达万人以上。2002–2005 年，为新建企业工会提供宣传资料达万余份，组织工会干部培训 50 余期，参训人数达 2500 人。2009 年，开展“共铸理想信念、共促科学发展”主题教育活动。2013 年，县总工会与县电视台联合录制“劳模风采”系列节目，集中宣传一批劳动模范。2015 年，建立“远安工人”微信平台，发展粉丝 4400 多人，打造“指尖上的工会”。在《工人日报》等各级各类媒体上发表新闻 200 余篇（条）。

2016 年，创新“互联网+工会”服务。通过远安论坛“工会在线”“远安工人”微信公众号、“远安县总工会”网站与服务职工平台系统四位一体，提供 15 个门类的工会服务，让职工乐享指尖上的服务。“工会在线”访问量达 24.2 万人次， “远安工人”微信公众平台吸引粉丝 5000 多人。

职工文化体育娱乐活动。1989–1991 年，县文化宫组建了“远安县职工艺术团”，到基层演出达百场次。同时组织开展各类大型文体活动 30 余次，举办文体活动培训班 40 多期，吸收 33 万人次职工参与。县总工会、县体委联合举办职工第五届中国象棋赛、第二届围棋赛、第二届职工乒乓球男女团体赛、“亚运为国增荣誉，我为亚运添光彩”诗词征集活动、“五一职工之声文艺调演”活动、第十三届（磷化杯）职工篮球运动会。1992–1995 年，全县各级工会组织开展职工运动会、“五一”文艺晚会、体育五项全能竞赛、书画摄影展览等文体活动以及党史、工运史、经济理论和工会理论知识竞赛。1999 年，相继举办“元旦地税杯象棋大赛”“五一”三江–远安职工象棋对抗赛、 “十一共和国辉煌 50 周年图片展览暨工运理论知识竞赛”。2000 年，举办了“迎接新千年元旦象棋对抗赛”“庆三八女职工趣味体育竞赛”“五一劳动 · 奉献 · 青春”文艺晚会、“生活源”杯职工三人篮球赛、“十一交通杯”篮球赛、“关公杯”卡拉 ok 赛、“十一”职工乒乓球赛等系列文体活动。2006 年组织和联合组织各类文体活动共 5 期。

2008–2016 年，举办“供电杯”歌咏大赛暨第四届民间文艺调演、三届供电杯羽毛球赛”“首届健美操培训”“园林杯”迎新春庆元旦长跑活动；承办了庆祝中华人民共和国成立 60 周年文艺演出。组织职工参与“职工文艺调演”和职工文艺汇演活动。联合县环保局、文体局举办远安县“环保杯”职工乒乓球比赛。联合团县委、县妇联举办“激扬青春、爱我远安”青年干部演讲比赛。联合县委宣传部、县交通局，开展“交通杯”篮球赛。联合县委宣传部，组织职工庆元旦野外军事拓展训练。联合县直机关举办“晟泰水电杯”职工运动会。联合县文联举办“社会主义核心价值观命题书法展赛”。2016 年，举办 “庆五一”职工运动会和“我是球王”职工乒乓球、羽毛球大赛，全县 130 名选手参赛。

（六）女职工工作

1989–2000 年，表彰女能人、优秀女职工、女岗位明星、技术能手 347 人，表彰先进女职工委员会 22 个，表彰优秀女工干部 41 人，表彰女工之友 4 人。与妇联联合表彰“五好家庭”50 个，培训女干部和女职工 1269 人次，对女职工进行妇科病检查和体检 1700 余人次，对 800 多幼儿进行体检。联合劳动、卫生部门对实施《女职工劳动保护规定》进行全面检查。参与县人大、县劳动局对全县执行《妇女权益保障法》《劳动法》的检查。全县各级工会开展“巾帼双文明”劳动竞赛，每年“三八”妇女节举办文体活动、知识竞赛。坚持建立健全女职工委员会，落实女职工干部进入企业董事会、监事会。

2005–2015 年，县总工会组织各单位为女职工重大疾病发放“安康保险”7720 份，为单亲困难职工和农民工 200 人赠送安康保险，免费为 238 名困难女职工两癌检查，免费为全县女职工进行乳腺检查，广泛开展女职工健康知识讲座、女职工维权服务法律宣传周活动、女职工劳动保护知识竞赛、政策法律咨询义务服务活动，发放宣传资料 1050 份。在企事业单位落实签订女职工特殊权益保护专项集体合同，2009 年签订 116 家。

2016 年，县总工会深入推进女职工组织全覆盖、规范化建设。举办“庆三八”女职工维权宣传周活动，开展知识讲座、网络竞赛、普法宣传、健康体检等系列服务。建立困难女职工档案，将特困女职工纳入困难职工帮扶系统实行动态管理。对 5 名特困女职工、8 名单亲困难女职工和 62 名困难女农民工进行了帮扶，帮扶资金 41500 元。全县完成女职工安康保险 3300 人。

第五节　兴山县工会

一、基本概况

兴山县位于宜昌市西北部，长江西陵峡北侧，是西汉明妃王昭君故里，三峡工程库区县，东临宜昌县，西连巴东，南接秭归，北靠神农架林区。2002 年 9 月，县城由高阳镇整体搬迁到古夫镇。至 2017 年底，全县国土面积 2327 平方公里。辖昭君、峡口、南阳、黄粮、水月寺、古夫 6 个镇，高桥、榛子 2 个乡，89 个村，7 个居委会，569 个村民小组，16.69 万人。

县域经济以农业为主。2017 年底农业总产值为 10.7 亿元，主要特产为柑桔、茶叶、核桃、中药材、高山蔬菜等。工业以磷化工为主要产品的上市公司兴发集团扛梁，2017 年底在全国 500 强企业中名列 481 位，总资产 318 亿元。旅游业以昭君村、昭君别院、高岚十里画廊、朝天吼漂流为主要景点。

二、组织沿革

1、内设机构

1973 年 5 月 10 日县委发出《关于成立兴山县工会工作筹建办公室的通知》，6 月 21 日至 23 日县工会第四次代表大会召开，8 月 25 日兴山县总工会印章启用。

1997 年 9 月，县总工会内设机构为四部一室：办公室、组织宣教部、生产生活部、财务部、女工部。核定行政编制 5 人，工勤编制 2 人。

2001 年 12 月，县总工会内设机构未变：核定行政编制 4 人，工勤编制 1 人。

2004 年 6 月，生产生活部加挂“兴山县困难职工帮扶中心”牌名，增加 1 名事业编制。

2011 年 5 月，组织宣教部加挂“事业发展部”牌子。

2015 年 2 月，设 1 名正科级常务副职。

2016–2017 年底，县总工会内设机构未变，设办公室、组织宣教部、生产生活部、财务部、女工部四部一室。全县基层工会共 280 家（其中独立工会 200 家，工会联合会 80 家），涵盖单位 799 个，职工 36656 人，工会会员 35859 人（其中农民工会员 21255 人）。

2、二级单位

县总工会有二级单位两个：工人文化宫、职工服务部。

工人文化宫成立于 1954 年 2 月，2005 年撤销。

职工服务部成立于 1992 年 8 月，2005 年撤销。

三、代表大会

1989–2017 年，兴山县工会共召开了五次工会代表大会。

县工会第八次代表大会于 1991 年 8 月 25–26 日在县城召开，大会正式代表 155 人，特邀代表 10 人。李万柱代表县工会第七届委员会向大会作题为《深入贯彻中央 12 号文件精神，努力开创工会工作新局面，为胜利完成我县“八五”计划顽强拼搏》的工作报告。大会选举县总工会第八届委员会委员 20 人和八届经审委员会委员 5 人。在八届一次全体委员会上，选举产生常委 10 人，正副主席 3 人。主席：李万柱，副主席：郑松涛、胡兴碧。

县工会第九次代表大会于 1996 年 12 月 17–18 日在高阳镇召开，大会正式代表 162 人，特邀代表 8 人。李万柱代表第八届委员会作题为《深入学习贯彻党的十四届六中全会精神 充分发挥工会在我县两个文明建设中的作用 为实现全县“九五”计划和 2010 年的远景目标做出应有贡献》的工作报告。大会选举第九届委员会委员 21 人和经费审查委员会委员 5 人。在九届一次全体委员会上，选举产生常委 11 人，正副主席 3 人。主席：李万柱，副主席：李德凡、王祖秀。

县工会第十次代表大会于 2002 年 4 月 12–13 日在高阳镇召开。到会正式代表 154 人，特邀代表 6 人。向洪星代表第九届委员会作题为《以贯彻新工会法为契机 团结动员全县职工为实现我县“十五”规划而奋斗》的工作报告。大会选举第十届工会委员会委员 25 人和经费审查委员会委员 5 人。在十届一次全体委员会上，选举产生常委 13 人，正副主席 3 人。主席：向洪星，常务副主席：万社知，副主席：舒平。

县工会第十一次代表大会于 2008 年 3 月 23–25 日在古夫召开，到会代表 150 人，特邀代表 15 人。钟家裕代表第十届委员会作题为《推动科学发展 促进社会和谐 在实现“两个走在前列的目标中发挥主力军作用》的工作报告。大会选举第十一届工会委员会委员 31 人和经费审查委员会委员 5 人。在十一届一次全体委员会上，选举产生常委 11 人，正副主席 4 人。主席：岳新梅，常务副主席：钟家裕，副主席：蔡联华、舒平。

县工会第十二次代表大会于 2013 年 3 月 18–19 日在古夫举行，出席会议代表 150 人，特邀代表 15 人。钟家裕代表十一届委员会作题为《凝心聚力促发展 奋力拼搏奔小康 团结动员职工为建设富裕生态幸福宜居兴山建功立业》的工作报告。大会选举第十二届工会委员会委员 33 人。在十二届一次全体委员会上，选举产生常委 11 人，正副主席 4 人。主席：丁绪欢，常务副主席：钟家裕，副主席：蔡联华、彭卫华。

兴山县总工会历任负责人名录

表 18-36

届　别	姓　名	职　务	任职时间	备　注
兴山县总工会第八届委员会	李万柱	主　席	1990.2—1996.12	—
	郑松涛	副主席	1991.8—1994.6	—
	胡兴碧	副主席	1991.8—1996.3	调离
	万忠俊	副主席	1994.2—1996.3	增补
	徐东升	副主席	1994.6—1996.3	增补
	李德凡	副主席	1996.3—1996.12	增补
	王祖秀	副主席	1996.3—1996.12	增补
兴山县总工会第九届委员会	李万柱	主　席	1996.12—1997.9	改任主任科员
	简　琼	主　席	1997.9—1999.2	调离
	万社知	常务副主席	1999.2—2002.4	增补
	向洪星	主　席	1998.8—2002.4	增补，县委组织部部长兼
	李德凡	副主席	1996.12—2001.12	调离
	王祖秀	副主席	1996.12—2001.12	退休
	舒　平	副主席	2001.12—2002.3	增补
兴山县总工会第十届委员会	向洪星	主　席	2002.4—2003.12	县委副书记兼
	万社知	常务副主席	2002.4—2007.3	—
	舒　平	副主席	2002.4—2009.8	—
	杨栋三	主　席	2004.1—2007.1	县委副书记兼
	李述林	副主席	2004.2-2007.4	—
	岳新梅	主　席	2007.1—2008.2	县纪委书记兼
	钟家裕	常务副主席	2007.3—2008.2	—
	蔡联华	副主席	2007.4—2008.2	—
兴山县总工会第十一届委员会	岳新梅	主　席	2008.3—2010.10	—
	钟家裕	常务副主席	2008.3—2013.2	—
	蔡联华	副主席	2008.3—2013.2	—
	舒　平	副主席	2008.3—2010.3	调离
	彭　艳	副主席	2010.3—2011.8	调离
	丁绪欢	主　席	2010.9—2013.2	县纪委书记兼
	彭卫华	副主席	2011.8—2013.2	—
兴山县总工会第十二届委员会	丁绪欢	主　席	2013.3—2013.12	调离
	钟家裕	常务副主席	2013.3—2016.3	主任科员
	蔡联华	副主席	2013.3 至今	—
	彭卫华	副主席	2013.3 至今	—
	张　伟	主　席	2013.12—2014.8	县纪委书记兼
	杨宗仙	副主席	2013.12 至今	—
	韩国红	主　席	2014.8—2016.2	县委宣传部部长兼
	袁松松	主　席	2016.2 至今	县委宣传部部长兼
	舒开乾	常务副主席	2016.3—2017.3	开除公职
	马代军	常务副主席	2017.11 至今	—

四、主要工作

（一）组织工作

1989 年底，全县工会基层组织 233 家，其中全民所有制企业 183 家，集体所有制企业 50 家，工会会员 12373 人。到 1995 年底，全县工会组织 240 家，其中国有单位 180 家，集体 30 家，会员 10170 人。

1995 年 9 月，县总工会与县工商局，县私营企业协会联合发出《关于在私营企业建立工会组织的通知》。1995 年 4 月 28 日，兴山县第一家外商投资企业墙泰电子有限公司工会成立。1995 年 11 月 31 日，全县首家私营企业全刚建安公司工会诞生。

1998 年 9 月，县委组织部、县总工会、县工商局、县劳动局再次发出《关于私营企业组建工会和开展工会工作的意见》。2000 年 7 月，县委成立了新建企业组建工会领导小组。2000 年 8 月和 2001 年 6 月，领导小组开会对新建企业工会工作作出部署。全县大力推进建会工作，到 2000 年底新建私营企业工会（小组）442 个，会员 7812 人。全县工会组织 119 个，会员 11954 人。

2004 年底，掀起第二轮建会高潮。2010 年，新建乡镇区域联合会 7 个，工会联合会 2 个，行业联合会 3 个。2011 年新建餐饮行业联合会和县直机关工会联合会。全县共有工会组织 372 个，会员 41196 人。2012 年全县共有工会组织 386 个，会员 41685 人。2013 年全县共有工会组织 356 个，会员 39184 人。2014 年全县共有工会组织 277 个，会员 33398 人。2015 年开展了农民工入会集体行动，在线入会 905 人。全县共有工会组织 286 个，会员 35406 人。2016 年，全县共有工会组织 274 个，会员 33729 人，其中私营企业工会 184 个，个体经济组织工会 32 个和村级工会组织 89 个，联合工会 39 个，会员 20731 人。截至 2017 年底，全县共有工会组织 280 个，会员 35859 人。

工会干部队伍建设。1991 年 7 月 21 日，县委组织部、县总工会发出《关于加强基层工会组织建设和工会干部管理的意见》，1995 年 5 月，县委组织部和县总工会召开会议，专题研究乡镇工会的建设工作。从 1999 年起，各乡镇工会主席由乡镇党委成员担任。2000 年，由兴山化工总厂改制后的宜昌兴发集团工会成立，时任兴发纪委书记蔡联华任首届工会主席。2008 年起，乡镇工会主席一律由纪委书记担任。2010 年开始推行工会工作者职业化、社会化进程，全县共选聘工会协理员 11 人，分在所有乡镇和县城社区。

建家工作。兴山建家工作从 1985 年开始至 1987 年，全县应建 107 个单位全部建成。1989 年后转入建家巩固阶段。1997 年 9 月开始全面复查验收。17 家需要整改和取消模范职工之家资格。2002 年制定《新建企业建设职工之家验收标准》。2004 年县总工会在国税局召开职工之家建设现场会。2004 年宜昌兴发集团被全国总工会授予“全国模范职工之家”。2005 年县国税局、卫生局被评为“全市模范之家”。2013 年开展了企业职工服务中心建设，兴发集团、天星供电、昭君生态农业等企业按照全员服务、普惠服务、长效服务的机制建成了示范单位。2014 年采取以奖代补的形式支持葛洲坝兴山水泥厂、石晶光电科技股份公司、昭君故里酒业、雅佳家具 4 家企业建成“职工之家”。县总工会职工服务中心被中华全国总工会命名为全国职工教育示范点并获得 10 万元的奖励资金。2015 年召开了基层工会“六有六好”建设推进会，积极推进昭君镇香溪社区、峡口镇政府、南阳镇政府、宜昌鸿昌电子有限责任公司、兴山县怡典涂料有限责任公司、湖北汉明妃农业开发有限公司等 6 家单位规范建设职工服务中心。2016 年对怡典涂料、宏昌港口、水月寺水电行业联合工会“六有六好”规范化建设的制度牌建设、职工活动器材方面进行支持。2017 年对基层工会制度牌建设、职工活动器材进行支持，兴山县蓝天酒店管理有限公司被表彰为全市基层工会“六有六好”建设示范单位。

（二）权益保障

1、平等协商和集体合同

1995 年 8 月 29 日，县总工会牵头召开县经委、体改委、劳动局等部门联席会，讨论和研究集体合同试点工作。9 月 26 日县“两办”下发《关于建立平等协商、集体合同联合工作组的通知》。11 月 9 日，联合工作组研究试点工作方案，确定在县铁合金厂，全刚建安公司试点。2010 年开始，大力推进企业工资集体协商工作,特别是推行乡镇工会代表所辖区域或者行业工会与企业主进行工资集体协商工作，成效显著，较好地保障了不同类型企业职工的合法权益。到 2017 年，全县共签订或续签合同 281 份，覆盖职工 8896 人。

2、送温暖工程

1996 年，兴山县政府成立“兴山县职工送温暖工程领导小组。2000 年，建立了 24 个县级领导干部和 100 名基层党政领导联系帮扶困难户制度，45 个基层工会设立了送温暖基金。

2004 年，县总工会与劳动、民政、卫生、教育、司法、法院等 6 部门，出台《兴山县困难职工帮扶办法》。

2006 年建立健全困难职工帮扶机制，为 397 名困难职工和 12 名全国、省部级困难劳模建立帮扶台账，使帮扶工作走上规范化轨道。

2010 年，兴山县四位一体的帮扶中心成立，配备 4 名工作人员，聘请了专职劳动关系调解员，省市总工会验收达标。时任省委常委，省总工会主席张昌尔视察帮扶中心，并给予了充分肯定。

1992 年—2017 年为 19817 名困难职工发放救助金 575 万元，为 3 名特困职工发动捐款 7.1 万元。

3、金秋助学

1999 年启动金秋助学活动，当年为 7 名困难职工子女资助 7500 元，以后持续开展。至 2017 年底，共为 401 名困难职工子女提供资助 51 万元。（不含单位、企业自主实施的资助）。兴发集团、天星供电等单位都建立了“金秋助学”长效机制。

（三）民主管理

1、职代会制度

1989—1991 年，全县有 179 个企事业单位建立了职代会制度，占应建的 90%。1994 年，举办职代会制度培训班 3 次，并召开了首届企业民主管理经验交流会。

2006 年，全县有 20 家成规模（25 人以上）的私营企业都分别建立了职代会和职工大会制度。至 2016 年底，全县应建已建率达 100%。

2、厂务公开

1999 年 5 月，县委成立厂务公开领导小组。县总工会、县纪委，县委组织部、县经委联合发文，并于 6 月 7 日召开领导小组首次会议，研究部署在三峡制漆厂、天星水电集团和县水泥厂进行试点。12 月 17 日，领导小组在三峡制漆厂召开现场会，对试点工作进行总结。2000–2003 年，全县厂务公开逐步向校务、医务、教育、站务全面延伸。2011 年，推行“小微企业”厂务公开全覆盖。2013 年，《充分发挥社区联合工会优势，推进小微企业厂务公开全覆盖》经验在全国厂务公开民主管理网刊登交流。

2016 年，重点推动非公企业普遍建立民主管理制度，探索推进“互联网”+民主管理工作。

（四）经济技术和劳动保护

1、劳动竞赛和经济技术创新

1989 年，县两办批转县总工会、县经委《关于开展双增双节的报告》。1991 年宜昌地区工会办事处表彰双增双节竞赛先进集体、先进个人，县客运公司、县化工总厂获组织奖，胡文庆等 3 人获先进个人。

1994 年 4 月，县总工会，县委宣传部等 6 部门联合下文开展“发扬宜昌精神，建设新兴山，争当千名能手”的劳动竞赛活动，11 月 12 日，县委县政府表彰 10 类能手 106 人和 10 个优秀组织奖，万能周等 5 人获市级能手称号。

1998年，县总开展评选“十杰职工活动”。1999年3月，“十杰职工”评选揭晓，牛涛等10人获得县政府表彰。2001年，县总组织开展“五个一活动”，37个企事业单位成立了“经济技术创新小组”，出台了《兴山县经济技术创新奖励办法》。2008年，兴发集团开展“我为节能减排作贡献”活动，全年节能4万吨标准煤，创经济效益2000万元以上，获全国无机盐协会技术进步、节能减排先进单位。

2009年4月24日，县总表彰了10个职业技能之星。2010年开展“争先创优，建功立业”和争创“工人先锋号”活动。从2012年起，全县劳动竞赛向新领域延伸，到2016年底，先后举办了三届手工制茶比赛、网格员大赛、十大厨嫂比赛、焊工技能大赛、汽车维修技能大赛，酿酒技能和产品包装竞赛、女职工生活茶艺赛、班主任专业能力大赛、食堂厨师技能大赛等等。从1989–2017年的29年间，全县劳动竞赛活动从未间断过，并向广度和深度发展，取得了丰硕成果。仅以兴发集团为例，2001–2017年，共获得科研成果66项，其中国际领先5项，国内领先17项。

2、安全生产与劳动保护

1995年，县总工会先后四次参与安全检查和伤亡事故调查处理。2000年，成立“兴山县工会劳动保护监督委员会”。为46名工会主席颁发全国总工会《工会劳动保护监督检查证》。同年5月，县总工会、劳动局、县经委联合开展“安康杯”安全竞赛活动。2002年，县工会、劳动、卫生、安全局联合开展劳动安全卫生监督培训工作。2003年，县总工会对非公有制企业安全生产和职业卫生状况进行调查，设立安全生产重大隐患和职业卫生危害举报电话。2004年，兴发和天星两个集团双双荣获全市“安康杯”竞赛先进单位。2007年，县总工会联合6个部门调查8家规模以上的企业，对调查发现的问题及时向有关部门反馈。2008年，县总督促有关部门对环卫、采掘一线的职工和农民工进行免费体检。实施安全生产知识电视培训4128人。兴发白沙河化工厂动力三班被全国总工会、国家安全生产监督管理局评为“安康杯”优胜班组。

2009年，县总工会正式开展“夏送清凉”活动。当年7月，为一线职工送去价值3万多元的防暑降温物资。此后8年，夏送清凉从未间断。从2012年开始，工会本级每年送清凉经费从3万元提高到5万元以上。

1989—2017年间，全县共申报表彰市劳模27人，省劳模18人，全国五一劳动奖章1人。兴发集团获得“全国五一劳动奖状”“全国模范劳动关系和谐企业”“全国厂务公开民主管理先进单位”等殊荣。为市以上劳模建档立卡，落实劳模待遇和对困难劳模的补助，并定期为他们进行体检。从1996–2017年底，全县共组织劳动模范、先进生产工作者2600多人到北京、天津、华东五市等地疗休养。

（五）宣教文体

1、职工文化技术教育

1993年10月，县总工会与武汉水利电力自修大学联合组建“武汉水利电力自修大学兴山辅导站”，开办城市供电大专函授班。1996年与三峡大学联合举办经济管理班。1998年10月1日，兴山县第一个企业自办的培训基地—“天星水电集团职工培训中心”成立，集团公司的所有员工都要在这里实行封闭式学习一个月。2013年，县总职工服务中心被全国总工会命名为“全国职工教育示范点”。

2、“创争活动”

2004年开展“创建学习型组织，争做知识型职工”活动，成立有九部门参加的“创争领导小组”。2005年4月，全县评选“十大知识型职工标兵”。2006年，评选第二届“十大知识型职工标兵”和5个创争先进集体。2007年，开展了第三届知识型职工标兵、学习型组织评选表彰活动。2009年评选10个“学习创新之星。”龙开举获“全国知识型职工先进个人”。

3、新闻宣传

1989 年，县总工会编发“工会动态”每月一至二期。1992 年改为“兴山工会”直至 2005 年，17 年间共出刊 249 期。2006 年起开办“兴山工会”网站至今。1995–2016 年，市以上报纸杂志网站采用文章、信息共计 649 篇。如《工会维权在何处》一文在《中国工运》发表。2004 年，兴山在全省首创“职工权益维护站”的经验在《工人日报》，《湖北日报》刊登发表。

4、职工文体活动

1989–2017 年，县总工会共举办大型活动 36 次（场），内容包括“劳动者之歌”文艺晚会、体育竞技比赛、“中国梦·劳动美”书画摄影展览，“我与改革同行”歌咏比赛、元宵灯会、相亲活动等。坚持每年大型活动最少一次，主要时间段在“五一节”期间，活动内容根据各个时期的中心任务而定。2003—2017 年，参与组织环城长跑活动 15 年。

5、修志工作

《兴山县工会志》于 2004 年 9 月正式启动，历时一年，查阅资料 617 卷次，搜集资料约 60 万字，三易其稿，最终形成 6 章 38 节，全面记述了 1950–2003 年断限内的人和事，于 2006 年 3 月付梓出版，成为宜昌县市区工会中第一个完成专志的单位。

（六）女职工工作

1、女工组织

1988–2017 年，县总工会共召开 5 届女职工代表大会。全县各级工会组织均按“三同时”要求建立女工组织。2016 年全县 145 个应建女工委的单位都建立和完善了女工组织。

2、维护女职工合法权益和特殊利益

1989 年 6 月，对县直 848 名女职工进行了妇科检查。1996 年，县总女工委与人寿保险公司联合开展安康保险活动。随后，坚持每两年进行一次妇检活动。1999 年，建立困难女职工档案 178 户，62 个单位为女工办理健康保险。2003 年，县总工会、县妇联、卫生局等 6 单位联合发文，将两年一次的妇科病检查列为制度性安排。2007 年，开始在平等协商集体合同中签订“女职工合法权益和特殊利益”专项合同，最大限度地保障企业女职工的合法权益。到 2016 年，共签订女工特殊利益保护专项合同 116 份，覆盖企业 313 家，女职工 5658 人。2008 年，县总免费为 160 名单亲女工和困难女工办理安康保险。2010 年举办妇科病普查普治、防艾讲座，为 100 名女农民工免费体检。2009 年起，为单亲或困难女职工提供救助。到 2016 年底，共为 1105 人提供救助达 68.53 万元。从 1996–2016 年的 21 年间，全县女职工参加安康保险从未间断过。

3、提高女职工素质，组织女职工建功立业

1992 年 3 月 7 日，县总工会、县妇联表彰 33 名“女职工好能手”和 47 个“五好家庭”。同年 6 月和 7 月，举办两期女工主任培训班，参训女工主任 87 人。2001 年在全县开展“岗位立功，自学成才”为主要内容的女职工素质达标活动。2003 年，开展巾帼建功立业工程并顺利通过省市女工素质达标验收。2009 年 3 月，与劳动、妇联联合开展返乡女农民工再就业培训，并组织“兴山县首届巧妇大赛”。6 月，组织进京家政服务员培训，首批 16 名家政服务员进京。2010 年，举办“新时代 新女性”演讲比赛。2013 年，与县特产局联合举办了全县女职工生活茶艺培训班。2016 年，与县文明办、县妇联联合开展“智慧女性、文明家庭”系列评选活动。县职教中心王芳获省总一等奖，2 人获“全国优秀书香家庭”称号。

（七）移民迁建

兴山老县城从原高阳镇整体搬迁到古夫镇丰邑坪村。县总工会在老县城占地 2898 平方米，淹没补偿总额 128.07 万元。搬迁后新建职工宿舍楼和综合办公楼，总投资约 900—1000 万元。

1998 年 10 月，时任县委副书记杨兴元，总工会主席简琼专程到省总汇报移民迁建工作。省总副主席昝金华于 2001 年 6 月 2 日到兴山工会宿舍楼视察。2001 年 7 月 1 日，占地 2380.66 平方米、投资 227.5 万元的总工会职工宿舍楼竣工。同年 8 月 21 至 23 日，宜昌市委、市政府在兴山召开对口支援会。时隔两天，省总党组书记、常务副主席郭佩英、市纪委书记、工会主席余幼明、常务副主席周学文到兴山视察，听取汇报后，省总工会市总工会都表示支持。9 月 19 日，时任常务副主席万社知专程赴宜向全国总工会书记处第一书记、副主席张俊九汇报移民迁建工作。2008 年，综合大楼正式启动，县委、县政府无偿划拨土地 3550.56 平方米，并给予 220 万元和资产置换 38 万元的支持。2010 年 4 月 30 日，总建筑面积 3724 平方米、投资 690 万元的职工之家竣工，举行“挂牌仪式”。至此，兴山县工会移民迁建工作圆满收官。

移民迁建工作历时 13 年得到上级的援助为：省总 80 万元，湖南省总工会 10 万元，大连市总工会 20 万元，宜昌市总工会 20 万元，县政府 220 万元，总计 350 万元。其余全部自筹。

第六节　秭归县工会

一、基本概况

秭归县位于湖北省西部，长江西陵峡两岸，三峡工程大坝库首。东与夷陵区（原宜昌县）的三斗坪、太平溪、邓村交界，南同长阳土家族自治县的榔坪、贺家坪接壤，西临巴东县的信陵、平阳坝、茶店子，北接兴山县的峡口、高桥。县境东西相距66.1公里，南北相距60.6公里。总面积2427平方公里。至2017年底，全县辖4个乡、8个镇，186个村、7个居民委员会、1111个村（居）民小组。总人口37.28万人，其中男性人口194055人，女性人口181272人。

秭归县是以柑橘为主的农业大县。至2016年，全县农林牧渔业总产值达到41.97亿元。农林牧渔服务业产值 1.86 亿元。农村常住居民人均可支配收入8825元。柑橘、烟叶、茶叶、蔬菜四大支柱产业占种植业的60%。1995年4月被国务院农村政策研究发展中心等命名为“中国脐橙之乡”。2016年荣获“湖北旅游强县”等荣誉称号。至2016年，全县规模工业企业达到86家，总产值154.36亿元。2016年全县第三次产业增加值构成比例为20.26∶37.82∶41.93。按常住人口计算，人均地区生产总值3.26万元。

2016年，全县共有事业单位285个，其中承担行政职能类事业单位1个，公益类事业单位278个（公益一类244个、公益二类34个），从事生产经营类事业单位6个。

二、组织沿革

1989年，县总工会有内设机构8个，即办公室、宣教调研室、组织部、劳动保护部、生活保障部、民管法律部、女工部、财务部。2008年增设内部经费审查办公室。下设二级单位1个：工人文化宫。2003年增设1个二级单位：困难职工帮扶中心。县总工会机关核定行政编制6人。事业编制1人。在12个乡镇分别设立工会联合会。2009年12月，在编制人数35人以上的县直一级单位和编制人数30人以上且辖有二个以上二级单位的县直一级单位设立专职工会主席，享受副科级待遇。先后在21个县直一级单位设立21名专职工会主席。2017年县总工会实行机构改革，内设机构设立为5个，即组织基层部、生产宣教部、维权服务部（女职工部）、审计监管部（经审办和基层工会集中核算中心）、综合办公室(财务部)。下设二级单位2个，即秭归县职工服务中心和秭归县工人文化宫。县总工会机关核定行政编制6人，事业编制1人。

三、代表大会

1989–2016年，秭归县总工会共召开五次代表大会。

秭归县工会第七次代表大会于1990年8月28–29日在归州大礼堂召开，出席会议代表205人。会议听取并审议刘光南代表第六届委员会所作的题为《团结奋斗 开拓前进 在改革和建设中发挥主力军作用》

的工作报告以及张邦寿所作的财务工作报告。大会选举委员24人。在县总工会第七届一次全委会上，选举常委9人，正副主席3人，主席：刘光南，副主席：张邦寿、丁志山。

秭归县工会第八次代表大会于1996年9月10-12日在归州大礼堂召开，出席大会代表172人，特邀代表8人，列席代表3人。代表听取和审议周功林代表第七届委员会所作的题为《突出中心 强化职能 努力开创工会工作新局面》的工作报告及张邦寿所作的财务工作报告。大会选举第八届委员会委员25人。在八届一次全委会上，选举常委10人，正副主席3人，主席：周功林，副主席：余先军、张邦寿。

秭归县工会第九次代表大会于2004年5月18-19日在县会务中心召开，出席会议代表137人。会议审议通过郑重祥代表第八届委员会所作的题为《以"三个代表"重要思想为指导 团结动员广大职工为全面建设小康秭归而努力奋斗》的工作报告。大会选举产生县总工会第九届委员会委员21人。在九届一次全委会上，选举常委6人，正副主席3人，主席：陶丹，常务副主席：郑重祥，副主席：郑之芳。

秭归县工会第十次代表大会于2009年10月28-29日，在县会务中心召开，出席会议代表150人，特邀代表4人。会议审议通过孙晓蓉代表第九届委员会所作的题为《全心全意依靠工人阶级 学习实践科学发展观 为服务三个文明建设和谐秭归作出新的贡献》的工作报告，审议并通过工会财务工作报告。大会选举产生第十届委员会委员21人。在十届一次全委会上，选举常委6人，正副主席4人，主席：孙晓蓉，常务副主席：韩裕林，副主席：郑之芳、郑好。

秭归县工会第十一次代表大会于2014年12月4-5日在县会务中心召开，出席会议代表151人。会议审议通过周华玉代表县总工会第十届委员会所作的题为《凝心聚力促发展 倾心服务展作为 团结带领全县职工为建设全省山区生态经济强县建功立业》的工作报告，审议并通过工会财务工作报告。大会选举产生第十一届委员会委员21人。在十一届一次全委会上，选举常委9人，正副主席4人，主席：周华玉，常务副主席：郭从军，副主席：郑好、韩敏。

秭归县总工会历任负责人名录

表 18-37

届次	姓名	任职时间	职务	备注
秭归县总工会第七届委员会	刘光南	1990.08—1994.02	主　席	
	周功林	1994.02—1996.09	主　席	
	张邦寿（女）	1990.08—1996.09	副主席	
	丁志山	1990.08—1992.07	副主席	
秭归县总工会第八届委员会	周功林	1996.09—1999.06	主　席	
	王大祥	1999.07—2000.12	主　席	
	李国新	2000.12—2002.05	主　席	
	李家法	2002.05—2004.05	主　席	
	王大祥	2000.12—2002.12	副主席	
	向方千	2002.12—2004.01	常务副主席	
	郑重祥	2004.01—2004.05	常务副主席	
	张邦寿（女）	1996.09—2000.08	副主席	
	余先军	1996.09—2002.08	副主席	
	姚一华（女）	1999.07—2002.02	副主席	
	李玉秀（女）	2002.02—2004.05	副主席	
	郑之芳	2002.02—2004.05	副主席	
	王玉红（女）	2002.12—2004.02	副主席	

续表

届次	姓名	任职时间	职务	备注
秭归县总工会第九届委员会	陶　丹（女）	2004.05—2007.03	主　席	
	孙晓蓉（女）	2007.03—2009.10	主　席	
	郑重祥	2004.05—2008.07	常务副主席	
	韩裕林	2008.11—2009.10	常务副主席	
	郑之芳	2004.05—2009.10	副主席	
	郑　好（女）	2008.11—2009.10	副主席	
秭归县总工会第十届委员会	孙晓蓉（女）	2009.10—2011.11	主　席	
	黄　海	2011.11—2014.10	主　席	
	周华玉	2014.10—2014.12	主　席	
	韩裕林	2009.10—2012.01	常务副主席	
	郭从军	2012.01—2014.12	常务副主席	
	郑之芳	2009.10—2014.12	副主席	
	郑　好（女）	2009.10—2014.12	副主席	
	韩　敏（女）	2011.08—2014.12	副主席	
秭归县总工会第十一届委员会	周华玉（女）	2014.12—2016.11	主　席	
	雷青松	2016.11—2017.12	主　席	
	郭从军	2014.12—2017.12	常务副主席	
	郑　好（女）	2014.12 至今	副主席	
	韩　敏（女）	2014.12 至今	副主席	
	郭凤英（女）	2017.06 至今	副主席	
	郑　凤	2017.06 至今	副主席	

四、主要工作

（一）组织建设

组织工作　1989 年，全县有工会组织 183 个，其中基层工会 177 个，职工 14347 人，会员 12357 人，占职工总人数的 86.17%。至 1996 年底，全县共建工会组织 182 个，其中基层工会 168 个，工会小组 648 个，共有职工 19985 人，会员 14152 人，占职工总数的 70.82%。1998 年，完成私营企业组建工会试点，实现私营企业建会零的突破。2000 年，在 10 个县直一级机关选配工会工作委员会主席 10 人，在 4 个乡镇选配工会主席 4 人。2006 年，县公路段等 6 个基层工会开展工会主席直选。探索建立乡镇工会—社区工会—企业工会“小三级”工会网络。2009 年，在茅坪镇建东村进行村级工会规范化建设试点，在此基础上在全县 12 个乡镇建立 15 个村级工会组织。2011 年，实行县属规模企业由政府选派经济联络员担任工会主席，乡镇实行纪委书记兼任工会主席，村级实行村党组织书记兼任工会主席制度。2012 年 8 月，在浙江省玉环县建立职工联合工会，成为全县首个省外异地工会组织。2013 年 10 月，在武汉挂牌成立职工服务中心，11 月在粤成立职工服务中心。2017 年底，全县工会组织达到 582 家，其中基层工会 551 家，共有职工 56710 人，会员 55913 人，占 98.59%。

教育培训　1998 年，全县各级工会在职工中掀起学习邓小平理论新高潮，开展揭批邪教“法轮功”，对职工进行唯物论、无神论和爱国主义教育。2002 年学习贯彻新《中华人民共和国工会法》（简称《工会法》，下同），下发辅导材料 360 份。2003 年，学习中共十六大精神，108 个工会、1000 多名职工参加十六大精神知识竞赛。与县电视台联合开办“当代工人”节目，宣传先进典型。2004 年，以宣传贯彻《工会法》和《湖北省实施〈工会法〉办法》为重点，举办“五一杯”法律知识竞赛，全县 40 个代表队参赛，发放知识竞赛试题1000份，评出一、二、三等奖共6人，优胜奖6人。2017年，组织职工进行普法教育，开展宜昌市首场“尊法守法•携手筑梦”服务农民工法治宣传讲座系列活动。在金民纤维公司启动秭归县“5·20”职工维权日活动，为该公司200多名职工开展普法知识讲座；活动中赠送普法手册、读本等共计1000余份；为22家单位办理新版法人资格证。

职工之家　1995年，县总工会根据省总《关于继续深入开展建设职工之家活动实施意见》，进一步抓职工之家建设。1998年结合县城东迁，要求各基层工会处理好职工之家“建”与“管”的关系。当年，县财政局等9个合格职工小家，县卫生局职工之家初具规模。县地税局在8个基层分局建立职工小家。2003年，三峡针织有限公司被市总工会授予“模范职工之家”称号。2011年，根据《宜昌市总工会关于开展“万名会员评家”活动的通知》要求，组织138个工会组织开展评家活动，17家获市级模范职工之家，107家获合格职工之家。2015年，全县建立175个工会职工之家。2013年，湖北匡通电子股份有限公司工会委员会荣获“全国模范职工之家”、秭归县人民医院外Ⅲ科工会小组荣获“全国模范职工小家”；秭归县茅坪镇工会主席秦移山荣获“省级优秀工会工作者”、秭归县交通运输局工会委员马尚钦荣获“省级优秀工会积极分子”；秭归县常务副主席郭从军荣获“省级优秀工会工作者”、华新水泥(秭归)有限公司工会委员会荣获“省级模范职工之家”、秭归县屈原艺术团送戏下乡小分队工会小组荣获“省级模范职工小家”。

（二）民主管理和维权

1989年，全县有85个基层单位召开职工代表大会222次，提出提案883件。经整改，全县建立三级民主管理的企业53个，实现民主选举行政领导人的单位14个；开展民主评议领导干部162人，通过评议后受到奖励的18人，被免职的8人。1994年，县总工会先后对县船舶修造厂等4家破产企业进行调研，撰写《关于破产企业职工安置情况调查报告》，使310名职工得到妥善安置。1998年，全县有105家企业建立职代会制度，提出提案855件。有14个股份制和股份合作制企业工会主席进入董事会，25家国有企业实行民主评议企业领导干部制度，69家单位建立业务招待费向职代会报告制度。累计签订集体合同57家，其中当年签订17家，涉及职工1016人。2001年，劳动保障监督检查用人单位73家，涉及劳动者6349人，查处违法案件5件，督促用人单位与劳动者签订补偿劳动合同273份，督促社会保险登记4户602人，督促缴纳社会保险费20万元。2007年，县总工会全程参与屈原大酒店改制后部分职工信访的处理及帝元食品一职工非正常死亡家属安抚、沙镇溪郭彭坡等3起煤矿安全事故处理等工作。2010年，建立《厂务公开民主管理控制程序》试点单位237家。全年完成工资集体协商专项集体合同124家，区域性工资集体协商专项合同19家，行业性工资集体协商专项合同18家。2014年，在宜昌市成立农民工服务中心。在浙江省乐清市设立职工法律援助工作站。全年共调处劳动争议案件12件，为职工追回补偿近200万元，讨回工资20多万元。2015年，全市工资集体协商暨厂务公开民主管理工作现场推进会在秭归召开。飞鹰电子公司被推荐为全省工资集体协商示范单位，并在省、市推进会上作经验交流。屈姑食品公司工资集体协商案例被全国总工会编入学习案例。2016年，成功创建秭归县物流行业和戈碧迦光电工资集体协商示范点，屈姑食品和慧点科技工资集体协商在全省工资集体协商推进会上作典型交流。县总工会全年为职工解决维权纠纷8起，追回经济补偿33.55万元。

（三）宣传教育

1989年4月，县总工会先后召开4次常委会议，动员各级工会组织广大职工学习《人民日报》“4·26”社论，把职工思想统一到中央精神上来。通过学习和宣传，秭归职工队伍稳定，没有游行示威、停工、停产等事件发生。1994年，学习和宣传《中华人民共和国劳动法》（简称《劳动法》），先后举办3期厂长（经理）、工会主席、劳动人事干部培训班，共培训188人次。开展《劳动法》知识竞赛，参赛职工达5009名。1998—1999年，以揭批“法轮功”为契机，针对以美国为首的北约轰炸我驻南斯拉夫使馆的罪行，对职工进行爱国主义教育。2004年，县总工会与县司法局、劳动和社会保障局联合举办“五一杯”法律知识竞赛，全县共有40个代表队参赛。组织职工参加《湖北省实施〈工会法〉办法》知识竞赛，收回答卷1000份。2007年，开展“五一”工会活动月活动，共举办6期“感动人物志”电视节目，宣传典型人物事迹。同时把《企业工会工作条例》（简称《条例》）作为宣传重点，并将《条例》印发到县电力公司、AB针织服饰等8家重点企业。2008年，邀请中南财经大学3名教授对煤矿五大自然灾害防治授课。2010年，邀请“全国健康讲座团”专家教授讲授女性“两癌”预防健康知识，参与女职工近千人。2011年，建省级职工书屋1个、市级职工书屋2个、县级职工书屋4个。积极开展“六五”普法，共编印《职工常用法律法规手册》3.5万余册，编印宣传单9万多份。2012年，健全职工书屋与县图书馆图书共享流转机制，此经验在《工人日报》上登载。2016年，在企业职工优秀家风家训征集评选活动中，评出30多条参与全县评选。举办“智慧女性·书香家庭”读书活动，选送26篇优秀征文参评，其中4人获省级奖励，1人获全国第四届“书香三八”活动三等奖。

（四）职工活动

1989年，县总工会组织“企业之春”首届青年歌手大奖赛，60多名选手参赛。“十一”期间，组织革命歌曲大奖赛，14个单位500多名职工登台歌唱革命歌曲。1990年，全县各级工会成立业余文化团（队）、业余文化创作组、兴趣爱好小组和各类球队组织147个，全年组织各类活动300多场次，参加活动人数1698人次。1996—2000年，由于县城东迁茅坪，职工活动减少。2001年以来，举办业余歌手赛、“党在我心中”演讲赛、职工文艺汇演、千人环城长跑、九畹溪看漂流、全国职工围棋比赛、全县职工篮球比赛、大众广播体操比赛、全县职工篮球联赛、首届职工趣味运动会等活动。2007—2009年，组织参加市总工会主办的职工书法、摄影、绘画作品展及市总工会建会80周年暨建立和谐劳动关系知识竞赛、市总工会组织的农民工趣味运动会、市总工会文艺调演等活动，编排的舞蹈节目《东方红》获一等奖；以宣传秭归电力战线劳模李元成为题材的情景剧《人间真爱》获二等奖。2009年，与县体育局联合组织职工羽毛球赛；与县直机关工委联合开展县第二届县直机关职工运动会。2016年，组织全县32家单位400名职工组成18支代表队参加龙舟赛活动。成功举办由12支队伍200多名职工参加的全县第九届职工篮球赛。联合举办由广大女职工参与的“舞动秭归”舞蹈大赛活动。

（五）生产劳动

1.劳动竞赛

增收节支活动　20 世纪 90 年代前，各级工会组织企业职工广泛开展以“增产节约、增收节支”（简称“双增双节”）为主的劳动竞赛活动。1989 年 3 月，县总工会开展“双增双节”活动，100 多个基层工会 1 万多名职工投身活动之中。年底，实现双增双节 849.78 万元。1992 年，“双增双节”活动中，提合理化建议职工达 1.74 万人，提建议 1643 条，被采纳实施的 630 条，共创收 90.99 万元。1993 年，各企事业单位开展不同形式的“双增双节”活动。交通系统开展以学习全国红旗驾驶员杨道年、全国“最佳客运主任”刘厚明、全市女标兵彭宏珍为内容的“学先进、赶先进”活动；工业、煤炭、建材、城建系统开展“夺高产、保质量、争效益”活动；教育系统开展“争当十佳教师”活动；卫生系统开展“讲医德作贡献”等活动。1995 年，全县各级工会继续帮扶 10 个亏损企业。县总工会和燃化局工会帮扶的大湾煤矿，全年扭亏 15.2 万元。

“安康杯”竞赛活动　2000 年，县总工会与县经委、劳动局联合开展“安康杯”竞赛活动，共有 26 家企业，3831 名职工参加竞赛。2008 年，在全县规模以上工业企业开展“安康杯”竞赛活动，参赛单位 31 个、参赛职工 8080 人。湖北匡通电子有限公司获宜昌市“安康杯”竞赛优秀组织单位奖；秭归隆盛针织有限公司工会主席杨小俐获宜昌“安康杯”竞赛优秀组织者奖。组织全县 117 个单位职工开展安全生产知识教育培训，考试合格职工 1.45 万人。2010 年，县总工会组织开展“安康杯”竞赛活动，参赛企业 56 个、参赛职工 1.28 万人。县总工会在宜昌市“争先创优、建功立业”劳动竞赛中获优秀组织奖，匡通电子有限公司获省级“安康杯”竞赛先进单位，该公司工会主席卢宁获省“安康杯”竞赛先进个人。三新服饰一车间、橘颂加油站获宜昌市工人先锋号。2015 年，继续开展“安康杯”竞赛活动，全县参赛单位 120 家，参赛班组 1098 个，参赛人数 1.66 万人。

其他劳动竞赛活动　1990 年，全县有 188 个单位，1.2 万名职工参加各种形式的劳动竞赛。1995 年，开展劳动竞赛的单位 58 个，有 3308 名职工参赛，创造经济价值 2896.5 万元，参加技术比赛达 844 人次。1999 年，全县开展“立足岗位增效益，迎接国庆献厚礼，建功立业跨世纪”为主题的劳动竞赛活动。2011 年，开展以“奋战‘十二五’、建功在秭归”为主题，以创建“工人先锋号”为载体，以职工技能大比武为抓手的劳动竞赛活动。全县 3 万多名职工参加竞赛，共举行各类技能竞赛比武活动 200 多场次，表彰工人先锋号 10 个，劳动竞赛优秀组织单位 10 家，优秀组织个人 10 名，最佳风采奖 45 名，创先争优能手 44 名，劳动技能能手 50 名。2012 年，县总工会主办秭归县首届“地方名菜”“名厨”竞赛评选活动，评选出秭归县首届“十大地方名菜”和“七大名厨”。2015 年，全县 380 余家企事业单位 3 万多名职工参加以“建功黄金期、展现新作为”为主题的劳动竞赛活动。组织职工参加“宜昌市第二届职工食堂厨艺”技能大赛活动，有 4 人获奖。2016 年，围绕“践行新理念、建功十三五”主题开展劳动竞赛活动，全县企事业单位参与率 90%以上，职工参与率 85%以上，收集合理化建议 1100 余条。开展“秭归味道•屈原家宴”饮食文化征集评选活动，评选出“屈原家宴”品牌十大系列 135 道特色美食。

2.劳动模范

劳模评定　1989 年，磨坪乡白家坪村烟农谭本益被评为湖北省劳动模范。1995 年，县屈原轮船总公司客运主任刘厚明被评为全国劳动模范。至 2016 年，有 5 人被评为全国劳动模范或全国先进工作者；17 人被评为省级劳模或部级先进工作者；44 人被评为市级劳模或获得省、市五一劳动奖章。

劳模管理　2000—2016 年，为 1 名家庭困难的全国劳模落实申报由省总发放的每月定期生活补助费 240 元。筹资 18.16 万元，走访慰问困难劳模 50 人。为 15 名省部级离退休劳模落实荣誉津贴，为 11 名全国和省级劳模落实荣誉津贴 2.05 万元，为 10 名困难劳模落实补助 2.6 万元，免费为 280 名劳模体检，为 20 名劳模落实奖金 4 万元，选派 14 名劳模赴三亚、北戴河等地疗养，在每年春节期间开展走访慰问活动。

（六）关爱行动

1.关爱女工　1989 年，全县共建立女工组织 99 个。认真贯彻落实《女职工劳动保护条例》，坚持一年一度的妇科病普查普治。水田坝供销社在深化企业改革中，坚持认真执行女职工劳动保护政策，对女职工怀孕期间从事接触有毒及不利于婴儿生长发育的工种及时给予调换，并规定女职工孕期一律不安排到上述岗位工作。1992 年，对 56 个单位，1290 名女职工进行妇科病查治。1994 年，全县组织妇科病查治 1975 人，85%的女职工的卫生津贴得到落实。1995 年，先后安排 82 名下岗女职工再就业。组织 72 个单位的 1231 名女职工查治妇科病，740 名患病女职工得到医治。2000 年，邀请西安市人民医院妇科专家到秭归讲授妇科保健知识，共有 72 名女职工委员听课。全年为 15 个基层工会的 616 名女职工办理“四癌”保险，投保金额 1.82 万元。2004 年，全县表彰先进女职工标兵 28 人，技术能手 18 人。在县二医院举办以“争当一名优秀护士”为主题的庆“三八”演讲比赛，在县职教中心举办“十佳优秀女教师”表彰大会。2009—2016 年，为困难女职工（农民工）免费赠送团安险 1015 份，特殊重大疾病保险 250 份；为女职工办理团安险 5332 人，免费体检 4600 人次，妇检 1.05 万人次，“两癌”筛查和生殖检查 306 人。为 2500 名女职工落实每月特殊卫生保护费，为困难女职工及子女提供救助和助学金额 7.15 万元。

2.关爱困难职工　1989年，积极协助企业兴办职工劳动保护、生活福利机构及设施。至1990年底，全县共建立劳动保护监督检查组织164个，托幼组织4个，女职工冲浴室4个，职工食堂441个，职工浴室40个，图书室100个以及理发室、卫生室等。同时，开展“送温暖、献爱心、扶贫帮困”活动，1991年为105名困难职工发放困难补助1900元。1997年对家住城镇月均收入低于70元的特困职工96户、343人发放《优惠证》。2003年建立困难职工帮扶中心，当年为困难职工介绍职业岗位151个，为456名困难职工送慰问金15.9万元。各基层工会慰问离、退休职工3946名。2009年，为最困难的残疾下岗工人杜立相协调资金5000元资助其开办药店。全年累计发放救助资金17.68万元。当年投资28万元重新建设县困难职工帮扶中心，省验收组验收给予“建设高起点、管理高要求、工作高效率”的评价。2016年春节期间，慰问困难职工614人，慰问金达35.08万元，人均571.34元，为历史最高。自1998年以来，县总工会每年组织“金秋助学”活动，至2016年，15年共为1255名困难职工子女入学（含上大学）筹集资金130多万元。

3.关爱下岗职工

2008 年开始，县总工会每年组织春送岗位活动。2010 年，分两期培训 140 名家政服务员开展其他技能培训 510 人，培训农民工 2500 人。至 2015 年，依托宜昌青华职校就业培训基地，组织下岗失业职工培训，举办大型招聘会，开展就业介绍，8 年共为 8000 多人实现就业和再就业。

4.关爱一线职工

2008 年以来，县总工会每年组织夏送清凉活动，至 2016 年，9 年共为 2.2 万多名一线职工送去清凉物品及防暑降温药品价值 79.72 万元。

第七节　长阳土家族自治县工会

一、基本概况

长阳土家族自治县位于鄂西南山区、清江中下游，国土面积 3420 平方公里。境内山峦起伏，沟壑纵横，东高西低，最高海拔 2259.1 米，最低海拔 48.7 米。东邻宜都市，南连五峰土家族自治县，西接恩施土家族苗族自治州巴东县，北交秭归县、夷陵区和点军区。至 2017 年底，全县辖 8 镇、3 乡、154 个行政村和 8 个社区，966 个村民小组，总人口 39.24 万人。

全县林地面积 247820 公顷，森林管护面积 166.4 万亩。有崩尖子自然保护区和清江国家湿地公园。已发现县域主要矿种有煤矿、锰矿、铁矿、石灰岩矿、页岩矿、方解石等 35 种。

2017 年全县农林牧渔业总产值 65.97 亿元，主要农业特色产业有高山蔬菜、柑橘、茶叶、魔芋等；55 家规模以上工业企业完成工业总产值 113.2 亿元；共完成财政总收入 91073 万元。境内公路 1052 条，通车里程 6500 公里。

二、组织沿革

1988 年经县编委核定，县总工会内设机构为“四部一室”（组织部、宣传部、女工福利部、生产财务部、办公室），定编 6 人，实有在职人员 8 人。1989 年全县基层工会组织 196 家，会员 11407 人，1993 年全县基层工会委员会 237 个，职工 19560 人，会员 17587 人。2002 年 1 月全县机构改革，县总工会内设机构精减为“二部一室”（办公室、财务管理部、生产生活女工部，核定编制 5 人）。2017 年群团改革时，县编委核定县总工会内设机构“三部一室”，核定编制 5 名。2008 年以前，县总工会办公地点位于龙舟坪镇清江路 40 号，2008 年下半年搬迁到龙舟大道 10 号县政府大楼 3 楼办公。

下属事业单位 1 个，即县工人俱乐部，核定自收自支事业编制 6 名，2010 年 12，经县编委批准，更名为“长阳土家族自治县工人文化宫”，核定财政全额编制 2 名。2003 年 7 月 18 日成立“县总工会困难职工帮扶中心”，与俱乐部合署办公。2017 年 11 月，县编委批准：县工人文化宫由公益二类事业单位改为公益一类事业单位，成立“县总工会职工服务中心”，在工人文化宫挂牌，核定编制 2 名。

三、代表大会

1988–2017 年长阳土家族自治县总工会共召开了 5 次代表大会。

长阳县工会第五次代表大会于 1988 年 5 月 4–5 日在龙舟坪召开。到会正式代表 210 人，刘福传代表第四届工会委员会向大会作了题为《动员广大职工为振兴长阳经济作贡献》的工作报告。大会选举产生了第五届工会委员会委员 37 人，同时选举产生了女职工委员会。在县工会五届一次全委会上选举产生常委 9 人，正副主席 3 人。主席：林贵钰；副主席：李友年。选举林贵钰、饶泽炎、邹红为出席省工会第七次代表大会代表。

长阳县工会第六次代表大会于 1993 年 5 月 19–20 日在龙舟坪召开。与会代表 142 人，林贵钰作了题为《继续发扬工人阶级主人翁精神，为推进我县经济发展建功立业》的工作报告。大会选举第六届委员会委员 23 人。在县工会五届一次全委会上选举产生常务委员 9 人、正副主席 3 人，主席：陈强胜；副主席：李友年、刘定桥。

长阳县工会第七次代表大会于 1998 年 6 月 4–5 日在龙舟坪召开。与会代表 122 人，李祥文作了题为《以党的十五大精神为指导，团结和动员全县职工为实现我县新一轮经济大发展而努力奋斗》的工作报告。选举产生了第七届工会委员会委员 21 人。在七届一次全委会上选举产生常务委员 9 人，正副主席 3 人。主席：李祥文，副主席：李友年、覃晓玉。

长阳县工会第八次代表大会于 2004 年 9 月 24–25 日在龙舟坪镇召开，与会正式代表 131 人。李祥文作了题为《以“三个代表”重要思想为指导团结动员全县广大职工为实现全面建设小康长阳的目标而努力奋斗》的工作报告。大会选举产生了第八届工会委员会委员 31 人。在八届一次全委会上选举产生常务委员 11 人，正副主席 3 人，主席：王功平；常务副主席：李祥文；副主席：覃芳蓉。

长阳县工会第九次代表大会于 2010 年 5 月 25–26 日在长阳电影院召开。全县 185 名与会代表和 12 名特邀代表参加大会。大会听取了熊虎作的题为《坚持以科学发展观为指导，团结动员广大职工为建设美丽富强和谐长阳建功立业》的工作报告。大会选举产生了第九届委员会委员 31 人。在九届一次全委会上选举产生常委 11 人，正副主席 4 人，主席：孙志中；常务副主席：熊虎；副主席：朱善政、卢小兰。

长阳县工会第十次代表大会于 2015 年 9 月 25 日在长阳电影院召开，到会代表 191 人，特邀代表 10 人。大会审议通过了李书平《把握时代主题，坚持改革创新，团结动员广大职工为建设都市后花园作贡献》的工作报告。大会选举产生第十届委员 31 人。在十届一次全委会议上选举产生常委 11 人，正副主席 4 人。主席：孙志中；常务副主席：李书平；副主席：朱善政、卢小兰。

长阳土家族自治县总工会历任负责人名录

表 18–38

届次	姓名	任职时间	职务	备注
长阳县总工会第五届委员会	林贵钰	1988.5—1993.4	主　席	—
	李友年	1988.5—1993.4	副主席	—
长阳县总工会第六届委员会	陈强胜	1993.5—1998.6	主　席	—
	李友年	1993.5—1998.6	副主席	—
	刘定桥	1992.6—1998.1	副主席	—

续表

届次	姓名	任职时间	职务	备注
长阳县总工会第七届委员会	李祥文	1998.6—2001.11	主　席	—
	李友年	1998.6—2004.8	副主席	—
	覃晓玉	1998.6—1999.10	副主席	—
长阳县总工会第八届委员会	王功平	2001.11—2005.11	主　席	—
	李祥文	2001.11—2004.9	常务副主席	—
	覃芳蓉	2004.9—2009.6	副主席	—
长阳县总工会第九届委员会	孙志中	2009.6—2015.8	主　席	—
	熊　虎	2006.8—2010.11	常务副主席	—
	朱善政	2009.12—2015.8	副主席	—
	卢小兰	2009.6—2015.8	副主席	—
长阳县总工会第十届委员会	孙志中	2015.9—2016.10	主　席	—
	李书平	2010.11 至今	常务副主席	—
	朱善政	2015.9—2016.12	副主席	—
	卢小兰	2015.9 至今	副主席	—

四、主要工作

（一）组织工作

1989 年以后，全县各类新建企业特别是非公企业较快发展，职工队伍增长明显。

1998 年,县总工会与县委组织部联合发出[1998]35 号文件,决定成立“组建新建企业工会工作小组”。

1999 年 6 月 8 日，县委批转县总工会《关于组建乡镇工会工作委员会的实施办法》。

2000 年 8 月 19 日，县委下发长办发[2000]41 号文《关于加强新建企业工会工作的意见》。到 2000 年底，全县 16 个乡镇都建立了工会工作委员会。乡镇企业工会发展到 48 家，恢复局级工会工作委员会 13 家。改制企业组建工会组织 10 个，私营企业工会组织 32 个，私营联合工会 2 个，外资企业工会组织 1 个，乡镇党政事业单位工会 26 个。2001 年以后，按照“哪里有企业、哪里有职工、哪里就必须建立工会组织”的原则，基层工会组建工作迅速推进。

2004 年底，全县新建工会组织 18 家，新增会员 1,106 人。全县工会组建率、职工入会率分别达到 98%和 95.5%，其中 25 人以上非公有制企业已全部建会。

2007 年，全县新建工会组织 44 家，其中村级工会组织 15 家，新会员 5,249 人，新会员中农民工会员 4,587 人。2009 年，全县工会组织达到 668 家，会员人数达到 45，445 人。200 人以上企业工会工作规范化建设达标 8 家。至 2009 年 12 月 30 日，达省一级标准 2 家、二级标准 4 家、三级标准 2 家。

2011 年 5 月 23 日，县总工会召开建会建制“百日行动”动员推进会，对全县 600 多家非公企业全面普查，建立了实名制台账。

2011 年全县新增基层工会组织 88 家，基层工会组织总数达到 788 家，拥有会员 52,266 人，推动 375 家非公企业新建立了工会组织。2012 年，先后开展了两次集中建会攻坚行动。

2015 年 11 月 30 日，县内农民工人数为 31,982 人，农民工会员数为 31,978 人，年度实际新增农民工会员数为 4,295 人。年底，全县共建基层工会组织 871 家，会员总人数达到 5.3 万人，涵盖法人单位 1,751 家。

2016 年，县工会继续在重点乡镇（开发区）、重点企业开展农民工入会工作。全县共建基层工会组织 877 家，会员总人数达到 5.455 万人，涵盖法人单位 1,757 家。其中企业建会 1111 家，占全县企业法人单位 91%，会员人数 2.925 万人，入会率 96%。

2017 年 10 月，全县基层工会组织 908 家，会员总数 54,993 人。

1994 年以来加强对工会干部的调整和培训。通过调整，逐步改善了工会干部队伍“老年化”“安置型”的状况。2001 年，全县专职工会工作人员 144 人，其中大专以上文化 36 人占 25%，高中文化 80 人占 55%；基层干部平均年龄 41 岁，中青年干部的比例 53%。2004 年完成了乡镇、县直各局工会领导班子的配备，落实了同级副职待遇。全年培训新任工会干部 517 人，参加市调训 10 人。2007 年县委组织部、县委党校与县总工会联合举办了全县工会主席培训班，培训干部 156 人，组织 81 名工会主席赴江苏省江阴市党校培训学习。

（二）“职工之家”创建

1984–1989 年，全县验收合格“职工之家”121 家，占建家总数 90%。1990 年 11 月 8 日，县总工会发出了《关于创建“先进职工之家和模范职工之家”的实施意见》，坚持动态中建家，不断丰富“建家”的内涵。到 2003 年，全县有“合格职工之家”151 家，占应建总数的 77.8%。其中 15 家“市级模范职工之家”。县工商银行工会获省模范职工之家称号，县国税局一分局工会获省模范职工小家称号。县一中被评为“全国模范职工之家”。从 2004 年起开展“示范乡镇工会”的创建活动。到 2007 年底有 11 个乡镇被授予“宜昌市示范乡镇工会”。

（三）劳动竞赛和经济技术创新

1989 年以后，县总工会在全县职工中开展了“质量效益年”和以“扭亏增盈”为主题的“双增双节”竞赛活动。县化肥厂和县副食品加工厂被市总工会评为“双增双节先进集体”。1989 年制定了《做主人、作贡献，创最佳效益“双增双节”劳动竞赛》方案，当年全县增收 500 多万元，节约资金 53 万元。1993 年开展了“降消耗，促销售，增效益”为主要内容的竞赛活动。1995 年全县职工开展了“创精品、促销售、保安全、增效益、人均增收 200 元”为目标的劳动竞赛活动。2000 年开始，全县工会开始大力实施群众性技术创新工程，以“五个一”活动为载体，每年动员全县 1 万多名职工参加，参与率达到 90%以上。2007 年以后，以“创优质量、创高效益、创新技术、创低能耗”为主题的群众性经济技术创新和劳动竞赛活动广泛开展。

2008–2010 年，全县各级工会广泛开展群众性经济技术创新活动。县自来水公司被省总工会表彰为全省“四创”先进单位。县清江化工公司职工“节能减排，取消燃煤锅炉”QC 成果，在宜昌市荣获二等奖。有 3 个创新项目荣获宜昌市 2 个二等级奖和 1 个三等奖。

2011–2014 年，县总工会在全县范围内组织广大职工开展以“万名职工争先锋，建功立业‘十二五’”和“建功黄金期、展现新作为”为主题的劳动竞赛活动。全县有 11 个产（行）业、12.8 万人次职工参加劳动竞赛。职工提合理化建议 1384 条，实施 845 条，增创经济效益 279 万元。2011 年 4 月，县总工会和县行政服务中心管委会共同组织开展“行政服务标兵”竞赛活动。选手方自洁以综合成绩第二名获得宜昌市十大“行政服务标兵”称号，并获得湖北省“女职工标兵”称号。

2012 年，湖北和远气体有限公司长阳基地、湖北任森农业科技发展有限公司淀粉车间被表彰为“宜昌市工人先锋号”。县总工会、龙舟坪、县工商局联合评出“长阳十佳土家菜”和“长阳十佳酒店”。

2014 年，全县参加“安康杯”竞赛的企事业单位 62 家，涵盖车间（班组）419 个，覆盖职工 6526 人。

2015 年，各级工会组织先后开展青年教师风采大赛、县人社系统履职尽责演讲大赛、网格员大赛、青年导游大赛、园林技能大赛、餐饮行业厨艺大赛、专业合作社技能大赛等。在宜昌市第二届职工食堂餐饮大赛中荣获“一金一银一铜”的好成绩。

2016 年，县烹饪行业组队参加了全市“宜昌名菜”烹饪技能竞赛，有 3 个单位共取得 2 个第一、2 个第三的好成绩。长阳清江农机制造有限公司推荐的《木瓜纵向剖切机》等 2 个项目荣获全市职工技术创新成果二等奖，阳光农业科技有限公司推荐的《一种番茄保鲜剂及其配制方法》等创新成果荣获全市职工技术创新成果三等奖；国网长阳供电公司职工郭士东被市总工会和市人社局联合授予“宜昌工匠”荣誉称号。

（四）民主管理

1989 年起在全县各乡镇建立乡镇区域性“教职工代表大会”制度。

1990 年，全县企事业单位 134 个，已建立职代会 118 个，占 88%。1999 年 3 月 3 日，县纪委、县监察局和县总工会联合发出《关于开展厂务公开的试点工作的通知》，县委成立了厂务公开领导小组，办公室设在工会。

2000 年 5 月，厂务公开工作全面推开。12 月，县委办公室和县政府办公室转发了《县总工会关于在全县非公有制企业中加强职工民主管理工作的意见》。全县各级工会积极推动在非公有制企业建立职工代表大会制度。

2001 年，全县厂务公开工作向深化和规范化方面发展，建领导小组或相应机构 155 个，组成人员 906 人。厂务公开已作为考核干部的重要内容之一。县一中被评为“宜昌市校务公开工作先进单位”。年底，全县 373 家非公有制企业已有 224 家建立了职代会，占 83%。

2002 年 12 月 1 日，县总工会获湖北省厂务公开先进单位荣誉称号。

2006 年开始探索建立乡镇区域性职代会制度。

2008 年，开展创建“和谐劳动关系企业”活动。全县新签订集体合同企业 121 家，签订工资集体协议 121 家，签订率 98%。275 家企业单独建立职代会制度。各级劳动争议调解组织共调处劳动争议 178 起，向企业提出整改意见或建议 150 多条。积极配合政府有关部门对 61 家企业执行劳动法律法规情况进行了监督检查。

2012 年，选树“宜昌市和谐企业”2 家。县政府命名表彰“和谐示范企业”1 家，“和谐企业”10 家。全县 701 家企业签订了集体合同、工资集体协商合同，覆盖职工 23380 人，覆盖率为 86%；集体合同、工资集体协商合同送审率达 100%，职工平均工资水平上升了 8%。榔坪镇区域性“工资集体协商模式”经验在全省工会工资集体协商工作推进会上进行了交流。新签订 4 份行业性工资集体协商合同，涉及企业 158 家，职工 1250 人。

2016 年，全县共有 1023 家企事业单位实行了职工代表大会制度，其中 70 家国有企事业单位全部实行了厂（事）务公开制度；867 家非公企业全部实行了厂务公开制度。按照全国总工会、省总《深化集体协商提质升级五年行动计划》的要求，继续在全县集中开展企业工资集体协商工作。全县 1023 家企业签订了集体合同和工资集体协商合同，覆盖职工 23715 人，覆盖率为 92%；集体合同、工资集体协商合同送审率达 100%。

（五）维权服务

维权机制建设。1991 年 6 月 20 日，县总工会妥善处理了龙舟坪镇第一建筑队 20 多名退休职工集体上访事件，解决了他们的退休金问题。

1992 年以后，全县商业、物资、工业、粮食等 10 个局，先后转为经济实体，三大问题相当突出（即：就业问题、职工的最低生活保障、拖欠职工工资和养老金）。职工集体上访次数和人数陡增，县总工会积极参与协调、调处。

1994 年 7 月 5 日，《中华人民共和国劳动法》颁行，全县各级工会学习宣传贯彻《劳动法》。

1996年7月12日，县委、县政府批转了县总工会和县劳动局联合制定的《推行平等协商和签订集体合同的实施意见》。

1997年企业集体合同签约率达到35%。

1998年，长阳县总工会被宜昌市授牌为“推行平等协商签订集体合同制度先进单位”。

2001年，县总工会会同县纪委、劳动局和县个私协联合印发了《劳动关系协商机制联席会议制度》，县总工会与县司法局联合成立了两处职工法律援助中心。全县建立劳动争议调解委员会40个，调解委员共261人，建立劳动法律监督小组22个。全年共纠正违法违规劳动事件71件，受理劳动争议121件。7月13日，县总工会派专人对长阳宏发纸业有限公司的劳资纠纷进行调解，使这个有150多人的厂停工停产一个月后又恢复了生产。

2004年以后，工会按照“组织起来，切实维权”的工作方针积极推进社会化维权机制建设。全县11个乡镇已建立联席会议制。

2005年，县总工会被省政府授予“湖北省再就业工作先进单位”。

2006年，县委办公室和县政府办公室印发了《关于建立职工维权工作协调机制的意见》，成立了维权工作领导小组。建立了由工会召集，法院、司法、劳动和社会保障、民政等部门参与的维权联席会议制度。

2007年，《县总工会关于进一步做好农民工维权工作的意见》印发。各级工会为437名职工和农民工清欠工资及养老保险金252.8万元，为5名农民工协调落实伤残补助金31.2万元。

2010年9月25日，在北京市海淀区四季青常青园正式挂牌成立“长阳土家族自治县驻京农民工维权工作站”。由5名维权工作人员组成。

2011年9月18日，县总工会成立了“长阳土家族自治县劳动争议人事仲裁委员会工会派出庭”，聘请1名退休法官、4名律师担任专兼职仲裁员。2011年10月19日，工会派出庭主持解决某煤矿主拖欠了近11个月的工伤赔偿问题，农民工覃世成等3人共获得赔偿金17万元。《工人日报》《湖北日报》《三峡日报》以及工会门户网站均对此进行了报道。

2013–2014年，各级工会为职工、农民工免费提供各项维权服务2000余人次，成功调处劳动争议案18起，工会参与工伤事故维权30起，为职工和农民工挽回直接经济损失295万元。县总工会组织专班远赴贵州省贵定县进行异地维权3起，为农民工讨回工资282.7万元。各级工会与政府有关部门配合处理了75起农民工维权案件，清理拖欠工资达500多万元。

（六）宣教文体

1991年3月2日，省电视台播报了县总工会在元宵节举办首届中老年迪斯科迎春赛盛况。

2007年，创办长阳工会组织网《长阳工会简报》，开辟“劳模风采”电视专栏。全年有98篇(条)工会稿件、信息被《工人日报》《人民网、中国工会新闻》《三峡日报》等主流媒体进行报道。5月6日，县总工会举办全县职工篮球赛。

2008年，全县工会有115篇稿件反映农民工维权、厂务公开、劳模管理、扶贫帮困等典型经验，被《工人日报》《工会信息》《报告文学》《全国厂务公开网》《工友》《三峡日报》等媒体采用，3篇论文荣获省市总工会一、二、三等奖。

2008年4月28日，县总工会启动“庆五一、迎奥运”万名职工签名活动。市总工会领导，县委、县人大主要负责人出席了签名仪式，现场2000余名职工群众踊跃参加签名活动。同日全县职工书法美术摄影展览开幕。入选作品114件。9月24日，县总工会参加宜昌市职工文艺汇演活动，2个节目分获一、二等奖，县工会获优秀组织奖。

2009年1月4日，县总工会、县广电局等部门在县体育馆联合举办纪念改革开放三十周年特别节目《激情土家》。5 月 9–21 日，县总工会、县文体局共同主办长阳土家族自治县第一届职工运动会。全县 56 个代表团、1200 余名运动员参加篮球、长阳巴山舞、围棋、花牌等 8 个项目的比赛，县卫生局代表团荣获团体冠军。8 月 10 日，参加宜昌市第二届农民工趣味运动会，县总工会荣获优秀组织奖。

2010 年 10 月 21 日，县总工会参与举办长阳县直第十三届“夕阳红杯”门球赛。11 月 26 日，县总工会、县旅游局共同主办长阳“万名职工畅游清江画廊”活动启动仪式，来自全县的 100 多名工会干部、劳模代表和职工代表参加。

2011 年，成功举办“迎新春”职工（农民工）联谊舞会和长阳首届“土家女儿会”活动。2011 年 4 月 27 日，职工工间操比赛表演赛在长阳体育馆举行，参加表演的代表队 24 个，县卫生局等 3 个代表队获得一等奖。同年 9 月 27 日，县总工会参与举办县第十四届“夕阳红杯”门球赛，县直单位 10 支代表队参加比赛。

2012–2013 年，县总工会联合县文体局举办两届全县职工书画展。2012 年 5 月 8 日，举办县第二届职工运动会，历时 4 个月，65 个单位的 2800 多名干部职工参与 14 个项目角逐。2013 年 6 月 26 日，长阳首届体育舞蹈比赛在长阳民族体育馆举行，有 13 支代表队 86 名运动员参赛，县卫生局、县政府办荣获团体一等奖。

2014 年 4–6 月，县总工会、县文体局联合主办庆五一 迎县庆“皇家壹号”杯职工篮球赛、“金融杯”羽毛球赛。

2015 年 4 月 28 日，县总工举办“清江画廊杯”自治县第三届职工运动会。此次职工运动会历时 2 个月，共有 74 支代表队、近 4000 名运动员参加 9 个大项 39 个竞赛项目。

2015–2016 年，县总工会联合县文联举办“家国爱·长阳情”国防教育暨纪念抗日战争胜利 70 周年主题诗歌朗诵会、“清江美·长阳梦”职工书画展，展出 100 幅书画作品。2016 年 9 月 24 日，县总工会、县妇联、共青团长阳县委主办的“相约长阳 情定清江”万人相亲活动在长阳广场举行，成功牵手 16 对。10 月 27 日，县总工会和县文化广播新闻出版局主办的 2016 年全县职工篮球邀请赛正式开赛。17 支代表队、近 300 名运动员参与。

（七）权益保障

帮扶中心。2003 年 7 月 18 日，县总工会成立“困难职工帮扶中心”。2009 年，县总工会在工人俱乐部新建“四位一体”困难职工帮扶中心。2009 年 11 月 26 日，省总工会检查组评审长阳困难职工帮扶中心“四位一体”规范化建设达到“AAA”，成为山区县(市)示范帮扶中心。2010 年 9 月 29 日，长阳总工会在火烧坪乡举行长阳工会农民工培训基地启动仪式，首批培训 60 名农民工学员。是年，培训职工 132 人，创业培训职工 20 人，培训职工创业示范户 4 名，实施职工创业项目 4 个。2011 年，成立了“长阳土家族自治县总工会培训基地”，新建综合培训楼，聘请 26 名专兼职教师。2012 年 12 月 26 日，中华全国总工会批复长阳土家族自治县工人文化宫还建方案。2013 年 11 月 22 日，县总工会与长阳土家风情园发展有限公司签订县工人文化宫拆迁安置协议。2013 年建成了湖北长阳清江煤炭矿务局等 5 家职工服务中心，完成县职工服务中心主体工程建设。2014 年，深入开展“万名工会干部进万家企业送万张服务卡”活动，完成 4776 张湖北省工会会员服务卡发行任务，发放小额担保贷款 189 万元。

就业援助。2009–2014 年，县总工会联合县劳动保障局、人社局、妇联、残联、榔坪镇政府等单位，举办 4 次新春大型招聘会。共计有 241 个用人单位提供 12700 个以上岗位，有 22806 人参加招聘会，签订用工协议或预录的农民工达 9291 人。2009 年各级工会共举办招聘会 19 场（次），有 5100 名农民工找到了工作。县总工会在 3 个乡镇建立了农民工动态监测点，对近 800 名返乡农民工基本情况及求职意向登记建档，发布用工信息 3000 条，免费培训 687 人次，联合企业开展在岗培训 2700 人次。2012 年 3 月 8 日，县总工会群英家政服务培训基地挂牌。首批培训家政人员 160 多人。全年发放小额贷款 50 万元，扶持10名困难职工创业。2015年，各级工会组织培训职工、农民工322人，安置就业220人，家政培训100人；举办和参加招聘会5场次，发放宣传资料5000份，吸引145家企业到场招聘，1200人达成就业意向，750人现场签约。

困难帮扶。1989年12月，为春节慰问“双停’企业困难职工，县总工会筹资23.5万元。

1991年8月，县总工会动员全县1 5 0个基层工会参加“尽一份心，献一份情”为全县受水灾而困难的群众捐献活动。参加职工共6233人，共捐款51559元，捐有衣物、粮食、急用药品和化肥5吨等。

2004年，县总工会对全县20家困难企业和401名特困职工建立了档案，并广泛争取全社会力量对困难职工进行帮扶，共联系帮扶困难职工478人，捐款捐物10万余元。

2006年4月，“长阳特困教职工特别救助基金会”经县民政局批准成立。

2007年12月，困难帮扶、金秋助学、大病救助等活动共筹集资金59.8万元，帮扶救助困难职工、农民工1584人。

2008–2016年，县总工会和全县工会系统筹集资金328.1万元，走访慰问困难职工、农民工、劳模6859人（户）。金秋助学职工子女1806人，金额385.35万元。为女职工、困难女职工、单亲困难女职工、女农民工购买或送安康保险和特殊疾病保险18415份。

2008年，县困难职工帮扶中心和乡镇职工维权工作站累计接待职工340人次。各级工会组织为职工和农民工讨回欠薪及养老保险金230余万元，伤残补助金30余万元；为165名患病及受灾职工、农民工提供帮助；为2650多名职工购买或赠送安康保险。

2009年，为120余名患病及受灾职工、农民工提供帮助，为1600余名职工购买或赠送安康保险。

2010年实施大病医疗救助150人。

2010年7月12日，县总工会在全县工会系统内发起为白血病患儿田先城捐款的倡议书，共筹善款85525元。

2011年7月22日，县总工会先后向赵姑垭煤矿、白果坪煤矿、杨家湾煤矿的农民工送去价值5万元的“清凉包”。筹集近6万元，实施困难职工大病医疗救助 42人。

2012年对62名困难职工实施大病医疗救助，救助资金9.65万元。

2013年筹集14.4万元为88名困难职工实施大病医疗救助；全年发放小额贷款50万元，扶持10名困难职工创业。

2014年7月，县总工会赴华新水泥厂开展了“送清凉”进企业活动，送清凉包405份，价值1.5万元。

2015年，县总工会救助困难职工、农民工90人，发放大病医疗救助资金14.1万元；在清江画廊旅游公司和执勤交警协警中开展了“夏送清凉”活动，活动受益206人，发放送清凉物资折款1.4万元。“冬送温暖”活动惠及592人，发放资金29.6万元。

2016年，县总工会大病救助困难职工、农民工达66人次，发放救助金10万元；发放“送清凉”物资价值4.5万元，慰问职工660人次；救助因灾倒房职工25户，救助金额7万元。

（八）劳模管理服务

至2009年底，全县健在的历届全国劳模4名，省部级劳模32 名，市级劳模45名。各级工会组织健全了劳模管理电子数据库，实施工会干部一对一联系劳模制度，并注重发挥好广大劳模在新时代的引领和示范作用，营造学习劳模、尊重劳模、关心劳模的浓厚氛围。共走访慰问劳模90余人次，发放全国和省部级劳模困难补助金18万余元。

2009年8月18日，举行庆祝新中国成立60周年劳模代表座谈会。

2011年8月23日，省总工会授予县清江画廊北纬30° 岛劳模（职工）疗休养基地称号，省总工会副主席李如春授牌，县委书记马尚云出席授牌仪式并致词。这是全省唯一地方性劳模（职工）疗休养基地。

第八节　五峰土家族自治县工会

一、基本概况

五峰土家族自治县（以下简称五峰）位于湖北省西南部，东邻宜都市和松滋县，南抵湖南省石门县，西与鹤峰、巴东两县接壤，北与长阳土家族自治县毗连。全县国土面积2372平方公里，辖5镇3乡、96个村民委员会、744个村民小组。总人口19.84万人，其中以土家族为主的少数民族人口占84.8%。

2017年，全县完成地区生产总值（现价）65.49亿元，按产业划分，第一产业完成22.41亿元；第二产业完成20.54亿元；第三产业完成22.54亿元。三次产业结构为34.2:31.4:34.4。按常住人口计算，人均地区生产总值达到34037元。

县域茶旅资源丰富，被评为“中国名茶之乡”，“采花毛尖”茶获得“湖北名茶第一品牌”和“中国驰名商标”称号。拥有后河国家级自然保护区、柴埠溪国家森林公园、五峰国家地质公园、百溪河国家湿地公园四大“国字号”品牌。

二、组织沿革

1989年，县总工会增设财务部，工人俱乐部成立。1990年设立办公室。1997年机构改革设置办公室、组宣民管部、财务女工生活部。2003年增设1个二级单位：困难职工帮扶中心。2013年12月县工人俱乐部更名为“县工人文化宫”，2014年3月“县困难职工帮扶中心”更名为“县职工服务中心”。2017年工会改革设置为“三部一室”即：综合办公室、组织基层部、生产宣教部、维权服务部。县总工会机关核定行政编制3人。事业编制3人。下设二级单位2个，即五峰土家族自治县职工服务中心和五峰土家族自治县工人文化宫。

五峰工人文化宫位于五峰土家族自治县渔洋关镇后河大道27–2，该项目于2014年2月正式开工，2015年9月主体楼全面竣工。该项目建筑面积3373.4平方米，总投资约800万元。

到2017年底，全县工会组织335个，工会会员31194人（其中农民工20632人），8个乡镇全部建立工会。县总工会现有工作人员12人。县总工会2015年11月从老县城搬迁至新县城，现位于后河大道，与工人文化宫合署办公。

三、代表大会

1989–2017年，五峰土家族自治县总工会共召开了2次工会代表大会。

五峰土家族自治县工会第六次代表大会于2006年3月20–22日在五峰宾馆举行，到会正式代表108名，特邀代表35名，列席代表25名，共计168名。会议审议通过张海代表县总工会第五届委员会向大会作的题为《围绕“十一五”开局起步 认真抓好“三创”活动》的工作报告。大会选举产生了县总工会第六届委员会委员19人。在县总工会六届一次全委会上，选举产生了常委6人，正副主席3人。主席：李桂林，常务副主席：张海，副主席：覃守仙。

五峰土家族自治县工会第七次代表大会于2017年12月23–24日在五峰国际大酒店举行。到会正式代表141名。会议审议通过李晓龙代表第六届委员会作的题为《立足新起点　开创新局面 团结动员广大职工为建设美丽富强文明幸福新五峰而努力奋斗》的工作报告。大会选举产生第七届委员会委员39名，经费审查委员会委员9名。在七届一次全委会上，选举产生常委13人，正副主席6人。主席：王巍，常务副主席：李晓龙，副主席：张祖珍、肖智慧（挂职）、梅姗（兼职）、艾祖鸿（兼职）。

五峰土家族自治县总工会历任负责人名表

表 18-39

届次	姓名	任职时间	职务	备注
第五届	李楠林	1989.01—1996.06	主　席	
	胡家海	1996.06—1997.02	主　席	
	张　海	1997.02—1999.12	主　席	
	曹　俊	2000.01—2001.11	主　席	
	李桂林	2001.11—2006.03	主　席	
	张　海	2000.12—2006.03	常务副主席	
	覃孟月	1989.01—2001.12	副主席	
	鲁开学	1997.02—2001.12	副主席	
	覃守仙	2001.12-2006.03	副主席	
第六届	李桂林	2006.03—2006.12	主　席	
	伍安军	2006.12—2008.01	主　席	
	柯志强	2008.01—2014.08	主　席	
	魏　杰	2014.08—2016.01	主　席	代理
	王　巍	2016.2—2017.12	主　席	
	张　海	2006.03—2007.03	常务副主席	
	张俊林	2007.03—2016.12	常务副主席	
	李晓龙	2016.12—2017.12	常务副主席	
	覃守仙	2006.03-2012.04	副主席	
	张祖珍	2012.4—2017.12	副主席	
第七届	王　巍	2017.12至今	主　席	
	李晓龙	2017.12至今	常务副主席	
	张祖珍	2017.12至今	副主席	
	肖智慧	2017.12至今	挂职副主席	
	梅　姗	2017.12至今	兼职副主席	
	艾祖鸿	2017.12至今	兼职副主席	

四、主要工作

县总工会及各基层工会紧紧围绕县委县政府的工作大局，围绕维护职工合法权益开展各项活动，充分发挥工会组织桥梁、纽带作用，全面履行各项职能。

（一）组织工作

1991 年，验收 7 家“职工之家”，对已建家合格的 57 家“职工之家”进行整顿。2003 年，五峰镇、湾潭镇申报及验收示范乡镇工会工作。重点建设“小三级”工会组织机制，形成乡镇工会联合会—社区（村）联合工会—企业工会的小三级工会组织网络。2003 年申报市级“模范职工之家”3 个，“模范职工小家”4 个。2010 年招考录用 4 名公益性岗位工会协理员。2011 年积极开展“四万”活动，成立 3 个调研组开展走访调研，组织各级工会工作组 41 个，工会干部 819 人参与走访，走访企业 386 家，进车间（班组）435 个。2014 年获得“2011-2013 年全市推进企业普遍建会工作先进集体”称号。2015

年积极推进“互联网+服务职工体系”建设，实现“宜昌工人”微信公众号关注量1500余人次,网上入会申请529人次并成功加入工会组织。2017年全面推行网上办理入会手续的工作模式，1-9月，网上入会的职工（农民工）已达到780人。全面深化基层工会“六有六好”建设，64个基层组织开展“会员评家”工作，激发会员群众参与建家、管家、评家的热情和积极性。开通“五峰工人”微信公众号，宜昌工会职工服务网、工会服务手机客户端、微信公众号“一网两终端”的在线服务平台投入试运行，实现了职工入会和工会服务的在线申请、办理。

（二）权益保障

1992-2016年，送温暖资金149.3286万元，走访慰问困难职工、劳动模范、农民工共计5652人次。1990-2016年，建培训基地和再就业基地8个，培训下岗职工826人次，实现就业1963人。2005年，建立互助保险组织8个，资金总额10.5万元。2006年完成农民工技术培训300人，培训基层企事业单位职工代表300人。2008年免费赠送农民工普法课本500册，《农民工维权手册》6000册。2009年，参与调解、仲裁劳动争议案件86件，选送进京家政服务员22名。2010年，开通12351维权热线，开展法律援助、政策咨询100多人次，提供法律援助劳动争议调解6起，涉及职工生活费、经济补偿、保险等各类费用20多万元。2011年五峰土家族自治县总工会获全省“四位一体”帮扶中心考核获县级“AAA”达标单位，经验在《工人日报》推介。2010-2017年，与劳动部门联合举办大型招聘会，为100多家企业牵线搭桥招聘员工3000多名；与县书协联合举办“送春联”活动，现场为5000多名困难职工、农名工送吉祥春联8000多幅。2014年落实普惠服务，推介全省工会会员服务卡发行，截至到2017年，办理工会会员服务卡4000余张。“万名工会干部进万企帮万户”活动全面开展。2017年5月20日，在工人文化宫开展“情系劳动者 维权在行动”为主题的职工维权日活动，现场为职工赠送普法读本共计500余份，解答并接受职工咨询50余人次。8月25日，举行“尊法守法•携手筑梦”法治宣传知识讲座，基层工会主席及企业农民工200余人参加。

（三）民主管理

1992年，开展“合理化”建议活动，工业战线提出“合理化”建议137条，采纳实施26条，获经济效益万余元。2002年，全县110家企事业单位全面推行厂务公开制度。2003年，建立与政府联系会议制度，9月12日召开第一次联系会议。2004年实施职工素质工程，先后8个乡镇工会集中培训职工2000人次。全县召开职代会113次，审议各类提案302件。在渔关创建区域性职代会制度，推选50名代表召开第一次职代会，审议通过8项民主管理制度。2005年8个乡镇普遍建立区域性职代会制度，签订集体合同和工资协议23份，覆盖企业293家，涉及职工5421人。2006年，推进厂务公开民主管理控制程序2个，开展区域性职代会试点4个乡镇，379家企业推行平等协商集体合同制度、工资协商制度，签订女职工专项集体合同23份，签订劳动安全卫生单项集体合同23份。2011年，大力开展“两个普遍”工作。全县签订集体合同和工资专项集体合同各88份，覆盖全县353家企业；签订女职工专项合同203家；新签劳动卫生专项合同59份。2013年，424家企业签订集体合同，覆盖职工数11216人；签订工资集体协商协议书102份，覆盖企业439家，覆盖职工11470人，建制率均达95%以上。设立职工董事监事的公司制企业达9家，覆盖面达到100%。天池机械、中国邮政储蓄银行五峰支行2家被评为宜昌市和谐企业。到2017年全县开展平等协商、签订集体合同及工资专项集体合同各50份，涵盖524家企业，职工8073人；签订劳动安全卫生专项集体合同企业达524家。

（四）经济技术和劳动保护

1、劳动竞赛。2014年以来，评选全国工人先锋号1个，省级工人先锋号1个，市级工人先锋号11个。2012-2017年，组织52476人次参加 “践行新理念，建功十三五”为主题的劳动竞赛活动。2012年，结合“宜昌市第三届职工技术创新成果”评选表彰活动，推动职工技术创新改进工艺3项，申请专利 1 项。檀木农机公司等 5 项技术发明获得全县科技进步奖。

2、安全生产和劳动保护工作。1992 年，举办 40 多人参加的女职工劳动保护培训班。1994 年，与劳动局联合举办学习《劳动法》培训班三期，参训人员 150 多人。2002 年举办《安康杯》知识竞赛，向市总工会交卷 500 份。2014–2017 年组织开展"安康杯"竞赛活动，全县参赛单位 197 个，参赛人数 19472 人次。

3、劳模管理。2012 年，组织 16 名优秀职工代表赴港澳进行学习；看望慰问全县 25 名省部级劳模，发放慰问金 4 万余元。2014 年，在县庆 30 周年之际，为全县 20 名省部级劳动模范和省五一劳动奖章获得者发放补助及慰问金 60000 元。选树檀木农业机械有限公司，建设王宪林职工创新工作室。2015 年 "五一"劳动节前，看望慰问省、市先进模范人物 30 人次，为困难劳模送去生活补助资金 3 万元。2016 年，对全县 20 名省部级、22 名市级先进模范人物以及五一劳动奖章获得者的生产、生活情况进行了全面调查核实，并把基本信息资料录入到 "互联网+劳模服务平台"。1989–2017 年，全县选树全国五一劳动奖状 1 个，省劳模 3 人，市劳模 13 人，市五一劳动奖状 2 个，市五一劳动奖章 3 人，省先进工作者 1 人。

（五）宣教文体

1992 年学习贯彻《工会法》，举办专栏 167 个，黑板报 235 期，举办各种培训班 30 多期，600 多人次，发放学习资料 800 多份。1999 年庆祝建国 50 周年和澳门回归，举办五峰工人运动会，4 个项目，参赛运动员达 1024 人。2007 年，组织 1500 名职工参加"庆祝市总工会成立 80 周年"知识竞赛活动。2008 年，举办"天宇杯"篮球赛，来自各行各业 12 支代表队参赛。2009 年，举办"庆国庆全县职工书画展"，251 副书画作品展出。2011 年，采花茶叶、亚泰化工被评为"市级职工书屋"。自建职工书屋 4 家。2012 年，市总工会职工艺术团来五峰开展"走进采花茶叶"慰问演出。2013 年县总工会与县广电局等联合举办"魅力土家 唱响五峰"职工电视大奖赛，参赛职工近 500 人。2015 年，申报省级职工书屋 1 个，市级职工书屋 3 个、县级职工书屋 3 个。2016 年，积极参与市总工会组织的全市职工"大城梦 · 劳动美"法律知识微信有奖答题活动，6039 人参与答题。新建市级职工书屋示范点 3 个，自建职工书屋 3 个；文化宫蓝天艺术培训中心于 7 月 31 日举办了"新城之星"大型文艺汇演。2017 年，联合县书协举办"送副春联贺新年"活动，共赠送 500 余幅春联。6 月 12 日，联合县文联等单位举办第一届"文化五峰"书画摄影大赛成果展，收到作品 182 副。

（六）女职工工作

1990 年县总工会与妇联、体委联合举办县直机关首届女子运动会，参赛单位 62 个，运动员 742 人。1991 年，开展女职工"五能手"竞赛活动，表彰 46 名"女能人"；2007 年，"三八"期间组织 42 名优秀女职工赴桂林学习考察。2012 年，为 84 名困难女职工建立档案，为全县 2000 多名女职工购买团体安康保险，签订女职工专项集体合同 422 家。2015 年，开展"为了姐妹们的健康与幸福"大型公益活动，对全县 1000 多名女职工免费进行妇科检查，发放养生保健读本及女性安康保险宣传单 600 份；为 50 名困难女职工赠送重大疾病保险。2016 年，联合县卫计局、妇联开展"关爱妇女健康行"大型公益活动；以"建设法治五峰 · 巾帼在行动"为主题，开展第十七个"三八"妇女维权周活动。

第九节　夷陵区工会

一、基本情况

夷陵区位于鄂西山区向江汉平原过渡地带，地处长江西陵峡口，东邻远安县、当阳市，南连枝江市、西陵区、宜都市、长阳县，西接秭归县、兴山县，北抵保康县。至 2017 年底，区域总面积 3419.57 平方公里，辖 2 个乡、9 个镇、1 个街道，设 1 个省级开发区和 1 个城乡统筹发展试验区，171 个行政村和 23 个社区。全区户籍总人口 52.15 万。域内自然资源丰富，历史文化悠久，被誉为中国非金属矿之乡，中国橘都茶乡和中国民间艺术之乡。2016 年，全区生产总值 541.38 亿元，三次产业结构为 11.44:60.95:27.61；城乡居民人均可支配收入 23114 元，其中城镇常住居民人均可支配收入 30757 元，农村常住居民人均可支配收入 17149 元。

二、组织沿革

1989–1991 年，宜昌县工会内设办公室、组织部、宣教部、财务部、生活部、女工部、技协办。

1996 年，宜昌县工会内设办公室、组宣部、财务部、生产技协部、生活保障部（女工部）。

2001 年 7 月 28 日撤县建区，宜昌县总工会更名为宜昌市夷陵区总工会。内设机构有：办公室、生产保护部、权益保障部（女职工部）、财务部、经审办。

2005 年 7 月 1 日，区总工会从原区地矿局办公楼迁入区政务信息中心大楼办公。

2017 年 12 月，区总工会从政务信息中心大楼迁址发展大道夷陵国际 8 楼办公，内设组织基层工作部、生产宣教部、财资部、维权服务部（女工）、办公室（经审办）。区总工会机关在编人员 7 人，二级单位事业编制 10 人，其中，工人文化宫 6 人，职工服务中心 4 人。

三、代表大会

1989–2017 年夷陵区总工会召开了六次工会代表大会。

宜昌县工会第六次代表大会于 1991 年 5 月 1–3 日在小溪塔召开。出席大会的代表 301 人。大会听取、审议了甘立昌代表第五届委员会所作的题为《坚定不移地依靠工人阶级，为实现我县“八五”计划而努力奋斗》的工作报告。大会选举产生了宜昌县工会第六届委员会委员 35 人。在县工会六届一次全委会上，选举产生常委 13 人，正副主席 4 人。主席：甘立昌，副主席：王海燕、梁开满、谭承源。大会发出了《全县职工积极行动起来，为实现八五计划建功立业》的倡议书。

宜昌县工会第七次代表大会于 1997 年 12 月 18–19 日召开。出席大会的正式代表 260 人，列席代表 10 人，特邀代表 12 人。大会听取、审议了毕兴国代表第六届委员会所作的题为《进一步团结和动员广大职工群众，推动全县新一轮经济和社会大发展再立新功》的工作报告。大会选举产生了宜昌县工会第七届委员会委员 29 人。在七届一次全委会上，选举产生常委 11 人，正副主席 3 人。主席：毕兴国，副主席：王海燕、梁开满。

宜昌市夷陵区工会一届一次全委（扩大）会议于 2002 年 4 月 3 日召开。区总工会一届委员会委员、经审委员，各乡镇（街办）工会联合会主席，区直各局（系统）工会主席或分管工会工作的负责人，各企业集团工会主席及有关单位的工会主席参加会议。大会听取和审议了谭华昌代表第七届委员会所作的题为《与时俱进，开拓创新，努力开创我区工会工作新局面》的工作报告。大会选举产生了宜昌市夷陵区总工会第一届委员会委员 26 人。在一届一次全委会上，选举产生常务委员 13 人，正副主席 5 人。主席：肖高沛，常务副主席：谭华昌，副主席：彭明虎、王志明、张静。

宜昌市夷陵区工会第二次代表大会于 2003 年 4 月 8–9 日召开。出席大会的正式代表 200 人，列席代表 20 人，特邀代表 10 人。大会听取和审议了谭华昌代表区总工会第一届委员会所作的题为《在党的十六大精神指引下团结动员全区职工为全面建设小康社会目标而奋斗》的工作报告，听取、审议了财务工作报告和经费审查工作报告。大会选举产生宜昌市夷陵区总工会第二届委员会委员 27 人。在二届一次全委会上，选举产生常务委员 15 人，正副主席 4 人。主席：肖高沛，常务副主席：谭华昌，副主席：王志明、张靓（女）。

宜昌市夷陵区工会第三次代表大会于 2008 年 7 月 20–22 日召开，正式代表 225 名。大会听取和审议了陈立国代表区总工会第二届委员会所作的题为《坚持主动依法维权，团结动员广大职工为建设夷陵特色新区建功立业》的工作报告。大会选举产生了区总工会第三届委员会委员 29 人，经费审查委员会委员 15 人。在三届一次全委会上，选举产生区总工会常务委员 15 人，正副主席 4 人。主席：刘新平，常务副主席：陈立国，副主席：付登弟、陈国凤（女）。

夷陵区工会第四次代表大会于 2013 年 5 月 30 日在平湖国际影城召开。大会听取和审议了陈国凤代表第三届委员会所作的题为《服务科学发展，服务职工群众，为建设现代化特色强区作贡献》的工作报告。在四届一次全委会上，选举正副主席 3 人，主席：刘新平，常务副主席：陈国凤，副主席：姜林。

夷陵区（宜昌县）总工会历任负责人名录

表 18-40

机构名称	姓　名	任职时间	职务
宜昌县总工会第六届委员会	甘立昌	1991.5—1995.10	主　席
	杨一民	1995.10—1997.12	主　席
	王海燕	1991.5—1997.12	副主席
	梁开满	1991.5—1997.12	副主席
	谭承源	1991.5—1997.12	副主席
宜昌县总工会第七届委员会	毕兴国	1997.12—1999.5	主　席
	熊　伟	1995.5—2002.4	主　席（开除公职）
	毕兴国	1999.5—2002.4	常务副主席
	王海燕	1997.12—1998.10	副主席
	梁开满	1997.12—2002.4	副主席
	王相平	1998.10—2002.4	副主席
夷陵区总工会第一届委员会	肖高沛	2002.4—2003.4	主　席
	谭华昌	2002.4—2003.4	常务副主席
	彭明虎	2002.4—2003.4	副主席
	王志明	2002.4—2003.4	副主席
	张　靓	2002.4—2003.4	副主席
夷陵区总工会第二届委员会	肖高沛	2003.4—2003.12	主　席
	尚志芬	2004.1-2006.12	主　席
	刘新平	2007.1—2008.7	主　席
	谭华昌	2003.4—2003.12	常务副主席
	杨家国	2004.1—2008.7	常务副主席
	王志明	2003.4—2008.7	副主席
	张　靓	2003.4—2008.7	副主席
夷陵区总工会第三届委员会	刘新平	2008.7—2013.5	主　席
	陈立国	2008.7—2010.2	常务副主席
	陈国凤	2010.4—2013.5	常务副主席
	付登弟	2008.7—2010.7	副主席
	郝高君	2010.7—2010.8(挂职)	副主席
	姜　林	2010.8—2013.5	副主席

续表

机构名称	姓　名	任职时间	职务
夷陵区总工会第四届委员会	刘新平	2013.5—2013.12	主　席
	江必忠	2013.12—2015.4	主　席
	李小军	2015.4—2016.1	主　席
	汪宏斌	2016.2—2016.12	主　席
	黄光学	2016.12 至今	主　席
	陈国凤	2013.5—2015.10	常务副主席
	戴明道	2015.10 至今	常务副主席
	姜　林	2015.10 至今	副主席
	彭启洪	2017.6 至今	副主席
	段莉莉	2017.9 至今	副主席（挂职）
	李红艳	2017.9 至今	副主席（兼职）
	胡　勇	2017.9 至今	副主席（兼职）
	赵崇明	2017.9 至今	副主席（兼职）

四、主要工作

区总工会及基层工会紧紧围绕区委区政府的工作大局和维护职工合法权益开展各种活动，充分发挥工会组织的桥梁、纽带作用，全面履行各项职能。

（一）组织工作

组织发展。1989 年 12 月，宜昌县总工会辖 347 个基层工会委员会，其中产业（行业）工会组织 11 个，会员 24991 人（女 8285 人，少数民族 70 人），占职工总数 30190 人的 82.78%。截至 2000 年底，全县新建企业累计建会 162 家，其中私营企业组建工会 108 家，外企建会 7 家，乡企建会 47 家。11 月 28 日，在五年一届工会全面工作考核评比中，荣获全市“工会工作先进集体”。

2001–2005 年，全区新建企业组建工会 1474 个，发展会员 37137 人。2006 年新建基层工会委员会 75 个，建立工会组织 219 个。先后荣获全市工会工作五佳优秀单位，全省十佳县（市区）工会等荣誉称号。全区有 11 个乡镇（街办）工会获得省、市级“示范乡镇工会”称号。6 个社区工会通过市总工会验收表彰。

2010 年，区总工会出台了《关于进一步加强非公有制经济组织“党建带工建”工作的意见》，制定了《党建指导员管理办法》。

2015 年 10 月 13 日，夷陵区第一个乡镇总工会—龙泉镇总工会正式成立。

至 2017 年，全区机关、事业单位工会组织 217 家，会员 73588 人，含农民工 24734 人。全区单独企业建会 208 家。

职工之家。1985 年 2 月，县总工会制定“建家规划”，并在县邮电局工会召开整组建家现场会。1989 年，县总工会制发基层工会《职工之家考核评分标准》，实行分类指导。2001–2005 年，总结宣传了一批创建典型，推动了创建活动。

2013 年，在乡镇、街道、开发区等处设立“三亮”示范窗口，带动全区非公有制企业“三亮”工作。

截至 2013 年，全区获全国模范职工小家 2 个，省级模范职工之家 9 个，模范职工小家 2 个，市级模范职工之家 40 个，职工小家 5 个，县级先进职工之家 72 个，先进职工小家 9 个。

干部管理。1989 年 12 月，宜昌县工会辖基层工会委员会 347 个，设有专职干部的 103 个，有专职工作人员 147 人。是年，制发《关于加强和改革工会干部管理的意见》《关于加强工会干部管理的实施细则》《基层工会选举办法》、宜昌县《兼职工会干部管理细则》等 4 个文件，明确了工会干部的选举、管理及考核办法。

1990 年，全国总工会确定宜昌县为全国工会干部管理制度改革试点县，肯定宜昌县工会干部管理工作。在县委支持下，县工会与县委组织部共同制定的一套干部管理制度，使工会干部管理条例化、程序化。全国总工会肯定宜昌县的经验并在全国推广他们的经验。

1989–2000 年，培训工会干部 19 期 868 人次。至 1995 年，召开 9 次工会理论研讨会，发布论文 445 篇，省以上刊用 25 篇。1996 年 6 月，县委副书记彭明吉参加全国工会领导班子建设座谈会并作典型发言。

2001 年，在乡镇（街办）机构改革中，全区 12 个乡镇（街办）的工会联合会都配备了专职工会主席。全区 6 个企业集团和职工 200 人以上的企业工会主席，均由同级党政副职级干部担任，并进入同级党委领导班子。新建企业的工会干部培训率达到 98%以上。

2004 年，区总工会对 130 名基层工会干部进行了集中培训，选调 23 名工会干部分别参加了全国总工会、省总、市总的培训。

2006 年上半年，14 家企事业单位实行了工会主席直选。2007 年，在 20 余个新建或到期换届的基层单位工会实施直选工会主席。是年，编发《干部知识读本》1000 册，区、乡镇（街道）办培训班 17 期，培训工会干部 799 人。

2010 年 6 月 17 日，与上海市静安区总工会联合举办新时期工会干部培训班， 30 名工会干部参与学习交流。

2012 年 6 月 19–20 日，全区 276 名工会干部参加业务培训，特邀全国多名专家教授来夷授课。

2016 年，编印《工会工作指导读本》500 本，培训工会干部 243 人。

（二）权益保障

实施送温暖工程。1998 年，县委办、县政府办下发《关于建立县级领导联系职工生活困难户制度的通知》，县总工会配套制发了《确认困难职工条件》《开展爱心救助活动的意见》等文件。

2000–2005 年间，区级领导联系帮扶 187 个困难职工家庭；为 1123 名特困职工家庭建档立卡，共筹集资金 186.359 万元，走访慰问困难职工 7627 户（次），组织职工捐款达 27.1 万元。2006–2008 年，3 年救助困难职工 2501 人，170 多万元，特困职工进入城市最低生活保障率达 100%。2006–2010 年，走访慰问困难职工家庭 4000 余户（次），筹资送温暖 138 万元。

2008 年 9 月 17 日，区困难职工帮扶中心正式揭牌运行。2013 年，投入 8 万元转型升级为区职工服务中心，补助基层工会 5 万元支持企业建立职工服务中心。2011 年 12 月 26 日，区困难职工帮扶中心获“全国困难职工帮扶工作先进集体”。

2011–2016 年，区总工会创建“维权到位，服务到家”服务品牌。2012 年 3 月 26 日，夷陵区“3+1”帮扶工作模式正式发文实施，32 名区领导带领 32 个区直部门、29 家企业，与 32 个特困职工家庭开展三对一帮扶。2014 年，工会职工服务中心转型升级，服务 520 多名职工，举办招聘会 3 场次，发放维权宣传资料 2 万份，累计发放三峡职工互助服务卡 1 .8 万张。2016 年，审核入库困难职工 480 人，筹资 60.5 万元，关爱职工 3000 多人，争取救灾资金 8 万元，51 户受益。“3+1”帮扶机制促使 20 多户脱困。全区实施“金秋助学”10 多年来，有近 400 名学子获得助学金 50 万元。

实施再就业工程。1997 年，县政府出台了《关于实施再就业工程若干问题的暂行办法》。1998 年 9 月，建立职介培训中心。2000 年，建立再就业基地 4 个，安置职工 150 人。2004 年，完成职业培训

616 人，职业介绍 582 人，实现再就业 526 人。

2007–2010 年，每年 4 月 28 日在平湖广场举办“迎五一、促就业”大型招聘会，万余人进场求职，6000 多人达成就业意向。

2012 年 2 月 22 日，举办“三峡坝库区移民就业专场招聘洽谈会”。是年，举办大型招聘会 3 次，提供岗位 9000 个，为 3214 名求职者找到了就业岗位。

2016 年 2 月 15 日上午，举行 “春风行动”暨“就业援助月”大型招聘会， 70 家用工企业设立招聘台，提供就业岗位 4100 个，1500 多人达成意向用工协议。

劳动争议调处。1988–1991 年，企业建立劳动争议调解委员会 91 家。

“十五”期间，全区建立劳动保护监督检查委员会 18 个，监督检查员 324 人，建立区职工维权法律顾问组织 1 个。2007 年 3 月，远赴山西晋城，为 5 名遇难矿工家属争取死亡赔偿金 24 万多元。2010 年，与区司法局联合下发《关于建立企业人民调解组织的通知》。

2010–2015 年，全区新建劳动争议组织 149 家。接待来访 1201 人次，法律咨询 316 人次，调处劳动争议案件 29 件，挽回损失 38 万元。

农民工工作。2007 年，组织 185 名工会干部进行了《劳动合同法》专题培训。筹集资金 34000 多元，对 181 个生病受灾的农民工实施临时性救助。

2010 年 9 月，在鄂州农民工劳动纠纷调解工作中，为其争取到位工资、医疗补偿金等 23.5 万元，农民工赠送了印有“农民工的靠山”题字的锦旗。

2012 年 2 月 3 日，区总工会与市总工会在太平溪镇举行返乡农民工就业专场招聘洽谈会，45 家知名企业提供工作岗位 3000 多个，坝区三镇近 2000 名农民工成功应聘。

2015 年，区政府成立协调劳动关系三方委员会，集中调处劳动争议案件 12 件，回复率达 100%。组建工会法律服务团，接待农民工来访 52 人次。

（三）民主管理

平等协商。1989 年，县委印发《关于在全县职工群众中开展民主协商活动的意见》。至 2001 年 11 月底为止，全区开展平等协商的企业 17 家，其中国有及控股企业 3 家，覆盖职工 1500 人；集体及私营企业 14 家，覆盖职工 2050 人。

2006–2008 年，制发了《关于进一步做好企业工资集体协商工作的通知》等相关文件，全区 50 人以上的国有、集体非公有制企业签订集体合同、工资集体协商的企业 275 家，覆盖职工近 30000 人。2012 年 8 月，被湖北省总工会授予“省工资集体协商百日行动先进单位”。

2016 年底选取山里来等企业作为工资集体协商民主管理的示范典型，召开专项工作推进会，其中山里来和翔陵纸业荣获市级工资集体协商示范单位。

建立职代会制度。1989–1995 年，县工会同县委组织部、县经委、县财办联合制发了《工会参政议政条例》和《民主评议干部工作条例》。全县共有 163 个单位召开职代会 1630 次，提案 7811 件，审议通过 5765 件，否决 1240 件。评议领导干部 1845 人次，奖励 410 人次，免职 29 人次。2001 年，全区 60 家国有、集体及其控股企业的职代会建制率达 100%。

2002 年 7 月 16 日，《夷陵区非公有制企业职代会工作规程（试行）》出台。

2013 年，树立了湖北柳树沟矿业集团、中科恒达石墨集团为职代会工作标准达标单位。全面推动了工会建立区域性行业性职代会制度。至 2016 年，全区国有、集团及其控股企业职代会建制率达 100%，100 人以上的非公有制企业职代会建制率达 96%。

创“劳动关系和谐企业”。1994 年 2 月 25 日，制发《关于开展劳动关系和谐企业评比活动的意见》和《劳动关系和谐企业考核评分标准》。至 1996 年，评出劳动关系和谐企业 17 家，劳动关系和谐企业优秀厂长、经理17人，优秀工会主席17名。

2000年，县直国有和集体企业49家，参加民主评议的26家，参评的企业领导班子成员122人，被评为优秀的18人，胜任的91人，基本胜任的13人。

2002年7月25日，区政府第12次常务会议审议并通过了《关于区人民政府与总工会建立联席会议的制度规定》。

2006–2008年，制定《夷陵区协调劳动关系三方会议制度》，成立“劳动争议调解仲裁委员会”。

2012年6月4日，区政府办印发《夷陵区和谐企业创建工作实施方案》，成立区劳动关系和谐企业创建工作领导小组，办公室设区总工会。是年，全区受表彰的模范劳动关系和谐企业，省级1家、市级1家；劳动关系和谐企业省级1家、市级10家，区委、政府表彰劳动关系和谐示范企业4家。2013年4月28日，获评市级和谐示范企业1家，市级和谐企业10家。

2016年，制发《全区和谐企业创建工作实施方案》，表彰劳动关系和谐示范企业8家。

签订集体合同工作。1995–1996年，县总工会下发《宜昌县推行平等协商和签订集体合同制度工作意见》《关于全面推行集体合同制度的意见》等3个文件，全县141家企业事业单位签订了集体合同。

2015年，建立健全集体合同实名制台账，企业工资集体协商动态建制率保持在85%以上。2000–2016年，全区签订集体合同282份，覆盖企业2460家，惠及职工57893人。

推行厂务公开工作。1999年3月，县总工会与县纪委、县委组织部等7家联合下发了《关于在企业推行厂务公开民主管理制度的意见》，《关于企业厂务公开的实施办法》《宜昌县企业厂务公开运作管理规范》等文件。4月，在县自来水公司开展试点工作。7月，第一批30家单位推行厂务公开制度。至12月底，有34家企业、70个行政事业单位、377所学校和教育机构推行了厂务公开制度。

2001–2005年，全区43家国有独资、国有控股的公司制企业和25家公司制的大型企业均建立了职工董事、职工监事制度。企事业单位的厂务政务公开面达100%，25%的私营企业也实行了厂务公开。2013年，全区非公企业厂务公开建制单位达到100家，建成湖北柳树沟矿业集团、中科恒达石墨集团为厂务公开控制程序单位，设立职工董事、职工监事的公司达到95%。

（四）经济技术和劳动保护

劳动竞赛。1989年，县委办公室转发了县总工会《关于在全县职工中开展双增双节活动的意见》。从1987–2000年，全县职工小改小革1608项，创效益5972.7万元；实现双增双节12157.02万元。广泛开展“三明星”“岗位能手”“红旗机台”“模范班组”活动，涌现了一批像宋正明（水泵厂保管员）、全世忠（沼气技术员）、王汉林（汽运司机）、覃振梅（纺织厂保管员）式的双增双节典型。

1989–2000年，验收模范班组53个。百纺公司纺织组被评为全国先进班组获“五一劳动奖状”。截至2009年12月，全区400家企业、5万名职工参加各种创建活动。

2011–2016年，创建“工人先锋号”，开展“重大项目建设年”劳动竞赛。在小鸦公路等5个重点工程项目建设中开展“六比六看”示范活动，实现了安全施工创优；在全区70多个行政服务行业窗口开展“争当行政服务标兵”竞赛活动，覆盖面达98%。5年中，全区企事业单位劳动竞赛覆盖面达到90%，职工参与率达到90%，评选表彰区劳模最美职工10名。培训企业班组长50名，共涌现出18个模范班组。举办首届茶业技能大赛、职工厨艺大赛、建筑行业劳动技能竞赛、网格员大赛，全区规模以上企业和职工参与率达90%以上。选树了30名工人先锋号、金牌工人和夷陵工匠。推荐民间工艺技能传承大师张定虎为“宜昌工匠”。

合理化建议。1987年7月，县政府成立了“合理化建议领导小组”，办公室设县总工会。1989年10月23日统计，全县职工提合理化建议8421条，采纳6351条，实施5916条，实现双增双节1040万元，占全年1400万元的74.2%。1991年4月8日，县政府印发“合理化建议和技术改进奖励办法”。

次年开展质量品种效益年活动，全县职工提合理化建议 9100 多条，采纳率占 62.5%，实施率占 81%，代表性成果 10 项。

2002 年 12 月 12 日，区总工会举办第 12 次创造学应用成果发布会，有 24 项获得等级奖。近两年，区公路段开展全员提建议活动，“小发明、小创造”成果 60 多项，直接经济效益 200 多万元。

劳动保护。1989 年，全县共举办各种劳动保护安全技术培训班 48 期，技术交流 8 次，受教育者共 1402 人次。8 月举办了“劳动保护安全知识竞赛”，参赛 42 个企业，共发 522 份试卷。

2005 年，区 50 人以上的企业都建立了劳动法律监督委员会和劳动保护监督检查委员会。2007 年，组织 4700 多名职工参加电视培训。 2008 年 8 月，慰问高温下一线职工 2000 多人。

2009–2011 年，区总工会共举办各类安全生产培训班 9 期，1000 多职工代表接受培训。

2014 年 7 月 13 日，印发《关于认真做好夏季职工劳动保护的通知》，全区共筹集慰问资金 26 万余元，走访慰问企业 18 家，职工 4300 人次。开展督查活动 14 次，发现并整改安全隐患 3 条。

2016 年上半年，完成国家九部门对《国家职业病防治规划（2009–2015）》检查验收。中国疾控中心主任张敏对柳树沟矿业集团和中孚化工开展“工具包”应用试点工作给予充分肯定，其做法在《中国劳动保护》杂志推广。

先进模范。1979–2002 年，全区有全国劳模 4 人，省劳模 35 人，部级劳模 4 人。

2010 年 4 月 28 日，印发《夷陵区省部级以上劳模生活困难补助办法》，共核定省部级以上困难劳模 29 人，落实待遇 22 人。

2012 年 4 月 28 日，区劳模事迹报告会在平湖剧院举行，张宗淮等 6 名一线劳模代表，讲述感人事迹，900 多人参加，大会全程电视直播。5 月 12–18 日，区总工会组织全区 29 名劳模和先进工会工作者赴台湾地区考察。

2016 年 12 月，区政府出台《夷陵区劳动模范待遇执行办法》，落实省部级离退休劳模荣誉津贴，协调解决省劳模艾有法公共租赁住房问题，申报困难劳模补助近 10 万元，组织 14 名劳模疗休养，编印《劳模风采》500 本。

（五）宣教文体

素质提升。2006 年，培训基层企事业单位职工代表 702 人，超额完成了市总工会下达的培训计划。

2009 年，先后组织全区 12 个乡镇（街道）40 家企业 1500 多名职工，参加了湖北省厂务公开、民主管理法律法规知识竞赛。

2011 年，区总工会援建市级职工书屋 4 个，区级职工书屋 5 个。

2013 年，积极组织参加中心组学习，先后开展“幸福女性，幸福夷陵”“中国梦、劳动美”等征文活动，举办“劳动我最美”微博大赛活动。开展全民“读好书，促发展”系列活动，推动学习型社会建设。是年，以张宗淮等劳模为学习榜样，多次举办道德讲堂活动。

2014 年 12 月 2 日，区总工会集中开展劳模“351”活动，即组织劳模进乡村（社区）、进企业、进班组，送技术、送文化、送健康、送讲堂、送温暖，创劳模工作室。10 名劳模举办专题讲座 12 次，“牛焕菊工作室”获评省“三八红旗集体”称号。开展劳模“351”活动的作法在《工人日报》宣传推广。

2016 年 4 月 21 日，启动首届读书节活动，10 名劳动模范获赠书籍。

文体活动。1989 年以后，每年“五一”举办马拉松运动会、职工篮球运动会、老中青职工长跑运动会、拔河比赛、《爱党之声》文艺汇演、《学英雄，赞身边闪光点》演讲赛、卡拉 OK 演唱比赛、科技法律知识竞赛、先进事迹报告会、“脊梁的奉献”劳模座谈会等。1990 年 2 月，县工人文化宫被省总工会授予“文明文化宫”。

1993 年 3 月 6 日，县总工会在工人文化宫举办庆“三八”女子健美操比赛。

1998 年 12 月，举办了第一届职工运动会暨“稻花香杯”职工篮球、门球赛。

2005 年 3 月 3–4 日，区总工会、区妇联、区文体局联合举办“稻花香杯”女职工运动会，58 支运动队的 1051 名运动员参赛。2006 年 4 月 28 日，区总工会在东湖礼堂举行“弘扬劳模精神，展示职工风采”大型文艺晚会。2009 年 12 月 23 日，三峡茶城联合工会举办“庆元旦、促和谐、共发展”趣味运动会。

2010 年 10 月 22 日，举办区直机关第三届运动会。2013 年，与区文化体育局联合举办“新首钢杯”夷陵区第六届乒乓球公开赛。开展“送电影下乡”活动，先后在河心公园、明珠磷化等为职工送电影，2000 多人次观看。

2016 年，举办全区职工运动会以及区直机关长跑比赛、“夷陵情劳动美”第二届职工文化艺术展览活动，开展“智慧女性，书香家庭”读书征文活动，开展“全民阅读进企业”活动。新建职工书屋 8 个，市级 4 个，区级 4 个。组织职工参与全市法律知识微信有奖答题和羽毛球、象棋等竞技类活动，荣获优秀组织奖。

宣传工作。2005 年 10 月，区总工会在三峡夷陵网开辟“宜昌市夷陵区总工会网站”。2006 年编发《工会信息》16 期，向区委办、区政府办、市总工会上报信息 21 条，至 2010 年，共编发《工会信息》80 多期。

2012 年，门户网站共上传各类信息 160 余条，省市采用 133 条。区总工会被评为全市宣教工作年度先进单位、全市职工优秀文艺作品优秀组织奖。2013 年，在国家级报刊、网络等媒体累计刊登新闻稿件 9 条(篇)，其中《工人日报》3 条，《中国职工科技报》2 条；《全国厂务公开民主管理网》4 篇。省级媒体刊登新闻稿件 14 条，市、区级媒体刊登新闻稿件 100 余条。是年，摄制《劳动幸福曲》系列专题片。

2014–2015 年，完成市级以上工会新闻信息宣传 221 条次。夷陵区总工会网完成改版，更新信息 340 余条；向市总工会报送视频信息 24 条。积极配合区委宣传部，在三峡日报连续 20 多期宣传“羊门女将”李红艳典型事迹。

（六）女职工工作

1989 年 3 月，召开宜昌县一届一次女职工代表大会。

1989–2000 年，宜昌县工会制发规范工会女职工工作的 3 个文件。全县 13 个局和 112 个基层工会分别建立了女职工工作委员会和女职工委员会，组建率 100%。

1989–2000 年，县总工会开展了女职工主题研讨会，56 名女职工工作者发布论文 95 篇。10 多年间，举行了“女职工谈改革、论市场、讲奉献”座谈会，女劳模“观市场、看企业、抓机遇、求发展”考察活动，《女职工风采》和《岗位奉献，载誉跨入新世纪》演讲活动，开展了“三明星”“四创评”“五能手”等竞赛活动，有 915 名女厂长经理、女工干部、女职工、女能手在 13 个项目中获奖。开展女子体育健美运动，组织了 12 支女子门球队，32 支女子健美操竞技队。1996 年 3 月 7 日，县工会女职工委员会被全国总工会授予“全国工会女职工先进集体”。2000 年 3 月，县总工会副主席、女职工委员会主任王海燕被全国总工会授予“全国先进女职工”称号。

1990 年，县总工会提出女职工生育保险方案。1994 年 6 月，县政府出台《宜昌县企业女职工生育保险暂行办法》。从此，全县 318 家企业 20543 名女职工参加统筹。仅 1998 年缴费 70.9 万元，270 名女职工领生育保险金 55.6 万元。

“十五”期间，各级工会女职工组织广泛开展双文明建功立业竞赛活动，共涌现女职工文明示范岗 45 个。2004 年 7 月 27 日，召开了全区女职工工作会议。

2008 年，涌现湖北稻花香女职工委员会等 5 个“女职工工作先进集体”和“建功立业标兵岗”，开展评选“优秀女职工工作者”“和谐职工家庭”等活动。

2010 年，开展“女职工健康行动”，对 5000 名女职工进行了专题保健知识讲座，发放健康知识书籍 1000 多册。

2011 年 3 月 8 日，举办“妇运百年”巾帼风采展示会， 17 个行业的代表队参加。截至 2013 年 12 月，女职工组织组建率达 100%。全区共签订女职工专项集体合同 366 份，覆盖企业 1600 家。开展《女职工劳动保护特别规定》知识竞赛和“幸福女性•幸福夷陵”征文活动，收到征文 78 篇，2 篇获省级三等奖。

2016 年 4 月 23 日，与区图书馆、区新华书店联合举办“你读书、我买单”活动，为女职工提供 1000 册书籍的采购权。

（七）推广应用创造学

1987 年，县总工会技协办副主任朱邦盛接触并引进创造学。1990 年 1 月 5 日，成立宜昌县创造学会。1992 年 3 月，全国总工会职工技协办把宜昌县确定为创造学培训华中基地。1989–1992 年，编印了《开发职工创造力简明教材》等 4 本教材。1989–2000 年举办县内创造学培训班 184 期，1.96 万人参加培训。1990–2000 年，共承办全国性创造学培训班 61 期，30 个省市自治区 5268 名学员参加了培训。

1991 年，时任全国人大常委会副委员长、全国总工会主席倪志福批示：“技协活动历来是把培养人才作为重要内容的，希望你们总结经验加以推广。”时任中央政治局常委李瑞环批示：“鉴于创造力开发是一项提高职工队伍素质的有效措施，有必要给予支持，请全国总工会落实，并在《工人日报》广泛宣传。”省地委、省总领导也作了重要指示，创造学推广应用已纳入全国总工会，省总工作内容。《工人日报》《科技日报》等报纸杂志先后报道了宜昌县推广应用创造学的经验。是年，县技协被全国总工会技协评为全国技协先进集体；县技协办主任朱邦盛被全国总工会评为技协先进个人；1999 年，县总工会获评“全国科普先进集体”（全国工会系统仅两个）；2000 年，县总工会常务副主席毕兴国被评为全省“科普先进个人”（全省工会系统仅两人）。

1998—2005 年，共举办创造学成果发布会 13 次，发布科技创新成果 450 项，创经济效益 7897.94 万元，一批优秀技术成果分别获得全国、省、市奖励或国家专利。2009 年，取得企业专利授权 65 项，科技成果转化率 100%。工业领域专利成果转化创造效益达 90 亿元，占规模工业产值的 43.4%。全区高新技术产品产值达到 34 亿元，高新技术增加值 11 亿元，同比增长 1 倍。同时，全区技能劳动者达到 29429 人。

2013 年，收集合理化建议 246 条、申报创新成果 18 项，湖北昌耀新材料股份有限公司研发出“大弯矩荷载等级电杆”新产品，2015 年销售收入近 5000 多万元，占年销售收入的三分之一。

2016 年，宜昌翔陵制品有限公司实施“造纸污泥改性回用工艺研究”，全年节约资金 707.8 万元；采用“热风系统加热泵改造技术”，年节约价值 60.1 万元。

第十节　西陵区工会

一、基本概况

西陵区位于宜昌市城区中北部，地处长江中上游分界点的三峡之西陵峡东口，长江北岸，东与伍家岗区接壤，西北与夷陵区毗邻，南与点军区隔江相望，西与西陵峡口衔山相接。至 2017 年底，全区国土面积 89.9 平方公里，户籍总人口 40.86 万人，常住人口 54.28 万人，辖 7 个街道、1 个经济开发区、73 个社区、9 个村、1 个农场。

西陵区为中共宜昌市委、市人大常委会、市人民政府、市政协、宜昌军分区机关所在地，是全市政治、经济、文化、科技、商贸中心和旅游服务功能区。驻区大专院校和科研机构 49 所，中央、省及外省驻宜机构 60 多个，大中型商业网点 500 余家，中央、省、市属大中型企业 50 余家；驻区行政事业单位 521 个，各种企业单位 2000 余家，有多家银行、保险、证券、电力、电信、交通、邮政、医疗、广播电视新闻单位和文体设施。

截至 2017 年底，全区实现地区生产总值（不含电力生产和供电）355.02 亿元，固定资产投资 122.64 亿元，社会消费品零售总额 250.19 亿元，外贸出口 1.86 亿美元，第三产业占 GDP 比重达 71.67%。

二、组织沿革

1987 年 8 月，西陵区工会随西陵区建区成立，定行政编制 2 人，配备工会主席 1 人，专职工会干部 2 人（其中 1 人为企业编制）。组建基层工会组织 32 个，有会员 1271 人。

1990 年 7 月，西陵区委开始筹备成立总工会，甘泽清为筹备组负责人。

1991 年 5 月 17–18 日，西陵区总工会第一次代表大会召开，选举产生西陵区总工会第一届委员会、常务委员会和经费审查委员会。宜昌市西陵区总工会正式成立。定行政编制 2 人，配备工会主席 1 人，专职工会干部 2 人（其中 1 人为企业编制）。1992 年 3 月增加行政编制 1 人。

1993 年 8 月 28 日，成立西陵区总工会第一届女职工委员会，同年 11 月，成立西陵区职工技术协会。

2002 年 2 月，在全区机构改革中，重定行政编制 3 人，配备主席 1 人（兼）、常务副主席 1 人、副主席 1 人、女职工委员会主任 1 人。

2003 年 10 月 21 日，建立“西陵区总工会困难职工帮扶中心”。2012 年 8 月，升级为“西陵区总工会职工服务中心”。

2004 年 3 月，成立全市首家“农民工援助中心”。截至 2016 年，全区组建以农民工为主体的工会组织 98 家，发展农民工入会 10345 人。

2006 年 6 月，成立西陵区总工会职工法律维权中心，与困难职工帮扶中心合署办公。

2007 年，组建西陵区第一个楼宇经济组织工会联合会。

2010 年 9 月，成立云集街道餐饮行业工会联合会。

至 2016 年，全区有基层工会组织 166 个，涵盖 1621 家企业，工会会员 15154 人，专兼职工会干部 800 余人，8 个街道（乡、开发区）全部建立工会。区总工会机关无内设科室，有职工 14 人。

三、代表大会

1991–2016 年，西陵区总工会共召开了五次工会代表大会。

西陵区工会第一次代表大会于 1991 年 5 月 17–18 日召开，到会正式代表 107 人，特邀代表 3 名。张庆生代表筹备组作了题为《发扬工人阶级主人翁精神，为实现“八五”计划而努力奋斗》的工作报告。会议听取和审议区总工会筹备组的工作报告，选举产生西陵区总工会第一届委员会委员 14 人、经费审查委员会委员 5 人。在区总工会一届一次全委会上，选举产生常务委员会委员 4 人，张庆生当选为区总工会主席，胡慧敏当选为第一届经费审查委员会主任。

西陵区工会第二次代表大会于 1997 年 9 月 28–29 日召开，到会正式代表 93 名。郑焕兰作了题为《开拓进取、团结奋斗，更好地发挥工会组织在两个文明建设中的作用》的工作报告。会议审议通过了第一届委员会工作报告和工会财务工作、经费审查委员会工作报告，选举产生西陵区总工会第二届委员会委员 15 人和经费审查委员会委员 5 人。在区总工会二届一次全委会上，郑焕兰当选为区总工会主席，彭辉泉当选为副主席并兼任第二届经费审查委员会主任。

西陵区工会第三次代表大会于 2003 年 4 月 15–16 日召开，到会正式代表 94 名，特邀和列席代表

80 名。龚万和作了题为《深入贯彻党的十六大精神 团结动员广大职工为全面建设小康社会而努力奋斗》的工作报告。会议审议通过了第二届委员会工作报告和工会财务工作、经费审查委员会工作报告，选举产生西陵区总工会第三届委员会委员 15 人和经费审查委员会委员 5 人。在区总工会三届一次全委会上，祁必清当选为区总工会主席，龚万和当选为常务副主席，姜平当选为副主席兼经费审查委员会主任。

西陵区工会第四次代表大会于 2008 年 10 月 29 日召开，到会正式代表 120 名。龚万和作了题为《坚持以科学发展观统领工会工作 团结动员全区职工为建设繁荣西陵、文明西陵、和谐西陵而奋斗》的工作报告。会议审议通过了第三届委员会工作报告和工会财务工作、经费审查委员会工作报告，选举产生西陵区总工会第四届委员会委员 15 人和经费审查委员会委员 5 人。在区总工会四届一次全委会上，吴爱军当选为区总工会主席，龚万和当选为常务副主席，周萍当选为副主席兼经费审查委员会主任。

西陵区工会第五次代表大会，于 2013 年 12 月 12–13 日召开，到会正式代表 110 名。龚万和作了题为《在西陵发展大局中展示工会新作为，团结动员全区职工为“四个西陵”建设再作新贡献》的工作报告。会议审议通过了第四届委员会工作报告和工会财务工作、经费审查委员会工作报告，选举产生西陵区总工会第五届委员会委员 15 人和经费审查委员会委员 5 人。在区总工会五届一次全委会上，岳新梅当选为区总工会主席，龚万和当选为常务副主席，郑玲玲当选为副主席兼经费审查委员会主任。

西陵区总工会历任负责人名录

表 18–41

单位名称	姓名	任职时间	职务	备注
西陵区总工会	张庆生	1991.5—1997.9	主　席	—
西陵区总工会	郑焕兰	1997.9—2003.4	主　席	—
西陵区总工会	祁必清	2003.4—2008.10	主　席	—
西陵区总工会	龚万和	2003.4—2016.8	常务副主席	—
西陵区总工会	吴爱军	2008.10—2013.12	主　席	—
西陵区总工会	岳新梅	2013.12—2015.6	主　席	—
西陵区总工会	杨燕军	2015.6—2017.5	主　席	—
西陵区总工会	夏常明	2016.8 至今	常务副主席	—
西陵区总工会	马王涛	2017.5	主　席	—

四、主要工作

区总工会及基层工会紧紧围绕区委区政府的工作大局，围绕维护职工的合法权益开展各种活动，充分发挥工会组织的桥梁、纽带作用，全面履行各项职能。

（一）组织工作

1987–2003 年，开展国有、集体企业工会、街道（乡）工会、新建企业工会组织建设。1999 年报请区委下发《关于加强企业工会组织建设的意见》。2003 年下发《关于加强街、乡工会工作的意见》，开展示范街乡工会创建活动。全面开展新建企业工会组织建设，把区域性、行业性建会作为重点。1998–2003 年全区新建企业工会 1100 家，新增会员 10112 人。1987–2003 年，深入开展“职工之家”创建活动。创建“省级模范职工之家”1 个、省级“双爱双评”先进单位 1 个、市级“模范职工之家”7 个，市级“模范职工小家”1 个，市级“先进职工之家”8 个。2013 年 7 月，全国总工会授予康鑫医药工会“全国模范职工之家”称号。

2004–2006 年，重点抓好非公企业、外资企业建会和农民工入会。全区新建工会组织 273 家，发展会员 16515 人，其中农民工会员 10345 人。开展“标准化社区工会”和“五好”社区工会百分达标活动。在“示范街乡”“模范职工之家”创建中，窑湾乡被评为“全国示范乡镇（街道）工会”。市鸿发实业公司等单位工会被评为“模范职工之家”。

2007–2011 年，组建外资企业工会、楼宇工会，发展行业工会。2007 年，组建“肯德基”解放路店、国贸店、均瑶店工会委员会。2010 年 7 月组建沃尔玛铁路坝分店工会委员会。2007 年，在 3e 大厦组建西陵区第一个楼宇经济组织工会联合会。2008 年，在金色勤苑、中环大厦等单位组建工会，发展会员 200 多人，《工人日报》作了题为《宜昌西陵区分步推进宜昌楼宇工会组建》的专题报道。2010 年 9 月，正式成立云集街道餐饮行业工会联合会。2010 年创办康鑫医药职工之家，2011 年创办首家楼宇工会职工之家—3e 大厦楼宇工会、铁路坝社区工会联合会“职工之家”。2007–2011 年，全区基层工会组织 629 个，涵盖法人单位 2089 个，会员 62258 人。工会职工之家规范化达标率 90%以上。

2012 年，完成西陵区职工服务中心升级。2014 年 3 月，开展基层工会组织大调研活动。5 月，区总工会制定出台《西陵区工会干部分级联系企业工作管理办法》。7 月 30 日，全省基层工会组织工作会议在宜昌召开，省总工会党组书记、常务副主席马建中带领与会代表参观石板溪社区工会工作。12 月 23 日，《工人日报》第五版以《宜昌百名工会干部联百企》为题推介西陵区加强基层工会组织建设经验。沙龙宴旗舰店荣获“全国模范职工小家”称号。2015 –2016 年，以新兴行业和农民工入会为重点，组建西陵区物业行业工会以及老周物流、天欣物业等新兴行业工会组织。全区有街、乡、开发区工会 8 个，工会委员会和工会联合会 286 家，涵盖法人单位 2789 家，其中涵盖非公企业 1789 家，工会会员 7 万多人。工会组建率达到 97.84%，职工入会率达到 96.86%，农民工入会率增长 10.8%，全区“六有六好”规范化建会达到 60%以上。

（二）权益保障

1.职工帮扶及送温暖

1987–2003 年，区总工会协助区委、区政府，由单一型工会组织送温暖转变为多层型组织送温暖，每年一次形成制度。1994 年，联合区民政局组织机关干部职工向区社会福利院献爱心募资活动。1996 年，帮助 219 名下岗职工再就业，对特困职工进行摸底调查、登记申报，为 279 名特困职工落实粮油补贴。1996–1997 年，全区 40 个单位 2808 名职工筹集 3.3696 万元，参加市总扶贫济困互助会。2002 年，对全区 400 名困难职工就医实行“三减四免”。2003 年 10 月 21 日，建立“西陵区困难职工帮扶中心”，并对 246 名困难职工调查建档，推荐 6 名特困职工与市级领导结成联系户。17 年间，走访慰问困难职工 9381 人（次），困难企业 360 家，发放资金 75.9836 万元，240 名困难职工得到帮扶。

2005 年 4 月，首次组织安波等 13 名下岗职工赴福建省泉州市务工。坚持为下岗失业职工进行职业技能培训和职业介绍，建设“农民工公寓”。

2007–2011 年，全省工会困难职工帮扶规范化建设推进现场会在宜召开，学院街道工会作典型发言，全国总工会、省总工会、市总工会领导和与会代表 100 多人到学院街道学习参观。2009 年，区总工会对困难职工“四位一体”帮扶中心提档升级，在街、乡建立“四位一体”工作站。为高温一线职工（农民工）发放慰问物资 10 余万元。救助大病职工 45 人次、4.2 万元。促进再就业 130 人，职工培训 410 人次。开展金秋助学活动，帮助困难职工子女 120 人次、9 万元。推行工会会员普惠制，发放工会会员优惠卡 12000 张。

2012 年 8 月，困难职工帮扶中心升级为职工服务中心，连接辖区近 30 家规模较大企业和 60 余个社区（村）。2013 年，建立开发区工会职工服务中心。2012–2016 年，各级工会组织爱心助学 50 人 5.16 万元，9 名困难职工得到医疗救助金 1.3 万元，为农民工解决就医、就学问题 100 多件，介绍就业岗位 3453 个，上岗 1304 人，职业培训 677 人。

2004–2016 年，各级工会组织走访慰问 5450 人次，发放慰问金及物资 127.24 万元。

2.职工维权

1987–2003 年，贯彻学习《劳动法》《工会法》。发放《劳动法》资料，开展《劳动法》培训和贯彻情况检查，1992 年培训工会骨干 200 人。加强新建企业劳动争议调解组织建设，1997 年 9 月–1998 年 5 月，全区 102 人取得省劳动争议调解员资格证书。17 年间，全区 95%企业建立了工会、企业、职工三方代表组成的劳动争议调解委员会（小组）。接待职工上访 810 人（次），集体上访 3 次。积极参与区改革专班工作，截至 2003 年底，指导已完成改制的 28 家企业召开职代会，并参与改制方案和职工安置方案的制定。

2006 年，区委办、区政府办下发《区委办公室、区政府办公室关于印发<西陵区职工维权工作协调机制建设实施方案>的通知》，建立以工会为牵头单位、纪检监察、劳动等部门参加的区职工维权工作协调会议制度。区总工会、区劳动管理部门、区经济主管部门每年定期召开劳动关系三方协调会。同年 6 月，成立区总工会职工法律维权中心和街乡“职工法律维权工作站”，参与维权及劳动关系个案调处 40 多起，为职工（农民工）追讨工资及工伤赔偿金 100 多万元。在绿萝路社区建立全市首家“农民工援助中心”、第一所“农民工夜校”，为农民工做实事 150 多件，维权 20 多起，追讨工资和伤残赔偿金 60 多万元。2006 年 11 月，绿萝路社区工会参加全省服务农民工工作经验交流会作典型发言。1 名副主席进入区企业改革改制专班，提出改革改制工作意见建议 20 多条，指导监督改制企业召开职代会，通过改制方案 40 多个。

2009 年初，区委办公室制定下发《关于成立西陵区职工维权、职工帮扶“四位一体”工作领导小组的通知》，制定实施《西陵区劳动争议调解实施办法》，在 26 家企业建立劳动争议调解组织。2008 年先后组织康鑫医药等 20 多家企业实施“共同约定”行动，指导企业行政负责人与工会签订“保增长、促发展、保岗位、促和谐”协议书。区、街（乡）两级共受理劳动争议纠纷 315 起，调处成功率 90% 以上，案件涉及职工、农民工 2000 多人，帮助追讨工资和工伤赔付金 400 多万元。

2012 年制定下发《西陵区“和谐企业”创建工作实施方案》，深入 50 余家企业宣传“和谐企业”创建活动，组织职工座谈达 2000 余人次。2013 年开展关爱农民工志愿服务活动，组建法律志愿服务分队，全区共登记服务农民工志愿者 1000 余名，活动项目 10 多个。

2014 年建立基层工会劳动争议调解联动制度，对劳动争议纠纷实行前沿预防。五年间，全区各级工会妥善处理劳动争议调解纠纷 160 余起，为农民工讨回工资和工伤补偿金 500 多万元。

3.互联网+

2012 年 11 月，在全省范围内创立“西陵区工会服务网络平台”。以西陵区职工服务中心为中枢，建立与 8 个街道（乡、开发区）、60 个社区（村）、30 余家企业工会互动的网络服务系统，把工会服务主动融入社会公共管理服务系统。《工人日报》《湖北省工会网》《湖北省工会手机报》《三峡日报》等媒体先后进行推介。

2013 年，进一步深化“西陵区工会服务网络服务平台”信息系统建设，160 多个终端实现网络全覆盖，将“一组建、两合同”工作渗透到网格，为宜昌市建立网络服务平台取得宝贵经验。

2015 年，开通“西陵区总工会”微信公众号，创建微信公众服务平台，全面构建“互联网+职工服务”体系。开设“职工入会”“职工服务”等栏目，开展法律、维权、安全生产等知识竞赛抽奖 5 场次，办理线上入会申请 500 多人次，解决职工就业、生活救助等事项 210 件，其经验在《宜昌工会工作》专题推介。

2016 年，继续推进“互联网+”工会普惠性服务。推出“微入会”“微培训”“微交友”等功能。发布基层动态信息 350 余条，开展职工网页大赛、“最美娘家人”“最美一线职工”等评选，参与职工

5145 人。微信平台粉丝达 10532 人；职工（农民工）在线入会 1240 人；开展“鹊桥网”微交友活动，录入会员 235 人次。

（三）民主管理

1996 年，制定《西陵区签订集体合同目标责任实施意见》，区属 32 家企业签订集体合同，超额完成 269%，被市总工会评为“专项工作二等奖”。2003 年，新增 100 多家私营企业签订集体合同。

1999 年 8 月，召开“全面推行厂务公开，加强民主管理动员大会”。全区 58 家国有、集体企业建立职代会或职工大会制度。同时，以深宜汽修厂为试点，推进非公有制企业职代会制度建设。2002 年，全区有 6 家私营企业建立职代会制度。

2006 年 8 月，对辖区 60 家企事业单位进行职工民主管理相关法律规章的培训。169 家企业签订集体合同。7 个街、乡建立政府（行政）与工会联席会议制度。

2007–2011 年，区政府与区总工会每年召开一次联席会议，区总工会与区人社局、区经发局每年召开一次劳动关系三方协商会议。制定《关于推进厂（校、院）务公开工作全覆盖的通知》，转发《宜昌市总工会<关于进一步完善和规范职工代表大会制度建设的通知>》。2010 年，先后在电脑行业工会联合会、云集街道餐饮行业工会联合会实行建立行业性工资集体协商制度，覆盖企业 300 余家、职工 2000 余名。2010 年，开展楼宇工会工资集体协商、行业工资集体协商工作。企业签订集体合同 263 份，工资集体协商合同 263 份，职代会建制率达 100%。

2012 年，联合区人社局对 30 余家重点企业开展工资协商建制检查，全区开展工资集体协商建制企业达 1900 家。2014 年，天美国际化妆品有限公司等 6 家单位被宜昌市政府命名表彰为和谐企业。2015 年，西陵区落实工资集体协商指导员制度，聘请 1 名工资集体协商指导员。开展“民主管理企业行”活动，全区签订工资集体协商合同 190 份，涵盖企业 1687 家，工资集体协商建制率达 90%以上。2016 年，推进“互联网+”民主管理，蓝天气体等 9 家企业建立总经理邮箱、职工论坛，征集职工诉求 200 余条。组织专班指导武商量贩做好职工集体解聘工作。麦德龙宜昌商场被评为全市“厂务公开示范企业”。

（四）经济技术和劳动保护

1.劳动竞赛

1993 年，开展“发扬宜昌精神、创建开放城市、争当万名能手”劳动竞赛活动，全区 70%以上职工参赛，为企业增加效益 300 万元，涌现了黄世香等 54 名竞赛能手和胡学秀等优秀组织者，区总工会被市总工会评为“竞赛组织工作先进单位”。成立区职工技术协会，发展基层职工技协组织 25 个，会员 250 人。兴办工会实体 9 家，被市总工会和市职工技协评为“宜昌市职工技术协会先进单位”。

1995–1996 年，开展“知西陵、爱岗位、创能手”劳动竞赛活动，参赛职工达 9242 人次，参加岗位培训、技能练兵的职工 7845 人次，112 名竞赛能手受到区委、区政府表彰。开展“当主人，献良策，创效益”竞赛活动，全区 1.1 万职工参加，提出合理化建议 10131 条，完成技改 619 项，创造经济效益 1812.50 万元。

2004–2006 年，组织开展“创优质量、创高效益、创新技术、创低能耗”为主题的群众性经济技术创新活动，各级工会组织举办各类技能培训班 15 期、知识讲座 10 期，培训职工 2300 多人。力帝集团职工吴世立被评为宜昌市 2005 年度十大“职工读书自学标兵”。

2007–2011 年，坚持开展以“建设首善之区”为主要内容的劳动竞赛。2009 年成立区劳动竞赛委员会，与区科技局联合制定《西陵区职工技术创新成果暂行办法》。五年来，坚持每年在全区开展一次劳动竞赛活动。先后开展“同舟共济保增长，建功立业促发展”“奋战十二五，建功在西陵”等主题劳动竞赛活动，103 家企业、4 万人次参与活动。全区召开两次劳动竞赛和劳模表彰大会，评选表彰运七酒店等西陵区十大职工创新品牌、胡鸿琴等“十佳职工创新新人”和 50 多项职工技术创新成果。大力推进“工人先锋号”创建活动，市明珠实业公司“磅房班组”、铁路坝小学分别获省、市第一批“工人先锋号”称号。2008 年，《宜昌日报》西陵新闻版头条作了题为《职工经济技术创新创造经济价值近亿元》专题报道。

2012 年，举办“2010–2011 年职工劳动竞赛活动颁奖仪式暨‘劳动者风采’职工技能展示”活动，30 多家企业、32 名选手、1000 余名企业职工参加，表彰“十大金牌工人”“十佳服务能手”和“十大安全生产标兵”等 40 名竞赛活动先进集体和个人。2013 年，组织开展“建功黄金期，展现新作为”主题劳动竞赛和经济技术创新活动 20 余场次，参与职工 2.1 万多人，参与竞赛面达到 95%以上。2014 年，开展“建功黄金期，展现新作为”劳动竞赛活动，1670 家企事业单位、25000 多名职工参与。2015 年，各级工会组织开展“社区网格大赛”“职工技能竞赛”等活动 50 多场次。2016 年开展现代服务业竞赛 5 场次，11 家单位，2103 名职工参赛。10 月，举办西陵区首届物业服务劳动竞赛。全区规模以上企业开展劳动竞赛 62 场次，125 家企业，1893 名职工参加竞赛。全区职工提出合理化建议 1126 条，为企业创造价值 913 万元。

2.安全生产和劳动保护

2004–2006 年，配合区人社局对辖区 20 多家单位执行劳动合同、集体合同情况进行检查。牵头区安监局、卫生局，对辖区 26 家企业职工劳动保护工作进行检查。全区共 20 家（次）企业参加全省“安康杯”竞赛，力帝集团、深宜汽修厂、明珠实业两次被评为湖北省“安康杯”竞赛优胜单位。2005 年 5 月，组织 100 多名职工参加宜昌市“安全生产月”大型广场宣传活动，2240 名职工参加“宜化杯”安全生产知识竞赛。2015 年以微信平台为载体，开展“安康杯”竞赛、“安全生产知识有奖问答”等活动，参加职工达 4500 人次。

3.劳模管理

1987–2003 年，召开劳模座谈会 20 余次，组织春秋游、观看龙舟赛等活动。2003 年，开展对建国以来获市级以上劳动模范的调查活动，并建立劳模档案，制定劳模工作规范化管理制度，落实 18 名劳模每人每月 60 元的劳模津贴。

2007–2011 年，根据区委区政府专题会议纪要【2004】8 号决定，从 2005 年开始，每三年开展一次区级劳动模范评选表彰活动。2007 年，组织 28 名省部级以上劳模体检。2008 年，组织区级劳模开展“庆五一、迎奥运”签名活动。2010 年 6 月，组织开展劳动模范疗休养活动。

2012–2016 年，创建西陵区“劳模墙”，创建“林高劳模工作室”等 3 家职工（劳模）创新工作室。

1987–2016 年，全区获全国劳模荣誉 2 人、全国五一劳动奖章 2 人、省部级劳模 49 人、省五一劳动奖章 3 人、市劳模 56 人、市五一劳动奖章 9 人、区劳模 120 人。

（五）宣教文体

1992 年开展新《工会法》知识竞赛，10 多名党政领导参加，3298 名职工参赛，参赛率 73.17%；培训竞赛骨干 200 多人，推荐 5 人参加全市竞赛获一、二等奖各 1 名、三等奖 2 名，“优秀组织奖”1 个。1994 年，开展社会主义市场经济知识竞赛。1995 年 4 月，区总工会组织“工人阶级先进事迹演讲会”。2000 年 2 月，举办“新世纪、新女性”全区女职工演讲比赛，推荐区获奖选手 2 人参加市总工会预决赛，获三等奖。开展保障女职工权益法律知识竞赛，组织 1000 多名职工参加全国总工会举办的“企业改革与发展”和“女职工权益保障法律知识竞赛”。1989–2003 年，全区举办文艺汇演 2 场、职工体育运动会 2 届，组队参加全区首届全民健身运动会。

2004–2006 年，组织参加省、市总工会、省人民广播电台、三峡晚报举办的“学习放飞理想”“我的事业我的家”等演讲征文活动。参与职工 1000 多人，投稿 68 篇，20 篇征文获奖，其中 1 人获全省一等奖，2 人获全市一等奖和三等奖。在演讲比赛中，2 人获二等奖、1 人获三等奖，区总工会获组织奖。2006 年 4 月，在宜昌船厂举办“走进职工”大型演出活动，举办“更年期保健”知识讲座、“广场科普宣传”“预防艾滋病知识竞赛答卷”等活动 31 场次，近 8000 名职工参加。

2015 年，以“凝聚企业精神，引领职工成长”为主题，组织开展职工书画、摄影、故事征文等活动，1000 多名企业职工参加。2016 年，参加市职工羽毛球、象棋比赛。创建市级“职工书屋”示范点 3 家，举办两期工会能力提升培训班，培训工会干部 552 人次。

（六）女职工工作

1993 年成立区总工会女职工委员会，在全区女职工 25 人以上单位建立女职工委员会，女职工 25 人以下单位设立女工委员。1994–1997 年，全区 6 名女职工被授予市优秀女职工称号，2 个女工委员会被授予市先进女职工组织称号。1998–2001 年，全区有 100 户家庭被评为“文明家庭”。2016 年，组织全区签订 168 份女职工权益保护合同，覆盖企业 1524 家，建制率 100%。创建天美公司“妈咪小屋”等母婴室 3 家。开展单亲困难女职工帮扶 152 人，举办女职工劳动竞赛 6 场次、女职工培训讲座 6 期，组织 156 名红娘志愿者开展工会鹊桥网职工相亲活动。

第十一节　伍家岗区工会

一、基本概况

伍家岗区位于宜昌市主城区东部，长江左岸，辖区为长江岸边呈带状的滨水城市区。东至金银岗与夷陵区接壤，西至一马路与西陵区相衔接，南至龙盘湖与猇亭区毗邻，北至雨淋包与夷陵区交界。至 2017 年底，伍家岗区辖 4 个街道 1 个乡和 1 个省级开发区，61 个社区（村），户籍总人口 17.94 万人，常住人口 25 万人，国土面积 91.28 平方公里。规划面积 200 平方公里的宜昌新区，60%位于辖区。宜昌求索 · 众创中心、市博物馆、市规划展览馆、中央商务区、伍家岗长江大桥等重大项目均选址其间。

交通便捷、优势明显。水陆空立体交通无缝对接，是鄂西渝东交通枢纽核心节点。

拥有生物医药、光电信息、装备制造三大高新技术产业集群和一批重点园区、大型市场，是辐射鄂西渝东的重要物流中心。

二、组织沿革

根据中共伍家岗区委《关于印发伍家岗区总工会机关职能配置、内设机构和人员编制方案》的通知精神，伍家岗区总工会成立于 1987 年，内设机构一个，为综合办公室。核定区总工会行政编制 2 名，设常务副主席 1 名，综合办公室主任 1 名。区总工会机构级别为正科级，核定部门正职 1 名，为常务副主席。内设机构未定级，核定内设正职 1 名，为综合办公室主任。

1987 年 6 月，市委批复设立宜昌市伍家岗区工会。7 月 3 日，伍家岗区工会筹备小组成立，朱作华任组长。11 月，区工会正式组建成立，朱作华任主席，谭家全任副主席。1990 年 6 月 19–20 日，伍家岗区工会第一次代表大会召开，选举产生伍家岗区总工会第一届委员会和第一届经费审查委员会。6 月 29 日，宜昌市总工会批复同意成立宜昌市伍家岗区工会委员会。全区组建基层工会组织 33 家，会员人数 2421 人。

1991 年 6 月，伍家岗区工会依照《中华人民共和国工会法》更名为伍家岗区总工会。1993 年 2 月，区总工会成立女职工委员会。1999 年 10 月，区职工技术协会成立。

2012 年 4 月，区总工会启动困难职工帮扶中心转型升级为职工服务中心。

2014 年，伍家岗区编委正式发文，明确区总工会职工服务中心为全额拨款公益一类事业单位。

2014 年 12 月 4 日，区编委发文（伍编〔2014〕20 号）批准设立“伍家岗区总工会职工服务中心”，单位性质为全额拨款的公益一类事业单位，暂不核定人员编制。

2017 年 3 月 16 日，伍家岗区委编委正式发文，增加 1 个行政编制，行政编制达到 3 个。根据《关于调整部分单位领导职数的通知》，伍家岗区总工会增核副科职数 1 个。截至 2017 年 12 月，区总工会共设行政编制 3 名，其中常务副主席 1 名，副主席 1 名，综合办公室主任 1 名。

三、代表大会

1990–2017 年，宜昌市伍家岗区总工会共召开了四次工会代表大会。

宜昌市伍家岗区工会第一次代表大会于 1990 年 6 月 19–20 日召开，到会正式代表 82 名，列席代表 6 名。朱作华代表伍家岗区工会筹备组，向大会作了题为《发扬工人阶级主人翁精神 为实现党的稳定经济、稳定政治的目标而团结奋斗》的工作报告。大会选举产生区总工会第一届委员会委员 15 人。在一届一次全委会上，选举产生常委 7 人，正、副主席 2 人。主席：朱作华，副主席：牟敦莉。

宜昌市伍家岗区工会第二次代表大会于 1995 年 10 月 12–13 日召开，到会正式代表 100 名。马彩花代表第一届委员会作了题为《置身全局　真抓实干 为实现伍家的振兴崛起再创辉煌》的工作报告。大会选举产生区总工会第二届委员会委员 21 人。在二届一次全委会上，选举产生常委 9 人，主席 1 人。主席：马彩花。

宜昌市伍家岗区工会第三次代表大会于 2002 年 9 月 22–23 日在区政务中心五楼召开，到会正式代表 120 名，特邀嘉宾 9 名。陈永凤代表第二届委员会作了题为《深入贯彻落实“三个代表”重要思想 团结动员广大职工为实现新世纪宏伟目标而努力奋斗》的工作报告。大会选举产生区总工会第三届委员会委员 21 人。在三届一次全委会上，选举产生常委 9 人。正、副主席 2 人，主席：胡勇，常务副主席：陈永凤。

宜昌市伍家岗区工会第四次代表大会于 2009 年 7 月 23–24 日在区政务中心五楼召开，到会正式代表 130 名，特邀代表 12 名。邹榜华代表第三届委员会作了题为《坚定不移地走中国特色社会主义工会发展道路 团结动员广大职工为实现“三区一中心”目标而奋斗》的工作报告。大会选举产生区总工会第四届委员会委员 21 人。在四届一次全体会议上，选举产生区总工会常委 9 人。正、副主席 2 人，主席：邹榜华，常务副主席：曹恩源。

伍家岗区总工会历任负责人名录

表 18–42

届次	姓　名	任职年限	职务	备注
伍家岗区总工会第一届委员会	朱作华	1987.11—1991.7	主　席	–
	牟敦莉	1990.6—1995.10	副主席	–
伍家岗区总工会第二届委员会	马彩花	1991.7—1999.3	主　席	–
伍家岗区总工会第三届委员会	胡　勇	2001.1—2005.12	主　席	–
	陈永凤	1999.3—2001.1	常务副主席	–
伍家岗区总工会第四届委员会	邹榜华	2005.12—2011.11	主　席	–
	曹恩源	2009.9—2011.11	常务副主席	–
	赵春梅	2011.11—2016.11	主　席	–
	陈　取	2016.11 至今	主　席	–
	熊秭江	2011.11 至今	常务副主席	–

四、主要工作

（一）组织工作

1990年6月，全区基层工会组织33家，会员2421人。同时在五个单位试点，组建了第一批乡镇企业工会。在清真食品厂、炉灶厂、建安公司等企业选举产生新的工会领导班子，改变了过去的委派制。炉灶厂工会连续二次被宜昌市总工会授予"先进职工之家"称号，周翠华、龙金凤等10名同志分别被市总工会授予"优秀工会干部""优秀工会积极分子"称号。1991年，举办为期两天的基层工会主席培训班，16名工会主席参加了培训学习。1992年6月17–20日，举办第二期工会主席培训班，各系统、各基层工会正副主席、主任参加培训。主要学习法律法规、工会业务和工会改革工作。1994年，全区已有基层工会委员会55个，其中全民所有制企业工会21个，集体所有制企业工会34个。在集体所有制企业工会委员会中，乡镇企业工会委员会19个，工会会员3803人，女职工2273人。全区有36个女职工委员会，38个单位建立了职代会，163个工会小组。专职工会干部6人，兼职工会干部266人。

1995年6月，城区第一家私营企业工会—沙龙宴大酒店工会委员会成立。1995年10月，全区基层工会组织61家，建会比例98%，7家三资企业全部建立了工会组织。乡镇企业工会21家。基层工会普遍建立了"一账、二簿、六册"（即工会台账、职代会记录簿、各级表彰记功簿、会议记录册、劳动竞赛活动册、合理化建议登记册、送温暖册、文体活动册和维权信访登记册）。1995年10月–2000年12月，卫生、教育、城建和环卫工会相继成立。伍家乡共前村、共联村、汉宜村成立工会联合会。社区全部建立工会工作委员会。伍家乡工会委员会以及大公桥、万寿桥、宝塔河、伍家岗街道办事处工会工作委员会更名为工会联合会。1999年11月，伍家岗区私营企业工会联合会成立。到2000年9月，全区共有基层工会组织164个，其中国有企业11个，集体企业13个，乡镇企业11个，私营企业93个，股份制企业1个，有限责任公司4个，中外合资企业6个，事业单位17个，机关8个；战线工会5个，分别为经发、城环、卫生、教育、司法战线工会。共有职工9494人，其中女职工4813人，会员8876人，女会员4601人。全年新建企业工会组织发展到94家，区域性工会联合会由过去的5家发展到16家。在此期间，区总工会接收市直19家下放到区的企业工会组织。

2001年3月，宜昌市北山超市有限责任公司工会联合会和伍家岗区环境卫生管理所工会联合会成立。宜昌市北山超市有限责任公司工会联合会下设13个分会，是伍家岗区第一家跨区域性企业工会联合会。到2001年底，全区新建企业工会393家，新增会员5673人，累计建会514家，会员总数1.5万人。2003年1月10日，沙龙宴工会联合会被授予"全国模范职工之家"称号。4月，四办一乡新上任的工会主席参加了市总工会举办的工会主席培训班。全年区总工会举办《中华人民共和国工会法》培训班2期，参加培训人员121人。2003年底，全区工会组织总数达到505家，会员总数14655人；25人以上企业工会新建45家，建会率达95%。为降低会员流失，探索下岗失业职工会员关系转入社区工会的管理模式，新《工会会员证》的发放和更换面达85%以上。8月27日，省、市总工会领导观摩前锋钢球差额选举工会干部的选举过程。10月13日，省总工会检查验收组评定伍家乡工会联合会为省级示范乡镇工会。10月21日，全市社区工会现场会在韩家坝社区召开。27日，省总工会组织部率各地市州工会组织干部到韩家坝社区参观学习"韩家坝模式"。2005年3月11日，区实验小学、悦新食品等一批企事业单位被市总工会授予"模范职工之家"。4月14日，张家店社区工会联合会联动工作模式得到肯定，年底，张家店社区工会联合会被市总工会授予"示范社区工会"。到2005年底，基层工会数由1995年的61个发展到472个，会员由不足1万人发展到22954人。在已建工会组织的企事业单位中，工会女职工委员会和经费审查委员会的建制率分别达到100%。

2009年7月，全区基层工会组织达471个，会员43484人，其中农民工会员12836人。25人以上非公企业建会率和外商投资企业建会率达到100%。共核发基层工会法人资格证86个，32个社区工会达到区级规范化检核标准，15 个企业达到省总工会颁布的企业工会规范化建设三级以上标准。

2014 年，全区企业法人建立工会组织净增 203 家；已完成企业法人单位换届 14 家；全区企业工会会员净增 1988 人（其中农民工 516 人）。

2015 年，全区共新增工会基层组织（企业法人）60 家，新发展会员 3023 人（其中农民工会员 2520 人），新组建网格工会 8 个，覆盖 22 个网格、53 家小微门店、吸纳会员 288 人。全区企业法人单位建会率达 95%，企业单位职工入会率达到 98%，25 人以上企业动态建会率和职工入会率保持在 95%以上。

2016 年，全区共新增工会基层组织（企业法人）33 家，新发展会员 1819 人（其中农民工会员 1500 人），新组建网格工会 16 个，覆盖 18 个网格。全区企业法人单位建会率达 95%，企业单位职工入会率达到 95%，25 人以上企业动态建会率和职工入会率保持在 96%以上。9 月 27 日，全国“互联网+”工会普惠性服务现场推进会与会代表分两批到杨岔路社区参观指导。全国总工会范继英副主席和与会代表对网格工会开展 " 互联网+ " 职工普惠服务的成绩和经验给予了充分肯定。

2017 年 9 月，全区共有各类工会组织 637 个，覆盖 1797 个法人单位。全区共有职工 4.02 万人，其中会员 3.92 万人。全区网格工会 89 个，涵盖网格数 178 个。

（二）权益保障

1990 年元旦、春节期间，全区工会开展“送温暖”活动，筹资 3500 余元对困难职工进行补助。1990 年 12 月 25–29 日，区工会对 35 个基层工会近千名职工进行生活大调查。调查结果表明，月均生活水平低于 45 元的职工有 97 名，分布在 13 个单位，区工会进行针对性帮扶救助。 1991 年，全区发放困难补助费的单位 30 个，受助困难职工 76 人，受助金额 5050.34 元。1994 年两节期间，分区直、企业、财办、教育四片，对 37 家单位的 3000 余名职工进行家访，为 480 户困难职工，发放补助费 6180 元。1994 年 6 月初，区总工会走访慰问职工家庭 658 家，发放慰问金 3000 余元，为困难职工子女赠送玩具、书籍 6483 件（册），合计金额 1.3 万元。开展活动 37 次，共有 20407 人参加。购置、自制玩、教具 1281 件，合 7.9 万元。表彰优秀保教工作者 24 人。511 人为希望工程及贫困地区儿童捐衣物 578 件，捐款 4525 元。1994 年 12 月，区总工会对 3 家停产、半停产企业进行调查，特殊困难职工 187 人，生活费在 70 元以下的职工 216 人。根据困难职工家庭实际，开展帮扶。全年接待来信来访 76 起，全部处理。区总工会在 53 家单位建立联络网络，制定联系制度，与企业共渡难关。

1995 年两节期间，走访慰问 45 家企业 80 名困难职工，发放慰问金 5000 元。各基层工会发慰问信 439 封，走访慰问退休职工 382 人，贫困职工 316 人，办实事 28 件，发放慰问金 6.26 万元。1997 年两节期间，组织各级党政工干部 300 多人次，走访企业 20 多家，职工 288 人，发放救助款 8.62 万元。1997 年，区总工会兴办职工消费合作社 10 家，安置下岗职工 6 人，2000 多职工受惠。

1999 年 3 月 30 日，区总工会制定《关于实施送温暖工程促进下岗职工再就业工作的实施方案》，提出 1999–2000 年送温暖工程目标。

2001 年 11 月–2002 年 4 月，区总工会面向全社会发行“湖北省送温暖基金募集有奖明信片”，募集送温暖基金 72417 元。

2001 年 12 月 24 日，区委、区政府办公室转发区总工会拟订的《伍家岗区“进千家门，交千家友，解千家难，暖千家心”联系群众活动方案的通知》，在全区党员干部中开展“四千”联系群众活动，并将开展活动的情况纳入单位年度双文明目标考核的范围。2002 年 2 月 26 日，区委召开干部职工动员大会，印发困难职工联系卡。组织全区 380 多名干部职工共捐款 46700 元，走访慰问困难职工 396 户。

2002 年两节期间，走访困难企业 32 家，走访慰问特困职工 1323 户，发放救助款 20.1 万元，县级领导干部扶贫结对联系困难职工、特困学生家庭 46 户，各级工会干部扶贫结对联系困难职工 363 户、特困学生家庭 152 户。2002 年 3 月 1–22 日，区总工会组织街道、乡工会以及经发、商贸、城建等战线工会一道，对全区国有、集体、新建企业、事业单位进行调查，为 487 名特困职工建立了档案。2002 年 9 月，区总工会与区卫生局、人劳局、民政局联合，在五一广场举办“爱心救助进社区”大型文娱表演。区总工会赞助资金 3000 元，并在启动仪式后，为全区 18000 多名困难职工发放了“三免四减”（免平诊挂号、诊疗费；肺结核病患者在市结防所看病，药费全免；门诊大型检查费减免 10%；药品费减免 5%；住院治疗的，其住院费用总额减免 10%；对持证的特困职工从事食品行业，体检、办理卫生许可证的减免 50%的费用）医疗证，全年共为特困子女上大学、特困职工患大病、重病进行临时性救助 6500 元。

2003 年，全区各级工会组织，同区劳动局一起采取“六个一批”的工作措施，新增就业岗位 6000 个，4036 名下岗失业人员实现了再就业。3 月 18 日，省总领导来我区调研前锋钢球、兰鑫制衣、大桥超市等企业工会促进再 就业工作，给予充分肯定。7 月 12 日，《工人日报》记者采访工会促进再就业工作，随后见报。

2004 年，全区各级工会组织接待下岗失业人员 1515 人次，推荐上岗 311 人次，救助困难职工 106 人次，救助金额 4.4 万元，新建再就业基地 6 个，1509 名困难职工资料录入数据库，并实现与省总工会困难职工数据库的链接。

2003–2009 年，区总工会帮助 2831 名下岗失业人员及子女实现就业；筹集资金 124.6 万元，慰问困难职工 4653 人。帮助 280 名困难职工子女圆了大学梦；组织广大职工为汶川地震灾区捐款 32 万元，接待来信来访来电 1029 批次。建立会员优惠基地 5 个。

2010–2017 年，区总工会在两节期间走访慰问困难职工 2800 多人次，发放慰问金和物资总计 99.2 万余元；为一线职工 3.3 万人次送去价值 366 万元的防暑降温物资；“金秋助学”活动共资助困难职工（农民工）子女 928 名，发放助学金 72.9 万元；为 1589 人次开展技能培训，帮助 1129 名下岗失业人员实现再就业；为因病、因灾、因意外致贫致困的 46 名职工发放临时救助金 11.2 万元。持续开展“四个一”联系结对活动，健全直接联系职工群众的长效机制。

（三）民主管理

1989 年 2 月 16 日，区总工会发出《关于开展工会“五好达标”竞赛活动的意见》。3 月 10 日，下发《关于组织开展“五个一”活动的通知》。

1990 年，区总工会广泛宣传《中华人民共和国企业法》，普及企业民主管理法律法规知识。1991 年 6 月，制定《伍家岗区职代会实施细则》。到 1994 年底，全区建立职代会制度的企业 44 家，41 家召开职代会。全年培训职工 322 人。23 个单位民主评议企业领导，6 家单位建立工会与行政联席会议制度。职代会审议企业改革方案，修改总件数 497 件。职代会提案 605 件，301 件得到落实。

1995 年，区总工会指导企业建立健全职代会、职工大会和职工议事制度，对企业的工资奖金分配、劳动保护条例、集体合同制度、厂务公开的落实情况进行检查监督。1997 年 6 月，区总工会对 10 家企业集体合同运作状况进行调查。1999 年 7 月 4 日，区总工会制定《伍家岗区厂务公开、民主管理实施方案》，成立区厂务公开领导小组。至 2000 年底，全区共有 45 家企业签订集体合同，占企业总数的 32.37%。2002 年 1 月 15 日，前锋钢球工贸有限公司被宜昌市总工会授予“职工民主管理先进单位”。

2003 年 6 月，区总工会与区劳保局、区经发局、区工商联、区私营企业协会联合下发了《关于伍家岗区劳动关系三方协商会议制度组成人员名单的通知》，建立劳动关系三方协商会议制度。11 月 26 日，区政府与区总工会召开了首次联席会议，专门研究“困难职工帮扶中心”的资金来源和工会经费收缴等问题。区属公有制企业，集体合同建制率和续签率均达 100%，履约率达 95%；各类改制企业集体合同建制率达 90%；街(乡) 签订区域性集体合同 42 家，覆盖面达到 70%。全区 25 人以上企业中 60% 实行了工资集体协商。职代会和厂务公开制度向事业单位和非公有制企业扩展。国有、集体企业及科、教、文、卫等事业单位推行面达 100%。区属公司制企业基本上建立职工董事会和职工监事会；100 人以上的非公有制企业厂务公开面达 75%；在年底的非公有制企业问卷调查中，有 82%的职工知道企业建立有职代会。到 2004 年底，175 家单位建立了职工代表大会制度，161 个单位召开职代会或职工大会，职代会职工代表达 1881 人，其中女职工代表为 820 人。152 个单位实行厂（校）务公开。沙龙宴大酒店被授予全省厂务公开先进单位。在 53 家建立董事会的企业中，39 个单位的工会主席进入董事会，50 个单位建立职工董事制度。在 31 家建立监事会的企业中，12 家建立了职工监事制度，20 个企业的工会主席进入监事会。176 家单位建立平等协商集体合同制度，覆盖职工 17500 余人；171 个单位将女职工特殊保护条款纳入劳动合同和集体合同，覆盖女职工 6267 人。145 个单位进行工资集体协商并签订工资协议，建制率达 81%，履约率为 82%，覆盖职工 11748 人。144 个单位建立工资协商指导员队伍，工资协商指导员达 201 人。全区开展“双爱双评”（“双爱”：爱职工的厂长、爱企业的职工；“双评”：评爱职工的厂长、评爱企业的职工）的非公有制企业达到 96 家，活动面达 93%。中华全国总工会和全国工商联授予沙龙宴餐饮有限公司“双爱双评”先进单位。

2003–2009 年，广泛开展“劳动关系和谐企业”创建活动，鑫源纺织等一批企业受到市以上有关部门命名表彰。工资集体协商、女职工权益保护和劳动安全卫生专项集体合同制度覆盖率分别达到 83%、95%、98%，私营企业厂务公开经验在全省获得推广，校务公开工作成为全市典型。在厂务公开工作中，运用 ISO9000 质量管理标准在燕狮科技和恒昌标准件试点推行，非公有制企业厂务公开工作逐步展开。有 187 家单位建立了职代会或职工代表大会制度，建制率达到 98%。有 171 个单位召开了职代会或职工大会，占总数的 91%。职代会职工代表达到 2683 人，其中女职工代表为 1245 人，占代表总数的 46%，有 172 个单位实行了厂（校）务公开。燕狮科技、沙龙宴、张家店社区工会联合会等分别制订了职（居）代会、厂（居）务公开工作的考核、评估、检查办法。2005 年，劳动保护监督检查委员会达到 182 个，基层劳动争议调解组织达到 134 个，工会法律监督员达到 193 人，工会劳动争议调解员达到 136 人。在 54 家建立董事会的企业中，有 40 个单位的工会主席进入董事会；有 27 个企业的工会主席进入监事会。

2010–2017 年，区总工会建立区域（行业）性职代会 71 个，全区非公有制企业建制率达到 85%以上。推行厂务公开控制程序企业 23 家，推荐表彰市级“和谐企业”30 家，培育市级“和谐示范企业”8 家。公司制企业普遍建立了职工董事、职工监事制度，小微企业职工民主管理覆盖面达到 85%以上。全区每年平均签订集体合同 235 份，覆盖企业 1341 家，覆盖职工 3 万多人；成立职工法律服务团，开展法律咨询和法律服务 500 余人次。参与、指导宜昌市第一针织厂、夷鹏工贸等国有企业改制工作，配合有关部门妥善解决 4 起职工群体性维权诉求。以全国劳模、党的十九大代表王华君为骨干，成立“伍家岗区外来务工人员服务中心”，参与调处侵害职工（农民工）权益案件 100 余起。

（四）经济技术和劳动保护

1990 年 3 月 15 日，区工会与区委宣传部、计划经济办公室、共青团区委一道，在区、乡工业企业中开展“讲理想、比贡献”劳动竞赛活动。各级工会开展“四创八能手”劳动竞赛活动和合理化建议月活动。全区近 1000 名职工参加劳动竞赛活动，228 名职工提出合理化建议 269 件，被采纳 111 件，创造（节约）价值 9.12 万元，实现全区职工平均增创（节约）100 元的目标。

1991 年 3 月 2 日，区工会召开争当“八能手”表彰大会，共表彰 28 人。6 月，区总工会组织开展技术比武活动，有 9 个单位 7 个工种 338 人参加，评出技术能手 100 人。在基层工会开展“当主人，献一计”活动，参加单位 18 个、576 人，提出各种建议 369 条，被单位采纳的 173 条，已实施的 113 条，获得初步效益 31341 元。全年组织基层工会开展“质量、品种、效益年”活动。有 23 个单位 800 名职工参加，节约资金在 26000 元以上，评选能手 38 人，其中：优质高产能手 11 人；技术革新能手 10 人；勤俭节约能手 4 人；服务优良能手 5 人；产品销售能手 5 人，资金回收能手 1 人；合理化建议能手 2

人。12 月 26 日，区总工会召开先进工会、优秀工会干部、“四创”爱国立功劳动能手表彰大会，授予宜昌市民用炉灶厂等 7 个基层工会为先进工会；汪家珍等 8 人为优秀工会干部；杜培义等 29 人为“四创”爱国立功劳动能手。1993 年 9 月 18 日，区委办公室、区政府办公室转发区总工会等部门报送的《开展劳动竞赛、争当十能手活动的意见》，在全区各行各业广泛开展争当十能手竞赛活动（即优质高效能手、产品销售能手、技术革新发明创造能手、安全生产能手、优质服务能手、新产品开发能手、引进资金能手、合理化建议能手、资金回收能手、勤俭节约能手）。在工业企业开展产值、销售、利润、三项资金占用等项指标竞赛；在商业企业开展“三个一”竞赛活动，即一流服务水平、一流服务质量、一流经济效益；在街道、街办企业开展销售过千万、利税过百万及销售过百万、利税过十万元竞赛活动。1995 年 3 月 21 日，区总工会与团区委联合开展“大战二季度，岗位立功竞赛”活动。

1996 年 4 月，区总工会作出《关于表彰劳动竞赛先进单位和劳动能手的决定》，授予 10 家工会委员会为劳动竞赛先进单位，52 人获劳动能手称号。至 2000 年底，全区开展各种竞赛活动 96 次，2000 余名职工参加，开展各种技术比武、练兵活动 30 次，完成小改小革项目 18 个，创造经济价值 100 余万元。涌现出省、市级劳动模范 4 名，区级先进生产工作者 10 名，企业级劳动竞赛能手 40 名。

2003 年，区总工会组织开展“学习一门新技术，提出一项新建议，创造一项新成果，推广一项新工艺，刷新一项新纪录”的争当“创新能手”和争创“创新示范岗”活动。在年底的抽样调查中，仅沙龙宴、燕狮科技、前锋钢球等 5 家企业，职工提合理化建议就达 184 条，创造经济效益 80 多万元。2004 年，区总工会开展以“创建学习型组织，争做知识型职工”活动和争当“创新能手”、争创“创新示范岗”为主题的双创活动。全区 64 家企业共提合理化建议 656 件，实施合理化建议 335 件，创造经济价值达 151 万元，完成技术革新项目 16 项，技术革新创造价值达 132 万元。全区技术工人数据库和高新技术成果库已初步建立，现有职工 169 人，单位 7 个，技术攻关、技术开发项目 4 个，推广新技术项目 2 个，创造效益 11000 元。2005 年 6 月 17 日，在全市举办的“职业技能大赛”中分别取得第三和第六名的成绩。在评选宜昌首届工人发明奖活动中，我区有 1 项成果荣获“十大工人发明奖”，有 2 项成果获得入围奖。

2005–2009 年，坚持开展创建“工人先锋号”“双争”“四创”等劳动竞赛活动，燕狮科技等一批企业被命名为劳动竞赛示范企业，长航医院妇产科等一批班组被市总工会授于“工人先锋号”称号，余先炉等一批职工先后在省、市举办的“职业技能大赛”中获奖，一批革新发明成果被认定为全市职工技术创新成果。

2010–2017 年，各级工会组织广大职工踊跃参与“建功黄金期、展现新作为”“勇担新使命、服务新跨越”“践行新理念，建功‘十三五’”等各类劳动竞赛活动，先后有 1851 家企事业单位、8.5 万人次参与。深入开展技能培训、岗位练兵、技术革新、节能降耗、发明创造等活动 1200 多场次，评选“伍家工匠”10 人。征集职工合理化建议 2000 多条。培育市、区两级职工（劳模）创新工作室 4 个。

（五）宣教文体

在 1989 年的政治风波中，全区各级工会组织、工会干部和广大职工旗帜鲜明地反对动乱，协助党和政府做工作，团结广大职工群众坚守岗位，维护正常的生产秩序和社会秩序。

1992–1995 年，区总工会组织广大职工学习邓小平南巡重要讲话、建设有中国特色的社会主义理论、学习党的十四大和十四届三中、四中全会精神。1992 年 4 月，响应市总工会发出“三峡工程在宜昌，宜昌工人做贡献”的倡议，全区各条战线的 4200 余名职工共捐款 12890.93 元。1995 年，区总工会投资 1 万余元添置宣传器材（摄像机），并建立起一支有 30 多人的通讯报道队伍。

1997–2002 年，区总工会举办“伍家岗区庆五一天湖杯劳动者之歌”卡拉 OK 比赛、迎港、澳回归、庆祝建国 50 周年、建党 50 周年报告会、演讲会、知识竞赛、文艺汇演和广场文艺活动，开展文明企业、文明班组、文明职工评选活动，以“职工之家”为阵地，对广大职工进行政治思想教育和岗位技能培训。

2002 年 9 月 14 日，区总工会与检察院、法院等单位，在五一广场联合开展“法治进社区”宣传活动，免费发放《中华人民共和国工会法（修订本）》1000 余册。2003 年 12 月，区总工会在世界和平公园组织开展学习贯彻落实《湖北省实施〈工会法〉办法》大型宣传活动，印发宣传资料 2000 余份。同年，区总工会举办《工会法》培训班 2 期，参加培训人员 121 人。2004 年，区总工会开展“创建学习型组织，争做知识型职工”活动和争当“创新能手”、争创“创新示范岗”的双创活动。在“创争”活动中，有 3 人被市总工会授予“争做知识型职工先进个人”；燕狮科技工会被省总工会授予“湖北省创建学习型组织标兵单位”称号，并获省五一劳动奖状。

2010–2017 年，举办“伍家岗区职工艺术节”“走进职工”慰问演出、职工羽毛球、工间操、象棋比赛以及演讲、歌咏比赛，常年组织开展职工业余书法、绘画、摄影等作品展览、评比活动，参与职工 2 万多人次。创建市级“示范职工书屋”15 个，援建区级“职工书屋”160 个，赠送图书总价值 160 多万元。工会新闻宣传工作成效显著，“网格工会”“党工共建”“特困帮扶”等题材的新闻资讯被《工人日报》《劳动午报》报道，800 余篇信息稿件被国家、省、市、区级媒体播发或刊载。

（六）女职工工作

1991–1995 年，女职工委员会组织广大女职工积极参加“学先进、比奉献、为八五计划建功立业”竞赛活动，涌现出优秀女职工 20 人和 10 家先进女职工委员会，教育工会女职工委员会荣获省级先进集体。1993 年 2 月 19 日，成立区总工会女职工委员会。3 月 3 日，区总工会与区妇联联合召开“三八”红旗手、“巾帼建功”“双学双比”先进个人表彰大会，授予 “三八”红旗手 10 人；“巾帼建功”先进个人 10 人；“双学双比”先进个人 10 人。4 月 13–14 日，区总工会举办女职工干部培训班。

1998 年 2 月，区总工会女职工委员会进行换届。1998 年 5 ~ 6 月，区总工会在全区女职工中，组织“手拉手，向贫困地区姐妹献爱心”活动，共收到捐款 2.1 万元，各种衣物 3 万多件套，5000 多名女职工参加。

2003–2009 年，区总工会为 196 个单位、7196 名女职工办理了防癌保险，金额达 14.39 万元，为单亲女职工和女农民工赠特殊重大疾病保险 302 份。2003 年 2 月，区总工会女职工委员会进行换届。全区各级工会组织为 500 余名女职工办理“安康防癌保险”。组织全区 6000 多名女职工参加“岗位立功”“双文明示范岗”活动，参加面分别达 96%、92%。在市总工会组织的“三八女职工健身操比赛”中，区总工会组队荣获一等奖。2004 年，全区工会组织建设实现“同时增长”，即在组建工会组织的同时，组建女工委员会。女职工人数在 25 人以上的企业，都建立起工会女职工委员会，女职工人数在 25 人以下的企业中，也都相应的设立工会女职工委员。

2010–2017 年，组织 1000 名困难女职工进行免费“两癌”筛查，为 7744 人次困难女职工赠送安康保险，女职工提素建功活动持续开展，女职工专项集体合同建制有效推进。

第十二节　点军区工会

一、基本概况

点军区地处宜昌城区长江以南，北接夷陵区的三斗坪镇，南连宜都市的红花套镇，西部及西南紧依长阳土家族自治县的高家堰镇，隔江与西陵区、伍家区相望，国土总面积 532.18 平方公里。点军区于 1986 年建区，至 2017 年底，全区辖 2 个乡、2 个镇、1 个街道、53 个行政村（社区），户籍总人口 10.43 万人，常住人口 10.79 万人。

2017年点军区实现地区生产总值51.7亿元；固定资产投资63亿元；规模以上工业总产值增长16.5%；一般公共预算收入增速排名全市第一，达到4.1亿元；社会消费品零销售总额17.1亿元，增长5.8%；外贸出口总额6860万美元，增长63%；城镇居民人均可支配收入32589元，增长8.1%；农村居民人均可支配收入12335元，增长8.5%。

二、组织沿革

1992年5月11日，成立点军区总工会筹备小组，5月30日，在点军饭店召开了点军区工会第一次代表大会。点军区总工会正式成立。

1993年8月16日，成立点军区总工会女职工委员会。

1994年9月9日，成立点军区职工技术协会。

1997年4月14日，确定点军区总工会机关行政编制为2名，领导职数2名（设主席1名，副主席1名）；另设全额拨款事业编制2名，工会办公室办事员1名，职工技协工作人员1名。

2002年1月9日，区总工会设立一股一室（办公室、财务股），设主席1人（区委常委兼任），常务副主席1人，办事和财务1人（事业编制）。

2010年5月12日，成立"宜昌市点军区总工会困难职工帮扶中心"。

2010年8月2日，区工会定行政编制2名，设主席1名、常务副主席1名、副主席1名。

2013年2月18日，"点军区总工会困难职工帮扶中心"更名为"点军区总工会职工服务中心"。

2014年9月22日，撤销"点军区职工技术协会"，其职责划入区总工会职工服务中心。

2015年9月，点军区总工会办公地点由点军区政府609、610、613办公室搬迁至点军区五龙阳光小区。

到2017年上半年，全区有职工15989人，会员15812人，基层工会组织222个，专职工会干部34人，5个乡镇（街办）全部建立工会。区总工会工作人员13人。

三、代表大会

1992–2017年，点军区总工会共召开五次代表大会。

点军区工会第一次代表大会于1992年5月30日在点军饭店召开。大会共有正式代表50名，列席代表8名。刘桂英代表区工会筹备组向大会作题为《发挥工人阶级主力军作用，为建设振兴点军作贡献》的工作报告。大会选举产生第一届委员会委员9人。在一届一次全委会上，选举产生常委5人，副主席1人，副主席：刘桂英。

点军区工会第二次代表大会于1997年8月5日召开，参加会议正式代表65名，列席、特邀代表20名。张建国代表第一届委员会向大会作工作报告。大会选举产生第二届委员会委员15人。在二届一次全委会上，选举产生常委7人，正副主席2人。主席：张建国，副主席：叶红。

点军区工会第三次代表大会于2004年10月28日召开，大会正式代表84名，特邀代表10名。韩庆桥代表第二届委员会向大会作工作报告。大会选举产生第三届委员会委员19人。在三届一次全委会上，选举产生常委10人，正副主席2人。主席：李兴慧，常务副主席：韩庆桥。

点军区工会第四次代表大会于2012年11月27日召开。参会代表100名。黄刚代表第三届委员会向大会作题为《团结带领全区职工为建设滨江生态新城区，开创点军工会工作新局面作出更大贡献》的工作报告。大会选举产生第四届委员会委员21人。在四届一次全委会上，选举正副主席3人。主席：陈茂义，常务副主席：黄刚，副主席：董立。

点军区工会第五次代表大会于2017年12月5日在市委党校召开。大会正式代表120名，特邀代表55名。何德富代表第四届委员会向大会作题为《立足新起点.彰显新作为—团结动员广大职工为加快建设滨江生态新城区发挥主力军作用》的工作报告。大会选举产生第五届委员会委员 39 人。在五届一次全委会上，选举产生常委 13 人，正副主席 6 人。主席：李洪彦，常务副主席：何德富，副主席：彭红、陈小刚（兼职）、陈发喜（挂职）、邹雪（挂职）。

点军区总工会历任负责人名录

表 18-43

届次	姓名	任职时间	职务	备注
点军区总工会第一届委员会	焦振民	1993.12—1997.8	主　席	–
	刘桂英	1992.5—1993.12	副主席	–
点军区总工会第二届委员会	张建国	1997.8—2000.11	主　席	–
	陈宏彦	2000.11—2004.1	主　席	–
	叶　红	1997.8—2001.3	副主席	–
点军区总工会第三届委员会	李兴慧	2004.1—2006.11	主　席	–
	陈茂义	2007.3—2014.2	主　席	–
	韩庆桥	2004.10—2011.8	常务副主席	–
点军区总工会第四届委员会	陈　取	2014.2—2017.3	主　席	–
	黄　刚	2011.8—2016.10	常务副主席	–
	董　立	2010.3—2017.4	副主席	–
点军区总工会第五届委员会	李洪彦	2017.3 至今	主　席	–
	何德富	2016.10 至今	常务副主席	–
	彭　红	2017.4 至今	副主席	–
	陈小刚	2017.4 至今	副主席	兼职
	陈发喜	2017.4 至今	副主席	挂职
	邹　雪	2017.4 至今	副主席	挂职

四、主要工作

（一）组织工作

2006–2013 年，共建村级工会 22 个，非公企业工会和基层工会 63 个，会员 11801 人，其中农民工会员 3931 人。

2014 年初，成立区总工会调研活动领导小组，开展“五对照五核查”，制发《关于进一步加强基层工会组织建设的意见》。

至 2016 年，全区组建工会 234 家，职工总数 15989 人，会员 15812 人，建会率 97%，职工动态入会率 98%。

（二）权益保障

2007 年，妥善处理双龙塑编公司 86 人停工停产事件。丰硕设备有限公司 27 名职工投诉公司未签订劳动合同，区总工会及时到企业与负责人进行沟通，落实了劳动合同的签订。

2008 年，区总工会与区司法局联合，在各乡镇（街办）成立法律援助工作站 5 个。

2009 年，葛洲坝电厂紫阳片区附近的企业准备裁员 669 人，部分员工到法院起诉。区总工会积极与部分职工代表和企业负责人进行座谈，并协同区司法局、法院调解做了大量工作。

2010 年，区总工会完善区、乡镇（街办）、社区的三级帮扶网络。处理双龙企业职工养老统筹和加班工资纠纷，解决民办教师王士寿退休费及医疗费信访事件。全年共接待信访 48 人 11 次。

2011 年，建立利益协调机制、诉求表达机制和权益保障机制。在全区 11 家规模以上企业开展劳动关系和谐企业创建活动，创建率 100%。调处劳动争议纠纷 4 件，为农民工提供法律援助 15 人次，处理职工信访 32 人次。评选劳动关系和谐企业 3 家。

2012 年，全区规模以上企业开展劳动关系和谐企业创建活动面达到 100%，新增企业劳动争议调解组织 5 家。

2014 年，区总工会对基层工会贯彻实施《劳动争议调解仲裁法》进行调研。全年共计接待职工群众来信来访 65 人次，调处劳动争议案件 14 件。

2015 年，成立区总工会劳动争议调处工作领导小组。5 月 7 日，领导小组深入核查乐星湖开电气（湖北）有限公司员工余先进工伤案例，积极与其所在单位、区人社局和司法局进行沟通协调，最终化解了矛盾。全年受理职工维权诉求 12 起。全区劳动争议调解组织 6 家。

2016 年 5 月 9 日，成立职工法律服务团，督促各类企业同劳动者依法签订并履行劳动合同，共计签订 45 家。

2017 年 5 月 19 日，区总工会在“5·20”职工维权日前夕，在磨基山观景平台开展了以“情系劳动者，维权在行动”为主题的职工维权日活动，接待下岗职工、农民工、企业一线职工 128 人次，提供法律维权咨询 35 起，调解争议 2 起。发放《职工常用法律法规》宣传册 150 本。

（三）民主管理

区总工会建立与区政府的联席会议制度，与区劳动部门、企业界代表组建了三方协商会议制度。

2007 年 8 月 10 日，区总工会召开乡镇（街道）工会、企业工会规范化建设“双达标”现场会。双龙公司推介工会规范化建设经验：提高职工入会率和建章立制；抓“四个合同”的签订；坚持召开企业职代会和厂务公开。

2008 年，全区 49 家企业全部签订“四个合同”。

2009 年，全区签订“四个合同”54 份，工资集体协商建制率达到 90%以上。

2010 年，全区 41 家企业签订集体合同，签订率 93%。

2011 年，湖北龙腾红旗电缆和环高乐器两家企业被评为职工代表大会达标单位。

2012 年，全面推行民主管理工作，新增职代会工作达标单位 1 家；新增区域（行业）性职代会 1 家；全区已建工会的非公有制企业职代会、厂务公开建制率达到 100%，公司制企业职工董事、职工监事建制率达到 100%。

2013 年，全区 118 家企业签订集体合同，专项合同；113 家企业普遍开展了工资集体协商，受益职工人数 4936 人。

2014 年，已建会企业签订“三合同一协议”41 份，覆盖企业 56 家，占建会非公企业 100%，覆盖职工 3782 人，占职工总数的 97%。

2015 年，区总工会下发《关于广泛开展“公开解难题民主促发展”主题活动方案》。

2016 年，全区民主管理工作在规模以上企业已经规范化、制度化。全区已建会企业“三合同一协议”共签订 45 份，覆盖企业 45 家，占建会非公企业的 100%，覆盖职工 3707 人，占职工总数的 100%，合同签订率及工资专项集体合同签订率均达到 100%。2016 年，湖北龙腾红旗电缆(集团)有限公司被评为点军区工资集体协商示范单位；宜昌飞瑞球体制造有限公司被评为点军区厂务公开示范单位。

（四）群众生产工作

土城乡城建站职工邓金洲获全国“五一”劳动奖章，宜昌海宏机械制造有限公司职工王富、姜亦红获宜昌市首届“职工技术创新成果奖”，宜昌双龙塑业有限公司二分厂拉丝车间获宜昌市“工人先锋号”先进集体称号。区总工会被宜昌市总工会、市安全监督局授予 2007 年度“安康杯”竞赛优秀组织奖。

2009 年，点军区总工会组织辖区内 22 个企业，2433 名职工参加全市“安康杯”知识竞赛活动。

2010–2017 年，组织 22791 人次在各行业开展劳动竞赛、职工技能赛，涌现省“荆楚工匠”1 人，省劳模 2 人，市劳模 3 人，市五一劳动奖章 8 人，市五一劳动奖状 6 个，市工人先锋号 7 个，市创新成果奖 1 个，区劳模 10 人，区五一劳动奖章 5 人，区金牌工人 20 名。长江铝业和点军区医院获职业技能表演优秀单位。组织劳模参观新区项目建设和“劳模林”植树活动。组织 4 名劳模参加上级工会组织的疗休养活动。免费为 26 名劳模（全国五一劳动奖章 2 人、省部级劳模 7 人，市级劳模 8 人，区级劳模 9 人）体检。

（五）宣教文体

2007–2017 年，区总工会采取“赞助办活动，联合办活动”的方式，联合区文化体育新闻出版旅游局、区直机关工委、区教育局举办了区第一届、第二届职工运动会，第六届、第七届职工篮球赛、元旦长跑等活动。成立区书法摄影协会并举办四届美术书法摄影培训班。积极参加市总工会书法摄影展和农民工趣味运动会、闹元宵游园会等活动。2010–2011 年，举办家政培训班、技能培训班、知识讲座等，553 人次参加。以宜昌工会网、宜昌点军网、点军工会网、“点军工人”微信公众号、湖北省工会网、三峡日报等新闻传播平台宣传推介工会工作。2017 年编发工会信息 103 篇，省总网站刊登 10 篇。

（六）女职工工作

2007–2017 年，区总工会开展工会干部“关爱妇女儿童捐款活动”“心系女职工教育系列活动”“智慧女性·书香家庭”读书活动、女职工书法、摄影、手工艺制作活动。为困难女职工办理和赠送平安女性安康保险 1368 份，举办关爱女性讲座、女性生殖健康讲座 27 次，免费为 64 名困难女职工进行“两癌”筛查，组织 908 名女职工体检，发放《女性健康知识手册》140 本，办专栏 16 期。“六一”前夕，慰问单亲子女、农民工子女和学校留守儿童 63 名，送去价值 13000 余元的文体用品。表彰 2016 年度“文明家庭”12 户，“巾帼文明岗”10 个，“巾帼文明标兵”10 名。从 2011 年开始，实行管理“六个同步”，女职工人数在 10 人以上的企业全部建立了女职工委员会，不足 10 人的设女职工委员。

第十三节　猇亭区工会

一、基本概况

猇亭区位于宜昌市城区东南端的长江北岸。东与夷陵区鸦鹊岭镇接壤，南与枝江市善溪窑、沙湾等地相连，西与宜都市红花套镇隔江相望，北与城区伍家岗毗邻。总面积 119.22 平方公里。1995 年 3 月，经国务院批准成立宜昌市猇亭区。建区至今，猇亭已成为宜昌市新城区、宜昌高新技术产业开发区的核心园区、宜昌重要产业项目的聚集区，初步形成了精细化工、通用航空、装备制造、新能源材料、现代服务业“五大产业板块”。宜化、兴发、南玻、中兴汽车、葛机船舶等一批大中型企业落户猇亭。全区规模企业 55 家，产值过 100 亿元企业 2 家，过 10 亿元企业 9 家，过亿元企业 18 家。全区职工人数达到 30384 人。至 2017 年底，全区辖 3 个街道、23 个社区、3 个村，户籍总人口 6.15 万人，全区实现地区生产总值 215 亿元，规模以上工业总产值达 500 亿元以上，一般公共预算财政收入 7.61 亿元，城镇居民人均可支配收入 26853 元，农村居民人均可支配收入 15780 元。

二、组织沿革

1995 年 8 月，成立猇亭区总工会筹备组，定编 2 人，冯发继为筹备组负责人。

1995 年 8 月 9 日，正式成立宜昌市猇亭区总工会。

1995年下半年-1996年上半年，区直机关、三个街道办事处、区直企事业单位组建工会。

1997年7月，成立区总工会女职工委员会。

2000年9-10月，成立古老背、云池、虎牙三个街道办事处私营企业工会联合会。全区21个村（居）委会全部建立工会组织，部分居（村）民小组也组建了工会小组。

2002年，区总工会建立区、街办、社区、企业四级工会组织网络，实现直管与协管相结合。

2003年，区总工会核定编制2人，内设机构1个，综合办公室。

2004-2010年，区总工会把农民工入会作为重点，新建会113家，新发展会员20087人（其中农民工10861人）。全区会员总数23000人，其中农民工会员13920人。

2011年，撤销经信局工会，设立区非公企业工会办公室，直管兴发、南玻、全通等大型企业工会，将原经信局工会所管企业划归所辖街办工会管理。

到2017年底，全区共有工会组织221家，其中建委员会131家，建区域性工会联合会13家，建行业性工会联合会5家。全区会员总数达到30095人，其中农民工会员16521人。区总工会有工作人员11人，其中主席1人（兼），常务副主席1人，专职副主席1人，兼职副主席1人，有专职工会协理员7名。区总工会内设机构三部一室，即维权服务部、生产宣教部、组织基层工作部、综合办公室。全区三个街道办事处、21个居（村）社区全部建立工会组织。

三、代表大会

1995-2017年，宜昌市猇亭区总工会共召开了四次代表大会。

宜昌市猇亭区工会第一次代表大会于1996年4月29-30日在三峡商城三楼会议室召开。到会正式代表70名，特邀代表21名，列席代表13名。冯发继代表区总工会筹备组向大会作了题为《求真务实，真抓实干，团结动员全区职工为实现猇亭第二次振兴而奋斗》的工作报告。大会选举产生了区总工会第一届委员会委员13人和经费审查委员会委员5人。在区工会一届一次全委会上，选举产生区工会常委7人，正副主席2人。主席：冯发继，副主席：蔡永芬。大会还向全区职工发出了倡议。

宜昌市猇亭区工会第二次代表大会于2001年4月29-30日在三峡商城三楼会议室召开。到会正式代表87名，列席代表20名，特邀嘉宾24名。张海燕代表第一届委员会作了题为《高举邓小平理论伟大旗帜，团结动员全区职工为实现猇亭区“十二五”计划宏伟目标而努力奋斗》的工作报告。大会选举产生了区总工会二届委员15人和经审委员5人。在区工会二届一次全委会上，选举产生区工会常委8人，正副主席3人。主席张海燕（女），副主席杨道健、王光华。

宜昌市猇亭区工会第三次代表大会于2008年12月18日在三峡商城三楼会议室召开。到会正式代表104名，特邀嘉宾58名。李祖新代表区第二届委员会作了题为《坚持走中国特色社会主义工会道路，团结动员广大职工，为把我区建设成为安康富裕充满活力的新兴城区而努力奋斗》的工作报告。大会选举产生了区总工会三届委员17人和经审委员5人。在三届一次全委会上，选举产生区工会常委9人，正副主席3人。主席：龚名财，副主席：李祖新、许辉。

宜昌市猇亭区工会第四次代表大会于2013年12月2日在盛世天下会议中心召开。到会正式代表100名，列席代表20名，特邀嘉宾19名。李祖新代表第三届委员会作了题为《围绕中心 展现作为 团结带领广大职工为猇亭建设兴业宜居生态工业新城先行区示范区努力奋斗》的工作报告。大会选举产生了区总工会四届委员17人和经审委员5人。在区工会四届一次全委会上，选举产生区工会常委10人，正副主席4人。主席：胡小云，副主席：李祖新、黎中发（兼）、向芙蓉（兼）。

猇亭区总工会历任负责人名录

表 18–44

单位名称	姓　名	任职时间	职　务	备　注
猇亭区总工会第一届委员会	冯发继	1995.8—1997.12	主　席	–
	杨道健	1997.12—2001.4	主　席	–
	蔡永芬	1996.5—2001.6	副主席	–
猇亭区总工会第二届委员会	张海燕	2001.4—2004.12	主　席	—
	龚名财	2005.9—2008.12	主　席	—
	杨道健	2001.4—2008.3	常务副主席	—
	王光华	2002.4—2004.9	副主席	—
	万祖新	2004.9—2008.12	副主席	—
猇亭区总工会第三届委员会	龚名财	2008.12—2011.12	主　席	—
	李祖新	2008.3—2013.12	常务副主席	—
	许　辉	2008.12—2012.3	副主席	—
	黎中发	2012.3—2013.12	副主席	兼　职
猇亭区总工会第四届委员会	胡小云	2012.1—2014.8	主　席	—
	尹德斌	2014.11—2016.12	主　席	—
	许　雯	2017.1 至今	主　席	—
	李祖新	2013.12 至今	常务副主席	—
	黎中发	2013.12—2014.2	副主席	兼　职
	向芙蓉	2013.12 至今	副主席	兼　职
	龙　华	2017.4 至今	副主席	–

四、主要工作

区总工会在区委和上级工会的领导下，紧紧围绕党和政府的工作大局，围绕职工合法权益的维护，围绕工会组织的建设和发展，围绕服务会员群众，全面贯彻落实党的全心全意依靠工人阶级的根本指导方针，不断开创猇亭工运事业的新局面。

（一）组织工作

1995–1996 年，加强三个街办以及区直机关、事业单位和区直企业组建工会组织。

2003–2009 年，区工会加强非公企业工会组建和农民工入会工作。推广云池、虎牙组建社区和中小企业工会联合会的做法，加大区域性、行业性工会组建力度。到 2009 年底，区内外资企业、非公有制经济代表人士所在企业工会组建率达 100%。

2010–2017 年，区总工会加强建筑、商贸、餐饮、文化娱乐服务和新经济组织的工会组建，加大工业园区和劳务派遣企业建会。全区工会组织达到 221 家，会员发展到 30095 人。全区工会组建率和职工入会率均达 95%以上。

加强工会干部的配备。从 2001 年开始，区总工会主席由区委常委兼任，区总工会常务副主席作为区人大常委会组成人员，配备专兼职工会副主席。1996–2003 年，三个街办委局工会均设立专职工会主席。2003 年“三定”后，三个街办由党委副书记兼任工会主席，并配备专兼相结合的工会副主席，区直机关、企事业单位普遍按照同级副职配备工会主席。各社区、村普遍由党支部副书记兼任工会主席。

2004 年，区工会招聘 16 名工会协理员。到 2017 年底，仍有 7 名协理员在区工会和街办工会工作。

1998–2017 年，区工会举办 13 期基层工会主席培训班，培训 1100 人次。

2003–2005 年，古老背、云池、虎牙三个街道工会分别被授予“市级示范街道工会”。2005–2006 年，区总工会投资 1.3 万元为 60 个基层工会统一制作“三牌三图”。有 5 家工会被市总工会命名为“模范职工之家”，有 1 家工会被表彰为示范社区工会。

2007–2010 年，区总工会与 30 多家企业工会签订达标责任书，下发了规范化建设 10 个方面的细则，将 5 家企业作为试点推进。星宇服装、新宜都机电工会分别达到省规范化建设一级标准、二级标准。

2011–2017 年，区工会对 38 家建设达标和合格单位进行了表彰和授牌。2017 年，区总工会表彰先进基层工会 6 个，优秀工会工作者 5 名，选树“工人先锋号”6 家。到 2017 年底，全区基层工会“六型职工之家”45 家。

（二）权益维护

1.建立健全源头参与机制

22 年来，区总工会每年争取区委常委会听取工会工作汇报；区委、区政府下发关于加强工会工作和维护职工权益的文件 9 个；区人大先后 8 次对《劳动法》《工会法》等法律法规的贯彻执行情况进行视察和检查。从 2003 年开始，建立了区政府与区总工会联席会议制度，建立了劳动关系三方协商会议制度，每年召开 1 次会议。

2.职工维权

区总工会先后参与区属 30 多家企业的改制工作。2003 年，区总工会下发《关于维护职工合法经济权益的若干意见》，下发《工会会员维权卡》《给农民工的一封信》。2006 年，对区属 20 家农民工集中的企业张贴《关于维护农民工合法权益的公告》。组织对全区 35 家企业职工合法权益维护情况的全面调查，并专题向区委、区人大、区政府、区政协报告。

2006 年，成立区社会化维权协调领导小组，与区直 19 个单位签订了社会化维权责任书，制定《猇亭区社会化维权工作规则》和建立联络员制度。

2008 年 7 月，区总工会按“3A”标准建设职工帮扶中心和职工权益维护中心正式揭牌。2010 年，区总工会加强帮扶中心规范化建设受到省总主要领导充分肯定。及时妥善处置某公司建筑工地拖欠农民工工资的群体事件和某厂破产职工安置问题。先后接待职工 200 多人次上访投诉。区工会“创新三个一维权机制，实现维权与和谐共赢”经验在全省推介。

2010–2017 年，八年共接待上访 1200 人次，受理法律咨询 220 人次，实施法律援助 160 余起，调解劳动争议案件 210 起，有效化解某公司突发职工群体性劳资纠纷、某企业职工群体上访等事件。

3.困难帮扶

1998–2001 年，区总工会建立区级领导、文明单位联系帮扶困难职工制度。2002 年 3 月，区总工会与市五医院联合发文设立“助困病房”和“助困病床”。2002 年 6 月，区困难职工援助中心挂牌。为恒发 330 名改制企业职工筹集 5 万元的生活补助费；协调区民政部门及时将符合条件的 100 多名困难职工纳入低保范围。2005 年区工会建立困难职工台账，实现档案微机动态管理。

2009 年，区总工会建立“四位一体”维权帮扶工作平台。

2011–2012 年，区工会开展“三万”活动，组织 62 名工会干部走访企业 68 家，走访职工 3000 余人，召开座谈会 70 余次。

2012 年，送“关爱箱”40 个，结对帮扶 18 人，帮扶资金 25400 元。区工会服务职工“三万”活动，被省总工会授予“全省工会服务职工活动先进单位”。

2013 年，为 80 名留守儿童送去 8000 元学习用品。组织发动机关、企业、社区职工为“嗜血综合征”患者李某捐款 6.6 万元，为 6 名职工创业提供小额贷款 50 余万元。

到 2014 年，建企业职工服务中心 15 家，街办服务中心 3 家，居村服务站 13 个。启动建设工会参与社会治理创新网络服务平台，“工会服务进网格”全面开展。

2016 年，建成“互联网+”服务职工体系。先后举办了“鹊桥网”“红娘”培训班、“情系华润，汇爱天使”相亲活动，现场成功牵手 6 对。争取 6 万元资金对 64 名受灾职工进行帮扶慰问。

2017 年，区总工会做实“互联网+”平台，开通“猇亭工人”微信公众号，组织 2 场青年职工交友联谊活动，组织 50 名困难女职工体检。援建区级职工书屋 5 个，筹资 35 万元开展“四季送”，助推困难职工脱贫解困。

22 年来，区总工会累计实施元旦春节送温暖 2858 人，资金 1252025 元；金秋助学 431 人，721300 元；特困救助 174 人，275700 元；帮助实现再就业 990 人。

（三）民主管理

（1）推行集体合同制度。1996 年，全区开始推行集体合同制度。2001 年，开始推行工资集体专项合同、劳动安全卫生专项合同和女职工特殊保护专项合同。2001–2007 年，区工会三次组织集中签订集体合同。2010 年，区 18 家企业通过“上代下”模式进行平等协商签订集体合同，受到省、市总工会的推介。2011 年，区工会推行区域性、行业性工资专项集体合同制度。2016 年，宜昌正大被市总工会表彰为“全市集体协商先进单位”。到 2017 年底，全区集体合同签订 230 份，覆盖职工 17567 人；签订工资集体合同 206 份，劳动安全专项合同 206 份，女职工权益保护专项合同 206 份，覆盖职工 10420 人。

（2）职代会及厂务公开

1996 年，区直企业、机关事业单位普遍建立职代会制度。1999 年，全区厂务公开全面推进。2000 年召开了全区厂务公开工作会议。2001 年 8 月，区工会下发《关于进一步健全和完善职工代表大会制度的意见》。2003 年，区总工会建立非公企业职代会试点，宜都机电等非公企业建立职代会制度。2004 年，区教育工会召开了行业性职工代表大会，古老背街办召开了区域性职工代表大会。2014–2017 年，开展“公开解难题，民主促发展”活动。2016 年 7 月，亚元科技（宜昌）被市总表彰为“厂务公开民主管理示范单位”。到 2017 年，全区国有企业、机关事业单位职工代表大会建制率、厂务（政务、校务、院务）公开率达 100%，非公企业建制率达 85%。

（3）和谐企业创建。2007 年，区总工会争取区委、区政府下发《关于开展创建劳动关系和谐企业活动的通知》，从 2008 年以来，全区有 10 家企业被评为猇亭区劳动关系和谐企业，有 9 家企业被评为市劳动关系和谐企业，有 1 家评为市级劳动关系和谐示范企业。

（四）经济技术和劳动保护

（1）劳动竞赛。1998 年 4 月，区总工会开展“大战二季度，实现双过半”劳动竞赛活动。2003 年 4 月，组织开展“五比五看”劳动竞赛活动。2004 年 2 月，组织开展“十、百、千”劳动生产竞赛活动。2005–2007 年，区工会组织以“四创”为主题的群众性经济技术创新劳动竞赛活动。2008 年，开展“工人先锋号”争创活动。2009 年，开展“同舟共济保增长，建功立业促发展”劳动竞赛活动。2010 年，以“争先创优，建功立业”为主题，开展“六比六赛”活动。2011 年，开展“百万职工争先锋，建功立业‘十二五’”劳动大竞赛活动。2012 年，在区重点骨干企业组织开展提质增效、争夺流动红旗的班组竞赛活动。2013 年，区工会在全区组织跨行业钳工、车工、焊工等职业技能大赛。

2014 年，区工会以评选服务明星、服务标兵、金牌工人为重点，开展评选金牌工人、叉车技能大赛活动。南玻多晶硅厂设备部机修工段综合班、兴发合成一车间三工段一班获宜昌市“工人先锋号”。在兴发、南玻分别建设1个职工（劳模）创新工作室。

2015 年，区总工会在职工中组织开展“五个一”技术创新活动，在班组中开展“三个一”创新竞赛。在重点工程、重点项目、工业园开展“五比一创”劳动竞赛。2016 年举办全区消防器材使用操作技能大赛，园林绿化职业技能大赛。全区 240 个企事业单位组织开展各类劳动竞赛活动，参赛职工 16000 余人，企业覆盖率达 92%以上。新建市职工（劳模）创新工作室 1 个，规范化建设市示范职工（劳模）创新工作室 2 个。

1995–2017 年，全区推选全国五一劳动奖章获得者 2 名，推选省劳动模范三批 3 人、省五一劳动奖章获得者 1 人，市劳动模范 10 批 24 人，市五一劳动奖章获得者三批 3 人，评选表彰区劳模 7 批 129 人，获市工人先锋号 11 个单位，建市级劳模创新工作室和市示范劳模创新工作室共 5 个。区总工会获市劳动竞赛先进集体。同时做好困难劳模的调查，帮扶 6 名困难劳模。先后 7 批组织劳模外出疗休养。2016 年，区总工会编写《劳模风采》，在全区开展学习劳模活动。

（2）劳动保护与安全生产。1996–2001 年，区总工会组织开展安全知识培训 1000 人次。2002–2004 年，围绕“安全生产月”活动，与有关部门对区属企业开展安全生产检查 4 次，推行“一法三卡”企业 5 家。2005–2017 年，区工会与劳动、安监等部门多次组织安全生产监督检查，参与 12 起安全事故调查处理。2006 年，组织开展“职代会保安全”活动，建立“两书”，督促企业整改。2001–2017，连续 16 年组织“安康杯”知识竞赛活动，区属骨干企业参与面达 80%，职工参与率达 70%以上。建立劳动安全专项合同制度，专项合同覆盖企业 80%以上。

（五）宣教文体

（1）信息宣传。2002 年，宜昌正大工会推行平等协商的做法在《湖北工运》刊发。2003 年，《工人日报》刊发猇亭工会下发《工会会员维权卡》的信息。2009 年，区总工会《创新“三个一”维权机制，实现维权与和谐共赢》在《湖北工会通讯》发表。2010 年，区总工会推行“上代下”工作经验被省总工会内部参阅刊发。2013 年，《工人日报》和中工网先后五次报道猇亭工会工作经验。

2014–2015 年，《宜昌工会工作》先后 3 次刊发猇亭工作经验。区总工会全面完成市总工会下达的信息报送任务。

（2）文体活动。1997–2007 年，区总工会组织全区职工开展文娱、体育等群众性活动 15 场次。1997 年 5 月，组织“庆香港回归”演讲比赛。1998 年 4 月组织庆“五一”《春之韵》大型文艺汇演。2000 年组队参加市总“新时代、新女性”演讲比赛并获第一名。2001 年 4 月，组织《劳动者之歌》演出。区总工会 5 次与有关部门举办广场文艺演出活动，组织“区篮球邀请赛”“全区职工篮球赛”“区首届职工乒乓球赛”，参与组织“全区首届运动会”，参加“市第二届运动会”等活动。

2009–2017 年，区总工会组织和参与组织各类文娱、体育、相亲等群众性活动近 40 场次。先后承办市总“走进职工”慰问演出 4 场次，组队参加市“农民工闹元宵”“市第二届趣味运动会”“书法、摄影”大赛、拔河比赛等。在全区组织“祖国在我心中”“文明健康伴我行”、女职工健康知识讲座、爱国歌曲大家唱、全区企业青年联谊会暨首届相亲大会、“南玻杯”第三届篮球赛、“国华瑞景杯”女子健身舞比赛、区第四届“大桥杯”篮球赛、“美丽邂逅”相亲会、全区女职工庆“三八”拔河比赛、“爱在东都国际，情定活力猇亭”相亲会、廉政文化进社区演出、“兴发杯”第五届篮球赛等。联合区委宣传部主办“四进家”系列活动。举办“三峡红娘”“情定正大，汇爱天使”相亲大会，为近千名单身男女提供交友平台。联合主办区首届春节联欢晚会。组织企业女职工庆“三八”广播体操比赛，组织“宜化新绿洲夏之恋”相亲活动。主办“猇亭好声音”青年歌唱大赛、区第六届篮球赛，区直机关羽毛球赛、区第二届春晚、庆五一文艺汇演、首届全民健身运动会、首届残疾人运动会、“科学健身社区行”

等丰富多彩的群众性文化活动，扩大了工会的社会影响面。

（六）女职工工作

健全女职工组织。全区所有工会委员会在组建的同时，组建女职工委员会。到 2017 年，全区共有女职工委员会 149 个。

组织女职工开展“建功立业”活动。深入实施女职工素质提升工程，在星宇、亚元、兴勤、舒云、太升、宝塔纸业以及医院、学校等女职工较多的单位，组织女职工开展缝纫、绕线、包装、救护等专业培训 100 余场次，参训女职工达 12000 人次。树女职工“巾帼示范岗”5 个，“工人先锋号”3 个，评选女性市劳模 4 人，市五一劳动奖章获得者 1 人，区劳动模范 13 人。

抓好女职工特殊权益专项合同的签订和女职工特殊权益的保护。到 2017 年，共签订女职工专项合同 206 份，女职工“四期”权益得到基本落实。

实施女职工“关爱行动”和“姐妹献爱心”活动。从 2005–2017 年，区工会为困难女职工 900 人次免费赠送重大疾病保险，推动各单位为 2200 名女职工办理重大疾病保险，为 560 名女职工免费进行“两癌”筛查和妇科检查，为 3000 多名女职工开展了元旦春节送温暖活动。

第十四节　高新区工会

一、基本概况

宜昌高新技术产业开发区位于宜昌市城区，1988 年建立，1992 年获批成为省级经济技术开发区，1999 年 12 月获批成为省级高新技术产业开发区，2010 年 11 月升为国家级高新区，2016 年 8 月获批设立中国（湖北）自由贸易试验区宜昌片区。总面积 360 平方公里，总人口 15 万多人。2016 年，全区工业总产值 1732 亿元，固定资产投资 650 亿元，一般公共预算收入 16.5 亿元。

宜昌高新区下辖东山科技创业园、猇亭工业园、湖北深圳工业园、白洋工业园、武汉国家生物产业基地宜昌生物产业园、点军电子信息产业园、现代服务产业园七大核心园区及部分拓展区。全区已拥有国家级创业服务中心、国家专利技术宜昌展示交易中心、中国水电知识产权信息中心等国家级创新平台，拥有 10 家国家级企业技术中心、国家重点实验室；30 多家省级工程（企业）技术中心、省级重点实验室；有高新技术企业 125 家。

二、组织沿革

地、市合并前：1991 年 3 月 27 日，工委办公室同意成立宜昌市东山经济技术开发区管委会机关工会筹备组，彭宗英任组长。

1991 年 5 月 20 日，原宜昌市总工会同意成立宜昌市东山经济技术开发区直属机关工会委员会，第一届委员会由彭宗英等 3 人组成，彭宗英任主席（兼），任期 3 年。

1992 年 2 月 24 日，工委决定成立宜昌市东山经济技术开发区工会工作委员会筹备组，彭宗英任组长。

地、市合并后：1993 年 5 月 25 日，宜昌市总工会批复成立宜昌市东山经济技术开发区工会工作委员会（简称工会工委），第一届工会工委由陈文发等 6 人组成，陈文发任工会工委主任（兼），彭宗英任副主任（兼），任期 3 年。

1999 年 10 月 26 日，工委工会同意组建宜昌经济技术开发区管委会机关工会委员会，其管理范围为管委会直属机关及二级事业单位职工。机关工会委员会由屈克兰等 7 人组成，屈克兰任工会主席，魏龙任副主席。

2001 年，相继组建东苑、南苑、北苑工会联合会。

到2004年底，全区组建机关、企事业单位基层工会组织82个，发展工会会员近7000人。

到2010年12月，全区基层工会组织发展到183个，涵盖单位366个，工会会员达15252人。

2013年10月宜昌市总工会批复成立宜昌高新区总工会，宜昌高新区总工会设工会主席1名（由宜昌高新区工委委员担任），常务副主席1名，副主席1名（兼），经费审查委员会主任1名（兼），女工主任1名（兼）。

2014年8月宜昌市委编办批复同意党工委（管委会）办公室加挂区总工会牌子，主席由管委会1名副主任兼任，增核常务副主席（副县级）职数1名。

2015年3月26日，宜昌高新区工会第一次代表大会召开，产生了宜昌高新区总工会第一届委员会和第一届经费审查委员会，高新区总工会正式成立。宜昌高新区总工会内设综合办公室、组织文体部、民管生活部、劳动女工部4个部室。现有行政、事业编制3名，其中，工会主席1名（党工委委员兼）、工会常务副主席1名（兼）、工会副主席1名（兼），工会协理员8名。

截至2017年9月，全区已建会涵盖单位1149个，会员25568人。

三、代表大会

1989–2017年，宜昌高新区工会召开了一次工会代表大会。

宜昌高新区工会第一次代表大会，于2015年3月26日，在半山酒店召开，正式代表100名，特邀代表9名。大会选举产生了第一届工会委员会委员19名，第一届经费审查委员会委员7名。在第一届工会委员会和第一届经费审查委员会第一次全体会议上，分别选举产生区工会常务委员9名、正副主席及经审主任4名，工会主席李伦华，常务副主席张茂贵，副主席覃然，经审主任周琳。

宜昌高新区总工会历任负责人名录

表18–45

单位名称	姓名	任职时间	职务
宜昌市东山经济技术开发区工会工作委员会	陈文发	1993.5—1995.4	主　任
宜昌经济技术开发区工会工作委员会	鄢嘉陵	1995.4—1998.1	副主席
宜昌经济技术开发区工会工作委员会	刘益华	1998.1—2000.1	主　席
宜昌经济技术开发区工会工作委员会	金　勇	2000.1—2002.2	主　任
宜昌经济技术开发区工会工作委员会	刘益华	2002.2—2009.3	主　席
宜昌经济技术开发区工会工作委员会	陈　刚	2009.3—2010.7	主　任
宜昌经济技术开发区工会工作委员会	谢官芹	2010.7—2012.7	主　任
宜昌经济技术开发区工会工作委员会	覃　然	2012.12—2015.3	副主任
宜昌高新技术产业开发区总工会	李伦华	2015.1—2016.12	主席（兼）
宜昌高新技术产业开发区总工会	张茂贵	2015.1 至今	常务副主席
宜昌高新技术产业开发区总工会	覃　然	2015.3 至今	副主席

四、主要工作

1989–2017年，宜昌高新区总工会在工委、管委会和市总工会的坚强领导下，牢牢把握高新区发展大局，紧紧围绕“哪里有职工，哪里就要建立工会组织”的工作目标，以强化基层基础、拓展工作空间、提升服务实效为宗旨，全面履行各项社会职能，充分发挥工会组织的桥梁纽带作用，在服务大局中显身手，在服务职工中展作为，实现了工会促和谐，企业得发展，职工有保障。

（一）组织工作

2000 年 7 月 31 日，工委成立宜昌经济技术开发区新建企业工会组建工作领导小组。到 2010 年 12 月，全区基层工会组织 183 个，涵盖单位 366 个，会员 15252 人。

2011–2014 年，对 14 个社区，139 个网格范围内的企事业单位以及 10 人以上的个体经济组织，全面摸底，共采集有效信息 301 条。2012 年成立了南苑股份合作社联合会、南苑科技创业园联合会、欧亚达市场联合会，涵盖单位 100 余家。2013 年 8 月 26 日，召开全区"两个普遍"推进会。截至 2014 年底，全区已建会单位 799 个，职工 21785 人，建会率 94%，会员 21491 人，入会率 98%。其中，工会联合会 27 个，涵盖单位 425 个。

2015 年 3 月 26 日，宜昌高新区工会第一次代表大会召开，区总工会内设综合办公室、组织文体部、民管生活部和劳动女工部。充分发挥协理员作用，在协理员内部择优竞聘各部室负责人。按照基层工会建设"落实年"工作要求，全面推动基层工会"六有六好"建设，积极启动"农民工入会集中行动"。截至 2015 年底，全区已建会单位 866 个，会员 22711 人。年底，长机科技获"全国模范职工之家"称号，太平鸟服装后整理车间工会小组获"全国模范职工小家"称号。金宝乐器获省级模范职工之家称号。

2016 年，联动各部门，由坐等企业建成投产后再建会，转变为项目落地或入驻园区就同步筹备建会，将科技孵化器和市场成立工会联合会。截至 2016 年底，全区已建会单位 1142 个，会员 24982 人，农民工会员 10254 人。全国工会基层组织建设工作管理系统中处理数据 244 条，涵盖单位 4210 个，宜昌市总工会"互联网+"职工服务平台中处理新增职工入会申请 1172 人，转会申请 67 人。

到 2017 年 9 月，全区新增建会单位 7 家，新增会员 586 名，"互联网+"服务职工平台系统线上入会申请人数新增 200 人，并及时处理回复。完成服务职工平台系统职工、企业、组织三大动态实名制信息库采集录入 300 余条。在"六有六好"规范化建设方面，组织辖区工会到伍家区学习，现场观摩，并于 8 月 31 日召开全区"六有六好"创建工作现场推进会，分享了金宝乐器"六有六好"创建经验。区总工会统一设计、印制"六有六好"资料目录，并发放资料盒 150 余套。

（二）权益保障

2011 年 4 月 27 日，宜昌高新区工会召开 2011 年工会组织建设推进工作暨三峡卡发放动员会。为辖区 66 家单位 3252 位职工办理了三峡卡，发展 11 家商户成为三峡卡的特惠商户。在"三万"活动中，区工会走访企业 30 家、走访农户 12 个。10 月 14 日，市总工会和高新区工会领导为持卡意外死亡的刘世全家属送去慰问金。12 月 20 日，宜昌高新区工会正式启动了困难职工帮扶仪式，并为全区建档的 114 名困难职工发放帮扶金及物资近 10 万元。

2012 年 4 月，举行了"万名工会干部访万组送万箱活动"启动仪式，走访 21 家企业，并送去了市总工会赠送的 42 个职工关爱箱。8 月，深入 11 家单位 20 余班组开展"送清凉"活动。

2013 年，走访慰问困难职工 129 名，发放慰问金及物资 12 万余元。落实《宜昌市总工会职工服务中心建设三年规划》要求，在长机科技建立职工服务中心，覆盖企业 4 家。

2014 年，各级领导走访慰问 155 名建档困难职工，帮扶资金达 10 余万元。新建南玻显示器和传感物联孵化器职工服务中心，覆盖企业 21 家。

2015 年，143 名困难职工录入帮扶系统，发放帮扶资金共计 9.24 万元。新建金三峡印务和南苑科技创业园职工服务中心，覆盖企业达 17 家。建立机关职工服务中心，为职工提供一站式全方位服务。12 月，区总工会协调解决一起劳务纠纷。

2016 年，87 名基层工会干部和党员干部与困难职工结对帮扶。8 月正式成立法律服务团，聘请 3 名职业律师，为职工提供法律咨询及援助服务。年前，慰问各级劳模和先进工作者 19 名，困难职工 137 名，单亲女职工 10 名，慰问金额近 20 万元。联合宜昌华西骨科医院体检中心，组织开展"守望相助 奉献爱心”关爱环卫工人大型免费体检公益活动。9 月，全国“互联网+”工会普惠性服务现场推进会在宜召开，南玻显示器作为现场观摩点，得到全国总工会及各省工会领导的充分认可。

2017 年，困难职工申请采取线上申报、线下审核新模式，截至到 9 月，建档困难职工 102 人，其中今年新增 29 人。为职工送去清凉饮料 218 件和“清凉包”260 份。开展消防安全检查和高温安全检查 22 次，查出隐患 132 条，整改 116 条，涉及职工 300 余人。扎实开展“安全生产月”和“安全隐患随手拍”活动。2011–2017 年，全区金秋助学资助困难职工子女共计 165 人，发放助学金 23.6 万元。

（三）民主管理

2011 年 7 月，成立工资集体协商工作领导小组，下发了深入推进工资集体协商工作三年计划实施方案。截至 2011 年底，全区共签定集体合同 42 份，涵盖单位 411 家，工资集体协商合同 35 份，涵盖单位 390 家。

2012 年，全区已建职代会制度和厂务公开制度企业涵盖单位 658 个，职代会制度建制率 100%，其中国有、集体及事业单位 26 个。厂务公开建制率 100%，通过设立专门的厂务公开栏、企业内刊、QQ 工作群、OA 办公系统等形式公开。5 月成立工资集体协商工作领导小组，确定欧亚达市场工会联合会为区域性工资集体协商示范单位。截至 2012 年，全区集体合同建制总数为 582 家，达到了建会总数的 85%；工资集体协商建制总数为 548 家，达到了建会总数的 80%。

2013 年，成立了厂务公开民主管理工作领导小组。4 月成立工资集体协商“百日行动”领导小组。6 月下发了关于进一步深入开展“公开解难题、民主促发展”主题活动的实施方案，选定 3 家企事业单位进行试点。培育长机科技为厂务公开民主管理示范单位，东苑管理区为区域性职代会示范单位，宜昌金宝乐器制造有限公司为职代会达标单位，宜昌贝因美食品科技有限公司为实施 ISO9000 控制程序的单位。6–7 月联合区人社局到辖区企业督导工资集体协商工作，8 月召开“两个普遍”推进会，会上有两家单位现场签约。9–11 月，组织辖区企业参加厂务公开民主管理知识答题活动，共收到辖区 32 家单位 1078 份答题卡。截至 2013 年，全区企业单独签订集体合同 46 份，区域性 4 份，涵盖单位 88 家，集体合同建制总数为 670 家。单独签订工资集体协商合同 46 份，区域性 5 份，涵盖单位 68 家，工资集体协商建制总数为 616 家。

2014 年 3–7 月，继续在全区集中开展企业工资集体协商“百日行动”。向各街办、园区办及企业发放《湖北省集体合同条例》60 册。6 月在工会干部培训班上，集体学习了《湖北省集体合同条例》相关内容，金宝乐器、金三峡印务介绍了企业开展工资集体协商的典型经验及做法。11 月，长机科技机械分厂精益组荣获省民主管理示范班组称号。

2015 年，区工会转发省总《关于开展集体协商提质升级五年行动计划的意见》，同时成立“五年计划”领导小组。年初，向企业宣传《劳动法》《湖北省集体合同条例》等法律法规，年中联合人社局不定期到企业进行指导。2012 年以来，全区共有 14 家企业被市政府表彰为“宜昌市和谐企业”，其中长机科技等 3 家为“宜昌市和谐示范企业”。

2016 年，全区积极推行互联网+民主管理工作，特别是规模以上企业均建立以 QQ 群、微信群、网站、OA 系统为载体的互联网+厂务公开机制。815 个企事业单位建立的厂务公开民主管理机制，定期向职工公布各项信息。3 月协助市总推进焦化煤气公司成功召开职代会，通过了改制方案。确定宜昌双汇食品有限责任公司、传感物联孵化器、湖北华润科技有限公司，参与市总示范单位创建活动。组织辖区企业代表到三峡制药厂工资集体协商现场观摩。组织全区企事业单位员工开展“大城梦·劳动美”法律知识微信有奖答题活动，答题人数 13399 人，在全市工会系统排名第七。

2017 年，申报南苑科技创业园工会联合会和宜昌金东山家居建材广场有限公司参与市总工资集体协商示范单位评选。5 月区总工会联合区人社局、区综合执法局，开展“5·20”职工维权日宣传活动。

8 月，三峡大学法治宣传服务团队走进宜昌高新区，在金宝乐器举办“尊法守法 • 携手筑梦”服务农民工法治宣传讲座。截至 2017 年 9 月，全区共签订集体合同 117 份，涵盖单位 814 家，覆盖职工 14253 人；工资集体合同 117 份，涵盖单位 757 家，覆盖职工 14066 人；《劳动安全卫生专项合同》《女职工专项集体合同》117 份，占集体合同签订数 100%。

（四）经济技术和劳动保护

2010 年，全区开展“创先争优、建功立业”劳动竞赛活动，成立了劳动竞赛领导小组。

2011 年 12 月 20 日，高新区工会劳动竞赛表彰大会召开，160 余人参加，表彰了 3 个先进集体，5 个“工人先锋号”和 59 名先进个人。2011 年 6 月份，长机科技举办了起重机械操作技能竞赛、考评活动，共有 29 名选手参加，评选出前 3 名，推荐参加市第二届技能状元大赛起重机械操作决赛。

2012 年，高新区开展劳动竞赛单位 50 家，职工 3265 人，职工提出合理化建议 101 件，实施 45 件，产生经济效益 280054 元；技术革新 6 项，发明创造 30 项。评选“金牌工人”“首席技师”“首席员工”13 人。组织 8 家企业参加首届中国创新创业大赛。

2013 年，全区开展“树新风、展风采、建功高新区”劳动竞赛活动，参与竞赛单位 139 家，职工 15017 人。7 月，举办“社区网格管理服务标兵”竞赛活动。8 月，清华科技园举办了第二届中国创新创业大赛（湖北赛区宜昌分赛区）暨清华科技园杯宜昌首届创新创业大赛，推选出 16 家企业 45 个项目进入湖北赛区决赛。

2014 年，依托全国五一劳动奖章获得者长机科技智通兵和湖北省五一劳动奖章获得者微特电子高钰敏建成了 2 个劳模工作室。

2015 年，全区 780 家企事业单位开展劳动竞赛，覆盖面达到 90.2%，参赛职工 20789 人，职工参与率达到 90.3%。6 月初高新区总工会联合科创局等单位举办了高新区首届工业“智能杯”创新大赛。教育工会 6 月举办首届“麦德龙杯”厨师技能比赛、“颂党恩、促发展、做表率”诗歌朗诵比赛。7 月，由高新区总工会与区综合执法局联合举办的首届“综合执法‘先锋杯’竞技大赛”体能竞赛在宜昌市烈士陵园举行。11 月，高新区创新办、综治办、区总工会、团工委联合举办宜昌高新区“社区网格管理员劳动竞赛”。

2016 年，区总工会在全区开展“践行新理念，建功十三五”为主题的劳动竞赛活动，参赛覆盖面达到 90.1%，828 家企事业单位开展劳动竞赛，职工参与率达到 90%，参赛职工 21310 人（其中已建会的非公企业职工 21010 人）。53 家企业开展“安康杯”竞赛活动，比去年增加 10%。高新区作为十个工业园区（开发区、高新区）之一被列为湖北省“310”示范劳动竞赛项目，并于 9 月底在全省劳动竞赛经验交流会上发言。6 月举办“智能杯”工业设计（宜昌）高峰论坛活动，8 月顺利举行复赛，最终角逐出 4 个“智能杯”优胜奖，参加全国创新创业大赛。10 月，开展首届“星级窗口”文明优质服务竞赛活动，授予国土局宜昌高新区“星级窗口”荣誉称号。12 月开展第二届“综合执法‘先锋杯’竞技大赛”。

2017 年 4 月，举办“劳模走进宜昌高新区暨庆五一”活动，智通兵、刘发英等 5 位劳模与全区各界职工代表、机关全体党员干部共同分享了工作感悟。4–6 月，在全区开展“匠心筑梦 智汇高新”2017 年宜昌“高新工匠”评选活动，评选出 5 名“高新工匠”，5 名“高新工匠提名奖”。

（五）宣教文体

从 2011 年开始，区工会编写信息上报市总工会维权网和高新区门户网站、各报社媒体，截至 2017 年 9 月，共 400 余篇。从 2015 年开始，在《三峡日报》上办有高新区五一劳动节专版，宣传工会工作和一线产业工人。在《三峡晚报》上办有“劳动者风采”专版，集中展示劳模风采。通过高新区公众微信平台，发布《高新区总工会致全区广大职工的一封信》。

高新区工会精心打造以“职工书屋”为主要形式的职工文化阵地，截至2017年，全区自建职工书屋42个，已申报市级职工书屋示范点27个，省级职工书屋示范点1个。

2002年9月27日，在东山花园广场举办庆国庆、迎中共十六大召开的大型歌咏会。

2012年，举办了全区“喜迎十八大、争创新业绩、推动新跨越”主题实践活动演讲比赛活动。

2013年5月4日，举办高新区首届青年歌手大赛，6月30日举办“唱响主旋律，争创新业绩”红歌赛。

2014年1月，举办首届全区篮球赛。4月组织60余名青年职工参加朝天吼相亲文化节。5月举办“比学习，争当业务能手”知识竞赛。12月，全市首届“最美家庭”巡讲活动走进高新区。

2015年5月，在区直机关成立摄影、书法、篮球、乒乓球、羽毛球五个兴趣小组，面向全区成立了高新区摄影协会。东苑街道联合三峡农商行金东山支行承办“情牵东苑 非你莫属”相亲会。8月“宜昌市道德模范巡讲报告会”在高新区举行，讲述了五位道德模范的感人事迹。9月，为纪念抗日战争暨世界反法西斯战争胜利70周年，举办了“勿忘国耻 放歌颂党恩”我爱祖国歌唱比赛。12月，成立“缘聚高新”青年职工俱乐部，联合库X咖啡举办首场青年职工俱乐部联谊活动，30名青年男女缘聚于此。

到2016年底，高新区已连续举办三届元旦长跑活动，每年都有近40个方阵2000余人参加。2016年举办“宜昌高新区首届社区文化节”“康龙杯”相亲文化节、“两学一做”学习教育知识竞赛、全区第二届篮球赛、“魅力高新”原创摄影书画作品展、迎新春趣味活动等。协助高新区摄影协会组织进园区、进企业外拍活动、摄影沙龙活动和摄影培训。组队参加全市“威克多杯”职工羽毛球比赛和象棋比赛，荣获优秀组织奖。为东苑街办及企业开展“送电影”活动，组织职工参加市总“女职工讲坛”巡回讲座。

2017年5月举办以“唱响青春 筑梦高新”为主题的青年职工歌唱比赛。6月组队参加宜昌市第七届羽毛球锦标赛。组织高新区摄影协会开展外拍和摄影沙龙活动。8月组织职工参加“喜迎十九大·党在我心中”职工演讲比赛活动，两名选手荣获优秀奖。9月组织职工参加“职工好声音·赞歌献给党”歌咏比赛，两名选手荣获优秀奖。

（六）女职工工作

从2010年开始，基层女职工组织与工会组织同步建立。女职工10人以上的配一名女工主任，10人以下的选一名女职工委员。每年“三八”期间召开“巾帼建功”表彰大会。

2012年全区建档的困难女职工有50人，其中单亲女职工17人。辖区内金三峡印务等企业组织女职工进行免费体检。8月，太平鸟集团为整四十岁的女职工集体过生日，并对子女考入大学的女职工进行慰问。东苑工会联合会设立了女职工午休室、谈心室，配备心理咨询师。4月28日《女职工劳动保护特别规定》（国务院第619号令）颁布施行后，区工会大力宣传。

2013年“三八”期间，区工会开展“幸福女性·幸福宜昌”主题征文活动。5–6月组织全区女职工参加《女职工劳动保护特别规定》知识竞赛活动，共收到辖区18家单位835份有效答卷。5–9月，举办数场“巾帼律师进社区”活动。9月，启动“两癌”筛查活动。

2014年，区工会依托妇工委、人才交流中心为辖区创业妇女提供小额担保贷款共计23人，金额达171万元，免费为职工提供素质提升培训200人，就业培训合格174人。“春风行动”期间，提供就业岗位900多个，总计有330余人与用人单位达成意向性协议。3月南苑街办举办“书香三八”读书感悟活动。5月，东苑街办选择人福药业为示范点，率先建立哺乳室。

2015年，开展女职工维权活动，共张贴宣传标语180余条，发放宣传资料5400余份，法律咨询服务25人次。3月5日，特邀杨梅色彩公司的两位老师举办“魅力高新、美丽女性”专题讲座。8月组织辖区30余名困难女职工进行“两癌”筛查，为60名困难女职工赠送安康保险。11月，组织宜昌光盛纺织有限公司30位女职工妇检。

2016年，搭建“互联网+”职工婚恋交友服务工作平台，建立“宜昌高新红娘群”和“高新工会鹊桥网服务群”。宜昌工会鹊桥网上共录入23名单身职工信息，自行组织相亲联谊活动两场，参与活动的人数达100余人，牵手成功15人。参与市总组织活动三场，牵手成功13人。

2017年，“三八”“六一”期间开展“两癌筛查”，对辖区内建档困难女职工子女和贫困儿童进行了走访，送去学习用品和慰问金共计5万余元。8月开展以“高新区女干部的责任与担当”为主题的专题交流活动。

先进人物、单位

第一节 获得全国、省级、市级劳动模范和先进工作者名录

一、宜昌全国劳动模范（先进工作者）名录

姓名	性别	出生时间	工作单位	表彰时间	荣誉称号
艾铨勤	男	1943 年	宜昌棉纺织厂	1989 年	劳动模范
王昌林	男	1945 年	宜昌市土产日杂公司	1989 年	劳动模范
汪家发	男	1962 年	宜昌市公安交警支队	1989 年	先进工作者
揭祖德	男	1934 年	枝江市老周场乡计划生育办公室	1989 年	劳动模范
常莲娥	女	1946 年	当阳市玉阳镇供销社社东群分店	1989 年	劳动模范
刘瑞千	男	1943 年	宜昌地区清江河煤矿落雁矿	1989 年	劳动模范
张道槐	男	1933 年	宜昌行署科学技术委员会	1989 年	先进工作者
熊作凤	女	1943 年	兴山县峡口镇峡口居委会	1989 年	农业劳动模范
杨子全	男	1947 年	枝江市董市镇曹店村	1989 年	农业劳动模范
陈才宜	男	1961 年	湖北省松宜矿务局	1989 年	劳动模范
杨大兰	女	1943 年	枝江市董市镇桂花信用分社	1990 年	劳动模范（追授）
潘星兰	女	1970 年	枝江市支行董市桂花信用社	1990 年	劳动模范
易继纯	男	1947 年	猴王集团	1995 年	劳动模范
许先林	女	1949 年	宜昌市环卫处伍家岗环卫所	1995 年	先进工作者
徐国梅	女	1971 年	宜昌县鸦鹊岭信用社石桥储蓄所	1995 年	先进工作者
刘厚明	男	1949 年	秭归县船舶运输公司	1995 年	先进工作者
闫承模	男	1955 年	宜昌市糖酒副食品批发公司	1995 年	先进工作者
田科荣	男	1936 年	国营草埠湖农场五分场金坡队	1995 年	农业劳动模范
陈　蓉	女	1970 年	交通部长江航务管理局	1995 年	先进工作者
陈合坤	男	1952 年	松宜矿务局尖岩河矿	1995 年	劳动模范
王学会	女	1970 年	宜昌市宜棉集团公司	2000 年	劳动模范
岳祥明	男	1952 年	宜昌市水泥总厂机修车间	2000 年	劳动模范
李林斌	男	1953 年	宜昌市交运集团公司有限责任公司集装箱分公司	2000 年	劳动模范
赵爱玲	女	1953 年	枝江市植物保护站	2000 年	劳动模范
余西龙	男	1952 年	秭归县文化乡庙垭村	2000 年	劳动模范
李小年	男	1947 年	长阳县火烧坪乡青树包村	2000 年	农业劳动模范
梁开全	男	1952 年	宜昌市环卫处公厕管理所	2000 年	先进工作者
汪元良	男	1954 年	秭归县委办公室	2000 年	先进工作者
郑家宝	男	1944 年	秭归县第二人民医院	2005 年	先进工作者

续表

姓名	性别	出生时间	工作单位	表彰时间	荣誉称号
杨自会	女	1956 年	宜昌市环卫处公厕管理所	2005 年	先进工作者
罗　梅	女	1962 年	宜昌清河纺织集团有限公司	2005 年	劳动模范
罗忠秀	女	1953 年	长阳土家族自治县资丘镇淋湘溪村小学	2005 年	先进工作者
蒋红星	男	1963 年	湖北枝江酒业股份有限公司	2005 年	劳动模范
庄有焰	男	1948 年	当阳市两河镇群丰村	2005 年	农业劳动模范
史光权	男	1967 年	夷陵区鸦鹊岭镇养猪场	2005 年	农业劳动模范
王书凤	女	1955 年	宜昌市康龙出租车公司	2010 年	劳动模范
孙万清	女	1969 年	西陵区二马路社区居民委员会	2010 年	劳动模范
黄卫民	男	1957 年	枝江马家店街办滕家河村	2010 年	劳动模范
张青山	男	1966 年	当阳市两河镇赵家闸村	2010 年	劳动模范
王守伟	男	1955 年	宜昌市公安局交警支队坝区交警大队	2010 年	先进工作者
杨承清	男	1957 年	宜都红花套镇农技服务中心	2010 年	先进工作者
李　杰	女	1955 年	宜昌人福药业有限公司	2015 年	劳动模范
宋俊明	男	1966 年	宜昌公交集团	2015 年	劳动模范
智通兵	男	1970 年	宜昌长机科技有限责任公司	2015 年	劳动模范
刘发英	男	1970 年	长阳土家族自治县龙舟坪镇花坪小学	2015 年	先进工作者
王劲松	男	1954 年	宜昌市公安局伍家岗分局	2015 年	先进工作者
王华君	男	1972 年	宜昌市康龙出租车公司驾驶员	2015 年	农业劳动模范
李红艳	女	1976 年	宜昌成祥养羊专业合作社	2015 年	农业劳动模范

1989—2015 年宜昌享受全国劳动模范（先进工作者）待遇者名录

姓名	性别	出生时间	工作单位	表彰时间	荣誉称号
石明章	男	1957 年	宜都市政协	2006 年	全国优秀党务工作者
张大平	男	1971 年	当阳市农业技术推广中心	2011 年	全国粮食生产突出贡献农业科技人员
孙万清	女	1969 年	西陵区云集街道二马路社区	2011 年	全国优秀党务工作者
罗官章	男	1937 年	五峰土家族自治县人大常委会	2016 年	全国优秀共产党员

二、1989—2017 年宜昌湖北省劳动模范（先进工作者）名录

姓名	性别	工作单位	表彰时间	荣誉称号	表彰单位
王汉林	男	宜昌县汽车运输公司	1989 年	湖北省职工劳动模范	省政府
全世忠	男	宜昌县农村能源办	1989 年	湖北省职工劳动模范	省政府
詹益雄	男	枝城市第一医院	1989 年	湖北省职工劳动模范	省政府
喻宝元	男	农业银行枝江县支行	1989 年	湖北省职工劳动模范	省政府

续表

姓名	性别	工作单位	表彰时间	荣誉称号	表彰单位
徐世梅	女	长阳土家族自治县龙舟坪镇粮油经营部	1989年	湖北省职工劳动模范	省政府
杨怀俊	男	湖北化肥厂	1989年	湖北省职工劳动模范	省政府
王德英	女	宜昌地区人民医院	1989年	湖北省职工劳动模范	省政府
徐贵忠	男	宜昌地区磷肥厂	1989年	湖北省职工劳动模范	省政府
王辉运	男	宜昌地区大老岭林场	1989年	湖北省职工劳动模范	省政府
阎昌治	男	枝城市陆城工商所	1989年	湖北省职工劳动模范	省政府
李林斌	男	宜昌市汽车运输公司	1989年	湖北省职工劳动模范	省政府
季林息	男	宜昌纺织机械厂研究所	1989年	湖北省职工劳动模范	省政府
高家芳	女	宜昌市机床工业公司	1989年	湖北省职工劳动模范	省政府
卢乃淦	男	宜昌红光港机厂	1989年	湖北省职工劳动模范	省政府
刘元樵	男	宜昌八一钢厂	1989年	湖北省职工劳动模范	省政府
向宜江	女	宜昌市扁丝织袋厂	1989年	湖北省职工劳动模范	省政府
欧朝君	男	宜昌市实验小学	1989年	湖北省职工劳动模范	省政府
钱长义	男	宜昌市建筑安装工程总公司	1989年	湖北省职工劳动模范	省政府
简文华	男	宜昌市燃料公司	1989年	湖北省职工劳动模范	省政府
苏志爱	男	宜昌市蔬菜产销办公室	1989年	湖北省职工劳动模范	省政府
庞德钦	男	宜昌港务局中学	1989年	湖北省职工劳动模范	省政府
饶远煌	男	枝城市曾家岗乡天坪山村	1989年	湖北省农业劳动模范	省政府
谭本益	男	秭归县磨坪乡白家坪村	1989年	湖北省农业劳动模范	省政府
李道均	男	五峰县洪渔坪乡九孔村	1989年	湖北省农业劳动模范	省政府
汪作明	男	远安县茅坪镇八角村	1989年	湖北省农业劳动模范	省政府
段思金	男	当阳市河溶镇前程村	1989年	湖北省农业劳动模范	省政府
胡兴玉	男	宜昌市伍家乡旭光村	1989年	湖北省农业劳动模范	省政府
田科荣	男	国营草埠湖农场第五分场金坡队	1989年	湖北省农业劳动模范	省政府
覃振梅	女	宜昌县纺织厂	1990年	湖北省劳动模范	省政府
刘存修	女	枝城市染织厂	1990年	湖北省劳动模范	省政府
朱胜典	男	枝江县中医院	1990年	湖北省劳动模范	省政府
任玉梅	女	远安县远安县缫丝厂	1990年	湖北省劳动模范	省政府
刘明贵	男	兴山县粮油公司养殖场	1990年	湖北省劳动模范	省政府
胡兴灿	男	秭归县花炮厂	1990年	湖北省劳动模范	省政府
王存杰	男	长阳土家族自治县草编工艺制品	1990年	湖北省劳动模范	省政府
邵启登	男	五峰土家族自治县邮电局	1990年	湖北省劳动模范	省政府
徐运贵	男	远安县洋坪镇万家嘴村	1990年	湖北省劳动模范	省政府
藩革新	男	宜昌地区三峡农药厂	1990年	湖北省劳动模范	省政府
陈孝德	男	宜昌县鸦鹊岭镇新和村	1990年	湖北省劳动模范	省政府
陈　毅	男	枝城市毛湖埫乡白玉垴村	1990年	湖北省劳动模范	省政府
覃好仁	男	长阳土家族自治县资坵镇田家湾村	1990年	湖北省劳动模范	省政府

续表

姓名	性别	工作单位	表彰时间	荣誉称号	表彰单位
刘邦秀	女	远安县洋坪镇游家河村	1990年	湖北省劳动模范	省政府
刘　敏	女	宜昌市公共汽车	1990年	湖北省劳动模范	省政府
吴建宁	男	湖北红旗电缆厂	1990年	湖北省劳动模范	省政府
戴维新	女	猴王焊接公司	1990年	湖北省劳动模范	省政府
朱世忠	男	中南橡胶厂	1990年	湖北省劳动模范	省政府
邵　立	女	宜昌市旭光棉纺织厂	1990年	湖北省劳动模范	省政府
戴玉焰	女	宜昌市彩陶总厂	1990年	湖北省劳动模范	省政府
曾　浩	男	宜昌市公安局窑湾派出所	1990年	湖北省劳动模范	省政府
潘星兰	女	枝江县董市镇信用社桂花信用分社	1990年	湖北省劳动模范	省政府
易继纯	男	猴王焊接公司	1991年	湖北省劳动模范	省政府
陈义元	女	宜昌市东山医院（精神病院）	1991年	湖北省劳动模范	省政府
白成英	女	宜昌市点军区联棚乡歇凉小学	1991年	湖北省劳动模范	省政府
陈远才	男	宜昌市生物技术研究开发中心	1991年	湖北省劳动模范	省政府
韩永凤	女	宜昌市商场	1991年	湖北省劳动模范	省政府
张家旺	男	长阳土家族自治县化肥厂	1991年	湖北省劳动模范	省政府
魏建新	男	宜昌电力局白家冲变电所	1991年	湖北省劳动模范	省政府
张先楷	男	枝城市红花套镇粮油管理所	1991年	湖北省劳动模范	省政府
艾为民	男	枝江县七星台棉花收购加工厂	1991年	湖北省劳动模范	省政府
熊建国	男	当阳市漳河煤矿	1991年	湖北省劳动模范	省政府
王世梅	女	兴山县高阳镇初级中学	1991年	湖北省劳动模范	省政府
杨道年	男	秭归县汽车客运公司	1991年	湖北省劳动模范	省政府
陈海科	男	宜昌县土城乡	1991年	湖北省劳动模范	省委省政府
陈华秀	女	宜昌县小溪塔镇渔业村	1991年	湖北省劳动模范	省委省政府
丁发本	男	宜昌县殷家坪乡向阳村	1991年	湖北省劳动模范	省委省政府
黄廷明	男	宜昌县小溪塔镇小溪塔村	1991年	湖北省劳动模范	省委省政府
程仁杰	男	枝城市曾岗乡大战坡村	1991年	湖北省劳动模范	省委省政府
黎孔荣	男	枝城市王畈乡夏家湾村	1991年	湖北省劳动模范	省委省政府
严启瑞	男	当阳市半月镇经管站	1991年	湖北省劳动模范	省委省政府
夏秀元	男	当阳市半月镇罗店村	1991年	湖北省劳动模范	省委省政府
郑忠清	男	当阳市河溶镇朱家湖养殖场	1991年	湖北省劳动模范	省委省政府
李治梅	女	当阳市慈化镇荣耀村	1991年	湖北省劳动模范	省委省政府
张万里	男	长阳土家族自治县大堰乡三洞水村	1991年	湖北省劳动模范	省委省政府
何士香	女	长阳土家族自治县龙舟坪镇永和坪村	1991年	湖北省劳动模范	省委省政府
刘忠学	男	远安县望家乡林管站	1991年	湖北省劳动模范	省委省政府
杜经贵	男	远安县洋坪镇莲花岗村	1991年	湖北省劳动模范	省委省政府
周宗桥	男	兴山县农业局	1991年	湖北省劳动模范	省委省政府
陈芝银	女	兴山县火石岭乡龙池村	1991年	湖北省劳动模范	省委省政府

续表

姓名	性别	工作单位	表彰时间	荣誉称号	表彰单位
郑之贤	男	兴山县峡口柑桔场	1991 年	湖北省劳动模范	省委省政府
谢永生	男	秭归县香溪镇周家湾村	1991 年	湖北省劳动模范	省委省政府
李祖菊	女	秭归县磨平乡向家坪村	1991 年	湖北省劳动模范	省委省政府
胡　才	男	秭归县郭家坝镇十庄河页岩砖厂	1991 年	湖北省劳动模范	省委省政府
许锡亭	男	五峰土家族自治县蓄特局	1991 年	湖北省劳动模范	省委省政府
田开义	男	五峰土家族自治县付家堰乡	1991 年	湖北省劳动模范	省委省政府
王泽新	男	枝江县农业农业委员会	1991 年	湖北省劳动模范	省委省政府
徐士祯	男	枝江县水产局	1991 年	湖北省劳动模范	省委省政府
胡书英	女	枝江县刘巷镇青峰山村	1991 年	湖北省劳动模范	省委省政府
曾庆海	男	枝江县猇亭镇新联塑料厂	1991 年	湖北省劳动模范	省委省政府
许耀勤	男	草埠湖农场第二分场	1991 年	湖北省劳动模范	省委省政府
王启和	男	宜昌地区种子站	1991 年	湖北省劳动模范	省委省政府
李发强	男	点军区联棚乡福安村奶牛场	1991 年	湖北省劳动模范	省委省政府
赵国英	女	宜昌市棉絮厂	1991 年	湖北省劳动模范	省委省政府
周顺清	男	宜昌市半导体厂	1992 年	湖北省劳动模范	省政府
闵泽全	男	宜昌纺织机械厂	1992 年	湖北省劳动模范	省政府
邵信根	男	湖北开关厂	1992 年	湖北省劳动模范	省政府
王合民	男	中南橡胶厂	1992 年	湖北省劳动模范	省政府
杨基成	男	宜昌市税务局点军分局	1992 年	湖北省劳动模范	省政府
廖忠海	男	宜昌县雪茄烟厂科研所	1992 年	湖北省劳动模范	省政府
张仁义	男	枝城市铸造厂	1992 年	湖北省劳动模范	省政府
杨建华	男	当阳市林业检查站	1992 年	湖北省劳动模范	省政府
张　军	男	远安县河口乡河口中学	1992 年	湖北省劳动模范	省政府
岳忠贤	男	兴山县化工总厂	1992 年	湖北省劳动模范	省政府
杨　松	男	五峰土家族自治县茶叶机械制造厂	1992 年	湖北省劳动模范	省政府
鲁少会	男	宜昌化工厂	1992 年	湖北省劳动模范	省政府
赵春平	男	远安县公安局	1992 年	湖北省劳动模范	省政府
陈　蓉	女	长江航务管理局通信导航管理处	1992 年	湖北省劳动模范	省政府
陈孝明	男	兴山县税务局高桥乡税务所	1993 年	湖北省劳动模范(追授)	省政府
王远璋	男	宜昌供电局	1993 年	湖北省劳动模范	省委省政府
杜寿荣	男	长阳土家族自治县公路段白氏坪道班	1993 年	湖北省劳动模范	省委省政府
钱南平	女	宜昌县高级中学	1993 年	湖北省劳动模范	省委省政府
李明芬	女	枝城市汽车运输公司客运中心站	1993 年	湖北省劳动模范	省委省政府
甘长栋	男	枝江县工人文化宫	1993 年	湖北省劳动模范	省委省政府
汪家珠	男	当阳市人民医院	1993 年	湖北省劳动模范	省委省政府
刘厚明	男	秭归县船舶运输公司	1993 年	湖北省劳动模范	省委省政府
赵炳婷	女	宜昌市旭光棉纺织厂	1993 年	湖北省劳动模范	省委省政府

续表

姓名	性别	工作单位	表彰时间	荣誉称号	表彰单位
雷言第	男	宜昌市公安局伍家岗区分局	1993 年	湖北省劳动模范	省委省政府
邓达明	男	宜昌市城市规划设计院	1993 年	湖北省劳动模范	省委省政府
郑裕民	男	宜昌市亨得利钟表眼镜商店	1993 年	湖北省劳动模范	省委省政府
吴士菊	女	宜昌制药厂科研所	1993 年	湖北省劳动模范	省委省政府
贺德斌	男	宜昌市机床工业公司	1993 年	湖北省劳动模范	省委省政府
罗秀福	男	松宜铁路	1993 年	湖北省劳动模范	省委省政府
黄家春	男	长航宜昌船厂	1993 年	湖北省劳动模范	省委省政府
许先林	女	宜昌市环境卫生管理处伍家岗环卫所	1994 年	特等湖北省劳动模范	省政府
徐国梅	女	宜昌鸦鹊岭信用社石桥储蓄所	1994 年	湖北省劳动模范	省政府
王学会	女	宜昌棉纺织厂	1994 年	湖北省劳动模范	省政府
周发碧	男	宜昌八一钢铁集团	1994 年	湖北省劳动模范	省政府
刘长建	男	宜昌至喜集团公司	1994 年	湖北省劳动模范	省政府
费淑芳	女	宜昌市煤气公司管线所检修站	1994 年	湖北省劳动模范	省政府
吴发友	男	宜昌市工商行政管理局陶珠路市场管理所	1994 年	湖北省劳动模范	省政府
杨万琼	女	西陵区西陵街道办事处	1994 年	湖北省劳动模范	省政府
赵瑗玲	女	枝江县农牧局植保站	1994 年	湖北省劳动模范	省政府
郑国瑄	男	当阳市高级中学	1994 年	湖北省劳动模范	省政府
李梅英	女	远安县缫丝厂	1994 年	湖北省劳动模范	省政府
聂高建	男	长阳土家族自治县工商局	1994 年	湖北省劳动模范	省政府
王宏富	男	湖北三峡动力机械厂	1994 年	湖北省劳动模范	省政府
李宁春	男	宜昌市公安局特警大队	1994 年	湖北省劳动模范	省政府
施　有	男	五峰土家族自治县铁合金厂	1994 年	湖北省劳动模范	省政府
宋兴森	男	秭归县邮电局茅坪支局	1994 年	湖北省劳动模范	省政府
肖一品	男	湖北省兴山县铁合金厂	1994 年	湖北省劳动模范	省政府
蔡大梅	女	秭归县建行茅坪办事处	1994 年	湖北省劳动模范	省政府
王成远	男	松宜煤炭矿务局陈家河煤矿	1994 年	湖北省劳动模范	省政府
罗志萍	女	宜昌市草埠湖农场第二分场	1995 年	湖北省劳动模范	省政府
罗家财	男	宜昌县公路段土城道班	1996 年	湖北省劳动模范	省政府
张宏英	女	枝城市副食品批发公司	1996 年	湖北省劳动模范	省政府
郑小虎	男	枝江县公安局	1996 年	湖北省劳动模范	省政府
张永正	男	湖北宜化集团有限责任公司	1996 年	湖北省劳动模范	省政府
朱世凯	男	当阳市公路段	1996 年	湖北省劳动模范	省政府
曾庆初	男	远安县计划生育服务站	1996 年	湖北省劳动模范	省政府
彭伏松	男	兴山县国营坟垧坪林场	1996 年	湖北省劳动模范	省政府
宋芳容	女	五峰土家族自治县后河乡顶坪小学	1996 年	湖北省劳动模范	省政府
冯华强	男	湖北红旗电缆厂	1996 年	湖北省劳动模范	省政府
雷　凌	女	湖北宜棉（集团）股份有限公司	1996 年	湖北省劳动模范	省政府

续表

姓名	性别	工作单位	表彰时间	荣誉称号	表彰单位
梁开全	男	宜昌市环境卫生管理处公厕管理所	1996 年	湖北省劳动模范	省政府
谢明华	男	宜昌市自来水公司	1996 年	湖北省劳动模范	省政府
周祖哲	男	宜昌市广播电视局秭归大金坪微波站	1996 年	湖北省劳动模范	省政府
刘太柏	男	宜昌市农业生产资料公司	1996 年	湖北省劳动模范	省政府
岳祥明	男	宜昌市泥总厂	1996 年	湖北省劳动模范	省政府
朱黎阳	男	猴王集团	1998 年	湖北省劳动模范	省政府
刘春志	男	宜昌金轮叉车有限责任公司	1998 年	湖北省劳动模范	省政府
赵文莲	女	湖北威陵集团股份有限公司	1998 年	湖北省劳动模范	省政府
李家玉	女	枝城市陆城环境卫生管理所	1998 年	湖北省劳动模范	省政府
王传厚	男	枝江市公安局七星台水陆派出所	1998 年	湖北省劳动模范	省政府
刘兴国	男	当阳卷烟厂	1998 年	湖北省劳动模范	省政府
李法修	男	宜昌市宜通运输集团有限责任公司	1998 年	湖北省劳动模范	省政府
张兴保	男	宜昌市焦化制气公司	1998 年	湖北省劳动模范	省政府
蔡　浩	男	宜昌市中心人民医院	1998 年	湖北省劳动模范	省政府
王琮敏	女	宜昌商场（集团）股份有限公司	1998 年	湖北省劳动模范	省政府
熊开元	男	长阳土家族自治县赵姑垭煤矿	1998 年	湖北省劳动模范	省政府
张光美	男	宜昌市沙龙宴大酒店	1998 年	湖北省劳动模范	省政府
吴启雄	男	兴山县水月寺镇政府	1998 年	湖北省劳动模范	省政府
刘　梅	女	宜昌旭光棉纺织集团有限责任公司	1998 年	湖北省劳动模范	省政府
徐年声	男	宜昌森源食用菌集团有限公司	1998 年	湖北省劳动模范	省政府
罗金维	男	长阳土家族自治县公安局	2000 年	湖北省劳动模范	省政府
郭　玉	女	宜昌市实验小学	2000 年	湖北省劳动模范	省政府
俞学峰	男	湖北安琪生物集团有限公司	2000 年	湖北省劳动模范	省政府
张治燕	男	宜昌棉纺织集团有限责任公司	2000 年	湖北省劳动模范	省政府
李广佳	男	宜昌市机电设备公司	2000 年	湖北省劳动模范	省政府
唐宜贵	男	三峡晚报社	2000 年	湖北省劳动模范	省政府
周昌栋	男	宜昌长江公路大桥建设管理处	2000 年	湖北省劳动模范	省政府
赵家定	男	宜昌洋溪水泥厂	2000 年	湖北省劳动模范	省政府
胡延春	男	宜昌市儿童公园管理处	2000 年	湖北省劳动模范	省政府
赵想平	男	湖北红旗电缆厂冶炼公司	2000 年	湖北省劳动模范	省政府
冉　斌	男	宜昌供电局输电分局	2000 年	湖北省劳动模范	省政府
聂道兰	女	宜昌华运交通集团有限公司	2000 年	湖北省劳动模范	省政府
赵亚平	男	枝江市人民检察院	2000 年	湖北省劳动模范	省政府
彭文秀	女	远安县环境卫生管理处	2000 年	湖北省劳动模范	省政府
杜国东	男	秭归县交通局	2000 年	湖北省劳动模范	省政府
罗芝兵	男	宜昌市伍家岗区伍家乡共强村一组	2000 年	湖北省劳动模范	省政府
庄友焰	男	当阳市两河镇群丰村	2000 年	湖北省劳动模范	省政府

续表

姓名	性别	工作单位	表彰时间	荣誉称号	表彰单位
胡继承	男	宜昌市点军乡塘上村	2000 年	湖北省劳动模范	省政府
刘维和	男	宜昌县人民医院	2000 年	湖北省劳动模范	省政府
冯亚平	男	宜昌焦化煤气公司	2002 年	湖北省劳动模范	省政府
杨自会	女	宜昌市环境卫生管理处公厕管理所	2002 年	湖北省劳动模范	省政府
朱炳兰	女	宜昌旭光棉纺织集团有限责任公司	2002 年	湖北省劳动模范	省政府
黎国旭	男	宜昌力帝实业集团有限责任公司	2002 年	湖北省劳动模范	省政府
蒋长青	女	西陵街道办事处土街头社区居委会	2002 年	湖北省劳动模范	省政府
郭兴宽	男	伍家岗区信访办公室	2002 年	湖北省劳动模范	省政府
刘启兵	男	点军区土城乡林业水利工作站	2002 年	湖北省劳动模范	省政府
王诗典	男	五峰绿珠莱花毛尖茶叶有限公司	2002 年	湖北省劳动模范	省政府
费甫华	男	宜昌市农业科学研究所	2002 年	湖北省劳动模范	省政府
王绍柏	男	宜昌市林业学校	2002 年	湖北省劳动模范	省政府
徐耀军	男	宜昌市公安局西陵区分局云集派出所	2002 年	湖北省劳动模范	省政府
季　彬	男	当阳市高级中学	2002 年	湖北省劳动模范	省政府
陈　琼	女	宜昌市夷陵区农业局	2002 年	湖北省劳动模范	省政府
方国兰	女	远安县酱园厂	2002 年	湖北省劳动模范	省政府
林荣元	男	长阳土家族自治县龙舟坪镇石头坳村	2002 年	湖北省劳动模范	省政府
王启宝	男	秭归县水田坝乡石埡村	2002 年	湖北省劳动模范	省政府
乔克贵	男	兴山县水月寺镇龙头坪村	2002 年	湖北省劳动模范	省政府
汪盛明	男	宜昌市科力生农业开发有限公司	2002 年	湖北省劳动模范	省政府
杨承清	男	宜都市红花套镇农业技术推广服务站	2004 年	湖北省劳动模范	省政府
蒋红星	男	湖北枝江酒业股份有限公司	2004 年	湖北省劳动模范	省政府
易行荣	男	当阳市农业局植保植检站	2004 年	湖北省劳动模范	省政府
王兴国	男	长阳土家族自治县高山蔬菜研究所	2004 年	湖北省劳动模范	省政府
陈孝周	男	湖北兴发化工集团股份有限公司	2004 年	湖北省劳动模范	省政府
郑家宝	男	秭归县第二人民医院	2004 年	湖北省劳动模范	省政府
陈　琼	女	西陵区外国语实验小学	2004 年	湖北省劳动模范	省政府
曹建萍	女	宜昌市第二中学	2004 年	湖北省劳动模范	省政府
潘会明	男	宜昌市疾病预防控制中心	2004 年	湖北省劳动模范	省政府
李家泰	男	宜昌市交通规划勘测设计院	2004 年	湖北省劳动模范	省政府
董大英	女	宜昌市劳动就业管理处	2004 年	湖北省劳动模范	省政府
孙小勇	男	宜昌市公安局交警支队车辆管理所	2004 年	湖北省劳动模范	省政府
李　杰	男	宜昌人福药业有限责任公司	2004 年	湖北省劳动模范	省政府
杨特忠	男	五峰土家族自治县渔阳关镇汉马池村	2004 年	湖北省劳动模范	省政府
曾维松	男	宜昌市伍家岗区伍家乡共和村	2004 年	湖北省劳动模范	省政府
史光权	男	宜昌市夷陵区鸦鹊岭镇养猪场	2004 年	湖北省劳动模范	省政府

续表

姓名	性别	工作单位	表彰时间	荣誉称号	表彰单位
曹生武	男	湖北枝江酒业股份有限公司	2006 年	湖北省劳动模范	省政府
陈明蓉	女	远安县德中茧丝有限责任公司	2006 年	湖北省劳动模范	省政府
李青松	男	宜昌市青华职业培训学校	2006 年	湖北省劳动模范	省政府
叶定军	男	宜昌市市政设施维修管理处维修所	2006 年	湖北省劳动模范	省政府
王书凤	女	宜昌市康龙出租公司	2006 年	湖北省劳动模范	省政府
李继红	男	宜昌焦化煤气公司动力分公司	2006 年	湖北省劳动模范	省政府
杜姝琳	女	宜昌市夷陵中学	2006 年	湖北省劳动模范	省政府
邹秀兰	女	宜昌市第一人民医院	2006 年	湖北省劳动模范	省政府
梁高芳	女	宜昌市社会福利院	2006 年	湖北省劳动模范	省政府
陈吉勇	男	宜昌市体育学校	2006 年	湖北省劳动模范	省政府
徐华斌	男	宜昌人福药业有限责任公司	2006 年	湖北省劳动模范	省政府
蔡宏柱	男	湖北稻花香集团	2006 年	湖北省劳动模范	省政府
周传银	男	五峰土家族自治县五峰镇环卫所	2006 年	湖北省劳动模范	省政府
黄卫民	男	枝江市马家店街办腾家河村	2006 年	湖北省劳动模范	省政府
杨宗焱	男	兴山县高阳镇响龙村	2006 年	湖北省劳动模范	省政府
覃遵凤	男	长阳土家族自治县资丘镇天池口村	2006 年	湖北省劳动模范	省政府
孙元金	男	宜昌市西陵区沙河村	2006 年	湖北省劳动模范	省政府
刘辉翠	女	宜昌市点军区桥边镇石堰村	2006 年	湖北省劳动模范	省政府
李国璋	男	宜昌兴发集团有限责任公司	2009 年	湖北省劳动模范	省政府
李莉娥	女	宜昌人福药业有限责任公司	2009 年	湖北省劳动模范	省政府
董长林	男	宜昌交运集团高速客分公司	2009 年	湖北省劳动模范	省政府
张金奎	男	湖北三峡新材公司	2009 年	湖北省劳动模范	省政府
李元成	男	秭归县电力公司周坪供电所	2009 年	湖北省劳动模范	省政府
陈先凤	女	宜都市一中	2009 年	湖北省劳动模范	省政府
袁家亮	女	远安县外国语学校	2009 年	湖北省劳动模范	省政府
孙万清	女	西陵区云集街道办事处二马路社区	2009 年	湖北省劳动模范	省政府
胡远东	男	湖北宜都机电工程股份公司	2009 年	湖北省劳动模范	省政府
谭崇尧	男	湖北枝江酒业股份有限公司	2009 年	湖北省劳动模范	省政府
余明华	男	安琪酵母股份有限公司	2009 年	湖北省劳动模范	省政府
卞平官	男	湖北宜化集团有限责任公司	2009 年	湖北省劳动模范	省政府
吴明兰	女	宜昌公交集团有限责任公司	2009 年	湖北省劳动模范	省政府
戴大荣	男	宜昌市城市规划设计院	2009 年	湖北省劳动模范	省政府
王心高	男	湖北稻花香酒业股份有限公司	2009 年	湖北省劳动模范	省政府
杨　超	男	兴山县高桥乡贺家坪村	2009 年	湖北省劳动模范	省政府
张青山	男	当阳市两河镇赵闸村	2009 年	湖北省劳动模范	省政府
覃　瑶	男	长阳八丰薯业公司	2009 年	湖北省劳动模范	省政府
严高红	男	五峰土家族自治县长乐坪镇白鹿庄村	2009 年	湖北省劳动模范	省政府

续表

姓名	性别	工作单位	表彰时间	荣誉称号	表彰单位
彭正平	男	伍家岗区伍家乡共联村委会村	2009 年	湖北省劳动模范	省政府
陈世贵	男	宜都土老憨生态农业开发公司	2009 年	湖北省劳动模范	省政府
邓金洲	男	宜昌市点军区土城乡城建站	2009 年	湖北省劳动模范	省政府
董新利	男	湖北宜昌交运集团股份有限公司	2012 年	湖北省劳动模范	省政府
李正伦	男	秭归县屈姑食品有限公司	2012 年	湖北省劳动模范	省政府
王华君	男	宜昌市康龙出租车有限公司	2012 年	湖北省劳动模范	省政府
龚家宜	男	西陵区学院街道中书街社区	2012 年	湖北省劳动模范	省政府
陈益人	男	黑旋风工程机械开发有限公司	2012 年	湖北省劳动模范	省政府
舒德华	男	宜昌市晓曦红柑桔专业合作社	2012 年	湖北省劳动模范	省政府
宋俊明	男	宜昌公交集团有限责任公司	2012 年	湖北省劳动模范	省政府
李友云	男	宜都市陆城环卫服务中心	2012 年	湖北省劳动模范	省政府
余有平	男	湖北兴发化工集团股份有限公司	2012 年	湖北省劳动模范	省政府
袁裕校	男	宜昌市袁裕校家庭博物馆	2012 年	湖北省劳动模范	省政府
唐德池	男	湖北采花茶业有限公司	2012 年	湖北省劳动模范	省政府
张宗淮	男	宜昌永兴水电设备安装有限公司	2012 年	湖北省劳动模范	省政府
周华雄	男	宜昌大自然食用菌专业合作社	2012 年	湖北省劳动模范	省政府
阮仕珍	女	夷陵区分乡金竹村	2012 年	湖北省劳动模范	省政府
张国强	男	兴山县榛子乡河坪村	2012 年	湖北省劳动模范	省政府
朱礼群	男	当阳市玉阳办事处三里港村	2012 年	湖北省劳动模范	省政府
李振富	男	枝江市七星台镇鸭子口村	2012 年	湖北省劳动模范	省政府
闫俊峰	男	长江铝业有限责任公司	2012 年	湖北省劳动模范	省政府
吴　玲	女	宜昌三峡广播电视局（总台）	2012 年	湖北省先进工作者	省政府
岳　燕	女	宜昌市伍家岗区花艳小学	2012 年	湖北省先进工作者	省政府
杜远立	男	宜昌市第一人民医院	2012 年	湖北省先进工作者	省政府
王劲松	男	宜昌市公安局伍家岗区分局伍家派出所	2012 年	湖北省先进工作者	省政府
王志超	男	宜昌市社会保险基金征收稽查处办公室	2012 年	湖北省先进工作者	省政府
李西全	男	宜昌市城市管理监察支队	2012 年	湖北省先进工作者	省政府
朱英伟	男	宜昌东阳光药业股份有限公司	2015 年	湖北省劳动模范	省政府
闫友平	男	湖北花林新型建材集团	2015 年	湖北省劳动模范	省政府
虞云峰	男	湖北宜化化工股份有限公司	2015 年	湖北省劳动模范	省政府
刘文银	男	葛洲坝当阳水泥有限公司	2015 年	湖北省劳动模范	省政府
王悉山	男	安琪酵母股份有限公司	2015 年	湖北省劳动模范	省政府
杨良青	男	华润雪花啤酒（宜昌）公司	2015 年	湖北省劳动模范	省政府
陈卫国	男	宜昌南玻硅材料有限公司	2015 年	湖北省劳动模范	省政府
林　高	男	湖北力帝机床股份有限公司研究所	2015 年	湖北省劳动模范	省政府
杨善全	男	宜昌桃花岭饭店股份有限公司	2015 年	湖北省劳动模范	省政府

续表

姓名	性别	工作单位	表彰时间	荣誉称号	表彰单位
付　刚	男	宜昌交运集团旅游客运分公司	2015 年	湖北省劳动模范	省政府
张应高	男	宜昌市固废处置管理中心	2015 年	湖北省劳动模范	省政府
李　芸	女	伍家岗街道办事处李家湖社区	2015 年	湖北省劳动模范	省政府
胡秉豹	男	宜昌市民大农牧开发有限责任公司	2015 年	湖北省劳动模范	省政府
黄菊芳	女	湖北稻花香集团	2015 年	湖北省劳动模范	省政府
马明华	男	湖北金三峡印务有限公司	2015 年	湖北省劳动模范	省政府
赵心财	男	宜昌市枝江市问安镇袁码头村	2015 年	湖北省劳动模范	省政府
彭　兵	男	宜都市白龙山庄生态农业专业合作社	2015 年	湖北省劳动模范	省政府
任小红	女	当阳市美好明天专业合作社	2015 年	湖北省劳动模范	省政府
徐宏强	男	秭归县宏强脐橙专业合作社	2015 年	湖北省劳动模范	省政府
尹春云	男	长阳永兴林下种植专业合作社	2015 年	湖北省劳动模范	省政府
胡晓明	男	宜昌市兴山县第一高级中学	2015 年	湖北省先进工作者	省政府
桑子阳	男	宜昌市五峰土家族自治县林业局	2015 年	湖北省先进工作者	省政府
左树青	男	宜昌市西陵区人民法院	2015 年	湖北省先进工作者	省政府
陈发喜	男	宜昌市点军区土城小学	2015 年	湖北省先进工作者	省政府
文鸿晨	男	宜昌市城建项目管理中心	2015 年	湖北省先进工作者	省政府
许新华	男	宜昌市中心人民医院	2015 年	湖北省先进工作者	省政府

三、宜昌市劳动模范和先进工作者

1989 年宜昌市劳动模范名录

刘　敏　吴建宁　邵　立　朱世忠　戴玉焰　曾　浩　杨志东　周运喜　余晓霞　闵泽全
黄家春　范开新　韩永凤　赵其寿　王顺昌　杨仁英　胡良金　陆兴荣　望西寿　王太东
陈远才　雷宜凤　杨观靖　王蜀兰　陈义元　杨毅樵　荀兆娥　邵登文　王世香　谢兴国

1993 年宜昌市劳动模范名录

徐国梅　王乐才　罗家财　刘丁杰　税德廉　李光林　李绪荣　赵爱玲　彭远瑛　佘西龙
宋兴森　金　梅　丁祖荣　张继龙　黄继平　付光亮　曹金元　聂高建　施　有　简开贵
杨宗焱　李先林　罗志萍　杨万琼　刘传平　杜翠莲　周成怀　谭振帮　李　明　卢圣林
朱黎阳　刘长建　王宏快　王国志　周昌栋　周发碧　吴发友　李　华　刘光圣　许先林
刘锡远　费淑芳　崔金铨　蓝培忠　陆先荣　张　兵　沙俊海　李业新　刘黎明

1995 年宜昌市劳动模范名录

袁昌忠　李先华　钟正刚　聂道兰　张宏英　朱绪芬　罗文宏　郑小虎　吕宗林　叶兆清
朱世凯　向昌德　曾庆初　聂　荣　彭伏松　商光明　王启宝　高耀章　秦士才　沈中凡
宋芳蓉　李永叙　李作成　王启英　谭昌华　董海英　向昌凤　罗友华　侯家鑫　张永正
李守军　冯华强　崔福勋　岳祥明　雷　凌　李世贵　李先华　李叶华　李　莹　张小琪

梁开全 刘仁义 谢明华 刘太柏 戴兴贤 周发秀 邓 文 陈华华 蒋 明 杨大贵
周祖哲 高丽君 蔡 浩 徐忠继 郑承金 于连德 付光军 肖家贵 白汉英 胡兆龙
张光美

1996 年宜昌市劳动模范名录

舒宜根 刘维和 郑金友 覃文智 黄本南 庄有璧 王诗春 司文书 罗同艺 王肇华
李明达 程启木 杨录清 李友镇 董先亮 黄圣翠 裴美秀 刘传松 万文武 方孔福
张嘉惠 龚传喜 王昌进 庄有焰 罗胜利 安玉泉 郭治敏 黄继平 孙美忠 张建红
李运珍 黄永政 蔡明高 申建国 敖世铭 龚学桢 李德芬 韩庆运 宋文诏 何光槐
罗泽华 石利众 覃素明 郭明田 向师强 李小年 王诗典 陈武华 王正山 左东海
杜喜云 杨尚界 伍爱群 张永昌 罗家昌 胡继承 刘学忠 方光桂 凌合金 石宗金
慎 涛 许方宣 韩永平 龙怀明 宋连科 黄雪松 张治燕 熊佳汉 孟季林 刘春志
刘 清 程 兵 尤大明 曹宜权 陈少义 王全梓 赵保卫 张祖清 刘盈亮 王劲松
董长林 陈银才 刘显钧 叶翠英 向 勇 汪贞玲 温大双 肖明华 张宝友 万正才
徐顺祥 左平生 吴曼云 魏 岚 朱新根 唐宜贵 徐忠继 万东山 熊祥林

1997 年宜昌市劳动模范名录

周玉萍 赵文莲 何万权 郭祥立 秦再芹 张鼎权 易万贵 李家玉 汪应雄 肖 宁
徐明玉 鲜文才 岳建平 蒋红星 戴经荣 李绍军 王世兰 薛传银 刘兴国 吕宗林
杨 洪 潘全义 黄可权 朱正炳 向辽元 彭文秀 徐年声 张传圣 肖传玲 谢化愚
覃云喜 张代全 王祖成 王大鹏 王启荣 向守礼 邓忠明 王克兵 熊开元 向克楷
吴家春 田礼程 张昌炽 杨子忠 文定安 赵训美 谭登新 魏春萍 蒋长清 罗芝兵
彭庆华 黄 琴 周德元 涂兴喜 杨 智 陈 菊 段绍魁 刘 梅 赵家定 杨 虚
谭卫东 虞有柏 王乐福 赵想平 田延树 吴东萍 陈顺风 熊 健 游兴坤 周开彦
李宁奎 李法修 杨成章 陈梅英 张兴保 胡延春 江兴榜 张焱辉 魏子河 杨国勤
俞学锋 汤 俊 谢守政 吴 玲 戴思源 赵 方 孙 霞 王月华 陈书芳 龙利民
张鲜艳 陶明静 张中华 李志尚 龚经甲

1998 年–1999 年度宜昌市劳动模范名录

胡兆明 冯奉金 蔡宏柱 孔杰峰 陈 玉 张志新 谢家荣 李万清 穆文瑞 吴善道
金云华 易行荣 杨 斌 吴佑良 文中恒 徐宏香 姜学枝 杜选则 覃世成 彭绪兵
谭登银 朱新泉 胡兆凤 马德刚 孙 毅 刘 明 吴书平 张耀民 杜金山 刘 波
黄冬梅 陈光曙 代中新 严大铸 王尚明 李家泰 傅 刚 何裕文 李大本 梁玉梅
覃玉萍 余明华 郑家林 周兴智 李志荣 高正安 汪世才 费新洋 赵祖新 赵勤菊
冉锦成 董大英 王书凤 徐洪运 张 丹 王玉福 吴宝琳 徐万梅 袁会军 甘魁元
罗启东 李作清 杨 军 张发强 吴信国 邓远森 杜国芬 陈建华 望运华 邬祥鹏
陈玖梅 李先金 刘明桃 吴绪权 张致敬 范世锦 陈世坤 万常红 王照学 吴承禹
高文朋 刘祖洋 李小平 赵春新 彭正权 杨茂源 贲道洪 石宏春 卢志凤 张 阳
徐慧英

2000–2002 年度宜昌市劳动模范名录

廖海琼 覃慧敏 丁文柏 侯凌云 杨正元 曹生武 时克勤 朱吉中 张　华 周　静
姜加旺 罗忠秀 吴予柱 周福儒 易风玲 骆大萍 黄　斌 曾士祥 张小燕 孔小勇
杜友山 何　云 曹建萍 潘会明 陈　军 吴　畏 刘祖海 郑定春 刘革建 刘思华
卞平官 都正龙 赵贤安 孟祥贵 程爱国 刘祖常 黄祥安 阎祖贵 陈文新 赵永玲
张成学 谢普乐 吴泽忠 叱　鹏 杨义兵 向　望 鲜于开新 李　玮 罗先启 朱　林
陈　迟 舒　龙 方学阳 张泽胜 李　杰 董登高 刘　涛 张宗明 文家桦 荣先奎
刘　成 蒋新萍 刘明闪 陈又华 胡世清 曾令钊 陈光荣 陈世荣 袁道安 黄卫民
童登平 崔清云 胡玉华 黄昌炳 周立朝 范安权 杨特忠 黄玉江 何儒魁 郑　楷
郑　荣 丁万明

2003–2005 年度宜昌市劳动模范名录

朱英伟 黄昌华 邓永芬 薛传全 周从元 耿晓沙 张金奎 王江成 王怀国 程明蓉
孔祥喜 覃发池 王玉华 刘卫星 向　红 周传银 黄文松 黄成元 张薛玲 孙万清
梁芝喜 左树青 林前锋 邓金洲 叶又生 杜姝琳 王悉山 邹秀兰 梅继开 宋笑飞
刘　强 梁高芳 刘光胜 李继红 董新利 唐卫宁 杨　华 杜培中 覃宗友 邵　芳
叶定军 宋正江 王志超 张　虹 陈吉勇 王丽清 李成飞 徐华斌 李元海 刘小荣
罗　静 王旺生 谭光瑞 吉培荣 聂　俭 俞宁沙 杜　静 谭洪恩 余建华 王宏飞
罗红俊 黎孔社 陈世贵 舒德会 杜远平 宋秀强 唐纯家 戴圣元 吴成明 孙元金
余万林 刘辉翠

2005–2006 年度宜昌市劳动模范名录

李友荣 胡国凤 曹小峰 段　君 孙士全 姚太国 易凤连 万爱萍 谭崇尧 陈建华
余瑞涛 周代钢 刘逊求 郑　琳 李　援 朱礼群 张青山 梁孝兰 吴清俊 袁家亮
周世权 胡晓明 李国璋 张国强 蔡　明 谭之江 李　胜 李正伦 覃发国 赵毓潮
李建兵 肖　荣 唐德池 严高红 陈振荣 赵晓东 田　勇 黄正华 杨喜声 兰发珍
秦长春 陈晓华 范杨波 王　炜 胡秉豹 周运权 刘国桂 杨德金 宋　帆 胡远东
冯万彬 罗　阳 孙兆云 韩启坤 杨君珍 李开友 侯芝兰 杜远立 宋兴福 朱新根
陈振华 赵　文 祁万宜 李　勇 刘永宜 戴大荣 谢家树 刘旭东 王勇安 周运学
林新强 望天燕 侯　刚 冯茂盛 吴明兰 张苏炜 刘泽新 朱少华 朱军光 谭光萍
王黎明 鲍希安 李　强 程立山 郑慧兰 高　军 柯淑金 陈南元 陈文夫 洪克芳
刘远明 杨昌茂 高　峻 赵希华 田　斌 吴　翔 颜绍虎 金达琴 李春华

2007–2010 年度宜昌市劳动模范名录

楼望俊 罗　琼 李　斌 程小荣 姚　玲 曾祥宇 卢　光 周承贵 杨长茂 卞于珍
李振富 闫　刚 刘文银 赵鹏程 朱玉清 贺大亮 袁德才 雷科举 周华雄 杨宗华
王学伟 余长伟 余有平 向元席 刘建珍 杨建新 龚万祥 向富柱 吴　平 高　勇
刘宗柱 陆先琼 沈厚锦 邹立兵 杨大洪 王　军 赵佑勤 赵春红 汪应龙 李大海
曹　政 袁玉恩 武　艳 田甫焕 张世娟 高本旺 苗云江 胡可宁 熊智强 杨少林
曹　洋 韩永强 万　新 张海燕 毛成忠 狄先均 颜昌玉 彭　静 刘家凤 杨树德

郑　强　代红斌　宋俊明　谢继荣　曹礼蓉　文耀清　张忠华　陈克权　左青松　陈开国

2010–2012 年度宜昌市劳动模范名录

包良云　陈红涛　兰方新　杨良华　李云海　侯海洋　双国庆　张良田　张永红　闫友平
陈维林　周　明　熊　兵　周致远　付先国　林也诗　李春兰　王　敏　徐丰华　程　涛
何　强　杨　军　傅高忠　林　高　李　敏　廖立新　邓　辉　艾荷莲　杨爱兵　陈卫国
胡小银　谭宏学　金书贵　姜　萍　李　华　董　蓉　晓　晓　何芳梅　蒋　友　于　飞
杨子忠　虞云峰　颜昌万　王华林　董爱萍　吴玉成　冯万玲　付全新　许新华　赵德祥
田　涛　张　杉　邓先兵　余文畅　徐慎东　文鸿晨　向先华　王　峥　李为众　李　平
张国祥　吴双仪　杨春艳　张晓华　杨　昊　程　锐　王　俊　崔泽浩　谢丹梅　谭永高
梁　军　唐昌瑞　张　辉　杨燕青　郑师恬　肖学红　梁崇元　聂开红　周宜红　简隆建
屈金玉　吴建平　彭　兵　刘正国　赵心财　向祖红　周金龙　张庭华　周云喜　王大春
曾祥坤　田水涛　徐宏强　周丽蓉　尹春云　彭忠舜　黄菊芳　汪家新　董光柱　陈昌会
姜少华

2013–2015 年度宜昌市劳动模范和先进工作者名录

黄俊杰　李　绪　向　念　张道红　黄小波　黄俊波　刘茂军　宋成木　田思维　徐光品
李胜刚　邓衍贵　陈国强　向光胜　王运彪　王恩珍　向卫兵　刘建峰　高洪亮　刘金华
余金桥　熊永峰　张明莉　黄佑明　叶丙筹　谢邦天　邹　爽　于　群　姚永芳　李德全
郑　念　韩志凌　曾庆许　梅建平　艾　磊　吴　江　江　兵　徐俊峰　李黄强　李国军
裴华刚　王永康　李德兰　王明宣　刘　杨　杨　率　胡安明　吴　界　李　均　袁道清
李维春　刘向玉　郑长元　艾贵庭　胡廷栋　汪宗平　王辉军　颜　丁　赵方钊　李绪红
刘　斌　熊　文　成　艳　张荣贵　许传奇　赵希荣　杨泽斌　郑远蔓　徐家森　王光生
谭　斌　毛传芬　陈　民　王　涛　杨　磊　朱　晖　冷辉峰　李德洲　乔长松　梁　杰
杨　林　张国保　谭志鸿　田进山　陈邦清　聂其兵　鄂　山　杨　洋　聂　峰　夏　青
吴　华　王有为　刘　万　罗文全　张　冰　吴　林　李小燕　彭红卫　蒋爱群　李尚平

第二节　获得全国、省级、市级五一劳动奖章名录

一、宜昌全国五一劳动奖章获得者名录

姓　名	性别	出生时间	工作单位	获奖时间
杨大兰	女	1943 年	枝江市董市镇桂花信用分社	1990 年
李林斌	男	1953 年	宜昌市汽车运输公司	1990 年
谭子炎	女	1946 年	宜昌市百货批发公司颐源鞋帽庄	1990 年
段启树	男	1937 年	当阳市河溶邮电支局	1990 年
苏志爰	男	1934 年	宜昌市蔬菜产销办公室	1991 年
吴建宁	男	1952 年	湖北红旗电缆厂	1991 年
覃振梅	女	1947 年	宜昌县纺织厂	1991 年
苏振云	男	1954 年	松宜矿务局石家湾掘进队	1991 年

续表

姓　名	性别	出生时间	工作单位	获奖时间
易继纯	男	1947年	猴王焊接公司	1992年
闫承模	男	1955年	宜昌市副食品批发公司	1992年
全世忠	男	1940年	宜昌县农村能源办公室	1992年
王合民	男	1946年	中南橡胶厂	1993年
岳忠贤	男	1938年	兴山化工总厂	1993年
王光锦	男	1949年	当阳市建筑安装公司	1993年
赫加平	男	1954年	四○三厂铸铁分厂	1993年
王学会	女	1970年	湖北宜棉集团	1996年
刘长建	男	1949年	湖北至喜集团	1996年
杜寿荣	男	1950年	长阳土家族自治县公路段白氏坪道班	1996年
梁开全	男	1952年	宜昌市环卫处公厕管理所	1997年
宋芳蓉	女	1973年	五峰土家族自治县后河乡顶村坪小学	1997年
戴维新	女	1943年	猴王集团	1997年
郑小虎	男	1963年	枝江市公安局马家店水陆派出所	1998年
费淑芳	女	1961年	宜昌市煤气输配公司管线所	1998年
黄　峄	男	1941年	宜昌市水利水电局	1998年
舒家琪	男	1945年	宜昌监狱	1998年
孙昌齐	男	1963年	湖北省松宜煤矿尖岩河矿	1998年
吕宗林	男	1947年	三峡新型建材股份有限公司	1999年
李法修	男	1950年	宜昌交运集团有限责任公司	1999年
李广佳	男	1947年	宜昌市物资局物资储运公司	2001年
徐年声	男	1949年	宜昌森源食用菌集团有限公司	2001年
俞学锋	男	1954年	湖北安琪生物集团有限公司	2002年
翟和革	男	1958年	宜昌市建鑫实业有限公司	2002年
郭兴宽	男	1949年	伍家岗区信访办	2003年
王守伟	男	1955年	宜昌市交警支队三峡坝区交警大队	2003年
王绍柏	男	1956年	宜昌市林业学校	2004年
秦玉萍	女	1957年	宜昌市绿化处	2004年
唐卫宁	男	1959年	宜昌市公交总公司	2006年
郑　琦	男	1940年	当阳市庙前镇井岗小学	2006年
孔小勇	男	1966年	宜昌市公安局车管所	2007年
李　杰	男	1955年	宜昌人福药业有限公司	2008年
邓金洲	男	1968年	点军区土城乡城建站	2008年
潘会明	男	1957年	宜昌市疾控中心	2009年
张文平	男	1971年	长阳土家族自治县磨市镇磨市村	2009年
刘辉翠	女	1949年	宜昌市点军区桥边镇石堰村	2009年
智通兵	男	1970年	宜昌长机科技有限责任公司	2011年

续表

姓　名	性别	出生时间	工作单位	获奖时间
蔡宏柱	男	1951 年	宜昌稻花香集团	2011 年
刘发英	女	1970 年	长阳土家族自治县龙舟坪镇花坪小学	2012 年
李莉娥	女	1965 年	宜昌人福药业有限责任公司	2012 年
宋　萍	女	1972 年	宜昌市安置房建设管理处	2012 年
王　红	女	1962 年	西陵区西陵街办综治办	2013 年
熊　涛	男	1968 年	湖北兴发化工集团股份有限公司	2013 年
王劲松	男	1972 年	宜昌市公安局伍家岗区分局	2014 年
宋俊明	男	1966 年	宜昌公交集团有限责任公司	2014 年
李国璋	男	1966 年	兴发集团有限责任公司	2016 年
林　高	男	1969 年	湖北力帝机床股份有限公司	2016 年
费甫华	男	1965 年	宜昌市农科院	2017 年
陈卫国	男	1972 年	宜昌南玻硅材料有限公司	2017 年
罗志勇	男	1959 年	宜昌市总工会	2017 年
马明华	男	1970 年	湖北金三峡印务有限公司	2017 年
谭学军	男	1970 年	宜昌市坤发建筑有限责任公司	2017 年

二、宜昌湖北省五一劳动奖章获得者名录

姓 名	性别	出生时间	工作单位	获奖时间
张　兵	男	1939 年	宜昌市民政局农教科	1997 年
张仁义	男	1954 年	宜昌市万寿桥房地产管理所	1997 年
刘春志	男	1963 年	宜昌金轮叉车厂	1997 年
吴启雄	男	1948 年	兴山县水月寺镇党委书记	1997 年
陈光华	女	1968 年	西陵区献福路小学	1998 年
翟和革	男	1958 年	宜昌建鑫有限责任公司	1999 年
秦玉萍	女	1957 年	宜昌市绿化处	2003 年
田爱华	女	1963 年	宜昌市一中	2003 年
易行荣	男	1949 年	当阳市植保站	2003 年
蒋红星	男	1963 年	湖北枝江酒业股份有限公司	2003 年
余明华	男	1966 年	安琪生物集团有限公司	2003 年
侯凌云	男	1965 年	宜昌市第三人民医院	2003 年
罗忠秀	女	1953 年	长阳土家族自治县资丘镇淋湘溪小学	2004 年
刘显钧	男	1947 年	宜昌市白蚁防治研究所	2004 年
余秀碧	女	1969 年	湖北宜昌沙龙宴餐饮有限责任公司	2004 年
胡兆明	男	1953 年	夷陵区职业高级中学	2004 年
汪开香	女	1953 年	远安县医院	2004 年
孙万清	女	1969 年	西陵区二马路社区居民委员会	2004 年

续表

姓 名	性别	出生时间	工作单位	获奖时间
罗冬兰	女	1950 年	宜昌市总工会	2005 年
李 净	男	1964 年	湖北枝江酒业股份有限公司	2005 年
李克宇	男	1962 年	当阳市公安局交警大队胡场中队	2006 年
林前锋	男	1954 年	宜昌市前锋钢球工贸有限公司	2006 年
李家发	男	1948 年	湖北宜昌交运集团股份有限责任公司	2006 年
谢家荣	男	1957 年	宜都市农技推广中心	2006 年
姚太新	男	1967 年	宜昌市东风渠灌区管理局	2006 年
覃宗友	男	1954 年	宜昌市公安局	2006 年
周从元	男	1952 年	湖北三宁化工股份有限公司	2007 年
王怀国	男	1966 年	当阳市马店能源（集团）公司	2007 年
邓金洲	男	1968 年	点军区土城乡建设环保服务中心	2007 年
袁 勇	男	1950 年	湖北省电力公司宜昌供电公司	2007 年
曾华荣	男	1975 年	宜昌人福药业有限责任公司	2007 年
周慧玲	女	1972 年	湖北楚星化工股份公司	2007 年
朱春平	男	1965 年	松宜煤炭矿务局	2007 年
陈 鹏	男	1974 年	宜昌市夷陵中学	2007 年
李国璋	男	1966 年	宜昌兴发集团有限责任公司	2008 年
覃发国	男	1949 年	长阳县榔坪镇人民法院	2008 年
范扬波	男	1966 年	宜昌市燕狮科技开发有限责任公司	2008 年
闵世雄	男	1964 年	长江宜昌航道工程局	2008 年
王乐炎	男	1963 年	湖北省电力公司宜昌供电公司	2009 年
胡远东	男	1965 年	宜都机电工程股份有限公司	2009 年
邹万兴	男	1973 年	黑旋风锯业有限责任公司	2009 年
谭小红	男	1976 年	宜昌市葛洲坝中学	2009 年
智通兵	男	1970 年	宜昌长机科技有限责任公司	2010 年
姚太和	男	1963 年	湖北省电力公司宜昌供电公司	2010 年
许宝华	男	1970 年	宜昌市卫生计生综合监督执法局	2010 年
何 平	男	1959 年	宜昌市总工会	2010 年
王华君	男	1978 年	宜昌康龙出租车公司	2010 年
黄 伟	男	1984 年	宜昌市规划局测绘大队	2010 年
蔡光元	男	1958 年	湖北夷陵律师事务所	2010 年
鲍同强	男	1974 年	宜昌市第一中学	2010 年
覃海成	男	1976 年	宜昌市人民政府办公室	2011 年
周华雄	男	1968 年	宜昌大自然生物科技有限公司	2011 年
邓万祥	男	1953 年	长阳火烧坪乡黍子岭村中心卫生室	2011 年
沈厚锦	男	1957 年	湖北采花茶业集团有限公司	2011 年
符义刚	男	1974 年	宜昌人福药业有限责任公司	2011 年

续表

姓 名	性别	出生时间	工作单位	获奖时间
钟　娟	女	1976 年	当阳市环境监测站	2011 年
贺清平	男	1955 年	当阳市玉阳办事处	2011 年
刘发英	女	1970 年	长阳县龙舟坪镇花坪小学	2011 年
冯　丹	女	1976 年	宜昌海事局	2011 年
胡　格	女	1984 年	湖北枝江酒业股份有限公司	2011 年
彭伟伟	女	1987 年	宜昌市公安局出入境管理支队	2012 年
杨　艾	女	1972 年	宜昌市房地产投资开发有限公司	2012 年
孙鹤霞	女	1975 年	宜昌市卫生计生综合监督执法局	2013 年
蔡开云	男	1972 年	湖北稻花香集团	2013 年
谭　玲	女	1981 年	宜昌市工商局登记注册分局	2013 年
吴光美	女	1967 年	当阳市供电公司	2013 年
王学伟	男	1975 年	远安永安车桥有限责任公司	2013 年
秦劲松	男	1977 年	深圳市鑫荣懋实业发展有限公司	2013 年
成　艳	女	1973 年	关公坊酒业股份有限公司	2013 年
何忠于	男	1973 年	凯普松电子科技（宜昌三峡）有限公司	2013 年
高钰敏	男	1975 年	宜昌市微特电子设备有限责任公司	2013 年
段天和	男	1963 年	宜昌正大有限公司	2013 年
周建勇	男	1963 年	宜昌市道路运输管理局	2013 年
徐　刚	男	1971 年	宜昌市救助管理站	2013 年
周燕妮	女	1985 年	宜昌市国土资源局	2013 年
王长江	男	1975 年	湖北宜化集团有限责任公司	2013 年
晏　涛	男	1963 年	宜昌人福药业有限责任公司	2013 年
黄　兴	男	1970 年	湖北银行股份有限公司宜昌分行	2013 年
宋秋明	男	1973 年	湖北煤炭地质一二五队宜昌基础分公司	2013 年
谭学军	男	1970 年	宜昌市坤发建筑有限公司	2013 年
余水旺	男	1958 年	宜昌市隆昌房地产开发公司	2013 年
邓　元	男	1974 年	湖北诚业律师事务所	2013 年
杨良青	女	1970 年	华润雪花啤酒（宜昌）有限公司	2014 年
闫友平	男	1962 年	湖北花林新型建材集团	2014 年
熊　军	男	1975 年	湖北三峡新型建材股份有限公司	2014 年
马明华	男	1970 年	湖北金三峡印务有限公司	2014 年
徐圣凤	女	1966 年	宜昌市总工会	2014 年
向罗勇	男	1966 年	当阳市林业局	2014 年
李　芸	女	1979 年	伍家岗区李家湖社区	2014 年
郑贵君	男	1976 年	湖北宜昌交运集团股份有限公司	2014 年
陈贤军	男	1969 年	宜昌市房产管理局高新区分局	2014 年
罗志勇	男	1959 年	宜昌市总工会	2015 年

续表

姓 名	性别	出生时间	工作单位	获奖时间
殷 俊	男	1973 年	宜昌华信交通建设投资有限公司	2015 年
李东海	男	1968 年	宜昌市总工会	2015 年
王亚君	女	1960 年	宜昌人福药业有限责任公司	2015 年
王玉环	女	1979 年	长阳土家族自治县实验小学	2015 年
李新祥	男	1965 年	宜昌市腾飞出租车有限公司	2016 年
覃 然	女	1979 年	宜昌高新区管委会	2016 年
梅云军	男	1969 年	湖北匡通电子股份有限公司	2016 年
潘 峰	女	1966 年	宜昌市优抚医院	2016 年
龚小林	男	1978 年	湖北康乐滋食品饮料有限公司	2016 年
朱少华	男	1972 年	安琪酵母股份有限公司	2016 年
杨 勇	男	1987 年	宜昌市疾病预防控制中心	2016 年
张永红	男	1968 年	当阳市第一高级中学	2017 年
晓 晓	女	1973 年	湖北国贸大厦集团有限公司	2017 年
田思维	女	1966 年	远安永安车桥有限责任公司	2017 年
刘建峰	男	1969 年	西陵区环卫处	2017 年
朱利民	女	1969 年	宜昌市总工会	2017 年
赵吉锋	男	1982 年	五峰三新供电服务有限公司	2017 年

三、宜昌五一劳动奖章获得者名录

2012 年宜昌五一劳动奖章获得者名录

张春雷 董 旭 夏义新 杨功会 吴触林 刘 芬 胡功松 谭永高 文鸿晨 聂才爱
高钰敏 李会兰 许结红 刘正斌 雷雪梅 陈 鸣 杜 红 王宋兰 蔡莉君 姚 虹

2014 年宜昌五一劳动奖章获得者名录

陈明海 蔡永喜 董朝路 刘向玉 刘茂军 郭汉闵 刘 宏 吴述兵 夏冬梅 李绪红
桑子阳 李玉兰 张 宜 王友贵 朱进超 赵 萍 张良原 李祥荣 李卫南 李冬萍
严光俊 黄爱华 闵泽萍 李玉林 殷 俊 张 华 刘劲松 叶 夏 周浚民 路跃疆

2015 年宜昌五一劳动奖章获得者名录

宋红久 刘华荣 余祥伍 鲜运来 袁新宏 陈 伟 王怀兵 龚小林 张开清 姜 华
汤小成 叶少芳 杜 兵 梅云军 屈 瑛 王 伟 吕玉俊 赵方钊 黄 川 艾书平
任光学 刘祖华 周忠来 邓义莲 刘建峰 邢春梅 杜发焱 冯振光 黄正杰 卢凤云
姜亦红 王宗军 胡家明 邹仁志 张化平 冷辉峰 刘祚华 蒋 燕 魏天桃 刘爱华
吴 镝 许 康 何 健 谭爱华 蒋爱群 孙孝华 严继宁 何 莹 赵 伟 潘 峰

2017 年宜昌五一劳动奖章获得者名录

邹　兵	肖文新	胡兰英	刘前生	李开梅	郭红莲	宿华萍	韩　帆	马国良	王　翼
焦海涛	路明清	李　军	郑承志	刘雪松	肖春艳	史江峰	张晶林	温大兰	钟安荣
黎　明	郭　强	毛金平	毛孔涛	方　亮	李晓菊	何儒荣	李书兵	吴林冲	庄联森
曹玲玲	张　克	黄昌先	张继红	熊长英	万永忠	王作明	齐光环	陈小清	余华刚
文银涛	李江涛	徐　红	刘南涛	周香玉	邓黎明	贺　韧	李文林	张学杰	

第三节　“荆楚工匠”“宜昌工匠”名录

一、“荆楚工匠”：

2016 年“荆楚工匠”名录

吴宝卿　宜昌金宝乐器制造有限公司环高分公司钢琴调音师、整音质量专员、高级工、首席整音技师

2016 年“荆楚工匠”提名奖名单

周磊　宜昌船舶柴油机有限公司冷作工、高级技师

二、“宜昌工匠”

2016 年“宜昌工匠”名录

辛祖善　湖北宜都中机环保工程有限公司首席工程师
杨文华　湖北三宁化工股份有限公司仪表车间主任
鄂　锋　凌云科技集团有限责任公司外勤机械工
郭士东　国网长阳县供电公司变电检修班班长
张定虎　夷陵区雾渡河文化体育服务中心主任
吴宝卿　宜昌金宝乐器制造有限公司环高分公司整音质量专员
梁　波　宜昌南玻硅材料有限公司还原工段长
黄孝华　湖北宜化化工股份有限公司肥业分公司技术员
向永曜　宜昌人福药业有限责任公司研发工程师
税元斌　宜昌博物馆文物修复员

2016 年“宜昌工匠”提名奖名录

杨先政　远安县鹿苑茶叶专业合作社助理农艺师
王明乾　湖北兴发化工集团股份有限公司机械专业 副总工程师
郑　伟　华新水泥（秭归）有限公司烧成车间主任
陈武红　湖北采花茶业有限公司副总经理
朱学雷　湖北力帝机床股份有限公司钳工二班班长
徐　健　宜昌市五环钻机有限公司车床工
熊南方　宜昌金宝乐器制造有限公司技术部经理
周　磊　宜昌船舶柴油机有限公司冷作工
黄东方　安琪公司烘焙与中华面食技术中心首席烘焙师、技术支持部部长
许玉生　宜昌桃花岭饭店股份有限公司餐饮部政务接待主厨

第四节　获得全国总工会、省总工会表彰的工会优秀工作者、优秀工会积极分子名录

一、全国优秀工会工作者名录

全国优秀工会工作者标兵

姓 名	职　　务	表彰时间
罗志勇	宜昌市总工会党组书记、常务副主席	2015

全国优秀工会工作者名录

姓 名	职　　务	表彰时间
甘长栋	枝江县文化宫主任	1993
金泽兰（女）	宜昌市总工会主席	1998
王玉秀（女）	宜昌市机械局工会主任	1998
龙　兵	国投原宜磷化工业集团公司工会主席	1998
李家发	宜昌交运集团有限责任公司工会主席	2003
李祥文	长阳土家族自治县总工会副主席	2003
杨先刚	人福药业工会主席	2008
龚万和	西陵区总工会常务副主席	2008
罗志勇	宜昌市总工会党组书记、常务副主席	2011
余秀碧（女）	沙龙宴工会主席	2011
戴　福	枝江市总工会党组书记、常务副主席	2013
王继平	远安县总工会党组书记、常务副主席	2013
徐圣凤（女）	宜昌市总工会党组成员、纪检组长	2015
王从容（女）	宜昌市中心人民医院工会主席	2015
彭　芳（女）	宜昌公交集团有限责任公司党委副书记、纪委书记、工会主席	2015
王建波	华强化工集团股份有限公司工会主席	2015
安世坤	远安县茅坪场镇煤炭行业工会联合会专职副主席	2015

二、全国优秀工会积极分子、全国优秀工会之友名录

（一）全国优秀工会积极分子名录

姓 名	职　　务	表彰时间
桑贤彬	中南橡胶厂党委书记	1993
覃甲春	当阳市委副书记、市政协主席	1998
杨绍安	宜昌市冶金工业公司钢铁职工管委会党委书记	2003
刘文英（女）	中国人民银行当阳支行副行长	2008

续表

姓 名	职 务	表彰时间
廖 伟	宜昌市建鑫实业有限公司工会主席	2008
万义甲	宜昌兴发集团有限责任公司办公室副主任、工会副主席	2013
何 兵	宜昌市伍家岗区财政局党组书记、局长、工会委员	2013

（二）全国优秀工会之友名录

姓 名	职 务	表彰时间
艾苍松	宜昌市人大常委会党组成员、宜昌市巡视员	2013

三、省工会优秀工会工作者名录

（一）省优秀工会工作者标兵名录

姓名	职 务	表彰时间
王亚君（女）	宜昌人福药业股份有限责任公司党委委员、工会主席	2015

（二）省优秀工会工作者名录

姓 名	职 务	表彰时间
王家俊	枝城市工人文化宫主任	1993
程明藻	远安县缫丝厂工会主席	1993
唐显怀	宜昌县供销社工会主席	1993
杨志明	长阳第一高级中学工会主席	1993
马彩花（女）	伍家岗区总工会主席	1993
闫红梅（女）	当阳市总工会主席	1993
陈正华（女）	宜昌市纺织品批发公司工会副主席	1993
望作敬	宜昌市印机厂工会主席	1993
王宏胜	宜昌市机床公司工会主席	1993
马克楠	宜昌纺机厂工会主席	1993
王国玉（女）	宜昌市中心医院工会主席	1993
聂邦龙	宜昌殷盐磷矿矿务局工会主席	1993
李厚德	枝江县供销总公司老周场供销社工会主席	1993
徐文英（女）	中南橡胶厂工会主席	1993
徐宇敬	宜昌市柠檬酸厂工会主席	1993
童瑞燕（女）	宜昌市第一针织厂工会主席	1993
杨卫红（女）	宜昌市东升织布厂工会主席	1993
杨绍安	宜昌市八一钢厂工会主席	1993
孙玉昌	宜昌市冶金公司工会主席	1993
金泽兰（女）	宜昌市总工会主席	1996
李秀珍（女）	宜昌市红旗电缆厂工会主席	1996
戴慧敏（女）	宜昌市颐环商业集团股份有限公司工会主席	1996

续表

姓 名	职 务	表彰时间
黄奉全	宜昌市粮食局工会主任	1996
胡世武	枝江县卫生局工会主席	1996
邱天华	宜昌树脂厂工会主席	1996
陈　勤	宜昌市八一钢铁集团公司女工主任	1996
陈泽益	枝城市公路管理段工会主席	1998
黄仁珍（女）	宜昌市直机关工会工作委员会主任	1998
张继红（女）	宜昌市中心人民医院工会主席	1998
陈泽亮	宜昌市水利水电局工会工作委员会主任	1998
邹丽华（女）	宜昌市教育工会主席	1998
戴慧敏（女）	宜昌颐环商业集团公司工会主席	1998
鲜　明（女）	宜昌市儿童公园工会主席	1998
何克全	五峰县建设环保局工会主席	1998
刘义铭	当阳供销社工会工作委员会主任	1998
徐成珍（女）	枝江市公路段工会主席	1998
王德海	宜昌县自来水公司工会主席	1998
余幼明（女）	宜昌市委副书记、市总工会主席	2003
周学文	宜昌市总工会党组书记、常务副主席	2003
何先玲（女）	宜昌市总工会副主席	2003
向　龙	远安县委常委、县总工会副主席	2003
杨士荣	宜都市总工会党总支书记、副主席	2003
陈永凤（女）	伍家岗区总工会常务副主席	2003
张代林	宜昌市明珠实业有限公司工会主席	2003
范　武（女）	宜昌市建设局工会副主任	2003
乔十庆	宜昌富磷集团公司工会主席	2003
郑献群（女）	宜昌市粮食局工会女职工委员会主任	2003
李德建	宜昌力帝实业集团有限责任公司工会主席	2003
付先凤（女）	猴王集团工会副主席	2003
李守彬	宜昌焦化煤气公司工会主席	2003
王亚非（女）	宜昌旭光棉纺织集团公司工会主席	2003
王自毅	湖北开关厂工会主席	2003
曾水清	湖北红旗电缆厂工会副主席	2003
邵菊萍（女）	宜昌市建筑安装工程总公司工会主席	2003
高珍珠（女）	宜昌市一人民医院工会主席	2003
张　蓉（女）	湖北宜昌棉纺织集团有限责任公司工会主席	2003
刘凯群	宜昌市公安局工会主任	2003
段天和	宜昌正大有限公司工会主席	2003
罗冬兰（女）	宜昌市总工会组织部部长	2005

续表

姓 名	职 务	表彰时间
何 平	宜昌市总工会生活部部长	2005
丁洪章	夷陵区总工会办公室主任	2005
杜岐山	市建设工会主任	2005
杨本珍（女）	市卫生局工会主任科员	2005
龚万和	西陵区总工会常务副主席	2005
曹恩春	当阳市总工会副主席、纪检组长	2005
项济萍（女）	宜昌市伍家岗区总工会协理员	2008
熊 虎	长阳土家族自治县总工会常务副主席	2008
王敬华	远安县茅坪场镇工会协理员	2008
李达明	宜昌市总工会宣教调研室主任	2008
任 云	宜昌市总工会副主席	2008
王发万	宜都市公路管理段工会主席	2008
刘远洲	枝江市卫生局工会主席	2008
李邦文	当阳市总工会副主席	2008
王代均	兴山县水月寺镇工会副主席	2008
杨小俐（女）	秭归隆盛针织有限公司工会主席	2008
谢远海	五峰土家族自治县渔洋关镇工会常务副主席	2008
姜声会	宜昌市夷陵区小溪塔街工会主席	2008
简菊安（女）	宜昌市西陵区窑湾乡工会副主席	2008
韩庆桥	宜昌市点军区总工会常务副主席	2008
杨道健	宜昌市猇亭区总工会主任科员	2008
李笃运	宜昌双汇食品有限责任公司工会主席	2008
毛社高	宜昌市环卫处工会主席	2008
陈德明	宜昌市第十一中学工会主席	2008
阳晓红（女）	中国人民银行宜昌分行工会办主任	2008
刘德明	宜昌市文化局工会主任	2008
赵思刚	宜昌市卫生局工会主任	2008
王继平	远安县总工会常务副主席	2011
徐圣凤（女）	宜昌市总工会	2011
彭 芳（女）	宜昌公交集团	2011
唐 红（女）	宜昌市交通运输局	2011
王从容（女）	宜昌市中心人民医院	2011
刘俊华	宜昌市第七中学	2011
刘金枝（女）	奥美枝江地区企业工会联合会	2011
江文平	当阳市总工会	2011
向志龙	远安荷花镇工会联合会	2011
李建国	长阳龙舟坪工会联合会	2011

续表

姓 名	职 务	表彰时间
邹远钦	夷陵区下堡坪乡工会联会	2011
黄应新	乐星湖开电气（湖北）有限公司	2011
段天和	宜昌正大有限公司	2011
熊 伟	西陵区窑湾乡茶庵村工会主席	2011
晏波云	宜都市总工会党组副书记、副主席	2013
向志龙	远安县荷花镇纪委书记、工会主任	2013
付正洲	枝江市马家店街道办事处工会主任	2013
熊秭江	宜昌市伍家岗区总工会常务副主席	2013
刘行成	宜昌市财政局工会主席	2013
陈邦进	宜昌市委市直机关工会主任	2013
梁高芳（女）	宜昌市社会福利院纪检委员、工会主席	2013
孙 杨	宜昌市教育局党组成员、工会主席	2013
赵训辉（女）	宜昌市妇幼保健院工会主席	2013
张仲毅	宜昌长机科技有限责任公司党委书记、副总经理、工会主席	2013
李祖新	宜昌市猇亭区总工会常务副主席	2013
黄 刚	宜昌市点军区总工会常务副主席	2013
王 红	宜昌市西陵区西陵街道办事处综治办副主任、工会副主席	2013
李卫东	宜昌市夷陵区公路管理局党总支副书记、工会主席	2013
张俊林	五峰土家族自治县总工会党组书记、常务副主席	2013
郭承轩	长阳土家族自治县榔坪镇工会主席	2013
秦移山	秭归县茅坪镇党委副书记、纪委书记、工会主席	2013
彭业勋	兴山县交通运输局党委委员、工会主任	2013
姜 萍（女）	宜昌桃花岭饭店股份有限公司党委委员、工会主席	2013
刘伟賨	湖北民康制药有限公司工会主席	2013
任 香（女）	当阳市总工会经审会主任	2013
李东海	宜昌市总工会生活保障部部长	2015
沈绪文	宜都市总工会党组书记、常务副主席	2015
姜红阳	宜昌西部化工有限公司工会主席、后勤主管	2015
邹志楠	兴山县古夫镇工会副主席	2015
郭从军	秭归县总工会党组书记、常务副主席	2015
张文华	湖北五洋新型建材有限公司党支部书记、副总经理、工会主席	2015
孙进丽	宜昌市夷陵区小溪塔街道办事处农业办主任、工会主席	2015
蔡宏斌	湖北西陵经济开发区管理委员会党工委委员、副主任、工会主席	2015
高洪亮	宜昌市燕狮科技开发有限责任公司党委副书记、工会主席	2015
苏新明	宜昌市点军区桥边镇党委委员、武装部长、工会主席	2015
胡文胜	兴发集团宜昌精细化工园党总支副书记、工会主席、古老背港务有限公司副总经理	2015
刘克贵	长阳土家族自治县鸭子口乡组织委员、工会主席	2015
刘 琼	湖北安琪生物集团有限公司工会副主席	2015

（三）省十佳百优工会干部名录

姓 名	职 务	表彰时间
罗志勇	市总工会党组书记、常务副主席	2014
王亚君（女）	宜昌人福药业有限责任公司工会主席、总裁助理	2014
牛焕菊（女）	宜昌市夷陵区三斗坪镇工会主席	2014
王建波	华强化工集团股份有限公司工会主席	2014
安世坤	远安县茅坪场镇煤炭行业工会联合会专职副主席	2014

四、省优秀工会积极分子、支持工会工作的优秀党政干部、企业领导名录

（一）省工会优秀积极分子名录

姓 名	职 务	表彰时间
曹光英（女）	宜昌市峡州宾馆接待科副科长、工会副主席	1993
向培道	秭归县橙汁厂支部副书记、工会主席	1993
宋发礼	宜昌市金属回收管理公司副经理	1993
陈学义	当阳市纺织工业局局长	1993
汪永淑（女）	兴山县实验初级中学教师、教育工会主席	1993
魏吉生	草埠湖农场宜昌商业公司副经理、分会主席	1993
向方会	宜昌市住宅建设总公司总经理	1993
林明华	宜昌三峡运输总公司货运一公司支部副书记、分会主席	1993
刘家俊	宜昌一中办公室主任、工会主席、教育工会兼职副主席	1993
周海林	枝江县马家店镇第三小学教师、校工会主席	1993
熊远干	宜昌市树脂厂电石车间副主任、分会主席	1993
郑洪英（女）	宜昌市宜通运输公司计统科副科长、机关工会主席	1993
李荣珍（女）	宜昌市再生资源开发公司副经理、工会主席	1993
童惠民（女）	宜昌市鑫海总公司一分厂财劳科长、分厂工会主席	1993
刘红星（女）	长阳县清江造纸厂计统科科长、女工主任	1993
牟自芬（女）	宜昌市电子管劳动服务公司副经理、公司分会主席	1993
刘　伟	宜昌市建安总公司第四分公司钢筋班长、工会委员	1993
汤廷渭	五峰县供销社党委副书记、工会主席	1993
廖应平（女）	宜昌市红星路小学教师、工会主席	1993
吴永梅（女）	宜昌市第二粮油公司行政科长、女工主任	1993
王宗树	宜昌药厂宣传部副部长、工会副主席	1993
熊佳明	宜昌市香溪河盐关煤矿安监员、工会干部	1993
冯运良	当阳市扬帆木业有限公司	1996
朱宏兰	宜昌县生活资料公司	1996
李　军	市实验小学	1996

续表

姓 名	职 务	表彰时间
齐福堂	市建委党委书记	1996
谭宏金	宜昌市三峡晚报社记者	1998
黄文学（女）	宜昌市阳光国贸（集团）有限责任公司国贸大厦副食商场党支部书记兼分会主席	1998
马芝昌	宜药（集团）有限责任公司职工体协理事	1998
程晓琳	猴王集团公司副总经理	1998
郑以菊（女）	草埠湖管理区二分场兼职工会副主席	1998
张光涛	宜昌市万寿桥街道办事处副主任	1998
陈慕雪（女）	宜昌市儿童食品厂兼职工会主席	1998
王家雷	枝城熊渡电业（集团）公司副董事长、总经理	1998
赵春华	亚元科级（中国）电子有限公司总经理	2003
刘拥军	宜昌开发区东苑管理区质保主任	2003
施维韬（女）	宜昌市财政局助理经济师	2003
李瑾瑜（女）	点军区桥边镇党委副书记、纪委书记	2003
周从元	湖北三宁化工股份有限公司党委副书记	2003
王昌才	秭归县公路段办公室主任	2003
李昌和	宜昌市兴泰织布厂供销科长	2003
祝胜清（女）	湖北山山林业（集团）股份有限公司再就业中心主任	2003
陈清琳（女）	宜昌市科技局外事科长	2008
何金远	宜昌市劳动和社会保障局纪检组副组长、监察室主任	2008
柳明强（女）	宜昌市民政局科长	2008
何广文	宜昌市水产科学研究所党支部书记、所长	2008
王德敏（女）	宜昌市供销合作社监察室主任	2008
任永杰	宜昌市委机要局副局长	2008
谢兆海	宜昌市商业银行纪委副书记	2008
杨建明	宜昌市粮食局副调研员	2008
周代美（女）	宜昌市沙龙宴餐饮有限责任公司旗舰店分营销部经理	2008
杨　超	黑旋风锯业有限责任公司中间库班长	2008
张春菊（女）	宜都工业园区办公室员工、工会委员	2013
孙长翠（女）	宜昌市猇亭区非公企业办公室副主任、工会委员	2013
谭　燕（女）	湖北龙腾红旗电缆（集团）有限公司行政总监、工会主席	2013
向宏英（女）	中国人民银行五峰土家族自治县支行职员、工会委员	2013
胡玉红（女）	长阳土家族自治县卫生局人事股长、工会副主席	2013
马尚钦	秭归县交通运输局党组成员、办公室主任、工会委员	2013
周　波	枝江楚天塑业有限公司党支部书记、工会主席	2013
姚科红（女）	当阳市环境保护局监测室主任、工会委员	2013

（二）省工会表彰的支持工会工作的优秀党政干部

姓　名	职　务	表彰时间
周水舟	宜昌市委副书记、市委党校校长	2003
杨保平	当阳市委书记	2003
艾苍松	宜昌市人大副主任	2008
张为民	宜昌市人大副主任	2008
李盈奕	宜昌市政协副主任	2008
崔炳森	宜昌市国税局副局长	2008

（三）省总工会表彰的支持工会工作的优秀企业领导名录

姓 名	职　务	表彰时间
张光美	宜昌市沙龙宴餐饮有限责任公司董事长	2008
蔡宏柱	湖北稻花香集团党委书记、董事长	2008

第五节　全国“五一劳动奖状”、省“五一劳动奖状”、全国“工人先锋号”先进班组、省“工人先锋号”先进班组、宜昌“五一劳动奖状”、省、市级创新（劳模）工作室名录

一、全国五一劳动奖状先进集体名录

宜都市铸造厂食锅车间炉工班　1990 年
猴王集团　1993 年
安琪酵母股份有限公司　2001 年
湖北枝江酒业股份有限公司　2004 年
宜昌交警支队车管所　2004 年
宜昌兴发集团有限责任公司　2006 年
宜昌人福药业有限责任公司　2009 年
湖北三宁化工股份有限公司　2012 年
宜昌萧氏茶叶集团有限公司　2013 年
湖北宜昌交运集团股份有限公司　2014 年

二、全国工人先锋号先进班组名录

当阳市公路管理办玉阳公路养护有限责任公司　2008 年
宜昌交运集团宜昌长途客运站售票服务部　2009 年

宜昌公交集团有限责任公司23路公交线	2011年
宜昌东阳光生化制药有限公司质量科QC微生物组	2012年
宜昌市林业局宜昌国有大老岭林场	2013年
宜昌市供电公司检修公司配电运检工区运维抢修一班	2013年
湖北采花茶业有限公司精制车间	2014年
宜昌市盛龙出租汽车有限公司刚毅车队	2015年
宜昌市中心人民医院重症医学科	2016年
宜昌三峡广播电视总台《直播宜昌》栏目组	2017年
湖北土老憨调味食品股份有限公司灌装车间	2017年

三、湖北省五一劳动奖状先进集体名录

2004年湖北五一劳动奖状先进集体

宜昌兴发集团有限责任公司
湖北省电力公司宜昌供电公司
宜昌市公安局交警支队车辆管理所

2006年湖北五一劳动奖状先进集体

湖北清河纺织集团有限责任公司

2008年湖北五一劳动奖状先进集体

湖北清河纺织集团有限责任公司

2009年湖北五一劳动奖状先进集体

湖北三宁化工股份有限公司
宜昌市总工会
长阳自来水公司
宜都市总工会
宜昌供电公司当阳电力联营公司

2010年湖北五一劳动奖状先进集体

宜昌市交运集团
远安职业教育中心学校
兴山天星电力公司
三峡全通涂镀板股份有限公司第一分厂
宜昌市殡葬管理所礼殡班

2011年湖北五一劳动奖状先进集体

宜昌市公安局交警支队三峡坝区大队
中国移动通信集团湖北有限公司宜昌分公司
宜都市鑫圣陶瓷有限公司

2012年湖北五一劳动奖状先进集体

宜昌市行政服务中心

宜昌市总工会困难帮扶中心

湖北广盛建设有限公司

2013年湖北五一劳动奖状先进集体

宜昌南玻硅材料有限公司

宜都市供水总公司

枝江奥美医疗用品有限公司

葛洲坝当阳水泥有限公司

湖北楚园春酒业有限公司

兴山县第一中学

湖北清江画廊旅游开发有限公司

宜昌市夷陵区公路管理局

宜昌康鑫医药经销有限公司

宜昌劲森光电科技股份有限公司

宜昌长机科技有限责任公司

宜昌市中心人民医院

宜昌市动物卫生监督所

宜昌市固废处置管理中心

宜昌市夷陵中学

湖北中烟工业有限责任公司三峡卷烟厂

中科恒达石墨股份有限公司工会委员会

2014年湖北五一劳动奖状先进集体

宜昌市社会福利院

宜昌公交集团有限责任公司

2015年湖北五一劳动奖状先进集体

宜昌市城市桥梁建设投资有限公司

2016年湖北五一劳动奖状先进集体

宜昌三峡广播电视总台

湖北任森农业科技发展股份有限公司

2017年湖北五一劳动奖状先进集体

宜昌金宝乐器制造有限公司

宜昌市特殊教育学校

宜昌高新区管委会

四、湖北省工人先锋号先进班组名录

2010 年湖北省工人先锋号先进班组

湖北移动通信有限责任公司宜昌分公司运维部交换班
宜昌公交集团有限责任公司 100 路公交线

2011 年湖北省工人先锋号先进班组

宜昌市广播电影电视局《直播宜昌》栏目组
宜昌公交集团有限责任公司宜昌港汽车客运站售票班

2012 年湖北省工人先锋号先进班组

湖北宜化集团有限责任公司氯碱事业部烧碱一班

2013 年湖北省工人先锋号先进班组

湖北三宁化工股份有限公司 CPL 工程热电片区班组
宜都市枝城装卸运输公司浮吊操作班
华新水泥(宜昌)有限公司采石车间/铲运班
湖北三宁化工股份有限公司氮肥厂造气车间制气工段
当阳市人民医院肝胆外科
兴山县国家税务局办税服务厅
华新水泥（秭归）有限公司质量控制部化验室
湖北任森农业科技发展股份有限公司淀粉车间
湖北采花茶业有限公司精制车间
宜昌三峡广播电视总台《宜昌新闻》栏目组
三峡植物园宜昌市林科所
安琪酵母股份有限公司中试车间
宜昌公交集团 103 路公交线路
中国移动湖北有限公司宜昌分公司夷陵区东湖大道营业厅
中国石油天然气股份有限公司湖北宜昌销售公司枝江服务区加油站
宜昌市沙龙宴餐饮有限责任公司旗舰店分会

2014 年湖北省工人先锋号先进班组

凯普松电子科技（宜昌三峡）有限公司何忠于劳模创新工作室
宜昌市中医医院烧伤整形科
宜昌市伍家岗区大公桥街道办事处力行街社区网格管理站
宜昌市公路管理局城区分局江南养护站
国网宜昌市夷陵区供电公司客户服务中心

2016 年湖北省工人先锋号先进班组

湖北土老憨调味食品股份有限公司灌装车间

湖北关公坊酒业股份有限公司生产三车间包装十班
宜昌金宝乐器制造有限公司音源车间
宜昌市特殊教育学校培智部
宜昌市疾病预防控制中心公共卫生监测所
宜昌天美国际化妆品有限公司生产一部混粉班
宜昌帝元医用材料有限公司织造乙班
宜昌市中心血站采血服务科
宜昌供电公司检修分公司变电运维室长阳运维班
中国农业银行当阳市支行营业部
宜昌金宝乐器制造有限公司总装车间

五、宜昌市五一劳动奖状名录

2012 年宜昌五一劳动奖状先进集体

宜昌劲森光电科技股份有限公司
宜昌长机科技有限责任公司
湖北楚园春酒业有限公司
宜昌市社会福利院
宜昌市疾病预防控制中心

2014 年宜昌市五一劳动奖状先进集体

宜昌市新丰机电设备制造有限公司
湖北开元化工科技股份有限公司
湖北澳利龙食品集团
国网湖北省电力公司远安县供电公司
兴山县职业教育中心
秭归县屈原艺术团
宜昌清江电气有限公司
湖北采花茶业有限公司
中国人民银行宜昌县支行
宜昌工贸家电商贸有限公司
宜昌国明劳务有限公司
中铁大桥局股份有限公司宜昌庙嘴长江大桥项目经理部
欧达宜昌机电设备制造有限公司
湖北华润科技有限公司
宜昌市房地产登记交易中心
宜昌市第一中学
宜昌市妇幼保健院
宜昌三峡广播电视总台
宜昌市工商行政管理局登记注册分局
中国电信股份有限公司宜昌传输局

2015 年宜昌市五一劳动奖状先进集体

湖北土老憨生态农业集团
宜都市职业教育中心
国网枝江市供电公司
华润雪花啤酒（宜昌）有限公司
华强化工集团股份有限公司
湖北宝加利陶瓷有限公司
湖北吉星化工集团有限责任公司
宜昌鸿昌电子有限责任公司
宜昌飞鹰电子科技有限公司
湖北长阳农村商业银行股份有限公司
五峰赤诚生物科技股份有限公司
宜昌市夷陵区环境卫生管理处
宜昌市夷陵区地方税务局
宜昌蓝天气体有限公司
宜昌市伍家岗区国家税务局
湖北宇星置业发展有限公司
湖北兴瑞化工有限公司
宜昌创新企业孵化管理有限公司
宜昌市红十字中心血站
宜昌市救助管理站
宜昌市特殊教育学校
湖北宜昌交运集团股份有限公司宜昌汽车客运中心站
宜昌市中级人民法院民事审判第一庭
湖北移动枝江分公司
长江宜昌航道工程局

2017 年宜昌市五一劳动奖状先进集体

宜昌东阳光长江药业股份有限公司
湖北天宜机械股份有限公司
枝江市国家税务局
湖北三宁化工股份有限公司销售公司
湖北东田光电材料科技有限公司
宜昌新成石墨有限责任公司
远安县人民医院
兴山县蓝天酒店管理有限公司
湖北仕外田源网商股份有限公司
湖北沛函建设有限公司
宜昌长乐投资集团有限公司
湖北夷陵经济发展集团有限公司

湖北昌耀新材料股份有限公司
宜昌市民富出租车有限公司
湖北龙腾红旗电缆（集团）有限公司
宜昌正大有限公司
宜昌南玻显示器件有限公司
宜昌市城建项目管理中心
宜昌市机电工程学校
湖北冠博物业管理有限公司
三峡食品药品检验检测中心
国网湖北省电力公司宜都市供电公司
宜昌市卫生计生综合监督执法局

六、2015 年湖北省示范（劳模）创新工作室名录

宜昌公交集团有限责任公司宋俊明劳模创新工作室

七、湖北省职工（劳模）创新工作室名录

2015 湖北省职工（劳模）创新工作室

李莉娥劳模创新工作室
何忠于劳模创新工作室
新华劳模创新工作室
林高劳模创新工作室

2016 湖北省职工（劳模）创新工作室

舒德华劳模创新工作室
陈卫国劳模创新工作室
高钰敏劳模创新工作室
馆袁裕校劳模创新工作室
李净劳模创新工作室

2017 湖北省职工（劳模）创新工作室

黄俊杰劳模创新工作室
李红艳劳模创新工作室
刘建峰劳模创新工作室
胡华平劳模创新工作室
马明华劳模创新工作室
周华雄劳模创新工作室
屈云创新工作室

八、宜昌市示范职工（劳模）创新工作室名录

2015 年宜昌市示范职工（劳模）创新工作室

李莉娥劳模创新工作室
宋俊明劳模创新工作室
何忠于劳模创新工作室
刘长艳劳模创新工作室
许新华劳模创新工作室
刘发英劳模创新工作室
秭归供电求索创新工作室
杜远立劳模创新工作室
林高劳模创新工作室
徐年声劳模创新工作室

2016 年宜昌市示范职工（劳模）创新工作室

蔡永喜劳模创新工作室
李净劳模创新工作室
李文英创新工作室
舒德华劳模创新工作室
傅高忠劳模创新工作室
桃花岭小学春蕾创新工作室
屈云创新工作室
陈卫国劳模创新工作室
高钰敏劳模创新工作室
梁高芳劳模创新工作室

2017 年宜昌市示范职工（劳模）创新工作室

李红艳劳模创新工作室
杨邦俊创新工作室
李正伦劳模创新工作室
刘建峰劳模创新工作室
胡华平劳模创新工作室
马明华劳模创新工作室
杜德兵创新工作室
潘峰劳模创新工作室
虞云峰劳模创新工作室
朱少华劳模创新工作室

九、宜昌市职工（劳模）创新工作室名录

2015 年宜昌市职工（劳模）创新工作室

李莉娥劳模创新工作室
宋俊明劳模创新工作室
何忠于劳模创新工作室
刘长艳劳模创新工作室
许新华劳模创新工作室
刘发英劳模创新工作室
秭归供电求索创新工作室
杜远立劳模创新工作室
林高劳模创新工作室
徐年声劳模创新工作室
杨承清劳模创新工作室
蔡永喜劳模创新工作室
陈红涛劳模创新工作室
李文英劳模创新工作室
李净劳模创新工作室
张大平劳模创新工作室
华强化工职工创新工作室
朱琼英劳模创新工作室
李正伦劳模创新工作室
王宪林创新工作室
唐德池劳模创新工作室
汪家新劳模创新工作室
舒德华劳模创新工作室
傅高忠劳模创新工作室
桃花岭小学春蕾创新工作室
邹秀兰劳模创新工作室
胡运桃劳模创新工作室
王昌胜创新工作室
陈卫国劳模创新工作室
屈云创新工作室
高钰敏劳模创新工作室
智通兵劳模创新工作室
任稚萍劳模创新工作室
梁高芳创新劳模工作室
潘峰创新工作室
袁裕校劳模创新工作室
冯万玲劳模创新工作室

冉斌劳模创新工作室
黄强创新工作室
毛传均劳模创新工作室

2016 年宜昌市职工（劳模）创新工作室

向念劳模创新工作室
杨邦俊创新工作室
冯万鹏创新工作室
张健创新工作室
黄小波创新工作室
袁新宏劳模创新工作室
毛建军劳模创新工作室
吴光美劳模创新工作室
周华雄劳模创新工作室
赵方钊劳模创新工作室
王兴国劳模创新工作室
严高红劳模创新工作室
任光学劳模创新工作室
李红艳劳模创新工作室
牛焕菊劳模创新工作室
龚家宜劳模创新工作室
刘建峰劳模创新工作室
胡华平劳模创新工作室
幸建华创新工作室
赵金强创新工作室
姜亦红劳模创新工作室
马明华劳模创新工作室
虞云峰劳模创新工作室
朱少华劳模创新工作室
向军劳模创新工作室
谭爱华劳模创新工作室
杨树德创新工作室
王华君劳模创新工作室
杜德兵创新工作室
孙鹤霞劳模创新工作室

2017 年宜昌市职工（劳模）创新工作室

黄俊杰劳模创新工作室
辛祖善创新工作室
覃超创新工作室

黄卫民劳模创新工作室
刘廷劳模创新工作室
赵贵洲劳模创新工作室
简开贵劳模创新工作室
孙文庆劳模创新工作室
王辉军劳模创新工作室
郑家宝劳模创新工作室
尹春云劳模创新工作室
林也诗劳模创新工作室
毛业富创新工作室
占贤富创新工作室
张明星劳模创新工作室
高明书劳模创新工作室
王中锋创新工作室
胡书琴劳模创新工作室
余金桥劳模创新工作室
卢凤云劳模创新工作室
向阳创新工作室
罗扬劳模创新工作室
王迎难劳模创新工作室
张继红劳模创新工作室
晓梅创新工作室
戴大荣劳模创新工作室
徐刚劳模创新工作室
杨善全劳模创新工作室
董蓉劳模创新工作室
李均劳模创新工作室

第六节　全国总工会、市总工会分别授予 30 年以上和 20 年以上工会工作荣誉证书名录

一、2005 年中华全国总工会颁发的从事工会工作 30 年以上荣誉证书和纪念章名录

姓名	职　务
石明光	宜昌市总工会离休干部
毛传义	宜昌市总工会离休干部
黄显宁	宜昌市总工会退休干部
张兴本	宜昌市总工会退休干部
盛之衔（女）	宜昌市总工会退休干部

续表

姓 名	职 务
樊盛信	宜昌市总工会退休干部
杜国胜	宜昌市总工会退休干部
郭 勇	宜昌市总工会退休干部
杜心宁	宜昌市总工会经审主任
许和平（女）	宜昌市总工会女工主任
张 俊	宜昌市总工会科长
高 勇	宜昌市总工会干事
马祖福	宜昌市总工会办事员
何德进	宜昌市总工会职工技协会计
高应会（女）	兴山县总工会部长

二、2008 年宜昌市总工会授予 20 年以上工会工作荣誉证书名录

黄显宁 宜昌市总工会
张兴本 宜昌市总工会
毛传义 宜昌市总工会
王宗新 宜昌市总工会
石明光 宜昌市总工会
伍明万 宜昌市总工会
盛之衔(女) 宜昌市总工会
雷全秀(女) 宜昌市总工会
王昌元(女) 宜昌市总工会
罗冬兰(女) 宜昌市总工会
许和平(女) 宜昌市总工会
杜心宁 宜昌市总工会
李昌清 宜昌市总工会
黎开智 宜昌市总工会
郑永安 宜昌市总工会
张信甫 宜昌市总工会
何先玲(女) 宜昌市总工会
刘金莲(女) 宜昌市总工会
金 浩 宜昌市总工会
李 兵(女) 宜昌市总工会
余其琼(女) 宜昌市总工会
何 平 宜昌市总工会
郝丽华(女) 宜昌市总工会
陈卫平 宜昌市总工会
沈襄咸 宜昌市总工会
高 勇 宜昌市总工会
杜云年 宜昌市总工会
张良雄 宜昌市总工会
雷 斌 宜昌市总工会
宋新兰(女) 宜昌市总工会
宋宜亮 宜昌市总工会
刘 冰 宜昌市总工会
马祖福 宜昌市总工会
王 平 宜昌平湖工人疗养院
刘世富 宜昌平湖工人疗养院
张咏梅(女) 宜昌平湖工人疗养院
宋 玲(女) 宜昌平湖工人疗养院
周从新 宜昌平湖工人疗养院
陈传政 宜昌平湖工人疗养院
汪维平 宜昌平湖工人疗养院
张玉翔 宜昌平湖工人疗养院
巴晓萍(女) 宜昌平湖工人疗养院
石卫东 宜昌平湖工人疗养院
胡启华 宜昌平湖工人疗养院
侯 毅 宜昌市工人文化宫
张 俊 宜昌市工人文化宫

杨寒妹(女)	宜昌市工人文化宫	屈　秀(女)	当阳市总工会
严　彦(女)	宜昌市工人文化宫	雷远新	当阳市总工会
朱德鸣	宜昌市工人文化宫	聂朝华	当阳市总工会
闵　军	宜昌市工人文化宫	曹　杰(女)	当阳市工人文化宫
郭　伟	宜昌市工人文化宫	黄永耀	当阳市工人文化宫
陶丛喜	宜昌市工人文化宫	戈应柱	当阳市工人文化宫
陈　闯	宜昌市工人文化宫	邓　军(女)	当阳市工人文化宫
冯　晶	宜昌市工人文化宫	杨建国	当阳市工人文化宫
彭广权	宜昌市工人文化宫	艾荣贵	当阳市教育局
黎开斌	宜昌市工人文化宫	高应会(女)	兴山县总工会
杜国胜	宜昌市工人文化宫	韩跃鸣	长阳土家族自治县总工会
张筱红(女)	宜昌市工人文化宫	郝应珍(女)	五峰土家族自治县总工会
张兆兰(女)	宜昌市工人文化宫	王世华(女)	五峰土家族自治县总工会
樊盛信	宜昌市工人文化宫	苏新春(女)	五峰土家族自治县总工会
郭　勇	宜昌市工人文化宫	余明山	五峰土家族自治县总工会
马松山	宜昌市职工会职工学校	何克全	五峰土家族自治县总工会
竺宝英(女)	宜昌市职工会职工学校	高宏美(女)	五峰土家族自治县教育局
余汉陵	宜昌市职工技术协作中心	祝胜清(女)	湖北山山林业有限公司
何德进	宜昌市职工技术协作中心	王丽霞(女)	夷陵区总工会
罗　峰	宜昌市职工技术协作中心	王少华(女)	夷陵区总工会
冯新建	宜昌市职工技术协作中心	张　军	夷陵区房管局
杨成松	宜都市总工会	胡慧敏(女)	西陵区总工会
周远银	宜都市总工会	望作容	西陵区窑湾乡
杨士荣	宜都市总工会	简菊安(女)	西陵区窑湾乡
黄昌乐	宜都市总工会	满富春	宜昌市竞峰建筑安装公司
张道海	宜都市总工会	赵琼芳(女)	西陵区滨江小学
胡祖元	宜都市总工会	慎承芳(女)	西陵区教育局
谭远斌	宜都市邮电局	刘恒理	西陵区三江小学
朱俊典(女)	宜昌三峡运输公司	张燕萌(女)	西陵区三红小学
周计秒	枝江市总工会	黄冬玉(女)	西陵区三江小学
张青艾(女)	枝江市总工会	杨德强	宜昌市实验小学
甘长栋	枝江市工人文化宫	吴发珍(女)	西陵区刘家大堰小学
郑万府	枝江市工人文化宫	孙红洁(女)	西陵区葛洲坝实验小学
方明远	枝江市工人文化宫	汪荣花(女)	宜昌市电影发行放映公司
郑亚华	枝江市工人文化宫	秦春迎(女)	宜昌市电影发行放映公司
杨道萍(女)	枝江市工人文化宫	魏光德	宜昌市歌舞剧团
曾凡敏(女)	枝江市工人文化宫	林学慧(女)	宜昌市艺术学校
徐　慧(女)	枝江市工人文化宫	余秀翠(女)	宜昌市博物馆
宋宏芹(女)	枝江市工人文化宫	梁玉兰(女)	宜昌市图书馆
李代华	湖北枝江酒业公司	刘德英(女)	宜昌民政优抚医院

王晓华(女)	宜昌市第二十中学	徐海云	宜昌市帝建建设工程有限责任公司
王全兴	宜昌市第十一中学	谢赴东	宜昌市帝建建设工程有限责任公司
杨本珍(女)	宜昌市卫生局	邓云玉(女)	湖北宜化集团
叶　玲(女)	宜昌市第二人民医院	杜承玉(女)	宜昌人福药业有限公司
胡慕蓉(女)	宜昌市第三人民医院	胡新桥	中央储备粮宜昌直属库
王永炯(女)	宜昌市中医院	郭万龙	经纬纺机宜昌纺机分公司
李有成	宜昌市卫校(附属医院)	董明刚	湖北煤炭地质一二五队
何坤生	宜昌市国营大老岭林场	王惠建	湖北煤炭地质一二五队
王乐金	宜昌市林业科学研究所		

附　录

中共宜昌市委关于全心全意依靠职工办企业的实施意见

（1999 年 12 月 23 日）

为了认真贯彻党的十五大精神，坚持党的全心全意依靠工人阶级的方针，真正把江泽民同志提出的“政治上保证，制度上落实，素质上提高，权益上维护”的要求落到实处，在推进企业的改革、发展与稳定中充分发挥工人阶级的主力军作用，现根据鄂发【1999】14 号文件精神，就全心全意依靠职工办企业提出如下意见。

一、坚定不移地贯彻落实党的全心全意依靠工人阶级的根本指导方针

1、全心全意依靠工人阶级是我党一贯坚持的根本指导方针。工人阶级作为党的阶级基础是我们国家的领导阶级，在深化改革、促进发展和保持社会稳定的大局中起着十分重要的作用。在社会主义条件下，必须全心全意依靠工人阶级办企业。党领导改革开放和社会主义现代化建设的全部活动和整个过程都必须全心全意依靠工人阶级，任何时候任何情况下都不能动摇。各级党委、政府（行政）和工会组织要从坚持社会主义方向，巩固党的执政地位，实现跨世纪发展宏伟目标，保持国家长治久安，顺利推进改革开放和经济发展的高度，充分认识全心全意依靠工人阶级的极端重要性，始终不渝地坚持这一根本指导方针。

2、依靠职工办企业的基本要求是：在政治上保证职工群众的主人翁地位，调动广大职工的积极性和创造性。重视发挥工人阶级的主力军作用；在制度上落实职工群众参与管理国家和社会事务，参与企业民主管理、民主监督；在经济上依法维护职工群众的合法权益，认真解决职工群众在就业、分配、劳动保护和社会保障等方面的实际问题；加强工人阶级队伍的自身建设，努力提高职工群众的思想觉悟和科学文化素质。

3、高度重视工会工作。工会是党领导的工人阶级群众组织，是党联系职工群众的桥梁和纽带，肩负着职工群众合法权益的代表者和维护者的神圣职责，忽视工会工作就谈不上依靠工人阶级。各级党委、政府（行政）要支持工会依照《宪法》《劳动法》《工会法》和《中国工会章程》等法律章程，独立自主，创造性地开展工作，充分发挥工会在管理国家和社会事务中的民主参与和民主监督作用， 防止和纠正随意撤并工会的现象。工会要积极配合党委、政府和行政做好工作，使企业的改革和发展获得最可靠的群众基础和力量源泉。

二、完善企业领导体制，建设一个坚定不移地依靠职工群众办企业的领导班子

4、按照十五届四中全会《决定》关于“加强企业领导班子建设，发挥企业党组织的政治核心作用，坚持全心全意依靠工人阶级的方针”的要求，选拔配备好企业领导班子，完善企业领导体制。坚持对企业领导班子进行党的全心全意依靠工人阶级方针教育、群众路线教育、民主与法制教育，并把是否坚持依靠职工办企业作为考核企业领导和对企业进行综合考核、评先的重要内容和标准。推动企业制定职工民主参与、民主管理和民主监督的具体制度和措施，把依靠职工办企业的方针真正落到实处。

5、企业党组织要协调好企业行政与职工、企业行政与工会的关系，维护职工的民主权利和切身利益；厂长（经理）要认真执行党和国家的有关法律法规，正确行使生产经营管理权，支持职工（代表）大会行使职权，执行职工（代表）大会依法作出的决定、决议，自觉接受职工群众的评议和监督；工会要教育职工支持厂长（经理）依法行使经营管理权，动员职工积极参与企业改革，努力提高企业经济效益，组织职工参与企业民主管理，维护职工合法权益。

三、加强基层民主政治制度建设，建立和健全依靠职工办企业的有效机制

6、坚持和完善职工代表大会制度。国有企业、公有资产控股的公司制企业和集体企业，应坚持和完善以职工代表大会为基本形式的职工民主管理制度。公司制企业股东大会、董事会研究决定生产经营的重大问题，制定重要的规章制度及研究涉及职工利益的重大问题时，应事先听取工会和职工意见，并请工会或职工代表参加会议。属于职代会职权范围内的问题必须提交职代会审议、通过或决定。

股份合作制企业实行职工股东大会制度或职代会、股东大会并存制度。职工股东大会兼行职工代表大会和股东大会的职能，企业工会是工作机构。在选举企业董事会、监事会成员，讨论决定投资决策和涉及劳动者利益的重大问题时，应实行有三分之二以上人数同意才能通过的表决方式。

其他不同所有制、不同经营方式的企业要从实际出发，通过职工（代表）大会或工会会员代表大会、劳资协商会议、工会委员会等形式参加或列席董事会、经理办公会，通过工会主席和职工代表依法反映工会和职工的意见、建议和要求，组织职工参与企业管理。

7、在企业改制改组中，要组织工会和职工代表参与企业改革全过程。企业的重大资产核定和财产清查工作要吸收职工代表参加；企业的改制方案及章程必须提交全体职工讨论，由职代会审议通过。企业上报的改制方案须附有职工代表大会的决议。同时，在筹集股金时应尊重职工意愿，不得强迫职工入股，不得歧视未入股职工，用人单位不得以未入股为由任意降低职工劳动报酬和福利待遇。不得停缴职工养老、失业保险费、医疗保险金或安排职工下岗，更不得以此为由解除与职工的劳动关系。企业兼并、联营、租赁、破产、拍卖，须经职工代表大会讨论通过，严格按有关法规进行。

8、建立职工董事、职工监事制度。国有独资公司、公有资产控股的有限责任公司、股份有限公司的董事会中，应有一定数量由公司职工民主选举产生的职工代表。公司制企业的监事会成员中，要有适当的公司职工民主选举产生的职工代表。董事会、监事会中职工代表的具体人数应在公司章程中作出规定。职工董事和职工监事提名，要在企业党委的主持下，由工会组织提名，并经组织人事部门考察后提请职工代表大会选举产生。公司工会主席、副主席经职代会推选，作为职工代表进入董事会、监事会。职工董事、职工监事在任职期间，享有与其他董事、监事同等的权利和义务，并定期向职代会报告工作情况。公司董事会每年要向职代会报告工作，接受职工群众监督。

9、建立职代会对企业领导干部每年民主评议一次的制度。国有企业、公有资产控股的公司制企业和集体企业，应建立健全职代会对企业领导干部的民主评议制度。每年评议一次；上级组织人事部门考核企业干部，要将职代会民主评议结果作为奖惩、任免的重要依据；民主评议必须有职代会三分之二以上代表参加。凡在民主评议中不称职和基本称职票超过半数以上的干部，经组织部门考核认定后不得任命使用，并分不同情况给予诫勉、降职、免职。企业业务招待费使用情况和领导干部廉洁自律情况，要定期向职代会报告。

10、积极推行厂务公开制度。国有企业、公有资产控股的公司制企业和集体企业，除国家法律规定的保密事项外，其他的重大事项应向职工公开，让职工知情，接受职工监督。在坚持和完善以职代会为基本形式的一系列企业民主管理制度的同时，积极推进并建立健全厂务公开制度。要结合各地和各企业实际情况，确定原则，明确内容，规范程序。对企业的工程招标，领导干部出国（境）和个人廉洁自律情况、重大费用支出和业务招待费、住房分配、下岗分流等职工关注的厂务热点问题，让职工知道并参与议事，接受职工监督。

11、逐步建立民主选择企业经营者制度。公有产权占主导地位的企业经营者的产生和变更，要充分征求职工意见，做到民主推荐与上级主管部门考核任命相结合。国有中小企业，应加快推行由职工民主选举经营者的制度。城镇集体企业要按照《中华人民共和国城镇集体所有制企业条例》的规定，由职工民主选举或罢免企业经营者和管理人员。股份合作制企业的董事会和监事会成员，由职工股东大会选举产生。不设董事会的企业，由职工股东大会选举或聘任总经理。

四、切实维护职工合法权益，调动和保护职工群众的积极性

12、企业应依据《劳动法》的规定，建立平等协商、签订集体合同制度。凡涉及企业劳动关系和职工切身利益的问题，都要通过平等协商和集体合同的形式加以确定。工会与企业行政要对集体合同履行情况定期进行联合检查，并向职代会报告。集体合同草案或续签必须提交职代会讨论通过。新经济组织和小型企业比较集中的地区或行业，可签订区域性或行业性集体合同。企业必须依法与职工签订劳动合同，规范双方的权利和义务。

13、逐步建立调节劳动关系的协商机制。各地要积极建立由劳动行政部门、工会组织、经济综合管理部门三方共同调节劳动关系的协商机制，定期协商解决劳动关系中出现的矛盾和问题。进一步建立健全劳动仲裁组织，使调节劳动关系逐步走上规范化、法制化轨道。企业要依法建立劳动争议调解组织和劳动法律监督组织，企业劳动争议调解委员会主任由工会代表担任，职工代表和工会代表在调解委员会中的人数应占三分之二的比例。

14、切实做好国有企业下岗职工基本生活保障和再就业工作。国有企业要规范职工下岗程序，在制定减员增效，下岗分流的方案时，充分听取职工《代表》的意见，实施方案要由职代会讨论通过；为了保障职工家庭的基本生活，夫妻在同一企业的，不要安排双方同时下岗；不在同一企业的，如果一方已经下岗，另一方所在企业不要安排其下岗。要尽量避免全国及省、市级劳动模范、烈军属、残疾人和库区移民、征地农民下岗。企业安排职工下岗，必须同时制定下岗职工基本生活保障和再就业的措施；建立再就业服务中心，切实保障下岗职工的基本生活费发放和缴纳职工养老、失业和医疗保险费用，要实行企业安置、行业调剂、个人自谋职业和社会帮助安置相结合的办法，帮助下岗职工再就业。对为安置下岗职工再就业兴办的各类企事业，政府和有关部门应从资金、信贷、税费等方面给予优惠政策。要教育下岗职工转变就业观念，提高技能，拓宽就业渠道，鼓励、提倡和大力支持下岗职工依靠自己的力量就业创业。

15、建立按劳分配为主、多种分配方式并存，公开公正的企业内部分配制度。切实实行最低工资制，建立工资保证基金，确保职工基本生活，要体现效率优先、兼顾公平的原则，向有突出贡献的科技人员和生产一线苦脏累险岗位倾斜。企业经营管理者的工资要同企业经济效益、国有资产保值增值和职工工资增幅挂钩。逐步建立企业工资集体协商制度，职工的劳动报酬纳入集体合同草案，提交职工（代表）大会审议通过。企业不得随意压低、克扣和无故拖欠职工劳动报酬。

16、逐步建立和完善职工社会保障体系。积极推进职工养老、失业、医疗、工伤、生育保险等制度的改革，建立统一的社会保障管理机构，完善职工社会保障体系，并定期向职代会报告保险金缴纳情况。企业要依法为职工办理社会保险，按时足额缴纳保险金。切实关心困难职工和离退休职工的生活，通过建立“困难职工档案”，推行党政领导干部联系困难户等制度，支持工会办好职业介绍、职业培训机构和解困贸易市场，兴办职工消费合作社、职工住宅合作社、职工互助与互济事业，建立送温暖基金，逐步形成以送温暖工程为载体的职工互助补充保障体系。要加大对职工失业保险、基本生活等费用的收缴、发放的监督管理，接受各级工会组织的监督，并定期向社会公布收支情况。

17、进一步完善企业安全管理体制，严格执行国家劳动安全卫生规程和标准。各级政府及主管部门要加强对企业贯彻执行劳动保护法律法规的监督检查，支持工会代表职工依法行使劳动保护和安全生产监督检查的权力，参与企业新建、扩建、改建项目的“三同时”审查验收和重大安全事故的调查处理，搞好群众性劳动安全卫生工作。要切实维护女职工特殊利益，建立和完善女职工劳动保护设施，改善女职工的就业环境和劳动条件。

五、加强思想道德和文化技术教育，提高职工队伍的整体素质

18、坚持用邓小平理论教育职工群众。要组织好邓小平理论的学习，加强对职工群众的爱国主义、集体主义和艰苦奋斗教育，引导职工识大体、顾大局，增强主人翁责任感；引导职工爱岗敬业，遵章守纪，建立健全各行各业的职业道德规范，提高民主法制意识和职业道德、社会公德水平。

19、加强职工的岗前培训、转岗培训，引导职工结合生产和工作实际学习文化知识和科学技术，鼓励职工自学成才、岗位成才、切实做好职工技术能手的评选和工人技师、高级技师的考核评聘工作，加快职工队伍知识化进程，不断提高职工的科学文化技术水平。要鼓励和支持广大职工大力开展社会主义劳动竞赛、合理化建议和技术革新、技术协作、发明创造动活动，努力增产节约、增收节支，不断为提高经济效益，实现企业经营目标献计出力，建功立业。

20、积极创造有利于发挥工人阶级主力军作用的舆论氛围。要进一步加强党在职工特别是产业工人和科技人员中的工作，积极吸收符合党员条件的一线优秀工人和优秀科技人员、管理人员入党，充实一线党组织力量。要按照德才兼备原则，从优秀工人中选拔企业管理人员。要注重发挥劳模先进人物的表率作用，认真落实好劳模待遇，做好劳模管理工作，积极制定市级以上劳模享受一定津贴的文件；对有培养前途的劳动模范和先进工作者，要有计划地选送到大专院校和各级党校深造，为他们的成长创造条件。新闻单位要多宣传一线职工，多宣传一线劳模和先进人物的事迹。

六、加强和改善党对工会的领导，支持工会依法独立自主地开展工作

21、各级党委和企业党组织要进一步加强和改善对工会工作的领导。要支持工会按照职工的意愿和要求，依照法律和工会章程独立自主地开展工作。要把工会工作纳入重要议事日程，定期听取工会的汇报，及时研究工会提请讨论的重要问题，认真解决工会工作中遇到的重大问题和实际困难。支持工会依法维护职工合法权益。各级政府（行政）要更好地支持工会工作，通过多种形式及时通报有关政策法规及重要工作部署，研究解决工会反映职工群众的一些问题。在研究制定涉及职工利益的重大改革政策和措施时，必须充分听取工会的意见和建议，吸收同级工会参加其专门机构和参加会议，切实发挥工会的民主参与和民主监督作用。

22、加强工会领导班子和干部队伍建设。要认真落实中发【1981】24号，中发【1989】12号文件和鄂发【1999】14号、鄂办发【1997】3号文件精神，按企业党政副职的要求选好配强工会主席，工会主席是党员的应进同级党委，设常委的应进常委。民主选举的工会领导班子要保持相对稳定，任期内一般不要调整，确因工作需要调动基层工会主席、副主席时，应征得基层工会委员会和上级工会的同意，并履行有关程序。要保证工会应有的编制、机构和活动的开展。职工在200人以上的企业单位，要配备专职工会干部。大、中型企业设专职工会主席，小型企业不脱离（生产）工作岗位的工会干部，要保证他们每周不少于四小时从事工会工作的时间。对工会干部因维护职工合法权益而受到不公正对待或打击报复的现象，要坚决予以纠正，情节严重的要给予严肃处理。企业行政领导不宜兼任工会领导人。企业工会主席、副主席在任职期间，确需解除劳动关系的，应征得本企业工会委员会和上级工会的同意。鉴于目前国有（集体）企业产权关系和劳动关系的现状，企业工会主席个人劳动合同的签订与企业党政负责人一样对待。

23、企业改制工作中，工会组织的建立要与企业机构重组同步进行，任何企业都不得随意撤销工会组织或把工会组织与其他部门合并。对已撤销、合并工会的，必须坚决予以纠正。要加快外商投资企业、私营企业和乡镇企业的工会组建步伐。各级政府及经贸委、工商和劳动部门，在审查或批准企业有关合同、章程、注册登记和执行劳动监察时，要督促企业依法建立工会。对阻挠职工依法组建工会和阻挠工会开展活动的违法行为要坚决纠正。

24、企业、事业单位和机关要依照《工会法》的规定，按全部职工工资总额的2%，按期、足额向工会拨交经费。实行承包、租赁经营的企业，须将拨交工会经费列入承包、租赁合同。工资能按期发放的企业。对工会经费的拨交须同期落实。工会开展活动经费不足时，行政应予补助。工会组织开展的劳动竞赛、职工教育、困难救济等项活动，企事业单位应按有关规定给予经费保证。企业行政要为工会办公和开展活动，提供必要的设施和活动场所。基层工会专职工作人员的工资、奖金、补贴由所在单位行政支付，劳动保险和其他福利待遇等享受本单位职工同等待遇。工会的财产、房产、经费和政府拨给工会使用的不动产，任何组织和个人不得侵占、挪用和任意调拨。工会所属的企事业单位，其隶属关系不得随意改变。破产企业应将界定清产后属于工会所有的经费、财产，移交上级工会。

25、加强工会自身的改革和建设。各级工会要认真组织广大工会干部学习邓小平理论，学习党的路线方针政策，努力提高工会干部的思想政治素质和业务素质，做好自身的改革和发展工作。在突出维护职能的同时，全面履行好建设、参与、教育等各项社会职能，竭诚为职工群众办实事、办好事，努力赢得职工群众的信赖，使工会真正成为“职工之家”。

26、充分发挥企业纪检、监察部门的职能作用，坚决查处违反国家有关规定，侵犯职工合法权益的问题和案件，切实维护和保障职工的合法权益，确保全心全意依靠职工办企业的方针真正落到实处。

27、各地各单位应依据本《意见》，制定切实可行的实施办法，保证党的全心全意依靠工人阶级的方针切实得到贯彻落实。机关、事业单位可参照本意见执行。

中共宜昌市委关于加强和改进工会工作的意见

（2010年5月4日）

为全面贯彻党的十七大和十七届四中全会精神，深入学习实践科学发展观，认真落实中央、省委关于工会工作的系列重要指示精神，充分发挥工会组织在促进宜昌经济社会又好又快发展中的重要作用，现就进一步加强和改进工会工作提出如下意见。

一、充分认识进一步加强和改进工会工作的重要意义，明确新时期工会工作的总体要求

1、进一步加强和改进工会工作重要性和紧迫性。随着改革开放不断推进和市场经济深入发展，尤其是经济全球化给我国经济关系和劳动关系带来广泛影响，职工队伍结构、思想观念、就业方式、利益诉求出现新情况新变化。面对这一新形势，各级工会在维护职工队伍团结、工会组织统一、职工权益和发展和谐劳动关系、扩大组织覆盖面等方面责任更加重大，任务更加繁重。进一步加强和改进新时期工会工作，对于维护改革、发展和稳定大局具有十分重要的意义。要深刻认识进一步加强和改进新时期工会工作的重要性和紧迫性，全面落实党的全心全意依靠工人阶级的指导方针，切实加强和改进对工会工作的领导，支持工会依照法律和章程创造性地开展工作，充分发挥工会组织的优势和作用。

2、明确进一步加强和改进工会工作的总体要求。全面贯彻党的十七大精神，高举中国特色社会主义伟大旗帜，坚持以邓小平理论和“三个代表”重要思想为指导，深入贯彻落实科学发展观，坚定不移地走中国特色社会主义工会发展道路，认真落实“组织起来、切实维权”的工会工作方针和“以职工为本、主动依法科学维权”的中国特色工会维权观，以促进科学发展为主题，以服务职工群众为宗旨，以发展和谐劳动关系为主线，以加强工会组织建设为基础，以创新工会体制机制为动力，解放思想，与时俱进，努力建设学习型、服务型、创新型工会组织，充分发挥组织、引导、服务职工和维护职工合法权益的重要作用，团结动员全市职工为加快省域副中心城市建设做出新的贡献。

二、充分发挥工会组织职工的作用，团结动员广大职工为促进宜昌市经济社会又好又快发展建功立业

3、团结带领职工推动科学发展。各级工会要紧紧围绕全市经济社会发展大局，以创建“工人先锋号”为主要载体，扎实有效开展群众性劳动竞赛、合理化建议、技术革新、发明创造、节能减排等活动。进一步健全完善政府支持、部门参与、工会运作的劳动竞赛工作机制。各类企事业单位要按规定落实劳动竞赛奖励经费。

4、组织职工群众参与推进改革。要把推进改革与实现职工利益统一起来，调动好、保护好、发挥好广大职工支持和参与改革的积极性。各级工会要引导广大职工增强大局观念，正确对待利益关系调整，努力成为解放思想、锐意改革的时代先锋。国有、集体及其控股企业和各类事业单位改革、改制等重大事项，要提交职工（代表）大会审议；企业工资分配和裁员分流安置方案等涉及职工切身利益的事项，要提交职工（代表）大会审议通过；企业社会保险费用缴纳情况、企业安全生产工作等要向职工（代表）大会报告。

5、引导职工群众维护社会稳定。引导广大职工继续发扬识大体、顾大局的光荣传统，自觉遵守法律法规，以理性合法方式和途径表达利益诉求，自觉抵制和反对影响职工队伍和社会稳定的行为。建立健全工会维护稳定的工作责任制度和稳定工作情况报告制度。充分发挥“12351”职工维权热线的作用，建立健全工会与相关部门的信息交流、矛盾调处、协调督办联动制度。

三、充分发挥工会引导职工的作用，全面提升职工队伍整体素质

6、大力加强职工思想政治教育。充分发挥工会在社会主义核心价值体系建设中的重要作用，引导广大职工树立正确的世界观、人生观、价值观。广泛开展职工文明礼仪的宣传普及教育活动，以爱国、敬业、诚信、友爱的道德规范引导职工，使广大职工树立良好的社会公德、职业道德、家庭美德和个人品德。

7、大力提升职工知识技能素质。进一步深化“创建学习型组织、争做知识型职工”活动，加强技能培训，培养一批技术拔尖人才和高素质技术工人。组织、人力资源和社会保障、科技、财政等部门要支持工会开展职工技术创新成果评选表彰活动，把符合条件的职工技术创新成果纳入科学技术奖评选范围。各类企事业单位要按职工工资总额的1.5%—2.5%足额提取和合理使用职工教育培训经费，并将使用情况向职工（代表）大会报告，确保60%以上的经费直接用于一线职工的教育培训。

8、大力弘扬时代劳模精神。运用各类媒体广泛宣传劳模先进事迹，大力弘扬爱岗敬业、争创一流、艰苦奋斗、勇于创新、淡泊名利、甘于奉献的劳模精神，形成尊重劳模、关心劳模、学习劳模、争当劳模的社会氛围。完善培养、选树、表彰、关心劳模的机制，认真落实劳模待遇。大力弘扬我国工人阶级“信念坚定、立场鲜明、艰苦奋斗、勇于奉献、胸怀大局、纪律严明、开拓创新、自强不息”的伟大品格，努力营造工人伟大、劳动光荣的社会氛围。

四、充分发挥工会维护职工合法权益的作用，大力发展和谐劳动关系

9、推进以职工代表大会为基本形式的民主管理制度建设。认真实施《湖北省企业民主管理条例》，依法组织职工参与企业民主管理，切实保障职工的知情权、参与权、表达权和监督权。各类企事业单位要建立健全以职工（代表）大会为基本形式的民主管理制度，积极探索职工民主管理的多种实现形式，大力推进厂务（政务）公开民主管理工作制度化、规范化和程序化。完善职工董事、职工监事制度，国有独资公司和国有控股公司董事会成员中应有职工代表，其他有限责任公司和股份有限公司工会主席、副主席应分别作为职工董事、职工监事候选人。

10、推进以工资集体协商为重点的平等协商集体合同制度建设。认真实施《劳动合同法》《湖北省集体合同条例》《湖北省女职工劳动保护规定》等法律法规，指导、督促用人单位与劳动者签订和履行劳动合同；全面推行平等协商集体合同和工资集体协商制度、劳动安全卫生专项集体合同制度和女职工权益保护专项集体合同制度。各级人力资源和社会保障部门要支持工会参与劳动执法监督监察，对工会反映的侵害职工合法权益的行为，一经查实要及时采取措施予以纠正。

11、推进劳动关系三方协调机制建设。建立健全由各级政府人力资源和社会保障部门、同级工会和企业方面代表组成的协调劳动关系三方机制，深入开展和谐劳动关系创建活动，切实维护职工在劳动就业、收入分配、社会保障和劳动安全卫生等方面的合法权益。认真实施《劳动争议调解仲裁法》，依托工会困难职工帮扶中心，加快推进市、县两级工会劳动争议调解中心建设。法院、检察院、司法行政部门要支持工会依法开展劳动争议调解和诉讼、职工法律援助、农民工维权等工作。积极推行工会劳动法律监督意见书和处理建议书制度，强化工会劳动法律监督效能。

五、充分发挥工会服务职工的作用，切实解决职工群众关心的民生问题

12、积极推进服务型工会建设。各级工会要积极探索和实践具有鲜明时代特色、切合工会自身实际的工作思路、组织体制、运行机制、活动方式和工作方法，创造性地开展工作。积极开展学习型、服务型、创新型工会创建活动，不断提高工会服务能力和水平。加强对基层工会的服务和指导。基层工会要更加紧密地联席会员和职工，根据职工的实际需求开展工作，不断增强工会的吸引力、凝聚力和影响力。

13、加强困难职工帮扶中心建设。要把工会困难职工帮扶中心作为社会保障机制的重要补充，构建以市、县工会困难职工帮扶中心为支撑，以乡镇（街道）、企业工会帮扶站（点）为基础的工会帮扶网络，形成困难职工帮扶、职工法律援助、农民工维权服务、劳动争议调解“四位一体”的工会维权帮扶工作体系。通过地方财政支持、社会捐赠、工会经费安排等多渠道筹集困难职工帮扶资金。各级政府要支持解决帮扶中心建设中的场地、人员、软硬件设施等问题。人力资源和社会保障部门要支持工会困难职工维权帮扶中心配备公益性岗位人员，并按规定给予公益性岗位补贴和社保补贴。工会接受定向用于困难职工、农民工帮扶的社会捐赠，税务机关要按政策落实相关优惠政策。

14、开展富有特色的工会帮扶工作。各级工会要建立健全困难职工档案，广泛开展多种形式的送温暖活动，切实为困难职工、农民工提供就业帮助、生活救助、医疗帮扶、法律援助和金秋助学等服务。创新工会职业技能培训的方式、载体和手段，不断提高工会职业技能培训水平。加快市、县职工法律援助机构和援助队伍建设，发挥工会公职律师和工会法律顾问的作用，切实为职工提供法律援助。政府有关部门要支持工会开展职业技术培训，对符合条件的工会所属培训机构给予资质认定，并按规定落实职业培训补贴；支持工会开展多种形式的职工医疗互助活动。

六、加强党对工会工作的领导，努力开创工会工作的新局面

15、健全完善党委对工会工作领导的各项制度。各级党委要定期听取工会工作汇报，及时研究解决工会工作的重大问题和实际困难。党委每届任期内至少召开一次工会工作会议，党委专门研究工会工作每年不少于一次。在提名各级地方党委委员时，应有工会负责人作为候选人。要把工运基本理论、劳动保障法律法规列入各级党校、行政学院领导干部培训的学习内容，纳入党委（组）理论中心组学习内容。坚持和完善党委宣传部门与工会的联系制度，大力宣传工人阶级和工会工作，宣传中国特色社会主义工会发展道路。

16、健全完善人大、政协支持工会民主参与和民主监督制度。各级人大、政协要充分发挥工会在推进执法检查、政治协商和民主监督等方面的积极作用。在制定涉及职工权益和工会工作的政策措施时，要征求工会意见。在开展相关法律法规执法检查或专项视察活动时，要吸纳工会参加。要保证工会干部和包括农民工在内的一线职工、劳动模范在各级人大代表、政协委员中占一定比例。在提名各级人大、政协常委会委员时，应有工会负责人作为候选人。

17、健全完善政府及有关方面支持工会工作制度。各级政府及有关方面要把更多的资源和手段赋予工会组织，把党政所需、职工所急、工会所能的事更多地交给工会组织去办。要建立和完善各级政府与同级地方工会、政府有关部门与相应产业工会的联席会议制度，每年至少召开一次联席会议，研究解决涉及职工切身利益和工会工作的重要问题。各级政府及其有关部门在研究制定劳动就业、工资分配、劳动安全卫生、社会保障等涉及职工切身利益的法规措施时，要充分听取工会意见。各级政府要吸纳工会参与社会保险资金监督管理，支持工会代表职工对廉租房、经济适用房使用分配情况实施监督。在评选各类先进模范时，要把企业建立工会组织、坚持职工（代表）大会制度、劳动关系和谐作为重要条件，并征求工会意见。财政、税务等部门要支持工会依法收缴工会经费，进一步规范完善税务代收和财政代扣工会经费长效机制。工会的财产、经费和国家拨给工会使用的不动产，任何组织和个人不得侵占、挪用和任意调拨。各级政府要把工人文化宫、俱乐部和职工（劳模）疗（休）养院纳入公共文化服务体系建设，并在财政补贴和税收政策上给予优惠。各级工会组织应当根据经费独立原则，严格执行预算、决算和经费审查监督制度，确保工会经费和财产安全。

18、建立和完善“党建带动工建、工建服务党建”的工作机制。深入开展“党工共建”活动，完善“党建带动工建、工建服务党建”的工作机制，把工会组建和会员发展纳入党建工作目标，明确责任，同部署、同检查、同落实。具备党组织建立条件的，要先建立党组织，以党建工作带动工会组织建设；工会组织建立基础成熟的，要先建立工会，以工会建设促进党组织的建设，不断扩大党组织的工作覆盖面，增强工会组织的凝聚力。

19、进一步加强工会组织建设。大力加强工会组建和会员发展工作。各级统战、经济和信息化、人力资源和社会保障、商务、工商、税务等部门要支持工会组建和会员发展工作。重点抓好民营企业、台港澳企业、外商投资企业和民办非企业单位等各类非公有制经济组织和社会组织的工会组建工作；大力推进区域性、行业性工会组织建设，最大限度地把包括农民工、劳务派遣工在内的广大职工组织到工会中来。加强基层工会组织建设，进一步理顺组织体制，完善运行机制，创新活动方式。积极推行基层工会主席直选，面向社会公开选聘基层工会专职干部。

20、重视加强工会领导班子和干部队伍建设。坚持县（市、区）总工会主席由同级党委常委担任或兼任；乡镇（街道）工会主席由同级党委委员或同级副职担任或兼任，产业（行业）工会主任（主席）可由同级产业（行业）主管部门副职担任或兼任。国有、集体及其控股企业和事业单位的工会主席要按同级党政副职选配。200人以上的企事业单位要依法配备专职工会主席。各级党委在工会领导班子换届和领导干部调整任用时，要事先征求上级工会的意见，实行联合考察后，作出任免或调动的决定。工会主席、副主席和经费审查委员会主任要按《中国工会章程》规定民主选举产生，任期未满的，一般不应变动，确实需要调整的，须事先征得上级工会的同意。各级党委组织部门要把工会干部纳入党政干部培训、交流、使用和管理的统筹规划之中，重视工会干部的培养，选拔优秀工会干部充实到各级领导岗位。加强工会领导班子和干部队伍的思想、作风、能力和廉政建设，切实做到政治坚强、作风过硬、团结合作、清正廉洁。

宜昌市劳动模范管理办法

（宜昌市人民政府第162号令）

《宜昌市劳动模范管理办法》已经2014年3月10日市人民政府第28次常务会议修订通过，现将修订后的《宜昌市劳动模范管理办法》予以发布，自发布之日起施行。

市长　马旭明

2014年4月1日

第一章　总　则

第一条　为进一步加强市劳动模范管理工作，充分发挥劳动模范的先进模范作用，激发全市人民全面建设小康社会的积极性和创造性，根据《湖北省劳动模范管理暂行办法》及其他有关规定，结合本市实际，制定本办法。

第二条　本办法所称市劳动模范，是指由市政府批准命名表彰的劳动模范。

第三条　各级人民政府、各有关部门和单位应当加强对市劳动模范的培养、宣传和管理工作，维护市劳动模范的合法权益，充分发挥市劳动模范在推进全市经济建设和社会事业进步中的模范作用。

第二章　市劳动模范的评选表彰

第四条　市劳动模范在下列人员中评选：

（一）企业职工（含港、澳、台同胞和华侨在本市境内投资企业中的内地职工；本市境内外商投资企业、中外合资企业中的中方职工)；

（二）农民（含进城务工人员）；

（三）事业单位职工；

（四）县处级及以下公务员；

（五）其他社会各阶层人员。

第五条　市劳动模范应具备的条件包括：热爱祖国，拥护中国共产党的领导和社会主义制度，认真学习贯彻邓小平理论和“三个代表”重要思想，树立和落实科学发展观，坚决执行党的路线、方针、政策，遵守国家法律法规，立足岗位，开拓创新，勇于奉献，在推进社会主义经济建设、政治建设、文化建设、社会建设和生态文明建设中取得显著成绩，在群众中享有较高声誉，并具备下列条件之一者：

（一）在深化企业改革、推进管理创新、推动技术进步、促进安全生产等方面作出突出贡献的；

（二）在国家、省、市重点工程建设或完成重大科研项目中作出突出贡献的；

（三）在发展农业生产和农村经济、增加农民收入、推进农业现代化建设方面作出突出贡献的；

（四）在科技、教育、文化、卫生、体育等社会事业发展中作出突出贡献的；

（五）在促进社会主义民主和法制建设、维护社会稳定、应对突发事件、保卫国家安全和人民利益、增进民族团结、构建社会主义和谐社会方面作出突出贡献的；

（六）在控制人口、改善环境、保护资源、推动经济社会全面协调可持续发展中作出突出贡献的；

（七）在其他方面作出突出贡献的。

第六条 市劳动模范一般从市五一劳动奖章获得者、县级（或相当级别）劳动模范和先进生产（工作）者中评选产生。

第七条 市人民政府每三年评选表彰一次市劳动模范。

对作出重大贡献、事迹特别突出的优秀人员，可按照本办法规定的推荐申报程序，即时报请市人民政府批准授予市劳动模范称号。

对为保卫国家和人民生命财产安全、维护社会稳定、应对突发事件而牺牲的人员，可按照本办法规定的程序申报追授市劳动模范称号。

第八条 市劳动模范的评选工作，坚持公开、公平、公正和群众公认的原则，坚持先进性标准，突出时代精神。

第九条 被推荐的市劳动模范人选，必须经本人所在单位职工（代表）大会、居民（代表）大会或本人所在村村民（代表）大会讨论通过，取得群众公认，并经所在单位及单位党组织审核同意后，方可推荐上报。

被推荐人选是企业负责人的，必须经当地相关部门签署意见。凡违反国家政策、法规，发生重大安全生产事故和严重职业危害，拖欠职工工资，欠缴职工各项社会保险费的企业，其负责人不能参加评选。

被推荐人选是党政机关（含人民团体）领导干部的，按照干部管理权限，应征得有关部门同意。

第十条 被推荐的市劳动模范人选，要在所在单位和县级、市级宣传媒体上进行公示。

第三章 市劳动模范的奖励和待遇

第十一条 对命名表彰的市劳动模范，坚持精神鼓励与物质奖励相结合的原则，由市人民政府授予“宜昌市劳动模范”荣誉称号，颁发奖章和证书，并一次性发给一定数额的奖金。

第十二条 各级人民政府、各有关部门和单位应当充分发挥市劳动模范的先进模范作用，邀请市劳动模范参加有关经济建设和推进社会进步、加强社会事务管理的会议和活动，听取其意见。

第十三条 各级人民政府、各有关部门和单位应当加强对市劳动模范的培养，推荐、选送其参加各种形式的教育培训；并创造条件，选送在生产一线、技术岗位工作并具备有关条件的市劳动模范，参加党校培训或接受高等教育。

第十四条 对因工资收入偏低或患重大疾病、遭遇意外灾害及子女上学造成生活困难的市劳动模范，由市财政每年专项列支给予补助。具体办法由市财政部门会同市总工会制定，报市人民政府批准后实施。

对符合住房保障条件的市劳动模范，同等条件下优先落实保障性住房待遇。

第十五条 完善市劳动模范养老和医疗保障制度。在依法参加基本养老保险和基本医疗保险的基础上，鼓励有条件的企业为市劳动模范建立企业年金和补充医疗保险。

第十六条 有计划地组织市劳动模范疗（休）养、考察和培训，参加活动期间的工资福利待遇不变，所需经费由所在单位承担。其中市劳动模范疗（休）养费用，由市财政给予部分补贴。

第十七条 定期组织市劳动模范开展健康检查。在职劳动模范体检费用由所在单位承担。离退休职工劳动模范及男年满60周岁、女年满55周岁的农民劳动模范体检费用，由市财政列入预算安排解决。

第十八条 各级公共就业服务机构，对因企业破产、停产而失业的市劳动模范，优先提供免费职业指导、职业介绍、就业培训等服务，优先落实就业扶持政策，优先为他们提供由政府出资的公益性工作岗位。

第十九条 企业要积极为市劳动模范提供工作岗位。改制后的企业在同等条件下，应当优先录用原企业的市劳动模范，并依法与其签订劳动合同，确定劳动关系。

第二十条　各级人民政府、各有关部门和单位应当适时走访慰问市劳动模范尤其是离退休、有特殊困难的市劳动模范，及时帮助其解决生产（工作）生活上的实际困难。

第四章　市劳动模范的日常管理

第二十一条　市总工会负责市劳动模范管理工作，履行下列主要职责：

（一）负责市劳动模范评选表彰的组织工作；

（二）负责市劳动模范即时性的表彰和取消荣誉称号的申报及承办工作；

（三）参与市劳动模范管理工作政策的制定和落实情况的监督检查；

（四）负责市劳动模范的信访接待、日常管理工作；

（五）协调市劳动模范先进事迹的宣传工作；

（六）依法维护市劳动模范的合法权益。

第二十二条　市劳动模范有下列情况之一的，取消其荣誉称号：

（一）伪造先进事迹骗取荣誉的；

（二）受到刑事处罚的；

（三）受到开除党籍、开除公职或留用察看处分的；

（四）道德品质败坏，腐化堕落或有其他严重违法乱纪行为，造成恶劣影响的；

（五）非法离境的。

取消市劳动模范荣誉称号，依照评选审批程序进行，由原申报单位逐级上报，市总工会审核并报请市人民政府批准后，收回其奖章、证书，取消其相应待遇。

第二十三条　建立健全市劳动模范重要情况报告制度。凡涉及市级以上劳动模范工作变动、录用晋升、辞职、失业、离退休、死亡和严重违法、违纪等重要情况，原申报单位应当书面向市总工会报告。

第二十四条　市劳动模范评选表彰工作经费、市劳动模范奖金由市财政列支。

第五章　附　则

第二十五条　在我市范围内工作曾获省内外其他市（州）政府表彰的劳动模范，比照市劳动模范，纳入市劳动模范管理范围。

第二十六条　本办法自发布之日起施行，有效期至 2018 年 12 月 31 日止。施行过程中上级国家机关有新的规定的，从其规定。

振奋精神·开拓前进
在治理整顿和深化改革中发挥主力军作用

1989 年 4 月 27 日在原市工会第八次代表大会上的报告（节选）

金泽兰

一、宜昌市工会工作在改革中开拓前进

（一）团结和带领全市职工积极投身经济建设和改革，充分发挥主力军的作用。

五年来，全市各级工会面对城市经济体制改革的全面开展，关心改革全局，围绕经济建设中心，发扬工会特色，有力地推动了宜昌市生产力的发展。自一九八四年以来，全市各级工会满腔热情地支持厂长（经理）负责制，参与了推行厂长（经理）负责制的宣传发动、试点摸索、全面铺开的工作，组织职工选举和推荐企业领导人，广泛开展了“只为厂长出主意，不为厂长出难题”的活动，为企业领导体制的改革做出了贡献。随着企业实施两权分离，积极支持企业实行承包、租赁经营责任制，参与了承包租赁过程中招标、组织考评、签约等工作，在完善企业内部经营机制上较好地发挥了工会和职代会的作用。与此同时，在劳动制度、工资制度和社会保障制度等配套改革方面，也都积极参与，并作出了自己的贡献。

我们以提高经济效益为中心，在全市范围内开展了“创三好、争三优、当三佳、做四手”竞赛，在同行业同工种中开展了“争第一创全优”“文明商店”“最佳服务员”等竞赛。在企业内部开展了“树理想、为人民做一件好事；闯新路，参加一项改革实践；当主人，提一条合理化建议；练本领，参加一项业务技术学习或技术比武、岗位练兵；搞革新，完成一项小发明；做贡献，增产节约一百元”的“六个一”的各类竞赛活动。五年来，共提出合理化建议 25332 件。其中被采纳和付诸实施的有 14783 件，攻克技术关键 4110 项，开展各种技术表演 678 次，直接产生经济效益达 1749 万元。我们还配合行政坚持抓了班组建设，全市创“六好班组”1104 个，“模范班组”51 个，其中 2 个获全国先进班组称号。12 个获省先进班组称号。自一九八四年职工技协成立以来，102 个基层技协组织和 2000 多名技协会员，在全市开展技术攻关、技术咨询、技术培训、技术服务和信息传递活动，直接创经济效益 3600 万元。

在经济建设和改革的实践中，全市涌现出了一大批先进集体和个人。一九八四年以来，全市共召开五次劳动模范、先进生产（工作）者代表大会，共评出市级先进单位和集体 146 个，劳动模范 113 人，其中 8 人获得全国总工会“五一”劳动奖章，13 人获省劳动模范光荣称号。

（二）积极组织职工参与民主管理，不断推进民主政治建设。

五年来，全市工、交、建、财系统已普遍建立职代会制，教育、卫生战线也加快步伐，逐步建立和完善了职代会制度。建制单位根据中央颁布的全民所有制工业企业职工代表大会条例，抓培训制度；抓三级民主管理体系的建立；抓审议重点的转移；抓分配领域的职权落实。

职工民主管理作用的加强，推进了企业领导体制的改革，有 295 个单位开展了民主评议干部，70 个单位开展了民主选举行政领导人的工作。承包、租赁企业的民主管理正在逐步健全，从一九八六年鄂西织布厂第一次基层民主协商对话会开始，民主协商对话活动，逐步在全市推开。一九八七年六月，市总工会组织职工代表与市政府领导对话，推动了全市各层次对话活动的深入开展。

（三）代表和维护职工的合法权益，大胆为职工说话办事。

五年来，我们根据全面深化改革和推行经济责任制后的新情况，对承包租赁后企业的工资奖金分配、

劳动组合富余人员的安排、亏损企业职工生活出路、劳保制度的改革、劳动合同制工人的待遇以及职工的住房、婚恋、困难户、退休职工管理、劳动保护等问题，进行了多方面的调查研究。

在生活后勤工作方面，通过举办烹调技术培训班，召开职工生活服务工作现场会，大力促使企业行政加强集体福利设施建设，改善了职工食宿、医疗、洗澡等方面的条件，积极协助行政做好建房和分房工作，全市已建立起基层工会劳动保护监督检查委员会 132 个，有 4470 名劳动保护监督检查员。全市国营企业已建立劳动争议仲裁组织 115 个，集体企业的劳动争议仲裁组织也在相继建立。各级女工组织在维护女职工的合法权益，改善女职工的劳动条件和经济待遇，关心女职工的身心健康，提高女职工的两个素质，发挥女职工的积极性方面做了大量工作。职工物价监督工作有了较大发展，自一九八六年成立市职工物价监督总站以来基层又先后建立 21 个分站，拥有 127 名职工义务物价监督员，这支监督队伍较好地发挥了群众监督作用，有效地保护了消费者利益。职工疗休养工作有了新发展，几年来，组织劳动、先进人物和老工人 4195 人到省内外疗养、休养。工会信访工作网络已初步形成，信访结案率达到 99%。

（四）努力提高职工素质，加强“四有”职工队伍建设。

一九八六年，市总工会开展了全市职工四项状况调查，加强了职工四项政治工作的针对性。为抓好党的基本路线教育，我们组织发行《工人阶级基本知识读本》《党的基本路线简明教程》等政治教育书籍 4 万多册，轮训职工 8 万人次。理想纪律教育中，各级工会先后组织职工收听收看老山战斗英雄专题报告会，开展“学英雄见行动”“祖国在我心中”“理想就在岗位上”“我与顾客”等 40 多个专题讨论。一九八七年，我们组织了职工“四有”报告演讲团，开展“树理想、当主人”的演讲活动，在全市 17 个系统巡回演讲 25 场。改革形势教育中，我们组织职工围绕“改革十年来我们的国家是前进了，还是倒退了”“人们的生活水平是提高了，还是下降了”等专题大讨论，通过讨论，使广大职工认识到，没有十年改革，就没有四化的成就、经济的繁荣、人民的实惠；没有改革，就没有具有中国特色的社会主义；没有改革就没有宜昌的振兴和发展。法制教育中，各级工会组织了 5 万多名职工参加全国法律知识竞赛，有 189 人获个人奖，22 个单位获组织奖。据统计，五年来，全市职工参加读书自学活动达 5 万人次，参加电大函大和成人自学高考的达 1.5 万人次，参加各类技术培训的达 6 万余人次，涌现出一大批自学成才的职工，其中受到全国总工会表彰的 1 人，受到省总表彰的 18 人。为了活跃群众文化生活，我们分别组织了市职工业余独唱独奏大赛，组织了全市厂歌、行业歌曲大赛，创作出独唱独奏和厂歌行业歌曲 34 首，有 2 千多名职工登台演出。体育活动方面，我们不仅组织了全市性的篮球、排球、乒乓球、长跑等大型比赛活动，同时还注意抓了基层的各种小型体育比赛。各级工会充分运用文化宫、俱乐部等文化阵地，广泛成立职工喜爱的兴趣组织，如棋类、花卉、书法、灯谜、集邮等协会。

（五）加强工会自身建设，探索工会自身改革，努力增强基层工会活力。

五年来，整组建家的任务已基本完成，基层工会组织已发展到 398 个，拥有工会会员 10 万多人，车间分会组织 888 个，工会小组 6627 个，工会积极分子 2 万多人。为了加强工会干部队伍建设，首先，我们与市委有关部门联合制定下发了《关于各级工会协助党委管理工会干部》的文件，调整充实了工会领导班子和专职干部。基层工会直接民主选举工会主席的工作正在推开。招聘专职工会干部在个别单位进行了有益的尝试，现在，全市有专职工会干部 510 人，兼职工会干部 240 多人，已有 95%以上的基层工会按规定配备了工会主席，年龄和知识结构逐步优化。其次，抓了干部的培训工作。五年来，市总工会组织培训工会干部和工会积极分子 2387 人次。通过认真贯彻全国总工会《关于整顿工会基层，开展建设“职工之家”活动》的决定，开展了争创“职工之家”，争当“职工之友”的竞赛活动，全市 90%以上的基层工会验收成为合格的“职工之家”。五年来，在两次全市工会积极分子代表大会上，有一大批先进工会集体、先进职工之家，优秀工会工作者和积极分子受到表彰。在中国工会十一大上，全国总工会表彰了宜昌市一个模范职工之家，一个优秀工会工作者，1 名优秀工会积极分子。在省工会七大上，省总表彰了宜昌市 4 个先进职工之家，5 个先进工会集体，4 名优秀工会工作者和 11 名优秀工会积极分子。一九八八年，全国总工会和省总分别授予宜昌市总工会“工会财务工作先进单位”。

五年来，市工会的外事工作有了较大发展，接待了来自亚非拉和港澳地区工会代表团 53 个。

二、我们面临的艰巨而光荣的任务

今后一段时期，我们将通过治理整顿、深化改革、全面建立社会主义商品经济新秩序。在新的历史时期里，工会工作方针和主要任务是：遵循党的十三大和工会十一大精神，坚持用党的基本路线武装职工群众，以经济建设为中心。以代表和维护职工群众的具体利益为己任，增强基层工会活力，实现工会组织的群众化、民主化，动员和组织全市职工做两个文明建设的主力军，为发展宜昌市经济，实现宜昌市七五、八五规划的战略目标而奋斗！

（一）积极推进整治与改革，代表和维护职工合法权益。

（二）大力开展社会主义劳动竞赛，努力振兴宜昌市经济。

（三）认真贯彻执行《企业法》，强化民主管理，积极推进宜昌市民主政治建设。

（四）加强和改进职工思想政治工作，努力培养“四有”职工队伍。

三、积极稳妥地推进工会自身改革

（一）进一步明确工会职能和各级工会组织的职责。

（二）理顺工会与党组织、政府和行政的关系。

（三）增强基层工会活力，密切工会同群众的关系。

（四）积极稳妥地改革工会的组织制度和活动方式，加快工会群众化、民主化的进程。

（五）积极推进工会干部人事制度的改革。

（六）提高干部素质，加强调查研究，发挥工会工作的整体水平。

（七）因地制宜，发挥优势，积极办好工会经济事业。

抓住机遇　开拓进取
团结动员全市职工为实现宜昌市第二次振兴而奋斗

1995 年 4 月 22 日在宜昌市工会第一次代表大会上的报告（节选）

金泽兰

一、地市合并后的工作回顾

全市工会工作在理论上有新的突破，在实践上有新的创造，工作领域有新的扩展，社会作用有新的增强。

—以经济建设为中心，以扭亏增盈为主线，广泛开展了多种形式的群众经济技术活动。市总工会组织的“创建开放城市，发扬宜昌精神，争当万名能手”的劳动竞赛，有 23 万多名职工参加，涌现出各方面的能手 1400 多名。其中开展的产品销售能手赛，销售产品金额达 12.6 亿多元；资金回收能手赛，回收资金 11.9 亿多元；同时，群众性的合理化建议、技术革新、发明创造和岗位练兵、技术比武活动也开展得扎扎实实，富有成效。职工提合理化建议 10 万多条，被采纳 5 万多条，创经济价值 8000 多万元。职工技术协作活动成效显著，攻破技术难关300多项，推广新技术500多项，创经济效益1400多万元。在中国职工技协三届一次会议上，宜昌市职工技协被评为先进集体受到表彰。广大女职工开展的“学先进、比奉献、为八五计划建功立业”竞赛活动，涌现出优秀女职工10961人。

在市委领导下，市工会积极协助政府成功地召开了地市合并后的第一次劳动模范及红旗单位表彰大会。这次大会选树了51名劳动模范和15个红旗单位。三年来，我们还选树了45名省级劳动模范，6名全国“五一”劳动奖章获得者，2个全国“五一”劳动奖状获得单位，最近又选送了7名同志将被国务院授予全国劳动模范的光荣称号。

—围绕企业转机建制，加强“源头”参与和基层民主管理。一是市工会尽力搞好源头参与，就加强职工民主管理，依靠职工办企业等问题提出建议。我们通过工会在市委、人大、政协中的常委位置，积极宣传和阐述工会在企业转机建制中的立场、观点，努力推进《企业法》《公司法》《全民所有制工业企业转换经营机制条例》的贯彻落实；二是组织股份制企业民主管理研讨会，总结推广猴王集团、“八一”股份有限公司的民主管理工作先进经验，并明确提出，股份制企业要确立职工的主人地位，要依靠职工和股东两支力量，要发挥职代会和股东大会作用，全市有182家股份制企业坚持职代会制度。三是在企业民主管理中，进行了工会代表职工与企业签订集体合同的试点。

各基层工会通过多种形式积极参与本单位的改革，大部分企业的工会主席进入了企业改革领导机构，直接参与企业各项改革方案的制定。大部分企业的改革方案都提交职代会充分讨论，有效地保证了职工在改革中的主体地位，调动了职工支持改革、参与改革的积极性，推动了企业转机建制工作。

—依法维护职工的合法权益，实施“送温暖工程”，为稳定职工队伍和稳定大局发挥了重要作用。一是在深化改革的过程中，我们抓住企业破产兼并、粮油调价、富余职工的安置等敏感的问题，调查研究，及时掌握“双停”企业变化情况，掌握困难职工的生活状况，了解职工的思想动向，为市委、政府做好扶贫帮困工作提供了可靠的情况。针对部分职工的生活困难状况，市政府几次发文要求各级政府、行政对职工生活进行检查，对困难的职工妥善安排。二是在元旦、春节期间，各级工会普遍开展了“走百里路，进千家门，送一片情”的活动。全市组织的7041个检查慰问小组中，县（市）、区以上领导干部就有720名，走访慰问困难、离退休职工263909人次，发放困难补助金232万多元，为职工办实事26507件，走访困难企业2491次。三是职工互助补充保险工作已在31家单位开展。三年来，市工会接待来信来访858件，其中集体上访55件，有90%以上得到了处理。宜昌市已建劳动争议调解委员会979个，并发挥了较好的作用。我们加强了对煤矿等重点行业、企业安全生产工作的监督检查工作，参与职工伤亡事故的处理，维护了职工的合法权益。职工物价监督检查工作以职工基本生活必需品价格和基本服务项目收费标准为重点，28个分站的468名职工义务物价监督检查员，共查处各类问题20732件。职工物价监督总站被全国总工会、国家计委评为先进单位。宜昌市的女职工工作在改革中进一步加强，维护了女职工的合法权益，发挥了女职工的积极作用。

—加强对职工的思想政治工作，发挥了广大职工在精神文明建设中的重要作用。组织职工学习《邓小平文选》一至三卷，学习党的十四大和十四届三中全会、四中全会精神，引导职工自学成才，岗位成才。引导职工着重掌握社会主义的根本任务是解放和发展生产力，改革开放是解放和发展生产力的必由之路等观念。广泛开展演讲、座谈、书画、摄影、文艺演出等活动，组织职工积极参与纪念毛泽东同志诞辰100周年、三峡艺术节等活动。组织职工参与宜昌精神大讨论，与电视台、报社联合开办《改革主力军》《女职工风采》《主人翁颂》《职工天地》等专栏，讴歌宣传工人运动中的新人新事新风貌。职工学校、文化宫、俱乐部组织职工学理论、学文化、学技术，开展各种健康有益的文体活动，成为精神文明建设的重要阵地。

—适应社会主义市场经济的需要，加强了工会的自身改革与建设。一是坚决贯彻上级有关地市合并的指示精神，按照《工会法》的要求，逐步完善了市领导县的体制。并加强了市直办、委、局、经济开发区的工会工作；二是外商投资企业组建工会工作有实质性进展。在173家具备建工会条件的企业中，已有123家建立了工会组织，占应建数的71%；三是乡镇企业组建工会工作有较快发展，全市已建立乡镇级工会54家，乡镇企业工会245家，此外，私营企业组建工会已开始试点。

三年来，以巩固“建家”成果为重点，把“建家”活动放在搞活企业的全局中，推动了建家工作的深入发展。宜昌纺机厂、长阳县一中被全国总工会授予模范职工之家称号；宜昌棉纺厂、八一钢铁集团股份有限公司等7个单位工会被省总工会授予模范职工之家；此外，涌现出市、县级模范职工之家398个、职工小家742个、优秀工会工作者432名、优秀工会积极分子1368名。各级工会普遍加强了对工会干部和职工代表的培训工作，层层举办各种培训班和研讨班，共培训工会专职干部2007名，培训职工代表24223人次，深入探索市场经济体制下工会工作的新路子。

工会财务工作保持了宜昌市工会经费收入稳步增长。工会经审工作较好地发挥了监督审查作用。据统计，共办各类企事业242家，固定资产890多万元，实现利润347万多元。对外交往，共接待国外及港、澳、台朋友30批，482人。

二、今后五年宜昌市工会工作的主要任务

今后五年宜昌市工会工作的指导思想是：以邓小平同志建设有中国特色的社会主义理论为指导，深入贯彻党的十四大和十四届三中全会、四中全会精神，继续把握“抓住机遇，深化改革，扩大开放，促进发展，保持稳定”的全党全国工作大局，以贯彻实施《劳动法》为契机，进一步推动全心全意依靠工人阶级指导方针的落实，全面履行各项社会职能，团结和带领全市职工为实现宜昌市第二次振兴而奋斗。

（一）以推进企业转换经营机制和建立现代企业制度为重点，依靠职工深化企业改革。

（二）动员和组织职工群众发扬艰苦创业精神，在加快经济发展的主战场上建功立业。

（三）充分发挥工会组织的民主参与作用，确保职工当家作主的主人翁地位。

（四）认真贯彻实施《劳动法》，努力协调矛盾，保持职工队伍和社会的稳定。

（五）加强职工队伍建设，提高职工队伍的整体素质。

（六）坚持“三服务”方针，积极稳妥地发展工会企事业。

三、努力适应新形势，不断推进工会自身改革和建设

宜昌市工会改革和建设的目标应该是基层工会的活力进一步增强，工会领导机关“代表、指导、参与、协调、服务”的职能进一步发挥，作为党联系职工群众的桥梁、纽带作用和国家政权重要社会支柱的作用进一步加强。为实现这样的目标，我们要做好五个方面的工作。

（一）加强工会组织建设

（二）加强干部队伍建设

（三）加强工会机关的作风建设，更好地为基层和职工群众服务

（四）不断增强基层工会活力，大力推进工会的群众化和民主化

（五）不断加强工会财务和经审工作，为工会工作的开展提供可靠的物质保证

高举邓小平理论伟大旗帜
团结动员全市职工为实现宜昌市跨世纪宏伟目标而奋斗

2000 年 11 月 26 日在宜昌市工会第二次代表大会上的报告（节选）

金泽兰

一、过去五年的工作回顾

1995 年，国家批准宜昌为对外开放城市，市委发出“实现宜昌第二次振兴”的号召，全国总工会提出了“以贯彻实施《劳动法》为契机和突破口，带动工会各项工作，推动自身改革和建设，努力把工会工作提高到一个新水平，在改革发展稳定中更好地发挥作用”的总体思路。面对新的形势，市总工会作出了“抓住机遇促发展，突出重点办实事，加强基础上水平，二次振兴作贡献”的决策。1996 年，党的十四届五中全会提出进行社会主义现代化建设必须坚持 9 条重要方针和处理好 12 个重大关系，市总工会根据工会工作总体思路和市委的要求，作出了“把握大局求发展，参与维护见成效，加强基层打基础，突出重点抓落实”的工作部署。1997 年，党的十五大胜利召开，宜昌被列入全国 120 个推行现代企业制度试点城市，市委把这一年确定为“抢抓机遇年，加快发展年，质量效益年，狠抓落实年”。市总工会提出四抓（抓机遇、抓发展、抓典型、抓落实）两创（创特色、创一流）两争（争进位、争第一）的要求，促进了工会工作上水平。1998 年，中国工会召开十三大，省工会召开九大。市委要求以党的十五大精神为指导，用新一轮的思想大解放，推动新一轮的改革大突破，促进新一轮的经济大发展。市总工会把推动党的全心全意依靠工人阶级指导方针贯彻落实作为全年的工作重点，取得了显著成效。1999 年，市委召开全市工会工作会议，我们通过抓好工会组织建设、送温暖工程、厂务公开等重点工作，形成了“围绕中心，发挥特色，突出重点，整体推进”的工作路数，受到上级工会的充分肯定，市总工会被省总工会评为 1999 年度全省工会重点工作优秀单位。

—团结动员全市职工在经济建设和推进企业改革发展中献计出力。五年来，我们根据市委、市政府的部署，以转换经济增长方式，提高经济运行质量和效益为重点，组织动员全市职工开展了“当主人、练内功、比贡献、增效益”“学邯钢、抓管理、增效益、人平贡献 300 元”“迎十五大召开，迎大江截流”“发扬抗洪精神，抗灾保规划”等多种形式的劳动竞赛、合理化建议、技术革新和技术协作活动，共创经济价值 6 亿多元，一批优秀技术成果分别获全国、省、市奖励，其中三峡工程特种焊条在第 90 届巴黎国际发明展上获银奖。宜昌县总工会荣获全国科普先进集体称号。

—保障职工民主管理、民主监督权利，推动党的全心全意依靠工人阶级指导方针的贯彻落实。我们抓住上层参与和基层民主管理两个环节，坚持把落实党的全心全意依靠工人阶级指导方针贯穿于工会工作的全过程。市总工会围绕全市工作大局，代表职工积极参与涉及职工利益的改革方案和政策措施的研究制定，争取市委、市政府或与有关部门联合下发了《关于在建立社会主义市场经济体制中进一步落实全心全意依靠工人阶级根本指导方针若干问题的意见》《关于在企业推行厂务公开、民主管理制度的意见》《关于全心全意依靠职工办企业的实施意见》等 20 个政策性文件。我们通过工会在人大、政协中的常委，积极宣传和阐述工会在企业转机建制中保障职工合法权益的立场和观点，充分发挥参政议政和法律监督的作用。全市国有、集体和公有产权占主导地位的企业，95%以上坚持了以职工代表大会为基本形式的民主管理、民主参与和民主监督制度。大多数国有独资及国有控股的公司制企业建立了职工董事、职工监事制度。有 527 家企事业实行了职工代表大会民主评议企业领导干部制度；大多数企事业单位实行了业务招待费、职工社会保险基金缴纳情况向职代会报告制度；国有、集体及其控股企业实行厂务公开面达到 90%以上，科研、文教、卫生等事业单位也正在积极推行院（校）务公开，并取得一定实效。

—深入学习贯彻《劳动法》，依法协调劳动关系，维护职工的合法权益。各级工会以学习贯彻《劳动法》为契机和突破口，突出了维护的职能，坚持把平等协商和签订集体合同作为重点工作来抓。全市有 1382 家企事业单位建立平等协商和集体合同制度，覆盖职工 20 余万人。从整体上保障了职工的合法权益。

劳动法律、劳动保护工作不断加强。我们通过人大、政协和有关部门对《劳动法》等法律法规贯彻落实的情况进行视察、检查、督促企业落实《劳动法》等法律法规。各级工会大力开展法律宣传、法律咨询，举办法律知识讲座，在职工中普及法律知识，增强职工的法律意识和依法自我保护的能力。全市建立劳动保护监督检查委员会 410 个，监督检查员 3690 人。企业劳动争议调解委员会组建率达 97%，劳动争议调解工作得到加强。女职工的合法权益和特殊利益得到较好的保护。

—大力实施送温暖工程，促进下岗职工再就业，真心实意为职工排忧解难。各级工会积极协助政府做好下岗职工再就业和扶贫解困工作，推动“送温暖工程”向经常化、制度化、社会化方向发展，市总工会被全国总工会评为实施送温暖工程先进单位。一是建立健全了市、县（市、区）及企业三级特困职工档案网络，为 13289 名困难职工家庭建档立卡，对困难职工情况做到心中有数。二是加大政策扶贫工作的力度。各级工会积极协助政府和企业行政出台了一系列扶贫帮困的政策措施和办法。三是动员全市职工发扬工人阶级“一方有难，八方支援”的优良传统，开展互助互济活动。全市共建立送温暖基金组织 67 个，筹集资金达 340.41 万元，救助困难职工家庭 19613 户次，有 4010 户困难职工经过帮扶脱困。建立职工互助补充保险组织 91 个，参保职工 24217 人。四是在市委、市人大、市政府和市政协领导的带动下，全市普遍建立了领导干部帮扶特困职工制度，其中市级领导联系特困职工 44 户，县（市、区）领导结队帮扶特困职工 421 户。五是广泛开展走访慰问送温暖活动。五年来，全市共筹集送温暖资金 1928.05 万元，走访慰问困难企业 1926 家（次），走访慰问困难职工 89297 户（次）。六是积极协助政府、企业行政广开门路安置下岗职工再就业。各级工会充分利用工人文化宫、俱乐部、职工学校、职工技协、职业介绍等阵地，培训下岗职工 12920 人（次），多渠道牵线搭桥安置下岗职工 18000 多人。

—加强职工队伍精神文明建设，提高职工思想道德和科学文化技术素质。坚持在邓小平理论指导下，一年开展一个主题教育活动。全市各级工会采取各种形式，在职工中广泛深入地进行爱国主义、社会主义、集体主义教育活动。通过举办迎香港回归、澳门回归，庆祝建国 50 周年、中华全国总工会成立 70 周年，宜昌解放 50 周年报告会、演讲会、知识竞赛、书画摄影展、文艺演出，弘扬工人阶级优良传统，激发职工的爱国热情，增强了职工的主人翁责任感和使命感。工会的文化阵地得到进一步加强。当阳市工人文化宫荣获全省先进文化宫称号，枝江市工人文化宫荣获全国示范文化宫称号。

—加强工会自身改革和建设，工会工作水平有新的提高。一是认真落实省委组织部《关于进一步做好市（州）、县（市、区）工会领导班子配备工作的通知》，加强县（市、区）工会领导班子建设。多数县（市）工会主席由党委常委担任或兼任，县（市）工会领导班子成员的年龄结构得到改善，文化程度有了较大提高；市直大多数委局工会主席（主任）按同级党政副职配备。加强了工会干部的培训工作，有 2807 名工会干部取得上岗资格证书。二是加快了新建企业工会组建步伐。全市私营企业建工会 763 家，发展会员 14334 人，入会率达 81%；外商投资企业建工会 61 家；乡镇企业建工会 291 家，乡镇（街道）工会组建率达 95.7%。三是开展创建模范“职工之家”活动成效显著。当阳市工会、宜昌县工会评为全国先进县（市）工会。五年来受全国总工会表彰的模范职工之家 5 个，受省总表彰的模范职工之家 15 个；受全国总工会表彰的优秀工会工作者 4 人，优秀工会积极分子 2 人，受省总表彰的优秀工会工作者 30 人，优秀工会积极分子 30 人。四是市工会机关思想作风建设不断加强，98、99 年连续两年被评为市直文明机关。五是工会基础建设得到加强，在市委、市政府和省总工会的大力支持下，新建了市工人文化宫、职工学校和五一宾馆，改善了机关办公条件。六是与港澳、国外工会联谊交往工作有了进一步发展，五年来，共接待港澳、国外工会访问团 20 批，254 人。七是工会经费收缴稳步增长，市工会 1999 年被全国总工会评为市级工会财务会计工作先进单位，连续四年获得全省工会财务会计工作竞赛一等奖。经审工作组织逐步健全，作用进一步发挥。

二、今后五年宜昌市工会工作的指导思想和主要任务

今后五年工会工作的指导思想是：高举邓小平理论伟大旗帜，以江泽民同志“三个代表”的重要思想为指导，坚持党的基本路线，认真贯彻党的十五大和十五届五中全会精神，抓住机遇，改革创新，进一步突出参与和维护职能，全面推进工会工作上水平。团结动员全市广大职工为实现宜昌市第二次党代会和“十五”计划提出的奋斗目标，充分发挥工人阶级的主力军作用。

（一）坚持以经济建设为中心，充分调动广大职工的积极性，团结和动员全市职工为加快宜昌市的改革和发展建立新功

（二）充分发挥工会组织的桥梁和纽带作用，建立和完善依靠职工办企业的机制

（三）加大工会组织协调劳动关系的力度，努力维护职工的合法权益

（四）大力实施送温暖工程，积极参与社会保障制度改革

（五）按照“先进文化的前进方向”的要求，不断提高职工队伍的整体素质

三、面向新世纪，加强工会改革和建设

（一）加强工会组织建设，最大限度地把职工组织到工会中来

（二）加强工会领导班子建设，全面提高工会干部队伍素质

（三）加强工会机关改革，全面提高工会的服务保障能力

（四）加强工会财务工作，确保工会经费逐年增长

坚持主动依法科学维权　团结动员广大职工为实现宜昌走在中部地区同等城市发展前列的宏伟蓝图建功立业

2007 年 3 月 26 日在宜昌市工会第三次代表大会上的报告（节选）

张　毅

一、六年来的工作回顾

六年来，宜昌市先后获得全国厂务公开、送温暖工作、工会帮扶中心工作、女职工工作、全国职工安全生产知识普及教育先进单位等 7 项荣誉称号，获得全省工会基层组织工作、工会职业介绍和职业培训、生活保障帮扶工作、民主管理先进单位等 14 项荣誉称号，市总工会连续 5 年被评为全省工会重点工作优秀单位。

（一）充分调动广大职工的积极性和创造性，为经济社会发展做出了积极贡献。

六年来，全市累计实施合理化建议 27416 件，开发技术创新成果 9963 项，推广新技术 182 项，发明创造专利技术 145 项。组织职工读书自学活动，举办“我的就业之路”“学习放飞理想”和“我的事业我的家”征文演讲比赛，职工书法美术摄影大赛，“三峡放歌”文艺汇演，深入工厂、矿山、工地、乡镇开展“走进职工”慰问演出。大力弘扬新时代劳模精神，受政府委托，共选树全国劳动模范 7 名、省劳动模范 55 名、市劳动模范 163 名、推荐评选全国五一劳动奖章 10 名、五一劳动奖状 4 个，省五一劳动奖章 16 名、五一劳动奖状 6 个；全市共发放全国劳模和全国五一劳动劳动奖章获得者春节慰问金、全国和省部级劳模生活困难和特殊困难补助金 89.4 万元，破产企业的省部级以上劳模荣誉津贴 5.5 万元，市级劳模特殊困难补助金 5.1 万元。

（二）大力推进工会组建和发展会员工作，基层工会组织建设取得新进展。

到 2006 年底，全市基层工会组织达 9687 个，84 家外商投资企业组建工会；工会会员总数达到 56.78 万人，其中发展农民工会员 31 万多人。按照产业和地方相结合的组织领导原则，进一步理顺工会组织管理体制，全市地方、产业和基层工会初步形成了管理严密有序、工作职责明晰的组织网络体系。坚持一手抓工会组建，一手抓工作规范，深入开展创建示范乡镇（街道）、社区工会、模范职工之家活动，推行基层工会直接选举，选聘工会协理员，加强工会干部培训，有力地促进了基层工会组织的规范化建设。六年来，80%的非公有制企业开展以“双爱双评”为主题的职工之家创建活动，职工满意率达 70%以上。建立工会会员优惠基地 22 个，为会员群众提供购物、教育、医疗、文化等服务，工会组织的吸引力和凝聚力不断增强。全市选树 1 个全国乡镇（街道）工会先进单位，3 个省级先进县市工会、5 个省级先进乡镇（街道）工会、6 个省级示范乡镇（街道）工会，72 个市级示范乡镇（街道）工会、22 个市级示范社区工会。

（三）切实履行维护职工合法权益基本职责，工会维权机制进一步完善。

六年来，市总工会提请市委、市政府及有关部门制定涉及职工权益和工会工作的政策性文件 19 件，积极参与省市人大开展工会法、湖北省集体合同条例执法检查，参与办理省市政协有关职工劳动权益的委员提案，多次在市人大、政协常委会上，就维护职工合法权益发表意见和提出建议，推进职工合法权益的落实。市级各县市区总工会全部建立与同级政府的联席会议制度，与劳动保障部门、企业组织的三方协商会议制度，有效解决了一些职工反映强烈和工会工作面临的重大问题。全市共签订集体合同 2224

份，覆盖企业3687家、职工28.7万人，1100家企事业单位建立工资集体协商制度，578家企业签订女职工特殊权益保护专项集体合同。各级工会在国有集体企业改革改制中，旗帜鲜明地支持改革，旗帜鲜明地维护职工合法权益；市总工会向市委、市政府提出《关于在市直工业企业改革中工会支持改革、维护职工合法权益的有关建议》，及时制发《关于在市直工业企业改革中加强工会工作的通知》，指导企业工会全过程参与改制，做到改制方案、职工安置方案经职代会讨论审议或表决通过，有力维护了企业改制过程中的职工合法权益；加强和改进职工思想政治工作，协助处理改制中的集体上访和群体性事件，确保职工队伍基本稳定，推动全市国有集体企业改革顺利进行。厂务公开工作在巩固提高中全面推进，职工董事和监事制、职代会民主评议企事业领导人员制度基本完善。认真贯彻工会劳动保护监督检查三个条例，加强工会劳动保护组织网络建设，大力推行“一法三卡”，广泛开展以“安康杯”竞赛为主要形式的群众性安全生产活动，配合政府及有关部门开展经常性的劳动安全卫生检查和重大事故的调查处理，不断提高职工安全生产意识和自我防护能力，依法维护职工安全健康权益。大力推动建立工会劳动法律监督整改意见书、处理建议书为主要形式的工会劳动法律监督制度，进一步健全基层劳动争议调解组织，劳动法律监督和劳动争议调处工作得到加强。市总工会、市劳动和社会保障局等单位大力开展创建劳动关系和谐企业活动，命名表彰了全市首批50家劳动关系和谐企业。

（四）积极为困难职工和农民工做好事办实事，促进再就业和扶贫济困工作取得新成效。

六年来，全市各级工会共筹集送温暖资金3450万元，走访慰问包括农民工在内的困难职工128606户。建立健全全市困难职工档案数据库，市直单位共办理困难职工优惠证2163个、医疗优惠证1200个。深入开展“金秋助学”活动，全市各级工会共筹集资金181万元，帮助924名困难职工子女上大学，为7105名困难职工子女完成九年义务教育减免学杂费157万元。广泛开展为农民工送清凉、送健康、送文化活动，农民工工作和生活条件进一步改善，全市各级工会为盛夏时节在野外或高温作业的农民工送去防暑降温物资和药品165.24万元，为4512名农民工进行免费体检。积极协助政府做好促进下岗失业人员再就业工作，举办“献爱心、送岗位”大型就业招聘和民营企业招聘周活动。全市兴建再就业基地45个，培训下岗职工1.4万人次。市级各县市区总工会大力加强困难职工帮扶中心（职工权益维护中心）建设，积极落实人员、资金和场地，为职工提供职业介绍、信访接待、困难救助、法律援助等服务，发挥救急济难、拾遗补缺作用，受到职工群众和社会各界的广泛赞誉。全市14个中心共接待困难职工44526人，实施帮扶3968人次，救助金额108万余元；免费为困难职工职业介绍9359人次，实现再就业5230人，提供法律援助597件次。

（五）加强工会组织自身建设，工会工作整体水平明显提高。

市总工会被评为全市第一批先进性教育活动先进单位，多次荣获市区“文明单位”称号，连续六年荣获“文明机关”称号。认真贯彻省、市委工会工作会议精神，抓住县市区换届契机，加强工会干部协管和工会领导班子配备，确保工会主席（主任）由党委常委（委员）或同级党政副职担任或兼任的格局，各级工会领导班子结构更加适应工会工作发展的要求。调查研究、财务工作、经费审查工作、女职工工作、工会对外交流工作等取得可喜进展，迈出新的步伐。

二、今后五年的指导思想和工作目标

今后五年工会工作的指导思想是：坚持以邓小平理论和“三个代表”重要思想为指导，全面贯彻落实科学发展观，围绕构建社会主义和谐社会的总要求，坚持走中国特色社会主义工会发展道路，贯彻“组织起来、切实维权”工作方针，树立和落实中国特色社会主义工会维权观，以发展和谐劳动关系为主线，以提高职工队伍整体素质为中心，以解决职工群众最关心、最直接、最现实的利益问题为重点，切实履行维护职工合法权益的基本职责，全面提升工会工作能力水平，努力提高宜昌工会的社会影响力和社会认知度，团结动员广大职工为宜昌走在中部地区同等城市发展前列而努力奋斗。

根据新形势的发展要求，今后五年全市工会的工作目标是：努力提高职工队伍整体素质，广大职工在促进经济社会发展中的主力军作用更加突出；积极参与协调劳动关系和社会利益关系，工会维权机制更加完善；切实为职工群众说话办事，促进再就业和扶贫济困工作成效更加显著；加快工会组建步伐、加强基层组织建设，基层工会更加活跃；推进自身改革和建设，工会的社会影响更加广泛。

实现今后五年的奋斗目标，最根本的在于坚持以科学发展观统领工会工作全局，在实际工作中努力做到“五个坚持”，以参与改革促进和谐，以加快发展巩固和谐，以维护稳定保障和谐，以提高素质推动和谐，充分发挥工会在构建社会主义和谐社会建设中的积极作用。

一是坚持以职工为本。

二是坚持以主动依法科学维权为手段。

三是坚持以发展和谐劳动关系为主线。

四是坚持以提高职工队伍整体素质为中心。

五是坚持以解决职工群众最关心、最直接、最现实的利益问题为重点。

三、今后五年的主要任务

（一）不断提高职工队伍整体素质，为宜昌努力走在中部地区同等城市发展前列建功立业。

（二）大力推进工会维权机制建设，不断促进劳动关系和谐、企业和谐和社会和谐。

（三）努力增强工会组织活力，为工会在和谐社会建设中发挥重要作用奠定组织基础。

（四）努力为职工群众做好事办实事解难事，不断提高困难职工群体对改革发展成果的共享程度。

（五）以改革和创新的精神加强工会自身建设，推进工会工作的群众化、民主化和法制化。

勇担新使命　推动新跨越
团结带领全市职工在建设现代化特大城市伟大实践中建功立业

2012年7月19日在宜昌市工会第四次代表大会上的报告（节选）

罗志勇

一、五年来全市工会工作的回顾

（一）服务科学发展，工人阶级主力军作用充分发挥。

五年来，全市职工参与各种形式劳动竞赛活动183万人次，提出合理化建议53634件，开发技术创新成果10933项，推广新技术286项，发明创造专利技术172项，创造经济效益6.3亿元，市总工会被授予全国劳动竞赛先进集体称号。五年来，选树全国、省、市劳动模范268名、“五一”劳动奖章58名、“五一”劳动奖状21个，涌现出一大批“金牌工人”“技能状元”“服务明星”，举办了最具影响力十大劳动模范评选、劳模事迹报告会等活动,奏响了“工人伟大、劳动光荣”的时代强音。

（二）强化源头参与，和谐劳动关系不断发展。

积极争取党政支持，提请市委、市政府出台《中共宜昌市委关于加强和改进工会工作的意见》《宜昌市人民政府关于深入推进企业工资集体协商工作的意见》等涉及职工切身利益的政策性文件15件。市县区建立了工会与政府联席会议制度、劳动关系三方协商会议制度，形成了工会积极配合和参与人大、政协和劳动保障等部门开展劳动保障执法检查及专题视察的工作机制。按照“促进企业发展、维护职工权益”科学维权观的要求，指导职工与企业签订劳动合同，开展工资集体协商。五年来，建会企业集体合同或工资集体协商协议签订率达到83%，覆盖企业9208家，惠及职工35万人。深入开展和谐企业创建活动，全市规模以上企业创建活动覆盖面达95%以上，24家企业荣获全国、省“劳动关系和谐企业”称号，10家企业被评为市“和谐示范企业”，100家企业被评为“和谐企业”。不断推进职代会制度建设和厂务公开民主管理工作，全市职代会建制率达到85%。建立由多部门参与的社会化维权工作机构，成立工会劳动争议调解中心、职工法律援助中心、农民工权益维护中心、劳动争议仲裁工会派出庭，设立职工心理咨询室。积极参与社会管理创新，建立工会劳动关系预警机制。积极开展职工群众大接访、劳动争议大调解活动，五年来，各级工会接待职工来信来访4635件，成功调解职工劳动争议案件874件，为职工提供法律援助112件，最大限度地把劳动关系矛盾化解在了基层和萌芽状态。

（三）突出工会组建，工会组织覆盖面不断扩大。

深入实施“双措并举、二次覆盖”和“广普查、深组建、全覆盖”集中建会行动，不断提高工会组建率和职工入会率。坚持以党建带动工建、工建服务党建，推进基层党工组织联建。大力开展区域性、行业性工会组建，实现了百胜餐饮、沃尔玛等外资在宜企业、出租车行业的建会突破。深入开展创建“示范乡镇（街道）工会”“模范职工之家（小家）”活动，不断增强工会工作活力。大力加强基层工会工作规范化建设，工会组织建设达标率显著提高。加大工会干部社会化工作力度，公开选聘167名工会协理员，有效改善了工会干部队伍力量不足状况。五年来，全市新增工会会员335650人，会员总数达到898431人；新建基层工会组织4325个，工会组织数量达到8687个，涵盖基层单位19740个。工会工作的触角不断延伸，工会组织的作用明显增强。

（四）竭诚服务职工，困难帮扶工作日臻完善。

五年来，全市各级工会筹集资金和物资4200万元，慰问帮扶困难职工38000人次，资助困难职工子女入学 5200 人次，举办就业招聘会 152 场次，实施劳动技能培训 9800 人次，培训家政人员 3100 人次，帮助 12500 名下岗失业人员实现就业。面向全体工会会员推出“三峡职工服务卡”，为持卡会员免费提供人身、财产损失保障，以及特惠商户提供的吃、住、行、游、购、娱等打折优惠服务。这一在全国的率先之举受到党委政府的充分肯定和职工群众的欢迎。工会帮扶工作成为宜昌市社会保障体系的有力补充，成为党和政府关心职工特别是困难职工的重要窗口。

（五）深化“创争”活动，职工队伍素质全面提升。

广泛开展社会主义荣辱观教育，引导职工群众切实加强社会公德、职业道德、家庭美德、个人品德建设。深入开展“创建学习型组织、争做知识型职工”活动，实施“万名学习型职工、千项学习创新成果、百个学习型班组（团队）、十佳知识型职工标兵”计划。大力加强企业文化、职工文化建设，不断增强职工的企业归属感和荣誉感。广泛开展职工文化体育活动，组织工会职工艺术团及小分队深入企业、工业园区、社区、矿山慰问演出 327 场次，为职工、农民工免费送电影 152 场次；连续五年举办农民工闹元宵、万人相亲节、职工美术书法摄影作品大赛、职工运动会等活动。加强职工文化活动阵地建设，累计投入 3000 万元资金，新建、扩建、改建市县两级工人文化宫（俱乐部）。加大“职工书屋”建设力度，建成全国“职工书屋示范点”10 个，省级“职工书屋”12 个，市级“职工书屋”164 个，丰富了职工精神文化生活。

（六）加强统筹协调，工会各项工作全面推进。

深入开展“万名工会干部大培训、万名工会干部进车间（班组）访民情、万名工会干部结对帮扶困难职工、万名会员评家”活动和湖北省三万活动。五年来，各级工会举办各类培训班 410 期次，培训工会干部 26704 人次，实现全市工会干部五年轮训一遍目标。各级产业（行业）工会在推进产业（行业）改革、推动经济平稳较快发展、维护职工合法权益等方面发挥了重要作用。工会财务管理进一步规范，经费收入稳步增长。市总工会连续五年获得“全国财务工作先进集体”荣誉。经审工作取得新经验，女职工工作、市直企业工会工作、老干部工作，新闻宣传、调查研究、信息报送、档案管理、资产监管等各项工作取得新成绩。积极参与全国文明城市创建活动，机关面貌焕然一新。市总工会多次荣获省、市、区“文明单位”称号。工人疗养院、工人文化宫（俱乐部）等工会事业不断加强，资产质量不断优化，经济和社会效益不断提高。工会对外交流学习工作取得可喜进展。

二、今后五年的主要工作任务

今后五年宜昌市工会工作的总体要求是：以邓小平理论和“三个代表”重要思想为指导，深入贯彻落实科学发展观，认真学习宣传实践中国特色社会主义工会发展道路，紧紧围绕省第十次党代会和市第五次党代会提出的目标任务，以“推动新跨越、建功‘十二五’”活动为主题，以发展和谐稳定劳动关系为主线，以加强基层组织建设为重点，以打造服务型工会为支撑，以改革创新为动力，着力构建工会工作坚实的组织体系、完善的维权体系和高效的服务体系，在推动科学发展、维护职工权益、促进社会和谐上彰显工会更大作为，团结动员广大职工为加快建设现代化特大城市建功立业。

（一）大力开展“推动新跨越、建功‘十二五’”主题活动，引领百万职工为加快宜昌科学发展献智出力。

（二）大力发展和谐劳动关系，切实维护职工合法权益。

（三）大力加强服务型工会建设，倾心打造职工满意工会。

（四）大力加强工会组织建设，不断增强工会组织的凝聚力和战斗力。

（五）大力实施素质工程，培养造就高素质职工队伍。

不忘初心奋进新时代　牢记使命再展新作为
团结动员全市职工为加快建设社会主义现代化强市努力奋斗

2017 年 12 月 26 日在宜昌市工会第五次代表大会上的报告（节选）

罗志勇

一、过去五年的主要工作

（一）坚持围绕中心、服务大局，工人阶级主力军作用更加彰显

思想引领展现新气象。充分发挥工会"大学校"作用，主动创新新形势下职工思想教育的方式方法，教育引导广大职工群众听党话、跟党走，职工群众对中国特色社会主义的认同感、自豪感、"四个自信"不断增强。各级工会组织第一时间采取多种形式进企业、进工地、进社区开展党的十九大精神宣讲活动。深化"中国梦•劳动美"主题教育，积极培育和践行社会主义核心价值观，强化职业道德建设，开展"最美一线职工"评选，进一步激发广大职工奋发向上、崇德向善的正能量。严格落实意识形态工作责任制，牢牢掌握意识形态工作的领导权、管理权、话语权。注重发挥工会宣传文化阵地作用，大力推进企业文化和职工文化建设，精心组织开展职工羽毛球、象棋、演讲、歌咏等比赛以及书画美术摄影作品展等文体活动，累计举办"走进职工"慰问演出 30 场，文艺小分队演出 350 场，免费送电影 180 场。筹资 350 万元，援建市级职工书屋 327 个，开通电子职工书屋，累计阅读达 300 万人次。

劳动竞赛打造新格局。五年来，全市各级工会围绕推进宜昌转型发展、深化供给侧结构性改革，以"建功黄金期、展现新作为""践行新理念，建功'十三五'"为主题，广泛组织开展重点行业、重点企业、重点工程、重点项目、重点园区劳动竞赛，积极探索劳动竞赛从传统产业向一二三产业全领域延伸，从生产行业向行政审批、民生服务拓展，每年组织开展市级劳动竞赛 10 项以上，牵动全市开展各种劳动竞赛项目 3000 项以上，劳动竞赛企事业单位覆盖面、职工参与率分别达 95%、93%，形成了"党委政府支持、服务中心大局、工会统筹助推、部门协同配合、职工全员参与"的劳动竞赛新格局。实施"百万职工技能大提升"行动，开展职工技术创新成果评选、技能状元大赛、岗位练兵、合理化建议、技能比武等活动，评选首届"宜昌工匠"10 人，职工提出合理化建议 3 万多条，改革工艺 4000 多项，创新成果 3000 多项，累计创造经济效益 10 多亿元，5 万名职工实现技术等级晋升。培育省级示范职工（劳模）创新工作室 9 家、市级示范职工（劳模）创新工作室 30 家、市级职工（劳模）创新工作室 100 家。

劳模精神引领新风尚。五年来，宜昌市共涌现出全国劳动模范和先进工作者 7 人，省劳动模范和先进工作者 26 人，全国、省、市五一劳动奖状 94 个、奖章 171 人、工人先锋号 262 个，评选宜昌市劳动模范和先进工作者 201 人。积极推动市政府修订发布《宜昌市劳动模范管理办法》《宜昌市劳动模范待遇执行办法》，大幅提高并落实劳模待遇。大力弘扬劳模精神、工匠精神。五年来，在各主流媒体累计刊发宣传专版专栏 300 余个，开展劳模"进企业、进校园、进社区、进农村、进机关"以及"工匠大讲堂""劳模林"植树等活动 227 场，组织优秀农民工看发展、一线环卫工人免费体检，将"宜昌工匠""最美一线职工"纳入疗休养范围，营造尊重劳动、崇尚技能、创先争优的社会氛围。

（二）坚持情系职工、关注民生，帮困维权服务成效更加显著

服务职工开创新模式。积极适应"互联网+"和做好网上群众工作的新要求，以"一平台、二张网、五系统、四终端"为载体，构建了"大数据、大平台、大队伍（网格员）、大服务"的"互联网+"服

务职工新模式。全面对接全市电子政务大数据，健全完善覆盖全体会员、困难职工、劳动模范、工会组织等动态实名制数据库，在全省率先实现全市工会“一张网”、普惠服务全覆盖。市县两级工会开通工会职工服务网和官方微信公众号，形成宜昌工会“微矩阵”。推出“互联网+”服务职工十大套餐，实现对工会服务职工项目“一网打尽”。“互联网+”服务职工平台系统上线以来，累计发布政策、岗位等信息 2.3 万余条，回复办理网上咨询 18 万人次、维权诉求 2.7 万人次，推介就业 2.5 万人次，帮扶 4820 人次 510 万元，网格管理员采集提交信息 29 万余条。该项工作得到了全国人大副委员长、中华全国总工会主席李建国的充分肯定，被誉为“宜昌模式”。去年 9 月 27 日，全国总工会在宜昌召开全国“互联网+”工会普惠性服务现场推进会，全国总工会党组书记、副主席、书记处第一书记李玉斌出席会议并讲话，向全国推广宜昌经验。

困难帮扶取得新成效。积极推动市县两级工会困难职工帮扶中心转型升级为职工服务中心，建成及覆盖企业职工服务中心 731 家，市、县、乡镇、企业四级服务体系逐步建立。坚持每年为职工办“十件实事”，5 年累计筹资 8000 余万元，开展送温暖、送清凉、金秋助学等帮扶行动，做实“四季帮扶”品牌。累计走访困难企业 1186 家次，慰问困难职工 37303 人次，资助困难职工（农民工）子女入学 10060 人次。“金秋助学”被评为宜昌十大慈善品牌，市总工会被评为最具爱心慈善单位。大力开展“帮会员找岗、帮企业招工”活动，联合相关部门组织召开各类招聘（洽谈）会 1000 余场，免费发放宣传材料 100 余万份，促进职工就业再就业 20 万人次。举办家政培训班 177 期，免费培训下岗女工和女农民工 6500 人，推介就业 2.2 万人次。联合相关银行及 100 多家商户，累计发放“三峡职工服务卡”16 万张，职工享受各类优惠过亿元。深入开展“精准扶贫”和“万名干部进万村惠万民”活动，全市各级工会深入扶贫联系点广泛开展结对帮扶活动，积极推动市政府出台《关于城镇困难职工解困脱困工作的实施意见》，助力脱贫解困。

增进和谐展现新作为。进一步强化源头参与，建立完善政府与工会联席会议制度、协调劳动关系三方机制。积极推动市人大开展《湖北省集体合同条例》执法检查和市政协召开“带薪年休假制度的实施”专题协商会议。推动市政府出台《关于进一步深化和谐劳动关系企业创建工作的意见》，全市规模以上企业开展劳动关系和谐企业创建活动面达 98%。大力开展“公开解难题、民主促发展”主题活动，培育了一批厂务公开民主管理工作先进典型，市总工会被评为全国推动厂务公开民主管理工作先进单位。实施集体协商工作提质增效五年计划，广泛开展“双约定”行动，已建会企业集体合同动态建制率、工资专项集体合同建制率分别达 87.7%、87.3%。去年 12 月 23 日，中华全国总工会、国家旅游局、人社部联合在宜昌召开会议，推广宜昌市导游行业劳动报酬集体协商的“宜昌样本”，受到中央领导关注和肯定。坚持主动依法科学维护职工合法权益，市县两级工会全部成立法律服务团，组织开展“5·20 维权活动日”“尊法守法，携手筑梦”等法治宣传活动 300 余场。认真做好工会信访接待及劳动争议调解工作，建立基层劳动争议调解组织 5983 个，积极协助党委政府有效化解矛盾纠纷，维护职工队伍和谐稳定。五年来，全市各级工会组织受理职工来访、来信、来电 3000 余批次 3800 余人次，办结率 98% 以上；受理并调处劳动争议案件 421 件，办理各类维权案件 687 件，追讨各类赔偿和欠薪 9300 余万元。联合各方成功化解有关企业关停清算职工安置和企业改制等一批重难点矛盾纠纷，维护了职工合法权益和改革稳定大局，市委充分肯定了工会担当。

（三）坚持夯实基础、做强基层，工会自身建设更加有力

改革创新增添新活力。全市工会认真贯彻落实中央、省委、市委党的群团工作会议精神，按照市县同步、压茬推进的工作要求，紧紧围绕强“三性”、去“四化”工作目标，从改革工会的运行机制、工作方式、机构设置和服务模式入手，紧盯时间节点，狠抓措施落实，改革任务全面完成。坚持整合资源、突出主责主业，市县两级工会内设机构更趋合理；坚持“专兼挂”相结合，工会领导班子配备更加完备；

坚持面向基层，各级工会代表大会、常委会和全委会中，基层一线人员比例大幅提高，代表性显著增强。积极推进产业工人队伍建设改革工作，各地工会牵头提出产业工人队伍建设改革实施方案。加快市工人文化宫公益性改革步伐，调整功能布局，收回部分经营性场所，扩大公益性、服务型场所面积，筹资3800余万元建设的市职工学校（职工健身培训基地）投入使用。

组织建设取得新突破。扎实开展“强基层、补短板、增活力”集中行动，不断扩大工会组织覆盖面和职工入会率，全市建立基层工会7079个、涵盖单位18743个；工会会员80.7万人，其中农民工41.5万人。全市企业建会率和职工入会率动态保持在 85%以上。创新开展网格工会建设。在全省率先成立导游行业工会。推动宜昌高新区成立总工会，四个乡镇（街道）成立总工会。认真开展“农民工入会集中行动”，新增农民工会员6.5万人。做好全国工会网上入会试点工作，网上入会转会累计达5.1万人。实施基层工会“六有六好”规范化建设三年行动计划，选树了一批规范化建设先进典型。加强工会干部教育培训，举办各类培训班200期，培训工会干部1.5万人次。广泛开展“双争”活动，深化职工之家建设，创建了一批全国、全省模范职工之家、模范职工小家。进一步加大对基层工会人力、财力支持力度，出台工会协理员管理办法和经费对下补助办法，将基层工会经费留成比例调整到60%，对乡镇（街道）工会、网格工会进行专项补助。

党的建设得到新加强。认真落实全面从严治党要求，切实履行全面从严治党主体责任，扎实开展“三严三实”专题教育、“两学一做”学习教育，不断强化政治意识、大局意识、核心意识和看齐意识，全面推进工会系统党的建设。严格落实“一岗双责”，认真落实党风廉政建设工作责任制。将党风廉政建设纳入工作整体格局，自觉接受、积极支持派驻纪检组监督和社会监督，切实发挥机关纪检组织和支部纪检委员的作用，着力在工会系统营造风清气正的良好生态。坚持把纪律和规矩挺在前面，严格遵守中央八项规定精神和省市委有关规定，全面加强作风建设，聚焦“四风”，力克“四化”倾向，全市工会系统作风、文风、会风明显改善。认真开展“联帮代扶促”和“四个一”联系结对活动，健全直接联系职工群众的长效机制。组织开展工会工作“金点子”征集，职工婚恋等职工群众反映集中的问题直接纳入工会工作安排实施。建立完善“职工说了算”的评价体系，实行工会工作第三方评价、网上评价，每年3万名职工网上评会。

各项工作都有新发展。全市工会经费稳步增长，财务管理进一步规范。经审工作的监督和服务职能得到强化。工会对外宣传工作不断加强，“宜昌工人”微信公众号影响力进一步扩大，连续两届被评为“全国最有影响力工会新媒体”。市总工会创新开展工作统筹机制，建立以“月度工作安排”和“月度负面清单（百分考核）”为核心的信息化机关工作考评体系，打破多年来的奖励分配平均主义，激发了机关干部正风肃纪、干事创业的激情。援疆、援藏工作扎实推进。市总工会机关文明创建、统战、综治、调研、信息、档案、对外交流等工作都有新的进展。

凡是过去，皆为序章。回顾总结五年来的工作实践，我们深刻地体会到：做好工会工作，必须始终坚持党的领导，在思想上、政治上、行动上同以习近平同志为核心的党中央保持高度一致，工会工作才能方向明确、不走偏路，才能做得有声有色、扎实有效，才能把广大职工紧密地团结在党的周围，不断开创工会工作新局面；必须始终坚持服务大局，自觉地把工会工作放到党委和政府的工作大局中去把握、谋划和部署，找准位置、体现特色、发挥作用，团结动员广大职工为实现党的目标不懈奋斗，才能推动工会工作在服务大局中有为有位；必须始终坚持职工为本，想职工之所想，想同行之未想，把竭诚为职工群众服务作为一切工作的出发点和落脚点，深入组织职工、广泛动员职工、真心依靠职工、热忱服务职工，切实为职工群众办实事做好事解难事，增强职工的获得感和幸福感，工会才能真正成为党联系职工群众的桥梁和纽带；必须始终坚持改革创新，把握时代脉搏，坚持科学发展，自觉运用改革创新精神谋划推进工会工作，创新组织体制、运行机制、活动方式、工作方法，才能掌握工会工作的主动权，推动工会工作迈上新台阶。

二、今后五年的主要任务

今后五年，全市工会工作的总体要求是：深入学习贯彻党的十九大精神，认真践行习近平新时代中国特色社会主义思想，坚定不移走中国特色社会主义工会发展道路，围绕全面落实市委六届五次全会提出的目标任务，不断增强政治性、先进性、群众性，着力改革创新，着力服务大局，着力服务职工，着力做强基层，着力从严治会，努力打造忠诚工会、有为工会、服务工会、活力工会，以新时代新作为努力开创工会工作新局面，团结动员全市职工为加快建设社会主义现代化强市贡献智慧和力量。

（一）大力实施凝心聚力工程，着力建设忠诚工会

加强理论武装，始终保持工会工作正确政治方向。

强化思想引领，着力培育践行社会主义核心价值观。

增强使命担当，切实把工会工作融入全市工作大局。

（二）大力实施建功立业工程，着力建设有为工会

深入开展群众性劳动竞赛。

大力弘扬新时代工匠精神。

全面提升产业工人队伍素质。

着力构建和谐劳动关系。

（三）大力实施共建共享工程，着力建设服务工会

完善“互联网+”服务平台。

丰富网上服务项目。

擦亮传统服务品牌。

（四）大力实施固本强基工程，着力建设活力工会

深化工会改革。

夯实基层基础。

全面从严治会。

狠抓作风建设。

服务大三峡　建设新宜昌　再作新贡献

市委常委、市总工会主席　金泽兰

宜昌市职工技术协会成立于八十年代初，发展壮大于九十年代，至今已走过了15个春秋。10多年来，在党和工会的领导下，以邓小平建设有中国特色的社会主义理论为指导，坚持党的基本路线，按技协的宗旨从小到大逐步发展。现有基层组织235个，拥有一支能工巧匠、工程技术人员、各类专业人才为主体的1.3万多会员组成的技协大军，形成了以大中型企业为依托、技术门类齐全、网络纵横交错的技协组织体系。活动内容从传统的攻关排难发展到涉足高新技术；活动领域从企业间、地区间的技术协作扩展到跨行业、跨地区的技术合作。近几年来技协组织攻克技术难关2657项，创经济效益6415万多元；实施合理化建议7万多条，创造（节约）价值1.29亿元；开发新产品217项，其中14项获国家专利；技术合同登记的1895项，成交金额6296万元，为建设宜昌发挥了较大的作用。

1997年是我国历史上极为重要的一年，前不久，香港已回归祖国，党的十五次代表大会也已召开，举世瞩目的三峡工程将实现大江截流。为实现国家今后15年宏伟的发展蓝图，宜昌市委、市政府也制定了"服务大三峡，建设大城市，促进大发展"的规划，展示出灿烂辉煌的前景。这些都赋予职工技协新的历史使命，也是职工技协千载难逢的历史机遇。职工技协要抓住机遇为服务大三峡，建设新宜昌再作新贡献。

三峡是举世瞩目的跨世纪工程。三峡工程位于宜昌，全市职工和技协会员应当义不容辞地为服务三峡工程做好各方面工作。前一段，职工技协已做了许多工作，受到各方面的称赞。今后，我们各级技协更应加大这方面的工作力度，争取做到服务工作有特色、创一流。精选队伍，在技术、人才、资金，物质上形成合力，上项目，接工程。在三峡工地献绝技、绝招，解难关；为工程推广先进、适用、见效快的技术；提供咨询、拾遗补阙和延伸服务；扩大横向联系，加快信息传递。也要不断把职工技协的新产品、发明创造成果推广应用到工程中去。

宜昌市工业企业门类较齐，部、省属企业较多，是建设宜昌、发展宜昌的基础，全市职工技协要围绕搞活国有企业发挥作用。市场竞争实质是人才竞争，有一支精良的职工队伍，就能生产出优质产品。职工技协要运用各种形式、各种渠道举办多层次的培训班，开展岗前、岗位培训，培养大批适应企业和市场需要的高技术、高技能的复合型人才，帮助企业增强竞争能力。当前，有些企业存在一些困难，职工技协要帮助企业排忧解难。一方面，要以解决企业的生产关键和急难问题为主攻方向，组织职工技协开展技术协作、技术交流、技术攻关、技术革新活动，在促进和帮助企业优化产品结构、节能降耗、提高产品质量、实施名牌战略、推进科技成果转化和技术扶持扭亏上下功夫；另一方面，发挥技协的协调作用，把省、部属企业与市属企业联系起来，使之优势互补。现在有些企业有的职工下岗待业，职工技协要帮助他们转变择业观，利用下岗待业的机会，学习多种技术，增强自身的竞争上岗、自谋职业的能力。也可将其中有特长的职工吸收到技协来，参加技术攻关或其他经营活动，帮他们转岗就业。

职工技协还要加强自身的思想、组织建设，建立和健全各项规章制度，把技协建设成为一个具有思想开拓、组织严谨、作风优良、管理规范、纪律严明的特别能战斗的组织。

在全国浩浩荡荡的技协大军中，我们宜昌职工技协只是一支小突击队；在神州大地的广阔天地里，我们的事业方兴未艾。今后，我们职工技协要进一步继承和发扬中国职工技协在35年的战斗历程中凝铸的传统和精神，为宜昌的第二次振兴、为实现祖国的宏伟蓝图再创新的辉煌。

（本文系金泽兰为1997年《中国职工技术导报》第640期宜昌技协专版撰文）

立足基层　强根固本　不断推动工会工作的创新与发展（节选）

市总工会党组书记、常务副主席　周学文

近年来，面对国有企业改革改制、县域民营经济发展、招商引资项目建设步伐加快、进城务工人员越来越多的新形势，我们坚持立足基层，认真做好强根固本工作，发展工会组织建设成果，增强基层工会组织的生机与活力，促进基层工会工作的创新与发展。

一、与时俱进，不断深化创建示范乡镇（街道）工会工作

我们将深化创建示范乡镇（街道）工会活动作为提高乡镇（街道）工会工作水平的载体，努力在建机制、求实效上下功夫。

（一）建立和完善三级培训网络。第一级是市级工会干部培训。针对县市区工会干部变动较大的新情况，举办全市工会干部集训班，对县市区总工会全体干部，市直各产业（行业）、企业工会和市直机关工会专兼职工会干部近300人进行集中培训。第二级是由市总指导，县市区总工会实施的工会干部培训，重点解决工会干部的应知应会问题。当阳市总工会将工会干部培训纳入全市干部培训计划，111名工会干部取得培训合格证书，持证上岗。第三级是借助社会力量培训工会干部。我们与有关部门合作，把工会业务培训纳入街道、社区干部培训的内容，增强街道、社区干部的工会法规意识，使他们积极主动参与、支持工会工作。

（二）完善创建示范乡镇（街道）工会的考核办法。一是增加新的考核内容，按照工作下移的总体思路，细化创建示范乡镇（街道）工会标准，增加联席会议、三方协商会议、区域性职代会、社区工会规范化建设等内容，使之充分体现示范性、先进性，更具有引导和示范作用。二是严格考核验收，按照乡镇（街道）工会申报、县市区总工会考核推荐、市总工会验收的程序逐级验收把关，合格一个，认定表彰一个。三是对过去命名的示范乡镇（街道）工会，按照新的考核标准进行检查验收，重新认定，凡未达到新标准的，限期整改，在规定期限内仍未达标的，取消示范乡镇（街道）工会称号。

（三）及时总结推广典型经验。近年来，先后总结推广了宜都市乡镇（街道）区域职代会、集体合同，兴山县在乡镇成立维权工作指导站，长阳县乡镇（街道）政府与工会建立联席会议制度和三方协商会议制度，西陵区在进城务工人员中发展工会会员，伍家岗区社区工会规范化建设等经验，以现场会、推介会等形式，促进各乡镇（街道）工会相互学习与交流。对49个验收合格的示范乡镇（街道）工会分别给予1000元的奖励，增强了乡镇（街道）工会的生机与活力。

二、整体联动，大力推进在进城务工人员中发展会员工作

为全面了解和掌握进城务工人员的情况，与市劳动和社会保障局、市公安局、市人口与计划生育委员会联合对进城务工人员人数、流向、从业情况进行调查，认真分析进城务工人员分布、从业、生活及权益状况，按照“组织起来，切实维权”的要求，就进城务工人员加入工会，依法维权，研究确立“三个依托”的工作措施。

（一）以产业（行业）工会为依托，发展进城务工人员入会。以建设工会为依托，在建设局党组的直接领导下，成立由建设工会和建管科、城建科、园林科组成的外来施工企业组建工会工作领导小组，负责市建设局管理的外来企业、非公有制企业组建工会、发展会员工作。目前，来自重庆、江苏、浙江等地在宜登记注册的建筑装饰、房地产开发、园林建设的民营企业共128个单位，都依法建立了工会组织，在进城务工人员中发展工会会员3000多人，并在此基础上成立施工企业工会联合会。

（二）以街道、社区为依托，发展进城务工人员入会。街道、社区是进城务工人员主要聚集地，为最大限度地把进城务工人员组织到工会中来，依法维护他们的合法权益，我们积极探索街道党工委、行政、工会联合抓建会、发展会员的新路子。同时，依托街道、社区教育基地，联合开展以提高自我依法维权意识为目的的引导性培训和以提高职业技能、就业能力为目的的业务技术培训。今年上半年，西陵街办在进城务工人员中发展工会会员 1200 多人，举办摩托车修理、美容美发、家庭护理、计算机操作等培训班 6 期，培训进城务工会员 359 人次。依托街道工会在进城务工人员中发展会员近 2 万人。

（三）以新开业企业工会为依托，发展进城务工人员入会。充分发挥新建企业工会组建工作领导小组的作用，积极探索与统战、劳动、工商、税务等部门联合推进建会工作的办法，实现在审查或批准企业合同、企业章程、注册登记和执行劳动监察时，将依法组建工会作为一项重要内容加以督促和核实，依法在新开业的企业组建工会，在进城务工人员中发展工会会员，组织指导会员依照《工会法》和《工会章程》，民主选举工会领导机构和工会主席。近两年来，一批落户宜昌的温州均瑶、蒙牛、AB 集团等企业均建立了工会组织，在进城务工人员中发展会员近 3 万人。

三、着眼发展，积极探索工会干部社会化、职业化的新路子

工会干部社会化、职业化，是一个发展方向。如何适应形势的要求，解决基层特别是街道、社区工会干部缺位问题，我们进行了有益的探索。

（一）研究制定派驻工会干事的办法。工会有自己的经费管理体系，有大批热心工会工作，富有工会工作经验，乐意为职工群众奉献，有较高政策理论水平的退休工会干部，从中选聘工会干事派驻街道、社区和企业工作，既不占用人员编制、不过多增加经费负担，又可以有效地解决街道、社区工会工作人员缺位的问题。我们根据《工会法》“上级工会可以派员帮助和指导企业职工组建工会”的规定，研究制定《派驻工会干事试行办法》，明确派驻工会干事三项工作职责：完成派驻地或单位工会安排的各项工作任务；对派驻地或单位工会重点工作进行督办；开展调查研究，总结经验，定期向市总工会报告工作，提出建议和意见。工会干事实行聘任制，一年一聘，派驻地和单位工会为工会干事提供必要的工作条件，在工作上做到“放心不疑心，放手不撒手。”

（二）严格选拔聘用派驻工会干事。为把好选聘工会干事的人选关，我们研究确立三个基本条件：一是担任过地方和企事业单位工会负责人，熟悉工会业务，有较高政策理论水平；二是热爱工会工作，有继续为职工群众服务的思想和能力；三是从事工会工作 5 年以上，离开工会工作岗位不超过 2 年，且身体健康。通过层层推荐，组织考核，今年 2 月，我们从提前退休工会干部中选聘了 4 名工会干事，一名是西陵区提前退休的党组书记、常务副主席，两名是有着 20 多年工会和行政工作经历的企业退休干部，一名是有较高威信的区教育工会负责人。她们派驻到进城务工人员较多、工作任务繁重的西陵区、伍家岗区、宜昌开发区工作后，受到派驻地党政领导和工会干部的欢迎。

（三）加强对工会干事的协调管理。市总工会明确一名领导同志联系工会干事工作，每月召开一次工作碰头会，工会干事作工作汇报，共同研究解决问题的对策，总结推广经验。派驻西陵区的工会干事与西陵街办工会主席用一个星期时间，收集居住在辖区的 1300 余名外来进城务工人员的基本情况并登记造册，发展会员 1200 多人，派驻伍家岗区的工会干事和区总工会干部一起深入“四办一乡”开展拉网式调查，与各单位建立联系。他们以重点户、大单位为突破口，在民富和宜通两个汽车出租公司蹲点包片，协助和指导街办、乡的工会组建工作。3 月份以来，共组建工会 40 个，发展工会会员近 5000 余人。派驻宜昌开发区的工会干事，协助区工会开展调查研究，确立“边招商，边洽谈，边开工，边组建”的工作思路。紧紧抓住大户，毫不放松小户，以东山花园社区为点，依靠党建带工建，工会抓工建，完成了东山花园社区工会组建工作。外来名牌企业“双汇”公司落户开发区一年多未建会，工会干事与区工会主任反复上门协调做工作，该企业工会于今年 6 月成立。

（本文系周学文 2003 年在省总工会全委会议上的发言）

在全市工会经费委托国税机关代收工作动员大会上的讲话

市委副书记、市总工会主席　余幼明

这次全市工会经费委托国税机关代收工作动员大会，是在认真贯彻落实国务院办公厅《关于深入贯彻工会法，支持工会工作的通知》和全省、全市工会工作会议精神，全面加强工会工作的新形势下召开的一次重要会议。这次会议，是一次宣传有关工会经费的法律法规和政策的会议，是一次改革的会议、鼓劲的会议，也是工会经费收缴体制创新的会议，对于解决工会组建难、维权难、经费收缴难的“三难”问题，推动全市工会工作和工运事业健康发展必将产生深远的影响。下面，我就做好委托国税机关代收工会经费工作讲几点意见。

一、深化认识，不断增强做好委托国税机关代收工会经费工作的责任感

工会经费是工会组织履行职能、发挥作用、维护职工合法权益的物质保障，是加强基层工会组织建设的重要条件，也是实施扶贫济困的重要资金来源。工会经费具有强制性、无偿性、固定性。工会法、湖北省实施工会法办法对工会经费的收缴作了明确的规定，除了会员会费、政府补助、工会所属企事业单位上缴等收入外，建立工会组织的企业、事业单位、机关和其他单位，都要每月按照上月全部职工工资总额的百分之二向工会拨缴工会经费。其中属于财政统发工资的单位的工会经费列入年度财政预算，由财政部门直接划拨到本级地方工会。

工会经费委托税务代收，是贯彻工会法、湖北省实施工会法办法，实现依法治会的需要；是破解当前工会经费收缴难、创新工会经费收缴机制的需要；是贯彻落实全市工会工作精神和《中共宜昌市委关于进一步加强工会工作的意见》（宜发[2005]9号），全面提高工会工作水平的重要举措。委托税务代收工会经费，充分发挥税务机关行政执法的权威和税务系统点多面广、征管制度完备、处罚措施得力的优势，把依法拨缴工会经费和依法纳税同时作为企事业单位应尽的法律义务，有利于强化工会经费的法定地位，增强企事业单位尤其是非公有制企业拨缴工会经费的法律意识，提高拨缴工会经费的自觉性和主动性，实现工会经费依法收缴、刚性收缴、强性收缴；有利于扩大经费收缴面，提高经费收缴率，保证基层工会的经费落实到位，不断增强工会为职工说话办事的实力，提高工会服务全局、服务基层、服务职工的能力；有利于把工会干部从繁重的工会经费收缴任务中解脱出来，更好地履行维护职工合法权益的基本职责，把“组织起来，切实维权”的要求落到实处，充分发挥党和政府联系职工群众的桥梁和纽带作用。

二、加强宣传，依法推进税务机关代收工会经费工作

各级工会组织和国税机关在实施过程中，要加强政策宣传，依法推进。要运用多种手段，通过各种途径，进一步加强对工会法和湖北省实施工会法办法的宣传，加强对工会经费的性质和用途的宣传，加强税务代收工会经费目的和意义的宣传，努力在全社会形成理解、支持工会工作和工会经费委托国税机关代收工作的良好社会氛围，为在全市推行税务代收工会经费创造良好的社会条件和舆论环境。

各地各单位要高度重视和支持税务机关代收工会经费工作，加大领导、组织和协调力度，及时协调解决好税务代收工会经费工作中出现的具体问题，对地方总工会和国税机关要分别提出要求，明确推进此项工作的责任人、时间表。市国家税务局和市总工会要密切配合，加强协调和沟通，及时指导、协调解决税务机关代收工会经费中出现的问题，确保国税机关代收工会经费工作能够积极稳妥地顺利推进。

三、规范管理，确保工会经费及时足额收缴上解

实行税务机关代收工会经费，必须规范管理。国税机关要按照工会法的有关规定精神，建立健全与代收工作相适应的各项工作管理制度，严格执行工会经费税前扣除的税收政策，严格按照代收范围、工会经费核定原则、基层工会与地方工会的分成比例、专用收据的管理规定等各项要求，确保工会经费及时足额收缴上解。各级工会要严格执行工会经费“统一领导、分级管理”的财务体制。不断增强政治意识、大局意识和责任意识，严格按照省总调整后的经费分成比例和财务管理体制，逐级上解工会经费，杜绝截留、挪用工会经费问题的发生。要深入宣传贯彻工会法和湖北省实施工会法办法，动员企业负责人支持工会工作，如实计拨工会经费，保证工会经费拨缴到位。要正确把握工会经费的使用原则，坚持为基层服务、为职工服务、为工会重点工作服务的方向，不断提高工会服务全局、服务基层、服务职工的能力，全面提升工会依法维权的水平。

（本文系余幼明2005年在全市工会经费委托国税代收工作动员会上的讲话）

肩负起时代赋予我们的光荣使命
努力为宜昌的工运事业贡献力量(节选)

市委常委、市总工会主席　郭俊苹

刚刚闭幕的宜昌市工会第三次代表大会开得非常成功。从今天开始，我们这一届工会班子已经正式接过了“接力棒”，肩负起团结动员全市职工为实现宜昌走在中部地区同等城市发展前列的目标建功立业的历史使命。我们每一位委员要倍加珍惜党组织和全市各级工会组织的厚爱和重托，倍加珍惜全市职工的信赖和期待，倍加珍惜时代提供的机遇和舞台，不辱使命，不负重托，恪尽职守，勤奋工作。

市工会领导班子自身建设，事关市工会第三次代表大会确定的奋斗目标的实现，事关市工会领导班子的形象和核心作用的发挥。在新一届委员会领导集体履新之际，我就加强市工会领导班子自身建设讲几点意见，与大家共勉。

第一，要始终成为政治坚定、维护大局的领导集体。新一届工会领导班子作为宜昌工会的火车头，首先要保持政治上的清醒与坚定，在任何时候、任何情况下都要坚持正确的政治立场和政治方向。

要增强政治意识。政治坚定是建设新班子的前提。市工会领导班子必须带头讲政治，自觉坚持正确的政治立场，严守党的政治纪律，提高政治敏锐性，增强政治鉴别力，善于从政治上观察和处理问题。要坚定不移地同以胡锦涛同志为总书记的党中央保持高度一致，坚决执行中央的各项方针政策和上级工会的各项决定。

要增强责任意识。团结和动员全市职工为宜昌走在中部地区同等城市发展前列，实现世界水电旅游名城和全面小康社会的建设目标建功立业，是市委的重托，是全市职工的期盼，是新一届工会委员会肩负的重大使命。各位委员、各位常委要围绕市工会第三次代表大会提出的各项目标和任务，组织和带领全市职工向市第四次党代会确定的目标迈进，在和谐社会的建设中谱写新的篇章。

要增强全局意识。凡属上级机关的重大决策，凡属牵涉全局的工作部署，凡属职工权益的重大事项，都要认真对待，周密安排，狠抓落实。每一位工会干部都要把自己分管的工作放到全市工会的大局和党委政府的工作大局中去把握，把个人的得失成败放在全市职工的根本利益上去衡量，把主要精力放在想大事、议大事、抓大事上，正确处理好个人与集体、局部与全局、当前与长远的关系，防止和克服本位主义、自由主义，团结带领全市职工为实现市工会三次代表大会确定的奋斗目标而共同努力。

第二，要始终成为勤于学习、善于思考的领导集体。必须自觉地把学习作为一种政治责任，一种精神追求，一种思想境界，始终保持求知若渴的激情、刻苦钻研的精神:持之以恒的态度，加强理论武装，勤于学习思考，不断提高理论素养、知识水平、业务本领和领导能力。

要坚持用科学理论武装头脑。要深入学习马列主义、毛泽东思想、邓小平理论和“三个代表”重要思想，特别要深入学习科学发展观和有中国特色社会主义工会维权观，全面系统地把握科学发展观和有中国特色社会主义工会维权观的精神实质、主要内涵和基本要求，不断增强运用科学发展观和有中国特色社会主义工会维权观来指导和推进全市工会工作的自觉性和坚定性。

要坚持理论联系实际。做到理论与实践、学习与运用，言论与行动相统一，努力在增强预见能力和创造能力上见成效，在改造个人主观世界上见成效，在解决工会工作的实际问题上见成效，把学习的成果转化为推动宜昌工会工作开拓创新的有力举措。

第三，要始终成为奋发有为、争创一流的领导集体。一定要从贯彻落实党的全心全意依靠工人阶级根本指导方针的高度，认真履行维护职工合法权益的基本职责，把广大职工的热情引导到建设“实力宜昌”、“活力宜昌”、“魅力宜昌”上来。

要全力以赴抓落实。完成市工会第三次代表大会提出的目标任务，最根本的途径就是埋头苦干、狠抓落实。工会班子要带头求真务实、真抓实干，树立正确的政绩观，谋求实实在在为职工办好事、办实事。要带头精简文件和会议，减少迎来送往，腾出更多的时间和精力，深入基层、深入实际，狠抓落实，解决问题;要加强督促检查,健全抓落实的机制，确保各项工作落实到位。要通过工会领导班子的示范带头，在全市各级工会形成干实事、求实效的良好风气。要始终保持饱满的工作热情，全身心地投入工作。

第四，要始终成为和衷共济、团结和谐的领导集体。一个团结的领导班子是事业发展的关键。在维护团结方面，新一届工会委员会要为全市各级工会作好表率。

要靠制度维护团结。认真执行民主集中制，坚持“集体领导、民主集中、个别酝酿、会议决定”的原则，不断完善工会领导集体议事和决策制度、民主监督制度。对全局性的重大问题要坚持集体讨论决定，决不搞“一言堂”、个人说了算。作为主要负责人，我一定严于律已当好“班长”,宽以待人理解同志，容言、容人、容事，自觉发扬民主，维护团结。我也希望班子成员，既分工负责，又着眼全局，力求到位不越位、服从不盲从、补台不拆台、分工不分家，形成民主集中、团结干事、舒畅和谐的良好局面。

要靠人品增进团结。要善于团结同志，不利于团结的话不说，不利于团结的事不做。无论是正职与副职之间，还是班子成员之间，都要大事讲原则、小事讲风格，相互信任、相互支持，有优点互相学习，有经验互相借鉴，有问题互相提醒，有意见互相沟通，在相处中互相尊重、平等对待，在共事中加深了解、增进团结。

（本文系郭俊苹 2007 年在市总工会三届一次全委会上的讲话）

构建“四位一体”帮扶维权体系
在围绕中心服务大局中彰显新作为(节选)

市委常委、市总工会主席　廖达凤

近年来，宜昌市总工会着力构建困难职工帮扶中心、职工法律援助中心、农民工维权服务中心、劳动争议调解中心“四位一体”的帮扶维权体系，有效整合组织资源、转变工作方式、提高服务实效，在保增长、促发展，保民生、促和谐，保稳定、促团结中彰显新作为，市总工会被评为群众满意机关、全市目标管理综合考评优胜单位。

一、积极探索，着力构建“四位一体”帮扶维权体系

工会帮扶工作是系统工程、社会工程，我们坚持做到“三个舍得”，即舍得配备最优秀的干部、舍得投入最充足的资金、舍得拿出最宝贵的场地给帮扶中心，充分整合多方资源，构建“四位一体”帮扶维权体系，把服务职工的工作做深、做实、做大。

（一）加强阵地建设，构建功能齐全的帮扶维权平台。以创建全国农民工技能培训示范基地为契机，投入300多万元加强帮扶中心硬件设施建设，将5名年富力强的同志调整到帮扶中心工作。目前，市总工会帮扶中心已拥有13名专职工作人员、1500平方米办公场地、4200平方米就业培训基地和18个服务窗口，集办公、接待、咨（查）询、职介、培训、帮扶超市于一体，可同时接待包括培训在内的职工群众700–800人。各县（市、区）党委政府在解决工会帮扶中心工作人员编制问题的同时，加大对帮扶中心工作经费和帮扶资金配套投入，全市有10个县（市、区）工会帮扶中心通过省总工会“四位一体”建设达标验收。

（二）整合内部力量，形成协调互动的工作平台。为更好地发挥帮扶中心的辐射作用，市及县（市、区）总工会困难职工帮扶中心均成立农民工维权服务中心、职工法律援助中心、劳动争议调解中心，在乡镇（街道）成立工会维权站，形成以市总工会帮扶中心为龙头，以县（市、区）总工会帮扶中心为支撑，以乡镇（街道）工会维权站为骨干的帮扶网络，对涉及帮扶救助、法律援助、农民工维权、劳动争议调解的职能实施整合，明确对口业务部门及负责人的职责，形成资源互享、信息互通、工作互动的运行机制。

（三）借助社会资源，搭建劳动争议调解平台。以职工权益维护工作领导小组为依托，建立健全维权责任、定期报告、信息通报、联合执法（检查）和职工来信来访投诉事项转办、交办、反馈等工作制度。今年，借助司法行政机关的资源，市及10个县市区总工会与人民法院联手成立工会劳动争议调解中心，制定劳动争议调解规则、工作流程、案件受理范围、调解期限、当事人权利和义务、调解员职责、书记员职责、回避等制度，受理职工（农民工）法律咨询、法律援助和人民法院委托的劳动争议调解，搭建起一个方便劳动者维权、有利劳动争议解决的平台。

二、关注民生，倾情为职工群众办实事好事

工会履行帮扶维权职责，必须紧紧围绕经济发展和社会稳定大局，从解决职工群众最关心、最直接、最现实的利益问题入手，努力为职工群众办实事好事。

（一）着力于为职工排忧解难，当好“第一帮扶人”。将帮扶中心作为践行“职工有困难找工会”的前沿阵地，配备两台工作专用车，坚持24小时值班制度，做到有访必接、有求必应、有困必帮。2009年“两节”期间筹集资金712万元，走访慰问困难企业308家、困难职工家庭9318户；联合有关单位包租汽车121辆、轮船42艘，帮助16.78万名农民工平安返乡回城；发放3000张医疗优惠卡，为2.2万多名环卫、纺织、建筑等行业职工（农民工）免费体检；筹集资金314.58万元开展“金秋助学”活动，为3784名困难职工子女上中学、796名困难农民工子女上学提供资助；筹资500万元开展“送清凉、送健康”活动，为1万多名一线职工送去真情关爱；开展送文化到基层活动，免费送电影30场，送文艺演出7场，新建职工书屋35个，丰富了职工的业余文化生活。

（二）着力于劳动争议调解，筑牢“第一道防线”。把劳动争议调解中心建设，与开展规范企业劳动用工专项检查、劳动保障宣传服务、劳动关系三方协商机制建设相结合，有效降低职工维权成本，打通了协调劳动关系矛盾的“绿色通道”。市总工会劳动争议调解中心成立以来，受理各类劳动争议案件55起，成功调解42起；协调处理集体上访案件1起。重庆农民工张维举在长阳境内铁路施工中受伤高位截瘫，赔偿问题久拖未决，经过中心同志7天艰苦的调解，双方最终达成调解协议，张维举获得企业一次性支付的伤残补助金、伤残津贴、护理费等共计78万多元。长阳县大堰乡工会维权站接待来信来访49人次，为农民工追讨各种赔偿金80余万元。

（三）着力于应对金融危机，促进农民工就业。受金融危机影响，春节后全市有7万多返乡农民工滞留家乡等待就业。我们充分发挥“四位一体”帮扶体维权系的作用，大力开展职工劳动技能培训。通过各种途径筹资500余万元，创建全国农民工技能培训示范基地；在三峡大学等3所院校和宜化集团等重点企业建立农民工培训基地；在全市选取40家大中型企业作为应急岗位储备基地；在40个乡镇（街道）工会设立农民工动态监测点。采取基地培训与送教上门等形式，广泛开展农民工培训工作。今年以来，市总工会培训农民工8000多人，其中送培训到农村20班次，培训农民工4100多人。全市各级工会培训农民工1.9万人，接待返乡农民工2.5万人，通过职业介绍或举办招聘会等途径，帮助1.4万人就业和再就业。中央电视台《新闻联播》报道了我们开展农民工培训的做法。

（四）着力于发展家政服务业，打造“宜昌工友家政”品牌。把促进家政服务产业化、发展家政服务产业作为解决女性职工（农民工）就业再就业的载体，成立宜昌工友家政服务公司，创建“宜昌工友家政服务网”，服务内容涵盖月嫂、住家保姆、陪护、家庭厨师、保洁、涉外家政等项目。建立由2100多名女性农民工和下岗女职工组成的“宜昌工友家政”人力资源库，开展有组织的劳务输出，实现家政服务信息与就业市场对接，家政服务供给与需求对接，家政服务水平与就业待遇对接。今年5—6月，在全总开展的“首批家政服务员进京”活动中，我们组织235名“宜昌工友家政”人员进京工作，最高月工资达1万元，在社会引起良好反响，北京、上海、广东等地家政协会和知名家政公司也纷纷与我们联系合作事宜。在商务部召开的全国家政工作会议上，我们作为工会系统唯一代表作了大会发言。

三、立足长远，全面提升工会帮扶维权能力和水平

我市“四位一体”帮扶中心建设虽然作了一些有益的探索，有了一个良好的开端，但离党委政府的要求和职工群众的期盼还有差距。我们将以党的十七届四中全会精神为指导，按照全总和省总的统一部署，进一步解放思想、拓宽思路，巩固基础、发挥优势，全面提升工会的帮扶维权能力和水平。

（一）进一步夯实工作基础。健全困难职工档案，完善帮扶工作制度，规范办事程序，强化对人、财、物的管理，努力实现“四位一体”帮扶中心服务人性化、工作规范化、办事程序化、管理透明化，打造帮扶维权品牌，扩大影响，努力营造党委政府高度重视、社会广泛参与、工会精心运作的帮扶维权环境。

（二）进一步完善配套机制。坚持向党委汇报、与政府召开联席会议、配合人大政协开展执法检查视察等制度，健全和完善劳动关系三方协商、劳动关系预警、劳动法律监督、劳动争议调处、农民工双向维权等机制，努力形成相互关联、相互作用的帮扶维权体系。提请市政府出台社会化劳动争议调处机制工作规则、劳动争议调解实施办法，在工会劳动争议调解中心设立劳动争议仲裁派出庭，在劳动争议案件仲裁阶段，由工会劳动争议调解中心先行调解；成立由市总工会主要负责人担任主任，劳动和社会保障、法院、卫生等部门为成员的职工社会化劳动争议调解指导委员会；建立宜昌工友法律援助志愿者队伍，深入基层加强指导和协调，努力将矛盾化解在萌芽状态、把问题解决在基层。

（三）进一步提升帮扶维权实效。积极向党委政府争取更多的资源和手段，为“四位一体”帮扶中心建设提供更多更好的政策支持和保障，不断壮大工会帮扶实力，提升工会维权能力。大力发展家政服务产业，在“乡镇（街道）农民工动态监测点”设立家政服务网工作端口，随时反映培训需求、用工信息；争取政府支持，筹资100万元，新培训家政服务员2000人，向长三角、珠三角、环渤海等经济发达地区输出1000人，扩大“宜昌工友家政”品牌影响，在帮助下岗女职工、女性农民工就业再就业中彰显新作为，作出新贡献。

（本文系廖达凤2009年在全国工会工作经验交流会议上的发言）

明确责任 多措并举 把农民工援助行动落到实处

市总工会党组书记、常务副主席 张 毅

宜昌市现有农民工63.57万人。受国际金融危机影响，全市返乡农民工达16.2万人。春节过后，已有9.2万名农民工顺利返岗就业，仍有7万名返乡农民工等待就业，占返乡农民工总人数的43%。针对严峻的农民工就业形势，我们将按照全总实施的“千万农民工援助行动”统一部署，积极行动，强化措施，全力做好农民工就业创业援助工作。

一、强化工作责任，确保援助行动顺利开展

一是按照全总的统一要求，成立农民工援助行动领导小组，实行一把手亲自抓、负总责。二是加强与劳动、财政、工商、税务等部门的联系，建立工作联动机制。三是全市工会筹集1000万元（其中市、县工会投入650万元，争取财政补贴250万元，社会募集100万元），用于开展农民工就业创业援助工作。四是在全市乡镇（街道）工会建立农民工动态监测点，全面掌握农民工数量、培训就业情况、创业意向和生活状况等。五是明确工作责任，逐级分解指标，每季度进行一次检查考核，年终实行一票否决，确保“农民工援助行动”落到实处。

二、健全就业服务模式，多种方式实现农民工就业

一是联合劳动保障部门，建立健全以县、乡、村工会和劳务就业服务机构为基础，以工会协理员和劳务输出协理员为辅助的农民工就业服务网络，形成“免费培训、典型带动、品牌推介、创新服务”的工作模式。二是市工会投入100万元，在三峡大学等3所院校建立农民培训基地，联合宜昌万方职校等10个培训机构和湖北宜化集团等35家大中型企业对2万名农民工进行种植、养殖技术、酒店管理服务、家政服务、烹调技术、电工电子、家电维修等技能培训。三是积极推进农村劳务经纪人队伍建设，定期召开农民工专场招聘会，为返乡农民工就业搭建平台，有组织地向长江三角地区等地输送农民工3万人。四是深入乡村和车站、码头等农民工聚集地发放《就业线路图》等宣传资料，发布劳务资源和用工需求信息，介绍安置农民工就业。

三、开展创业扶持服务，大力实施“回归创业工程”

我们将以实施这一工程作为工会工作的重点，支持1200名返乡农民工进行创业，实现带动15000名农民工就业。一是小额担保贷款扶持600名农民工创业。市总工会拿出100万元，各县市区工会分别拿出10—15万元，与地方担保公司合作，按1:5的比例扩大（放贷1300万元），为他们每人提供2—3万元的小额创业贷款。二是争取社会力量扶持600名农民工创业。加强与有关部门的沟通与协商，从立项、选址、办证，以及物资援助等方面为他们创业提供服务和支持。三是选树创业示范典型，进一步激发农民工就业创业热情。将评选表彰10名“就业创业之星”、10名“技能学习之星”、10名“技术创新之星”、10名“五小活动之星”。

四、拓宽岗位援助渠道，努力挖潜农民工就业岗位

一是倡议全市企业稳定农民工就业岗位，敦促企业不欠发农民工工资、不随意裁员；二是加强与产销两旺企业的联系与沟通，在全市选取40家大中型企业作为应急情况的岗位储备基地，为1万名农民工实现再就业提供就业岗位；三是抓住宜昌深圳工业园建设全面启动的机遇，及时掌握园区企业用工需求，协调优先安排1万名农民工在工业园区就业。

五、完善维权服务网络，切实维护农民工合法权益

一是在市总工会及4个农民工人数较多的当阳、枝江、宜都、夷陵区总工会建立劳动争议调解中心，由具有律师资格的工会干部负责此项工作，同时聘请人民法院法官担任调解员。二是与武汉市、北京海淀、天津塘沽等15个友好城市工会建立异地维权联动机制。三是建立异地维权基金。市总工会预算50万元专项资金，对开展异地维权的基层工会给予资金支持。

六、加强援助机制建设，做大做强工会帮扶品牌

一是坚持“三个舍得”：舍得拿出最好的场地、舍得配备最优秀的干部、舍得投入最充足的资金，2009年市、县两级工会和企事业单位预算200万元资金，同时争取财政部门支持250万元，用于农民工援助和服务。二是坚持“一站式”、“一条龙”：通过健全的全市工会帮扶中心网络和乡镇（街道）、大型企业工会帮扶站，为农民工提供“一站式”、“一条龙”的帮扶和维权服务，重点做好农民工登记入会、信访接待、政策咨询、法律援助、就业帮扶、追讨欠薪、争议调解和跨地域维权工作。三是坚持“第一时间”：对因失业或重大疾病等原因造成生活困难的农民工，第一时间纳入困难职工档案，第一时间实施工会帮扶，确实叫响、做实“农民工有困难、要维权找工会”的口号。

（本文系张毅2009年在全国工会“千万农民工援助行动”电视电话会议上的发言）

深入开展工资集体协商　切实维护职工经济权益

市总工会党组书记、常务副主席　罗志勇

近年来，宜昌市根据全国总工会和省总工作部署，始终把平等协商集体合同，推动工资集体协商作为加强工会维权机制建设的核心内容，纳入重点工作进行考核，坚持部门联动、加强分类指导、不断创新工作方式，大力推进宜昌市工资集体协商工作，促进了劳动关系的和谐发展。截至2009年底，全市已建立平等协商集体合同制度的企业达2545家，经劳动保障部门审核备案的集体合同总数为2267份，已开展工资集体协商并签订了工资集体协议的企业1858家，占已签订集体合同企业的73%，覆盖职工161831人。其中国有、集体及其控股企业工资集体协商建制率达90%；95家200人以上非公企业中，84家建立了集体合同制度，建制率达88%，75家开展了工资集体协商，建制率达78.9%；全市107个乡镇（街道）中已有74个乡镇（街道）建立了区域性职代会制度，共签订区域性集体合同74份，行业性集体合同13份，覆盖企业1251家，涵盖职工62500人。我们的主要做法是：

一、强化工作联动，形成推进工资集体协商的合力

一是党委政府高度重视。在推进工资集体协商过程中，我们始终坚持“党委重视、政府主导、工会推动、各方配合”的工作格局。近年来，市委常委会多次听取工会专题工作汇报，并将工会工作纳入县市区和市直部门综合目标考核的重要指标。2008 年 9 月，中共宜昌市委专门出台了《关于加强非公有制企业工会工作的意见》[（2008）9 号]，明确指出：非公有制企业工会要认真履行职责，帮助和指导职工与企业签订劳动合同，并代表职工与企业进行平等协商和签订集体合同。在每年市政府与市总工会的联席会议上，推进平等协商和集体合同制度，开展工资集体协商等工作都是重要的研究议题。

二是相关部门积极配合。随着企业改革步伐的不断加快，一大批新建的非公企业纷纷崛起。针对企业性质的变化，我们与劳动保障部门抽调专人，深入到不同性质、类型企业中调查研究，切实掌握了解企业经营者和职工对工资集体协商的认识，做到心中有数。在此基础上，我们联合制定了推进工资集体协商的工作思路和目标；确定了对过去基础较好的，进行规范管理，对工作还不到位的，通过开展劳动关系和谐企业的评选，促进企业加以规范，对没有开展平等协商工作的，通过专项检查促使其先建立集体合同制度的工作模式，通过召开经验交流会、现场观摩推进会等方式交流推广先进经验；每年下发该年度推行平等协商和集体合同制度的工作意见。

三是劳动关系三方协商会议合力推动。宜昌市协调劳动关系三方会议成立以来，始终致力于推动企业建立平等协商、集体合同制度，针对工资集体协商推进工作中新情况、新问题，三方会议采取不定期会商，并将会商情况以纪要形式下发,为基层企业单位开展工资协商提供及时有效的技术指导和政策支持。2006 年、2008 年、2010 年，我们以三方名义下发了《关于进一步做好平等协商集体合同工作的通知》，每两年在全市开展劳动关系和谐企业的评选活动，将建立工资集体协商机制和职工工资正常增长机制作为创建劳动关系和谐企业的一项重要标准纳入其中,并实行一票否决。通过三方共同逐年推进，扩大了全市工资集体协商的覆盖面，更加有效地维护了职工的合法权益。

二、加强制度建设，促进协商工作规范运作

为了建立推动工资集体协商长效机制，我们协调相关部门建立和完善了系列制度，用科学的制度机制保证工资集体协商规范运行、健康发展。

一是建立协商代表培训制度。为加强工资协商指导员队伍建设，我们先后组织 50 多名工会干部参加了上级工会和劳动保障部门组织的工资协商指导员培训班。同时坚持每年举办一期县市区总工会和企业工会、劳资干部培训班，着重解决工资集体协商“要谈”“敢谈”“会谈”三个问题。各县市区也分别举办培训班，近三年来，共培训协商代表 1800 多人，为宜昌市全面开展工资集体协商打下了坚实基础。

二是建立考核制度。为使工资集体协商工作落到实处，我们将目标任务向下一级进行了分解，建立了工资专项集体合同台账，分类统计、动态管理。市总工会把工资集体协商纳入工会重点工作考核的主要内容，完不成任务，不能评为工会重点工作优秀和先进单位。目前，全市 14 个县市区都建立了这一考核制度。

三是建立检查制度。市各级劳动保障部门则把企业是否开展工资集体协商作为劳动年检的重要内容之一。近三年来，我们与市劳动保障部门每年都进行一次联合执法监督检查。对企业在推行平等协商、集体合同制度中，特别是工资集体协商的情况，作为重要内容进行检查。2005 年，我们与市劳动和社会保障局各抽一名分管领导带队，对县市区及市直重点企业，就工作进展情况，进行一季度一次检查，就集体合同、工资集体协商工作进行了四次联合检查。2007 年，我们两家联合进行了两次集体合同、工资集体协商的履行情况专项检查，通过检查进一步推动了工资集体协商的签订、履行。2009 年，我们开展劳动关系和谐企业评选活动，把工资集体协商、不断提高职工工资水平作为重要条件进行检查考核，收到了良好的效果。

三、注重分类指导，提高工资集体协商的工作实效

在推行工资集体协商以来，市总工会先后编印了《工资集体协商指南》《职工代表培训教材》8000余册发到基层，同时针对不同类型企业和企业不同经营状况的实际，在工作中加以分类指导，使工资集体协商在每个企业都切实可行。

一是在国有及控股企业，把工资集体协商重点放在激活内部机制上，加大活工资部分，充分发挥工资分配促进生产的杠杆作用。宜昌市在国有企业改组改制一系列配套文件中明确规定了企业无论采取何种改制形式，都必须签订集体合同，开展工资集体协商。针对宜昌市国有及控股企业实行经营者年薪制的情况，为了保证广大职工能够共享经济发展成果，我们要求，凡具备了一定条件的企业都要建立工资集体协商制度，经济效益好的企业要求协商的内容全面完整；困难企业着眼于制度与机制的建立；转改制国有企业，应就职工分流安置、转岗或重新分配工作的工资标准、福利待遇、下岗职工的经济补偿标准等内容进行协商。如安琪集团职工工资近三年连续保证了10%的增长幅度，兴发集团根据企业的经营情况，连续两年拿出600万元用于增加一线职工的工资。

二是在非公企业，根据企业的经济效益，把工资集体协商的重点放在工资水平正常增长、规范企业工资支付行为上。针对部分非公企业职工工资偏低，工资定额随意性大，部分企业故意拖欠克扣职工工资的现象，我们与市劳动保障局制定了非公有制企业工资集体协商范本，并根据《劳动合同法》及时加以修订：企业在正常生产、经营情况下，人均工资随企业经济效益增长上下浮动，即经济效益每增长1%，人均工资水平增长0.7%，职工工资不得低于省政府规定的最低工资标准。通过协商指导，使一批企业进一步规范了工资增长机制，如宜昌人福药业集团、燕师科技公司等企业职工年平均工资均高于宜昌市企业职工社平工资30%以上。

三是在外商及合资企业，把工资协商的重点放在提高劳动力价位上。针对宜昌市外资企业工资发放不透明，劳动力价位低的现象，我们与劳动保障部门在有关文件中明确提出了“四个要”，即所有外商合资、独资企业都要开展工资集体协商；劳动力价位要高于当地劳动力价位；工资集体协商结果要公开；工资发放要透明。宜昌市有一家外资化工公司经济效益一直较好，可职工工资连续多年未动，对此职工反映强烈。市总工会与市劳动和社会保障局负责人带队三次到该企业督促协调，终于促成集体合同、工资集体协商工作的开展，使职工工资水平逐年增长，近三年增幅达20%以上。

四、通过典型引路，探索创新区域性工资集体协商制度。

近几年来，宜昌市坚持以区域性职代会建设为平台，在大力加强单个企业工资集体协商的同时，探索推行区域性工资集体协商机制，构建多层次、全方位、广覆盖的区域性工资集体协商网络，推动建立小型分散企业职工工资正常增长、支付保障和共决机制，最大限度地保障了小型分散非公有制职工劳动工资权益，促进了这些企业劳动关系的和谐稳定。

（一）组建乡镇（街道）工会联合会，明确协商主体。2003年，市总工会针对诸多乡镇企业存在企业规模小、职工人数少、协商难操作、职工增资难的特点，选择在宜都市陆城街办进行组建乡镇工会联合会、推行区域性职代会和平等协商制度试点。试点过程中，我们通过以乡镇工会为基础，把小型分散的非公企业工会组织起来，成立乡镇工会联合会，代表乡镇区域内企业职工成为协商主体，增强了协商的代表性和权威性。企业一方则由乡镇（街道）经贸办组织工商业主、私营企业主代表协议产生乡镇企业协会。通过健全组织机构，理顺组织体系，明确地位和职能，使协商主体双方组织更加严密，作用更加有效。

（二）明确协商重点，规范协商程序。在协商内容上，突出解决一线职工特别是农民工工资问题。生产经营正常和效益较好，且工会基础较强的区域和行业，重点就工资水平、奖金分配、补贴福利等进行协商，建立正常的工资增长和调整机制。生产经营较困难、工会基础相对较薄弱的，重点就工资支付办法等进行协商，重在建立工资支付保障机制，规范工资支付行为，保障职工的合法经济权益。在实际工作中，我们着重强调各级工会要充分利用法律赋予职工的"要约权"，使工会在推进工资集体协商中更主动、更富有成效；不断规范协商过程，始终坚持平等协商和反复协商的原则；认真把握协议签订环节，明确要求双方签订区域性工资协议后，须经区域性职代会审议通过，在规定时间内报劳动保障部门备案，劳动保障部门未提出异议，才能正式生效。

在成功试点的基础上我们及时总结经验，召开现场观摩会在全市进行推广，并逐步形成了一套规范有序、行之有效的完备制度。各地工会紧密结合自身实际，区域性工资协商协商不断得到创新发展。2008年11月，全省工会工资集体协商推进会在当阳市召开，总结和推介了当阳市总工会创新工资集体协商机制的经验，通过典型示范作用，使工资集体协商工作在全市得到广泛开展，进一步提高了工资集体协商规范化水平。

通过几年的探索实践，我们深刻感受到，工资集体协商的推行，对维护劳动者的合法权益，维护劳动关系的和谐以及社会稳定都起到了积极的作用。特别在促进企业建立工资正常增长机制，规范企业工资支付行为，着力解决工人包括农民工工资偏低、不能按时足额发放工资、克扣拖欠职工工资等突出问题方面发挥了重要作用,维护了职工最关心、最直接、最现实的劳动报酬权益，得到了广大职工的信任和拥护，提高了工会在职工心目中的地位，增强了工会的凝聚力，同时也赢得了企业经营者的尊重。

宜昌市工资集体协商工作经过多年的推广和完善，取得了一定的成绩。今后，我们将进一步提高认识，加强领导，加大力度，切实推动工资集体协商制度的完善和发展，不断提高工资集体的水平，进一步促进劳动关系的和谐稳定。

（本文系罗志勇2010年在全国工会工资集体协商工作现场会上的发言）

构建“互联网+”模式 创新工会普惠服务

市委常委、统战部部长、市总工会主席 刘学甫

2012年以来，市总工会积极适应“互联网+”和做好网上群众工作的新要求，主动融入和对接全市社会治理创新、“智慧城市”服务体系和“信息惠民”工程，以“工会组织全覆盖、职工全入会、基础信息全掌握、线上线下全服务”为目标，建立了一套较为完善的基础信息系统和快速服务系统，走出了一条“互联网+”工会普惠性服务的新路子。李建国同志对宜昌市总工会构建“互联网+”工会普惠性服务模式的经验作出重要批示，充分肯定了我们的做法。

一、强化保障，聚合普惠服务职工新动力

（一）高起点规划。市总工会坚持从顶层设计入手，着力破解工会服务职工信息不准、人财物不足、服务手段不多等制约基层工会发展的问题，明确了融合网格化信息化社会化，构建“互联网+”工会普惠性服务体系的工作思路。同时制定路线图、时间表，全市一盘棋、有序推进。目前，“互联网+”工会普惠性服务平台系统已在市县两级工会全面运用，线上申请入会、会员会籍接转等服务办理延伸到企业。

（二）全方位助力。市总工会把开展“互联网+”工会普惠性服务作为向市委常委会汇报的重要内容，作为与市政府联席会议的重要议题。市委、市政府确定了四个“纳入”，即将市总工会纳入全市率先参与社会治理创新“12+1”部门；将工会普惠服务系统建设纳入全市电子政务系统；将工会工作纳入社区网格员工作职责；将工会系统后台服务纳入电子政务平台统一托管，实现了工会服务平台与有关部门信息资源共享、优势互补。全市11000名网格员由此成为工会工作的有力助手。市电子政务办还积极为服务平台开发技术软件，经费由市政府统筹安排。仅此一项，每年支持工会近100万元。

（三）大力度推进。市总工会将“互联网+”工会普惠性服务平台建设作为头等大事，成立由主要负责人任组长的领导小组，确定一名副主席专职负责试点，并纳入对各县市区工会考核内容，形成举全会之力推进态势。投入200多万元经费用于平台开发和试点工作，投入100多万元建立统一的指挥调度系统和演示平台。坚持开展网格员工会业务知识培训，连续三年举办网格管理劳动竞赛，评选“最美格格”、服务标兵、先锋团队，多名网格员被评为劳动模范或授予“五一”劳动奖章。

二、构筑平台，打造普惠服务职工新载体

（一）大数据构建精准信息支撑。市总工会以电子政务大数据、社区网格员采集推送信息、工会系统自有信息为基础，以职工身份证和企业组织机构代码为唯一标识，构建工会基础信息系统。依托电子政务大数据，抓取工会所需字段，如职工的社保、医保、公积金、低保等信息和企业组织机构代码、法人代表、职工人数等信息，健全完善企业法人、基层工会组织和会员实名制动态数据库，实现会员信息和工会组织信息从静态、单项管理到动态、综合管理。目前，数据库已涵盖25万家企业、81万名职工。网格员每半年核实所辖网格建会建制等数据，每季度定期走访职工、劳动模范，并通过专门手机将信息实时推送至工会服务平台，实现数据实时动态更新。

（二）多渠道畅通职工服务诉求。市总工会打造了网站、微博、微信、手机app等四个线上服务终端，职工可通过终端直接提交问题咨询、维权服务、法律援助等近30类服务需求。“宜昌工人”官方微信平台在承担服务终端的同时，通过推送资讯和设立职工热点事件评论版块收集职工思想动态，实现双向交流，传导正能量。目前，“宜昌工人”关注数突破10万，WCI指数稳居全国工会系统微信榜前

10位，在全国首届工会新媒体论坛上被评为全国十佳最有影响力工会新媒体、全国十佳运营、推广、策划工会新媒体。

（三）线上渠道助推入会全覆盖。着力创新线上申请入会新途径，职工在提交个人姓名、身份证号、企业名称后，入会申请即时同步到达服务平台系统进行分派处理；全面完成会员凭证接转系统开发，实现会籍网上接转。职工网上入会实行网上申请、系统平台分派处理、基层工会线上办理，实现了职工线上入会落实到基层、组织信息采集触角延伸到基层、基层组织建设管理拓展到基层。目前，全市职工线上入会申请达3.6万人。积极创新工会组织形式，以社区网格为基本单元建立网格工会，构建无缝对接的组织体系，实现建会入会全覆盖。

三、规范运行，拓展普惠服务职工新天地

（一）做实服务项目。充分利用线上民意调查和交流互动成果，推动线下服务项目提档升级。近三年来，已建成企业职工服务中心700家，建立了市、县、乡镇、企业四级服务体系。联合相关银行及100多家商户，累计发放“三峡职工服务卡”16万张，职工享受各类优惠过亿元。拓展线上普惠服务项目，推出“互联网+”困难职工帮扶、就业服务、婚恋服务等“十大套餐”，使职工享受到更多的项目化、订单式、普惠性服务。累计为4.5万名职工提供各类线上服务10万多次，解决维权和服务诉求2.7万条。

（二）优化服务流程。坚持边运行、边调整、边规范，不断延伸、拓展、放大系统平台服务功能。建立“互联网+”工会普惠性服务职工工作制度，建立从申请录入到分派处理到回复评价的全过程规范化处理流程。职工线上提交的诉求和服务需求信息在10秒钟内即可同步到达服务后台，由平台统一调度、专人办理，构建“网上受理、后台分派、三级联动”的扁平化处理机制，让“信息快跑路、职工少跑腿”。

（三）注重服务实效。坚持以职工群众满意为评价标准，构建普惠服务效果检验机制。在系统内置绩效督查程序，通过短信提醒、在线查询、亮灯提示、痕迹管理等方式，对工会干部办事效率提出硬性要求。建立职工诉求分类处理机制，对于可以立即办理的进行即时信息配置和服务对接；对于需要相关部门办理的，及时启动“联动机制”；对于存在“不会办理”等实际困难的职工，由网络统一调度，实行“点对点”服务。系统投入运行以来，职工满意率达到90%以上。

（本文系刘学甫2016年在全国“互联网+”工会普惠性服务现场推进会上的发言）

两眼向下抓改革　刀刃向内转作风

市委常委、统战部部长、市总工会主席　王均成

我省群团改革启动以来，按照省总工会和市委安排部署，宜昌工会紧紧围绕强“三性”、去“四化”目标任务，从服务发展、服务职工、服务基层和自身建设发力，坚持问题导向，积极探索工会改革的方法和路径，各项改革措施有序落地，既定目标全面完成，改革成效初步显现。目前，市总工会改革实施方案、7个专项改革方案全部出台，机关内设机构及人员调整全部完成，市总工会领导班子和机关干部“专兼挂”全部到位；市政府审议通过我市产业工人队伍建设改革实施方案；对照省、市验收标准，强化督办检查，县市区工会改革主要任务全部完成。

一、围绕服务发展，构建建功立业新格局

一是优化劳动竞赛机制。打破劳动竞赛由各部门分散组织的局面，由市总工会整合竞赛资源，全市“一个出口”统筹，形成“党委政府支持、服务中心大局、工会统筹助推、部门协同主办、职工全员参与”的劳动竞赛新格局。探索劳动竞赛向一二三产业全领域延伸，围绕社会关注热点和与百姓密切相关的民生领域，组织开展农产品质量检测、电梯维修、导游行业、解说技能、行政审批等18项市级竞赛。转变劳动竞赛方式，既考理论知识，又看实际操作；既注重技能提升，又体现全面发展；既赛服务能力和水平，也赛服务理念和态度。

二是提升产业工人素质。瞄准产业工人队伍建设改革，以技能提升为突破口，健全完善政策支持，广泛开展技能培训，切实提升产业工人队伍素质。按照出台的改革实施方案，全市将落实近3千万专项资金。鼓励和支持具备条件的行业、企业建立职工（劳模）创新工作室，培育市级示范职工（劳模）创新工作室100家，市总工会给予每家3万元资金补助；每年安排300万元资金，按初级工300元/人，中、高级工400元/人，技师、高级技师500元/人的标准，落实职业培训补贴。

三是聚焦困难职工脱贫。紧盯将城镇困难职工解困脱困纳入全市扶贫攻坚大局，全市19个部门集体会审工作措施。突出精准识别、因户施策、精准帮扶，采取就业扶持一批、创业发展一批、医疗救助一批、助学帮扶一批、社会救助兜底一批的帮扶措施，精准实施困难职工帮扶解困，实现困难职工“两有五保障”（有吃、有穿，就业、就医、就学、社会保险、住房有保障），用三年时间完成4966名建档立卡城镇困难职工的解困脱困任务。

二、依托“互联网+”，开创服务职工新模式

一是拓展新平台。推进“互联网+”普惠服务提档升级，市、县、乡、企四级工会全面推广运用平台系统。健全完善工会会员、困难职工、劳动模范、工会组织等动态实名制数据库，涵盖全市25万家企业和81万名职工。开发完成“电子签章”、临时救助等功能，实现系统平台与微信平台互联互通和在线全闭环运行。建成宜昌工会“微矩阵”，市县两级全部实现网上同步受理职工诉求。“网上入会”等三项工作纳入政府政务窗口服务事项和智慧城市市民体验项目。全年累计受理职工线上诉求1.1万余条，办结率95%。“宜昌工人”微信公众号再次被评为“全国最有影响力工会新媒体”。

二是借力新方式。围绕职工“生物钟”，打破空间、时间界限，通过网站、微博、微信等实现服务由八小时向全天候转变；开展项目化、订单式、普惠性服务，推出十大服务“套餐”，服务职工由单一性向全方位转变；开通电子职工书屋，阅读量超过300万人次。新建8000平米职工健身活动基地，向劳动模范免费、向全体职工优惠开放，服务职工由传统物质帮扶向精神关怀延伸。

三是开辟新途径。坚持建立完善社会参与机制，充分利用党政及社会资源，聚合放大工会服务能量。

积极推动市人大开展专项执法检查和市政协召开“带薪年休假制度的实施”专题协商会议。联合相关银行及 100 多家商户，累计发放“三峡职工服务卡”16 万张，职工享受各类优惠过亿元。争取劳动模范、人大代表等出资资助贫困学子、特困劳模和特困职工。

三、强化基层基础，释放基层工会新活力

一是壮大组织。依托社区网格，按照“行业相近、地域相邻、产业相融、工作方便”的原则，建立网格工会，有效解决小微企业建会难、职工（农民工）入会难、基层工会组织作用发挥难等问题。积极开展全国工会网上入会试点工作，职工（农民工）网上入会 5.1 万人。

二是做实基层。全面推进基层工会规范化建设，将“六有工会”建设细化提升为“六有六好”，全力打造“六型职工之家”（规范之家、有为之家、民主之家、和谐之家、温暖之家、职工 e 家），加强分类指导、分级推进、分步实施，实现工会扎根在基层、活跃在基层、见效在基层，全市 90%以上基层工会达到规范化建设标准。

三是提升实力。破解基层工会“无人办事”问题，积极推进工会工作进网格，网格管理员工资由政府承担。全市 1.1 万名网格员承担困难职工申报、走访以及劳动模范走访、职工找工作等工作内容，向工会提交服务数据 29 万条。破解基层工会“无钱办事”问题，出台基层工会经费补助办法，按省总每年对乡镇（街道）补助标准，对成立总工会的按 1∶1.5 配套、其他按 1：1 配套，并对网格工会、没有稳定经费来源行业工会给予工作经费补助。

四、强化作风建设，树立工会组织新形象

一是以更严的制度联系职工。坚定不移转作风抓落实，开展争当职工信赖的“娘家人”活动，实行机关干部“四个一”联系结对机制，即每名机关干部联系 1 个非公经济组织、1 名一线职工、1 名农民工、1 个困难职工家庭，常态化开展“交朋友、讲政策、解难题、办实事”，要求每个月至少沟通 1 次，每季度见面 1 次，全年解决难题 1 个，办理实事 2 件，强化痕迹管理、日常督查、对象测评、年度评价，确保不走过场、取得实效。建立机关“月度工作安排”和“月度负面清单”制度，依照考评结果差异化发放奖励，打破分配大锅饭。

二是以更实的举措推进工作。坚持“从群众中来”、“以职工为本”的工作方式，充分尊重职工的主体地位和首创精神。连续 3 年开展工会工作“金点子征集”，征集意见 8000 余条，职工反映集中的纳入当年工作。针对职工反映最为集中的婚恋问题，创建宜昌工会鹊桥网，一年来累计为 3000 余名单身职工提供“红娘”服务，牵手 386 对。取消各类不必要的活动启动仪式，由工会干部将帮扶资金、助学金等送到困难职工家里或直达银行卡，实现职工体面受助。

三是以更高的标准评价效果。坚持以职工满意为最高标准，改进考核评价方式，建立以“职工满意度”为核心的考核评价体系，开展第三方抽查、“满意度网络测评”，突出职工主体地位，满足职工需求，追求职工满意度，反映职工心声，增强职工获得感，每年 3 万余名职工网上评会，职工满意率 95%以上。

（本文系王均成 2017 年在全省群团工作会议上的发言）

宜昌市工会工作改革开放30年概述

党的十一届三中全会召开以前的两年里，全市工会工作的中心是“以阶级斗争为纲”“突出政治”，即使开展了一些生产、教育、生活方面的工会工作，因为有“两个凡是”的束缚，工作上放不开手脚，而全市广大职工和工会干部热切盼望工会在维护职工利益、发挥工会作用方面有更大的作为。党的十一届三中全会关于改革开放、工作重点转移的重大决策，符合广大职工共同愿望，全市工会工作从此迎来了改革开放的新时期，走上了建设中国特色社会主义工会发展的新道路。

一、拨乱反正和改革开放的起步（1978.12—1982.8）

1979年4月24日至27日，市工会召开市第六次代表大会，贯彻落实党的十一届三中全会和中国工会九大的精神，从组织上适应工会工作的重点转移和打开新的局面。大会提出了以生产为中心，广泛开展增产节约运动；做好职工业余教育；建立健全党委领导下的职工代表大会制度；作好职工思想政治工作；关心群众生活，做好“四化”新长征途中的后勤工作的五项工作。

全市工会组织的全面整顿和恢复。1978年至1982年间，市总工会和地区工会办事处根据湖北省委批转省总《关于加强工会工作的报告》精神，积极开展全市和全区组织整顿试点工作。1978年底，城区恢复整顿基层工会达213家，配备工会专干185人，会员人数占职工总数84.5%，工会积极分子8300人。地区各县市工会相继召开代表大会，清除工会领导班子中的帮派骨干分子，大力整顿和恢复基层工会组织，加强企业工会领导班子的配备。1979年底，地区有工会专职干部169人，县总工会干部54人，正副主席22人。工会经费恢复自管，工会组织的整顿恢复基本实现，为改革开放时期的工会工作打下坚实的组织基础。

工会工作指导思想的拨乱反正。1979年城区和地区工会系统大力加强思想建设，坚决摒弃“以阶级斗争为纲”的指导思想，坚持把工作重点转移到以经济建设为中心的轨道上来，确立以四化建设为中心的工运方针。同时积极贯彻党中央[1979]69号文件精神，关于纠正1958年全国总工会党组第三次(扩大)会议错案的指示，清除工会干部多年来怕犯“工团主义”“经济主义”错误的思想禁锢。明确了新时期工会工作必须坚持在党的领导下积极主动、独立负责地开展工作，必须动员组织职工为“四化”作贡献。工会作为广大职工群众的重要代表者，要理直气壮地为工人说话办事、为工人的民主权利而奋斗。从此，宜昌工会在党的新时期工运方针的指导下走上了健康发展的道路。

为“四化”立功劳动竞赛的开展。随着工作重点转移，工会群众生产工作围绕“四化”，开展了多种多样的劳动竞赛活动。1979年，在全市开展“四手一组”竞赛，即优质高产能手、技术革新能手、勤俭节约能手和服务优良能手及红旗班组竞赛。1980年开展“为四化立功”竞赛，1982年开展以加强班组建设为内容的四种竞赛(即争创好班组、模范班组、好班长、优秀工管员)活动。从此，班组建设成为宜昌工会工作中抓得最早，时间最长，最有成效的工作之一。

地区工会在1979年通过召开劳模座谈会，向全区职工发出了《站到伟大转变的最前列，争为四化作贡献》的倡议书，组织全区职工深入开展增产节约运动，即“七个一”活动(节约一度电、一两油、一寸纱、一撮煤、一滴水、一张纸、一厘钱)。1980年开展了各行各业技术表演交流会。1981年围绕经济责任制开展为“四化”立功活动，紧密结合特点，推动了社会和经济的发展。如工交企业开展了小指标百分赛、建筑行业开展创全优工程赛、财贸系统开展以提高服务质量和改进服务态度为主要内容的立功竞赛、教育战线开展“争当模范班主任”“模范教师”立功竞赛、卫生战线开展医德风尚竞赛活动等。

职代会制度的建立和推行。中共十一届三中全会后，根据全国总工会九届二次常委会关于建立健全职工代表大会制度作为工会工作重点的要求，各级工会积极推动民主管理建制工作，在全省率先把民主管理列为重点工作并进行试点。1979 年 4 月，市总工会在宜昌电子管厂进行推进职代会制度试点，同年 11 月，地区工会召开全区企业民主管理经验交流会。1980 年 2 月，中共宜昌地委批转地区工会《关于在全区推进民主管理的报告》；根据中共宜昌市委要求，市总有关部门赴重庆考察企业民主管理。同年 3 月，市总工会组织工会干部 40 多人赴重庆考察企业民主管理的经验，随即在全市工交系统推行。到 1980 年，市区有 66 个企业建立职代会制度。地区 96 个单位进行职代会试点，208 个单位试行“三长”民主选举。1981 年，中共中央、国务院颁布《国营工业企业职工代表大会暂行条例》后，各级工会把职代会工作作为重点，全市全力以赴普遍推行。在贯彻《条例》中，市总工会会同市委组织部、市委经济工作部对全市推行职工代表大会制度专门部署，并于 1982 年在市轮胎厂、市半导体厂试行民主选举厂长工作。地区工会加强调研，进行民主选举企业行政领导人试点，到年底建职代会制度的单位 431 个，民主选举“三长”单位 223 个。

工会宣教工作的全面开展。全市各级工会广泛开展适应工作重点转移，以经济建设为中心的宣传教育；坚持四项基本原则和社会主义制度化优越性的教育，到 1981 年底，市总工会会同市委宣传部等部门，在全市开展了学赵春娥、罗健夫、蒋筑英、张海迪、朱伯儒的活动，1981 年 3 月，地区工会发出《关于在全区职工中开展“五讲四美三热爱”活动的通知》，9 月召开了表彰大会，有 51 个先进集体、125 名先进个人受到表彰，大会还向全区职工发出了倡议。1980 年 7 月以后；根据中央 9 个部门对青少年教育的分工，开展了配合行政对青工的政治思想教育。1982 年《全国职工守则》发布，工会组织宣传学习，并结合单位特点，制订实施细则、岗位守则公约等。1982 年 5 月 10 日地区工会发出《关于贯彻执行<职工守则>的意见》。1982 年全国兴起振兴中华读书活动，市总工会举办上海来宜读书积极分子的报告会，发动职工推进读书活动开展。在振兴中华读书活动中，组织学习中共党的十二大文件和《邓小平文选》，学习《中国近代史》《中共党史》《工人阶级基本知识》《青工政治常识读本》等政治书籍和优秀文学作品。全市印发 9.7 万册学习书刊，培训职工 28 万人次。这一切都推动了四有职工队伍的建设。

二、改革开放的全面展开 (1982.9—1991.12)

市工会和地区工会遵照中共十二大制定的全面开创社会主义现代化建设新局面的宏伟纲领和十二届三中全会关于城市经济体制改革的决定，根据中国工会十大和十一大确定的新时期工会工作的方针，坚持“关心全局，投入中心，发挥特色”的指导思想，坚定不移地支持改革。

1984 年 4 月 26 日至 28 日，市工会第七次代表大会召开，根据中国工会“十一”大和中共宜昌市委第六次党代会确定的宜昌两步走的经济发展战略目标，大会工作报告的主题是《发扬工人阶级主人翁精神，在社会主义两个文明建设中作出更大贡献》，提出的任务是加强职工思想政治教育和文化技术教育、完善职代会制度、开展先进集体和个人竞赛活动、保障职工利益等。1989 年 4 月 26 日至 29 日，市工会第八次代表大会召开，大会确定的主题是《振奋精神，开拓前进，在治理整顿和深化改革中发挥主力军作用》，提出的任务是积极推进整顿与改革、大力开展社会主义竞赛、认真贯彻《企业法》加强民主管理、培养四有职工队伍、加强工会自身改革和建设。

对企业各项改革的参与。自 1984 年以来，全市各级工会积极参与推行厂长负责制的宣传发动、试点摸索、全面铺开的工作，组织职工选举和推荐企业领导人，积极促进企业领导体制的改革。随着企业实施两权分离，积极支持企业实行承包、租赁经营责任制，参与了承包租赁过程中招标、组织考评签约等工作。在完善企业内部经营机制上较好地发挥了工会和职代会的作用。与此同时，在劳动制度、工资制度和社会保障制度等配套改革方面，也都积极参与，发挥了代表和维护职工合法权益的作用。

以“双增双节”为主要内容的各种劳动竞赛活动的开展。市工会 1982 年开展以加强班组建设为内容的“四种竞赛”活动(即争创好班组、模范班组、好班长、优秀工管员活动)。 1986—1987 年，在经济战线上开展“三三三四”竞赛，即企业创“三好”(改革好、素质好、管理好)，企业领导干部争“三优”（优秀厂长或经理、优秀书记、优秀工会主席），企业干部当“三佳”（最佳工程技术人员、最佳经营管理人员、最佳政治工作人员），职工争做“四手”（技术革新能手、优质高效能手、勤俭节约能手、服务优良能手）竞赛。1988 年有重点地推行“双保合同”，1989 年开展创先、创优、创新、创最佳效益的“四创”爱国立功竞赛。1990 年广泛开展以“双增双节”为主要内容的劳动竞赛，全市 5 万名职工踊跃参加，共创经济效益 1 亿多元，创出好班组 127 个，模范班组 25 个，提合理化建议 12400 多条，其中被采纳 3000 多条，创经济效益 8200 多万元。1991 年在全市质量品种效益年活动中又开展了技术革新、提合理化建议活动。地区工会从 1982 年以来，在全区相继开展了“为四化立功活动”、提合理化建议活动、“五个一”活动、班组升级竞赛等活动。从 1985 年—1990 年，全区各县市 19 万多职工参加了各种形式的劳动竞赛，实现经济效益 4 亿多元，有 15823 人提出合理化建议 181465 条，采纳 100699 条，实施 82720 条，仅 1989—1990 年创造效益 6394 万元，攻关 349 项，创经济效益 2994.6 万元，推广新技术 229 项，1991 年全区 1105 个基层工会组织 10 万多职工参加了质量品种效益年活动。

企业事业单位民主管理工作进一步的推进。随着改革的全面展开和深入推进，逐步建立和完善职代会制度，建立健全民主管理体系，职代会职权更加落实，促进了基层民主政治建设，推进了企业领导体制的改革。到 1983 年底，市区工、交、建、财系统建立职代会制度的企业 160 个，占企业总数的 83.8%，教育系统推行教职工代表大会制度，有 31 所学校建立了教代会制度，有 10 个企业民主选举厂长，30 个企业民主选举车间主任、班组长，22 个单位开展民主评议干部工作。地区建职代会制度的企业达到 385 个，民主选举企业领导人 512 个，开展民主评议干部的单位 414 个。1984 年—1986 年初，以巩固、完善职代会工作和落实职代会职权为内容，建立职代会的企业普遍制定了职代会实施条例和职工代表、职代会的各种工作委员会（小组）的工作条例。1986 年 6 月，中共中央、国务院正式颁布《全民所有制企业职工代表大会条例》后，工会进一步建立厂、车间、班组三级民主管理体系，开展职工代表的培训。工会会同中共宜昌市委组织部、经济工作部对企业工会领导班子进行调整和配备，地区企事业单位建立职代会 791 个，200 人以上单位全部建制，民主管理评议单位 445 个，科教文卫系统建制 145 个。1988 年初，市总工会向各区、委、局工会及有关基层工会发出了《关于加强租赁企业工会职代会工作的意见》，使市区职代会工作有了深入发展。1988 年 4 月，国家颁布《企业法》，职工民主管理进一步纳入法制轨道。地区 1338 个企事业单位建立职代会制度，职代会提案全年达到 19010 件，500 多个单位对 2339 名干部进行了民主评议。到 1991 年，全市已建工会组织的 367 个企事业单位，有 268 个单位建立职工代表大会制度，职工代表达 11986 人；已建立三级民主管理体系的基层单位 164 个，参加各级民主管理培训班的工会干部和职工代表 7994 人。到 1991 年底，地区建立职代会制度的单位 1382 个，641 个企业建立了厂、车间、班组三级民主管理网络，实行民主选举企业行政领导人的单位 140 个，民主评议干部的单位 591 个，被评议的干部有 3802 人，受奖励 682 人，被免职 47 人，职代会职权进一步落实。

职工合法权益的维护。全市和全区各级工会代表和维护职工改革中的合法权益，对承包租赁后企业的工资奖金分配、劳动组合富余人员的安排、亏损企业职工生活出路、劳保制度的改革、劳动合同制工人的待遇以及职工的住房、婚姻、困难户、退休职工管理、劳动保护等问题进行调研，向各级党政有关部门反映，并提出解决和改进的建议，努力在参与政府有关部门制定关系到职工切身利益的法律法规、条例的过程中，主动表达和反映职工愿望和要求，从源头上维护职工的利益。1989 年为了推动租赁承包企业职工民主管理的落实，5 月份会同市体改委、市经委、市府办、市计委、市城环委联合颁发了《关于认真贯彻<企业法>，加强承包租赁企业民主管理的暂行规定》，对租赁承包企业建立健全职工代表大会制度，特别是维护职工主人翁地位和民主权利，以及职工的工资、工时、劳保福利、工会的地位作了明确的阐述和规定。8 月份，还组织了全市民主管理大检查，召开了经验交流会，有 10 个单位从贯彻《企业法》的高度，多方面地交流了加强职工民主管理，维护职工在改革中的合法权益的成效和经验，确保了改革中职工权益的维护。

职工思想政治科学文化教育的加强。各级工会根据党的中心任务和改革形势的需要，紧密结合企业和职工的实际，先后在职工中开展了坚持四项基本原则的教育、理想教育、法制纪律教育、职业道德教育、改革形势教育，开展了一系列活动。1983 年市总工会成立了职工思想政治工作研究会，加强了对全市职工思想状况的调查和思想工作的针对性。1984–1986 年，以贯彻《国营企业职工思想政治工作纲要》为中心，开展了树理想、树新风尚、树工人阶级新风貌的教育，抵制个人主义和“一切向钱看”的错误思想。1986—1987 年，在普法教育中组织 5000 多人参加全国的法律知识竞赛，发动 5 万多名职工制定本岗位、本行业、本企业的职业道德规范。地区工会组织全区 17 万多名职工参加全国法律知识竞赛，当阳县获得全国一等组织奖。1987 年市总工会组织“四有职工报告团”，在 17 个局、企业巡回报告 25 场。在报告团的推动下，市区开展了“学英雄、见行动”“祖国在我心中”“理想就在岗位”等讨论。地区工会组织“四有职工报告团”，巡回演讲 62 场，听众达到 3.8 万人次，组织了 2500 个读书小组，有 3.5 万多名职工参加了读书自学活动。1988 年在治理整顿和深化改革中对职工进行改革的形势教育，坚定职工对改革的信心。1989 年一季度，市区在 10 个企业对职工开展问卷调查，4 月市总工会会同有关部门举办了企业思想政治工作研讨班,为企业工会主席经受春夏之交的政治风波打下了坚实的思想基础。“六•四”风波后，各级工会积极宣传中共十三届三中、四中全会精神和邓小平、江泽民讲话，市总工会和各局工会干部深入 108 个基层系统调查了解情况，促进企业和职工队伍的稳定。地区工会举办县市工会和企业事业、地直系统工会主席培训班，进行形势教育。通过培训辅导员举办形势教育讲座，开展“三忆三热爱”的自我教育活动，收到了“三增”的效果。(三忆：忆党史、忆文革动乱史、忆厂史；三热爱：热爱党、热爱社会主义、热爱厂；三增强：增强职工克服困难的信心、增强党和政府的权威、增强社会主义的凝聚力)。地区 9 县市举办各类形势教育培训班 362 期。1990 年，市总工会以学习贯彻《中共中央关于加强和改善党对工会、共青团、妇联工作领导的通知》为主线，引导广大工会干部提高对党的全心全意依靠工人阶级指导方针的认识，进一步加强改革中的工会工作。地区工会开展以稳定和鼓劲为主题的“双基”（基本国情、基本理论）教育，办培训班 178 期，培训职工 14240 人。到 1991 年底。全区 262 个企业完成“双基”教育。

1981 年，中共中央、国务院发布《关于加强职工教育工作的决定》后，企业职工教育领导体制由工会主管转为企业行政主管。此后，工会积极协助企业行政，开展对职工文化、技术的“双补”工作。市工会 1981 年至 1984 年，陆续组织全市 2.8 万多人参加文化学习，达全市应补课职工的 80%，1982 年底，有 1.06 万职工参加考试合格。全市技术补课对象 2.3 万多人，经过组织学习合格率达 90%。1985 年，地区各级工会举办文化学习班，参加学习的职工 5842 人，同时工会还会同企业行政采取岗位练兵、操作表演、技术比赛、专业培训等办法，提高职工技术水平。在“双补”工作中各级工会还大力支持、鼓励职工自学，反映他们的意见和要求，帮助解决自学中的困难。1985 年和 1987 年，市总工会表彰了 12 名自学成才的职工，其中 4 人受到全国总工会、省总的表彰和奖励。为了适应职工群众学习文化技术的迫切要求，市总工会于 1979 年兴办了一所职工业余学校。1980 年至 1989 年底，举办文化学习、外语、专业理论、技术知识、写作、历史、高等教育自学大专班、哲学班、政治经济学辅导班、成人高考备考班共 63 班（期），学员 5570 多人，对提高职工文化科学素质发挥了积极作用，1985 年 6 月，学校被全国总工会评为办学先进单位。

职工文体活动的开展。市总工会于 1986 年组织了市职工业余独唱独奏大赛，全市厂歌行业歌曲大赛，创作出独唱独奏和厂歌行业歌曲 34 首，有 2000 多名职工登台演出。在文体活动方面，组织市区基层、系统举办篮球、排球、乒乓球、长跑等大型比赛活动，同时注重推动基层开展小型多样灵活的体育活动，利用工会活动阵地，以文化宫、俱乐部为依托，广泛成立职工喜爱的棋类、花卉、书法、灯谜、集邮等协会和兴趣小组。地区工会在基层广泛建立业余文艺创作组、基层体协，大抓田径场、篮排球场、游泳池等硬件设施建设，推动职工体育活动、体育达标活动。1986 年地区工会与三峡电视中心合拍电视剧《主角，配角》讴歌改革中的工会干部，在中央电视台播出，在地区放映 11 场。全区在宜昌县举办职工文艺调演暨美术、书法、摄影作品联展，组织迎接中国共产党建党 70 周年“三热爱”系列活动。全市和全区各级工会在 1990 年广泛开展迎亚运活动，1991 年为申办奥运会开展职工冬季锻炼活动。枝江县被全国总工会、 省总、省体委授予全国、全省“百日锻炼迎亚运活动”先进县。枝江、当阳、宜昌县、枝城市工人文化宫被授予湖北省文明文化宫荣誉称号。

企业劳动争议调解组织的建立和劳动关系的协调。从 1987 年国务院颁布《国营企业劳动争议处理暂行规定》以来，到 1991 年全市建企业调解委员会 143 个，劳动争议调解委员会人数 1042 人。地区建立企业劳动争议调解委员会 753 个，劳动争议调解委员会人数 3663 人。在劳动争议工作中，创造了劳动争议咨询员制度，市总工会总结了宜昌纺机厂和国营四 0 三厂等企业的经验，得到全国总工会的充分肯定，并在《工人日报》上刊登介绍。1990 年 2 月，市总工会参加了全国工会第一次法律工作会议，并在会上介绍了经验。1990 年 10 月 28 日至 31 日，全国总工会在宜昌市召开了全国工会劳动争议工作经验交流会，全国 29 个省、市、自治区、计划单列城市工会代表共 120 多人出席会议，市总工会以《加强领导，充分发挥工会在处理劳动争议中的作用》为题，介绍了“三依靠”(依靠党委、依靠行政、依靠工会和职工群众)和“四抓”(抓紧、抓快、抓细、抓实)在预防和调解劳动争议中的作用经验，并进一步向全国推广。

先进典型的树立与推广。从 1978 年以来至 1991 年底，宜昌市和地区共有 13 人获得全国劳模，19 人获得全国“五，一”劳动奖章，254 人获湖北省劳动模范，311 人获市劳动模范。在市委市政府领导下，劳模评选工作为树立宜昌职工的光辉榜样，发扬宜昌精神，弘扬时代精神，用先进思想影响和带动全社会，促进精神文明建设，起到了应有的作用。全国劳动模范、湖北省特等劳模杜远金不当局长当厂长，主动为搞活企业下基层的先进事迹，经《人民日报》、新华社等媒体报道后，在全国引起轰动，被人们誉为现实生活中的“乔厂长”、社会主义的实干家，不愧为企业领导干部学习的榜样。1990 年 3 月 7 日，纪念“三•八”国际劳动妇女节 80 周年大会在人民大会堂举行，“用鲜血和生命保卫国家财产的刘胡兰式金融卫士”潘星兰和杨大兰的父亲受到了江泽民、李鹏等党和国家领导人的接见，江泽民总书记亲手将一面写着“中国楷模”的锦旗授给潘星兰，杨大兰的父亲杨尚洪从国家主席杨尚昆手中接过写着“为祖国献身，重于泰山”的锦旗。宜昌地区工会开展学英雄、学“两兰”活动，举办“两兰”事迹报告会、演讲会，在地区所属县市和大型企业巡回演讲 23 场，听众达 39450 人，为全区职工树立了榜样，促进了“四有”职工队伍的建设。

整党活动的开展。从 1985 年元月至 7 月底，市总工会和地区工会根据市委和地委整党工作安排，开展了全面整党工作。地区工会三次召开全区工会工作会和地直企事业工会主席会，学习全国总工会、省总的有关指示，贯彻党的十二届二中全会关于整党的决定，进一步明确三中全会以来的指导思想，坚定共产主义信念，加强党性，转变作风，增强为人民服务的意识，深入调研，推动工作。市总工会机关通过整党，加强了机关党的建设，进一步增强党性党纪，端正业务指导思想，转变工作作风，提高工作效率，加强了自身建设，提高了工会干部素质，增强了工会领导机关党组织的战斗力。

三、初步建立社会主义市场经济体制（1992.1—2002.10）

1992 年邓小平视察南方的重要谈话和党的十四大的召开标志着我国加快改革开放和现代化建设步伐的新阶段的到来。全市各级工会组织不断推进经济体制改革向前发展，积极参与到企业转机建制，现代企业制度建立、股份制改造，企业重组改革等，为推动全市政治、经济、文化、社会的发展作出了贡献。

1992 年 3 月地市合并后至 2002 年，召开了两次工会代表大会，1995 年 4 月 22 日至 24 日召开市工会第一次代表大会，提出了推进企业转机建制和建立现代企业制度，动员组织职工群众在经济发展中建功立业、发挥工会民主参与的作用，贯彻《劳动法》，协调劳动关系、保持职工队伍和社会稳定，加强职工队伍的整体素质等任务。2000 年 11 月 26 日至 28 日召开全市第二次代表大会，提出了团结动员全市职工为加强改革和发展建功立业，建立和完善依靠职工办企业的机制，加大协调劳动关系的力度，大力实施送温暖工程，按先进文化方向不断提高职工队伍素质，加强工会改革和建设等目标。

团结动员全市职工为宜昌二次振兴建功立业。1992 年，市总工会在职工中开展“三峡工程在宜昌，我为三峡作贡献”的活动。全市职工自觉为三峡工程捐款 57 万多元，在全年合理化建议活动中，全市有 1481 个单位提出合理化建议 66410 条，其中被采纳 33937 条。1993 年市总工会与 6 个部门联合发出《开展创建开放城市，发扬宜昌精神，争当万名能手竞赛活动》的通知，组织开展劳动竞赛，到 1994 年已有 23 万多名职工参加，涌现出各方面能手 11014 人，职工技术协作采用新技术，攻克难关，创经济效益 1400 多万。1995 至 2002 年，围绕“实现宜昌第二次振兴”的目标，组织职工开展“当主人、练内功、比贡献、增效益”“学邯钢、抓管理、增效益、人平贡献 300 元”“迎十五大召开，迎大江截流”“发扬抗洪精神，抗灾保规划”等多种形式的劳动竞赛，合理化建议，技术革新和技术协作活动，共创经济效益 6 亿多元。进入 21 世纪以来，各级工会着眼于提高广大职工的学习能力，创新能力，竞争能力，创业能力和促进企业发展以“创建学习型组织，争做知识型职工活动”为载体，开展合理化建议，技术培训，技术革新、发明创造、职业技能竞赛等群众性经济技术创新活动，取得明显成效。

建立社会主义市场经济体制中的民主参与。市总工会根据市委《关于认真学习宣传贯彻落实十四大精神的通知》要求，带领全市各级工会组织和广大职工，发挥民主参与的作用，积极推动社会主义市场经济体制的建立。从 1992 年起，按照“产权清晰、权责明确、政企分开、管理科学”的现代企业制度的要求，把开展股份制试点作为搞活企业的重要途径。全市各级工会组织分别参加了市级、各产业、企业的股份制改革领导小组，参与全市有关企业改革文件的制定，特别是对股份制企业的工会工作，职代会制度提出意见。市工会积极主动指导企业开好股份制企业职代会，落实职代会职权，发挥职代会在审议企业改革方案中应有的作用，维护职工的合法权益。市总工会在全面调研股份制企业改革情况的基础上，于 1994 年 8 月召开了全市股份制企业民主管理研讨会，总结推广了两个企业坚持两会(职代会与股东大会)并存，发挥两个大会的作用，确定职工在企业中的主体作用的经验，保证了股份制企业改革中正确的方向。

1995 至 2002 年，全市各级工会紧紧抓住职工民主管理的源头参与和基层民主管理两个环节，在参与现代企业制度试点，企业改革、改制中进一步得到加强。1995 年，市政府确定 21 家企业进行现代企业制度试点，市总工会领导分别参与市区部分现代企业制度试点领导班子考察和现代企业制度建立的论证会议。各委局系统一级工会的负责人都参加了本系统的改制领导小组，企业工会主席全部参加了改制领导小组，参与制定试点方案，听取职工意见，协助和监督改革、改制工作的规范。从 1995 年以来，市委、市政府批转市总工会提出的《关于建立社会主义市场经济体制中进一步落实全心全意依靠工人阶级根本指导方针若干问题的意见》《关于在企业推行厂务公开、民主管理制度的意见》《关于全心全意依靠职工办企业的实施意见》等 20 个政策性文件，为企业改制、改革中的工会工作，企业民主管理工作，签订集体合同评议干部工作等提供了政策依据，支持和保障了各级工会对改革改制的参与。全市国有集体和公有产权占主导地位的企业，95%以上坚持了以职代会为基本形式的管理制度，到 1997 年底，全市国有企业已建立职工代表大会制度的 155 家，集体企业已建制 308 家，大多数国有和独资及国有控股的公司企业建立了职工董事、职工监事制度。1997 年底，改制企业工会主席进董事会的有 31 人，进监事会的有 84 人，职工进董事会的有 19 人。

《劳动法》的实施和职工维权机制的发展。在建立社会主义市场经济体制的新形势下，适应国有企业的战略改组，经济关系，劳动关系复杂、多元。1994 年，全国总工会十二届二次执委会提出了工会工作的总体思路，其实质是进一步突出工会基本职责维护，在维护的重点领域取得突破性进展。在工会工作总体思路指引下，以建立健全职代会制度和平等协商集体合同制度为重点，不断充实、丰富、拓展职工民主管理的内容和领域，普遍推行职代会民主评议企业领导干部、厂务公开和向职代会报告企业业务招待费等制度，普遍推行平等协商集体合同制度，在协调劳动关系、维护职工合法权益方面发挥工会和职工民主管理的更大作用。市总工会抓住 1994 年《劳动法》贯彻实施的机遇，与市劳动局等有关部门加大加快了推行平等协商集体合同的步伐和力度。市工会与市劳动局建立了工作联席会议制度，确定了全市 30 家不同类型企业作为试点，市总工会、市劳动局等四个部门联合下发国家和省《关于逐步实行集体协商和集体合同制度的通知》，并分别召开城区、县市领导干部会议，使平等协商集体合同工作由试点走向全面推行。1996 年召开全市工作会，市委办、市政府办转发了《宜昌市 1996 年推行平等协商集体合同制度的工作意见》，市总工会在推行中两次召开经验交流会，2000 年底，全市有 1380 家企业事业单位建立了平等协商集体合同制度。1999 年对涉及 4 个县市 2 个城区 8 个委局系统 420 个单位和 1240 名职工调查，签订集体合同后按时发放工资的企业 301 家，劳动安全卫生状况明显改善的 344 家，劳动争议下降 330 家。到 2002 年，全市有 5113 家企业建立了集体合同制度，占企业总数的 88.1%，职工最关注的问题写入集体合同，集体合同履约情况较好的企业 4763 家，占建制企业数 93.2%，职工最关注的条款履行兑现的企业 3969 家，占建制企业的 77.6%。这项制度的建立在协调劳动关系和保护职工劳动权益方面，发挥越来越明显的作用。

职代会民主评议企业领导活动的开展。1995 年以来，职代会民主评议企业领导干部的制度，在中央关于加强和改进国企党建和做好国企领导班子考核建设精神指引下，有了新的发展。1997 年 4 月，市委组织部和市总工会制定并下发了《宜昌市职工代表大会民主评议企业领导干部的实施办法》，到年底，全市开展民主评议干部的单位达到 717 家，占全市企、事业单位的 59.7%。从 1998 年至 2000 年，市委组织部与市总工会连续三年对民主评议企业领导干部工作专门进行部署并发出通知，有力地保证了这一工作的推行并制度化，发挥了长效机制的作用。到 2002 年，全市有 1509 家企事业单位实行了职代会民主评议企业领导人员工作。业务招待费向职代会报告的制度，从 1996 年中纪委第五次全委会提出后，同年 9 月，市纪委、市总工会等四家联合签发了《关于进一步搞好国有企业业务招待费使用情况向职代会报告的通知》，全市各企事业单位相继按文件要求建立相关制度，严格规范了业务招待标准和招待行为，到 1997 年底有 418 家企事业单位建立了这项制度。与此同时，有的单位还建立了职工社会保险基金缴纳情况向职代会报告制度，职工的知情权、监督权、参与权得到进一步落实。

厂务公开的推行。1999 年初市委常委会和市委工会工作会后，在市委厂务公开领导小组及办公室的推动下，同年 4 月由市纪委、市委组织部、市经贸委、市总工会联合下发了《关于推行厂务公开实行民主管理的意见》，组织专班对宜昌化纤厂开展厂务公开的情况进行调查总结，市厂务公开领导小组在宜昌化纤厂召开了推行厂务公开试点现场会，提出了全市厂务公开工作“三步走”的工作思路，确定了 25 个试点单位，到 1999 年底，全市厂务公开首批试点单位 73 个，涉及职工 3.3 万人，面上开展厂务公开的企业 443 个，涉及职工 8.32 万人。2000 年 4 月，在全省厂务公开工作会上，市委负责同志在会上介绍了宜昌市《认真抓好三个结合，扎实有效地推行厂务公开》的典型经验。全省工作会后，市委市政府召开了全市厂务公开工作会议，总结推广了当阳市等 11 个单位的经验，市委市政府将 2000 年推行厂务公开制度纳入党风廉政建设专项治理工作目标任务，与市总工会签订了全市推行厂务公开责任书。到 2000 年底，全市有 566 家国有、集体及其控股企业实行厂务公开制度，占应实行企业总数的 90%以上，

503 家科研，文教、卫生等事业单位院(校)厂务公开积极推行，占 86.6%。全市各县市区、市直委局和绝大多数企业成立了厂务公开领导小组，形成了书记挂帅、工会主席、各级工会组织具体负责，广大职工群众参与的厂务公开工作格局。2002 年，中办国办联合下发了《关于国有企业、集体企业及其控股企业深入实行厂务公开制度的通知》，全省召开了深入实行厂务公开制度电视电话会议，全市厂务公开工作进入一个新阶段，取得新成果，到 2002 年全市有 1451 个单位实行了厂务公开制度。

职工队伍素质的全面加强。1992 年全市各级工会学习邓小平同志南巡重要讲话和中共中央十四大精神，举办培训班、座谈会、报告会和运用广播、电视、报纸等多种形式，对广大职工进行党的基本路线教育，进行建设有中国特色的社会主义理论教育，进行工人阶级是改革和建设的主力军教育，增强了广大职工支持改革、参与改革的使命感，责任感和紧迫感。1993 至 1994 年，开展社会主义市场经济理论和邓小平理论教育，组织全市 36.5 万名职工参加全国《劳动法》知识竞赛。1995 年结合抗日战争及世界反法西斯战争胜利 50 周年和中国工会建立 70 周年，在全市 4.6 万名职工中开展了百人演讲，万首革命歌曲演唱，万篇文章评选及“爱祖国、爱宜昌、爱企业、爱岗位”的爱国奉献活动。1996 年开展了“学先进，爱岗位做贡献”的活动，“四学一创”(学理论、学文化、学科学技术、学法律、创实绩)为内容的读书自学活动。枝城市文化宫图书馆被全国总工会评为先进图书馆。1998 年、1999 年分别组织 3000 多个班组，6 万多名职工参加了学习中共十五大报告百题竞赛和“全国职工学习邓小平理论”知识竞赛。

1992 年至 2002 年，在“五一”国际劳动节，国庆节举行全市大型“工人交响曲”“主力军颂”汇演，纪念毛泽东诞辰 100 周年歌咏大赛“纪念长征胜利 60 周年合唱比赛”“工人颂”文艺晚会，“健康奔向新世纪·全民健身展演赛”、庆祝建国 50 周年“万人功拳剑暨民俗文化展演”“宜昌职工 50 年书画摄影展”“迎澳门回归联欢会”“新世纪主力军骑车环城赛”活动，1999 年《工人颂》文艺晚会整台节目获全国总工会授予的优秀组织奖。

送温暖工程的大力实施。1992 至 1995 年，各级工会在元旦、春节期间开展“走万家路，进千家门，送一片情”活动，7041 个检查慰问小组走访慰问职工、离退休老工人 263909 人次，发放困难补助金 232 万元，为职工办实事 26507 件，走访困难企业 2491 次。城区开展职工物价监督检查工作，建立 28 个分站，拥有一支 468 名职工物价检查队伍，查处各类物价违法行为 20732 件。接待来信来访 858 件，90%以上的问题得到解决。1995–2000 年，为帮助困难职工从根本上走出困境，主动争取市委、市政府先后下发了《关于开展职工扶贫济困、实施送温暖工程的意见》《宜昌市缓解特困职工生活问题的实施方案》《对特困职工暂停提高公房租金的通知》《保障职工最低生活标准实施办法》、》《职工再就业工程实施办法》《关于建立市级领导联系生活困难职工的通知》等文件，使全市职工扶贫帮困工作步入法制化、经常化、社会化的轨道。5 年来累计筹集送温暖资金 1928.05 万元，走访困难企业 1926 家(次)，走访慰问困难职工 89292 户(次)，建立健全市县(市区)及企业三级特困职工档案网络，为 13298 名困难职工家庭建档立卡。协助政府、企业行政发挥工人文化宫、俱乐部、职工学校、职工技协、职业介绍所等工会阵地优势，培训下岗职工 12920 人(次)，多渠道牵线搭桥安置下岗职工 18000 多人。1998 年 3 月，市总与国贸集团联系、向 10 名特困职工赠送 10 台冰柜，帮助他们走上再就业岗位，又与安琪集团合作，由安琪集团购买 100 台冰柜，供特困职工销售喜旺酸奶，扶持特困职工改变生活困境。市工会先后参加了鄂西织布厂、电子管厂、八一钢铁集团公司的破产工作，坚持依法维护职工合法权益，在落实职工基本生活保障，安置职工和解决拖欠职工和离退休人员工资、医疗费、养老金、集资款等债权债务等方面发挥了积极作用。

劳模管理工作进一步加强。全市各级工会根据《湖北省职工劳动模范管理暂行办法》和《宜昌市劳动模范管理办法》，不断规范劳模管理工作，大力弘场劳模精神，努力为劳模排忧解难办实事。各级工会对现有获得省以上劳模全部实行微机管理，建立劳模档案，每年进行一次调查，做到了劳模的基本情况和生活状况清楚；市总工会充分利用社会媒体，通过与电台、电视台、报社联合开设专栏，设立专题对劳模先进事迹进行宣传。各级工会通过各种形式的表彰会，报告会、座谈会以及新闻载体、大力宣传劳模的事迹，市总工会在对市直改制企业有关劳模政策落实情况调查的基础上，向市政府提出了《关于市直工业企业改革中落实劳动模范政策的建议》的书面报告，促进了改制企业中劳模政策的落实。在对市直破产、停产、特困企业的离退休劳模津贴落实情况的专题调查后，市政府及时采纳，使市直省部级以上离退休劳模津贴能够得到全部落实。在各级工会组织的努力和政府有关部门的大力支持下，实现了对劳模免费体检、为生活困难劳模发放补助金、帮扶金、定期组织劳模疗休养，建立了对劳模走访慰问和生活状况调查的制度。

四、全面建设小康社会（2002.11—2008.6）

党的十六大以来，各级工会按照科学发展观、构建社会主义和谐社会、加强党的执政能力建设和先进性建设等一系列重大战略思想，坚持主动、依法、科学维权，树立和落实中国特色社会主义维权观，充分发挥工会在组织、引导、服务职工和维护职工合法权益方面的重要作用，在团结动员广大职工为实现宜昌的第三次振兴中开创了新局面，取得新业绩。

2007 年 3 月 25 日至 27 日，市工会第三次代表大会召开，大会根据党的十六届六中全会和中共宜昌市委第四次党代会精神，提出了不断提高职工队伍整体素质、大力推进工会维权和制度建设，促进劳动关系和谐、企业和谐和社会和谐；努力增强工会组织活力、努力为职工群众办好事、办实事、解难事，加强工会自身建设，推进工会工作的群众化、民主化和法制化等任务。

“创争活动”的深入推进。全市各级工会组织围绕经济社会发展目标，以“创建学习型组织，争做知识型职工”活动为载体，组织职工广泛开展合理化建议、技术培训、技术革新、发明创造、职工技能竞赛等群众性经济技术创新活动，有力地推动了职工队伍素质的提高和高技能人才队伍的建设。2003 年至 2005 年，全市先后举办“我的就业之路”“学习放飞理想”和“我的事业我的家”征文演讲比赛、职工书法美术摄影大赛，“三峡放歌”文艺汇演，深入工厂、矿山、工地、乡镇开展“走进职工”慰问演出，极大地活跃了职工文化生活，传播先进的文化思想，推动了先进文化的建设。

维权机制的进一步完善。市总工会提请中共宜昌市委、市政府等有关部门制定涉及职工权益和工会工作的政策性文件 19 件，积极参与省市人大开展的工会法、劳动合同法、湖北省集体合同条例执法检查，通过在市人大、政协常委会上，反映职工意见和建议，推进职工合法权益的落实，市总工会大力推动市及各县市区总工会与同级政府的联席会议制度，与劳动保障部门、企业组织的三方协商会议制度，有效解决了一些职工反映强烈和工会工作面临的重大问题。大力推行职代会和平等协商集体合同制度，全市国有及其控股企业、科教文卫等事业单位普遍建立了职代会制度，一定规模的非公有制企业建立了与本企业相适应的民主管理制度。各级工会在国有集体企业改革改制中，旗帜鲜明地支持改革，旗帜鲜明地维护职工合法权益，市总工会向市委、市政府提出《关于在市直工业企业改革中工会支持改革、维护职工合法权益的有关建议》，及时制发《关于在市直工业企业改革中加强工会工作的通知》，指导企业工会全过程参与改制，做到改制方案、职工安置方案经职代会讨论审议或表决通过，有力维护了企业改制过程中职工的合法权益。加强和改进职工思想政治工作，协助处理改制中的集体上访和群众性事件，确保职工队伍基本稳定，推动全市国有集体企业改革顺利进行。厂务公开工作在巩固提高中全面推进，职工董事和监事制度、职代会民主评议企事业领导人员制度基本完善。在维护职工安全健康方面，认真贯彻工会劳动保护监督检查三个条例，加强工会劳动保护组织网络建设，大力推行“一法三卡”，广泛开展以“安康杯”竞赛为主要形式的群众性安全生产活动，配合政府有关部门开展经常性的劳动安全卫生检查和重大事故的调查处理。在创建劳动和谐企业活动中，以工会处理劳动法律监督整改书、处理建议书为主要形式的工会劳动法律监督制度进一步建立健全。基层劳动争议调解组织、劳动法律监督和劳动争议调处工作得到加强。

为职工群众办好事、办事实、办难事。全市各级工会叫响“职工有困难找工会”“农民工有困难找工会”的口号，积极为困难职工、农民工做好事、办实事，协助党委政府切实解决困难职工就业难、看病难、子女上学难等实际问题，做好维护农民工合法权益工作，促进再就业和扶贫济困工作取得新成效。通过筹集送温暖资金、走访慰问包括农民工在内的困难职工，建立健全全市困难职工档案数据库、为市直企事业单位特困职工办优惠证、医疗优惠证、开展金秋助学活动，帮助困难职工子女上大学、减免九年制义务教育学杂费、为农民工“三送”(送清凉、送健康、送文化)免费体检等，把工会的维权工作落到实处。积极协助政府做好促进下岗失业人员再就业工作，举办“献爱心、送岗位”大型就业招聘周活动，全市兴建再就业基地，培训下岗职工。市级各县市区总工会大力加强困难职工帮扶中心(职工权益维护中心)建设，积极落实人员、资金和场地，为职工提供职业介绍、信访接待、困难救助、法律援助等服务，发挥救急济难、拾遗补阙的作用，受到职工群众和社会各界的广泛赞誉。

工会组织自身建设和基层工会组织建设的加强。认真贯彻省、市委工会工作会议精神，县市区工会领导班子确保了工会主席(主任)由党委常委或同级党政副职担任、兼任的格局。各级工会领导班子的结构更加适应形势发展的需要，工会财务工作按照新形势的要求，顺利实施工会经费委托国税机关代收，进一步巩固和完善县以上财政代扣行政事业单位经费制度，使经费收入稳步增长有了根本保证。工会的经费审查工作，女职工工作、事业单位的工作、对外交流工作都得到了长足发展迈出了新的步伐。坚持“组织起来切实维权”的方针，各级工会组织按照工会法的有关规定，坚持“哪里有职工，哪里就要组建工会”，推进形成“党委重视、政府支持、工会运作，各方配合、齐抓共建”的工作格局。加快新建企业特别是外商投资企业工会组建步伐，最大限度地把包括农民工在内的广大职工组织到工会中来，到2007年底，全市基层工会组织，外商投资企业组建工会，工会会员总数达70万人，其中农民工会员33万多人。坚持一手抓工会组建，一手抓工会规范，深入开展创建示范乡镇(街道)、社区工会、模范职工之家活动，推行基层工会直接选举，选聘工会协理员，加强工会干部培训，有力地促进了基层工会组织的规范化建设。在全市非公有制企业中开展的以“双爱双评”为主题的职工之家创建活动，赢得了职工的赞誉。建工会会员优惠基地39个，为会员群众提供购物、教育、医疗、文化等服务，增强了工会组织的吸引力和凝聚力。

宜昌工会改革开放30年的大发展、大进步，是在中国特色社会主义理论指导下，全市广大职工和工会干部一起，按照党的路线、方针、政策，努力实践的结果。其主要经验有：必须始终坚持党对工会工作的领导；必须始终坚持用科学理论作为工会工作的行动指南；必须始终坚持服从服务于党委政府的工作大局；必须始终坚持推动党的全心全意依靠工人阶级根本指导方针的贯彻落实；必须始终坚持把维护职工合法权益作为工会的基本职责；必须始终坚持最大限度把包括农民工在内的广大职工组织到工会组织中来；必须始终坚持依靠社会力量开展工作。

（选自中共宜昌市委党史办公室编著《宜昌改革开放30年》一书　执笔人：伍明万）

按照“三个代表”的要求进一步推进工会工作发展

宜昌市总工会

学习领会江泽民同志“三个代表”的重要思想，使我们对党的性质、根本宗旨和历史任务有了新的深刻而丰富的认识，给我们工会工作者以新的启迪，对于我们更加明确新时期工会工作的方向、任务、职责，肩负新时期工会工作的光荣使命，保证中国工会始终沿着党指明的方向前进，在实现党的先进和维护党联系群众的广泛性中发挥不可替代的作用，都具有重大的现实意义和深远的历史意义。

一、按照“三个代表”的要求，推进工会工作，必须增强群众观念，落实党的全心全意依靠工人阶级根本指导方针

第一，只有从讲政治的高度树立群众观点，推动依靠方针才有保证。

江泽民同志指出，“马克思主义的政治观点中，第一位是群众观点”。“群众路线是实现党的思想路线、政治路线和组织路线的根本工作路线”群众是我们力量的源泉，群众路线和群众观点是我们的传家宝。尊重群众是辩证唯物主义和历史唯物主义的根本观点，只有牢固树立、不断增强马克思主义的群众观点，我们才能始终坚定不移地落实党的依靠方针，推进工会工作。

第二，只有在改革进程中不断排除各种干扰，推动依靠方针才能落实。

改革开放以来,我们工会在推进经济体制改革中始终坚持群众路线,坚持推进依靠方针的贯彻落实,为赢得改革的新局面、发展的新阶段、稳定的好形势做出了贡献。回顾改革的历程，从扩大企业自主权、所有权与经营权两者分离、承包租赁、实行厂长负责制、转机建制，一直到实行公司制改革、建立现代企业制度，在深化改革的各个阶段，都有这样或那样的一些错觉、误解、杂音，似是而非的模糊观点、认识、思潮，这些都改变不了我们党的始终如一、一以贯之地坚持全心全意依靠工人阶级的方针。历史终究是人民群众创造的，只有依靠职工办企业，搞改革，职工群众巨大的创造力、活力才能释放出来，主人翁精神才能发扬，主力军作用才能发挥。

第三，只有按“三个代表”的要求，推动依靠方针才能始终如一。

在“三个代表”的指引下，我们贯彻党的依靠方针，一定要按照江泽民同志讲的，在政治上保证、制度上落实、素质上提高、权益上维护。工人阶级是先进社会生产力的代表，是两个文明的创造者，是建设有中国特色社会主义的主力军。在实现跨世纪的宏伟蓝图，推进社会主义现代化建设的进程中，无论是改革、发展，还是稳定，都需要全心全意依靠工作阶级，战胜前进道路上的困难，实现一个又一个的目标。在国民经济的调整中，在以公有制为主体多种经济成分的新格局中，工人阶级的内部构成发生的变化，文化层次有不同程度的提高，劳动方式与过去相比也有了很大的不同，但这些变化没有也不能改变工人阶级作为先进生产力和先进文化的代表，没有也不能改变党的阶级基础。中国工会是党领导的工人阶级自愿结合的群众组织,大力推动党的依靠方针的贯彻落实,就能更好的调动亿万职工的积极性、主动性和创造性，充分发挥工人阶级作为先进文化创造者、倡导者和传播者的作用。

二、按照“三个代表”的要求，推进工会工作，必须增强维护观念，认真履行工会的维护职能，努力实现工会工作的“五突破一加强”

第一，把握“三个代表”的核心，突出工会维护职能。

“三个代表”的重要思想，最核心的就是党要代表中国最广大人民的根本利益。工人阶级是党的阶级基础，要使职工通过工会组织的纽带、桥梁、学校的作用，团结在党的周围，必须坚决维护职工的经济利益，保障职工的民主权利。这就要求我们党始终把人民的利益放在首位，时时刻刻关心和重视职工群众的利益。工会担负党的非常重要的群众工作任务，就是要突出维护职能，以维护为本。工会只有真心实意地为职工说话办事，排忧解难，扶危济困，千方百计、满腔热情地帮助特困职工、下岗职工，实实在在做好国有企业下岗职工再就业的促进工作，切实履行好“第一责任人”的职责，才能把广大职工紧密地团结在党的周围，才能动员和组织亿万职工，投身改革和建设，为建设有中国特色社会主义事业建功立业。

第二，“三个代表”是有机整体，维护职能要全面履行。

“三个代表”的重要思想，把先进生产力、先进文化同人民的根本利益三者紧密联系在一起，构成了一个不可分割的整体。先进生产力是历史发展的根本动力和趋势，是我们的根基，我们赖以生存的基础；先进文化是我们的支柱，对生产力的发展起着积极的推动作用，而先进生产力和先进文化从根本上体现了最广大人民的根本利益。我们要从“三个代表”的高度，把调动职工学习高科技的积极性，组织好群众性的经济技术创新活动，促进生产力的发展，不断提高科学文化技术素质和代表维护职工的政治权利、民主权利和经济利益，在新的认识高度上更加紧密地结合起来，更加完整地理解和把握，更加自觉地落实。只有这样，工会的维护职能才能按照“三个代表”的要求，内涵更丰富，更贴近职工，使工会的维护提升到一个新的高度，把职工群众的利益落到实处。

第三，走维护为本的路，才能牢固党的阶级基础。

工会的维护从工会自我循环的小天地走到全社会的大天地，是工会适应社会主义市场经济条件下劳动关系的变化，适应所有制结构多元化而开创的一个新局面，今后我们还要不断地丰富、发展。在维护的实践中，我们逐步跳出计划经济条件下单纯的“保”和“包”的模式，一步步对国民经济战略性调整，对企业资产重组、企业破产、下岗分流改革措施，有了深层的理解和认识，这是符合“三个代表”的要求的，我们工会的维护要继续沿着这个思路不断前进，做到工会四项职能，以维护居首；在两个维护统一的前提下，以具体维护为主；在劳动关系中，鲜明地代表劳动者的权利，理直气壮地行使《劳动法》赋予我们工会的职权，在协调劳动关系的三个原则中，发挥好工会的作用。因为中国工会的性质、地位、职能决定了我们工会与职工有天然的联系，最贴近职工的实际和利益，是容易为职工群众所接受，在行政追求效率而易于忽略公平的时候，工会往往能发现和提出问题。所以在协调劳动关系、维护职工利益中，我们工会有着不可替代的作用。我们相信，在“三个代表”的指引下，有我们20多年来新时期工会工作的实践经验，我们的维护工作一定会塑造中国工会新形象，为党的阶级基础更加坚实做出贡献。

三、按照“三个代表”的要求，推进工会工作，必须增强人才观念，提高职工素质，建设好“四有”职工队伍

第一，立足新的人才观，实现“三个代表”才有基础。

江泽民同志在“三个代表”论述中指出，“人才是一个国家发展最重要的资源”。并充分地阐述了人才问题的重要性、紧迫性，提出努力形成优秀人才脱颖而出、健康成长的机制和一整套办法。要认识到人才是知识和信息的重要载体，知识要靠人去创造，信息要靠人去把握和传播，知识和信息要靠人才能转化为现实的生产力，先进生产力发展要求、先进文化前进方向的代表都是雄厚的人才资源上产生的，没有人才作基础，“三个代表”是不可能实现的。

第二，明确工会人才观，着眼职工队伍大多数。

学习江泽民同志论述“三个代表”时所阐明的人才观，对于我们履行工会教育职能，落实建设四有职工队伍，提高职工素质有着非常重要的指导意义。首先我们要进一步增强人才观点，要认识人才观对指导我们建队伍、强素质的作用，工会要义不容辞地为职工中的人才脱颖而出创造好条件和环境；二是要明确我们广大的职工队伍中，有人才，还有拔尖的，顶尖的人才，在中国工人阶级创造史上，倪志福的钻头、郝建秀的工作法、王崇伦的创造、马学礼的革新、蔡祖泉的新光源等为代表的创造成果，以及星罗棋布在各行各业的技工技师能工巧匠所拥有的绝招绝技绝活，都是我们工人阶级宝贵人才的智慧、结晶和创造性的代表，在社会发展到今天，应该有更多的人才脱颖而出，作为先进生产力当之无愧的代表，而走在时代的前列。三是要把人才观建立在着眼于大多数，着眼于广大职工的基础上。要从岗位成才，岗位创业绩作贡献开始，把千千万万生产岗技术革新为主体的工人阶级队伍，都纳入人才培养之中。只有面对广大职工组成人才的宏大队伍，我们先进社会生产力才能有经久不衰永葆青春的发展，只有着眼于大多数，拔尖、顶尖人才才有雄厚的基础，这也是我们工会组织的群众性所决定的。

第三，迎接知识经济挑战，抓紧职工队伍建设。

“三个代表”重要思想，富有创意地抓住了新时期我们党的建设的根本点，使我们眼睛为之一亮。实现“三个代表”加快人才培养。要以“三个代表”要求，对建设四有职工队伍，提高职工素质，有一个新的认识。“三个代表”的重要思想，对党的阶级基础—工人阶级队伍提出新的要求，对工会组织的教育职能赋予新的认识。当前，我们面临着世界局势的大变化，高科技迅猛发展，知识经济、信息经济、全球化经济带动生产力突飞猛进。在这种世界巨变的形势下，江泽民总书记站在世纪之交的历史制高点，高瞻远瞩，提出了“三个代表”的重要思想，谆谆告诫我们，党不能脱离先进生产力、先进文化和人民群众。如果党不发展高科技，不代表先进生产力，不吸收先进文化，不代表人民的根本利益，就有被淘汰的可能。所以实现“三个代表”关键在党、关键在人。工人阶级是党的阶级基础，是先进生产力的代表，是先进文化的创造者和传播者，培养千千万万四有职工队伍，是工会的历史责任。严峻的形势摆在我们的面前，落后就要挨打，不提高就要落伍，不创新就要被消亡。无论从党的阶级基础，工人阶级自身的生存发展，执政党的巩固还是从履行工会的职能来看，增强人才观点，落实四有职工队伍建设，提高职工素质，都刻不容缓。

四、按照“三个代表”的要求，推进工会工作，必须大力加强工会组织建设

第一，发挥组织作用，加强党的阶级基础。

组织从来就是实现工人阶级自身解放和利益的强大武器，组织起来才有力量，历史和现实都反复证明组织的伟大作用。从《共产党宣言》提出“全世界无产者联合起来”开始，组织起来的无产阶级形成了伟大的工人运动，在斗争中推动了社会发展并维护自身的利益。毛泽东同志专门写了《组织起来》一文。我们中国工会七十多年的历史，跨越新民主主义革命、社会主义革命和建设，高举邓小平理论的伟大旗帜进入改革开放的新时代，在江泽民同志为核心的党中央领导下，亿万组织起来的职工通过工会发挥了主力军的作用，推动了改革、发展、稳定。“三个代表”的重要思想，对工会的组织工作提出了更高的要求，把广大职工组织到工会中来，不仅是工会组织自身的迫切需要，更是加强党的阶级基础的战略任务。

第二，加大组织力度，抓好重中之重的工作。

联系实际学习“三个代表”的重要思想，面对工会组织工作面临的严峻形势、直接的挑战、从未有过的新情况，我们感到组织工作任务十分紧迫。不仅有国有、集体及其控股企业的工会组织的重建、调整，更有广大新建企业工会的组建，要刻不容缓地突出解决工会组织出现真空的问题。目前，在以公有制为主的多种经济成分的格局中，非公有制经济的发展，新建企业的工会组建工作迫在眉睫。发生在“三资”、私营企业中侵犯职工的政治权利、民主权利、经济利益的现象严重存在，更有甚者，剥夺职工人身自由，虐待职工，克扣职工工资，甚至用暴力摧残职工，极个别私企老板开枪伤害职工的事情也时有发生。所以当前工会重中之重的工作，就是加强工会组织建设，特别是加大新建企业工会组织的组建力度，加强改制企业工会组织的重建、完善工作，最大限度地把广大职工组织到工会中来，才能进一步巩固和壮大党的阶级基础，同时才能真正履行工会的维护职责。组织建设是维护的保证。在有些没有组建工会的新建企业里，打工仔、打工妹就像没有爹娘、无家可归的孩子，没有地方谈理，没有人为他们撑腰，走投无路，哭诉无门，不要谈合法的权益得不到，有的甚至连起码的人身权利、做人的尊严也得不到。往往造成了重大伤亡，发生安全大事故以后，才在党和政府、工会的强大干预下，讨回公道，但毕竟亡羊补牢。

第三，落实组织工作新任务，必须勇于实践，大胆创新。

落实工会组织和工会干部队伍建设的新任务，必须有新的思想和新的举措。工会传统的组织体系、活动方式、机构设置、运行方式，正在社会主义市场经济体制的建立中受到检验，在调整中创造出新的形式。在非公有制经济中，企业普遍存在小型分散的特点，规模、人员都是与我们公有制企业不能相比的。刻舟求剑、照抄照搬肯定是不行的。全国总工会已总结推广了深圳模式、蛇口模式那样的经验，工业区、开发区的街道、乡镇、村所属的企业，如何组织工会和发挥其作用，都需要不同于公有制企业工会组织的新形式。在新建企业工会的职能作用上，如何更好地突出维护，也是摆在我们面前绕不开的课题，但是目标已经确定，“企业改制到哪里，工会组织就要建到哪里；哪里有企业有职工，哪里就应该有工会组织”，不论有什么情况，先把工会组织建立起来，这是一个原则。我们有“三个代表”重要思想的指引，发扬创新的精神，打破过时的成规，最大限度地把广大职工组织到工会组织中来的任务是一定能完成的，党的阶级基础一定能在工会组织建设的新局面中得到进一步的巩固和加强。

（选自全国总工会刊物《工运研究》2000 年第 15 期）

抓好“三个结合”　扎实有效地推行厂务公开制度

中共宜昌市委　宜昌市人民政府

宜昌市有职工 20 多万人。国有企业在全市经济发展中占有特别重要的位置。在推进国有企业的改革和发展过程中，市委、市政府始终把推行厂务公开制度作为一项重要举措来抓。根据中央和省里有关推行厂务公开制度的要求和工作部署，结合宜昌市的实际，在认真抓好试点的基础上，逐步全面推行厂务公开制度，从试点单位的情况看，推行厂务公开制度，激发了广大职工的主人翁意识，强化了企业改革和发展的群众基础，加强了企业领导班子的思想作风建设，促进了企业改革发展和稳定。在推行厂务公开制度中，我们立足于抓好“三个结合”，取得了明显的实效。

一、推行厂务公开与建立现代企业制度相结合

国有企业改革和发展的方向是建立“产权清晰、权责明确、政企分开，管理科学”的现代企业制度。建立这一制度的关键是要建立和完善企业有效的决策机制、管理机制和监督机制。在推行厂务公开过程中，我们紧紧围绕建立现代企业制度这一目标，充分发挥厂务公开在建立和完善“三大机制”中的作用，有力地促进了宜昌市现代企业制度的建立。到目前为止，宜昌市已改制的企业有 182 家，列入全省第一批试点名单的 10 家企业，已全部完成建立现代企业制度的试点工作，第二批列入全省重点指导的 15 家企业也有部分已完成方案的论证审批工作，进入实施阶段。在推行厂务公开过程中，我们主要从以下三个方面来促进现代企业制度的建立：

1、公开改制方案，让广大职工全程参与。企业改制关系到广大职工的切身利益，需要广大职工的理解和支持，因此，在企业改制过程中，我们始终坚持“三个必须”：一是在制定改制方案时，必须先广泛征求职工群众的意见，最后形成的方案必须经职代会通过；二是在实施方案的过程中，职工群众必须全程参与，负责对操作的规范性进行监督；三是改制完成后，必须经职代会评议，并根据评议的意见进行整改。在全市 182 家企业改制过程中，共采纳职工合理化建议 1000 多条，从而有效地保证了宜昌市企业改制工作的顺利进行。宜昌市的安琪集团在进行股份制改造和组建集团过程中，大力推行厂务公开，广泛吸收职工的建议，在新产品开发，销售管理等方面，制定了一系列激励措施和严格的制度，在集团组建三年内，干酵母牢固占领国内市场，并走向国际市场，喜旺酸奶成为全省家喻户晓的产品，使企业成为全省知名的十大高科技企业之一。

2、**建立职工董事、职工监事制度，进一步完善法人治理结构。**健全和完善法人治理结构，就是要完善企业董事会、监事会，完善董事会、监事会就一定要吸收职工代表参加，这是我们党全心全意依靠工人阶级的根本指导方针所决定的。结合推行厂务公开，我们一是对改制企业作出了硬性规定，要求各企业的董事会、监事会成员中必须要有一定比例的职工代表。到目前为止，全市改制企业中，有职工董事 154 人，职工监事 177 人。二是为了使职工董事，职工监事充分发挥作用，在改制企业中，我们特别强调规定：凡职工董事没有参加的董事会不能形成任何重大决议，凡职工董事不同意的决议需再次复议，这样，确保了职工管理权和监督权的落实。

3、**把厂务公开贯穿于企业管理的全过程，促进企业管理民主化、科学化。**科学的管理是建立现代企业制度的内在要求。在推行厂务公开时，我们始终把厂务公开制度作为现代企业管理制度的一个重要组成部分，溶于企业管理的各个环节。在宜昌市实行厂务公开的企业里，从总厂到分厂，车间到班组，从生产到供销，各个层面、各个环节都有厂务公开的具体内容，把这些内容，是否真实公开，公开的效果如何作为考核各个管理层面的重要内容，并与经济利益挂钩，确保了厂务公开的全面性和真实性，疏通和拓展了广大职工参与管理的渠道，促进了企业管理的民主化和科学化。宜昌市的当阳化肥厂是一个有 1350 多人的国有企业，由于种种原因，企业负债 3000 多万，停产 10 个多月，新班子上任后，实行厂务公开，充分依靠群众办企业，激发了广大职工的积极性、主动性和创造性，全厂职工为企业发展献计 200 多条，大大提高了企业的管理水平，仅采购原煤一项，实行采购价格公开、渠道公开后，当年就节约 100 多万，目前这个厂经资产重组后，已扭亏增盈，走上新的发展之路。

二、推行厂务公开与加强职代会制度建设相结合

职工代表大会制度作为企业法定的职工民主管理制度和基本组织形式，具有广泛的代表性和群众性，是我国企业管理制度的重要组成部分。随着改革的深入，现代企业制度的逐步建立，广大职工群众参与企业管理的要求和愿望更为迫切，职工代表大会制度也面临着发展和完善的问题，而推行厂务公开，为我们找到了一个在新形势下既坚持职代会制度，又促进职代会制度建设的有效形式。在推行厂务公开时，一方面把职工代表大会作为厂务公开的最基本形式，把是否建立健全职工代表大会制度作为进行厂务公开的最基本条件。目前，宜昌市国有企业、集体企业、国有和集体控股的企业已全部建立了职工代表大会制度。另一方面适应企业发展的需要，以推行厂务公开为契机，进一步发展和完善职工代表大会制度。

1、**进一步充实和拓展了职代会的内容。**在推行厂务公开工作中，我们要求企业把企业的重大决策、领导干部廉洁自律情况、企业劳动用工、干部任免、大宗原材料采购等需要职工清楚的事项，全都实行公开，使职代会的“五权”内容更为充实。宜昌市的宜昌交运集团公司在进行客货车承包时，将群众反映强烈的单车承包标准、承包过程纳入公开的范围，变暗箱操作为阳光下操作，顺了民心，化解了矛盾，促进了工作。宜昌县自来水公司把原来没有纳入职代会讨论的基建维修招标也纳入了公开的范围，让广大职工来当家，不仅节约了开支，同时也密切了干群关系。

2、**进一步延伸和强化了职代会的职能。**在推行厂务公开的过程中，我们紧紧围绕如何更好地发挥职代会的作用进行了广泛而又深入地探讨，在发挥职代会专门工作小组作用的同时，在实践中部分企业逐步建立了“四会一岗”的制度，“四会”即职代会常务委员会，负责职代会闭会期间参与议事，参与决策和履行职代会的一切权力；职工民主议事会，由企业领导、部分职工代表和重大事项有关的职工组成，对企业重大事项进行审议决策；职代会民主监督委员会，负责经常地对企业一切规章制度、一切方案落实和对领导干部的权力运作进行监督，并负责审查财务开支、招待费开支、干部收入等情况，可随时查阅财务报销凭证和各种记录，可随时质询各级管理人员。职代会民主评议委员会，负责对企业中级以上领导干部的考核、评议、测评，对职代会负责，并书面通报其情况，可提出解聘和奖惩建议。“一岗”即职工代表督查长岗位，由职工代表轮流担任负责督促落实职代会通过一切决议。“四会一岗”制度的建立，进一步强化和延伸了职代会的职能作用。

3、进一步完善了职代会的运行机制。宜昌市在推行厂务公开时，严格规定了公开的程序，并与职代会的工作程序相统一，要求职代会召开前，把需要公开的内容，向职工代表交底，广泛征求群众意见，如果筹划不充分，准备不到位，就不能召开职代会；在职代会召开的过程中，对公开的内容进行认真的审议，做到大家充分讨论，上下达到一致，最后形成决议；在职代会闭会后，工会与有关方面一起，跟踪调查，督促检查，监督落实。对此并相应制定了一系列制度，如《职工代表大会条例》《职工代表视察制度》《关于当好主人的规定》等，这些制度，为实行厂务公开，充分发挥职代会的作用提供了操作上的依据，促进了企业民主管理的制度化建设。

三、把推行厂务公开与加强企业党风廉政建设相结合

实行厂务公开的一个重要意义，就是把民主监督具体化、制度化，把党内监督、法律监督、舆论监督与群众监督有效地结合起来，充分发挥职工群众的监督作用，从源头上治理腐败现象，促进企业的党风廉政建设，在推行厂务公开的过程中，我们主要从以下三个方面来加强党风廉政建设。

1、把推行厂务公开列入党风廉政建设责任制之中。市委明确要求各级纪律检查部门在与所属有厂务公开任务的领导班子签订党风廉政建设责任制时，要把厂务公开列入其中，在考核其党风廉政建设责任制落实情况时，要把是否公开，是真公开还是假公开，是全公开还是半公开，作为考核的重要内容。

2、把职工普通关注、反映强烈的难点和热点问题，以及极易引发矛盾和滋生腐败等事项，及时公之于众，接受群众监督。在具体工作中，就是对有关干部廉洁自律五个方面的情况进行公开，即民主评议干部公开，业务招待费公开，干部住房和使用通讯工具公开，工资奖金分配公开，物资采购和生产材料消耗管理公开。通过这些公开，有效防止了滥用权力，杜绝或减少了以权谋私和违法乱纪现象的发生，增强了企业领导干部廉洁自律、勤政为民的自觉性。宜昌市实行厂务公开后，国有企业违法违纪案件比公开前有较大比例的下降，企业的业务招待费下降了30%左右。在宜昌市的国有企业中出现了“遵纪守法的多了，违法乱纪的少了；廉洁奉公的多了，贪污受贿的少了；下基层多了，工作作风浮夸的少了”的可喜现象，有力地促进了宜昌市国有企业的改革和脱困。宜昌化纤厂在推行厂务公开中实行“廉洁承诺经销，”即获得了稳定的供销渠道，又确保了货款回笼率达到了百分之百。宜昌县自来水公司在实行厂务公开中将“任务公开大家干，财务公开大家管，“成本公开大家算，评议公开大家看”，化解了许多矛盾，全厂上下齐心协力，步调一致，有力地促进了企业的发展。

3、把民主评议的结果作为主管部门考核的重要依据。宜昌市一直坚持开展职代会民主评议企业领导人制度，并形成了党委统一领导，行政大力支持，职代会主席团主持，工会具体实施，部门相互配合的民主评议工作的组织领导机制。为了突出民主评议干部的实效性，我们除将每一个干部的得分、职工的信任程度和主要优缺点向职工公布外，对评议得分高、群众信任的干部，进行表彰奖励和提拔使用，对评议得分低，群众不信任的干部进行降职或免职。1999年，宜昌市民主评议国有企业领导人员2385人，其中，受到奖励的有286人；晋升职务的有7人，免职的有62人。

总之，宜昌市在推行厂务公开过程中，立足于抓好“三个结合”，加强领导，统筹策划，突出重点，分类指导，使宜昌市的厂务公开工作取得了一定成效。在实践中我们深深感到，这项工作搞好了，确实有利于企业决策的民主化和科学化；有利于企业领导干部廉洁自律、改善干群关系；在利于充分调动职工的积极性，增强企业凝聚力，推动企业的改革和发展。我们决心借这次会议的东风，学习借鉴兄弟单位的先进经验，不断探索新方法，使之不断完善，进而深入持久地开展下去，力争取得更大的成效。

（本文系市委市政府2000年在湖北省厂务公开工作会上经验交流材料）

借力“工具包” 维护职工职业健康权益

宜昌市总工会

宜昌是湖北省首批推广应用职业安全卫生防护“工具包”项目试点地区。2014 年，我们在职工人数较多、职业危害较大的化工、磷矿山行业选择了 2 家企业进行试点，在提高劳动生产率、改善职工作业环境、维护职工职业安全卫生合法权益三个方面取得了有效成果。2015 年，市总工会、市安监局联合下发了《关于推广中小企业职业安全卫生防护“工具包”工作法的通知》，全面部署“工具包”推广应用工作，要求用 3 年时间将职业安全卫生防护“工具包”工作法在全市推广应用。2015 年 6 月《劳动保护》杂志以《借力》为题目，全面介绍了宜昌推广应用职业安全卫生防护“工具包”项目试点情况。2016 年，全市化工、磷矿山行业全面推广应用“工具包”工作法，并在煤矿、采石厂、医疗职业暴露防护等高危行业进行试点工作。

一、主要作法

（一）领导重视，保障有力

近年来，宜昌市总工会把劳动保护及职业危害防控工作作为全会工作重点，职业安全卫生防护“工具包”推广应用试点，为工会系统做好职业危害防控工作提供了有力的抓手。

专题研究，落实迅速有力。市总工会党组对在中小企业推广应用职业安全卫生防护“工具包”工作十分重视，多次召开党组会专题研究部署推广应用“工具包”项目工作。市总工会党组书记、常务副主席罗志勇强调推广应用“工具包”是工会劳动保护工作新课题和新实践，是惠及中小企业职工职业卫生和健康权益的一项新途径和新举措，是反映职工呼声、代表职工利益的一项民生重要工程，要求全市工会组织要把推广应用“工具包”项目作为全市工会重点工作，抓出成效，做出品牌。

成立机构，服务保障到位。市、县（市区）两级都成立了以总工会常务副主席任组长，总工会和安监局分管领导任副组长，业务部室为成员的“工具包”推广应用领导小组。试点企业成立了董事长（总经理）任组长，工会主席和分管安全副总任副组长，工会、安技部门等部门为成员的“工具包”推广应用领导小组。三级领导小组为推广应用“工具包”项目提供了组织保障。市、县（市区）总工会及试点企业都选配了专人负责“工具包”项目推广应用工作。市总工会强化业务培训，采取“走出去、请进来”方式，对县市区及试点企业从事“工具包”项目推广应用工作人员进行轮训。两年来，宜昌市共组织 20 多名工会干部参加省总“工具包”专题培训。市总工会先后举办了 6 期“工具包”培训班，共有 300 多人参加培训。

（二）精心选点，打牢试点根基

为保证 2014 年第一批试点工作出实效、可总结、可推广，充分结合宜昌产业结构和职业危害情况，市总工会决定在宜昌传统支柱产业—磷化工产业进行“工具包”项目试点工作。我们不仅对县市区总工会组织力量进行了综合比对，还充分考虑企业的规范和经营状况，最后选择在夷陵区的两家规模以上、处于微盈利状态的磷矿“采、选、加”一体化的综合型化工企业，湖北中孚化工集团有限公司和湖北柳树沟丁西磷矿有限公司进行试点工作。2016 年，选择宜都市的华新水泥（宜昌）有限公司宜都杨树坪采石场、长阳杨家湾煤矿进行试点;同时选择市中心人民医院开展血源性病原体职业暴露防护试点工作。

（三）全面推广，注重推广实效

2016 年，在前期总结试点单位经验的基础上，市总工会指导各县市区总工会制定了可复制、可推广的方案，结合企业自身职业安全卫生状况，在全市磷矿和化工企业进行推广应用。目前，全市 72 家磷矿开采企业、242家化工企业全面参与“工具包”推广应用，成效明显，逐步改善中小企业职业安全卫生条件，提高劳动生产率和企业安全管理水平，事故起数、死亡人数同比大幅下降，杜绝了较大级以上事故，有效维护广大职工职业安全卫生合法权益。

（四）扩大宣传，引导职工全员参与

市总工会指导企业工会充分利用局域网、板报、标语、安全宣传栏、微信等多种形式，广泛宣传“工具包”，做到试点企业群众个个知晓、职工人人明白，同时积极引导职工全员参与、主动参与。为了让职工认识、接受、参与职业安全卫生防护“工具包”项目，我们主要做了四件事，概括起来八个字：警示、培训、奖励、指导。警示就是警示教育，首先组织全体职工观看安全警示片，让职工了解安全隐患就在眼前，危险就在身边。培训就是“工具包”培训，我们把培训班开到企业车间、生产一线，请专家讲解职业安全卫生防护“工具包”是什么、有什么用、如何操作。奖励就是实施奖励政策。为提高职工参与热情，我们协助企业将“安全隐患随手拍”融入“工具包”的推广应用，并出台一系列奖励政策，如上报一条安全隐患，奖励200元，被公司采纳并列为整改项目，再奖励300元，整改后取得较好成效的，再奖励500元，让广大职工在参与“工具包”，在经济上也能受益。奖励政策落实后，有效调动广大职工参与推广应用“工具包”的积极性、主动性，从而真正实现推广应用“工具包”在企业落地生根。指导就是到现场指导。我们定期组织专家到现场亲自指导职工操作。

二、主要成效

（一）维护了职工职业健康权益

良好的作业、生活休息环境是职工身心健康的基础，也是安全生产的前提。试点企业从职工的切实利益出发，从细微处改起，让职工感受到“厂如家，家如厂”的温暖。优化厂房环境，为了避免工作人员高空坠落，厂房部分缺失的防护栏杆被及时补修好。采用选矿厂的尾渣充填至采空区，有效防止栅栏封闭采空区带来的风险。井下全部采用机械通风，并对通风巷道整改，封堵，通风系统逐步完善。改善生活条件，为方便操作人员休息，中孚化工特意增加了分析室的桌椅，并建立隔离间，避免噪声、粉尘对工作人员的危害。为改善井下工人的休息环境，丁西磷矿将井下休息硐室的照明灯全部更换为高亮度的节能灯，将破损沙发更换为新条椅，将防护级别较低的KN90型口罩更换为防护级别较高的KP95防尘口罩，并由专车每天为工人送去免费午餐。提高安全意识，整改前，对井下作业人员的应急演练采用公示牌宣传，作业人员对应急意识较差。并且，作业人员培训无固定培训点，培训效果较差。整改后，公司建立专门的培训活动室，对井下作业人员的应急培训采用实战演练，提高了作业人员对应急意识的认知程度，培训效果大大增强。丁西磷矿还投资50多万元引进撬锚机对顶帮进行清理，杜绝了人工作业种种不安全因素。

（二）提高了职工劳动生产效率

作业场所保持井然有序，是提高职工劳动生产效率的有效保障。规范工作地点与物料储存区。中孚化工对仓库内袋装氢氧化钠乱摆乱放、肥料在传送机中散落等乱堆乱放问题进行了整改，柳树沟丁西磷矿则增加了物资设备的标识标牌，增设了工具架，对物资设备进行分类摆放，节约了空间和成本，优化了运输和作业。保证物料的安全运输。中孚化工增加了液硫管道排空阀处的防护板，加高了回流管外面的防护围堰，有效防止了物料外漏。丁西磷矿修建运输轨道，便于大件物品的运输，提高了运输效率。加强工具的安全使用。对手持工具进行分类摆放，便于平时取用。采矿井下淘汰三轮车运输现采用四轮车运输，安全性能提升，井下空气质量也得到改善。巷道木支护更换为钢拱架，安全性提高。

（三）推动了企业健康持续发展

通过采取对有害物质和有害因素的整改、规范工具的放置和企业现场管理、改造物料皮带传送系统等系列措施，进一步提高了生产效率、减少职业危害的发生、降低了物料的浪费，促进了企业健康持续发展。中孚化工的高塔复合肥在皮带机传送废料过程中，有少量的肥料散落在地上，不易回收，造成很大的浪费。针对这一问题，职工提出了皮带机下方加设肥料回收装置的合理化建议。企业投入50多万元，彻底解决肥料散落的问题，每年可为企业增收600多万元。市中心医院定期组织相关科室进行血源性病原体职业暴露的应急演练，使各类人员知晓职业防护相关的操作、熟练使用防护用品、暴露后如何处理等，提高本院从事相关工作的职业防护意识和能力，近年市中心医院医务人员血源性病原体职业暴露每百人每年发生3~5例次下降到1例。

（四）促进了社会和谐稳定

试点企业开展推广应用“工具包”试点工作以来，改善了职工的工作环境，提高了职工的待遇，保持了职工队伍的稳定性，解决了企业招工难现象问题;避免安全事故和职业病的发生，减少了职工劳动纠纷案件;杜绝了环境污染事件的发生，避免与周边百姓间的纠纷，节约大量人力和物力;促进企业持续健康发展，实现了企业、职工双赢。

宜昌推广应用“工具包” 项目试点工作，虽然取得了一定的成绩，但我们也清醒地认识到，离上级工会的要求、职工群众的愿望和企业的实际需要还有不少的差距。在今后的工作中，我们将按全国总工会的要求，学习借鉴兄弟市州的经验，持续推进“工具包”推广应用工作，争取在维护职工职业安全卫生工作中取得更大成绩。

（本文系宜昌总工会2015年在全国国际劳工组织召开的推广应用“工具包”培训研讨会上的发言）

关于深入开展先进班组、六好班组、模范班组竞赛活动的意见

（宜市工字[1994]36号）（节选）

一、组织竞赛活动的指导思想。班组竞赛活动是以企业生产经营目标为中心，通过班组基础管理，生产管理，质量管理，文明生产、安全管理，民主管理和精神文明等方面，对照细则，找出差距，制定措施，不断强化班组管理，从而达到优质、低耗、安全、高效，建设有理想、有道德、有文化、有纪律的职工队伍。

二、班组竞赛活动荣誉等级。1、先进班组；2、六好班组；3、模范班组。

三、班组升级必备条件。1、未发生重大人身事故，班组工伤休息日低于企业要求，六好班组累计不能超过25天，模范班组累计不能超过18天；2、未发生直接责任的生产、工艺、质量、设备等事故；3、六好班组出勤率必须在 90%以上；4、申请模范班组的必须是荣获“六好班组”称号两年，并且在运用全面质量管理、班组投入产出法等现代化管理方面有成果。获企业级成果奖加1分，获市级成果奖加2份，获省级成果奖加4分。

四、班组升级评分标准。为了简化考核工作，班组竞赛以评分方式进行，考核基本总分为100分，得分在95分以上的班组为“模范班组”，得分91–95分的班组为“六好班组”，得分在85–90分的班组为“先进班组”。

运用现代化管理有成果的班组，可按照第三条第四项的规定加分，但申报时必须附有获奖证书复印件。

五、班组升级申报程序。企业对照班组升级竞赛考核细则，进行自查自评，凡得分85–90分的班组，企业可命名为“先进班组”；评分在91–95分并获得“先进班组”称号的班组，各县（市）、区，市直各系统可授予“六好班组”称号，并将“六好班组申请表”报市总工会备案；评分在95分以上并获得

“六好班组”称号两年的班组，市总工会、市经济委员会命名为“模范班组”。

六、班组升级考核办法。为了切实减轻企业负担，避免形式主义，班组竞赛升级活动以企业自查自评为主。本着高标准，严要求的原则，认真做好自查自评工作，确保班组升级工作质量。班组升级工作一律不搞大规模评审验收，各县（市）、区，市直各系统工会要加强指导，可对申报的六好、模范班组进行抽样核实。

七、模范班组的命名、表彰。各县（市）、区，市直各系统要在每年八月份向市总工会生产部申报模范班组，市总工会生产部在核实合格后，提请市总工会、市经济委员会命名，颁发“模范班组”奖牌，授予模范班组长、工会小组长为“好班长、好组长”称号，并发给证书和奖金。

按照不搞终身制的原则，为了保证班组升级工作的质量，班组等级称号有效期为2年，有效期满后，要重新进行申报、审批。

八、要加强班组竞赛活动的领导。班组是企业各项工作的落脚点，是两个文明建设的基础，是企业综合性的基础建设，涉及企业的方方面面，因此，各级领导必须高度重视，要加强对班组竞赛活动的领导，要继续坚持行政领导统一抓，职能科室对口抓，生产车间具体抓，工会组织积极主动抓。同时要注意调查研究、总结经验，使班组竞赛活动在全市企业中扎扎实实的开展。

工会参与解决劳动争议

钟　英

Trade Unions Participate in Settling Labour Disputes

ZHONG YING

宜昌市运输机械厂处理车间的主任是个性格固执的人。一天，他安排一个青工处理一批工件，但是这个工人以“不会做”为由拒不接受工作安排。被惹恼的主任把这个青工“晾在一边”，另外派了个叫姚新剑的工人完成了任务。由于没事情做，青工没有计时工资和奖金，便不断地和主任纠缠要“弄清楚”。

姚新剑曾参加过宜昌市总工会为劳动争议咨询员、调解员举办的培训班，了解相关的法规，于是他就找到这个青工，一方面教授他岗位技能，另一方面启发他认识到：只有服从管理者的指导才能保证正常的生产秩序。随后，姚新剑又和主任进行交流，建议在安排工作时需要考虑到工人们的技术水平，并尊重工人劳动的权利。双方都接受了姚新剑的建议，承认了自己的不足之处。一起劳动争议就这样解决了。

在宜昌，出现像姚新剑这样的劳动争议调解员也就是 3、4 年前。在过去的几年里，宜昌这个位于中国腹地湖北省的中等规模的工业城市，和其他城市一样，见证了在劳动关系和企业改革深化过程中劳动争议的不断增长。为适应形势的要求，宜昌市从 1987 年开始在企业中建立调解委员会，并安排咨询员和调解员来处理车间的纠纷，截至 1989 年年底，已在 36 个大型企业成立 147 个调解委员会，聘请了 207 名调解咨询员。调解咨询员是一个具有足够法律知识并能够随时服务职工的工人，他既不是由职代会提名也不是由工人们直接选举产生，上岗前接受过一段专业培训。调解咨询员是工人的一员，这使得他们能够去积极宣传国家法律、劳动政策和企业规章制度，帮助工人学法并运用法律武器来保障自己的权利和利益，他们的作用是防止劳动争议的发生并在必要时解决较小的劳动纠纷。

宜昌市副食品批发公司共有 600 多名职工，零售店遍布全市，当劳动争议咨询员落实到每个商店，劳动纠纷便得到及时解决。有个例子，一位与公司签约承包汉宜商店的经理，他自行规定，工人由于婚丧或搬家造成的缺勤，只发放 50%的基本工资。这违反国家相关规定并在工人队伍中造成忧虑。商店的调解咨询员　将这个案例提交到公司调解委员会。同时，他告诉公司经理，劳动保障法规和相关法律关注着职工的切身权利，不能随意改变，必须严格遵守。经过劳动争议咨询员和公司调解员的劝说，经理及时撤销了这个决定，避免了一起严重的纠纷。

宜昌市总工会副主席伍明万说，在企业调解委员会指导下，劳动争议咨询员较好地履行了他们的职责，工会委员会一直关注他们的日常工作。

在宜昌市，一个企业的调解委员会由工会、经理、职工代表构成，以工会主席为牵头人，工会承担具体工作。调解委员会将努力把劳动争议消除在萌芽状态，保障企业的平稳运行。统计显示，宜昌市在 1987–1988 年间发生 151 起争议，其中调解委员会处理 103 件，通过仲裁程序处理 48 件，职工在大多数案件中都取得胜利。伍明万说，由于调解委员会的努力，被解雇的工人人数从 1987 年的 298 人下降到 1989 年的 124 人。

一部分争议的产生是由于企业管理人员单方面采取措施，侵害了职工的合法权利，尽管调解委员会参与其中，他们的努力没有太大效果。这时工会将利用其地位和影响介入纠纷以使得争议得到合理解决。

一次，宜昌市公安局怀疑两名棉纺厂的青工卷入一起案件，并对他俩进行了拘留，经过调查，他俩被证明是无辜的并被释放，但是工厂的经理拒绝接收他们，认为他们被拘留是擅自离岗，从而错误的决定解雇他们。工厂调解委员会多次与经理沟通无果，当工会接到报告后，及时与该经理沟通并请求工厂的相关主管部门干预。最后，这个决定被撤销。

仲裁

在宜昌市，当调解委员会的努力徒劳无功后，劳动争议的双方会将案件提交到市仲裁委员会。仲裁委员会是由政府劳动部门、当地工会和争议发生企业的上级主管部门代表组成，一位工会副主席担任其常务主席，安排一个法律咨询员参与委员会的日常事务。

负责法律问题的伍明万说，工会参与劳动争议的仲裁工作，应该在事实的基础上、依照法律规定保障劳动争议各方的权利。

该市一位叫赵平的合同工住院需支付 2000 元治疗费用，他的上级以工厂不赚钱、费用太高、赵是合同工为由拒绝支付费用。尽管调解委员会介入，双方仍未达成协议，职工只得上诉到仲裁委员会。

在认真听取了赵的案例后，仲裁委员会的工会代表做了详尽的调查，确定工厂的决定是错误的。《国有企业劳动合同待遇执行暂行办法》规定，“在生病和病退时，合同工与正式职工享有相同的医疗和工资”，因此，工会代表提出并得到其他代表的赞成：工厂应该承担所有费用。这就是仲裁委员会的裁决，保护了合同工的医疗权利。

在过去的几年里，宜昌市总工会积极参与本地与职工切身权益相关的法律法规的制定工作，在诸如就业、工资、福利、民主权利等方面维护职工权益，防止分歧发展成劳动争议，并为劳动争议的解决提供保障。

每年宜昌市总工会都会公布调解员名单，为他们提供带薪定期培训以不断丰富他们的法律知识和专业能力，仅1989年，参与培训的咨询员和调解员就超过了300人。

（本文选自中华全国总工会主办的英文杂志<中国工会>1990年第二期，由该刊编辑采访后用英文写成伍丙生翻译）

办好互助补充保险　解除职工后顾之忧（节选）

宜昌制药厂工会

结合实际，认真选定险种。职工互助补充保险是社会主义市场经济新形势下出现的一个新生事物，既有广泛的普遍性，也有特定的实际性，工作政策性强，涉及面广，直接关系到会员的切身利益，兴办职工互助补充保险，就必须结合企业和职工的实际，首先对险种进行认真的选定。

在已经建立互助补充保险制度的单位中，有的是大病医疗保险，有的是意外伤害保险，有的是计划生育保险，更多的是退休养老保险。根据市总工会通知精神确定的“工会举办职工互助补充保险，要从实际出发，因地制宜选择保险项目”和“先易后难，由小到大”的原则，我们对互保会选定什么险种进行了分析、论证。我们考虑：大病医疗保险固然好，但是何为大病，何为小病，实施起来多有不便；意外伤害保险也存在一个鉴别是非的问题；计划生育保险对非育龄职工没有吸引力。经过广泛听取领导和群众的意见，大家一致认为：既然要搞互助补充保险，就选择每个职工都能受益的险种。鉴于职工退休后，收入一般都突然减少，必然给生活造成一定的困难；会员家人或会员因工、因病死亡，也都需要组织上送去一份温暖和亲情，经过慎重考虑，我们决定以养老补充保险为主，兼顾会员退休后死亡、会员在职期间因工或非因工死亡，以及会员直系亲属死亡补充保险，从这五个方面为职工解决后顾之忧。

精心测算，制定章程，确定合理的补偿金支付标准。

1、资金筹措。我们仿照兄弟单位的经验，采取了企业筹一点，工会拨一点，会员缴一点的办法。但是，企业筹多少，工会拨多少，会员缴多少，其他单位一般都是给一个定量，譬如：行政每年给3万元，工会每年出1万元，会员每年交12元。而我们则是将筹措金额变定量为变量，即：行政按上年度全年工资总额的千分之五筹拨基金；工会按上年度自留经费总额的百分之二十筹拨基金；会员按上年度人均工资额的千分之五缴纳保险金。这样就可以保证互保会三部分资金来源随着企业效益的增长而逐年递增，可谓“水涨船高”。当然，也不排除企业有亏损的时候，一旦出现这种情况，三部分资金来源都相应减少，既能够维持互保会的正常收入，又可以适当减轻各方面的经济负担。

2、补偿金的支付标准。我们也在外来经验的基础上有所发展。首先是退休养老补偿金的支付标准。其他单位一般都是在会员退休时一次性支付1500元左右。我们考虑到：（1）我厂是个老厂，退休健在的职工达380多人，如果创办互保会以后退休的职工一下子拿1500元，势必会造成上一年乃至前几年退休的职工心理上的不平衡；（2）对于年轻人来说，到他们退休时1500元是个什么概念，今天我们谁也说不清楚。你让他每年交，一直交到他退休，说不定他还要交出多的来。鉴于这两方面的考虑，我们把退休补偿金支付标准定为200元乘以投保年限。这样，就既维持了已退休职工的心理平衡，又使互保会对年轻人产生了吸引力，同时，也把物价上涨因素考虑进去了。其次，考虑到会员在职期间死亡就享受不到他应得的退休补偿金，我们又把会员在职期间死亡分为非工死亡和因工死亡，制定了不同的补偿金支付标准，前者为："生前投保年限不足 5 年者，一次性支付补偿金 400 元；投保年限满 5 年者，一次性支付补偿金额为 100 元乘以投保年限"。后者为："生前投保年限不足 11 年者，一次性支付补偿金 2000 元；投保年限满 11 年者，一次性支付补偿金额为：200 元乘以投保年限"。之所以把每一种情况的支付标准又分为两个层次，主要是为了使投保年限短的会员适当多得一点，既是对遗属的安抚，又能让钱派上一定的用场，同时，还兼顾了投保年限长的会员利益。这样做，同样比支付一个定数更有说服力，更趋于合理，更能从根本上解除职工的后顾之忧。此外，还有会员退休后死亡的补偿金，我们也是分两个层次支付，即：退休前投保年限不足 5 年者，一次性支付补偿金 200 元；投保年限满 5 年者，一次性支付补偿金额为 50 元乘以投保年限。至于会员直系亲属死亡，我们则是采取的另一种支付形式，即：除支付补偿金 50 元外，本埠城区内火葬或外埠会员另支付补偿金 100 元。采取这种支付形式，主要是为了褒奖市内职工移风易俗、丧事新办的思想行为，同时给外地职工奔丧补偿一点路费。

3、测算结果：各项支付标准基本确定后，很多职工担心若干年后，互保会的资金还能不能正常运行。职代会上，甚至有职工代表推算 10 年以后互保会的运行情况。为了消除大家的疑虑，我们与劳资处一起摸清企业每年有多少职工退休，再设定职工工资的增长幅度，并把各种因素都考虑进去，输入计算机，测试 10 年后，乃至 30 年后互保会的运行情况。测算结果表明：10 年前，我们基本可以靠利息支付补偿金，10 年后，即便企业破产，我们也能按章程规定的支付标准清偿个人债务。

广泛宣传动员，切实贯彻实施。由于宣传工作做的深入扎实，加上各车间分工负责同志的积极工作，1995 年共有 1539 名工会会员参加互保会投保，约占工会会员总数的 93%。

根据互保会章程规定，1995 年行政应划拨 51328.79 元，工会应划拨 28210.80 元，会员应缴纳保险金 38475.00 元，资金全部到位。截至 12 月底，共支付会员退休养老补偿金 5200 元（26 人），支付会员在职期间非因工死亡补偿金 400 元（1 人），支付会员直系亲属死亡补偿金 6350 元（54 人），共有 81 人当年投保，当年受益。

（选自 1996 年 1 月 23 日市总工会一届二次全委会议经验交流材料）

宜昌市总工会关于兴办工会经济实体管理规定（试行）（节选）

（1992 年 10 月 12 日制定）

第一章　总　则

第一条　为了加强和完善全市工会经济事业的管理，根据市总工会、市财政局、市税务局、市工商局、市劳动局联合颁发的《关于基层工会兴办经济实体若干问题规定》文件和国家有关文件及全国总工会有关文件精神制定本暂行规定。

第二条　工会企事业必须坚持为改革开放、发展社会生产力服务，为职工群众服务，为推进工运事业服务的宗旨。严格遵守国家的法律、法规和各项政策规定。坚持提供优质商品，提供优质服务，努力做到社会效益与经济效益的统一。保持工会企业的特色，维护工会的声誉。

第三条　工会企事业的性质以集体所有制企业为主，行政上隶属主办单位领导，经济上自主经营、独立核算、自负盈亏。任何部门都不得在工会企事业乱支费用、不得平调工会企业的财产。

第四条　工会企事业要坚持四项基本原则，加强社会主义精神文明建设和物质文明建设。建立健全民主管理制度，建设“四有”职工队伍。

第二章管理体制与职责范围

第五条 工会企事业实行市总工会，县（市）、区总工会，基层主办工会三级管理体制。工会企事业必须接受主办工会和上级工会的领导和监督，接受主办工会经费审查委员会的监督和检查，并接受财政、税务、工商等有关部门的指导和监督。

第六条 市总工会事业管理部是市总工会统一管理工会企事业的职能部门，对工会企事业进行宏观指导，研究政策，协调关系，监督检查。其主要职责是：

1、负责对全市企事业单位基层工会兴办的企业的审批工作。

2、根据国家有关政策和全国总工会有关文件精神，制定工会企事业的有关规定和办法。

3、进行调查研究、总结、交流 、推广工会办企事业的经验。

4、加强对工会办企事业在政策和业务上的指导和服务工作。

5、兴办业务培训班，不断提高企事业管理人员和财会、劳资人员的政策水平和业务素质。

6、加强与工商、财税、劳动等有关部门联系，搞好协调工作。

7、定期组织对工会企事业进行工作检查与财务审查。

第七条 县、（市）、区总工会是所在地、区工会企事业的主管部门。应明确一名领导分管工会企事业工作，并落实一名干部主抓工会企事业的管理工作；区、局（公司）工会、产业工会要加强对本系统工会企事业工作的领导。

县（市）、区总工会、产业工会、局（公司）工会的主要职责是：

1、宣传贯彻执行国家和上级工会对工会的有关方针、政策、规定和办法。

2、根据市总等五家联合发文要求，县（市）总工会负责对所在地基层工会兴办实体的审批工作。城区的区、局（公司）工会负责对工会兴办企业的项目、资金、设备、场地等进行审查把关签署意见，报市工会审批。

3、加强工会企事业管理，督促和帮助工会企事业建立健全各项规章制度，定期上报企事业的财务统计报表。

4、采取多种形式，组织对工会企事业和管理人员进行培训。

5、经常深入工会企事业调查研究，帮助企事业解决困难，协调企业与各方面的关系。

6、组织企事业开展“双增双节”、优质服务、科学管理等各项竞赛活动，总结交流经验。

第八条 企事业单位基层工会是工会多种经营企业的主办单位，本着谁主办谁负责管理的原则，由主办单位实行全面领导与管理。其主要职责是：

1、确定企事业法人代表和财会、业务骨干及财会人员。

2、定期听取企事业经理（厂长）工作汇报，按照市场经济的规律和转换企业经营机制的条例，帮助研究企事业经营方向、生产发展规模。确定工效挂钩和财务管理等工作

3、帮助企业解决实际困难，协调和处理有关问题。

4、加强对企事业的领导，抓好职工队伍建设，认真做好企事业人员的思想政治工作，经常对企事业人员进行遵章守法、艰苦创业、廉洁奉公教育，使企事业人员牢记“三服务”宗旨。

5、监督企事业认真执行国家和上级工会作出的各项政策和规定，按照市总等五家联合发文规定，按时上缴企业管理费和事业发展基金，并按照上级工会有关规定管好用好事业发展基金，也不得超范围使用。

6、定期考核企业法人工作业绩，对不称职的要及时调换，企业在调换法人和财会人员时，必须进行财务审计后方可调换，并认真办好交接手续。

第九条　市总工会、产业工会、市工会事业单位兴办的第三产业或其他企事业隶属本单位领导，由市总工会归口管理。

第十条　工会企事业是具有法人地位的独立核算自负盈亏的经济实体，经理（厂长）为企业法人代表。主办单位应选派政治素质好、具有一定经营管理水平，热心为职工和工运事业服务的人员担任企事业法人代表。

革命时期宜昌城区工人运动

黄显宁

宜昌城区工人运动起始于大革命时期的1926年。早在1923年，马克思主义就开始在宜昌传播，此时已进入第一次国共合作时期。1925年秋，董必武(中共创始人之一)派中共党员祖山竹到宜昌开展工作，秘密发展党员，开展反帝、反封和反对军阀统治的民众运动，当时在宜昌的中共党员以国民革命为己任，团结带领宜昌的进步人士，活跃于各重要战线，宣传群众，组织群众，展开革命斗争，从此，宜昌城市工人阶级中的积极分子，便开始接受革命思想，亲近党的组织，投入革命战斗。1926年10月，北伐军攻占武汉，湖北省总工会成立，随即提出要在全省大力发展工人运动，建立工会组织。1926年12月，北伐军攻占宜昌，赶走了北洋军阀政府在宜昌的代理人，城市广大劳动人民群众欢欣鼓舞，在欢庆胜利的热潮中各行业工人在党组织领导下便开始组建工会。1926年12月下旬，共产党人吴玉章以武汉国民政府中央特派员身份来宜处理北伐军内部纠纷，便派秘书孙壶东帮助各行业工人组建工会。1927年1月1日，湖北省总工会召开了第一次代表大会，特别强调要做好大冶、宜昌、沙市的工会工作，会后委派中共党员王夔为省总工会特派员，随曹壮父（后为中共宜昌特支书记）率领的发展鄂西民众运动代表团来到宜昌，负责具体指导宜昌工运工作。此时，满怀革命战斗热情的徐佑根也从四川成都来到宜昌投身革命，吴玉章便派他在宜昌作工会工作。从此，宜昌各行业工人迅速组织起来。1927年1月13日，成立了宜昌县总工会筹备处，1月25日，召开了有三百余人参加的工人代表会，吴玉章、曹壮父、符向一、黄大桢、段德昌等中共在宜昌的党政军领导人出席大会，正式成立了宜昌县总工会，选举徐佑根为委员长，柳林香、郭任卿为副委员长。会址设隆中路(现水文站职工宿舍处)，总工会下属有56个分会，组织起来的职工达三万余人，并建立了一支一百余人、枪的工人纠察队，（大多数为划业工人），队长为向鉴莹。

总工会成立后，为开展城市工人运动，由省总工会特派员王夔和县总工会委员长徐佑根主持，举办工人训练班培训工运骨干。训练班结合当时的革命斗争形势和要求，由中共在宜昌地方的负责同志分别讲课，吴玉章讲《国际国内政治经济现状》；曹壮父讲《工会组织》《罢工的战术》《中国工农运动史》和《开会的规则》；符向一讲《训练工友的几个方法》《工农联合》《世界职工运动》《纠察队的任务》和《宜昌政治现状》；段德昌讲《帝国主义侵略史》。中共党员芦渊专门教唱革命歌曲。训练班结业后，这批工人骨干分别回到各自行业单位，带领职工群众开展反帝、反封和反对军阀统治的革命斗争，工运热潮蓬勃发展。

宜昌地处长江中上游结合部，历来有“川鄂咽喉”之称，为鄂西川东物资交流集散地，是长江航运线上重要的转口码头。城区工人多为航运、搬运、划驳、人力车、店员、纺织和手工业工人。在反动军阀统治时期，他们社会地位低下，处境困苦，过着衣不遮体，食不果腹的悲惨生活。北伐军占领宜昌，给他们带来了新的希望，大家都欢欣鼓舞，迎接胜利，并在投入反帝、反封和反对军阀反动统治斗争的同时，亦为反对剥削压迫，争取民主自由，为改变自身艰难困苦处境开展斗争，一时期要求增加工资，减少工时，改善生活待遇的群众斗争日益涌起，有力推动和发展了城区工人运动。据有关资料记载，宜昌城区工人为反对剥削压迫，谋求生活改善影响比较大的斗争有：

1926年12月宜昌邮政职工大罢工。公元1897年，满清王朝开办了实际由外国人掌控的“大清邮政”，在宜昌设立了邮政总局，其领导人从1897年至1927年计26任均是外国人。这些帝国主义分子，他们倚仗在华享有的特权，骑在中下级邮务职工头上，作威作福。他们拿着每月800银元的高薪，还要由邮局花公款为他们购置或租用花园洋房，配给听差、花匠、厨师、车夫，为其生活享受服务。而低级员工如邮差、局役、水手、苦力等每月工资才20元，每天工作都在14小时以上，不仅在工资待遇上有这种天壤之别，而且在人际关系上也极不平等，员工们如有工作请示或路遇洋人局长，都要口称“大人”“老爷”，低头行礼，否则，即遭到斥责辱骂。面对这极不合理的经济待遇和恶劣的人际关系，职工们都愤愤不平，要求彻底改变这种局面。邮务工会成立后，就此情况向邮务长鲍威尔提出意见，要求立即改善低级员工的工资待遇，实行八小时工作制，加班加点必须增发加班费，而鲍威尔却蛮不讲理，拒绝工会提出的要求，工会立即向省邮务工会报告，向舆论界呼吁，并于12月23日组织全局职工大罢工。25日，工会讨论决定又向鲍威尔提出以下五项要求：（1）不得因此次罢工而惩办任何员役；（2）邮轮水手津贴应与信差或专门人员同等待遇，不得歧视；（3）平常投送邮件由每日四班改为三班；（4）水手苦力如有通夜工作者应加发一日工资；（5）由汉口调来人员在宜服务满二年者仍调回汉口。鲍威尔见工会态度强硬，职工对抗激烈，只得将上述五项要求转呈湖北邮务长。1927年1月13日和15日，湖北邮务长两次电函鲍威尔，完全接受工会提出的条件，斗争取得胜利。随后，工会又向局方提出改善邮差的待遇，各级邮务人员每人借薪一个月，加发低级员工津贴，以及人事安排的要求与建议，均逐步得到解决。鲍威尔见再也不能为所欲为了，便于3月16日被迫离开宜昌。从此，宜昌邮政局便交由中国人任局长进行管理，结束了被外国人统治的历史。

1927年2月宜昌轮栈理货工会大罢工。1927年2月阴历年关将到，轮栈理货工会鉴于工人生活困难，向在宜昌的14家轮船公司提出给工人适当补助的要求，其中有十二家公司同意工会意见，唯英商“太古”“怡和”两公司不予理睬，工会进行交涉也无效果。面对两公司的恶劣态度，工会决定罢工，并向市党部、总工会报告，请宜昌交涉署出面向英国驻宜领事馆进行交涉，而英方仍强词夺理，予以拒绝，一直僵持20多天。2月19日，英国领事以英国军舰需煤为由，令英水兵数十人持械向“太古”趸船取煤，以武力威胁罢工工人。在此严重情况下，市党部、总工会立即召集宜昌各工会负责人开会，一致决议对英罢工。凡驻宜昌之英国机构及人员，均加以监视，并动员市民不卖给蔬菜、副食品给英国人；英国人到外地平善坝、三斗坪、红花套、宜都等地去购买食品等物，工会也派工人纠察队前去阻拦，说服这些地方的同胞不予交易。2月28日，宜昌总工会所属56个工会的工友三万余人，于上午10时至11时罢工一小时，同时，学生罢课，商民罢市一小时，声援罢工工人。湖北省总工会发来声援电，城区各界人士及学校师生亦捐助银钱物资支援罢工工人。总工会亦派出十组宣传队，上街演讲，散发传单，揭露英国人蛮横无理及破坏罢工的行径。中共宜昌特支书记曹壮父以工会代表名义亲自参加与英国人谈判，由中共党员冷善远做翻译，义正辞严阐释工会的意见和要求，驳斥英国人的歪论。这次罢工斗争在党的正确领导和全县职工、各界群众强大压力下，英国人不得不低头服输，罢工斗争取得完全胜利。2月28日晚，英国领事馆会同“太古”“怡和”两公司大班(主要领导人)接受了工会提出的条件，并正式签字。3月1日，总工会下令复工。

除以上两次影响比较大的罢工斗争外，亦常有一些在一定范围内的工人斗争。如1927年3月，由重庆来宜的数十名英国人，以码头装卸工人没有及时搬运他们的行李为由，唆使英国水兵持铁棒打伤工人，宜昌总工会及时向英国领事馆提出严重抗议，要求惩办凶手，赔偿工人损失，并于次日电告全国总工会和省总工会，23日，湖北省总工会就此事通电全国，25日，武汉码头工会通电声讨打人凶手。再如，1927年4月，聚兴诚银行职工，为要求增加薪水、减少工时、改善生活待遇掀起工潮，总工会组织百余工人和纠察队员将总经理杨杰三揪出，戴上高帽子游街示众，迫使银行接受了职工提出的要求。这一斗争的胜利，也有力震慑了那些土豪劣绅。

在蓬勃发展的工人运动同时，总工会工人纠察队亦发挥了保卫革命的重要作用。他们活跃于码头、街道，维持社会秩序，打击反动分子的破坏活动，支持工人群众的正义斗争，破除腐朽的封建陋规等，积极开展工作，并及时侦破危害革命的案件。如 1927年1月间，中共党员佟文正、黄大桢、罗明铎奉国民党湖北省党部之命前来宜昌筹建国民党宜昌市党部，原汪精卫的追随者所搞的一个“国民党宜昌市党部筹委会”随即瓦解，其中有一个“筹委会”的候补执委钟楚生，此人明是国民党党员，实际上是北洋政府的暗探。他不时散布流言蜚语，诋毁国民党和宜昌总工会，进行破坏活动。有一天，钟召集五、六人在家秘密聚会，策划聚众闹事。此一阴谋被工人纠察队获悉，总工会委员长徐佑根带领工人纠察队队员入室将其捕获，随即交市党部进行审讯，作出了处理。再如1927年4月下旬，地方军阀贵州某师师长宝居仁、四川警察总监杨莘野等3人，身上带有给蒋介石的密件，秘密前往南京与蒋介石勾结，路经宜昌时被工人纠察队查获，纠察队立即将这三人扣留，交由市党部派人押送至武汉国民政府进行了处理。宜昌工运中工人纠察队所发挥的重要作用，受到当时党组织高度称赞。

正当国民革命形势在宜昌蓬勃发展之际，蒋介石发动了“四•一二”反革命政变，国共合作破裂，时局突然发生变化。1927年5月7日，驻宜昌的国民革命军独立十四师师长夏斗寅投靠蒋介石，背叛革命，率部进攻武汉，四川军阀杨森所部随即进占宜昌，对宜昌的革命力量进行残酷镇压。他们查封了总工会，解散了各行业工会组织，工人纠察队队长向鉴莹遭逮捕。在这气势汹汹的反革命白色恐怖之下，总工会委员长徐佑根带领工人纠察队队员60余人，保护宜昌党政群负责人和一部分学生计二三百人，乘轮船撤出宜昌，驶向武汉，沿途顶着杨森川军和夏斗寅叛军的截击，于5月8日到达目的地，为革命保存了力量。徐佑根带领的工人纠察队队员，编入到武汉工人纠察队。从此，党的组织和宜昌城市工运受挫而转入地下，徐佑根则留武汉总工会工作。8月上旬，他在响应“八一”南昌起义，武汉三镇举行同盟总罢工的斗争中，遭反革命当局血腥镇压不幸壮烈牺牲。

革命斗争，谋求解放，是被剥削被压迫人民求生存，争自由的本能。在反动派白色恐怖之下，宜昌工人阶级并没有被吓倒，他们在中共鄂西特委和宜昌县委的领导下，仍继续坚持战斗。1927年8月，人力车工人近二千人，在物价飞涨，收入减少的情况下，要求车业公司老板减少车租，举行罢工斗争，并在这一斗争影响下，卷烟业、面馆业工人亦相继开展罢工斗争。1928年，人力车五个工人打入英国人办的普济医院，通过内线，在“五・一”劳动节头天夜晚，油印了大批标语传单，寄发各学校、军营、机关，并在城内大街小巷、警察岗亭张贴，宣传“五・一”国际劳动节的伟大意义，号召各行业工友及市民起来向国民党反动派作斗争。国民党反动当局面对这一“爆炸性”的革命宣传，惊恐万状，如临大敌，当即全城戒严，四处追查，结果一无所获。1928年8月，宜昌几家人力车车行擅自提高车租，车业工人在中共鄂西特委的精心策划下，举行总罢工，抵制车行老板残酷剥削。工人们统一行动，都把车子拖到闹市区通惠路(今解放路)与二马路交汇处，堵塞交通，高呼口号，要求减少车租。警察当局面对这一罢工局面，气急败坏，无计可施。由于这一行动规模大，影响全城，车行老板们无可奈何，被迫同意工人们的要求，把车租降了下来。9月份，警察行凶，打死一名车业工人，中共鄂西特委和宜昌县委立即决定，组织车业工人开展斗争，几百名车业工人一致行动，举行罢工，要求惩办肇事者。国民党当局恐事态扩大，被迫同意工人要求，向死者家属道歉，赔偿经济损失，并令车行老板减车租一半。这次斗争的胜利，得到中共湖北省委的充分肯定，说这是“鄂西工运的一个转机”。10月份，宜昌党组织为加强工人运动的领导，重新调整了职工运动委员会，书记王玉山(人力车工人)、秘书范时新(校工)，委员为邓锡堂(印业工人)、吴远孝(钟表工人)和周逸群。委员会第一次会议决定， 以人力车业、羊皮业、木工业为重点，秘密建立工会组织，适时开展工人斗争。1929年4月至6月，人力车工人又重新组织起来，成立了工会，在一马路、二马路、小东门、大东门建立了四个分会。其他许多行业工人也秘密组织起来，以灰色团体名义在社会上开展活动。如裁缝业工人成立了“裁缝兄弟团”，石印业工人成立了“石印工友会”，码头搬运工人、水上划业工人、城市担水工人，亦进行秘密串连，建立自己的革命群众组织。正当革命工运秘密发展的时候，却出现了一个大的转折。1929年8月份，人力车工会的一个执委负责人误解了中央关于力求工会公开的指示，把工会章程拿到茶馆散发，被密探侦悉，车业公司勾结稽查处进行镇压，把工会解散，导致工会会员多人和县委书记余化之被捕，致使党的城市工作受挫，革命工运受到沉重打击，从而由国民党反动派控制的黄色工会逐渐活跃起来。面对革命工运受到残酷镇压，黄色工会日益嚣张的形势，1930年6月27日，中共湖北省委发出了指示，其中指出，“反对国民党工会，消灭 国民党工会，在工会运动中尤其在宜昌要十分加紧”。根据省委指示，宜昌工运随即调整斗争策略，在反对剥削压迫斗争的同时，大力加强秘密组织活动，建立赤色工会，反对国民党工会，抵制其在工人中的反动活动。1931年，人力车业、土工业、锯工业建立了秘密党支部和工人小组，锯工支部两次胜利地领导反对出国民党工会会费的斗争，并于是年冬成立了锯工赤色工会；人力车工人成立了赤色工会小组，盆汤(浴池)业工人成立“五人团”，另一些行业工人成立“贫民弟兄团”“姊妹会”“青年弟兄团”等，码头工人、海员工人亦开始进行建立秘密革命组织。此时，工人斗争的方向由侧重经济斗争转向政治斗争，提出了明确的口号：“要不出捐(笔者注：是国民党黄色工会摊派给工人的所谓会费)，只有反对国民党”。中共宜昌道委向中央的报告说：“宜昌目前工人斗争的情绪逐步提高，已由日常小的斗争中认识到国民党压榨工人的罪恶，工人不斗争则已，一斗争即充分带着政治性”。正当革命斗争形势日益发展之时，突然发生逆转。1932年4月25日，中共宜昌特委机关被破坏，4月29日，宜昌县委主要成员被捕。在国民党反动派白色恐怖统治下，宜昌城市党的工作被迫中断，工会和其他工人组织的活动亦随之中断。在抗日战争和解放战争时期，党组织恢复了秘密工作，而革命工运却未广泛开展起来，只有极少数行业工人为反对剥削压迫进行过自发斗争。直至1949年7月宜昌解放，宜昌工人运动和工会组织在中共宜昌市委领导下才又恢复和发展起来。从此，宜昌市工人阶级由埋葬旧社会的掘墓人转变成了新社会的建设者。

宜昌市城区工、交、建系统民主改革运动

黄显宁

宜昌市于1949年7月16日解放，当生产恢复和社会秩序稳定之后，市委就及时领导城区工人开展反对封建残余的民主斗争。1949年11月，码头八支部（伪码头工会编制名称）工人在工会带领下，率先起来检举揭发封建把头、伪工会支部长郭正民、管账郭正福兄弟俩剥削压迫工人的罪行，并于当月13日在乐安剧院(现致祥路京剧团大院)召开斗争大会，城区各行业工人代表一千多人参加。会上，市委书记、市军管会主任彭天琦号召全市工人团结起来，检举揭发封建把头、特务、恶霸的反革命罪行，扫除一切封建残余势力，建设新宜昌。此后，各系统、行业工人纷纷起来检举揭发斗争本系统、行业的封建把头和反革命分子，并送交政府进行惩处。在此期间，搬运系统废除了封建把头制度，于1950年5月成立了搬运公司；划驳业工人打破了过去封建把头划分的势力范围，统一了划驳业务；人力车工人清算了车行老板的残酷剥削，接管了企业；建筑系统各行业废除了包工头制度，由工会主持实行集体经营；手工系统各作坊场店，废除了旧社会遗留下来的封建陋规；店员系统废除了“五八腊说话”(封建社会

遗留下来的一种用工制度，凡五月端午节，八月中秋节，腊月年关，老板要找工人说话，决定去留。工人把这三个节日称为“过劫”），实行以劳资两利为原则的用工及工资福利制度。1951年5月，中共中央中南局召开了城市工作与工矿工作会议，部署在全区各城市开展民主改革运动。市委根据中南局和省委指示，决定在城区产联(工厂、邮电)、搬运、海员、建筑、手工五个系统进行民主改革。运动从1951年7月开始到1952年2月结束，参加运动的职工八千多人，职工家属一万多人，经过民主斗争，民主团结和民主建设三个阶段，取得重大胜利。各民改系统、行业、单位都出现了崭新景象。

一

宜昌地处长江中上游结合部，“上控巴蜀，下引荆襄”，历来有“川鄂咽喉”之称。解放前，国民党反动派对这个城市的战略地位极为重视，进行了长期经营，各种反动势力已渗透到社会各领域，形成条条锁链，处处牢笼，残酷剥削、压迫各行各业人民。宜昌解放，摧毁了国民党反动派的统治，建立了人民民主政权，对社会上明显存在的反革命分子、封建把头、帮会头子、伪军政警宪骨干，进行了镇压，打击了一批首要分子，但由于当时斗争任务艰巨，还来不及彻底肃清其残余，铲除其社会基础，残留和隐藏在各系统、行业中的特务、封建把头、反革命分子，他们人还在，心不死，不时兴风作浪，妄想“变天”。有的利用过去形成的复杂社会关系，暗中控制工人，破坏生产，阻挠党和政府的政策法令顺利推行；有的伪装积极，混进工会，窃取领导职权，继续压制工人；有的秘密勾结，企图伺机暴动，暗杀干部和积极分了；有的编造谣言，蛊惑人心，制造思想混乱；有的散布崇美恐美思想，破坏抗美援朝正义斗争。他们的反动活动形成了一股暗流，时刻危害社会，危害人民。这是当时敌我斗争在工、交、建系统存在的严重情况。

在我们内部，经过两年工作，党的崇高威望和工人阶级的政治优势已经明显建立起来，职工群众的阶级觉悟、政治思想和劳动热情都大大提高，并培养了一大批积极分子。但由于旧的思想影响和旧的社会关系尚未彻底改变，在一部分职工群众之中也存在许多问题。诸如：有的为谋生计参加了某种帮会、宗派和小团体，而不能果断摆脱；有的为避免麻烦，任坏人驱使，做了一些错事坏事而不敢正视；有的为找靠山投错了坏人，上了“贼船”而不敢幡然检举；有的为找出路，参加了反动党团而顾虑重重；有的人也自甘堕落，染上了旧社会的恶习而不能自拔，积极改正；有的人自投“黑店”，成为封建把头、帮会头子的“狗腿”“帮凶”，仍执迷不悟。加之，解放初期战争结束后涌进了一批外来人员，其社会身份、政治思想尚不清楚，其中也混进了一些反动分子。当时的职工队伍，虽然总体上是好的，但由于上述问题的存在和思想觉悟的差异，既直接影响到职工内部的相互信任与团结，也在一定程度让敌人有隙可乘。同时，在工厂、企业和各行业中，旧社会遗留下来的管理制度、陈规陋习尚未彻底革新，也严重束缚职工群众的积极性和创造精神。

由于敌我内外诸方面原因，在当时工厂、企业和各行业中就形成了敌我矛盾和人民内部矛盾交织存在的错综复杂局面，这种情况若不加以改变，彻底解决其历史上遗留下来的问题，清除前进的障碍，发挥职工群众的主人翁精神，各工厂企业、行业就难以继续发展前进。因此，民主改革这一革命性的群众运动就势在必行。正如中共中央中南局《关于放手发动工人群众开展民主改革运动的指示》所指出的：“必须了解，民主改革是改进旧企业，建设新企业，即由旧企业到新企业的一个必须经过的历史阶段；也就是工人群众由旧日被统治地位改变为真正主人翁的地位所必须经历的历史阶段。”

二

为在市城区开展民主改革运动，市委于1951年6月中旬至7月上旬，通过有关部门先后召开了党代会、工代会和各界人民代表会议，传达了中共中央中南局和省委关于民主改革的决定、指示，学习讨论了民主改革的任务、方针政策和方法步骤，从党内到党外层层动员，统一思想，并号召社会各界大力支持民主改革。与此同时，还充分运用各种宣传工具，大张旗鼓地宣传民主改革的意义和政策，并大量印发《民主改革手册》，广泛组织城区人民群众学习、讨论，使之家喻户晓。各文艺团体也积极配合，排练上演反封建革命斗争的戏剧。宜昌市解放剧团演出《搬运工人翻身记》(也叫《六号门》)，地区文工团演出《证章》，宜昌市汉剧团演出《血债血还》，各系统、行业、企业工会广泛组织职工及其家属观看。一段时间中形成学习讨论和宣传民主改革的热潮。

在召开以上三个代表会议之后，市委根据当时的斗争形势，确定以民主改革为中心，结合镇压反革命、抗美援朝一起抓的“三套锣鼓一起打”的总体工作部署。7月中旬，便从党政群机关和企事业单位抽调了113人，组成民主改革工作队，由南下进城的县级干部9人、区级干部11人带队，分别深入产联、搬运、海员、建筑、手工五个系统及其下属的永耀电灯公司，邮电局，海员引水、驾驶工会，搬运九、十、十一支会，鄂西染织厂、造船业、手工皮鞋皮件业9个重点单位开展民主改革运动。随着运动深入发展，10月份调整工作安排，以搬运、建筑两个系统和永耀、邮电、鄂西三个单位为重点，工作队员陆续增加到201人，其中县、区级干部达到30人。市委第二书记王家吉亲自抓运动，市委委员、市总工会主任宋中洲，负责对运动全面具体指导；市委委员、市政府副市长李东波以主要精力抓建筑系统民改工作。

三

民改工作队下去之前，敌人就已疯狂活动。他们大肆造谣说：“民改是改革基层工会的”，“是改革没有技术的工人”，“是改革老年工人”，“农村土改是农民分地主的土地，城市民改是工人分资本家的房屋和机器”等。有的利用改善生活福利转移视线，煽动工人要求增加工资，实行劳保，公然宣称“我们单位不需要民主改革”；有的借组织文体活动为名，阻止工人参加民改学习；有的利用工人帮派思想，不时挑动帮派纷争；有的威胁工人：“谁提我的意见，老子就和他拼了”，“谁说了我就拉他去滚水”。手工皮件业反革命分子王昌来竟公然叫嚣要杀人，说“我的刀子可以切皮子，难道就不能切人头!”搬运系统竟然有三个工人被反革命分子威胁恐吓而自杀。反动气焰十分嚣张。

工作队下去之后，广大职工群众热烈欢迎，说“早就盼望你们下来解决问题”，尤其是那些“泥巴”工人(老实干活，苦大仇深的工人) 兴奋鼓舞，说：“这次民主改革我们可要真正彻底翻身了”，要求工作队派人到他们那里去。许多工人听说民改，都自动组织起来学习，并订出纪律，保证积极参加运动。但也有一些人存在顾虑，怕检举揭发坏人遭报复，怕运动搞不彻底将来有后患，怕运动搞起来影响生产，企业垮了“丢饭碗”。有些历史上有污点，办过错事，干过坏事的工人，害怕运动搞到自己头上，忐忑不安，情绪消极。有的企业管理人员、技术人员过去同工人发生过矛盾，怕运动搞起来会遭工人报复。手工行业有的资方老板过去曾经虐待打骂过工人，怕运动搞起来了工人找他们“算账”；有的借天气炎热给工人放长假，以免受运动冲击；个别老板把货物原材料分给工人，要求工人对他们的过错包含。而敌人方面却改变了活动方式，有的请工人喝茶吃酒，向工人说好话，送物品，套近乎，软化工人；有的利用哥们义气，同宗同乡关系，拉拢工人；有的利用混进工会窃取的职权，压制工人，警告工人“不要乱说”；有的利用过去帮派关系，暗中控制工人；有的收买落后工人或派自己的家属打探工作队消息，监视工作队和积极分子的行动。

面对上述复杂情况，工作队队员都深入到职工群众之中，同吃同住同劳动，宣传政策，调查敌情，了解群众动态。在群众经过学习，提高认识，初步发动的基础上打击敌人的嚣张气焰。7月21日，搬运十一支会召开群众大会，组织斗争“武穴帮”封建把头陈普生、陈元福、阮雨泉等人；7月25日，建筑系统召开群众大会，斗争封建把头，特务分子肖炳南、潘镇庭，并执行死刑；8月11日，海员系统组织斗争洪帮大爷、川帮头子郭青云、洪帮大爷、楚帮头子向先弟和洪帮五爷、伪宜昌忠孝镇侦缉队队长刘大银，并当场予以逮捕。8月13日造船业揭发斗争封建把头、军统特务熊仕康，并当场逮捕；8月14日，手工系统组织斗争反革命分子王昌来、吴守信，并当场逮捕。连日逮捕处决 11人，宣布管制16人。在各系统斗争大会上，市委领导和工作队负责同志都明确阐明民主改革的打击对象是那些罪大恶极的封建把头，反革命分子，“是反对封建，不是反对资本”，“是团结群众，打倒敌人，发展生产”，“是打击首要，不是打击一般”，“是打倒敌人，不是打倒自己”，并逐一驳斥敌人散布的谣言，警告敌人只有老实坦白交代自己的罪行才是唯一的出路，号召职工群众站稳立场，擦亮眼睛，检举揭发暗藏的敌人；指出过去曾经做过错事，跟坏人办过坏事的人，应该悔悟，划清界线，积极检举揭发坏人，回到工人阶级队伍中来。市委及各民改工作队这一重大举措极大地震慑了敌人，张扬了正气，表明了决心。广大职工群众看到党和政府采取这样坚决果断的措施打击敌人，支持群众，纷纷打消顾虑，端正认识，起来检举揭发封建把头和反革命分子罪行，过去一些被封建把头、反革命分子控制和影响的人，也开始觉悟，逐步向工作队靠拢，从而打开运动局面，进一步深入发动和组织群众，掀起民主斗争高潮。

民主斗争阶段的工作极其细致复杂，既要放手发动职工及其家属，开展对敌人面对面的斗争，又要扎正根子，组织骨干力量，在斗争中不断壮大阶级队伍；既要深入揭露打击敌人，并防止其自杀逃跑，又要注意政策，分清两类不同性质的矛盾；既要注意不影响生产，又要重视保护群众对敌斗争的政治热情。面对这场尖锐激烈而又复杂的斗争形势，工作队遵照市委指示，对所在系统、单位的生产、运动作出全面安排，并坚定不移地坚持“两个放手”，即放手发动职工及其家属形成强大的群众攻势；放手检举揭发，彻底暴露和打击敌人。同时，在具体作法上紧紧抓住扎根串连，组织阶级队伍；开展忆苦诉苦，进行思想发动，提高群众阶级觉悟；注重用事实和证据开展对敌说理斗争这三个环节，逐步把民主斗争引向深入，彻底孤立和打倒敌人。

在扎根串连中，工作队员都深入到职工住宅、集体宿舍、车间班组、码头工地、工场作坊，访贫问苦，挑选那些苦大仇深，为人正派，劳动积极，历史清楚的工人为对象，进行思想教育，引导忆苦诉苦，提高他们阶级觉悟，激发他们斗争精神，并经过工作队集体审查确定为运动的根子(即骨干)，进而组织他们在职工中物色“知根知底”的对象，逐个串连起来。一个单位由根子数人串连数十人，再由数十人串连大部分工人，运用民改小组 (也叫工人小组)的组织形式，滚雪球似的把串连起来的群众组织起来。当串连达到本单位职工人数的25–30%，便由各民改小组选出代表，召开工人代表会议，选出主席团，由主席团和工作队主持对敌斗争。在职工家属中，通过积极分子串连，或运用先进典型进行全家发动，组成家属民改小组，从中选出家属代表参加主席团工作。各工人民改小组和家属民改小组，在对敌斗争中也不断吸收那些立场坚定，斗争积极的工人、家属加入进来，发展壮大阶级队伍，在斗争中把敌人孤立、包围起来。

结合对敌斗争，广泛开展忆苦诉苦和挖苦根活动，提高职工及其家属的阶级觉悟，激发对敌仇恨，振奋斗争精神。在忆苦诉苦中，通过大会小会和典型控诉，引导群众从控诉国民党反动派及日本帝国主义侵略者的罪行，到揭发身边敌人；从忆阶级苦，诉家庭、个人和亲友的血泪仇，到直接检举揭发加害者的罪行；层层深入，斗争锋芒直指本系统、单位的敌人。在每次对敌斗争中，都组织苦主、受害人直接揭发控诉。尤其是那些苦大仇深的工人、家属控诉封建把头、帮会头子、土匪恶霸、地痞流氓、特务稽查、反动党团和伪军政警宪骨干分子的压迫、剥削、奴役、打骂、欺侮、凌辱、强奸、拐卖、迫害、残杀等罪行，被逼得走投无路，妻离子散，家破人亡，讨米要饭，饿死冻死，伤残、自杀的苦难遭遇，悲惨情景，群众都义愤填膺，哭泣不断，高呼口号；要求报仇伸冤，惩办凶手，阶级感情不断调动，对敌斗争激情不断高涨，强烈的阶级仇恨和处处喊打的斗争态势，迫使敌人坦白交代，低头认罪。

在对敌斗争中注重用事实和证据斗倒敌人。当群众发动起来，检举揭发了敌人大量罪行材料，工作队、主席团便汇集整理，组织骨干积极分子进行查证核实。对应予斗争的对象，由工作队、主席团讨论提出意见，经市领导同意后交群众斗争。斗争之前要研究材料，制订方案，确定重点，抓住要害，选准突破口。斗争之中组织骨干带头冲锋，发动知情人（包括被斗争对象的家属子女）和受害者面对面检举揭发，举证说理，直捣敌人要害。斗争后要总结经验教训以利再战。

以上三个环节不是孤立进行，而是相互交叉，穿插进行，贯穿在整个民主斗争阶段，形成发动，组织，斗争；斗争，发动，组织相互促进推动的运动过程，从而发动了群众，锻炼了骨干，组织了队伍，提高了觉悟，打倒了敌人。当把主要敌人斗倒之后还要发动群众进行“三查”，即“查力量”，查群众是否都已发动起来，阶级觉悟是否提高，团结是否加强，斗争是否有力；“查政策”，查敌人是否打准，有没有打错，处理意见是否恰当；“查敌人”，查敌人是否有漏网，是否低头认罪。“三查”中发现的问题，及时采取措施加以解决。通过“三查”，进一步提高骨干、群众的战斗力和政策水平，推动深入检举揭发敌人罪行，清查漏网分子，从而把隐藏在职工群众之中以及逃亡在外的封建把头、反革命分子一个一个揭发出来。城区五个系统共揭发斗争 242 人，其中搬运系统斗争 133 人。对揭发出来罪行较大的敌人均送交市人民法院和运动中临时组建的搬运、建筑、手工三个分庭依法判处。判处死刑 25 人，死缓 10 人，无期徒刑 4 人，其余判处有期徒刑。罪行较轻、认罪态度较好的则交群众管制或在单位监督劳动。对于罪大恶极、民愤极大者，组织全城区斗争大会，进行公审宣判。如 9 月 14 日，在文化馆(今群艺馆)广场召开 8000 多人的大会，控诉斗争军统特务、封建把头熊仕康，并执行枪决。10 月 29 日在文化馆召开万人斗争大会，30 多人上台控诉揭发，判处郭青云、向先弟、韦宜之、宋宏泉、郑万楷、杜开全、王昌来、吴守信等人死刑，立即执行；判处王洪藻、李永发、宋洪岐有期徒刑。各系统分庭也分别召开群众大会对本系统封建把头、反革命分子进行了判处。

经过民主斗争，群众已充分发动起来，工人阶级的政治优势进一步加强，澄清了企业、行业内敌我界线。过去一些受控于敌人，为敌人跑腿办事的人受到了教育，积极认错悔改。过去一些单位内部关系难以理顺，措施难以执行，都大大改观。正气上升，邪气消敛。，职工及其家属都欣慰地说：“过去我们有冤无处伸，这一次都把苦水倒出来了”，“现在吃饭也吃得香，睡觉也睡得安稳了”。经过这一阶段民主斗争，彻底解决了企业、行业内部长期存在的尖锐复杂的敌我矛盾，人心大快，企业为之大振。

四

对敌斗争基本结束后即转入解决职工内部问题为主的民主团结阶段。这一阶段主要工作内容是：评定工人成分，重新审查工会会员，实行劳动保险的单位重新登记填卡；开展批评与自我批评，解决干群之间、职工之间存在的矛盾；对政治历史有污点，有劣迹，做过一些错事、坏事的工人，进行帮助教育，促其深刻检查，“洗脸擦黑”，改正错误，取得大家谅解。这一阶段的工作始终贯穿阶级教育和加强工人阶级团结教育为主线，依靠骨干积极分子，深入思想发动，注意发动团结后进职工，并进行全家发动，大力宣传“天下工人是一家，团结起来力量大”的革命精神，用阶级分析方法提高认识，处理存在问题。

评定工人成份和重新审查会员，其内容基本相同。建筑系统根据人员来历复杂特点，采用前者，搬运系统和其他单位则用后者。其要求是：每个工人应在小组内自报经历(家属也参加)，由大家根据其劳动历史，一贯表观，在运动中的立场、态度进行评议，即评劳动，评历史，评思想。在具体作法上，采取典型引路，先骨干，后群众，先单纯，后复杂的办法，以其基本生活来源为依据确定是否工人成分。对历史上有污点，要进行客观分析、批评帮助，实事求是地评定工人成分。对历史交代不清，指出疑点，要求彻底交代。对有劣迹，有错误，曾经有过轻微剥削的人 (小包工头，小代班，小厂户)，要进行批评教育，促使他们思想斗争，深刻检讨，按其劳动时间长短评定成份。对少数历史问题较多，社会关系复杂，剥削程度较大，做过较多坏事，给敌人当过“狗腿”“帮凶”，处于敌我边缘的人，要在小组坦白交代，深刻检查，认识错误，经大家批评帮助，提出保证，给予一定时间(一般半年至三年)，视其表现，改变为工人成分。对曾经参加过反动党团和反动会道门并任有一定职务而没有什么罪行的人，要按照政府规定进行登记。评定工人成分和重新审查会员职工家属一同参加，和职工一样提意见，开展批评，或帮助自己亲属补充材料。家属之中亦通过家属小组评定劳动妇女成份。实行劳动保险的单位，对取得工人成分的人按规定重新登记填卡，享受劳动保险待遇。基层工会也按工会章程规定的手续，登记原有会员和发展新会员。在评定工人成分和重新审查会员中，亦查清了几个隐瞒历史罪行的漏网反革命分子，当即报送公安机关处理。

民改前，很多基层工会委员会组织不纯，有的甚至被封建把头、反革命分子所控制。经过民主斗争，弄清了情况，分清了敌我，惩办了坏人。对原有基层工会干部本着“留好去坏，留真去假’’的原则，在工代会主席团成员基础上，民主选举产生新的工会委员会。对混进工会的阶级异已分子、反革命分子，坚决予以清除；对有严重错误的会员暂不登记，或给予一定时间保留会籍，不享有会员权利。在职工家属中亦通过民主选举，产生家属委员会，在基层工会领导下负责家属工作。

对于职工群众内部存在的一些矛盾，在评定工人成份和重新审查会员中，有许多问题已经解决，但有一些历史上遗留下来带普遍性的问题，则通过广泛宣传，组织学习讨论，提高认识，开展批评与自我批评，集中进行解决。如帮派思想问题，对工人之间的团结危害较大。解放前，在码头工人中有江西帮、汉阳帮、武穴帮、宜昌帮，宜昌帮中还分河西帮和本地帮。在一帮之中还按宗族姓氏划派。在这些帮派中还有洪帮、青帮穿插其间，结成帮串帮、帮靠帮的复杂关系。有些工人为了广交朋友，互相关照，也结了许多小团体。在一些小单位帮派也分得很多。如造船业解放初只有63个工人，却有湖南帮、四川帮、宜昌帮、宜都帮、茅坪帮、南沱帮之分。鄂西染织厂工人之中也有望派、韩派、覃派之说。解放了，这些帮派虽然自行瓦解，但其思想根子并未消除，时常冒出作祟。为彻底解决这个问题，工作队、主席团高举团结的旗帜，组织群众学习讨论帮派思想的危害，分析帮派产生的历史根源，社会背景，揭露其阶级实质，使群众都明确各种帮派都是封建把头、帮会头子统治剥削工人的工具，是套在工人身上的枷锁，只有彻底清除帮派思想，才能搞好工人阶级的团结，只有加强了团结，才能搞好生产，办好企业。通过学习讨论，许多工人在小组会上进行自我批评，纠正错误观点。工人们说，解放前加入帮派是为了饭碗，现在解放了，有党的领导，组织了自己的工会，生活有保障，再搞帮派那些东西就是自己拆自己的台。大家都表示要鄙弃帮派思想，要讲团结，要讲阶级友爱。通过学习讨论和开展批评与自我批评，从思想认识上比较好地解决了群众中存在的帮派思想问题。

对企业单位领导干部、技职人员工作不深入，作风不民主，骄傲自满，态度生硬，脱离群众的问题；工人中存在的青年工人瞧不起老年工人，老年工人看不惯青年工人；技术师傅不愿教技术，青年工人不很好学技术；有的工人干活怕吃苦，不认真、投机要滑，偷懒贪玩等问题；以及职工家庭中夫妻关系不好，婆媳关系紧张，邻里之间不和等等，都通过学习，开展批评与自我批评逐一解决。在解决这些关系时，充分发挥了骨干的带头作用。对关系很僵或后进职工，还通过个别串连发动，进行细致的思想教育工作，提高认识，帮助解决存在的问题。通过这一阶段的工作，在职工间、干群间，基本达到“三信”要求，即自信、互信、共信。企业单位、行业内团结气氛日益浓厚起来。

五

经过民主斗争、民主团结两个阶段，各个系统都出现了新的景象，职工及其家属的阶级觉悟、政治思想、劳动热情和组织纪律性都大大提高。一大批职工、家属以及职工家庭都订出了爱国公约，保证积极响应党和政府的号召，参加各项运动，以主人翁态度搞好生产。搬运三分会，搬运五支会、十一支会，建筑土业工人还向毛泽东主席写信，汇报经过民改打倒了压在头上的阶级敌人，得到彻底翻身的喜悦心情，表示决心永远跟党走，搞好生产，建设新中国，保卫胜利果实。在企业管理上也积极革除旧陈规，建立健全新的规章制度，普遍实行了生产责任制，定员定额，推行经济核算，加强民主管理，建立健全企业管理委员会。搬运公司改变过去一揽子领导，积极实行企业化管理。造船业经过组织整顿，由一个分散的修船、造船行业，组建成了一个合作造船厂，工人都重新评定技术等级和工资等级，实行定员定额生产责任制，开展劳动竞赛，扩大造船业务。水上民船过去分散经营，既不便管理，又不利业务发展，经过运动成立了民船协会，统一管理和安排船运业务。各系统、行业、企业工会经过整顿改选后，都隆重成立了新一届工会委员会，职工群众普遍学习了工会法和工会章程，明确了工会的性质，作用，任务及组织原则。

各系统在取得民改重大胜利中，爱国主义生产节约劳动竞赛普遍开展起来。搬运系统以多装快卸，爱护货物，减少货损，改进运输工具为目标开展竞赛，工班效率、运输质量不断提高。建筑系统各行业开展提高工效竞赛，出现了学习外地先进技术经验，改进工具，进行技术革新的苗头。永耀电灯公司工人在开展安全运行，节约煤耗的竞赛中，还挖掘企业潜力，在不增加工人、费用的情况下，由过去只发夜晚照明电而改为全天发电。鄂西染织厂开展生产竞赛，织布月产量由运动前的 994 疋提高到 1138 疋。1951 年初，市总工会号召开展向马恒昌小组(齐齐哈尔市第二机床厂受国家表彰、全国著名的先进班组)学习，创建马恒昌式的生产班组活动，经过民改运动，各行业继续开展起来，推动生产节约劳动竞赛更加广泛深入发展。1952 年初，市委号召开展增产节约运动，各系统都积极响应，投入运动，并陆续转入迅速发展起来的“三反”“五反”运动。

经过民改运动，培养锻炼了大批骨干积极分子，许多工人被逐步提拔到企业单位和部门的领导岗位。有许多运动中的根子骨干，后来还逐步被提拔到市直党、政、群机关和事业单位的领导岗位。1952 年“三反”“五反”结束后一批工人骨干被吸收入党入团。

各系统工人纠察队在解放后就已建立起来，经过民改运动的考验和锻炼，进行了整顿加强，完善建制，配备了必要的装备，在市总工会和各系统工会的直接领导下，成为维护各系统、单位和协助社会搞好治安保卫的一支重要力量。

为加强党的方针政策的宣传教育和作好职工群众的思想政治工作，各系统都发展了一批党的宣传员，建立了宣传网，在市委宣传部的领导下，开展党的宣传教育工作。

经过这次民主改革运动，彻底改变了各系统、行业、企业的旧面貌，生产、经营和企业管理都出现了新气象，职工群众的主人翁精神大大加强，为后来城市大规模经济建设打下很好基础。

在城区工、交、建系统进行民主改革的同时，宜都、当阳城关和枝江江口的搬运、建筑工人，秭归城关海员工人和香溪白马滩煤矿工人，也都开展了民改运动。揭发斗争封建把头、反革命分子 34 人，其中判处死刑 3 人。

（此文发表于市委党史办《社会主义时期中共宜昌市历史专题资料》第一辑）

宜昌工人颂

（朗诵诗）

伍明万

当春天的故事传遍夷陵城乡，西楚大地，
当改革的春风浩荡三国战场，屈原故里，
宜昌工人，一个伟大、勤劳、坚强的群体，
肩负起二次振兴的崇高使命！

在悠悠西陵峡，
顶天立地创造新的业绩；
在巍巍葛洲坝，横空出世架起新的天梯，
在大江南北寸寸热土，
建功立业描绘新天地；
在 2.1 万平方公里的山山水水，
继往开来迎接新的世纪。

我们懂得，
顶天的双塔，一桥飞架，是劳动者推动了历史；
车轮滚滚，日新月异，
是工人阶级创造了如诗如画的奇迹。
在改革开放的历史进程中，
有你们谱写的进行曲；
在共和国前进的道路上，
有你们留下的创业史；
在工厂、机关、学校，
有你们平凡的劳动、光辉的业绩。

党和人民不会忘记，共和国不会忘记，
宜昌工人的代表、劳动模范、行业标兵，
你们是阶级的先锋，社会的楷模，
国家的桥梁，时代的旗帜，
精神文明的风范，弘扬美德的动力！
当你们在北京人民大会堂，
从党和国家领导人手中接过奖章和荣誉；
当你们披红戴花，
讲述自己平凡而伟大的事迹，
请记住他们一串串闪光的名字—

宜昌的雷锋李广佳，
永不退伍的老战士；
城市美容师许先林，
无上光荣的“马路天使”；
公安战线的旗帜汪家发，
定格在岗位上的标兵；
乡村教师宋芳蓉，
无怨无悔播种希望的种子；
创造“宜化”速度的张永政，
搏击市场风云的带头人；
带领“至喜”壮大的刘长建，
农用车闯出大市场的真正发动机；
推行厂务公开法宝的张治燕，
使企业在市场中立于不败之地；
还有宜昌工人技师李法修，
能工巧匠闵泽全，
纺织巧手王学惠，
下岗创业的刘成英，
自强自立的聂道兰……

昨天，创造的辉煌已载入史册，
明天，宏伟的蓝图一定要实现，
党的十五大确定了历史航向，
邓小平理论旗帜是我们胜利的保证，
让我们迎接挑战，实现振兴，。
让我们付出汗水，再创辉煌，
这就是宜昌工人的钢铁誓言，
这就是宜昌工人的最大理想，
光荣和未来属于宜昌工人，
光荣和未来属于伟大的中国共产党

（选自省总工会主办《工友》杂志 1999 年第 5 期）

耕耘岁月，耕耘希望

—少先队员向宜昌市工会第一次代表大会的献词

杜心宁

绿色的四月，
是春的季节。
开拓事业的犁铧，
正播下未来的良种。
在生机盎然的历史画册上，
宜昌市工会第一次代表大会，
以青春的活力和汗水，
又书写了光辉灿烂的一页。
我们代表全市三十万少先队员，
向工人阶级的盛会，
表示最热烈的祝贺！

当我们挎着书包，
刚刚迈入学校，
老师就告诉我们
　　工人阶级是领导阶级，
　　她双臂托起社会主义大厦。
不论前进道路多么坎坷曲折，
　　她始终在共产党的领导下，
与党同舟共济，披荆斩棘，
　　把历史推上一个又一个台阶。

当我们迈入沸腾的车间，
　　静谧的实验室，
倾听钢铁的奏鸣，电子的细语，
仿佛进入童话的王国，梦幻的世界。
　　是你们，
把想象的水彩，泼洒在葛洲坝、中堡岛；
　　是你们，
把欢乐的音符，倾注在峡江客轮上。
我们知道知识就是力量，
　　是工人阶级的智慧，
创造了五彩缤纷的世界！

当我们站在这盛会的讲台，
面对亲爱的叔叔、阿姨，
　　尊敬的爷爷、奶奶，
如同面对历史—最好的课本，
　　面对现实—生动的教材，
工人阶级的贡献和使命，
使我们深深感怀：
如果社会主义是列车，
　　你们就是火车头，一路鸣笛；
如果社会主义是大厦，
　　你们就是坚强柱石，维护安定团结。
在改革开放的浩荡队伍里，
　　你们是主力军；
在两个文明建设的行列中，
　　你们站在最前列。

工会是工人阶级的群众组织，
　　是党联系群众的桥梁和纽带，
　　是国家政权的坚强支柱。
维护职工合法权益，
　　工会挺身而出；
动员职工参加改革和建设，
　　工会勇往直前；
参与管理国家、企事业，
　　工会是代表，是民主渠道；
提高职工队伍素质，
　　工会是学校和乐园。
在职工最困难的时候，
　　是工会走千家万户，
把党和政府的温暖，
　　送到每个职工的心坎上。
亲爱的叔叔、阿姨，
尊敬的爷爷、奶奶，
你们是职工的忠实代表，
受到职工群众的爱戴，
得到党和人民的褒奖。
在你们的盛会召开之际，
也请接受：
　　我们的崇高敬礼，
　　全市三十万少先队员的衷心感谢！

1995.5

索 引

一、表格

二、图片

编后记

《宜昌工会志（1989–2017）》是宜昌地区和原宜昌市合并实行市领导县体制后的第一部工会志，编修工作自 2017 年启动，2018 年编纂完成，历时两年。

《宜昌工会志（1989–2017）》（以下简称《宜昌工会志》）编纂工作分为前期准备与组织发动、收集资料与初稿撰写、志稿总纂与三审修改三个阶段。

一、前期准备与组织发动阶段（2017.2–2017.8）：开展宣传动员、成立专班、拟定篇目等工作。2017 年 2 月，市总工会以 1 号文件发出《关于成立<宜昌工会志（1989–2017）>编纂委员会的通知》（宜工发〔2017〕1 号），成立了以市委常委、统战部长、市总工会主席王均成为主任，市总工会党组书记、常务副主席罗志勇为常务副主任，市总工会其他领导班子成员为副主任，李东海、何平、陈卫平等 18 人为委员的宜昌工会志编纂委员会，下设编纂委员会编辑部，具体负责志稿的编纂工作。编辑部认真贯彻《中共湖北省委办公厅 湖北省人民政府办公厅关于编纂湖北省第二届省、市、县三级地方志的通知》精神，坚持正确指导思想，遵循志书基本特征、把握志书基本写法、严守志书体例要求，立足会情，借鉴外地工会志书经验，在市志办的指导和帮助下，拟定《宜昌工会志》篇目。经市总党组会审定后，印发《<宜昌工会志（1989–2017）>编纂工作方案》的通知、《<宜昌工会志（1989–2017）>编纂工作基本要求》。2017 年 8 月，组织召开市工会修志工作会议，布置任务，以会代训，全面启动修志工作。

二、资料收集和初稿撰写阶段（2017.8–2018.3）：按照篇目明确的范围及承担志稿的任务开展资料收集工作。编辑部向各志稿撰写单位和部门提供工会改革开放 20 年和 30 年两本纪念册，各责任部门和单位组织专人到工会档案室、地方档案馆查阅资料，在地方年鉴、报刊、工会统计报表、文件、经验总结材料中搜集所需资料；发动工会离退休老同志提供工作笔记、报刊杂志、照片等历史资料。编辑部从资料的收集鉴别，到志稿体例特点的把握和一章一节内容和写法上，对 48 个单位（部门）近百名撰稿人进行指导，数易其稿，完成了 56 万多字的初稿。

三、志稿总纂和三审修改阶段（2018.4–2018.12）：编辑部对工会志进行总纂合成，修改文字、调整结构、详略取舍、检查补充、平衡篇幅、增章增节、核实补充史料，按照"史料有误的要重写、内容遗漏的要补写、体例不符的要改写"的原则，经过总纂和撰稿人单位的一审后，形成宜昌工会志总纂稿第一稿。经各责任编辑进一步审改，召开市总工会离退休老干部座谈会征求意见和建议，并由总纂再修改，形成《宜昌工会志》第二稿，提交市总工会志编纂委员会和市总工会领导班子进行复审修改后，形成《宜昌工会志》终审稿。8 月底，报市地方志办公室进行终审。9 月初，市地方志编纂委员会制发《关于成立<宜昌工会志（1989–2017）>评审委员会的通知》。10 月中旬召开了《宜昌工会志》评审会。根据市志办公室的终审意见和出版社的评审意见，市工会志编辑部组织编纂专班对工会志稿进行全面、系统的修改完善，最终形成近 56 万字的《宜昌工会志》。根据市方志办的建议，杜心宁对全志进行了审读和校改。

编修工会志是一项重大、纷繁、严谨的系统工程。志书涉及到方方面面，内容覆盖面广，对资料结构、编排、文字要求高，编纂难度较大。《宜昌工会志》之所以能保质按期完成，得益于市总工会主要领导和市总党组高瞻远瞩、全力支持；得益于市地方志办公室和市总离退休干部的大力支持和具体指导；得益于各地各单位（部门）负责同志勇于担当、群策群力；得益于全体编撰人员任劳任怨、克难攻坚。《宜昌工会志》是集体智慧的结晶，凝聚了全市各级工会领导的心血和广大编撰人员的辛勤汗水。在此我们谨向为此书编纂完成做出贡献的人们致以衷心的感谢！

作为一个部门之百科全书的《宜昌工会志》，因其时间跨度较长，内容涉及较广，加之编者水平所限，遗漏和错误在所难免，在此恳请广大读者批评指正。

编者

2018 年 12 月